政府采购流程管理与标书制作

主　编　朱龙杰
副主编　方应群　徐昊翔

东南大学出版社
SOUTHEAST UNIVERSITY PRESS
·南京·

图书在版编目(CIP)数据

政府采购流程管理与标书制作 / 朱龙杰主编. —南京：东南大学出版社，2021.7（2023.8 重印）
ISBN 978-7-5641-9583-0

Ⅰ. ①政… Ⅱ. ①朱… Ⅲ. ①政府采购制度 ②政府采购-标书-编制 Ⅳ. ①F810.2

中国版本图书馆 CIP 数据核字（2021）第 124273 号

政府采购流程管理与标书制作

主　　编	朱龙杰
出版发行	东南大学出版社
地　　址	南京市四牌楼 2 号（邮编：210096）
出 版 人	江建中
责任编辑	唐　允　王　晶
网　　址	http://www.seupress.com
印　　刷	广东虎彩云印刷有限公司
开　　本	787 mm×1092 mm　1/16
印　　张	31.5
字　　数	765 千字
版　　次	2021 年 7 月第 1 版
印　　次	2023 年 8 月第 2 次印刷
书　　号	ISBN 978-7-5641-9583-0
定　　价	128.00 元

（本社图书若有印装质量问题，请直接与营销部联系。电话：025-83791830）

编委会

主　编　朱龙杰

副主编　方应群　徐昊翔

编　委　（按姓氏笔画排序）

　　　　方应群　石　冰　白先春　朱龙杰

　　　　吴国英　顾澄珊　徐昊翔　雷卫中

前　言 / PREFACE

2020年是新中国历史上非常特殊、极不平凡的一年。面对百年未有之大变局、前所未见的大疫情，举国上下在以习近平同志为核心的党中央坚强领导下，经过艰苦努力，疫情防控取得重大成果。面对突如其来的新冠疫情，我们积极担当作为、主动求变，完成南京市政府补贴职业培训"政府采购流程管理""政府采购标书制作"两个新项目的研发，2021年始，将在全市高校开展这两个政府补贴项目的培训工作。我们的研究成果《政府采购流程管理与标书制作》一书，也将作为高校政府采购类项目培训的教学用书。

本教材主要由三个模块组成：政府采购基础知识与法律法规、政府采购流程管理与实务操作、政府采购标书制作实务与技巧。

第一个模块内容包括政府采购概述、政府采购当事人、政府采购档案管理、政府采购监督与法律救济、政府采购法律法规，第二个模块内容包括政府采购模式与采购方式、政府采购预算与信息公开、政府采购招标流程与管理、政府采购合同管理、政府采购各当事人工作规范与管理、政府采购案例评析，第三个模块内容包括政府采购招标文件制作技巧、政府采购投标文件制作技巧、政府采购标书制作实务操作。三个模块自成体系又紧密关联，既可以根据不同的培训项目单独选用，也可作为一个完整体系，帮助读者全面学习和了解政府采购的基础知识。

本书集数位专家学者多年来在政府采购理论和实践方面的思考和总结，作为课程讲稿已在南京财经大学经济统计、市场营销等专业培训中使用。书中援引了大量的案例、图表和理论学术观点，目的是通过教学和实训，让学生能够清晰了解政府采购制度的基本架构，熟悉政府采购操作流程和方法，掌握政府采购标书制作实务与技巧。本书系统阐述了我国政府采购的基本理论和方法，对我国政府采购的历史和现状、程序和技巧、策划与组织、法律与管理等诸多方面进行了深入的剖析和研究；吸收和运用我国政府采购理论与实践的最新研究成果，适当借鉴发达国家政府采购经验，详细介绍了政府采购的实务技能，多角度透视与重塑了从政府采购预算、采购方式、信息管理、标书制作、专家评审、质疑投诉、电子采购等政府采购实务的全流程。

为满足读者对照学习的需要，在书后附录一中列出了12部常用的政府采购相关法律法规,供读者查询;同时,为方便读者自我检测学习效果,在附录二中给出了500道复习训练题,供读者练习。

本书由南京中华财经进修学院组织专家学者编写,朱龙杰院长担任主编,南京财经大学方应群、徐昊翔担任副主编,各章节编写人员有:第一章(方应群)、第二章(吴国英)、第三章(石冰)、第四章(徐昊翔)、第五章(白先春)、第六章(雷卫中)、第七章(徐昊翔)、第八章(方应群)、第九章(朱龙杰)、第十章(吴国英)、第十一章(朱龙杰)、第十二章(方应群)、第十三章(顾澄珊)、第十四章(方应群、徐昊翔)。

在本书编写过程中,我们借鉴了许多先进的理念和知识,借此,一并向书中引文作者及引文发表书刊表示衷心的感谢,并真诚期望各位读者和专家同行批评指正。

欢迎与我们联系:njzhcy@126.com。

南京中华财经进修学院
2021年5月

目录 / CONTENTS

上篇　政府采购基础知识与法律法规

第一章　政府采购概述 ········· 003
 第一节　政府采购的概念和类型 ········· 003
 第二节　政府采购的原则与功能 ········· 010
 第三节　政府集中采购目录与限额标准 ········· 019

第二章　政府采购当事人 ········· 026
 第一节　政府采购当事人概述 ········· 026
 第二节　政府采购当事人的基本构成 ········· 030
 第三节　政府采购当事人的基本职能 ········· 035

第三章　政府采购档案管理 ········· 043
 第一节　政府采购档案的概念与特征 ········· 043
 第二节　政府采购档案的价值与功能 ········· 044
 第三节　政府采购档案的整理与分类 ········· 046
 第四节　政府采购档案的范围与内容 ········· 049
 第五节　政府采购档案的收集、管理与处置 ········· 053

第四章　政府采购的监督与法律救济 ········· 057
 第一节　财政监督的方式、方法与内容 ········· 057
 第二节　政府采购的风险与控制 ········· 066
 第三节　政府采购的法律救济 ········· 073

第五章　政府采购法律法规 ········· 090
 第一节　政府采购法律法规涉及的相关知识 ········· 090
 第二节　《政府采购法》《招标投标法》与合同法 ········· 093
 第三节　政府采购监管部门规章 ········· 100
 第四节　政府采购各当事人内控制度 ········· 108
 第五节　省级层面的制度规范 ········· 112

中篇　政府采购流程管理与实务操作

第六章　政府采购模式与采购方式 ·········· 119
　　第一节　政府采购模式概述 ·········· 119
　　第二节　政府采购方式概述 ·········· 122
　　第三节　政府采购方式运用与实施 ·········· 124

第七章　政府采购预算与信息公开 ·········· 135
　　第一节　政府采购预算内涵和原则 ·········· 135
　　第二节　政府采购预算的编制 ·········· 137
　　第三节　政府采购信息公开 ·········· 141
　　第四节　政府采购公告和公示信息 ·········· 143

第八章　政府采购招投标流程与管理 ·········· 157
　　第一节　政府采购招投标概述 ·········· 157
　　第二节　政府采购项目需求编制与意向公开 ·········· 157
　　第三节　政府采购招标方式流程与管理 ·········· 164
　　第四节　政府采购非招标方式流程与管理 ·········· 183

第九章　政府采购合同管理 ·········· 195
　　第一节　政府采购合同的概念与特点 ·········· 195
　　第二节　政府采购合同的签订与履行 ·········· 201
　　第三节　政府采购合同的履约验收与结算 ·········· 204

第十章　政府采购各当事人的工作规范与管理 ·········· 212
　　第一节　政府采购采购人的工作规范与管理 ·········· 212
　　第二节　政府采购集中采购机构的工作规范与管理 ·········· 217
　　第三节　政府采购社会代理机构的工作规范与管理 ·········· 223
　　第四节　政府采购供应商的工作规范与管理 ·········· 228
　　第五节　政府采购评审专家的工作规范与管理 ·········· 235

第十一章　政府采购案例评析 ·········· 238
　　第一节　招标环节案例 ·········· 238
　　第二节　投标环节案例 ·········· 240
　　第三节　评标环节案例 ·········· 243
　　第四节　供应商违法违规案例 ·········· 246
　　第五节　质疑与投诉处理案例 ·········· 248
　　第六节　其他案例 ·········· 249

下篇　政府采购标书制作实务与技巧

第十二章　政府采购招标文件制作技巧 …… 257
　第一节　政府采购招标文件的组成 …… 257
　第二节　政府采购招标文件的核心要素及编制注意点 …… 273
　第三节　政府采购招标文件制作实务 …… 285

第十三章　政府采购投标文件制作技巧 …… 316
　第一节　政府采购招标文件的研读 …… 316
　第二节　投标文件封面的制作技巧 …… 322
　第三节　投标文件目录的制作技巧 …… 325
　第四节　投标文件内容的撰写技巧 …… 326
　第五节　投标文件的检查与修订 …… 328
　第六节　投标文件的打印与装订 …… 332
　第七节　投标文件制作常见问题剖析 …… 334

第十四章　政府采购标书制作实务操作 …… 341
　第一节　政府采购标书制作实操材料分析 …… 341
　第二节　政府采购投标文件制作实务 …… 342
　第三节　政府采购投标文件制作策略 …… 355

附录一　政府采购相关法律法规汇编 …… 360
　（一）中华人民共和国政府采购法 …… 360
　（二）中华人民共和国政府采购法实施条例 …… 369
　（三）中华人民共和国招标投标法 …… 380
　（四）中华人民共和国招标投标法实施条例 …… 387
　（五）政府采购货物和服务招标投标管理办法 …… 399
　（六）政府采购非招标采购方式管理办法 …… 413
　（七）政府采购竞争性磋商采购方式管理暂行办法 …… 423
　（八）政府采购质疑和投诉办法 …… 429
　（九）政府采购促进中小企业发展管理办法 …… 435
　（十）政府采购代理机构管理暂行办法 …… 439
　（十一）政府采购评审专家管理办法 …… 442
　（十二）政府采购需求管理办法 …… 446

附录二　复习训练题 …… 453
　（一）思考练习题 …… 453
　（二）选择训练题 …… 456
　（三）判断分析题 …… 486

附录三　主要参考文献 …… 491

上篇

政府采购基础知识与法律法规

第一章 政府采购概述

第一节 政府采购的概念和类型

一 政府采购的概念

(一) 政府采购的起源

政府采购(GP：Government Procurement)是个外来词,它是西方经济学里的一个专业词汇。采购是指采购人或采购单位基于各种目的和要求购买货物、工程和服务的交易行为。政府采购是政府机构或履行政府职能的部门,以为社会提供公共服务或满足日常政务活动为目的的交易行为。

英国是最早开展政府采购活动的国家之一。1782 年,英国政府设立了国家文具公用局,负责政府部门办公用品的采购,该局后来发展为物资供应部,专门负责政府各职能部门所需物资的采购。其目的是满足政府日常管理职能的需要,提高政府资金使用效率。政府部门和其他公共机构采购商品和服务都必须做到"物有所值",也就是采购的物品总成本和质量都必须满足使用者的要求。为实现这一要求,就要通过供应商之间的竞争,以最合理的价格采购自己需要的商品和服务。政府鼓励采购方消除不利于小公司参与竞争的障碍,但并不意味着歧视大公司。自从 1973 年英国加入欧洲经济共同体(现为欧盟)之后,政府采购就受到日益增多的各种法律条款的限制。现在,英国政府采购制度已完全走向法制化,除了政府采购一些判例之外,英国的成文法律、法规也相当完善,主要有《英国公共工程合同规则》(1991 年)、《英国公共设施供应的公用事业工程合同规则》1993 年、《英国公共服务合约法规》(1994 年)、《公共供应合同管理条例》(1995 年)。

美国也是世界上实行政府采购制度较早的国家之一,至今已有 200 多年的历史。它起源于自由市场经济时期,完善发展于现代市场经济。1783 年美国宣布独立,政府采购起初是在国防部门进行,实行直接的自由采购,其后美国政府采购逐步立法,1861 年国会制定了一项法案,要求每一项采购至少要有 3 个投标人;1868 年国会立法,确立公开招标和公开授予合同的程序。这个阶段的民用大宗物资采购都是由政府各个部门和行政机构分散采购,其特点是分散、重复、浪费和效率低。随着政府采购制度的发展,政府采购与国家经济目标的关系逐步为人们所认识,政府采购被看作经济发展的一种手段。1933 年美国国会通过了《购买美国产品法》,这部法律的出台使得政府采购的作用发生了变化，充分发挥了政府采购的宏观调控作用，使美国经济得到了复苏。

从1949年开始，美国有关部门对政府采购状况进行了数年调查，指出了美国政府分散采购存在着五大弊端：一是缺乏统一有效的采购组织，采购效率低；二是政府采购价格高于私营采购价格；三是多重采购，浪费物资；四是采购人员过剩，素质低；五是无法进行有效的监督和评价。此外，还提出了规范和统一采购行为的建议报告。据此报告，1949年美国国会通过了《联邦财产与行政服务法案》，赋予美国联邦总务署为联邦政府的绝大多数民用部门组织集中采购的权力，统一了政府采购政策和方法，从而确立了美国政府集中采购的管理体制。制定颁布了《政府采购条例》，有效地组织了美国联邦政府的货物、工程和服务的全面采购，但是仍有些部门可根据特殊需要进行自行采购。

从1991年开始，美国渐渐完善政府采购体制和规则，实行集中采购和分散采购相结合的采购模式，但政府采购程序的烦琐和效率低也常常受到批评。因此，美国1994年颁布了《联邦采购合理化法案》、1996年颁布了《克林格尔－科享法案》等。美国政府采购的范围很广，即各级政府基于开展日常政务活动或为公众提供公共服务的需要，按照法定的方式、方法和程序，利用国家财政性资金和政府借款，从市场上为政府部门或所属公共部门购买商品、工程及服务的行为，都属于政府采购的范畴。采购金额在2 500美元以内的实行分散采购，采购金额在2 500美元以上的实行集中采购。美国政府采购无论用什么样的采购方式，也无论多大的采购金额，都必须按照一定的步骤和程序进行。

法国也是世界上实行政府采购制度较早的国家之一，可以追溯到它的公共征收和公共征调制度。19世纪期间，由于法国进行运河、道路、铁路等重要工程建设，大量进行公共征收，依据法国法律公共征收是政府为了公共利益目的，按法定的形式和实行公平补偿原则，以强制形式采购私人不动产。二十世纪六十年代，法国出现的公共行政合同是完整意义上的政府采购合同，采购主体、招标采购方式、采购程序等方面与完全政府采购一致，采购对象包括货物、工程与服务。

现代意义上的政府采购制度是市场经济发展的产物。由于国际贸易的发展，世界上发达国家和地区的政府采购规模越来越大，每年政府采购金额达数千亿美元，占国际贸易总额的10%以上。伴随着国际贸易一体化的进程，形成了国际政府采购制度。到目前，大约有36个国家和地区参加了世界贸易组织的政府采购协议，覆盖了主要发达国家和地区。

（二）我国政府采购的发展历程

我国自1996年开始政府采购工作试点以来，已经走过了二十五个年头。比起西方政府采购制度200多年的历史，我国政府采购制度还很年轻，在制度建设、规模数量、采购范围等方面还存在很多问题。不过虽然我国政府采购起步晚，但回顾过去二十多年来我国政府采购制度从无到有、从幼稚到相对成熟的历程，却不得不让人为其成长速度之快而惊叹——政府采购规模范围迅速扩大，取得较好的经济效益和社会效益；政府采购活动逐步规范；对政府采购职能的认识不断深化；政府采购国际化进程不断加快。

(三) 我国政府采购的定义

我国政府采购法对政府采购做了如下定义:政府采购是指各级国家机关、事业单位和团体组织,使用财政性资金采购依法制定的集中采购目录以内的或者采购限额标准以上的货物、工程和服务的行为。

该定义所指的采购,是指以合同方式有偿取得货物、工程和服务的行为,包括购买、租赁、委托、雇用等。

政府采购的定义包含四个要素:采购主体、资金来源、采购范围、采购内容。

1. 采购主体:各级国家机关、事业单位和团体组织

(1) 各级国家机关:国家机关是指依法享有国家赋予的行政权力,具有独立的法人地位,以国家预算作为独立活动经费的各级机关。包括国家权力机关、国家行政机关、审判机关、检察机关等。如全国人民代表大会、国务院、地方各级人民代表大会和人民政府、各级人民法院、检察院等。

(2) 事业单位:事业单位是指国家为了社会公益目的,由国家机关举办或者其他组织利用国有资产举办的,从事教育、科技、文化、卫生等活动的社会服务组织。事业单位的明显特征为以中心、会、所、站、队、院、社、台、宫、馆等字词结尾,例如会计核算中心、卫生监督所、司法所、银保监会、质监站、安全生产监察大队等。

(3) 团体组织:团体组织是指我国公民自愿组成,为实现会员共同意愿,按照其章程开展活动的非营利性社会组织。政府采购法中的团体组织包括财政供养的共青团、妇联、工商联、总工会、残联、科协、侨联等。

2. 资金来源:财政性资金

采购人全部或部分使用财政性资金进行采购的,属于政府采购的管理范围。财政性资金包括预算资金、预算外资金和政府性基金。使用财政性资金偿还的借款视同财政性资金。

3. 采购范围:集中采购目录以内的或者采购限额标准以上的

(1) 依法制定的集中采购目录以内的;

(2) 虽未列入集中采购目录,但采购金额超过了规定的限额标准的。

4. 采购内容:货物、工程、服务

(1) 货物是指各种形态和种类的物品,包括原材料、燃料、设备、产品等。

(2) 工程是指建设工程,包括建筑物和构筑物的新建、改建、扩建、装修、拆除、修缮等。

(3) 服务是指除货物和工程以外的其他政府采购对象。

5. 举例说明

某省 2020 年度的政府采购集中采购目录包括电脑、打印机、空调、家具用具、图书、公务印刷服务等品目,当年的政府采购限额标准为 20 万元。所以以下几个采购项目均属于政府采购项目:

(1) 省财政厅用财政拨款采购一批电脑(预算为 20 万元);

(2) 某省属高校用财政拨款采购一台动车车头(预算为 500 万元)；

(3) 残联用财政拨款采购一批轮椅(预算为 80 万元)。

而以下行为则不属于政府采购项目：

(1) 省财政厅用自筹资金采购一批电脑；

(2) 某铁路局采购一台动车车头；

(3) 某市残联用社会捐款采购一批轮椅。

(四) 政府采购的特征

政府采购与其他采购活动相比较，具有以下显著特征：

1. 资金来源的公共性

政府采购的资金来源为财政拨款和需要由财政偿还的公共借款，这些资金的最终来源为纳税人的税收和公共服务收费。

2. 采购主体的特定性

政府采购的主体也称采购实体，为依靠国家财政资金运作的国家机关、事业单位和社会团体。

3. 采购活动的非商业性

政府采购为非商业性采购，它不是以营利为目的，也不是为卖而买，而是通过购买为政府部门提供消费品或向社会提供公共服务。

4. 采购对象的广泛性

政府采购的对象包罗万象，既有标准产品也有非标准产品，既有有形产品也有无形产品，既有价值低的产品也有价值高的产品，既有军用产品也有民用产品。为了便于统计，国际上通行的做法是按性质将采购对象划分为货物、工程和服务三大类。

5. 采购方向的政策性

采购实体在采购时不能体现个人偏好，必须遵循国家政策的要求，包括最大限度地节约财政资金、优先购买本国产品、保护中小企业发展、保护环境等等。

6. 采购过程的规范性。

政府采购不是简单地一手交钱、一手交货，而是要按有关政府采购的法规，根据不同的采购规模、采购对象及采购时间要求，采用不同的采购方式和采购程序。每项采购活动都要规范运作，体现公开、竞争等原则，接受全社会的监督。

7. 采购影响的社会性

政府采购不同于其他采购，其购买力非常巨大，有关资料统计，通常一国的政府采购规模要占到整个国家国内生产总值(GDP)的 10%以上，因此，政府采购对社会的影响力很大。政府采购与政府的宏观调控政策相协调，可以起到调节经济运行的作用。

(五) 我国政府采购定义的探讨

现阶段，我国的《政府采购法》及其实施条例均未将国有企业等其他采购实体纳入政府采购的主体范畴。2010 年我国政府迫于国际压力提交《政府采购协议》(GPA)报价清单，清单中也并未将国有企业纳入"其他采购实体"范畴，这与国际做法是不相符的。近年来,特别是 2020 年年底,我国财政部研究起草了《中华人民共和国政府采购法(修订草案征求意见稿)》(以下简称《政府采购法》(征求意见稿)),并向社会公开征求意见。该征求意见稿对政府采购的定义为"各级国家机关、事业单位、团体组织和其他采购实体,为了实现政务活动和公共服务的目的,使用财政性资金或者其他公共资源,以合同方式取得货物、工程和服务的行为,包括购买、租赁、委托、政府和社会资本合作等"。该定义较现行《政府采购法》对政府采购的定义有两处明显的变化。

1. 扩大了采购主体的范围

除了现行政府采购法规定的采购主体范围(各级国家机关、事业单位和团体组织),征求意见稿第二条新纳入"其他采购实体"。第十七条对"其他采购实体"做出定义:其他采购实体是指实现政府目的,提供公共产品和公共服务的其他实体。扩大政府采购主体的适用范围,主要基于加入 GPA 的需要。[《政府采购协议》(GPA)是世界贸易组织(WTO)的一项诸边协议,目标是促进成员方开放政府采购市场,扩大国际贸易。GPA 由 WTO 成员自愿签署,截至 2020 年,有美国、欧盟等 14 个参加方,共 41 个国家和地区签署了协议。]

2. 扩大了资金来源的范围

除了现行政府采购法对采购资金来源划定的"财政性资金",征求意见稿第二条将资金来源扩大到"其他公共资源",主要考虑将 PPP 项目纳入政府采购。[PPP(Public-Private Partnership),又称 PPP 模式,即政府和社会资本合作,是公共基础设施中的一种项目运作模式。在该模式下,鼓励私营企业、民营资本与政府进行合作,参与公共基础设施的建设。]

二 政府采购的种类

政府采购按照不同的方式分类,种类也不尽相同。主要包括以下几种:

(一) 按照政府采购项目可集中的程度划分:集中采购和分散采购

集中采购和分散采购范围的划分是以政府公布的集中采购目录为依据的。集中采购是指纳入政府集中采购目录项目的采购。列入集中采购目录的采购项目都要进行集中采购。集中采购分为集中采购机构的采购和部门集中采购两种。集中采购机构的采购对象主要指列入集中采购目录的通用项目;针对一个部门或者一个系统有特殊要求,其他采购单位不使用或者很少使用的,则可实行部门集中采购。对于实施部门集中采购的单位,应有专门的人员或是机构,有较完善的管理制度或操作办法,如果不具备一定的条件,需要委托给集中采购机构代理采购。

分散采购是指采购政府集中采购目录以外、采购限额标准以上的货物、工程和服务的行为。分散采购是政府采购的一种形式,必须按照政府采购规定进行。应当实行分散采购的项目,采购人可以实行自行采购,可以委托集中采购机构代理采购,也可以委托依法取得政府采购业务资格的采购代理机构代理采购。

当然,对于未纳入集中采购目录,又达不到采购限额标准的采购项目,不属于政府采购法调整的范围。

　　集中采购目录和采购限额标准是政府采购的重要依据。集中采购目录是以采购项目来界定的,限额标准是以采购项目的金额来界定的,二者不能交叉。采购限额标准是指集中采购目录中没有的采购项目,只要达到规定的金额,就必须按照政府采购法的规定执行。所以,在具体执行中,凡是应当集中采购的,不能进行分散采购;属于分散采购范围的,如果能够适当集中的可以适当集中采购。

　　集中采购和分散采购是辩证统一、相辅相成的关系。首先,无论是集中采购还是分散采购,都属于政府采购,都要遵守政府采购的法律、法规。其次,集中采购与分散采购相互配合、相互补充。对于大宗通用项目强调集中,体现政府采购的强制性和效率性原则;对于单位有特殊要求的项目,可以适度分散,体现单位的自主性和特殊性。

　　如果把采购限额标准定得过低,将所有的购买行为都纳入政府采购目录,或者把采购限额标准定得过高,使政府集中采购过窄,大量采购行为脱离法律的监督制约,就都有悖于政府采购法的精神实质。因此,在政府采购实践中,要充分考虑我国各级政府采购的实际情况,科学合理地确定政府采购目录和限额标准,将集中采购与分散采购有机地统一起来。

(二) 按照执行采购的主体不同划分:自行采购和代理采购

　　自行采购是指具体采购项目由采购人自己进行采购的行为。实行自行采购的只有两种情况。一是采购人采购未纳入集中采购目录的政府采购项目,可以自行采购。就是说,只要没有纳入集中采购目录的采购项目,采购人可以选择自行采购,当然也可以选择代理采购。二是虽然纳入集中采购目录,但属于本单位有特殊要求的项目,经省级以上人民政府批准,可以自行采购。这是指尽管政府采购项目纳入了集中采购目录,但是采购单位有特殊要求的,可以自行采购,但必须经省级以上人民政府或者国务院批准。

　　需要特别注意的是,"自行采购"不是"自由采购"。实行自行采购只是表明采购活动由采购人自己执行,同样须执行《政府采购法》及相关法律,其采购的原则、方式和程序都必须遵守相关法律规定,这与自由购买有本质的区别。

　　代理采购是指政府采购人依法将政府采购项目委托给集中采购机构或者社会代理机构进行采购的行为。根据政府采购法的规定,代理采购又分为集中采购机构代理采购和社会代理机构代理采购。

　　集中采购机构代理采购,是指由集中采购机构代理采购人进行采购。集中采购机构代理采购又分为强制性代理采购和可选择的代理采购。强制性代理采购是指纳入集中采购目录、属于通用的政府采购项目的采购,采购人不能选择其他机构或者人员进行采购。可选择的代理采购有两种情况:一是属于部门集中采购的政府采购项目,主管部门可以选择委托给集中采购机构代理采购;二是没有纳入集中采购目录的、限额标准以上的政府采购项目,采购人可以选择委托给集中采购机构代理采购。可选择的代理采购必须在委托的范围内进行。

　　社会代理机构代理采购,主要指社会代理机构代理采购人进行采购。由社会代理机构代理采购的范围,应当是集中采购目录中通用的政府采购项目以外的政府采购项目,可以是部门集中采购的采购项目,也可以是采购限额标准以上的采购项目。

(三) 按照采购方式不同划分:招标采购和非招标采购

按照采购方式不同,政府采购可以分为公开招标采购、邀请招标采购、竞争性谈判采购、单一来源采购、询价采购和竞争性磋商。

《政府采购法》规定,政府采购可以采用公开招标采购、邀请招标采购、竞争性谈判采购、单一来源采购、询价采购和国务院政府采购监督管理部门认定的其他方式采购。公开招标应作为政府采购的主要采购方式。这既从法律上明确了政府采购应当遵循的采购方式,又从采购方式上对政府采购进行了分类。正确理解和执行这一规定,应当把握以下几点:

1. 政府采购方式适用于集中采购和分散采购,也适用于自行采购和代理采购。

不管是集中采购,还是分散采购;也不管是自行采购,还是代理采购,都必须在这些采购方式中选择一种进行采购。

2. 公开招标采购应当作为政府采购的主要采购方式。

无论是集中采购与分散采购,还是自行采购与代理采购,只要采购项目的金额达到规定的数额标准,都应当采用公开招标方式进行采购。政府采购项目达到公开招标的数额标准,因特殊情况需要采用其他方式的,必须在采购活动前经设区的市级以上的政府采购监督管理部门批准。县级及以下政府以及各级政府采购监督管理部门以外的其他部门都无权批准;也不得在采购活动进行中或者结束以后补批,必须在采购活动开始前得到批准。采购人也不得以化整为零、故意拖延时间或者其他方式规避公开招标采购。

(四) 按照采购手段划分:传统采购和现代化采购

传统的采购方式是指依靠人力来完成整个采购过程的一种采购方式,如通过报纸、杂志、网络来发布采购信息,采购实体和供应商直接参与采购每个环节的具体活动等。

现代化采购方式是指主要依靠现代科学技术的成果来完成采购过程的一种采购方式,如采购卡采购方式和电子贸易方式。采购卡类似于信用卡,与信用卡的不同点在于,采购卡由财政部门统一发放给采购实体,采购实体的采购人员在完成采购后付款时,只需划卡就行。划卡记录包括付款时间、付款项目、付款单价和总价等信息,这些信息将报送财政部门备案审查。采购卡一般适用于小额采购,由于这种采购方式不需要签订合同,对于每年数以万次的小额采购来说,能够节约大量的纸张费用。电子贸易是指运用电子技术进行业务交易,包括电子邮件、电子信息、国际网络技术以及电子信息交换等。通过电子贸易来发布采购信息并完成采购交易,解决了传统采购方式下难以克服的时间和空间问题,使采购活动更加方便、快捷,大幅度降低了采购成本,提高了采购效率。

第二节 政府采购的原则与功能

一、政府采购的基本原则

基本原则是对具体制度中基本精神的概括和表述。法律基本原则的一个功能是保证具体实施活动中法律总体要求保持一致。另一个功能是指导法律解释和实施细则的制定工作。客观情况千变万化,对法律的解释和细则应当在基本原则框架内进行,以体现法律的基本方向。明确政府采购应当遵循的基本原则,是立法宗旨的具体体现方式。

在法律中明确政府采购的原则是国际惯例。在国际上,政府采购的原则表述方式很多,大致分为三个方面:一是核心原则,即公平竞争,它是建立政府采购制度的基石;二是通用原则,主要是透明度原则、公平交易原则、物有所值原则、公正原则等;三是涉外原则,即开放政府采购市场后应当遵循的原则,主要是国民待遇和非歧视性原则。其中,国民待遇原则是指缔约国之间相互保证给对方的自然人(公民)、法人(企业)以在本国境内享有与本国自然人、法人同等的待遇。通俗地讲,就是外国供应商与本国供应商享受同等待遇,即把外国的商品当作本国商品对待,把外国企业当作本国企业对待。非歧视性原则也就是无歧视待遇原则。

(一) 国际政府采购的基本原则

对政府采购所遵循的基本原则,各位学者的概括不尽相同。有的认为,政府采购所应遵循的基本原则为公开、公正、公平、竞争、高效、透明度六项内容。我国台湾著名采购学者叶彬在其《采购学》中认为,为确保供应商和承包商之间的公平竞争,政府采购制度必须向所有人公开采购规则和平等对待所有供应商,在采购过程中广泛邀请竞争和鼓励竞争。为了实现这一点,这一制度必须做到:第一,向所有供应商和承包商提供公平合理的待遇;第二,确保采购过程的诚实,消除欺诈和滥用;第三,确保在采购过程中得到公众的信任;第四,在让公众了解管理采购过程的法律和规章方面要透明;第五,提供一种公正的制度,使承包商和供应商因采购实体未遵守采购法律和规章而遭受的损失得到赔偿。这些观点可以归纳为:经济有效性原则、竞争性原则、公开性原则、公平性原则、公正性原则。

1. 经济有效性原则

也称物有所值原则。这是西方国家通用的原则之一,它是指投入(成本)与产出(收益)之比。在政府采购中经济有效性原则是指以最有利的价格采购质量最满足要求的物品,也就是常说的采购性价比高、价廉物美的物品。政府采购所需资金来源是税收,是纳税人的钱。因此,政府采购活动是用纳税人的钱采购货物、劳务和工程来为大众服务的。要使得整个采购做到物有所值,所选用的采购方式应具有竞争性,这样可以使采购的物品性能价格比最优。

国际上政府采购制度中都特别强调经济有效性原则。如联合国贸易法委员会《示范法》在序言中指出"应使采购尽量节省开销和提高效率";世界银行《采购指南》中提到"在项目实施中,必须注意经济性和有效性,包括货物和工程的采购"。

2. 竞争性原则

竞争性原则是政府采购法律制度的灵魂。竞争可以促使投标人提供更好的商品和技术,降低产品成本和投标报价,从而使用户可以以较低价格采购到优质的商品和服务。政府采购竞争性原则通过公开采购信息、规定招标公告的时限,从而确保供应商最大限度地参与竞争。

国际政府采购规则都将竞争性原则作为政府采购的一条重要原则。如《欧共体指令》将改善公共供应和服务合同有效竞争的条件作为其目标之一,并通过在共同体范围内授予合同的竞争来实现政府采购的经济有效目标。世界银行认为,为了实现政府采购目标,最好的办法是实行国际竞争性招标。

3. 公开性原则

也称为透明度原则。政府采购各种信息应公开化。公开性是政府采购的一个重要特征。政府采购使用的是公共资金,采购政策、采购程序要有透明度。透明度高的采购方法和采购程序具有可预测性,可使投标商计算出采购活动的代价和风险,从而提出最有竞争力的价格;还有助于防止采购机关随意地或不正当地做出采购决定,从而增强潜在的投标商参与采购的信心。

公开性原则有广义和狭义之分。广义上是指与政府采购法律制度以及政府采购活动有关的所有信息原则上都应当公开。狭义上则是指政府采购中的采购人或采购机构依据法定的条件和要求,向潜在供应商披露与政府采购活动有重大关系的有关信息。政府采购信息的公开符合全面性、真实性、易得性要求。所谓信息公开的全面性标准,是指采购人应当将与采购招标有关的信息除例外并被批准不公开的外全面毫无保留地披露。所谓信息公开的真实性标准,是指采购方所披露的信息必须是真实、准确的,不得存有虚假、遗漏、欺诈或误导的内容。所谓信息公开的易得性标准,又称供应商接近采购人真实信息的容易性,政府采购信息应该在相对固定的媒体上发布,各国政府采购实践都指定相对固定的媒体就是这个原则的具体体现。

4. 公平性原则

政府采购活动中各方当事人之间的权利与义务应当是大体对等的。它既适用于采购方与供应商之间的合同关系,也适用于采购方与采购方代理人之间的代理关系。

公平性原则主要包括两方面的内容。一是机会均等。政府采购因使用公共资金,所有供应商、承包商和服务提供者都应有获得政府采购的机会,凡符合条件的供应商都有资格参加。政府采购人或采购机构不能无故排斥有资格条件的供应商参加政府采购活动。二是待遇均等。政府采购信息要在相对固定的媒体上发布,便于所有供应商及时便利地获得,信息内容一致,资格条件对所有投标人使用统一标准。公平是竞争的重要前提,只有在公平的土壤上才能充分地竞争,促进政府采购目标的实现。

公平性原则是国际政府采购规则中的一个重要原则。《政府采购协议》和《欧共体指令》都规定非歧视原则是政府采购适用的重要原则。《示范法》也规定应给所有供应商和承包商以公正和平等的待遇。《采购指南》规定,所有世行成员国的投标商都可参加世行资助项目的投标活动并被给予平等待遇。

5. 公正性原则

公正性原则有别于公平性原则之处在于,公平性原则调整双方当事人之间的权利义务关系,公正性原则调整一方当事人与其余多方当事人之间的权利义务关系,强调的是一方当事人与其余多方当事人之间保持等边距离。强调政府采购活动必须体现公正原则,主要是因为政府开展采购活动的法律基础是供应商之间的法律地位平等原则和采购方与供应商之间的等价交换原则。此外,为了增强企业在国内外市场中的竞争力,必须强调政府采购行为的竞争性和开放性,鼓励企业踊跃参与政府采购活动。只有这样,才能使供应商自由地加入政府采购市场,使采购者有充分机会挑选最佳的合同当事人。因此,在开展政府采购活动时,要公正和平等地对待所有供应商。

(二) 我国政府采购的基本原则

我国政府采购法规定了政府采购必须遵循公开透明原则、公平竞争原则、公正原则和诚实信用原则等四条原则,俗称"三公一诚"。在这些原则中,公平竞争是核心,公开透明是体现,公正和诚实信用是保障。

1. 公开透明原则

公开透明是政府采购必须遵循的基本原则之一,政府采购被誉为"阳光下的交易"即源于此。政府采购的资金来源于纳税人缴纳的各种税金,只有坚持公开透明,才能为供应商参加政府采购提供公平竞争的环境,为公众对政府采购资金的使用情况进行有效监督创造条件。公开透明要求政府采购的信息和行为不仅要全面公开,而且要完全透明。仅公开信息但仍搞暗箱操作属于违法行为。依据政府采购法的精神,公开透明要求做到政府采购的法规和规章制度要公开,招标(采购)信息及中标或成交结果要公开,开标活动要公开,投诉处理结果或司法裁减决定等都要公开,使政府采购活动在完全透明的状态下运作,全面、广泛地接受监督。

2. 公平竞争原则

公平原则是市场经济运行的重要法则,是政府采购的基本规则。公平竞争要求在竞争的前提下公平地开展政府采购活动。首先,要将竞争机制引入采购活动中,实行优胜劣汰,让采购人通过优中选优的方式获得价廉物美的货物、工程或者服务,提高财政性资金的使用效益。其次,竞争必须公平,不能设置妨碍充分竞争的不正当条件。公平竞争是指政府采购的竞争是有序竞争,要公平地对待每一个供应商,不能有歧视某些潜在的符合条件的供应商参与政府采购活动的现象,而且采购信息要在政府采购监督管理部门指定的媒体上公平地披露。政府采购法有关这方面的规定将推进我国政府采购市场向竞争更为充分、运行更为规范、交易更为公平的方向发展,不仅使采购人获得价格低廉、质量有保证的货物、工程和服务,同时还有利于提高企业的竞争能力和自我发展能力。

3. 公正原则

公正原则是为采购人与供应商之间在政府采购活动中处于平等地位而确立的。公正原则要求政府采购要按照事先约定的条件和程序进行,对所有供应商一视同仁,不得有歧视条件和行为,任何单位或个人无权干预采购活动的正常开展。尤其是在评标活动中,要严格按照统一的评标标准评定中标或成交供应商,不得存在任何主观倾向。为了实现公正,政府采购法提出了评标委员会以及有关的小组人员必须要有一定数量的要求,要有各方面代表,而且人数必须为单数,相关人员要回避,同时规定了保护供应商合法权益及方式。这些规定都有利于实现公正原则。

4. 诚实信用原则

诚实信用原则是发展市场经济的内在要求,在市场经济发展初期向成熟时期过渡阶段,尤其要大力推崇这一原则。诚实信用原则要求政府采购当事人在政府采购活动中,本着诚实、守信的态度履行各自的权利和义务,讲究信誉,兑现承诺,不得散布虚假信息,不得有欺诈、串通、隐瞒等行为,不得伪造、变造、隐匿、销毁需要依法保存的文件,不得规避法律法规,不得损害第三人的利益。政府采购相关法律法规对有违诚实信用原则的行为以及违法后应当承担的法律责任做了相应规定。坚持诚实信用原则能够增强公众对采购过程的信任。

(三) 政府采购基本原则执行中的注意点

我国现行的政府采购法规定的政府采购基本原则,除涉外性原则外,基本上涵盖了国际上通行的基本原则,充分体现了立法宗旨的要求,在执行中应当严格遵循。总结我国政府采购试点情况的经验与教训,在政府采购执行过程中,应当注意以下几个方面的问题:

1. 不得擅自使用涉外性原则

如前所述,政府采购的涉外性原则是政府采购市场开放后应当遵循的一项基本原则。根据WTO的规则以及国际惯例,政府采购市场开放是对等的,不是单边开放。由于社会各界对政府采购的国际规则了解不够,造成了我国政府采购市场的单边开放,采购人采购外国产品的现象非常普遍,外国产品和外国供应商大量进入了我国的政府采购市场,而我国的产品和供应商却无法也无权进入外国政府采购市场。这种现象挤占了我国产品和供应商应有的市场,严重损害了公共利益和国家利益。

按照政府采购法的规定,政府采购的公平竞争是指国内产品和国内供应商之间的竞争,公正是指采购人与国内供应商之间的交易要做到公正,都不涉及外国产品和外国供应商。政府采购法实施后,采购人要严格按照规定采购国内货物、工程和服务。擅自采购外国货物、工程和服务的行为属于违法行为,要受到严肃处理。

2. 要消除地区封锁和行业垄断,促进充分竞争

目前,地区封锁和行业垄断现象较为普遍,分割了政府采购市场,阻碍了生产要素的自由流动。这种格局难以实现公平竞争,也妨碍了充分竞争,阻碍了全国政府采购大市场的形成和发展，限制了政府采购制度优越性的发挥。因此，要从全局和大局出发，破除壁垒，为政府采购营造充分竞争的社会环境。

3. 要提高政府采购的透明度

政府采购信息必须按照本法规定，在财政部指定的媒体上全面、及时地公布。要将公开招标作为主要采购方式，采购过程和各项采购决定都要做到公开透明，从根本上消除暗箱操作行为。

4. 坚决贯彻落实政府采购原则

要抑制个人偏好，避免因干预正常采购活动而影响政府采购原则的贯彻落实。

（四）我国政府采购基本原则的探讨

现阶段，我国的政府采购在一定程度上存在"重程序，轻结果"的现象，在遵循政府采购"三公一诚"的原则下，依法依规实施采购，却不一定能达到满意的采购效果。因此，《政府采购法》（征求意见稿）在现有的四大原则基础上增加了"讲求绩效原则"，即政府采购应当遵循公开透明原则、公平竞争原则、公正原则、诚实信用原则和讲求绩效原则。预算部门和单位应当落实全过程绩效管理要求，根据部门预算绩效目标合理确定采购需求、采购计划和采购合同，提升财政支出绩效水平。对于技术创新、节约资源和提前交付能够更好实现经济社会效益的情形，合同当事人可以将合同价款的支付与供应商履约行为挂钩，依据供应商提供的货物、工程和服务质量、满意度或者资金节约率等支付合同价款。

二 政府采购的基本功能

（一）国际政府采购的基本功能

1. 经济效益功能

经济效益一般是指社会再生产过程中投入和产出的比较。这里的投入（inputs），是指在生产过程中耗费或占用的人力、物力和财力的总和，一般称为劳动消耗或劳动占用量。这里的产出（outputs），是指在生产过程中提供的劳动成果，一般应该指满足社会需要的劳动成果。从投入产出角度分析政府采购的经济效益，实际上是指政府在市场购买过程中所投入（消耗掉）的资金与它所产生的社会经济效用，或满足社会需求的满意程度的比较。

政府采购的经济效益包括微观经济效益与宏观经济效益。政府采购的微观经济效益是从单个实体角度讨论政府的购买行为，如某机关单位通过政府集中采购购买的办公设备，既节约了资金，又使办公效率大大提高。政府采购的宏观经济效益是指政府购买在经济总体运行过程中所起的作用和产生的效益，是从国民经济总体角度考虑的全社会的经济效益，是研究政府采购在社会总需求和总供给之间的平衡中所起的作用。政府采购的宏观效益是财政支出效益中的重要部分，尤其在发展中国家，政府购买性支出占财政支出的比重较高，因此，政府采购的宏观经济效益是研究采购支出的规模效益、结构效益，以及采购支出在教育、科研、行政管理、支农资金支出、国防等领域的作用。

政府采购的宏观经济效益和微观经济效益从总体上来说是一致的，但有时也会发生冲突。二者一致体现在微观经济效益是宏观经济效益的基础，宏观经济效益是微观经济效益的前提和外部条件。

2. 宏观调控功能

发挥政府采购的宏观调控作用,是国际上的通行做法。在国际上,利用政府采购实施的经济和社会政策目标很多,主要有以下几点。①购买国货,支持本国企业发展。②促进就业。要求拿到一定规模采购合同的企业,必须安排一定数量的失业人员。③保护环境。如我国的香港特区鼓励采购再生纸张。④支持中小企业发展。如美国的中小企业法规定,10万美元以下的政府采购合同,要优先考虑中小企业,通过价格优惠方式对中小企业给予照顾。中型企业的价格优惠幅度为6%,小企业为12%。《小企业和劣势企业分包合同法》规定,政府采购合同中,凡是50万美元以上的货物合同和100万美元以上的工程合同,中标企业都必须提交分包计划,将合同价的40%分包给小企业。大多数国家的政府采购法律中都有类似规定。⑤保护妇女权益,对妇女经营的企业给予支持,对歧视妇女就业的企业给予禁止准入政府采购市场的处分。⑥保护残疾人兴办的企业等。

(二) 我国政府采购的基本功能

我国《政府采购法》总则第1条明确规定"为了规范政府采购行为,提高政府采购资金的使用效益,维护国家利益和社会公共利益,保护政府采购当事人的合法权益,促进廉政建设,制定本法",第9条还规定"政府采购应当有助于实现国家的经济和社会发展政策目标,包括保护环境、扶持不发达地区和少数民族地区、促进中小企业发展等"。

对我国政府采购的制度功能理论界没有统一的观点,笔者依据《政府采购法》规定将政府采购功能概括为监督功能和政策功能。《政府采购法》规定的"规范政府采购行为,提高政府采购资金的使用效益,维护国家利益和社会公共利益,保护政府采购当事人的合法权益,促进廉政建设",实际可理解为政府采购的监督功能。而政府采购"实现国家的经济和社会发展政策目标,包括保护环境、扶持不发达地区和少数民族地区、促进中小企业发展等"可归纳为政府采购的政策功能。

1. 政府采购的监督功能

(1) 提高资金使用效益。政府采购资金主要是指财政性资金,推行政府采购制度将财政监督管理延伸到使用环节,从货币形态延伸到实物形态,可降低采购成本,提高财政资金的使用效益。《政府采购法》颁布以来,政府采购的范围和规模不断扩大,经济效益明显提升,社会关注度和影响力日益提高。货物类采购从通用类货物向专用类货物延伸,服务类采购从专业服务快速扩展到服务外包、公共服务等新型服务领域。全国政府采购规模由2002年的1 009亿元增加到2019年的33 067.0亿元,占全国财政支出和GDP的比重分别为10.0%和3.3%。

(2) 保护当事人合法权益。政府采购的当事人包括各级政府的国家机关、事业单位、团体组织、供应商以及采购代理机构(集中采购机构、招标代理公司等社会中介机构)。政府采购活动在进入采购交易时,政府和供应商都是市场参与者,其行为属于商业性行为,并且各当事人之间是平等的。但是,在实际工作中,由于采购人都是政府单位,处于强势地位,容易出现政府采购人将政府行为和行政权限带到交易活动中的现象。其他当事人因有求于采购机构，处于被动地位。要建立政府采购各当事人之间平等互利的关系和按规定的权利和义务参加政府采购活动的规则。从保护弱者角度考虑，还要特别赋予供应商对采购机构和采购活动投诉的权利，加强监督和制约，在保护采购机构合法权益的同时，也要保护供应商和中介机构的合法权益。

（3）促进廉政建设。政府采购制度是财政监督机制的有机组成部分，它是财政分配职能的延伸，是对财政支出的监督和管理。政府采购制度使政府的各项采购活动在公开、公正、公平的环境中运作，形成了财政、审计、供应商和社会公众等全方位参与监督的机制，从而从源头上有效地抑制了公共采购活动中的各种腐败现象。

2. 政府采购的政策功能

政府采购的政策功能是指政府采购从社会公共利益出发，按照社会公众的需求，综合考虑政府采购的社会效果和经济效果，通过制定政府采购政策、确立采购对象等，控制公共采购资金的使用顺序和方向，直接影响供应商的生产和销售行为以及投资选择，促进政府经济的发展和社会目标的实现。

政府采购发挥宏观调控作用的基础是将政府机构作为一个消费者对待，采购资金就具备了规模，通过政策引导，使之在实现国家的经济和社会发展政策等方面发挥合力作用。

（1）保护环境。这一目标要求政府采购要有利于促进产品制造环境的改造，并采购符合环境保护要求的产品。也就是说，政府采购不能采购环保不合格企业生产的产品，如小造纸厂生产的纸张。政府采购要考虑环保要求，将政府采购形成的商业机会向符合环境保护要求的企业或产品倾斜，鼓励和支持这类企业的发展。

（2）扶持不发达地区和少数民族地区的发展。不发达地区和少数民族地区的经济发展水平不高，企业竞争实力普遍不强，促进这些地区的发展是国家经济实现均衡发展的客观要求，完全靠市场经济作用很难实现这一要求。政府采购可以将政府采购形成的商业机会向这些地区倾斜，在竞争的前提下，将采购合同优先给予相对有实力的不发达地区和少数民族地区的供应商，支持企业发展，提高企业的竞争实力，逐步改变不发达的状况。

（3）促进中小企业的发展。在政府采购活动中，中小企业因规模小，竞争力不强，处于弱势地位，所以通常难以拿到相应的采购合同。但是，中小企业也是纳税人，有权利享受政府采购带来的商机。同时，中小企业是社会就业的主要渠道，对维护社会稳定起着至关重要的作用，应当给予必要的扶持。因此，政府采购应当将一定限额以下的采购项目在适合中小企业承担的基础上，适度向中小企业倾斜，甚至可以规定把年度政府采购总额的一定比例留给中小企业，以扶持中小企业发展。

《政府采购法》颁布以来，政策功能实现重大突破。推动节能减排的采购政策成效初显，强制采购节能产品制度基本建立，节能环保清单管理不断优化。支持中小企业发展的政府采购政策框架基本形成。预留采购份额、给予评审优惠、鼓励联合体投标、信用担保等举措扎实推进。优先采购本国产品的政策逐步建立。政府采购进口产品的审核管理全面加强，全国政府采购总量中进口产品比例保持在3%以内。政府采购的政策功能在更高层次、更大领域得到重视。

(三) 我国政府采购的政策功能

从西方发达国家的经验来看,利用政府采购政策扶持企业自主创新,推进企业技术创新、产品创新和产业结构升级,保护幼稚企业是它们的普遍做法。世界上许多国家的经验也证明,只有在国家政策中将拥有技术创新能力和实力的企业作为扶持重点,才能使国内企业和品牌获得持续的发展空间和后续动力,最终带动产业经济的快速兴起。日本、德国、韩国等许多国家无一例外都有相似的政策规定。正因为政府的相关产业政策和政府采购政策相互配合,这些国家的众多企业品牌得到了快速发展,不但在本国成为民族品牌的代表,而且还成为国际知名品牌。这些国家的成功做法为我们充分发挥政府采购制度的政策功能、推进本国企业自主创新提供了宝贵的经验,值得我们借鉴。

20世纪90年代,我国开始试点政府采购制度时,政府采购的政策功能就一直被学界和政府部门反复强调。2003年正式实施的《政府采购法》,首次将政府采购的政策功能以立法形式明确下来。其第九条明确,政府采购应当有助于实现国家的经济和社会发展政策目标,包括保护环境、扶持不发达地区和少数民族地区、促进中小企业发展等;第十条明确,政府采购应当采购本国货物、工程和服务。

2015年3月起实施的《政府采购法实施条例》第六条进一步明确,国务院财政部门应当根据国家的经济和社会发展政策,会同国务院有关部门制定政府采购政策,通过制定采购需求标准、预留采购份额、价格评审优惠、优先采购等措施,实现节约能源、保护环境、扶持不发达地区和少数民族地区、促进中小企业发展等目标。

除政府采购法律法规外,一系列发挥政府采购政策功能的配套文件也相继出台。

2004年12月,财政部、国家发展和改革委联合发布《节能产品政府采购实施意见》和首批《节能产品政府采购清单》,要求"各级国家机关、事业单位和团体组织用财政性资金进行采购的,应当优先采购节能产品,逐步淘汰低能效产品",并指出"采购人或其委托的采购代理机构未按上述要求采购的,有关部门要按照有关法律、法规和规章予以处理,财政部门视情况可拒付采购资金"。

2005年12月,财政部、国家发展和改革委、信息产业部联合发布《无线局域网产品政府采购实施意见》及《无线局域网认证产品政府采购清单》,明确采购人采购无线局域网产品和含有无线局域网功能的计算机、通信设备、打印机、复印机、投影仪等产品时,在政府采购评审方法中,应考虑信息安全认证因素,优先采购清单中的产品。实施意见自2006年2月1日起执行。

2006年10月,财政部、国家环保总局联合印发《关于环境标志产品政府采购实施的意见》和首批《环境标志产品政府采购清单》,要求采购人采购的产品属于清单中品目的,在性能、技术、服务等指标同等条件下,应优先采购清单中的产品。在政府采购活动中,采购人应在政府采购招标文件中载明对产品的环保要求、合格供应商和产品的条件,以及优先采购的评审标准。此后,节能、环保清单管理不断优化,相关部委定期调整更新两大清单,推动节能减排的采购政策成效初显,强制采购节能产品制度基本建立。

2011年9月,财政部下发《关于开展政府采购信用担保试点工作的通知》《关于开展政府采购信用担保试点工作方案》，决定从 2012 年 1 月起在中央本级和北京、黑龙江、广东、江苏、湖南、河南、山东、陕西等省(市)开展暂定为期 2 年的政府采购信用担保试点工作。此项工作旨在落实国务院《关于进一步促进中小企业发展的若干意见》(国发〔2009〕36 号)文件精神，将在政府采购领域引入信用担保手段作为政府采购支持中小企业发展的有效措施之一。

2011 年 12 月，财政部、工信部联合发布《政府采购促进中小企业发展暂行办法》，明确我国政府采购制度将结合国内实际，采取预留采购份额、降低门槛、价格扣除、鼓励联合体投标和分包等具体措施促进中小企业发展，并将通过政府采购计划管理、合同管理、报告和公开制度、信息化建设等措施保证该项政策落实。这是首个政府采购扶持中小企业发展的细化政策。

2014 年 6 月，财政部、司法部联合发布《关于政府采购支持监狱企业发展有关问题的通知》，明确在政府采购活动中，监狱企业视同小型、微型企业，享受预留份额、评审中价格扣除等政府采购促进中小企业发展的扶持政策。向监狱企业采购的金额计入面向中小企业采购的统计数据。除享受政府采购促进中小企业发展各项优惠政策外，监狱企业还将在制服、印刷等政府采购项目中获得预留份额。

2017 年 8 月，财政部、民政部、中国残疾人联合会印发《关于促进残疾人就业政府采购政策的通知》，明确自 2017 年 10 月起，在政府采购活动中，残疾人福利性单位视同为小型、微型企业，享受预留份额、评审中价格扣除等促进中小企业发展的政府采购政策。向残疾人福利性单位采购的金额计入面向中小企业采购的统计数据。

2020 年 12 月，为落实中央深化改革委员会第五次会议审议通过的《深化政府采购制度改革方案》和中共中央办公厅、国务院办公厅印发的《关于促进中小企业健康发展的指导意见》关于完善政府采购扶持中小企业政策相关要求，财政部会同工业和信息化部在充分调研的基础上，研究修订了《政府采购促进中小企业发展管理办法》(财库〔2020〕46 号)，完善相关政策措施。

根据政府采购的特性、发达国家实施政府采购制度的经验以及我国采用政府采购制度的实践成效来看，政府采购的政策功能可概括为以下三个方面：

1. 调控功能

调控功能是指政府采购通过调整采购总量来实现对经济的总量调控，以促进经济增长，保持宏观经济稳定。首先，从政府采购本质来看，政府采购是政府支出的安排和使用行为，政府在政府采购中具有一定的主动性，可以通过调整采购总量来实现对经济的总量调控；其次，从市场经济的特点来看，在市场经济条件下，市场在资源配置上起决定性作用，为了弥补市场缺陷，政府必须用有限的资源进行调控，政府采购作为政府调控的主要手段之一，通过增减采购支出来调控社会总需求；再次，根据宏观经济学原理，政府采购支出的增减对国民经济有着重要影响，政府采购对社会总需求有一种乘数效应，政府采购支出的增加会引起社会总需求的额外增加，继而引起国民收入的成倍增加，政府采购支出的减少，同样会引起国民收入的成倍减少。因此，政府可以通过调整采购总量来实现对经济的总量调控,达到稳定物价、保持宏观经济稳定的目的。

2. 导向功能

政府采购作为一项巨额的政府财政支出活动,在发挥宏观调控作用的同时,还具有明显的导向作用。一是产业导向。通过对采购对象的选择引导国民经济各产业进行重新布局,促进产业结构调整,加快相关产业的发展。例如在采购支出中对幼稚产业、重点行业予以扶持。二是产品导向。通过界定采购标准对采购品种进行选择以及在政府采购中体现支持技术创新的机制,促进产品结构调整,加快产品换代升级。例如在同等条件下,让采用先进技术的供应商优先中标,优先购买节能和环保产品等,促使供应商进行技术创新,引导高新技术发展。三是地区导向。通过制定相关的政府采购政策,以支持某些特殊地区发展,促进地区经济发展的均衡等。

3. 保护功能

政府采购保护功能的发挥可体现在三个方面。一是保护民族产业。发挥政府采购对民族产业的保护功能是世界上许多国家通行的做法,民族产业是一国经济的基石,对其保护不仅符合经济全球化对提高民族产业竞争力的要求,也可以起到维护国家安全和民族利益的作用。我国《政府采购法》第十条规定,"政府采购应当采购本国货物、工程和服务",也就是要求政府利用政府采购手段,最大限度地保护民族产业,制定明确的"国货"标准,购买国货,支持国内发展。二是保护中小企业。通过制定扶持中小企业的采购政策来促进以中小企业为主的非公有经济的可持续发展。例如制定明确的、操作性强的能使中小企业优先中标的政策,细分采购标的,为中小企业预留一定比例的采购合同,优先选择同中小企业合作密切的大企业中标等方法。三是保护环境。通过制定市场准入、竞争等规则,发挥环境保护的功能。

第三节 政府集中采购目录与限额标准

一、政府集中采购目录

政府采购目录是有关政府采购主管部门依据提高采购质量、降低采购成本的原则,对一些通用的、大批量的采购对象应纳入政府采购管理和进行集中采购而确定的,并由政府部门公布的货物、工程、服务的范围和具体的名称清单。

政府采购目录可分政府集中采购目录和部门集中采购目录。属于中央预算的政府采购项目,其政府采购目录由国务院确定并公布,属于地方预算的政府采购项目,其政府采购目录由省、自治区、直辖市人民政府或者授权的机构确定并公布。如表1-1为2020年度某省省级政府集中采购目录,该集中采购目录会按照要求提前在政府采购指定媒体上公布。

表 1-1 2020 年度某省省级政府集中采购目录

类别	编码	品目	集中采购数额标准	备注
货物类	A020101	计算机设备	预算 100 万元及以上	
	A02010103	服务器	预算 100 万元及以上	
	A02010104	台式计算机	预算 100 万元及以上	
	A02010105	便携式计算机	预算 100 万元及以上	
	A020108	计算机软件	预算 100 万元及以上	
	A02010805	信息安全软件	预算 100 万元及以上	
	A020103	信息安全设备	预算 100 万元及以上	预算 20 万元(含)—100 万元(不含)协议供货
	A02010601	打印设备	预算 100 万元及以上	
	A0202	办公设备	预算 100 万元及以上	
	A020305	乘用车	预算 100 万元及以上	预算 100 万元(不含)以下协议供货,全省联动
	A020306	客车	预算 100 万元及以上	预算 100 万元(不含)以下协议供货,全省联动
	A02051228	电梯	预算 100 万元及以上	
	A02051504	不间断电源(UPS)	预算 100 万元及以上	
	A0206180203	空调机	预算 100 万元及以上	
	A020808	视频会议系统设备	预算 100 万元及以上	
	A05	图书	预算 100 万元及以上	预算 20 万元(含)—100 万元(不含)协议供货
	A06	家具用具	预算 100 万元及以上	预算 20 万元(含)—100 万元(不含)协议供货
工程类	B	工程		预算 20 万元(含)—100 万元(不含)协议供货
服务类	C01	科学研究和试验开发(含科研课题)	预算 100 万元及以上	
	C02	信息技术服务	预算 100 万元及以上	
	C030102	互联网接入服务	预算 100 万元及以上	
	C0403	车辆及其他运输机械租赁服务	预算 100 万元及以上	
	C050301	车辆维修和保养服务	预算 100 万元及以上	预算 100 万元(不含)以下协议供货(定点采购)
	C050302	车辆加油服务	预算 100 万元及以上	预算 100 万元(不含)以下协议供货(定点采购)

续表

类别	编码	品目	集中采购数额标准	备注
服务类	C0601	会议服务		继续执行2019年协议供货(定点采购)中标名录,全省联动
	C0602	展览服务	预算100万元及以上	
	C0806	广告服务	预算100万元及以上	
	C0814	印刷和出版服务	预算100万元及以上	预算100万元(不含)以下协议供货(定点采购)
	C1204	物业管理服务	预算200万元及以上	预算200万元(不含)以下协议供货(定点采购)
	C1504	保险服务(含延保)	预算100万元及以上	
	C15040201	机动车保险服务	预算100万元及以上	预算100万元(不含)以下协议供货(定点采购)
	C16	环境服务	预算100万元及以上	
	C1902	社会服务	预算100万元及以上	
	C0302	云计算服务	预算100万元及以上	

备注:本集中采购目录的编码和品目按财政部《政府采购品目分类目录》执行。

为了便于实施,在集中采购目录中,应当分别列明通用商品集中采购目录和特殊商品集中采购目录,以明确集中采购机构的采购范围和部门集中采购的采购范围。

我国《政府采购法》及其实施条例对政府集中采购目录都有明确规定,其中,《政府采购法》第二条、第七条、第八条、第十八条和七十四条等条款中,都涉及对集中采购目录的规定。第二条规定,政府采购,是指各级国家机关、事业单位和团体组织,使用财政性资金采购依法制定的集中采购目录以内的或者采购限额标准以上的货物、工程和服务的行为。政府集中采购目录和采购限额标准依照本法规定的权限制定。第七条规定,政府采购实行集中采购和分散采购相结合。集中采购的范围由省级以上人民政府公布的集中采购目录确定。第八条规定,政府采购限额标准,属于中央预算的政府采购项目,由国务院确定并公布;属于地方预算的政府采购项目,由省、自治区、直辖市人民政府或者其授权的机构确定并公布。第十八条规定,采购人采购纳入集中采购目录的政府采购项目,必须委托集中采购机构代理采购;采购未纳入集中的采购目录的政府采购项目,可以自行采购,也可以委托集中采购机构在委托的范围内代理采购。纳入集中采购目录属于通用的政府采购项目的,应当委托集中采购机构代理采购;属于本部门、本系统有特殊要求的项目,应当实行部门集中采购;属于本单位有特殊要求的项目,经省级以上人民政府批准,可以自行采购。

集中采购目录是政府采购的基础。政府采购是指各级国家机关、事业单位和团体组织使用财政性资金采购依法制定的集中采购目录以内的或采购限额标准以上的货物、工程和服务的行为,因此,政府采购主要指纳入集中采购目录的项目的采购。由于政府机关、社会团体所需要的物品内容众多，性质各异，大到工程项目，小到铅笔纸张，《政府采购法》不可能将所有物品纳入其规范的范围。至于哪些项目需要规范和调整，主要取决于政府制定的集中采购目录，纳入集中采购目录的物品，无论采购对象是货物、工程还是服务，都要执行《政府采购法》的规定，按法定程序进行采购。而采购集中采购目录以外物品不受法律的调整，可以不执行《政府采购法》的规定。

我国的政府采购是集中采购与分散采购相结合的模式，而集中采购目录是划分集中采购与分散采购的标准。集中采购是指由政府设立的职能机构统一为其他政府机构提供采购服务的一种采购组织实施形式。一个部门统一组织本部门、本系统的采购活动，也称为集中采购。分散采购是指由各预算单位自行开展采购活动的一种采购组织实施形式。集中采购与分散采购相结合是指一级政府的政府采购组织实施形式既有集中采购，也有分散采购，二者同时并存。究竟采用何种模式主要依据集中采购目录来划分。

政府采购规模大小在某种程度上取决于集中采购目录的范围。政府采购规模的大小是衡量政府采购工作的一个重要指标。政府采购范围的不断扩展是政府采购规模扩大的重要前提，而政府采购范围正是由政府集中采购目录确定的。

集中采购目录是监督采购人执行政府采购制度的尺码。《政府采购法》规定纳入集中采购目录属于通用的政府采购项目的，应当委托集中采购机构代理采购；属于本部门、本系统有特殊要求的项目，应当实行部门集中采购；属于本单位有特殊要求的项目，经省级以上人民政府批准，可以自行采购。因此，采购人对于纳入集中采购目录的采购项目，必须委托集中采购机构代理采购，不得自行采购；目录外的可以自行采购。其次，《政府采购法》对集中采购目录以内项目如何组织实施做出了规定，即具体采购的组织实施由集中采购机构代理采购或由部门实行集中采购。

综上所述，集中采购目录是明确《政府采购法》适用的范围，决定具体采购项目组织实施形式，区分集中采购和分散采购的重要标准。制定政府采购集中采购目录，明确采购项目，实行集中采购，主要有利于形成批量，取得规模效益；减少重复采购，降低采购成本；方便管理和监督，促进政府采购有关政策取向的贯彻落实。

■ 政府采购限额标准

政府采购限额标准是单位实行政府采购的金额限额标准。具体来说，单位在采购一个项目时，如果这个项目未列入政府集中采购目录，但因为其采购金额超过了政府规定的政府采购限额标准，则必须要按《政府采购法》要求和程序进行集中采购；如果这个项目未列入政府集中采购目录，但因为其采购金额在政府规定的政府采购限额标准以内，则可以进行分散采购。分散采购虽然不必由集中采购机构采购，可以自行组织或委托代理机构采购，但同样必须按政府采购程序和要求进行。有一种较为普遍的观点认为，政府采购是指集中采购，分散采购不是政府采购。其实，集中采购和分散采购都是政府采购。政府采购的监督管理部门对集中采购和分散采购都要依法实施监督管理，采购人的分散采购活动也要依法开展。

政府采购限额标准属于中央预算的政府采购项目,由国务院确定并公布;属于地方预算的政府采购项目,由省、自治区、直辖市人民政府或者其授权的机构确定并公布。如表1-2为2020年度某省省级政府分散采购限额标准和公开招标数额标准,该标准会随集中采购目录在政府采购指定媒体上公布。

表1-2 某省2020年度某省省级政府分散采购限额标准和公开招标数额标准

项 目	限额标准
货物类	集中采购目录以内,单项或同批预算20万元(含)—100万元(不含);集中采购目录以外,单项或同批预算20万元(含)以上,有规定除外
服务类	集中采购目录以内,单项或同批预算20万元(含)—100万元(不含);集中采购目录以外,单项或同批预算20万元(含)以上,有规定除外
工程类	施工单项合同预算100万元(含)以上
公开招标数额标准:200万元(含)以上货物、服务类项目实行公开招标,因特殊情况需要采用公开招标以外采购方式的,应在采购活动前报财政政府采购监督管理部门批准	

三 政府集中采购目录和限额标准的制定与作用

根据《政府采购法》规定,政府集中采购目录和限额标准由省级以上政府确定并公布,但是在实际工作中,无论是由省级以上政府还是由其授权的机构确定和公布,基础工作基本上都是由财政部门承担的。因此政府集中采购目录和限额标准的制定执行是政府采购监管部门一项重要的基础工作。集中采购目录和限额标准的制定程序及要点如下:

(一)科学合理地制定政府集中采购目录

1. 深入调查研究。政府集中采购目录要全面反映当地实际的采购状况,要正确区分不能为与可能为的辩证关系,要结合采购机构的承受能力,科学合理地安排采购目录。如工程采购确实有难处就应缓行,待条件成熟时再做打算,以维护目录的权威性;而对于一些有业务发展前景的项目如农用物资、大宗救灾物资、消防设备、警用设备、教学设备等,虽然采购人的需求有一个循序渐进的过程,但作为一部完整的年度集中采购目录,要充分涵盖这些内容。

2. 内容宜粗不宜细,采购项目宜少不宜多。如果将采购项目排列得既多又细,一方面,采购内容很难涵盖全,容易漏项,对想不出、未查到、写不上的和后来出现的新技术、产品或事物,容易引起误读或争论,也难以操作。另一方面,内容太细往往会造成较大工作量和时间的浪费。集中采购中货物类只列一、二级,工程类、服务类增加三级目录,一般就能满足要求。这样还能使具体采购有增删添减的余地。

3. 能实行或预计实行的公布,暂时不实行的不公布,避免在编制预算等实际工作中产生不必要的争论和责任不清;目录基本每年公布一次,对陆续增加和补充的采购项目完全可以进行阶段性调整。

4. 集中采购目录和限额标准是编制下一年度政府采购预算的依据，因此在编制下一年度政府采购预算前及时公布下一年度政府集中采购目录和限额标准。以此时间递推，政府集中采购目录和限额标准应适当提前完成。

（二）进一步明确发布主体

省级政府在确定和公布集中采购目录与限额标准时，应当同时对省级、市级和县级的集中采购目录与限额标准做出规范。可由省级人民政府授权地、市、州级人民政府发布，地、市、县财政局或机关事务管理部门无权发布政府集中采购目录。集中采购目录应及时在财政部门指定的政府采购媒体上公布。

（三）按照组织主体分类编列

1. 明确划分通用类商品集中采购目录和特殊类商品集中采购目录，以此明确集中采购机构的采购范围和部门集中采购的采购范围。在制定集中采购目录时，应当避免将不具备批量的特殊项目列入其中，这类项目应当实行分散采购。目录类项目之间要严格区分，不要相互混淆。

2. 明确定点采购内容。对能够实行定点采购的诸如车辆保险、加油、统一印刷、办公用品采购等项目，在公布的目录中予以明确。

（四）及时宣传集中采购目录

要借政府采购目录颁布之机，广泛开展宣传活动，使采购人熟知目录范围和限额标准，以此为依据申报政府采购预算（计划）。

（五）严格按目录执行，自觉维护目录的权威性

政府集中采购目录一旦制定发布后，就具有了强制执行力，预算单位必须严格执行，以保障集中采购目录的全面落实。政府集中采购目录中应具有制约和监督条款，要把是否全部实行政府采购作为财务检查的内容等。

（六）加强对部门集中采购的监督与管理

部门、系统有特殊要求的项目与通用类项目都归属于集中采购，共同组成集中采购目录，都由政府采购监督管理部门负责监督管理，都要按照《政府采购法》有关规定操作，但两者有不同之处。一是采购内容不同。政府部门通用类设备采购，采购数量多，金额大，容易集中；部门、系统有特殊要求的采购项目，数量少、金额小、单一分散。二是操作机构不同。法律规定集中采购目录中通用类项目采购应由集中采购机构负责操作，部门、系统有特殊要求的项目采购应当实行部门集中采购，可以由有条件的部门自行组织采购，也可以由部门委托有政府采购资质的中介代理机构操作。少数地区因为采购总量较少，从加强管理角度出发，为充分利用集中采购效益，强化监督，而将政府采购目录内政府通用类采购项目与部门、系统有特殊要求的项目采购合而为一，审核批复采购计划并下达给集中采购机构。采购计划实际包括了两方面内容：应该由集中采购机构采购的和应该由部门集中采购的。两方面采购项目全部交由集中采购机构负责采购的做法不仅有违法律规定，而且存在其他负面影响。一是违反《政府采购法》采购人有权自行选择

采购代理机构,任何单位和个人不得以任何方式为采购人指定采购代理机构的规定。部门集中采购项目由谁操作应该由采购人自己选择。政府集中采购目录中未明确部门集中采购项目,无形中硬性规定了部门集中采购必须由集中采购机构负责,有指定采购代理机构之嫌。二是采购单位积极性受挫。硬性集中增加了部门采购成本,势必会导致采购单位采购积极性受到影响。三是采购质量难以保证。对于本部门、本系统有特殊用途的项目采购来说,部门具有丰富的经验,组织部门集中采购可以产生较好的效果;集中采购机构缺乏对部门、系统特殊用途项目的采购经验,技术、人力也有限,采购质量难以保证。四是采购效率较低。部门集中采购主要是特殊性的项目,集中在少数部门、系统,总量小,采购次数少,将其纳入集中采购机构采购,并不能在数量效益上有明显收益,反而降低了采购效率。

积极发展社会代理机构参与部门集中采购活动,以竞争方式促进市场,以市场促进采购效益。引入竞争机制,鼓励符合条件的社会中介机构参与部门集中采购活动,提高政府采购效益。

第二章 政府采购当事人

第一节 政府采购当事人概述

一 政府采购当事人概念界定

（一）政府采购当事人的定义

对于政府采购当事人的界定，目前有不同的提法，但大体表述基本相同：

1. 政府采购当事人是指在政府采购活动中享有权利和承担义务的各类主体，包括采购人、供应商和采购代理机构。

2. 政府采购当事人是指采购人和参加政府采购活动的供应商，其他参加人包括采购人委托的采购代理机构、政府采购评审专家、专业咨询人员、与采购活动有关的第三人等。

3. 政府采购当事人是指在政府采购活动中享有权利和承担义务的各类主体，法律明确规定的当事人包括采购人、供应商和采购代理机构等，但广义的当事人应当还包括评标专家、政府采购的监督管理部门、行政复议机关、社会公众等。

结合上述定义，本书给出的定义为：政府采购当事人是指在政府采购活动中享有权利和承担义务的各类主体，包括采购人、供应商、集中采购机构、社会代理机构、政府采购评审专家等。

（二）政府采购当事人的分类

对于参与政府采购活动的当事人，可以依据范围、职责任务等的不同划分出不同的类型。

1. 按照范围的大小划分

政府采购当事人通常划分为广义当事人和狭义当事人，广义当事人应当还包括评标专家、政府采购的监督管理部门、行政复议机关、社会公众等；而狭义当事人主要指采购人、供应商和社会代理机构等。

2. 按照参与政府采购活动的职责和任务的不同划分

依据参与政府采购活动的职责和任务的不同可以把政府采购当事人分为采购人、供应商、集中采购机构、获得资质的社会代理机构、政府采购评审专家等。

（1）采购人：依法进行政府采购的国家机关、事业单位、团体组织。

（2）供应商：向采购人提供货物、工程或者服务的法人、其他组织或者自然人。

（3）集中采购机构：设区的市、自治州以上人民政府根据本政府采购项目组织集中采购需要设立的集中采购机构。

（4）社会代理机构：具备一定条件的招投标代理中介机构。其具备的条件主要有两点：一是有省级以上有关政府部门授予的招投标代理资质，二是获得省级以上财政部门登记备案资格。社会代理机构的主要职能是为采购人提供采购代理服务，应当在采购人委托的事项和范围内开展工作。

（5）政府采购评审专家：经省级以上人民政府财政部门选聘，以独立身份参加政府采购评审，纳入评审专家库管理的人员。

二 政府采购当事人在政府采购中的角色

政府采购要求公正评审，除了评审专家独立客观评审外，还受许多条件和因素的制约，只有相关当事人共同营造政府采购评审公平公正的环境，政府采购评审才会变成真正意义上的"阳光评审"。政府采购当事人作为政府采购活动的主要参与者，在政府采购活动中担当着重要且不可或缺的角色。政府采购评审活动中各主要当事人、采购代理机构、政府采购评审专家和政府采购监管部门在构筑公正的政府采购评审机制中都应有明确的角色定位。

（一）采购人的角色

政府采购中的采购人，是政府采购需方主体，采购人在政府采购活动中应当维护国家利益和社会公共利益，公正廉洁，诚实守信，执行政府采购政策，建立政府采购内部管理制度，厉行节约，科学合理确定采购需求。

（二）供应商的角色

供应商作为政府采购活动供方主体，是重要的当事人之一，承担着向采购人提供合格采购对象的责任。政府采购作为社会公共采购，范围广、规模大，有巨大的市场潜力。按照公平、公正原则，供应商在政府采购市场上可以通过公平和公开竞争获得政府采购合同份额。

（三）集中采购代理机构的角色

政府集中采购代理机构是非营利性事业单位，应当根据采购人委托制定集中采购项目的实施方案，明确采购规程，组织政府采购活动，不得将集中采购项目转委托。其业务有强制性的，也有非强制性的，主要是负责组织实施集中采购活动。

（四）社会代理机构的角色

社会代理机构是集中采购机构以外的采购代理机构，是从事采购代理业务的社会中介机构。社会代理机构在政府采购活动中提供确定采购需求，编制招标文件、谈判文件、询价通知书，拟订合同文本和优化采购程序等专业化服务。根据采购人委托在规定的时间内及时组织采购人与中标或者成交供应商签订政府采购合同，及时协助采购人对采项目进行验收。社会代理机构应当建立完善的政府采购内部监督管理制度,具备开展政府采购业务所需的评审条件和设施。

（五）政府采购评审专家的角色

政府采购评审专家应当明确参与政府采购评标工作中的职责,以科学、公正、严谨的态度参加政府采购的评审工作,独立、负责地提出评审意见,并对自己的评审意见承担责任。同时要遵守评审工作纪律,不得泄露评审文件、评审情况和评审中获悉的商业秘密。

政府采购评审专家在政府采购评标定标中扮演重要角色,其行为的规范与否直接影响政府采购的公平公正。一位采购中心主任曾说,专家是政府采购过程中最重要的一个环节,他们是唯一可以确定结果甚至改变结果的人。因此专家评审工作的规范性至关重要。

1. 要用好发言权

（1）明确参与政府采购评标工作中的职责。作为政府采购评审专家,是政府与社会对专家的认可,其不仅需要展现自己的专业知识并服务于社会,还承担着重大的责任。专家的主要职责应该是为政府采购工作提供真实、客观、可靠的评审意见,为向采购人推荐中标单位提供可靠的技术保障。专家评审意见往往是采购项目质量的关键之一,专家要用好发言权,不辜负政府采购的信任;此外,专家还应该严格遵守政府采购评审工作纪律,不向外界泄露评审情况,并做好政府采购的参谋。

评审专家应经常根据《政府采购评审专家管理办法》对照自己,尤其注意其中对专家的基本要求:应具有良好的业务素质和职业道德,在从事和参加政府采购招标、竞争性谈判、询价、单一来源等采购活动的评审过程中都要以客观公正、廉洁自律、遵纪守法为行为准则,熟悉和及时掌握政府采购法律、法规、规章制度和方针政策方面的新规定。

（2）端正对待评标工作的态度。一是科学、公正、严谨的态度。以科学、公正、严谨的态度参加政府采购的评审工作,独立、负责地提出评审意见,并对自己的评审意见承担责任。不参加与专家有利害关系的政府采购项目的评审活动,并应主动地进行回避。二是学习的态度。在评审标书过程中经常遇到一些新的技术和产品,特别是侧重于技术解决方案的项目,以自己的知识面是无法全部覆盖的,因此,评审标书的过程就是一次很好的学习过程,它给了专家广泛了解投标单位的业务水平和技术特长的机会,一些优秀的方案、先进的技术和产品往往可以不断地扩充和更新自己的知识,为进一步做好政府采购的评审工作打下更扎实的基础。三是要尊重投标单位的劳动成果。参与投标的单位是花费了大量精力才完成投标文件的编制的,所以对待别人的劳动成果应持有尊重的态度。四是要有与政府采购代理机构及采购人密切合作和良好配合的态度。

2. 要敢于说"不"

作为一名政府采购评审专家,在许多时候,责任心比业务能力更重要。在一些重大问题上,要敢于说"不"。尤其是在某些具体特殊项目的评审过程中,可能会碰到不少矛盾,要处理好各种关系,有时还会受到一些不应出现的干扰、影响。在这样一种环境中,要做到独立思考、秉公直言,不人云亦云,表现出高尚的独立人格和真实的学识水平,这样才能得到大家的敬重,也才能真正实现一名专家的独特价值。

(六) 政府采购监管部门的角色

广义的政府采购当事人还包括政府监管部门,它们在政府采购活动中也承担着重要角色。

1. 为专家提供各种学习、培训机会

作为政府采购监管部门应多为专家提供学习的机会。政府采购评审专家都是单位的技术和业务骨干,分散在各行各业,平时接触政府采购的法律法规和招投标技巧不多,政府采购监管部门要多组织高层次的政府采购学习培训活动,以提高政府采购评审专家政府采购法规政策的水平。

2. 加强现场监督,提供良好独立的评审环境和平台

专家的独立性比较难保持,其中有专家自身的原因,也有外部原因。纵观专家出现的不诚信行为,其中有很大一部分原因来自外部,如行政的干扰、采购人的诱导等,因此监管部门要加强评审现场监管,减少现场的倾向性言论和干扰。

3. 管理好专家库,及时反馈信息,规范评审行为

根据现场专家评审反馈情况,及时研究并进行分类处理。对于评审活动中的"走眼"专家、泄露评标机密的"跑风"专家、滥竽充数的"南郭先生"等少数不合格的评审专家,政府采购监管部门有责任对这些违规评审专家按有关规定进行处理,处罚之中显规范。

三 政府采购当事人在政府采购中的作用

政府采购当事人在政府采购活动中发挥着重要的作用,具体体现在以下几点:

(一) 保证政府采购活动公平、公正

政府采购当事人在政府采购活动中要遵守政府采购的各项法律法规和规章制度,保证政府采购活动公平、公正地进行。

(二) 维护各方当事人合法权益

政府采购当事人在政府采购活动中要接受和配合政府采购监督管理部门的监督检查,同时还要接受和配合审计机关的审计监督以及监察机关的监察,以维护国家利益、社会公共利益和其他当事人的合法权益。

(三) 保证政府采购活动顺利进行

政府采购各方当事人在政府采购活动中要相互尊重彼此的合法权益,履行各自的职责和义务,保证政府采购活动的顺利完成。

1. 采购人、采购代理机构应当根据政府采购政策、采购预算、采购需求编制采购文件。

2. 供应商依据自身的权利可以自行选择采购代理机构,并要求采购代理机构遵守委托协议约定。

3. 政府集中采购代理机构进行政府采购活动,应当符合采购价格低于市场平均价

格、采购效率更高、采购质量优良和采购服务良好的要求。对于适合实行批量集中采购的集中采购项目,应当实行批量集中采购,但紧急的小额零星货物项目和有特殊要求的服务、工程项目除外。

4. 采购代理机构要遵守工作程序,严格审查政府采购供应商资格,依法确定中标供应商并对供应商履约进行验收,特殊情况下提出特殊要求。

5. 政府采购评审专家、专业咨询人员应当恪守职业道德,遵守工作纪律,不得泄露所获悉的商业秘密和尚未公开的采购项目情况。

第二节 政府采购当事人的基本构成

根据前面给出的政府采购当事人的定义,本书认为政府采购当事人的构成包括采购人、供应商、集中采购机构、社会代理机构、政府采购评审专家等。

一、政府采购采购人

(一)政府采购采购人的定义

对于政府采购采购人的定义目前有两种解读:

1. 政府采购采购人是政府采购的货物、工程和服务的购买人和使用人,也就是使用财政性资金采购集中采购目录以内或者限额标准以上工程、货物和服务的单位,这些单位主要是指国家机关、事业单位和团体组织。

国家机关包括各级人大机关、各级人民政府及其所属部门、各级人民法院以及各级人民检察院,此外还包括中共中央机关系统。事业单位是国家为了履行社会公益事业而设立的非行政和非营利的机构。事业单位分为自收自支、差额拨款和全额拨款三种类型。通常情况下,差额拨款和全额拨款的事业单位列入采购人范围,自收自支事业单位如果采购活动使用财政性资金或对社会公益有较大影响,则作为政府采购人。团体组织主要是民主党派、共青团等群众组织,财政供给的社会协会、联合会和基金会。

2. 采购人是指依法进行政府采购的机关法人、事业单位法人、社会团体法人和其他采购实体。根据我国宪法规定,国家机关包括国家权力机关、国家行政机关、国家审判机关、国家检察机关、军事机关等。事业单位是指政府为实现特定目的而批准设立的事业法人。团体组织是指各党派及政府批准的社会团体。其他采购实体是指实现政府目的,提供公共产品和公共服务的其他实体。

(二)政府采购采购人的基本特征

1. 采购人法律界定的特殊性。采购人是依法进行政府采购的国家机关、事业单位和团体组织,具有我国现行《中华人民共和国民法典》规定的民事行为能力,是独立享有民事权利和承担民事责任的法人组织,但不需要办理法人登记,从成立之日起便具有法人资格。政府采购的采购人不同于一般企业法人,更要与自然人相区别。

2. 采购人的公共权力性。采购人是依法进行政府采购的国家机关、事业单位和团体组织,采购人的采购活动关系到公共资金的使用和公共利益的实现,其本身又带有强烈的公共权力色彩,因而民法上的自治和合同自由原则不可能完全适用于政府采购活动,采购人的合同自治自由要受到公共义务的限制。[1]

3. 采购人的集体决策性。由于采购人的政府采购行为是为了实现政府或社会公众的某些特定目标,是为国家和社会公共利益服务的,在采购过程中,体现着国家意志和社会公共意志,不是个人消费,也不是企业消费,采购人的决策往往能够影响一个国家的产业政策发展。因此采购人的决策通常要经过集体决策的程序,其采购行为必须兼顾各方面的利益,从全局出发,以发挥政府采购的公平性和政策性,实现采购资源的优化。

4. 采购人采购过程的法律性。采购人的采购行为从需求提出、采购实施到采购验收都必须遵循政府采购法律法规,不允许有任何随意性。

二 政府采购供应商

(一) 政府采购供应商的定义

1. 政府采购供应商的定义。政府采购供应商是指参加政府采购活动,有意愿向采购人提供货物、工程或者服务的法人、非法人组织或者自然人。关于法人、非法人组织或者自然人,根据《中华人民共和国民法典》(以下简称《民法典》)的相关规定来界定。法人是依法成立,具有民事权利能力和民事行为能力,独立享有民事权利和承担民事义务的社会组织,包括企业法人、机关法人、事业单位法人和社会团体法人;非法人组织是指不具备法人条件的组织,主要包括合伙组织、个人独资企业、企业之间或企业与事业单位之间的联营等;自然人即《民法典》规定的具有完全民事行为能力,能够承担责任和履行义务的公民。供应商的各主体是指在我国境内注册登记的法人和其他组织以及中国公民,不包括在我国境外注册登记的法人和其他组织以及外国公民。

2. 在政府采购活动中需要明确的几个概念:潜在供应商、竞标供应商、中标(成交)候选供应商、中标(成交)供应商。

潜在供应商是指有能力向采购人提供符合其特定技术规格要求的货物、工程和服务的供应商。当采购人就特定采购项目发出采购需求要约后,所有有能力应约的供应商都是潜在供应商。

竞标供应商是指应约向采购人或采购代理机构递交投标(响应)文件,参与竞标的供应商。竞标供应商通常都是潜在供应商,但潜在供应商不一定都来竞标。

中标(成交)候选供应商是经专家评审推荐的符合实质性条件和要求,但还没有经过采购人确认的拟中标(成交)的供应商。一般情况下评审专家推荐一至多名中标(成交)候选供应商供采购人确定中标(成交)供应商。

---

[1] 于安,宋雅琴,万如意.政府采购方法与实务[M].北京:中国人事出版社,2012.

中标(成交)供应商是指在竞标过程中获得采购项目合同签订资格的供应商。中标(成交)供应商是由专家经过评审后推荐并经采购人确认的。中标(成交)供应商一定是竞标供应商,竞标供应商不一定成为中标(成交)供应商。

(二) 政府采购供应商的特征

只要符合政府采购法律规定条件的供应商都可以参加政府采购活动,任何单位和个人不得设置不合理条件歧视供应商。供应商可以公平地获得政府采购信息。同时供应商有权对政府采购活动进行监督。

1. 在实际的政府采购活动中,供应商往往处于弱势地位。政府采购人不同于一般个体采购主体和企业采购人,政府采购的主体是政府部门。政府是社会的管理者和领导者,在政府采购活动中作为买方,可能会自觉不自觉地带有管理者的影子,习惯以管理者的身份参与政府采购活动,表现为指定品牌者有之,拒签合同者也有之。另一个原因是目前是买方市场,在买方市场环境中,采购人是采购项目的买方,供应商激烈竞争的结果一定程度上就在于能否赢得采购人的信赖。即使供应商在采购活动中遭受了不公正待遇,为了长远合作考虑,可能也不会拿起法律武器去维护自己的权利。

2. 法律观念淡薄也是导致供应商在政府采购活动中处于弱势地位的原因之一,有法不依、违法违纪的现象仍然大量存在。尤其是在政府采购领域,《政府采购法》虽然已经颁布实施,但还有许多不完善之处,政府采购公开公平的环境还没有完全形成,这在一定程度上会导致供应商利益受损。

其实,采购人和供应商作为交易的供需双方,应该相互尊重、彼此信任,共同推动政府采购事业顺利发展。

三 政府集中采购机构

(一) 政府集中采购机构的概念

对于政府集中采购机构概念的解读也有两种不同的看法,但表述基本相同:

1. 政府集中采购机构是指由各级政府依据《政府采购法》的规定成立的负责本级政府机关、事业单位和社会团体纳入集中采购目录项目的采购的非营利性事业单位。

2. 集中采购机构是县级以上人民政府根据本级政府采购项目组织集中采购的需要设立的非营利性事业单位法人。

集中采购是政府采购管理的主要组织形式,也是政府采购实施的重要保障。《政府采购法》明确规定"设区的市、自治州以上人民政府根据本级政府采购项目组织集中采购的需要设立集中采购机构"。目前新的修订意见建议县市级政府可以根据需要设立集中采购机构。

(二) 集中采购机构的工作要求

集中采购机构进行政府采购活动,应当符合采购价格低于市场平均价格、采购效率更高、采购质量优良和服务良好的要求。对于适合实行批量集中采购的集中采购项目,应当实行批量集中采购,但紧急的小额零星货物项目和有特殊要求的服务、工程项目除外。

1. 集中采购机构是政府采购规模效应的主要贡献者

集中采购机构可以集中各采购人的同类需求,减少采购活动的次数,分门别类地进行整合,合理安排项目,科学打包,通过专业采购、定期采购、合并采购等多种形式降低采购活动成本,节约社会总成本,真正实现大批量集约化规模化效应,实现政府采购目标的经济性和规模性。

2. 集中采购机构专业化、标准化和规范化程度高

集中采购机构为政府设立的事业单位,经费来源主要是财政拨款,追求利润最大化动机不强,成本核算压力不大,采用现代信息技术和现代管理手段的积极性高。从全部采购机构来看,政府集中采购机构的标准化程度最高。

3. 政府采购法律法规对集中采购机构具有更强的约束性

政府采购法律法规要求集中采购机构建立健全内部监督管理制度,形成相互监督、相互制约的运行机制,促进了集中采购机构内部管理和运行的规范化。集中采购机构的采购活动便于集中监督。集中采购机构的设立使监督对象相对集中,可以通过公开透明的采购程序、严格有效的监督管理机制和约束制衡机制,有效地规范采购行为,抑制政府采购活动中腐败现象的发生。

4. 集中采购机构是促进政府采购实现经济、社会发展目标的主要实践者

政府采购是宏观经济调控的重要手段,《政府采购法》规定政府采购应当有助于实现国家的经济和社会发展目标,如购买国货、保护环境、采购节能产品、扶持不发达地区和少数民族地区、促进中小企业发展等。与其他采购代理机构的营利性不同,集中采购机构是非营利性事业单位,作为政府批准组建的独立机构,有利于贯彻落实政府采购宏观调控政策,促进国家经济和社会发展目标的实现。

5. 集中采购机构在政府采购活动中超然独立,政府采购改革示范效应明显

集中采购机构因资金相对有保障,没有"业务"压力,在利益上与供应商和采购人相对超然,无须采取"非常"手段承揽业务,在政府采购活动中,只需按照采购人委托,遵循规范的采购程序,接受社会各界的监督,采购结果相对公平合理。

四 政府采购社会代理机构

(一) 政府采购社会代理机构的定义

政府采购代理机构从广义来说包括政府集中采购机构和社会代理机构。狭义的政府采购代理机构就是政府采购社会代理机构。社会代理机构是从事采购代理业务的社会中介机构。

政府采购社会代理机构是经国家工商行政管理部门登记注册的营利性组织,属于企业法人。社会代理机构与采购人之间是民事主体关系,委托代理行为建立在平等自愿的基础上,并通过签订民事合同来约定双方的权利和义务,它只需在委托人的授权范围内

以代理人的身份办理政府采购业务。

政府采购社会代理机构实行名录登记管理。省级财政部门依托中国政府采购网省级分网(以下简称省级分网)建立政府采购代理机构名录(以下简称名录)。名录信息全国共享并向社会公开。代理机构在其注册地省级行政区划以外从业的,应当向从业地财政部门申请开通政府采购管理交易系统相关操作权限,从业地财政部门不得要求其重复提交登记材料,不得强制要求其在从业地设立分支机构。

(二)政府采购社会代理机构与政府集中采购机构的区别

政府采购社会代理机构是指取得财政部门认定资格的,依法接受采购人委托,从事政府采购货物、工程和服务采购代理业务的社会中介机构。从职责上讲,政府采购社会代理机构与政府集中采购机构区别不大,都是代理采购人进行采购活动。所不同的是,二者代理范围不同,政府集中采购机构的职责范围主要是集中采购目录规定的范围,而政府采购代理机构的代理范围是集中采购目录范围之外的政府采购业务。集中采购目录的宽窄决定着它们各自的业务范围,就目前政府采购实践来看,集中采购目录一般比较宽,社会代理机构的业务在政府采购活动中处于补充从属地位。

五 政府采购评审专家

(一)政府采购评审专家的定义

政府采购评审专家是指经省级以上人民政府财政部门选聘,以独立身份参加政府采购评审,纳入评审专家库管理的人员。

评审专家实行统一标准、管用分离、随机抽取的管理原则。财政部负责制定全国统一的评审专家专业分类标准和评审专家库建设标准,建设管理国家评审专家库。省级人民政府财政部门负责建设本地区评审专家库并实行动态管理,与国家评审专家库互联互通、资源共享。各级人民政府财政部门依法履行对评审专家的监督管理职责。

(二)政府采购评审专家的入库标准

1. 具有良好的职业道德,廉洁自律,遵纪守法,无行贿、受贿、欺诈等不良信用记录;

2. 具有中级专业技术职称或同等专业水平且从事相关领域工作满8年,或者具有高级专业技术职称或同等专业水平;

3. 熟悉政府采购相关政策法规,能够认真、公正、诚实、廉洁地履行职责;

4. 承诺以独立身份参加评审工作,依法履行评审专家工作职责并承担相应法律责任的中国公民;

5. 不满70周岁,身体健康,能够承担评审工作;

6. 申请成为评审专家前三年内,在招标、评标及有关招投标活动中没有违法记录。

对评审专家数量较少的专业,第2项、第5项所列条件可以适当放宽。

第三节 政府采购当事人的基本职能

根据《政府采购法》第十四条"政府采购当事人是指在政府采购活动中享有权利和承担义务的各类主体,包括采购人、供应商和采购代理机构等"的规定,采购人、供应商和采购代理机构等是参加政府采购活动的各类合法主体,都是直接参与政府采购商业活动的各类机构,负有各自的法定职责。

一 政府采购采购人的基本职能

(一)采购人的主体责任

根据政府采购工作职责,采购人在政府采购活动中承担的主体责任包括:

1. 制定内部控制管理制度。采购人应当按照"分事行权、分岗设权、分级授权、内部牵制"的原则,建立和完善全面管控、重点突出、分工制衡、运转高效、问责严格的政府采购内部运转和管控制度。以此做好内部归口管理和所属单位管理,明确内部工作机制和工作规程,建立有利于实现物有所值目标的采购保障机制。

2. 编制年度采购预算。根据采购需求、集中采购目录等科学合理地编制年度采购预算,合理选择采购方式,制定采购实施计划,按照采购实施计划组织采购活动,自觉落实节能环保、支持创新、支持中小企业发展等政策功能。

采购需求应当符合法律法规以及政府采购政策规定的技术、服务、安全等要求。政府向社会公众提供的公共服务项目应当就确定采购需求征求社会公众的意见。除因技术复杂或者性质特殊,不能确定详细规格或者具体要求外,采购需求应当完整、明确。必要时,应当就确定采购需求征求相关供应商、专家的意见。

3. 严格落实政府采购信息在指定媒体进行公开。

4. 及时签订政府采购合同,按照政府采购合同对供应商履约情况进行验收。

5. 妥善保管政府采购文件并将资料及时归档。

(二)采购人的具体职责与权利

1. 编制采购需求

采购人为了履行经济社会管理职能,必然需要占有和耗用一定的社会资源,法律必然赋予其为履行职能而提出的对所需要对象进行购买申请的权利。采购人进行采购通常使用的是财政性资金,而财政性资金必然要受到财政预算的约束。因此采购人购买需求一般通过政府采购的预算和计划来实现。

采购人根据国民经济和社会发展计划,编制列有采购项目、用途及资金等栏目的政府采购预算表。通过编制政府采购预算,可以使采购项目严格按照预算规定的用途和核定的金额执行,避免截留、挪用资金的行为,提高财政性资金的使用效益;另一方面也可以细化采购人的需求,避免重复采购、盲目采购、超标准采购,提高采购的科学化、精细化水平。

采购人在编制政府采购预算过程中,要充分考虑当年预算编制的政策要求和财力情况,尽可能将支出预算的有关项目或品目在政府采购预算表中列示,使采购的物品满足单位日常管理和履行职责的需要。预算过高会造成不必要的浪费,预算过低会导致采购质量得不到保证,影响采购单位工作职责的正常履行和工作目标的完成。

采购人还应根据获批的政府采购预算编制政府采购计划,政府采购计划按时间可分为月度计划、季度计划和年度计划。采购人应根据工作需要和资金的安排情况,合理确定实施进度,提前提出采购计划申请,避免突击性、临时性的采购。对于纳入年度预算的项目,应及时完成本预算年度的各项预算支出任务,便于采购资金的支付、结算。

2. 选择采购机构

采购人采购纳入集中采购目录的属于通用的政府采购项目的,必须委托集中采购机构代理采购。如果当地集中采购机构不止一家,可以自行选择委托。采购人委托集中采购机构采购时,必须与其签订书面形式的委托代理协议,以明确委托代理采购的具体事项、权限和期限,约定采购人与集中采购机构双方的权利和义务。采购人与集中采购机构委托协议见资料2-1和2-2。

资料2-1 ××省政府采购委托代理协议

甲方(采购人):
乙方:××××政府采购中心

根据《政府采购法》和《民法典》的有关规定,甲乙双方就甲方委托乙方实施政府采购事宜经过协商,制定本协议。

第一条 协议有效期 本协议有效期为一年,自_____年_____月_____日起至_____年_____月_____日止。

第二条 委托范围及要求 本协议有效期内,甲方采购省级政府目录以内的政府采购项目,均需委托乙方实施。乙方应本着采购价格低于市场平均价格、采购效率更高、采购质量优良和服务良好的要求,为甲方实施采购。

第三条 提出采购需求

3.1 甲方委托乙方代理的采购项目的预算或计划以及前期须办理相关的报批手续已经经过有关部门的批准。

3.2 甲方指定本协议经办人或其他授权人代表甲方联系和处理采购过程中的有关事项,及时向乙方提供采购所需的有关技术、服务、商务等材料和采购需求。

第四条 供应商资格审查 乙方根据甲方的采购需求审查供应商资格;甲方可以在采购需求中对供应商提出资格、资质等要求,但甲乙双方均不得以不合理的条件对供应商实行差别待遇或歧视待遇。乙方代表甲方处理供应商对采购活动有关事项的询问或质疑,必要时甲方应予以配合。

第五条 具体采购事宜 乙方应指定项目负责人接受和承办项目:依法确定采购方式;根据甲方的采购需求,负责编制、印发采购文件;及时在政府采购监督管理部门指定的媒体上发布采购信息;组织成立评标委员会、询价小组、评判小组,组织开标、评标、定标等采购事宜。甲方应派专人代表与乙方联系和处理采购过程中的有关事项,出席乙方组织进行的开标、评标等采购活动,参与采购全过程。

第六条　政府采购中标、成交与合同的签订及备案

6.1　甲方接受乙方经合法采购程序产生的采购项目的供应商,并与之签订政府采购合同。

6.2　政府采购合同由甲方与供应商签订,也可以由甲方委托乙方代表甲方与供应商签订合同。所签订的合同不得对招标文件和中标文件进行实质性修改。

6.3　与供应商签订合同的一方应在《政府采购法》规定的时间内,将合同副本送同级政府采购监督管理部门备案。

第七条　采购项目的验收

7.1　甲方负责对供应商的履约进行验收,大型或复杂的政府采购项目,可与乙方共同邀请国家认可的质量检测机构参加验收工作,验收发生的费用由甲方承担。

7.2　甲方在验收过程中,发现供应商未能按合同履约的,应按合同有关条款与供应商进行交涉,同时应拒签验收单并及时通知乙方,乙方有义务协助甲方处理;如甲方未及时通知乙方,乙方对由此产生的后果不负责任。

第八条　采购价款的支付

8.1　采购资金由财政集中支付的,甲方填写《政府采购资金支付申请书》向财政部门申请付款。

8.2　采购项目资金由采购人支付的,由甲方按政府采购合同付款。

第九条　采购文件的保存　乙方应对每项政府采购活动的采购文件按照《政府采购法》的规定妥善保存。

第十条　特殊项目的采购　对于甲方委托的特殊采购项目,如乙方不具有国家规定的该采购项目招标代理资质的,乙方可以委托具有相应资质的其他代理机构进行采购,乙方应当与该代理机构签订书面委托协议,但乙方对代理机构的委托权限不应超过甲方对乙方的授权范围。

第十一条　采购代理服务费　乙方按省物价、财政等部门规定的标准收取。

第十二条　其他　甲乙双方应当全面履行各自的义务,如发生违约行为,应承担相应的责任。未尽事宜,双方协商解决。

本协议一式三份,双方各执一份,报省财政部门备案一份,本协议自签订之日起生效。

甲方:(公章)　　　　　　　　　　　　　　乙方:(公章)

法定代表人:　　　　　　　　　　　　　　法定代表人:

经办人:　　　　　　　　　　　　　　　　经办人:

日　期:　　年　　月　　日　　　　　　日　期:　　年　　月　　日

地　址:　　　　　　　　　　　　　　　　地　址:

电话及传真:　　　　　　　　　　　　　　电话及传真:

E-mail:　　　　　　　　　　　　　　　　网址:

资料2-2　接受采购委托回函

编号:

单　位:　　　　　　　　　　　　　　　　联系人:×××

贵单位××月××日委托我中心采购的×××项目已于××月××日收悉,感谢您对我们工作的支持与信任!

我中心现已确定该项目采购编号为×××号,项目负责人为×××、×××等同志,在随后的时间里他们将会与您核对采购需求,并根据相关法规和市场情况制定采购方案。采购文件正式对外公告前我们将会提请贵单位确认,请注意查收,采购合同将由贵单位与中标供应商签订,采购中心提供鉴证服务。

该项目的采购动态将会及时在政府采购网站上(网址:×××)发布,请您关注并与我们保持联系。

项目负责人的联系电话:×××,传真:×××,投诉电话:×××。

采购人采购集中采购目录以外的采购项目属于非强制性的,可以自行采购,也可以委托集中采购机构采购,还可以委托社会代理机构采购,任何单位和个人不得以任何方式为采购人指定采购代理机构。需要说明的是,采购人有权自己选择代理机构并不意味着采购人可以无条件地、不受限制地任意选择代理机构,而必须在政府采购代理机构名录中自主选择,不能超越这个范围界限。

采购人有权按采购需求与采购代理机构签署委托协议,明确委托代理的具体内容和事项,约定双方权利和义务。采购代理机构只能在委托代理协议范围内代理采购。当采购代理机构采购的物品不符合采购人要求或不履行委托协议约定的义务时,采购人有权予以制止,甚至终止委托协议。

3. 确认采购结果

采购人可以在法律规定的范围内,依据预先制定的采购标准和规定,根据采购代理机构提交的采购中标或成交建议确定供应商,如有充分理由证明评审结果不公正,采购人有权拒绝确认。

4. 签订采购合同

采购人按照法律规定,根据确认的评审结果与中标成交供应商签订采购合同。政府采购合同是一种民事合同,适用于处理采购人与供应商之间的关系。

5. 验收采购物品

采购人作为采购对象的使用者,有权和必须参与验收。按照法律规定采购人或者其委托的采购代理机构应当组织对供应商进行履约验收。履约验收是采购人依据采购合同对供应商提供的采购对象进行验收,是保证采购对象符合采购需求的关键和最终环节,采购人务必十分重视和认真履约验收工作,必要时,如针对大型复杂的政府采购项目,采购人应当邀请国家认可的质量检测机构参加验收工作。验收不合格的,采购人有权拒绝付款或扣留部分款项。

二 政府采购集中采购机构的基本职能

(一)集中采购机构的定位

集中采购机构是政府设立的事业单位,属于服务性机构,是非营利性事业法人,根据采购人的委托办理采购事宜。

政府集中采购机构也不同于一般的政府机关,其职责是接受政府采购采购人委托从事政府采购事务,不履行行政职能。

集中采购机构的主要职责是根据法律规定接受采购人委托办理集中采购目录规定的事项,为采购人提供服务,这种委托关系是法律规定的,具有强制性。

集中采购机构同时又是政府采购事项的具体承办者,代表政府和采购人与供应商直接进行采购联系。

因此,集中采购机构应当真正成为独立的采购服务机构,为政府所有采购人服务,不应当与任何行政机关存在隶属关系或者其他利益关系。

(二)集中采购机构的基本职能

集中采购机构进行政府采购活动,应当符合采购价格低于市场平均价格、采购效率更高、采购质量优良和服务良好的要求。

《政府采购法》规定采购人采购纳入集中采购目录的政府采购项目,必须委托集中采购机构代理采购;采购未纳入集中采购目录的政府采购项目,可以自行采购,也可以委托集中采购机构在委托的范围内代理采购。纳入集中采购目录的属于通用的政府采购项目的,应当委托集中采购机构代理采购;属于本单位有特殊要求的项目,经省级以上人民政府批准,可以自行采购。对于适合实行批量集中采购的集中采购项目,应当实行批量集中采购,但紧急的小额零星货物项目和有特殊要求的服务、工程项目除外。

三 政府采购社会代理机构的基本职责

(一)政府采购社会代理机构的性质与基本职责

政府采购活动中社会代理机构主要从事采购代理业务,属于社会中介机构。它与集中采购机构的性质和职责是有区别的。社会代理机构办理招标采购事务是以营利为目的,而集中采购机构是非营利性的。社会代理机构是面向全社会的,而集中采购机构专门服务于政府机关、事业单位和团体组织。

政府采购社会代理机构的基本职责包括确定采购需求,编制招标文件、谈判文件、询价通知书,拟订合同文本和优化采购程序的专业化服务水平。经采购人确认,决定委托采购代理机构开展采购活动的,采购代理机构应当事先与采购人签订委托协议,并在委托事项内开展采购活动,不得超越委托权限,根据采购人委托在规定的时间内及时组织采购人与中标或者成交供应商签订政府采购合同,及时协助采购人对采购项目进行验收,并按规定收取法定的代理费用。

社会代理机构在政府采购评审活动中职责的具体表现:

1. 创造一个独立的评审环境

提供评审现场必要的硬件设备,如评委独立评标室,避免相互干扰;完善录像录音设备,规范约束评委和现场人员的言行;通信工具集中保管或屏蔽信号,切断与外界的联系。

延伸阅读 2-1　指纹验证，信号屏蔽

2015年12月26日《政府采购信息报》刊登了某省在评审现场的一个例子：为了规范专家评审行为，我省引进了评标区监督服务系统。评标专家必须通过指纹识别才能进入评标区。同时，评标区内安装的通信屏蔽系统将隔绝手机等通信工具的信号，专家均通过对讲机与外部联系，但所有通话将被录音。专家本人则在闭路电视的监督下工作。

2．严格评审程序

（1）宣读评审纪律、明确权利和义务。书写承诺书是规范专家评审行为被实践证明的又一行之有效的措施。

延伸阅读 2-2　某省采取《评审人员承诺书》签字制度

某省规定评审专家在评标之前，都必须仔细阅读并在《评审人员承诺书》上签字，该承诺书共包括享有权利、履行义务、承诺事项和违纪违规所接受的处罚等内容，让评审专家在进入评标现场之前做一个"明白人"，以往什么"不知者无罪"、信息"无意间向外界透露"等借口也就没有产生的土壤了。

（2）落实回避制度

要建立公正的评审机制不可避免地会提及回避制度，严格落实回避制度是规范评审专家行为的一个重要措施。

《政府采购法》第十二条规定，采购人及相关人员与供应商有利害关系的，必须回避。《政府采购评审专家管理办法》第二十六条专门对评审专家回避做了规定。评审专家不得参加与自己有利害关系的政府采购项目的评审活动。有利害关系主要是指三年内曾在参加该采购项目的供应商中任职（包括一般工作）或担任顾问，配偶或直系亲属在参加该采购项目的供应商中任职或担任顾问，与参加该采购项目的供应商发生过法律纠纷，以及其他可能影响公正评标的情况。

政府采购回避制度的建立，是维护采购人和供应商合法权益、保证政府采购活动公正性的一道防线。但是在政府采购评审实践中，很难知晓评审专家与供应商是否有利害关系，是否存在法定回避的事由。考虑到专家松散性和兼职的特点，其对政府采购评审回避具体规定不一定很清楚，采购机构操作人员应事先向专家告知回避的对象和理由，以及不回避一旦被投诉会引起的后果等内容，以便提醒评审专家及时检查对照，确认是否申请回避。

3．项目要细化，分值要量化

评审专家能够影响评标结果。评审专家手中的自由裁量权可以决定参加投标竞争的供应商的命运，这往往会引起供应商或评审专家的种种想法和不规范行为。而评审专家的打分依据和自由裁量权是基于评标办法做出的。因此制定合理科学的评标办法是关键。

确定适宜的评标办法和标准,一方面要给评审专家一定的自由裁量权,另一方面专家的自由裁量权必须有限制。

评分因素要量化、细化,每个因素确定一定的分值,评审专家除了在响应程度评审上有几分的主观判断外,其余每个项目的小项都必须按客观情况打分。

譬如说售后服务占 10 分,不能简单笼统地说售后服务 10 分,让专家去自由裁量。10 分怎么打,要列清售后服务里包括哪几项内容,这几项内容分值范围是多少。专家有权在一定范围内打分,自由裁量权应得到合理的限制。有的观点认为专家的自由裁量权限制在 2—3 分范围内较合理。

4. 建立复查制度

在每次评标结束后,采购经办人员要对专家的打分结果进行复查,如果出现异常打分,须提请专家解释,如出现明显不合理行为,如规定一项分值只有 3 分,专家给了 10 分,须提请专家及时纠正,并及时记录。这种制度的建立可以防止一些疏漏,及时发现问题,提高质量,同时对专家的评审工作起一定的复核作用。

(二) 政府采购社会代理机构的主要义务

在《政府采购法》限定的范围内接受委托代理采购业务,不得超范围采购。政府采购代理机构的采购活动必须接受政府采购监管部门的监管,同时接受社会的监督。

政府采购活动中采购人可以根据采购项目的具体特性自行选择符合该项目特性、执业能力强、专业化服务水平高、信用记录好的政府采购代理机构代理办理采购事宜,并签订委托代理协议,依法确定委托代理的事项,约定双方的权利和义务。受委托的代理机构应当在委托范围内代理相关事宜,不得超权、越权,尤其不得弄虚作假、胡作非为;采购人和评审专家根据代理机构的职责履行情况进行信用评价;代理机构在委托代理事宜当中存在违法违规行为的,按照相关法律法规承担相应法律责任。

四 政府采购评审专家的基本职能

(一) 政府采购评审专家的抽取

根据《中华人民共和国政府采购法实施条例》第三十九条"除国务院财政部门规定的情形外,采购人或者采购代理机构应当从政府采购评审专家库中随机抽取评审专家"。

政府采购评审专家的抽取分为从省级以上政府采购评审专家库中随机抽取和对技术复杂、专业性强的采购项目采取自行选定相应专业领域两种方式。

(二) 政府采购评审专家的基本职责

(1) 评审专家应当严格遵守评审工作纪律,按照客观、公正、审慎的原则,根据采购文件规定的评审程序、评审方法和评审标准进行独立评审;

(2) 评审专家应主动落实回避制度,不得泄露评审文件、评审情况和在评审过程中获悉的商业秘密;

(3) 对采购文件进行评价与比较并做出书面报告,对自己的评审意见承担法律责任;

（4）配合答复供应商的询问、质疑和投诉等事项；发现内容违反国家有关强制性规定或者采购文件存在歧义、重大缺陷或发现供应商具有行贿、提供虚假材料或者串通等违法违规情形的，评审专家应当停止评审并出具书面材料说明情况，及时上报相关部门。

五 政府采购供应商的基本职能

参加政府采购活动的供应商应当具备承担采购项目的能力。法律、行政法规和国家有关规定对供应商资格条件有规定的，供应商应当具备相应条件。采购人可以根据采购项目的特殊要求，规定供应商的特定条件但不得以地域、所有制等不合理的条件对供应商实行差别待遇或者歧视待遇。

（一）供应商的资格审查

采购人可以要求参加政府采购的供应商提供有关资格证明文件和业绩情况，并根据《政府采购法》规定的供应商条件和采购项目对供应商的特定要求，对供应商的资格进行审查。采购人要求供应商提供的资质和业绩应当与采购项目的实际需要相适应，业绩情况不得限定为特定区域或者特定采购人的业绩。

供应商参加政府采购活动应当具备下列条件：
（1）具有独立承担民事责任的能力；
（2）具有良好的商业信誉和健全的财务会计制度；
（3）具有履行合同所必需的设备和专业技术能力；
（4）有依法缴纳税收和社会保障资金的良好记录；
（5）参加政府采购活动前三年内，在经营活动中没有重大违法记录；
（6）法律、行政法规规定的其他条件。

符合条件的供应商根据采购文件的要约制作投标（响应）文件；参加采购活动中，不得有围标、串标等违法违规行为；及时与采购人签订政府采购合同，并按政府采购合同约定履行合同义务，履约过程存在争议的，按《民法典》等相关法律规定解决。

（二）政府采购中供应商的职责和义务

政府采购供应商在参与政府采购活动的过程中，必须承担法律规定的义务。供应商的义务主要体现在以下各个方面：供应商必须遵守政府采购的各项法律、法规，包括《政府采购法》，国家及相关行业、各个地区的政府采购规章制度；按规定接受政府采购供应商资格审查，并在资格审查中客观真实地反映自身情况；在政府采购活动中，满足采购人或者集中采购机构的正当要求，如遵守采购程序，按要求填写投标文件并保证投标文件的内容真实可靠，遵守评标纪律，按招标人的要求对投标文件进行答疑；投标中标后，供应商应该按规定的程序与政府采购机构或采购人签订政府采购合同并严格履行，等等。

第三章 政府采购档案管理

第一节 政府采购档案的概念与特征

一 政府采购档案的概念

政府采购档案是指与开展政府采购业务活动有关的、根据相关法律规定，必须长期保存的、具有十分重要参考价值的原始资料的总称。

政府采购档案可概括为在政府采购活动中形成的，记载采购程序和整个采购过程、并具有查考、利用和保存价值的有关文件、文字、数字、图表、声像、磁盘等完整资料，是不同载体的各种记录。

二 政府采购档案的特征

政府采购档案来源于特定的专业领域，即政府采购活动。政府采购档案既具有明显的专业性属性，又具有价值属性的特征。政府采购资料文件作为政府采购档案保存必须具有一定的保存价值，并不是所有政府采购资料文件均可作为政府采购档案保存。政府采购档案的本质属性是政府采购专业活动中的原始记录，总体而言政府采购档案是记录政府采购活动过程及其结果的，其承载的政府采购信息具有明显的原生性特征。

（一）政府采购档案的专业特征

与文书档案相比，政府采购档案产生于政府采购活动，其内容性质都具有明显的专业性。政府采购档案是在政府采购过程中逐步形成的反映政府采购招投标信息的记录，是政府采购业务活动的重要依据，也是开展政府采购分析和研究的重要根据和信息参考资料。无论是招标文件、投标文件、评审报告还是采购合同，无论是传统手工条件下产生的记载政府采购活动的记录、文件还是信息技术产生的政府采购电子数据文档，都具有反映和记录政府采购活动及其结果的专业属性。

（二）政府采购档案的序时性特征

政府采购档案具有明显的序时性特征。政府采购项目一般要经过采购计划、发布信息、招投标文件制作、开标评标、合同签订、验收付款等一系列程序，这些程序环环相扣，依时形成，相应的记录政府采购活动信息的档案也具有明显的序时性特点。

第二节 政府采购档案的价值与功能

一、政府采购档案的价值

政府采购档案既是采购活动及决策的全程见证,也是事后还原政府采购任务完成情况的重要依据,是保证公开、公正、公平采购的重要手段和载体。

政府采购档案可以为政府采购进行统计分析、总结经验教训、接受监督检查、处理纠纷等工作提供客观依据。政府采购档案的价值可概括为以下两个方面。

(一)政府采购档案的凭证价值

政府采购档案保留着政府采购监管部门、采购机构政府采购活动的真实的历史标记,如监管部门行使政府采购监管职权的法律规定、处理政府采购事务的过程与结果等,它可以成为查考、争辩和处理问题的依据。政府采购档案的凭证价值还表现在它是政府采购监管部门处理政府采购质疑和投诉、合同纠纷和诉讼的重要证据。政府采购活动结束,表明采购人已经获得了其需要的采购对象,但采购事件和交易行为并未终结。供应商履约情况有待实践检验,一旦出现质量问题或者未履行有关承诺,例如发生纠纷时,还可能引起诉讼或申请仲裁。采购档案可以作为解决问题的直接证据。

(二)政府采购档案的参考价值

政府采购档案是政府采购活动的第一手资料,它以知识载体形式凝结了政府采购活动经验、技术、智慧和教训,为以后人们从事政府采购活动提供借鉴。政府采购档案与有关政府采购的报纸、书籍、文章一样,都可以作为资料来参考,但档案参考资料的特点在于它的原始性和可靠性,它对政府采购工作来说是一种宝贵的资料。对政府采购活动来说,档案是一种可靠和可以广泛参考的知识库,具有很高的参考价值。

二、政府采购档案的功能

政府采购档案具有记忆功能、信息功能和文化功能等多种功能。

(一)政府采购档案的记忆功能

档案的记忆功能是钱学森先生首先提出来的,他在《关于思维科学》一文中指出:"现在情报、资料、档案是一个巨大的事业,已成为人们认识客观世界的锐利工具,可以说是人感觉器官的外延,就如机器是人手的外延。"具体地说,情报、资料、档案是人的记忆功能的外延,它将人"从繁重记忆的脑力劳动中解放出来"。钱学森先生的论述不仅深刻地揭示了档案与人类记忆的密切关系,也道出了档案的基本功能。

政府采购档案作为档案中的一个专业分支,自然具有记忆功能。政府采购档案客观地记载了政府采购活动全部的历史面貌,通过对档案的阅读和利用,可以十分逼真地"看见"过去政府采购活动的具体细节。也就是说,政府采购档案既能真实地"记",同时又能逼真地"忆"。政府采购档案使人们对政府采购活动的记忆实现跨时空的交流,使其传播更加广泛、便捷和持久。作为一种记忆工具,政府采购档案的真实性、时效性、完整性、准确性、稳定性、广泛性是其他记忆工具无法超越的。

(二)政府采购档案的信息功能

政府采购档案在发挥其记忆功能的同时,又是一种重要的信息载体。政府采购管理必须以信息为基础,人们进行政府采购活动要了解以往采购活动中真实准确的信息,从档案去了解政府采购全貌可达到事半功倍的效果。

档案以其本源性的特点最先得到历史学家的青睐,被称为"历史的粮仓"。同样,政府采购档案是研究政府采购历史、深化政府采购改革的"粮仓"。政府采购改革以政府采购活动档案资料为基础,去扩展、去深化。政府采购档案伴随着政府采购自身发展形成的信息来源,是政府采购奔向未来征途的重要工具。

(三)政府采购档案的文化功能

在人类的发展中,需要一种载体来承载文化使其长久地延续下去,在广泛文化时空中维持文化的统一性。于是,人们首先创造和选择了档案。正如尼日利亚一位历史学者说过:"如果现在未被忘却的唯有文化,那么未被丢弃的唯有档案。"档案是在人类的社会实践中产生和形成的,它记录着人类对自然和人类自身的认识以及社会实践的经验与教训,是人类文化发展必须凭借的原始资料,也是人类文化创新和文明进步的基础。正是档案在人类文化进程中所处的地位使其具有了文化功能。政府采购档案也不例外。政府采购文化的创建和发展必须有一种载体,而这种文化载体首先应该是政府采购档案。

政府采购档案是在政府采购实践中产生和形成的,记录人们对政府采购的认识发展过程及其经验和教训,是政府采购改革发展的原始资料。

政府采购信息分散在政府采购活动的各阶段、各环节,最初会处于一种零乱、分散、分割状况,人们有意识地将其中有价值的内容转化为档案之后,就会犹如涓涓细流汇入水库,成为政府采购资料的信息库,成为政府采购的重要载体,真实地再现政府采购发展过程的文化元素。因此,政府采购档案不仅是政府采购文化的承载物,同时也是政府采购文化的传播工具,是政府采购文化进一步发展的基础。

第三节 政府采购档案的整理与分类

一 政府采购档案的整理

政府采购档案整理是对政府采购档案进行分类、组合、排列和编目的活动。政府采购档案整理主要包括以下几项内容：

（1）政府采购档案的分类，是以政府采购业务为基础，根据政府采购文件资料的有机联系和方便保管查阅对政府采购档案进行划分的过程。

（2）政府采购档案的组卷，是依据政府采购业务内在联系，按照便于保管和利用的基本要求，将关系密切、保存价值相近的政府采购资料组合在一起的活动。

（3）政府采购档案的排列，主要包括政府采购案卷内的文件、资料的排列和案卷的排列等项内容。

（4）政府采购档案的编目，是对档案进行著录、标识、制作目录，将分类、组卷、排列固定下来的活动。

二 政府采购档案的分类

(一) 分类原则

1. 客观性原则

政府采购档案分类标准和方法的选用应当具有一定的客观性。对政府采购文件和资料进行分类时，必须根据政府采购活动的特点，深入把握政府采购资料的基本特征，将准确反映政府采购业务规律的标准作为基本的分类标准。确立一定的分类标准后，要保持相对的稳定性。

2. 逻辑性原则

政府采购活动的复杂性决定了政府采购文件和资料也具有复杂性。档案分类可以多重标准和多重角度，如果不能严格遵循分类体系的逻辑严密性，必然导致各分类之间、母目和子类间互相交叉等许多混乱。因此，在对政府采购档案进行分类时，尤其要注意分类标准的一致性和纵横关系的逻辑性。类、目、子的概念要明确，范围和界限要清楚。

3. 实用性原则

政府采购档案分类要有明确的目的，必须充分考虑政府采购活动的特点及便于利用的要求。在许多分类方法中优选一种或几种，组成合理的内在结构，同时必须注意实用性。如按政府采购的项目范围分类，可分为货物、工程、服务类。按政府采购的方式分类，可分为公开招标类、邀请招标类、竞争性谈判类、单一来源采购类、询价采购类。

(二) 分类方法

1. 分类标准

在政府采购分类过程中,政府采购档案人员应该根据档案的属性、特点、数量状况及查阅利用等因素,确定分类标准。其中包括来源标准、时间标准、内容标准等。

(1) 来源标准。依据政府采购文件或资料的来源属性,将不同单位的文件进行建档,对各立档单位的档案统一加以整理和保管。

(2) 时间标准。年度分类法或时期分类法。时期分类法即根据建档单位政府采购档案所处的不同阶段来分类。按时期分类后,如有需要还可按年度来分类。

(3) 内容标准。根据一定的政府采购业务特点来分类,如政府采购预算、政府采购计划、政府采购方式变更、政府采购合同等。

2. 常用分类方法

在实际工作中,政府采购档案管理最常用的分类有年度分类法、组织机构分类法和主题分类法。

(1) 年度分类法。根据形成和处理文件的年度将政府采购档案分成各个类别的方法。一个立档单位内每一年度的政府采购文件和资料存在着自然联系,反映单位每年的工作特点和逐年的发展变化情况。按年度分类时有两类文件的归类需要妥善处理。一类是文件上有属于不同年度的几种日期,应将最能反映文件特点的日期定为主要日期。如政府采购投诉处理有收到投诉的日期、受理日期、投诉处理决定日期,为工作方便,可统一选择投诉的受理日期。对跨年处理的专门案件可放入关系最密切的年度或最后结案的年度。另一类是没有注明日期的文件,要考证和判定文件的准确日期或近似日期。

(2) 组织机构分类法。根据政府采购文件各承办单位进行分类。每个机构承担某一方面的职能和任务,按照形成政府采购资料的各个组织机构进行分类,能保持文件之间在内容上的主要联系,便于查找和利用。组织机构分类法是一种简便易行的常用方法。按这种方法分类,如涉及几个机构的文件,在一个立档单位内应有统一规定,查找起来有规可循。

(3) 主题分类法。按政府采购档案内容所反映的主题进行分类。这种分类方法能使内容性质相同的文件集中在一起,较好地保持文件之间在内容上的联系,比较突出地反映一个机关单位主要工作活动的画面,便于专题查找。但由于档案内容的复杂性,人们认识水平存在差异,按照这种分类方法分类往往会产生意见分歧。因此,使用这种分类方法时应慎重。

在实际工作中,往往多种分类方法结合使用。通常由年度、组织机构或主题联合,构成以下几种方法:

A. 年度—组织机构分类法。首先将全部档案按年度分开,然后在每个年度下面再按组织机构分类。如:

2020 年

　省政府采购中心

省教育厅采购中心
省卫生厅采购中心
……
2019 年
省政府采购中心
省教育厅采购中心
省卫生厅采购中心
……

B. 组织机构—年度分类法。首先将全部档案按组织机构分开，然后在组织机构下面再按年度分类。如：

省政府采购中心
2020 年
2019 年
2018 年
……

省教育厅采购中心
2020 年
2019 年
2018 年
……

省卫生厅采购中心
2020 年
2019 年
2018 年
……

C. 年度—主题分类法。首先按年度将全部档案分开，然后在每个年度下面再按主题分类。如：

2020 年
政府采购评审专家管理
政府采购信息管理
政府采购方式
……

2019 年
政府采购评审专家管理
政府采购信息管理
政府采购方式
……

D. 主题—年度分类法。首先按主题将全部档案分开，然后在每个主题下面再按年度分类。如：

政府采购评审专家管理
2020 年
2019 年

         2018 年
         ……
    政府采购信息管理
         2020 年
         2019 年
         2018 年
         ……

在采用复式结构的分类法时，必须遵循全部档案分类标准统一性要求，分类方案的类目力求明确、系统。

第四节 政府采购档案的范围与内容

政府采购档案是反映政府采购活动的重要记录。《政府采购法》《政府采购档案管理制度》等有关法律文件对政府采购档案范围及内容都做了具体规定。

一 政府采购档案的范围

采购人、采购代理机构应将政府采购项目采购活动中形成的采购文件材料都归入政府采购档案，并保证档案资料的真实性、完整性和有效性，不得伪造、变造、隐匿或者擅自销毁。

（一）政府采购文件材料

政府采购文件材料应当包括采购活动记录、采购预算、采购计划、招标文件、投标文件、评标标准、评估报告、定标文件、合同文本、验收证明、质疑答复、投诉处理决定及其他有关文件、资料。

（二）政府采购活动记录

政府采购活动记录至少应当包括：

（1）政府采购项目类别、名称；

（2）政府采购项目预算、资金构成和合同价格；

（3）政府采购方式（采用公开招标以外的采购方式的，应当载明原因）；

（4）政府采购项目邀请和选择供应商的条件及原因；

（5）政府采购项目评标标准及确定中标人的原因；

（6）政府采购项目废标的原因。

二 政府采购档案的内容

在采购实践中,政府采购档案应包括以下具体内容:

(一)政府采购预算执行文件

(1)政府采购预算表;
(2)政府采购计划申报表和审核表;
(3)有关政府采购预算和计划的其他资料。

(二)政府采购项目前期准备文件

(1)政府采购项目计划书;
(2)政府采购项目计划批复书(含采购方式批复书);
(3)委托代理协议;
(4)招标文件论证资料;
(5)招标文件确认函。

(三)政府采购项目招标(询价、谈判等)文件材料

(1)已发出采购文件(包括招标、询价、竞争性谈判、单一来源采购的有关文件、资料、样本、图纸等);
(2)已发出采购文件的必要澄清或修改的文件;
(3)采购公告(包括招标公告、邀请招标函、询价函或者谈判邀请函等);
(4)购买招标(谈判、询价等)文件的登记记录(包括不足三家的情况记录);
(5)供应商的资格审查情况报告;
(6)邀请招标的供应商邀请过程记录;
(7)询价及竞争性谈判的邀请对象确定理由等材料;
(8)答疑会议记录和纪要;
(9)现场踏勘记录;
(10)其他。

(四)政府采购项目开标(询价、谈判等)文件材料

(1)收取投标文件的登记记录;
(2)采购项目样品送达记录;
(3)开标一览表(公开招标);
(4)参加开标会议的供应商签到名单(或开标情况确认表);
(5)开标会议议程(含主持人、唱标人、记录人、监督人员名单);
(6)开标时间、地点、过程的有关记录;
(7)评审专家形成过程和名单;
(8)投标人不足三家的废标材料记录;
(9)不足三家申请继续开标的有关申请、审批材料;
(10)开标(谈判、询价等)过程中其他需要记载的事项记录。

(五) 政府采购项目投标(报价等)文件材料

(1) 投标文件的正本(包括投标、报价、竞争性谈判、单一来源采购的文件、资料等);

(2) 在递交政府采购响应文件截止时间前供应商对已提交投标文件的补充、修改或已经撤回的文件记录。

(六) 政府采购项目评审文件材料

(1) 政府采购项目评标委员会(或询价小组、谈判小组)组成人员、监督人员及有关工作人员签到表;

(2) 评审过程记录及打分表;

(3) 评审报告及附件;

(4) 项目废标报告及处理意见;

(5) 评审纪律材料(包括评标委员会成员承诺书);

(6) 供应商的书面澄清记录;

(7) 评标或谈判报告[包括无效投标(响应)供应商名单及说明、中标(成交)候选供应商名单等];

(8) 经监督人员签字的现场监督审查记录;

(9) 现场监控录音、录像材料;

(10) 评审过程中其他需要记载的事项。

(七) 政府采购项目中标(成交)文件材料

(1) 确定政府采购供应商的文件材料[含采购人对采购结果的确定文件、采购结果(即中标或成交通知书等)];

(2) 中标公告、采购结果公告记录(包含网站公示、发布媒体下载记录等);

(3) 公证书(如果有的话);

(4) 质疑投诉处理材料(包含供应商质疑书、采购代理机构质疑答复、投诉处理决定等材料);

(5) 与中标(成交)相关的其他文件资料。

(八) 政府采购项目合同文件材料

(1) 政府采购项目合同(包括合同的订立、补充、修改、终止执行等)相关记录;

(2) 政府项目的验收文件材料;

(3) 资金支付文件及证明。

(九) 政府采购项目其他文件材料

(1) 政府采购项目工作总结;

(2) 政府采购项目效益评估书;

(3) 其他与政府采购项目、采购过程及采购项目完成情况有关的文件材料。

政府采购档案管理实践中,政府采购监管部门列出归档内容清单,相关单位逐条进行对照收录即可,这样既全面完整,又高效便捷(见表3-1)。

表 3-1　××省政府采购项目档案归档清单

序号	内　容	必备档案(☆)
	(一)政府采购预算执行文件	
1	政府采购预算表	
2	政府采购计划申报表和审核表	
3	有关政府采购预算和计划的其他资料	
	(二)政府采购项目前期准备文件	
4	项目采购委托协议(自行采购的申请及批复材料)	
5	核准采购进口产品的相关审批材料	
6	采购方式变更申请批复	
7	采购文件相关资料:采购文件、采购文件的修改文件(通知到各个已购买标书的潜在投标人的回执)、澄清答疑材料(如果有的话)	☆
8	采购公告或资格预审公告、更正公告(如果有的话)(包括报刊及电子网站等媒体原件或下载记录等)	☆
9	资格预审相关记录	
10	评审专家抽取记录表	☆
11	库外专家申请备案表及审核意见(如果有的话)	
12	获取采购文件供应商登记表、投标保证金登记表	
13	评分办法(须与采购文件要求一致)	☆
	(三)政府采购开标(含谈判、询价)文件	
14	采购领导小组成员、监督委员会成员、公证员(如果有的话)及投标人代表等签到记录	☆
15	采购响应文件正本及截止前补充修改或撤回记录	☆
16	开标记录表及投标人开标一览表(记录唱标内容、记录员签字、招标方式必备)	☆
17	开标过程有关记录,包括采购项目样品送达记录	
18	开标(谈判、询价)过程中其他需要记载的事项	
	(四)政府采购评审文件	
19	评审专家签到表及现场监督人员签到表	☆
20	评审工作底稿等评审记录	☆
21	供应商书面澄清材料	
22	评标或谈判报告,包括无效供应商名单及说明、中标或成交候选供应商名单	☆
23	现场监督记录	
24	评审专家评审情况反馈表	

续表

序号	内　容	必备档案(☆)
	（五）政府采购中标（成交）文件	
25	采购人对采购结果的确认意见	
26	中标、成交通知书	☆
27	中标公告、采购结果公告记录（含发布媒体下载记录等，如果有的话）	☆
28	公证书	
29	与中标（成交）相关的其他文件资料	
	（六）政府采购合同文件	
30	政府采购合同及其依法变更相关记录	☆
	（七）政府采购验收及结算文件	
31	项目验收报告或其他验收文件	
32	政府采购项目质量验收单或抽查报告等有关资料	
33	办理付款材料（资金申请支付书及用户签章的履约验收报告、发票复印件）	
	（八）其他文件	
34	供应商质疑材料、处理过程记录及答复	
35	供应商投诉书及相关资料、投诉处理决定	
36	采购过程的音像资料	
37	其他需要存档的材料（如领导关于本项目的批示等）	

注：本档案以公开招标为例，其他采购方式的项目档案可参照本目录收集、整理归档

第五节　政府采购档案的收集、管理与处置

政府采购可谓一项庞大的系统工程，全面贯彻落实《政府采购法》，积极推行政府采购制度，需要做好政府采购的各项工作，其中做好政府采购档案的管理是做好政府采购系统工程中必不可少的一项重要工作。

政府采购档案是记录整个采购过程的完整资料，加强政府采购档案的收集与管理意义重大，是事后还原采购任务完成情况的重要依据，也是保护每位采购人的重要依据。随着政府采购改革不断深入，采购任务急剧增加，各种情况层出不穷，这就对采购档案收集与管理工作提出了更高的要求。

一、政府采购档案的收集与管理

（一）政府采购档案的收集

政府采购法规对政府采购实施的每个环节都有具体的完成时限要求，每一个工作环节完成后，要及时收集整理资料并保存好，防止丢失。

（1）政府采购合同签订后一般应在三个月内或项目竣工验收后一个月内，由项目责任人或受托经办人员将该采购项目的全套文件材料进行收集整理后移交档案管理人员归档。因故不能按期整理的，应由责任人做出书面说明，档案管理人员应定期催办。

（2）政府采购档案应当内容齐全完整；规格标准统一；档案资料除特殊情况外均要求为原件；签名及印鉴手续齐全；符合国家有关档案质量标准，便于保管和利用。

（3）归集整理的档案应包括该计划的全部文件材料和记录，包括图纸、效果图、磁带、光盘、磁盘等载体的各类文件材料。采购现场监控系统录制的音像资料可作为辅助档案资料保存。

（4）档案管理人员应按照档案管理的要求，负责收集、整理、立卷、装订、编制目录，保证政府采购档案标识清晰、保管安全、存放有序、查阅方便。光盘、磁盘等无法装订成册的应在档案目录中统一编号，单独保存。

（5）政府采购档案不符合要求的，责任人应尽快补齐相应材料，保证档案的完整、真实、有效。政府采购档案需要补齐时，由相关责任人整理有关文件材料，说明补齐原因及有关信息。

（二）政府采购档案的管理

政府采购档案的管理是一项政策性、机密性、专业性较强的工作，是政府采购工作的重要组成部分。

政府采购档案管理也是强化内部管理、规范政府采购行为的一项非常重要的基础工作，政府采购档案的规范管理状况将直接关系到政府采购工作的质量。

目前我国已步入信息时代，必须用现代化的信息技术来服务政府采购档案的管理工作，实现信息化和专业化高度融合，提高政府采购档案科学化管理水平，为完成后续检查及复盘工作打下坚实的基础。

（1）政府采购监管部门、采购人和采购代理机构等相关当事人应当依法做好政府采购档案管理工作，明确档案管理人员工作职责，指定专人负责政府采购档案的管理并建立岗位责任制度。

（2）档案管理人员应加强归档档案的管理，在政府采购合同签订、交付验收和结算完成后，按照归档内容要求收集、整理、立卷、装订、编制目录，并保证政府采购档案的标识清晰有效，确保政府采购档案安全保管、存放有序、查阅方便。

（3）政府采购档案按照年度编号顺序进行组卷，卷内档案材料按照政府采购工作流程排列。

（4）政府采购档案文件材料用纸规格一律采用国际标准 A4 纸。大型工程图纸、设计效果图、光盘、磁盘等无法装订成册的可在档案中统一编页,单独保存。档案包装应使用无酸卷皮卷盒。

(5) 政府采购档案的保存期限为从采购结束之日起至少十五年,中标(成交)供应商的投标资料要保存 15 年以上,电子文件永久保存。

二 政府采购档案的使用、移交与销毁

为保证政府采购档案的安全、保密、不遗失,政府采购监管部门、采购人和采购代理机构应当建立健全《政府采购文件档案查阅、外借保密制度》《政府采购文件档案外借程序》等。

单位应当严格按照相关制度利用档案,在进行档案查阅、复制、借出时履行登记手续,严禁篡改和损坏。

(一) 政府采购档案的使用

(1) 查阅、复印政府采购档案,应经过单位负责人批准后,由档案管理人员抽调档案交查阅人查阅;需复印的,由档案管理人员按指定页码复印。

(2) 单位保存的政府采购档案一般不得对外出借;采购文件中的供应商投标文件因涉及供应商的商业机密,没有得到有关方面的许可也不得对外提供。确因工作需要且根据国家有关规定必须借出的,应当严格按照规定程序办理相关手续。外借政府采购档案应经过单位负责人批准后方可办理外借手续。外借时间一般不超过三天,档案借用单位应当妥善保管和利用借入的档案,确保借入档案的安全完整,并在规定时间内归还。

(3) 外借档案归还时,档案管理人员应按外借时登记的内容核查档案,并办理归还手续。

(4) 借、查阅档案的使用者对档案内容有保密义务。应对政府采购档案的保密、安全和完整负责,不得传播、污损、涂改、转借、拆封、抽换。

(二) 政府采购档案的移交

政府采购项目主要负责人要在项目全部完成后,形成一个完整的资料收集闭合回路,从接到任务开始到公示结束,如政府采购结果公示后无供应商提出质疑的,要及时将各个环节的工作资料整理好,按政府采购档案移交标准和归档要求,分类移交到政府采购档案管理部门并做好登记,履行移交手续,特别是在政府采购过程中发生各种情况的处理依据,必须一起移交,资料不全的,政府采购档案管理部门不予接收。做到资料齐全、完整,责任明确、清晰。

政府采购档案管理人员工作变动时,应按规定办理政府采购档案移交。交接档案时,交接双方应当办理档案交接手续。

移交政府采购档案应当编制档案移交清册,列明应当移交的档案名称、卷号、册数、起止年度、档案编号、应保管期限和已保管期限等内容。

交接政府采购档案时,交接双方应当按照档案移交清册所列内容逐项交接,并由有关负责人负责监督。交接完毕后,交接双方经办人和监督人应当在政府采购档案移交清

册上签名或盖章。

(三) 政府采购档案的销毁

保管期满经鉴定可以销毁的政府采购档案,应当按照政府采购档案相关法规规定及以下程序和手续进行销毁。

(1) 档案管理机构人员编制档案销毁清单及提出销毁意见,并登记造册,列明拟销毁档案的名称、卷号、册数、起止年度、档案编号、应保管期限、已保管期限和销毁时间等内容;

(2) 销毁意见报单位负责人审核批准,单位负责人、档案管理机构负责人、档案管理机构经办人在档案销毁清册上签署意见,同时报同级政府采购监管部门和档案行政管理部门备案;

(3) 单位档案管理机构负责组织档案销毁工作,销毁政府采购档案时,应邀请政府采购管理部门人员参加现场监销;

(4) 销毁政府采购档案前,销毁单位和参加现场监销的人员,应当按照档案销毁清册所列内容进行清点核对,认真核对清点需销毁的档案,销毁后应当在档案销毁清册上签名或盖章。

三、政府采购档案监督检查与法律责任

政府采购监督管理部门负责政府采购档案工作的指导、监督和检查。

采购人和采购代理机构应当接受并积极配合政府采购监督管理部门对其政府采购档案的监督检查。

采购人、采购代理机构违反规定隐匿、销毁应当保存的政府采购文件资料或者伪造、变造政府采购文件资料的,由政府采购监督管理部门依法予以处理处罚。

按照《政府采购法》的规定,政府采购监管部门、采购人和采购代理机构将政府采购活动中形成的应当归档的文件资料据为己有、拒绝归档或涂改、损毁档案的,政府采购档案管理人员、对档案工作负有领导责任的人员玩忽职守,造成政府采购档案损失的,由当地档案管理部门依法予以处理处罚。

第四章 政府采购的监督与法律救济

第一节 财政监督的方式、方法与内容

一 政府采购的监督检查

监督检查是指法律规定的执法机关依照法律的规定,对某项法律、政策具体的贯彻实施情况所进行的督促和查实的行为。政府采购监督检查是依照政府采购有关法律、法规、规章对政府采购活动进行控制、监督和督促,确保政府采购活动公平公正地开展和政府采购法律法规的贯彻落实。

《政府采购法》规定,各级人民政府财政部门是负责政府采购监督管理的部门,依法履行对政府采购活动的监督管理职责。各级人民政府及其他有关部门依法履行与政府采购活动有关的监督管理职责。包括审计机关、监察机关、社会公众等应当在政府采购的监督中发挥应有的作用,集中采购机构、采购人也应当建立健全内部监督机制。

监督检查的主要内容是:
(1) 有关政府采购的法律、行政法规和规章的执行情况;
(2) 采购范围、采购方式和采购程序的执行情况;
(3) 政府采购人员的职业素质和专业技能。

政府采购的监督检查是维护公共利益和政府采购法律秩序的公共监管制度。我国政府采购法律体系从财政部门监管、政府采购其他部门监督以及社会监督等方面建立了一套自上而下、内外共管、全社会监督的政府采购监督管理体系。

二 政府采购监督检查的程序和方法

(一) 政府采购监督检查的程序

政府采购监督检查的程序是政府采购监管部门或人员在实施政府采购监督检查活动中,办理政府采购检查事项时应该遵循的工作顺序和操作规程。它主要是指政府采购监督检查工作从开始到结束所经过的一系列阶段、步骤和规程。

政府采购监督检查程序是影响政府采购监督检查效果和效率的重要因素。恰当有效的政府采购监督检查程序可以使监督检查工作抓住重点,全面有序地开展各个环节的工作,有效地提高政府采购监督检查的效率和效果。按照一定程序办事,是政府采购工

作依法行政、依法监管的重要保证,是政府采购监管工作法制化、制度化和规范化的重要手段。科学合理的政府采购监督检查程序是政府采购监管机关正确行使政府采购监督检查职能、保证监督检查质量控制检查风险的重要途径。

财政部关于政府采购监督检查实施"双随机一公开"工作细则的公告中提出,"双随机一公开"工作是指财政部依法实施政府采购监督检查时,随机抽取检查对象、随机选派执法检查人员、及时公开抽查情况和查处结果。

由于政府采购监督检查对象不同,监督检查的程序也会有所不同,但大致上可以分为以下几个步骤。

1. 拟订政府采购监督检查计划

政府采购监督检查计划是对一定时期内监督检查事务所作的预先的安排。一般是在新的年度开始以前编制年度计划,主要依据近期政府采购的中心工作、政府采购监管的要求以及所属范围内单位的政府采购活动状况来编制政府采购监督检查计划(见表4-1)。

监督检查计划以年度计划为主,年度计划一般应包括如下内容:

(1)监督检查目的和目标。明确监督检查的目的和所要达到的目标。

(2)检查的依据。具体列明依据的有关法律制度。

(3)确定被检查的对象和方式。确定接受政府采购检查的对象,如检查的单位;检查方式是指全面检查、专项检查还是个案检查。

(4)检查的项目和时限。确定检查的项目内容范围和时间范围。

(5)明确政府采购监督检查参加人员及时间。根据确定的对象、检查内容等初步确定参加检查的部门、人员以及检查工作开始和结束的时间。

(6)其他有关事项。

一般年度计划用文字和表格结合的形式,文字内容包括监督检查的目的、要求、依据等,表格用来列明任务指标、时间、人员等。

年度政府采购监督检查计划应报送财政监督管理部门审核和汇总。

表4-1 2020年度政府采购监督检查计划

编制单位:　　　　　　　　　　　　　　　　编制日期:

检查的主要内容或项目	应检查资料的时间范围	被检查对象(单位)	参加部门或人员	检查起止日期	备注
供应商合同履约情况检查	2019.1.1—12.31	2019年省级七项定点供应商	省财政厅、监察厅、采购中心、采购人代表	2020.3.1—3.30	
政府采购制度落实情况检查	2020.1.1—6.30	全省各级政府采购监管部门	省财政厅、省审计厅	2020.7.1—9.30	

2. 制定监督检查方案

监督检查计划获批后,在实施前应编制政府采购监督检查工作方案。监督检查工作方案是保证检查工作取得预期效果的重要手段,也是政府采购监管部门据以检查控制监督检查质量和进度的基本依据。监督检查工作方案是根据年度项目计划的要求,针对监督检查项目的内容、被检查单位情况在明确监督检查重点后形成的(见表4-2)。

表4-2　××政府采购监管机关政府采购监督检查方案

×年×月×日

被检查对象(部门、单位)	
检查目标	
检查方式	
检查依据	
检查范围、内容和时限	
具体实施步骤	
检查组参加单位或成员	
监管部门负责人审批意见	

检查组负责人

该工作方案内容应包括：(1)被检查对象(部门、单位)；(2)检查目标及方式；(3)检查依据；(4)检查范围、内容和时限；(5)检查步骤及时间安排；(6)检查组负责人及成员；(7)监管部门负责人审批意见。

3. 下发检查通知

监督检查方案获批后，应当就检查有关事项向被检查部门或单位发监督检查通知，监督检查通知应包括被检查对象、检查依据、检查内容、时间和要求，需要填列的有关表格等。监督检查通知在发送被检查单位的同时，应抄送有关部门。

4. 监督检查的实施阶段

实施阶段即开展检查与取证的过程，是指政府采购监督检查人员按工作方案规定的要求和日程安排，进驻被检查单位，通过检查采购文件，查阅资料、记录，向有关单位和个人调查等方式，取得证明材料。实施阶段是整个政府采购监督检查程序的关键。

(1)召开座谈会。监督检查小组进驻被检查单位后，应与被检查单位就本次政府采购监督检查的内容、目的和要求等进行沟通，听取被检查单位的情况介绍，进一步了解被检查单位的情况。

(2)评价内部控制制度。检查和评价被检查单位的内部控制制度，是政府采购监督检查实施阶段的一项重要工作，其目的是进一步确定检查的重点及确定检查的方法和技术。评价和检查的主要内容包括内部控制制度的建立与健全程度、贯彻执行情况、有效程度、可信程序、控制弱点及其原因。

(3)检查采购文件资料、实物及有关政府采购业务。检查有关采购文件如采购预算、招标文件、投标文件、定标文件、合同文本、验收证明及采购活动记录等有关文件、资料。查明资料的合规性、真实可靠性。对于其中发现的难点、疑点，集中精力深查，弄清原因。

如有必要,可以向外单位函证或了解情况,或请有关人员进行鉴定等。

除查证资料,还可以通过实地操作、实地察看等方式检查政府采购活动的开展情况。

5. 整理监督检查资料

政府采购监督检查人员查证各种资料,应对所了解的情况和掌握的资料进行综合整理,形成工作底稿,并将各监督检查的人员工作底稿加以集中分类整理复核。

6. 编写监督检查报告

根据工作底稿及全体人员充分讨论,编写检查报告,初稿完成后,可先征求被检查单位意见,对被检查单位的反馈意见应慎重考虑,确定其意见是否合理,再视情况实事求是进一步修改检查报告,定稿后向派出的政府采购监管机关报送。

7. 下发监督检查通报

根据检查报告对被检查单位实事求是地进行评价,在做出重大决定前应征求有关部门的意见,征求意见后,依法独立地做出检查结论和处理决定。最后通报检查情况或者做出检查结论、下发处理决定书。

8. 整理监督检查文件,进行总结

监督检查工作终结后,监督检查组应整理监督检查文件,作为监督检查资料归档,并及时对本项目监督检查情况进行总结。

(二) 政府采购监督检查方法

监督检查方法是指政府采购监督管理部门在政府采购监督检查活动中获取证据的方法。下面简单介绍一些常见的技术方法。

1. 按检查的顺序可分为顺查法和逆查法

(1) 顺查法。顺查法指检查人员按照采购活动发生的先后顺序逐一核对,依次进行检查的方法。由于顺查法以审查采购原始记录为起点,通过证单核对、证物核对,借以查明采购活动每一道环节所存在的问题,因此,其优点是全面、系统,但工作量大,花费时间较长,因此,顺查法一般适用于采购活动单一的专项检查或个案检查。

(2) 逆查法。逆查法是按照采购活动相反顺序依次进行检查的一种检查方法。由采购结果入手,再检查原始记录,从而找到问题根源,这种方法的优点是有选择、有重点,检查效率高,但内容不够详尽,容易发生疏漏。

在实施政府采购检查中,通常使用两者相结合的检查方法,先使用逆查法发现问题,再对已确定的问题采用顺查法详细审查其采购活动记录。

2. 按检查的技术方法可分为审阅法、核对法、查询法、比较法、分析法、观察法和鉴定法

(1) 审阅法。审阅法是政府采购监督检查人员通过仔细阅读和审核各种采购档案,从中发现问题和线索的一种检查方法。通过审阅有关资料,检查人员可以初步判定采购资料是否真实可靠。在审阅时,要审阅采购资料的完整性和合规性,注意各项手续是否完备、有无漏洞。在运用此法进行检查时,要在全面审阅的基础上抓住重点。

(2) 核对法。核对法是指检查人员将两种或两种以上的互相关联的采购活动记录等

资料进行相互对照,以检查其内容是否一致。

(3) 查询法。查询法是指检查人员对检查过程中发现的问题,向被检查单位内外有关人员调查询问,达到弄清事实真相的一种检查方法。查询法可分为面询和函证两种。面询是指检查人员采取个别谈话、访问、座谈会以及到外地直接找有关人员征询等方式,向有关经手人、关系人、责任者、知情者及其他人员征询意见、了解情况的检查方法。检查人员在面询过程中,应尽可能记录被询问者的原话,谈话结束后的记录应经被询问人审阅、修改并签名。有时,可请被询问人写书面材料或进行录音等。面询不能使用提示、引诱、威胁或套供等办法,且谈话内容应严格保密。函证是指对于有些采购活动有关当事人面询有困难时,可以采用发函的方式向对方询证。函证可分为积极函证和消极函证。积极函证是要求被函证人在收到函证信件后,不论"是""否"都应给予答复。消极函证是指被征询的人在收到函证件后,认为委托或要求证实的事项有差异时,才给予回函答复,如没有差异,则不必答复。检查人员在发出函证后一定时间未得到答复时,则认为所查事项无误。运用函证时应注意:函证问题必须有记录,如询问什么问题,结果如何,均应记录清楚;函证的内容要简单明了;发函应由检查人员亲自办理。

(4) 比较法。比较法是指检查人员在检查中通过对被检查单位的有关数据、情况进行对比,从中找出差异的一种检查方法。

(5) 分析法。分析法是指检查人员对被检查单位提供的有关采购活动资料进行分解和综合,了解其构成要素和相互关系的一种检查方法。分析法可分为比较分析法、因素分析法和趋势分析法等。

(6) 观察法。观察法是指检查人员进入采购现场对采购活动或内部管理控制制度的执行情况进行实地观察以取得检查证据的方法。有些制度可能只是写在纸上而并不认真执行,形同虚设。检查人员只有经过现场的实质性测试,才能证实是否如实执行。如集中采购机构的内部制度的执行情况只能利用观察法才能证实其实际效果。

(7) 鉴定法。鉴定法是指政府采购检查人员运用专门技术对技术资料、实物性能和质量进行识别、测试和鉴定的方法。在政府采购检查过程中,某些采购货物不是检查人员运用一般的检查方法能够确定其性能和质量等问题的,需通过专门技术人员进行识别、测试和鉴定,并由专门机构出具证明。

三 政府采购活动内部控制管理

(一) 政府采购内部控制管理的主要任务

财政部《关于加强政府采购活动内部控制管理的指导意见》中提出,政府采购内部控制管理的主要任务有以下几点。

1. 落实主体责任

采购人应当做好政府采购业务的内部归口管理和所属单位管理,明确内部工作机制,重点加强对采购需求、政策落实、信息公开、履约验收、结果评价等的管理。

集中采购机构应当做好流程控制,围绕委托代理、编制采购文件和拟订合同文本、执行采购程序、代理采购绩效等政府采购活动的重点内容和环节加强管理。

监管部门应当强化依法行政意识，围绕"放管服"改革要求，重点完善采购方式审批、采购进口产品审核、投诉处理、监督检查等内部管理制度和工作规程。

2．明确重点任务

（1）严防廉政风险。牢固树立廉洁是政府采购生命线的根本理念，把纪律和规矩挺在前面。针对政府采购岗位设置、流程设计、主体责任、与市场主体交往等重点问题，细化廉政规范、明确纪律规矩，形成严密、有效的约束机制。

（2）控制法律风险。切实提升采购人、集中采购机构和监管部门的法治观念，依法依规组织开展政府采购活动，提高监管水平，切实防控政府采购执行与监管中的法律风险。

（3）落实政策功能。准确把握政府采购领域政策功能落实要求，严格执行政策规定，切实发挥政府采购在实现国家经济和社会发展政策目标中的作用。

（4）提升履职效能。落实精简、统一、效能的要求，科学确定事权归属、岗位责任、流程控制和授权关系，推进政府采购流程优化、执行顺畅，提升政府采购整体效率、效果和效益。

（二）政府采购内部控制管理的主要措施

加强政府采购活动内部控制管理的主要措施以下几点。

1．明晰事权，依法履职尽责

采购人、采购代理机构和监管部门应当根据法定职责开展工作，既不能失职不作为，也不得越权乱作为。

（1）实施归口管理。采购人应当明确内部归口管理部门，具体负责本单位、本系统的政府采购执行管理。归口管理部门应当牵头建立本单位政府采购内部控制制度，明确本单位相关部门在政府采购工作中的职责与分工，建立政府采购与预算、财务（资金）、资产、使用等业务机构或岗位之间沟通协调的工作机制，共同做好编制政府采购预算和实施计划、确定采购需求、组织采购活动、履约验收、答复询问质疑、配合投诉处理及监督检查等工作。

（2）明确委托代理权利义务。委托采购代理机构采购的，采购人应当和采购代理机构依法签订政府采购委托代理协议，明确代理采购的范围、权限和期限等具体事项。采购代理机构应当严格按照委托代理协议开展采购活动，不得超越代理权限。

（3）强化内部监督。采购人、集中采购机构和监管部门应当发挥内部审计、纪检监察等机构的监督作用，加强对采购、执行和监管工作的常规审计和专项审计，畅通问题反馈和受理渠道，通过检查、考核、设置监督电话或信箱等多种途径查找和发现问题，有效分析、预判、管理、处置风险事项。

2．合理设岗，强化权责对应

合理设置岗位，明确岗位职责、权限和责任主体，细化各流程、各环节的工作要求和执行标准。

（1）界定岗位职责。采购人、集中采购机构和监管部门应当结合自身特点，对照政府采购法律、法规、规章及制度规定,认真梳理不同业务、环节、岗位需要重点控制的风险事项,划分风险等级,建立制度规则、风险事项等台账,合理确定岗位职责。

(2) 不相容岗位分离。采购人、集中采购机构应当建立岗位间的制衡机制,采购需求制定与内部审核、采购文件编制与复核、合同签订与验收等岗位原则上应当分开设置。

(3) 相关业务多人参与。对于评审现场组织、单一来源采购项目议价、合同签订、履约验收等相关业务,原则上应当由2人以上共同办理,并明确主要负责人员。

(4) 实施定期轮岗。采购人、集中采购机构和监管部门应当按规定建立轮岗交流制度,按照政府采购岗位风险等级设定轮岗周期,风险等级高的岗位原则上应当缩短轮岗年限。不具备轮岗条件的应当定期采取专项审计等控制措施。建立健全政府采购在岗监督、离岗审查和项目责任追溯制度。

3. 分级授权,推动科学决策

明确不同级别的决策权限和责任归属,按照分级授权的决策模式,建立与组织机构、采购业务相适应的内部授权管理体系。

(1) 加强所属单位管理。主管预算单位应当明确与所属预算单位在政府采购管理、执行等方面的职责范围和权限划分,细化业务流程和工作要求,加强对所属预算单位的采购执行管理,强化对政府采购政策落实的指导。

(2) 完善决策机制。采购人、集中采购机构和监管部门应当建立健全内部政府采购事项集体研究、合法性审查和内部会签相结合的议事决策机制。对于涉及民生、社会影响较大的项目,采购人在制定采购需求时,还应当进行法律、技术咨询或者公开征求意见。监管部门处理政府采购投诉应当建立健全法律咨询机制。决策过程要形成完整记录,任何个人不得单独决策或者擅自改变集体决策。

(3) 完善内部审核制度。采购人、集中采购机构确定采购方式、组织采购活动,监管部门办理审批审核事项、开展监督检查、做出处理处罚决定等,应当依据法律制度和有关政策要求细化内部审核的各项要素、审核标准、审核权限和工作要求,实行办理、复核、审定的内部审核机制,对照要求逐层把关。

4. 优化流程,实现重点管控

加强对采购活动的流程控制,突出重点环节,确保政府采购项目规范运行。

(1) 增强采购计划性。采购人应当提高编报与执行政府采购预算、实施计划的系统性、准确性、及时性和严肃性,制定政府采购实施计划执行时间表和项目进度表,有序安排采购活动。

(2) 加强关键环节控制。采购人、集中采购机构应当按照有关法律法规及业务流程规定,明确政府采购重点环节的控制措施。未编制采购预算和实施计划的不得组织采购,无委托代理协议不得开展采购代理活动,对属于政府采购范围未执行政府采购规定、采购方式或程序不符合规定的及时予以纠正。

(3) 明确时限要求。采购人、集中采购机构和监管部门应当提高政府采购效率,对信息公告、合同签订、变更采购方式、采购进口产品、答复询问质疑、投诉处理以及其他有时间要求的事项,要细化各个节点的工作时限,确保在规定时间内完成。

(4)强化利益冲突管理。采购人、集中采购机构和监管部门应当厘清利益冲突的主要对象、具体内容和表现形式,明确与供应商等政府采购市场主体、评审专家交往的基本原则和界限,细化处理原则、处理方式和解决方案。采购人员及相关人员与供应商有利害关系的,应当严格执行回避制度。

(5)健全档案管理。采购人、集中采购机构和监管部门应当加强政府采购记录控制,按照规定妥善保管与政府采购管理、执行相关的各类文件。

采购人、集中采购机构和监管部门要深刻领会政府采购活动中加强内部控制管理的重要性和必要性,结合廉政风险防控机制建设、防止权力滥用的工作要求,准确把握政府采购工作的内在规律,加快体制机制创新,强化制度约束,切实提高政府采购内部控制管理水平。

四 政府采购监管的责任与控制

(一)政府采购监管责任

政府采购监管责任是政府采购监管机构及人员在履行政府采购监管职责过程中应承担的义务。它取决于政府采购监管的行为及其后果。政府采购监管部门对政府采购活动进行监督检查,实施了监督检查行为,产生了检查结果,作为政府采购活动监管主体的财政部门就自然成了政府采购监管责任承担者。

分析政府采购监管责任须厘清采购人责任和采购代理机构责任。采购人责任是指采购人在政府采购活动中违反了政府采购规定须承担的责任;采购代理机构责任是指采购代理机构在采购活动中违反政府采购程序和规定实施采购而须承担的责任;政府采购监管责任是政府采购监管部门或个人未依法对政府采购活动进行监管,或在监管过程中出现遗漏、失误,未能及时发现采购活动中的违法行为而必须承担的相应责任。

政府采购监管必须依据法律,遵循职业规范,遵守廉政纪律,否则将承担相应责任。政府采购监督管理承担责任的主要原因是违法行政和不当行政。

1. 违法行政的主要表现形式

(1)行政失职。政府采购监管部门不行使应行使的职责,或者行使不力,如玩忽职守、应查不查、监督失察或贻误、监督不到位。

(2)行政越权。超越法律法规授予的权限实施监督行为。

(3)滥用职权。行使的职权背离法律法规的目的。

(4)程序违法。实施的监督检查行为包括方式、形式、手段、步骤、时限等不符合法律法规的规定。如没有实行回避制度、行政处罚未履行听证告知程序、没有依法送达当事人等。

(5)证据不足。做出政府采购检查结论或决定所依据的事实不清、证据不足。

(6)适法错误。实施政府采购监督检查的依据和做出的结论或决定在适用法律条款方面发生错误。具体包括本应适用甲依据却用了乙依据、适用法律条款不当等。

2. 不当行政的主要表现形式

与违法行政不同,不当行政是基于自由裁量权行为而存在的。不当行政虽然不违法,但自由裁量不是任意裁量。不当行政在政府采购监管中的主要表现形式是政府采购监管结论或处理决定显失公正,明显违反了客观、合理、适度的原则。包括不适当的考虑,如考虑了人际关系等;不适当的处理,如对不同单位类似的违法行为,给予畸重畸轻的不同处罚;不适当的方式,如要求被处罚当事人提供不必要的材料、负担调查费用等。

政府采购监管承担责任一般包括补救性和惩罚性两种形式。补救性措施是指政府采购监管部门发现违法行政或不当行政,可自动纠正或通过行政复议撤销违法或不当的行政行为。惩罚性措施是指政府采购监管人员需承担相应的行政责任,包括行政处分与行政处罚。情节轻微的处以批评教育、通报批评、取消执法资格等;情节严重的,按《国家公务员暂行条例》规定进行行政处分;因重大过失或舞弊行为触犯《刑法》的,应承担刑事责任。

(二) 政府采购监管责任控制

随着政府采购监督管理行为和结果的产生,财政机关或政府采购监管人员就自然成为主要监管责任承担者。行政失职、行政越权、滥用职权、程序违法、证据不足、适法错误和显失公正的不当行政是政府采购监管可能遭受行政复议或行政诉讼的主要原因。但就其某一具体事项而言,财政机关或其相关人员承担法律责任的构成要件有客观上存在违法行为、主观上存在过错、有明确的法律依据,否则财政机关或其相关人员就不应承担责任。因此,财政部门履行政府采购监管职责,避免行政复议或行政诉讼的责任控制措施有:

(1) 坚持权力与责任挂钩,与利益脱钩的原则。行政执法公开、持证上岗执法,推行执法责任制、评议考核制和质量控制;通过学习考核、考试,提高执法人员的政治素质、业务能力和执法水平;对越权、失职、失察、滥用职权、行政不当的执法人员要追究其责任。

(2) 严格履行政府采购监管的各项职责,遵循政府采购监管规定、规则和工作要求,保持良好的职业道德和职业谨慎。依法履行政府采购监管职责时,严格执法的程序和手续,既不失职不作为,也不能越权乱作为。

(3) 划分责任边界,明晰监管责任和监管对象责任。明确监管对象对采购活动完整性和真实性的承诺和责任,分清采购当事人承担的责任和政府采购监管部门及人员的责任范围。

(4) 独立执法及严格执法。执法不严,滥用权力,容易带来行政复议或法律诉讼。执法人员切实贯彻执法必严、违法必究的原则,合理使用自由裁量权。

(5) 进一步强化纠错机制。行政诉讼实行"不告不理"的原则。若处理决定下发后,发现事实有待进一步审查或适用法律不当,应重新审查,及时纠正,用足用好行政机关先行处理的政策。

(6) 聘请熟悉政府采购法律法规的法律顾问处理有关问题。

第二节 政府采购的风险与控制

一 政府采购风险的概念

政府采购风险是政府采购过程中因政府采购制度、程序或外部事件等影响而导致采购结果与预期目标相偏离的现象。政府采购风险由政府采购风险因素、政府采购风险事件和政府采购风险结果组成。政府采购风险就是在政府采购管理和操作过程中,由于决策方法和程序缺乏科学性,引起某些风险因素的发生,从而导致决策结果相对预期效果的不利变化。

政府采购风险产生的主要原因有法律制度不健全、改革超前性与现行预算体制不协调、投诉处理中难以取证、程序不当、供应商资格审查不当、评估标准和方法错误(即对各种方法的适用条件理解不正确、评估标准制定不当)等。

二 政府采购风险的识别

风险识别是确定可能发生的风险的类型,目的是为风险分析提供素材和框架。政府采购风险识别重点考察政府采购过程中可能存在的各种风险因素,特别要找出决定政府采购成败的关键风险因素。为了便于对政府采购风险实施有针对性的风险管理,我们可以依据政府采购风险性质及风险来源进行分类。

(一)依据政府采购风险性质

政府采购风险按性质可分为:制度风险、技术风险、信息不对称风险、道德风险。

1. 制度风险

所谓制度风险是指由于政府采购法律制度体系不完善引起的风险。目前虽然我们国家有《政府采购法》,财政部印发了一系列部门规章,各地也颁发了相应的制度办法,但在非招标方式政府采购、协议供货、供应商诚信管理、政策功能、中小企业等方面制度还不够健全,有的还是空白,这在一定程度上增加了政府采购风险发生的概率。

2. 技术风险

政府采购项目从开始到结束一般要经过预算编制、采购需求、信息发布、专家抽取、合同签订等一系列程序和环节,每一程序和环节大部分依赖于现代信息技术,包括网上管理审批、电子认证、合同签订管理、监控系统、信息发布系统、采购文件下载上传、网上开标评标、电子招标系统、电子合同系统、电子支付系统等。网络技术的使用可以大大增强采购信息的透明度,并且所有过程都有电子记录在案,大大提高了政府采购效率。但由于政府采购技术不配套、不成熟、标准化不够,产品技术需求、参数描述、评分标准技术语言不准确导致政府采购存在技术风险。

3. 信息不对称风险

所谓信息不对称风险是指在共享信息的过程中,由于信息不充分或不对称导致的风险损失及影响。信息不对称主要体现在两个方面。一是供应商与采购人和政府采购机构之间的信息不对称。采购人或政府采购机构是采购需求的制订者,在技术标准、资格条件以及发布信息时间把握方面往往处于信息优势;而对供应商而言,他们只能依据已经公开的各种信息进行决策,这种供应商与采购人间信息不对称导致采购结果产生有利于采购人方面的偏差。此外由于信息公告的不规范和地域及时间上的限制,供应商往往在获取信息方面存在差异,供应商间获取信息的不对称可能影响企业参与政府采购市场竞争的充分性,从而导致产品质量、价格、性能和售后服务质量存在偏差。二是监管部门与采购部门之间的信息不对称。监管部门相对采购人或采购机构来说属于局外人,由于信息不对称,使得采购人寻租现象和寻租证据难以被发现而造成采购结果的偏差。

4. 道德风险

道德风险是指从事政府采购活动的人在最大限度地增加自身效用的同时做出不利于他人的行为。在政府采购活动中表现为供应商为使自身利益最大化,在招标文件中存在虚假不实描述、美化图片,而中标后提供的物品与招标文件承诺不一致。供应商在与采购人签订采购合同后,由于采购方不能全程观测和约束供应商的行为,供应商就有可能不按合同约定的条款履约,进而设法最大化追求企业利益而损害公共利益行为等。

(二) 政府采购风险来源

政府采购风险按来源可分为来源于政府采购监管部门的政府采购监管风险、来源于政府采购操作机构的操作风险、来源于评审专家的评审风险及来源于供应商的风险。

1. 监管风险

(1) 政府采购监管风险可概括为审批风险、执法风险和救济风险。

①审批风险。是指监管部门在履行行政许可、审批、审核、备案等法定职责时产生的风险。这种风险可分为失察和失误两类。失察是指政府采购监管部门在履行职责时,没有发现当事人的错误行为,导致其做出错误的行政行为。失误是指政府采购监管部门自身行为发生错误,而导致不当的行政行为。

②执法风险。是监管部门在执法过程中发现问题、处理问题产生的风险。财政部门作为监管机关,对政府采购活动中的违纪违法行为进行处理时,由于采购活动的复杂性和当事人利益矛盾的复杂性,导致在执法处理过程中定性难、取证难、定论难,执法中可能存在与政府采购目标的偏差。

③救济风险。是指财政部门在解决采购人过失、处理当事人投诉时产生的风险。在目前法制意识不强的状况下,本是当事人的错误,但因财政部门处理不当却将风险转嫁到被处理者身上的情形不胜枚举,使监管部门处于两难境地。例如采购人未办理政府采购手续而自行组织了采购活动,事后要求财政部门补办相应手续。对于此种情形,财政部门补办了政府采购手续,则违反政府采购法律法规,应承担违法风险;如果不补办,采购人就不能办理资金结算,采购人不支付资金,就违反了《民法典》,采购人又要承担责任。

（2）政府采购监管风险的影响因素是多方面的，有内部环境因素的影响，也有外部环境因素的影响。

内部环境因素主要包括：

①政府采购监管人员素质。政府采购监管人员的综合素质直接影响政府采购监管的风险，并与风险成反比。监管人员素质高，政府采购监管风险就容易控制在低水平；监管人员素质低，政府采购监管风险就高。

②监管部门的组织管理水平。政府采购监管机构内部职责分工明确，约束合理有效，则风险将会处于较低水平。相反，监管机构不能实行有效的管理，高风险将在所难免。

③工作过失。监管人员在工作中未能严格履行职责，没有足够的职业谨慎，取证不全、取证不足或经验不足等，从而做出片面或错误的判断，进而产生风险。

④检查方法的影响。无论是判断抽样，还是统计抽样，都会因样本不足而存在一定的误差，极易遗漏重要事项进而形成风险。

外部环境因素是指监管主体以外的因素，包括：

①社会环境的影响。社会诚信度、社会法制建设状况、社会对政府采购的认同度和执法环境等都将对政府采购监管风险产生影响。

②被监管事项的复杂程度以及被监管单位的内控制度的影响。监管风险＝固有风险×控制风险×检查风险。被监管事项越复杂，固有风险就越大，查深查透的难度就越大，监督检查的风险也越大；内控制度设计和遵循得越好，政府采购违规行为就可能会及早被内控制度防止、发现或纠正。检查风险是指某一采购活动事项的违规情况未能被监管人员发现的可能。因此，固有风险和被检查单位的控制风险是外部风险，与检查人员的主观努力没有关系。

2. 操作风险

操作风险是来源于采购机构的风险，表现为招标机构因为主观上期望采购比较理想而且比较熟悉的货物，在制定技术规格要求时就会有针对性、倾向性地规定某些特定的技术指标，从而排斥了一些潜在投标人，造成招标范围缩小、缺乏竞争力，带来招标困难以至失败的风险。

3. 评审风险

政府采购评审风险是指政府采购评审过程中因评审专家对项目复杂性认识不足或自身疏漏导致评审结果出现偏差。政府采购评审风险影响因素可概括为以下几方面。

（1）政府采购当事人期望结果与评审结果之间有差异，常常会使评审人员卷入不愉快的责任纠纷之中。政府采购当事人总是希望评审专家能够在技术上胜任评标能力，以正直、独立和客观的态度进行评审工作，每个供应商都期望评审专家能发现自身物品或服务的优点和竞争对手的错误或瑕疵。然而，在客观上由于项目本身的复杂性、新技术新产品的不断涌现、招投标文件语言如技术指标等表达方面的局限性，以及现代高超造假技术等，使评审人员在准确判断、鉴别真伪上受到相当大的限制，再加上评审人员经验不足，对新产品性能和市场行情把握不够等，都可能导致评审结果出现偏差。

（2）政府采购评审模式是导致评审专家法律风险的技术因素。评审专家一般在评标前一天才被邀请评标,且事先对评审对象一无所知,评标时被要求在相对短的时间内独立评审,有时需对几十份、上百万字的投标文件是否有实质性响应招标文件技术参数进行严格详细的评定。在这么短的时间内准确完成如此繁重的任务确实相当困难,评标结果出现偏差也在所难免。

(3) 投标人性质和评审项目复杂性增加了评审风险。在当今转型经济环境中,股份、国有、个体等各种经济形式及各种经济联合体投标层出不穷。除了对技术指标进行比较评判外,评审专家还要对投标人的商务条件及资格进行审查,这就要求评审人员不仅是技术专家,还应该是法律专家、经济专家,有时还要求是真伪鉴别专家。处在这样复杂的环境中,评审人员的责任日益沉重。

(4) 评审人员的自身原因会使其面临承担法律责任的风险。一是政府采购评审专家素质和经验不足容易引起供应商投诉。二是评审人员在评审中未能严格履行程序,缺乏足够的职业谨慎,对作为依据的评标文件理解不透或疏忽遗漏,做出片面或错误判断导致评审风险,出现工作过失。三是职业道德问题。极少数评审人员为一己私利,公然置国家法律于不顾,违反职业道德,谋取私利。

(5) 外部环境的干扰,监督制约机制不完善也是政府采购评审风险的环境因素。政府采购工作开展时间不长,执法环境不完善和社会对政府采购认同度不高给政府采购评审带来了潜在风险。由于政府采购标的大,政府采购订单一直是供应商竞相争夺的对象,评审专家无疑是各种利益集团争夺的焦点,这便增加了评审人员的风险。此外,采购人的倾向性干扰也不容忽视。

4. 供应商风险

来源于供应商,如围标风险、低价抢标风险、履约风险等。

(1) 围标风险。供应商为了达到中标的目的找了多家企业来投标,无论这些企业哪家中标,均由此供应商获利,这俗称"围标"。

(2) 低价抢标风险。少数供应商采取不正当竞争的手段,以不合理的低价抢标,而后以"偷梁换柱"的手法牟取利益或抢标后通过协商以高于中标的价格执行。

(3) 履约风险。政府采购按照既定的程序操作选定供应商后,供应商没有按合同规定进行履约,由此造成政府采购风险。不排除供应商以低于成本价谋求中标后因履约困难而偷工减料。有些采购项目预算做得太低,而部分供应商也不顾自己真实的投标能力,盲目压低报价,采购机构又必须要执行财政部规定的低价优先原则,于是在供应商做出庄严承诺以后,没有理由不让其中标,而在实际履约阶段,供应商发现自己已经严重亏损,于是故意放低履约标准,由此引起政府采购履约风险。

三 政府采购风险的防范与控制

(一) 委托采购代理机构环节风险防控

1. 主要工作

采购人在确定采购项目后,按《政府采购法》及其实施条例的规定由采购人自行选择代理机构。

2. 政策依据

（1）《政府采购法》第十九条第二款规定，"采购人有权自行选择采购代理机构，任何单位和个人不得以任何方式为采购人指定采购代理机构"。

（2）政府采购社会代理机构（以下简称社会代理机构）不得免费或低于成本价获得代理业务。采购人选择社会代理机构过程中，应当综合考量代理机构的服务能力、专业水平、服务质量以及代理服务费收费因素。

3. 风险点

（1）政府采购代理机构的采购专业化水平参差不齐，采购人自行选择往往带有盲目性，指定的代理机构可能与代理的采购项目不相适应，"他人介绍"或"自我推荐"往往演变成领导打招呼、熟人拉关系和不正当竞争关系。

（2）会虚高代理服务费产生新的腐败；但是过低的代理服务费又可能引发采购代理服务质量风险。

4. 防控措施

采购人要增强责任意识，建立选择委托代理机构的集体研究决策机制，合理确定采购代理服务费金额或收取标准；从代理机构人员配备、业务水平、评审场地、行业信誉等方面制定选择。

（二）采购需求和采购文件编制环节风险防控

1. 主要工作

采购人负责组织确定本单位采购项目的采购需求，严格依据采购需求编制采购文件。采购人在制订采购需求和编制采购文件时应坚持"十六字方针"——依法合规、完整明确、科学合理、厉行节约。

2. 政策依据

《政府采购法实施条例》《财政部关于进一步加强政府采购需求和履约验收管理的指导意见》（财库〔2016〕205号）等法规制度。

3. 风险点

（1）对供应商实行差别或者歧视待遇的现象，例如采购人、采购代理机构超出采购项目实际需求，设定的资格、技术、服务和商务条件等与采购项目具体特点、实际需要不相适应或者与合同履行无关。

（2）采购需求中的技术、服务等要求指向特定供应商、特定产品。

（3）以特定行政区域或者特定行业的业绩、奖项作为加分条件或者中标、成交条件。

4. 防控措施

（1）采购人要依规建立政府采购需求调研制订机制，扎实搞好市场调查，准确、科学、合理制订采购需求。

（2）切实做好采购需求论证，要充分发挥专家作用，促使需求制订更精准、更合规；要由本单位负责政府采购的部门会同业务部门组织专家（或专业人员）对采购需求进行充分的论证。

(3) 采购资金要有保障,资金来源要合规;业务部门协助财务部门负责编制采购预算和落实采购计划;审核部门需要对采购预算指标是否到位、采购计划是否按时编制等进行全面审核。

(4) 精心编写采购文件,规范表达采购需求,做到采购文件依法合规、严谨易懂,符合语法规范无歧义,否则可能导致质疑投诉事项,影响项目实施和采购效率。

(三) 采购评审环节风险控制

1. 主要工作

(1) 采购人及其委托的采购代理机构在组织实施公开招标、邀请招标、竞争性谈判、询价、竞争性磋商、单一来源等采购方式的政府采购活动中,要依法、依规组建评审委员会,要充分保障评委的独立评审权,评审委员会应当对参加政府采购活动的供应商进行审查、评价或商定。

(2) 评审委员会依法独立评审,任何单位和个人不得非法干预。组织实施政府采购活动的采购人、采购代理机构应当提供评审委员会独立评审的条件和设施。

2. 政策依据

采购人或者采购代理机构应当自中标、成交供应商确定之日起 2 个工作日内,发出中标、成交通知书,并在省级以上人民政府财政部门指定的媒体上公告中标、成交结果,招标文件、竞争性谈判文件、询价通知书随中标、成交结果同时公告。

3. 风险点

政府采购评审活动直接关系到采购活动能否顺利开展和采购结果的合法有效性,存在评审专家不专、滥竽充数现象,也存在少数非法干预评审活动等异常情况。

4. 防控措施

(1) 要依法依规精心选抽评审专家。采购人和代理机构要充分结合采购项目特点精心选择抽取与采购项目相对应或密切相关的专家,做到专家要专,业务要精,方可保证评审质量。

(2) 要精选委派采购人代表。《政府采购法》等法律法规明确规定评审委员会成员中应当有采购代表,这充分体现了保证采购人主体地位、发挥采购人主体作用、依法保证采购质量、实现采购目标的立法精神。采购人代表要业务能力强、政治可靠,对采购项目熟悉。

(3) 要依规解答澄清。采购人在开评标前,应按法律规定对项目做详细介绍,出现供应商投标响应与采购文件表述、评审委员会理解不一致引发评审争议时,应按法律法规做出明确解释。

(4) 要切实加强评审现场监督管理。应认真履行监督职责,监督评标委员会依照采购文件规定的评标程序、方法和标准进行独立评审;采购代理机构、采购人一旦发现评审活动中有违法、违规行为的,要敢于"亮剑",依法依规及时制止,必要时应当报告项目所在地财政部门处理。评审结束后,采购人和代理机构应根据专家履职情况做出客观评价,并及时向财政部门反映评审中的问题。

(四)采购合同环节风险控制

1. 政府采购合同签订

(1)主要工作

采购人根据评审委员会确定的候选供应商名单确定中标、成交供应商,并与之签订政府采购合同。

(2)政策依据

①《政府采购法》第四十六条:"采购人与中标、成交供应商应当在中标、成交通知书发出之日起三十日内,按照采购文件确定的事项签订政府采购合同。"

②《政府采购法实施条例》第四十三条:"采购代理机构应当自评审结束之日起2个工作日内将评审报告送交采购人。采购人应当自收到评审报告之日起5个工作日内在评审报告推荐的中标或者成交候选人中按顺序确定中标或者成交供应商。"

(3)风险点

采购人不按采购文件确定的事项签订合同,或中标、成交供应商无正当理由拒签合同。

(4)防控措施

①采购人在签订合同时,应严格执行内部财务管理审批程序,及时发现并纠正不按采购文件确定的事项签订合同的行为。

②代理机构要精心指导,加强合同管理。采购代理机构要发挥行业专业优势,精心指导采购人与中标、成交供应商严格按照采购文件和投标响应文件的约定事项签订政府采购合同。对合同履约中存在的问题和风险,要向采购人及时指出,帮助采购人补齐短板。

③财政部门对不按采购文件签订合同的采购人和无正当理由拒签合同的供应商依法惩处。

2. 合同履行及履约验收

(1)主要工作

中标、成交供应商应按采购合同约定履行政府采购义务,采购人或者采购人委托的采购代理机构对其提供的货物、工程或者服务进行验收。

(2)政策依据

①《政府采购法》第五十一条:"采购人应当按照政府采购合同规定,及时向中标或者成交供应商支付采购资金。采购人可以根据采购项目具体情况自行组织验收,或者委托采购代理机构组织验收,但委托验收不能免除采购人应当承担的法律责任。"

②《财政部关于进一步加强政府采购需求和履约验收管理的指导意见》(财库〔2016〕205号)也有相关规定。

(3)风险点

采购人未制定科学合理、标准规范的验收方案;缺乏专业的验收人员,验收组织不得力,甚至不重视验收,这些都可直接导致履约和验收相关工作难以顺利开展,最终影响采购质量,造成采购活动虎头蛇尾的情况。

(4) 防控措施

①采购人要建立政府采购合同履约管理制度,落实专人管理政府采购合同,严格控制合同质量风险。

②采购人应成立验收小组,验收小组成员最好以技术专家为主,必要时聘请法律或经济类专家。验收小组应根据项目特点制定验收方案,明确履约验收的时间、方式、程序等内容,认真验收。物品类项目,采购人可以根据需要设置出厂检验、到货检验、安装调试检验、配套服务检验等多重验收环节;服务类项目,可根据项目特点对服务期内的服务实施情况进行分期考核,结合考核情况和服务效果进行验收;工程类项目应当按照行业管理部门规定的标准、方法和内容进行验收。

③采购人要严格履约验收。采购人要始终把维护国家、集体和单位利益放在第一位,切实保证采购质量。采购人对于专业性强的项目要聘请行业专家或第三方检测机构参与验收;对需要送检的一定要按要求送检。采购人对于履约验收中发现的问题要坚持原则、不讲人情、敢于说"不"(即不予以接收使用、不予以付款、不予以通过验收)。供应商在履约过程中有政府采购法律法规规定的违法违规情形的,采购人应当及时报告本级财政部门。

第三节 政府采购的法律救济

一 政府采购救济机制概述

政府采购改革向纵深推进,在触及旧有部门采购利益格局的同时,也产生了新的法律关系,形成了采购机构、供应商和使用单位多方主体、多重法律关系。利益格局的变动、法律关系的复杂化,使得各种冲突和矛盾在所难免,于是,建立有效、科学的纠纷解决机制尤为迫切。

在政府采购诸多法律关系中,采购人与供应商之间的采购合同关系是最重要的法律关系。供应商是采购合同的竞争者,采购合同的订立程序是否合法、采购合同的授予是否公正以及合同条件是否公平,直接关系到政府采购目标的实现。政府采购的救济制度主要就是基于合同订立和履行而设计的。

政府采购救济制度是政府采购的当事人发生争议时所能寻求的行政的、司法的保护制度,也就是政府采购一方当事人由于故意或过失造成另一方权益受损时,法律上规定另一方所能采用的保护、补救或恢复权利的方法或措施。政府采购救济制度的建立能够有效保障各方的合法权益,既能给供应商一个"明白",又能给采购人一个"清白"。依据法理,有权利必救济,所以建立一个健全透明公正高效的政府采购救济制度,是政府采购法制中不可或缺的重要内容。

从各国政府采购实践看,针对政府采购当事人在政府采购过程中权益受损的情况,根据所处阶段不同,政府采购救济制度可分为两部分:一部分是合同订立过程中的救济制度,主要是处理合同形成过程中的争议,这部分救济制度侧重于对供应商权益的保护;另一部分是合同履约方面的救济制度,主要是处理合同履行过程中的争议。[①]

政府采购是社会公共的采购,采购数量巨大,财政性资金支付能力强,政府采购合同往往是供应商竞相争夺的目标。在政府采购活动中,供应商又常常会处于弱势地位,一是政府采购市场为买方市场,采购方作为买方,决定供应商的资格条件、招标投标程序等,占有交易上的优势,供应商处于"有求于人"的一方,相对被动。因此在合同订立阶段的救济主要是针对采购人或采购机构违反法律规定、损害供应商权益行为的救济制度。我国《政府采购法》就供应商质疑和投诉以及申请复议或诉诸司法救济做出了明确的规定。救济手段包括询问、质疑、投诉、行政复议和行政诉讼等,以保障供应商的合法权益。

政府采购履约阶段,政府采购当事人之间已经建立了合同关系。针对这一阶段围绕合同履行引起的争议,《政府采购法》规定,采购人或采购机构依民事法律手段维护自身的利益。救济手段主要包括协商、调解、仲裁和民事诉讼。

二 政府采购合同授予争议救济制度

《政府采购法》第六章专门规定了质疑和投诉标志着我国政府采购供应商救济制度正式建立。我国的供应商质疑和投诉制度借鉴了各国的立法经验,基本符合《政府采购协定》的精神,符合国际惯例,又基于我国国情,体现我国特色。我国政府采购救济机制的途径包括询问、质疑、投诉、行政复议和行政诉讼程序。

(一)询问

1. 询问的提出和处理

在政府采购活动中,采购人往往处在主动地位,而供应商则相对比较被动。采购人发布的采购信息包括采购的对象、采购的标准、供应商的准入条件、实行的采购方式等多项因素。这些因素有的可能比较简单;有的可能不够清晰;有的在采购实施过程中,采购人的一些做法不够透明;中标、成交有了结果后,由于多种因素的影响,可能会导致参加采购的供应商不能及时了解整个有关政府采购的信息和情况。设立询问制度赋予供应商询问权,对于监督采购人遵守和实行公开透明原则,保障供应商的知情权、了解权等程序权利是十分必要的。

根据《政府采购法》的透明原则,供应商有权知道和了解采购过程的信息,供应商对政府采购活动事项有疑问的,有权向采购人提出询问。采购人如果委托采购代理机构进行采购活动的,供应商也可以向采购代理机构提出询问。

---

① 于安,宋雅琴,万如意.政府采购方法与实务[M].北京:中国人事出版社 2012.

询问是针对采购活动事项有疑问提出的,对供应商询问的范围、时间、条件、方式均不设限制。供应商询问的范围广泛,包括政府采购活动的任何事项;对于提起询问的时间法律上没有限制,在政府采购活动的任何时间均可提出;询问主体上,所有供应商都享有对政府采购活动询问的权利;询问的方式也不做限制,既可以是口头形式也可以是书面形式。

询问与招标过程中的澄清是有一定区别的,询问的范围广泛,可针对政府采购活动中的任意事项,采购人仅就供应商提出的询问答复询问供应商,但询问的内容如涉及招标文件的具体内容,且影响招标投标全局的应当通知所有的投标供应商。澄清的内容则必须明确具体,应当通知所有的投标供应商。

针对询问,采购人或代理机构应当及时、准确和真实地进行答复,只要是不涉及商业秘密的信息都应当提供,不得以任何理由回避、拖延或拒绝答复。

2. 询问事项注意点

针对询问这种救济途径,当事人双方应注意以下几点。第一,所有供应商都享有对政府采购活动事项进行询问的权利。只要供应商对政府采购事项有疑问,就可以不受约束地向采购人提出询问。第二,对于任何供应商的询问,采购人必须及时做出答复,但答复的内容不得涉及商业秘密。第三,虽然法律未对采购人答复供应商询问的时限做出明确规定,但采购人应当自觉地、尽快地答复。第四,供应商对政府采购活动事项提出询问的方式和采购人做出答复的方式,法律没有明确规定,实际操作中,既可以采取书面方式,也可以采取口头方式。第五,对供应商提出的不合理问题,甚至涉及商业秘密的,采购人要耐心、细致地做好宣传、解释。

(二)质疑

1. 质疑的提出和处理

质疑是指供应商认为采购文件、采购过程和中标、成交结果导致自己的权益受到损害而向采购人或采购代理机构提出请求,要求纠正或予以赔偿的一种救济方式。《政府采购法》对质疑的范围、质疑的时限、质疑的形式、质疑的机构都有明确的规定。

(1)质疑的范围

质疑的范围仅限于采购文件、采购过程和中标、成交结果。供应商认为采购文件、采购过程和中标、成交结果造成其合法权益受到损害的,可以向采购人提出质疑。履约过程中发生的争议属于违约责任,应当适用《民法典》的规定进行救济。

(2)质疑的时限

《政府采购法》规定,供应商提出质疑应当在知道或者应当知道其权益受到损害之日起七个工作日内向采购人或采购代理机构提出。时限的规定旨在促使供应商及时行使其质疑权利,同时也符合政府采购及时性的要求。

(3)质疑的形式

提出质疑的供应商(以下简称质疑供应商)要在质疑的时限内以书面形式向采购人提出,质疑申请的内容应当包括质疑人和被质疑人的名称、住所、电话、邮编等基本情况,质疑的具体请求事项,质疑人受到损害的事实和理由。质疑文书也是政府采购文件之一,要按照《政府采购法》的规定保存。所以,质疑应当采用书面形式。

（4）质疑的机构

我国《政府采购法》规定的质疑程序属于内部的救济机制,对救济机构的设置并没有明确的规定,供应商质疑可以直接向采购人或采购代理机构提出,采购人或采购代理机构应当设立独立的质疑部门,而不能由采购部门的经办人员直接处理供应商的质疑,质疑部门应当由专职人员从事质疑受理工作。

（5）质疑的处理

采购人或采购代理机构在收到供应商的书面质疑后应当在七个工作日内以书面形式答复提出质疑的供应商和其他有关供应商。采购人在受理供应商质疑之后,向采购部门调取有关的采购文件进行全面的调查,审查政府采购文件和程序的合法性。对质疑供应商的质疑请求如何处理,《政府采购法》并没有明确的规定。一般地,经审查若发现政府采购的文件和程序存在有违合法性的问题,应当要求采购部门及时纠正,给供应商造成损害的应当给予适当的赔偿,但赔偿以供应商制作投标文件和投标之损失为限。

及时答复供应商提出的质疑是采购人应尽的义务。同时,由于在一项政府采购活动中有多个供应商参加,采购人对质疑供应商所提的质疑事项做出的答复,很可能既关系到质疑供应商,也涉及参加这一采购活动的其他有关供应商。因此,采购人的书面答复不仅应当通知质疑供应商,也要通知其他有关供应商。

采购人委托采购代理机构采购的,供应商可以向采购代理机构提出询问或者质疑,采购代理机构应当做出相应答复。采购代理机构一旦接受采购人的委托办理采购事宜,就开始以采购人名义对外从事采购活动,在这种情况下,供应商就可以直接向采购代理机构提出质疑。对于供应商提出的质疑,采购代理机构也应当在收到书面质疑后七个工作日内以书面形式做出答复,并通知质疑供应商和其他有关供应商,但答复的内容不得涉及商业秘密。

采购代理机构在接受采购人的委托办理采购事宜时,与采购人是一种委托代理关系,在采购活动中的权限要受委托权限的限制。因此,采购代理机构在对供应商提出的询问或者质疑做出答复时,只限于采购人委托授权范围内的事项,至于采购人委托授权范围以外的事项,仍然应当由采购人负责答复。

2. 质疑处理注意点

针对质疑这种救济途径,当事人双方应注意以下几点。首先,采购人不得拒绝答复供应商依法提出的质疑。供应商认为采购文件、采购过程和中标、成交结果使自己的权益受到损害的,无论是在政府采购活动正在进行中,还是在政府采购活动结束以后,都可以依法向采购人提出质疑,采购人不得以采购活动正在进行或者已经结束等理由拒绝答复供应商的质疑。其次,答复质疑时要考虑到有关系的其他供应商,质疑答复除了通知当事人,还应告知相关供应商。最后,供应商提出质疑时,要注意在有效时间内提出,否则会影响采购过程的连续性。

(三) 投诉

1. 投诉的提出

在政府采购活动中,参加采购的供应商如果能顺利成为中标者或者成交人,就与采购人、采购代理机构成了合作伙伴;如果不能成为中标者或成交人,就有可能与采购人、采购代理机构之间产生纠纷。尤其是在供应商认为采购文件,采购过程和中标、成交结果使自己的权益受到损害,向采购人、采购代理机构提出质疑得不到及时、正确处理的情况下,矛盾更加不可调和。造成这种局面的原因既可能出自供应商本身,也可能出自采购人、采购代理机构。当采购人、采购代理机构对供应商提出的质疑做出的答复不能令质疑供应商信服,或者采购人、采购代理机构没有在规定的期限内答复质疑供应商,供应商的权益没有得到保障时,就需要为质疑供应商继续提供一个公正、迅速解决问题的救济途径,以使供应商权益得到有效保护。根据我国目前的实际情况,各级财政部门作为采购监督管理部门,不参与具体的政府采购活动,处于比较中立的地位,完全有条件和能力处理政府采购活动中产生的纠纷和问题。基于以上考虑,对供应商提出投诉的有关问题由政府采购监督管理部门负责做出了规定。

投诉制度对投诉条件、范围、时限、形式等做了具体的规定。

(1) 投诉的前置条件。供应商认为采购文件,采购过程和中标、成交结果使自己的权益受到损害的,应当首先依法提出质疑,对采购人、采购代理机构的质疑答复不满意或者采购人、采购代理机构未在规定的时间内答复的情况下,才能提出投诉。

(2) 投诉的事项。仅限于可以提出质疑的事项范围,即采购文件,采购过程和中标、成交结果。

(3) 投诉的时限。供应商对采购人、采购代理机构所给的质疑答复不满意或者采购人、采购代理机构未在规定的时间内答复的,供应商可以在答复期满后15个工作日内提起投诉,不能超过规定的时限。

(4) 投诉的形式。投诉人投诉时,应当提交投诉书,并按照被投诉采购人、采购代理机构和与投诉事项有关的供应商数量提供投诉书的副本。投诉书应当包括投诉人和被投诉人的名称、地址、电话等,具体投诉的事项及事实依据,质疑和质疑答复情况及相关证明材料,提起投诉的日期。投诉书应当署名。投诉人为自然人的,应当由本人签字;投诉人为法人或者其他组织的,应当由法定代表人或者主要负责人签字(盖章)并加盖公章。投诉人可以委托代理人办理投诉事务。代理人办理投诉事务时,除提交投诉书外,还应当向同级财政部门提交投诉人的授权委托书,授权委托书应当载明委托代理的具体权限和事项。投诉人或投诉代理人投诉时还应提交身份证明文件。

(5) 受理投诉的机构。法律规定,县级以上各级人民政府财政部门负责依法受理和处理供应商投诉;县级以上地方各级人民政府财政部门负责本级预算项目政府采购活动中的供应商投诉事宜。供应商只能向采购人或者采购代理机构的同级政府采购监督管理部门投诉,不可以越级投诉,也不可以向其他部门投诉。

2. 投诉的处理

政府采购监督管理部门收到供应商的投诉后,需要组织人员对投诉事项的有关情况进行深入细致的调查、取证、审查和核实,以查明事实真相,在此基础上,依法做出处理规定。具体程序如下:

(1) 财政部门收到投诉书后,应当在 5 个工作日内进行审查以确定是否受理。主要应从以下六个方面进行审查:投诉人是否是参与所投诉政府采购活动的供应商,是否在提起投诉前已依法进行了质疑,投诉书内容是否符合《政府采购供应商投诉处理办法》的规定,是否在投诉有效期限内提起投诉,是否属于本财政部门管辖,是否是已经处理的同一投诉事项。

(2) 告知和受理。对不符合投诉条件的,分别按下列规定予以处理:投诉内容不符合规定的,告知投诉人修改后在规定的期限内重新投诉;投诉不属于本部门管辖的,应当在 3 个工作日内书面告知投诉人向有管辖权的部门提起投诉。投诉不符合其他条件的,书面告之投诉人不予受理,并应当说明理由。对符合投诉条件的投诉,自财政部门收到投诉书之日起即为受理。注意投诉受理通知书或不予受理通知书都须办理投诉人签收手续。

(3) 调查取证。财政部门应当在受理投诉后 3 个工作日内向被投诉人和与投诉事项有关的供应商发送投诉书副本。被投诉人和与投诉事项有关的供应商应当在收到投诉书副本之日起 5 个工作日内,以书面形式向财政部门做出说明,并提交相关证据、依据和其他有关资料。财政部门收到后应当办理签收手续。

财政部门处理投诉事项原则上采取书面审查的办法。主要根据供应商投诉事项,对招标文件、投标文件、评分标准以及专家评委的评分情况,被投诉人和与投诉事项有关的供应商做出的说明、提交的相关证据、依据和其他有关资料等进行书面审查。

财政部门认为有必要时,可以进行调查取证,发送调查取证通知书,也可以组织投诉人和被投诉人当面质证。对于财政部门依法进行调查的,投诉人、被投诉人以及与投诉事项有关的单位及人员等应当如实反映情况,并提供财政部门所需要的相关材料。投诉人拒绝配合财政部门依法进行调查的,按自动撤回投诉处理;被投诉人不提交相关证据、依据和其他有关材料的,视同放弃说明权利,认可投诉事项。对情况复杂的,财政部门可组织专家评委对原评标过程进行复议,同时应邀请有关人员进行现场监督。在复议过程中,要做好取证记录,要求到场的相关人员签字,并将有关证据复印件附后。

财政部门在处理投诉事项期间,可以视具体情况书面通知被投诉人暂停采购活动,但暂停时间最长不得超过 30 日。

(4) 签发处理决定。财政部门经审查,对投诉事项分别做出下列处理决定:投诉人撤回投诉的,终止投诉处理;投诉缺乏事实依据的,驳回投诉;投诉事项经查证属实的,分别按照《政府采购供应商投诉处理办法》有关规定处理。

①财政部门经审查,认定采购文件具有明显倾向性或者歧视性等问题,给投诉人或者其他供应商合法权益造成或者可能造成损害的,按下列情况分别处理:采购活动尚未完成的,责令修改采购文件,并按修改后的采购文件开展采购活动;采购活动已经完成,

但尚未签订政府采购合同的,决定采购活动违法,责令重新开展采购活动;采购活动已经完成,并且已经签订政府采购合同的,决定采购活动违法,由被投诉人按照有关法律规定承担相应的赔偿责任。

②财政部门经审查,认定采购文件、采购过程影响或者可能影响中标、成交结果的,或者中标、成交结果的产生过程存在违法行为的,按下列情况分别处理:政府采购合同尚未签订的,分别根据不同情况决定全部或者部分采购行为违法,责令重新开展采购活动;政府采购合同已经签订但尚未履行的,决定撤销合同,责令重新开展采购活动;政府采购合同已经履行的,决定采购活动违法,给采购人、投诉人造成损失的,由相关责任人承担赔偿责任。

财政部门应当自受理投诉之日起30个工作日内,对投诉事项做出处理决定,并以书面形式通知投诉人、被投诉人及其他与投诉处理结果有利害关系的政府采购当事人。

财政部门做出处理决定,应当制作投诉处理决定书,并加盖印章。投诉处理决定书应当包括下列主要内容:投诉人与被投诉人的姓名或者名称、住所等;委托代理人办理的,代理人的姓名、职业、住址、联系方式等;处理决定的具体内容及事实根据和法律依据;告知投诉人行政复议申请权和诉讼权利;做出处理决定的日期。

(5)送达。投诉处理决定做出后,依照民事诉讼法关于送达的规定执行。送达投诉处理文书必须有送达回证,由受送达人在送达回证上记明收到日期,签名或者盖章。送达投诉处理文书应当直接送交受送达人签收;受送达人已向投诉处理部门指定代收人的,送交代收人签收。受送达人或者代收人在送达回证上签收的日期为送达日期。受送达人拒绝接收投诉处理文书的,送达人应当邀请有关单位的代表到场,说明情况,在送达回证上记明拒收事由和日期,由送达人、见证人签名或者盖章,把投诉处理文书留在受送达人的住所,即视为送达。直接送达投诉处理文书有困难的,可以邮寄送达。邮寄送达的,以回执上注明的收件日期为送达日期。受送达人下落不明,或者以其他方式无法送达的,公告送达。自发出公告之日起,经过六十日,即视为送达。

(6)公示。财政部门应当将投诉处理结果在省级以上财政部门指定的政府采购信息发布媒体上公告。

(四)行政复议

提起投诉的供应商(以下简称投诉供应商)对政府采购监督管理部门的投诉处理不服,或者政府采购监督管理部门逾期未做处理的,还可以依法申请行政复议。申请行政复议时,根据行政复议法的规定,投诉人可以自收到投诉处理决定之日起60日内,向该政府采购监督管理部门的本级人民政府申请行政复议,或者向上一级政府采购监督管理部门申请行政复议。行政复议机关在收到行政复议申请后,应当在5个工作日内进行审查并决定是否受理,对不予受理的,应当书面通知申请人;对决定予以受理的,应当及时进行审查、研究并提出处理意见,在自受理申请之日起60日内做出维持、撤销、变更原投诉处理决定或确认原处理决定违法的行政复议决定,并书面通知申请人。

(五) 行政诉讼

政府采购活动中投诉供应商对政府采购监督管理部门的投诉处理决定不服或者政府采购监督管理部门逾期未做处理的,投诉供应商可以不经行政复议程序直接向人民法院提起行政诉讼。根据《行政诉讼法》的规定,投诉人不服处理决定直接向人民法院提起行政诉讼的,应当在收到投诉处理决定之日起3个月内,向做出投诉处理决定的政府采购监督管理部门所在地的基层人民法院提出。人民法院接到起诉状后,经审查在7日内立案或者做出裁定不予受理。一经立案,人民法院将及时进行审理,并根据情况在立案之日起3个月内分别做出维持、撤销或部分撤销原投诉处理决定的第一审判决。投诉人若对第一审判决不服,有权在判决书送达之日起15日内向上一级人民法院提起上诉。

三 政府采购合同履行争议救济制度

《政府采购法》没有规定政府采购合同订立后,如何对政府采购合同履行阶段发生的争议进行救济的问题。《政府采购法》第四十三条规定:"政府采购合同适用合同法。采购人和供应商之间的权利和义务,应当按照平等、自愿的原则以合同方式约定。"在合同履行阶段,任何一方不履行合同义务,都应当承担违约责任。

当事人不愿和解、调解或者和解、调解不成的,可以根据仲裁协议向仲裁机构申请仲裁。涉外合同的当事人可以根据仲裁协议向中国仲裁机构或者其他仲裁机构申请仲裁。当事人没有订立仲裁协议或仲裁协议无效的,可以向人民法院起诉。当事人应当履行发生法律效力的判决、仲裁裁决、调解书;拒不履行的,对方可以请求人民法院执行。因此政府采购履约争议有四种解决途径:和解、调解、仲裁和诉讼。[①]

(1) 和解。和解是指合同纠纷当事人在自愿友好的基础上,互相沟通、互相谅解,从而解决纠纷的一种方式。和解作为一种非诉讼的纠纷解决方式,有着诉讼难以比拟的优势,成本低,方式灵活,后遗症少。事实上,合同履行过程中,大多数纠纷可以通过和解来解决。

(2) 调解。调解是指合同纠纷当事人不能达成和解协议时,在有关管理机关等的主持下,通过对当事人双方进行沟通、说服,双方自愿达成协议,以解决合同纠纷的方法。合同调解往往是当事人和解不能解决纠纷后选择的一种方式,这种方式以一定机构作为解决纠纷的媒介,能够及时地、经济地解决纠纷,有利于消除合同当事人情绪,维护双方的长期合作关系。

(3) 仲裁。仲裁是指争议双方在纠纷发生前或者纠纷发生后达成协议或者根据法律规定,自愿将争议交给第三者裁决,并负有自动履行义务的一种解决争议的方式。仲裁具有公正、专业、裁决易于接受等特点,同诉讼相比,裁决实行一裁终局原则。

(4) 诉讼。诉讼是指法院依照法定程序,以审理、裁决、执行等方式解决纠纷的活动。诉讼是解决纠纷的最终方式。政府采购活动中,供应商和采购人签订合同后,合同履行

---

① 肖建华.政府采购[M].大连:东北财经大学出版社,2011.

中产生纠纷的可以向当地人民法院提起民事诉讼，请求法院判决被告履行政府采购合同或承担某种违约责任。

四 政府采购供应商的风险与救济

（一）政府采购供应商的风险

1. 市场竞争风险

政府采购市场是一个充分竞争的市场，市场竞争的法则是优胜劣汰，供应商按照法律程序、法定方法在政府采购市场中竞争，大多数供应商可能依然拿不到政府采购合同。因为竞争有风险，在竞争中只有少数供应商脱颖而出，政府采购活动也是如此。

2. 资格瑕疵风险

参加政府采购活动的供应商须具有一定资格，不满足一定条件是不能参加政府采购活动的，因为政府采购有资格审查程序。即使该供应商侥幸通过资格审查，参加政府采购活动获得采购合同订单，但如不符合资格条件，最终合同也会失去。比如说，某供应商被列入不良厂商的名单，侥幸通过资格审查程序，但被举报后，参加政府采购活动将无效，如果给采购人造成损失，还必须赔偿。

3. 合同履行风险

合同履行风险主要表现为通过正常的程序获得了合同订单，但由于国家利益的需要，省级以上政府有权变更或终止这个合同。变更终止合同，当然会获得部分赔偿，但赔偿未必会到位。对供应商来说，履行合同在特殊情况下是有风险的，因为政府采购是为公共事业提供服务提供产品的，有时候这种利益大于供应商的利益。

4. 非规范操作风险

非规范操作风险包括以下几点。一是采购人或采购机构的非规范操作可能会使供应商中不了标，拿不到合同订单。二是一些供应商不规范操作，比如说串标、行贿等等，这些都会使本来应该能获得政府采购合同的供应商没有得到应得的合同。

（二）政府采购供应商的救济

供应商在政府采购活动中如发现权利受损，可以寻求权利救济程序来保护自己的利益。《政府采购法》对权利救济程序做了规定。本章第三节内容对此已进行了详细介绍。

五 供应商政府采购权益救济路径探讨

（一）依法维权

《政府采购法》充分营造了公平、公开、公正的采购市场秩序，全面具体地明确了采购当事人依法应享有的权利，如《政府采购法》的第五条规定，任何单位和个人不得采用任何方式阻挠和限制供应商自由进入本地区和本行业的政府采购市场，第十一条规定，政府采购信息应当在政府采购监督管理部门指定的媒体上及时向社会公开发布等等，所有这些规定都是法律赋予供应商的正当权利，对此，供应商有权依法行使。同时，在《政府采购法》的第五十二条和第五十五条又分别规定,供应商认为采购文件、采购过程和中标、成交结果使其权益受到损害的,可以用书面形式向采购人或采购代理机构提出质疑;如质疑供应商对采购人或采购代理机构的答复不满意,或他们未在规定时间内做出答复的,可以向政府采购监督管理部门投诉。由此可见,法律为供应商维护权益做了明确规定,供应商应掌握法律,依法维权。

(二)有效维权

在实际工作中,政府采购当事人之间的关系是错综复杂的,一个采购项目最终只能有一个供应商中标,因而其他未中标的参与者往往会不满意,如果他们不分内容、不区别目的地进行乱投诉、瞎告状,不仅影响到自己的正常经营活动,而且也不可能取得任何结果。因此,供应商必须明确符合哪些条件的事项才能质疑和投诉,要自觉分清责任、明辨是非,不要浪费时间和精力,以便提高维权效率。

(三)程序维权

如果供应商不遵循法定的维权程序,不仅浪费时间和精力,而且会失去维权的机会。对此,《政府采购法》对供应商的"维权"行为设置了具体的程序,供应商只有严格依照这些法定的程序进行质疑或投诉,才能有效、及时地行使或保护自己的合法权利。

(四)证据维权

供应商提出投诉,必须提出具体的完整有效的书面投诉证据,这些材料至少应当包括自己参与某项采购活动的基本情况、向被质疑人提供的书面质疑材料、被质疑人的书面答复材料、不满答复的理由、没有如期得到答复的情况、申请投诉的目的或要求等等。政府采购监管部门依法依靠证据进行裁决。因此供应商维权时要做到无证据不投诉,有证据必投诉。

六 政府采购质疑处理流程说明

政府采购质疑处理流程(见图4-1)如下:

(一)收到质疑函

采购人负责供应商质疑答复。采购人委托采购代理机构采购的,采购代理机构在委托授权范围内做出答复。供应商提出的质疑超出采购人对采购代理机构委托授权范围的,采购代理机构应当告知供应商向采购人提出。

(依据:《政府采购质疑和投诉办法》第五条第一款、《政府采购法实施条例》第五十二条第二款)

(二)审查质疑人是否具有质疑资格

1. 质疑的时效性

供应商认为采购文件、采购过程、中标或者成交结果使自己的权益受到损害的,可以在知道或者应知其权益受到损害之日起7个工作日内,以书面形式向采购人或者采购代理机构提出质疑。

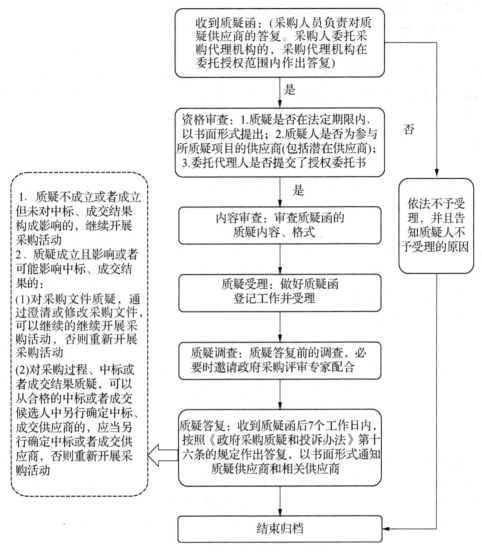

图 4-1 政府采购质疑处理流程图

《政府采购法》第五十二条规定的供应商应知其权益受到损害之日是指：(1) 对可以质疑的采购文件提出质疑的，为收到采购文件之日或者采购文件公告期限届满之日；(2) 对采购过程提出质疑的，为各采购程序环节结束之日；(3) 对中标或者成交结果提出质疑的，为中标或者成交结果公告期限届满之日。

（依据：《政府采购法》第五十二条、《政府采购法实施条例》第五十三条、《政府采购质疑和投诉办法》第十条第一款）

2. 质疑人的主体资格

提出质疑的供应商应当是参与所质疑项目采购活动的供应商。潜在供应商已依法获取其可质疑的采购文件的，可以对该文件提出质疑。

(依据:《政府采购质疑和投诉办法》第十一条)

3. 委托代理人进行质疑

供应商可以委托代理人进行质疑。其授权委托书应当载明代理人的姓名或者名称、代理事项、具体权限、期限和相关事项。供应商为自然人的,应当由本人签字;供应商为法人或者其他组织的,应当由法定代表人、主要负责人签字或者盖章,并加盖公章。代理人提出质疑,应当提交供应商签署的授权委托书。

(依据:《政府采购质疑和投诉办法》第八条)

(三) 审查质疑人的质疑内容、格式

供应商提出质疑应当提交质疑函和必要的证明材料。质疑函应当包括下列内容:①供应商的姓名或者名称、地址、邮编、联系人及联系电话;②质疑项目的名称、编号;③具体、明确的质疑事项和与质疑事项相关的请求;④事实依据;⑤必要的法律依据;⑥提出质疑的日期。供应商为自然人的,应当由本人签字;供应商为法人或者其他组织的,应当由法定代表人、主要负责人,或者其授权代表签字或者盖章,并加盖公章。

(依据:《政府采购质疑和投诉办法》第十二条)

(四) 做好质疑函的登记受理工作

对于正式受理的质疑,需做好相关登记,包括:质疑单位名称、联系地址、邮编、联系方式、法人(授权代表)姓名及身份证号、质疑项目名称及编号、质疑收到时间等。如为面交质疑,需登记接收地点,并由递交人和接收人签名;如为邮寄质疑,需登记邮件编号及寄送公司名称。

(五) 答复质疑前的调查

供应商对评审过程、中标或者成交结果提出质疑的,采购人或者采购代理机构可以组织原评标委员会、竞争性谈判小组、询价小组或者竞争性磋商小组协助答复质疑。政府采购评审专家应当配合采购人或者采购代理机构答复供应商的质疑。

(依据:《政府采购质疑和投诉办法》第十四条、《政府采购法实施条例》第五十二条第三款)

(六) 进行质疑答复

1. 质疑答复的时间和形式要求

采购人、采购代理机构应当在收到质疑函后7个工作日内做出答复,并以书面形式通知质疑供应商和其他有关供应商。

(依据:《政府采购质疑和投诉办法》第十三条)

2. 质疑答复的内容

质疑答复应当包括下列内容:①质疑供应商的姓名或者名称;②收到质疑函的日期、质疑项目名称及编号;③质疑事项、质疑答复的具体内容、事实依据和法律依据;④告知质疑供应商依法投诉的权利;⑤质疑答复人名称;⑥答复质疑的日期。

质疑答复的内容不得涉及商业秘密。

(依据:《政府采购质疑和投诉办法》第十五条)

3. 质疑答复的处理要点

采购人、采购代理机构认为供应商质疑不成立,或者成立但未对中标、成交结果构成影响的,继续开展采购活动;认为供应商质疑成立且影响或者可能影响中标、成交结果的,按照下列情况处理:

(1) 对采购文件提出的质疑,依法通过澄清或者修改可以继续开展采购活动的,澄清或者修改采购文件后继续开展采购活动;否则应当修改采购文件后重新开展采购活动。

(2) 对采购过程、中标或者成交结果提出的质疑,合格供应商符合法定数量时,可以从合格的中标或者成交候选人中另行确定中标、成交供应商的,应当依法另行确定中标、成交供应商;否则应当重新开展采购活动。

质疑答复导致中标、成交结果改变的,采购代理机构应当将有关情况书面报告本级财政部门。

(依据:《政府采购质疑和投诉办法》第十六条)

(七) 结束归档

质疑处理过程中产生的一切文件材料均应作为采购文件的一部分予以归档。

(依据:《政府采购法》第四十二条第二款)

七 政府采购投诉处理流程说明

政府采购投诉处理流程(见图 4-2)如下:

(一) 投诉登记、投诉收件签收单及相关证据目录

(1) 投诉书;

(2) 投诉人身份证明材料(自然人身份证复印件、法人营业执照复印件、代理人授权委托书);

(3) 质疑函及质疑答复;

(4) 所有收件和寄件的时间证据及相关证据材料。

(依据:《政府采购质疑和投诉办法》第十八条)

(二) 投诉管辖审查

审查投诉书是否属于本部门管辖,不属于本部门管辖的,应当在 3 个工作日内书面告知投诉人向有管辖权的部门提起投诉。

(依据:《政府采购质疑和投诉办法》第六条、二十一条第三项)

(三) 投诉书审查要点

(1) 投诉人的主体资格是否合规,是否属于参与投诉本次政府采购活动的供应商(包括符合新规定的潜在的供应商)。

(2) 投诉级次是否正确,是否属于本级政府采购监督管理机构所受理的范围,投诉级次由采购人所属预算级次确定。

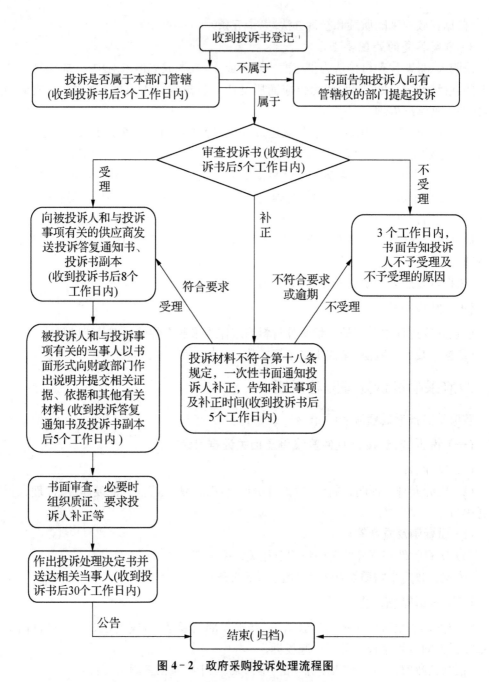

图 4-2 政府采购投诉处理流程图

(3) 投诉人在投诉前是否已经在知道自己权益受到损害之日起七个工作日内,以书面形式向采购人、采购代理机构提出过质疑(所有投诉事项是否都经过质疑)。

(4) 是否属于在投诉有效期内提起的投诉,即投诉是否属于在质疑答复期满后 15 个工作日内提起的投诉。

(5) 投诉书的格式和内容是否合规。

在格式上,是否是书面形式,并且已经署名,投诉人为自然人的,已由本人签字、盖章;投诉人为法人或者其他组织的,已由法定代表人或者主要负责人或者其授权代表签字或者签章并加盖公章。

在内容上,是否已写明下列主要内容:投诉人和被投诉人的名称、通信地址、邮编、联系人及联系电话,质疑和质疑答复情况及相关证明材料,具体的投诉事项和明确的投诉请求,事实依据、法律依据、提交投诉书的日期,委托代理人办理投诉的,是否还提交了授权委托书,且载明委托代理的具体权限和事项。

(6) 是否按照被投诉采购人、采购代理机构和与投诉事项有关的供应商数量提供投诉书的副本。

(依据:《政府采购质疑和投诉办法》第六条、十一条、十七条、十八条、十九条,《政府采购法》第五十三条、五十五条,《政府采购法实施条例》第五十三条)

(四) 投诉书允许补充、修改的情形

(1) 投诉书副本不足;
(2) 投诉事项、投诉请求不清晰;
(3) 相关依据或证明材料不全;
(4) 投诉书署名不符合规定;
(5) 缺少质疑和质疑答复情况说明及相关证明材料;
(6) 缺少事实、法律依据。

应当及时一次性书面告知投诉人补充事项及补正时间,逾期或者补正后仍不符合规定的,不予受理。

(依据:《政府采购质疑和投诉办法》第十八条、二十一条第一项)

(五) 不予受理的情形

(1) 投诉人不是参加投诉项目政府采购活动的供应商(合法取得采购文件的潜在供应商对采购文件投诉的除外);
(2) 被投诉人为采购人或采购代理机构之外的当事人;
(3) 所有投诉事项未经过质疑(基于质疑答复内容提出的投诉事项除外);
(4) 所有投诉事项超过投诉有效期;
(5) 以具有法律效力的文书送达之外的方式提出的投诉。

对认定为无效的投诉不予受理,应及时书面告知投诉人不予受理的理由。

应当由投诉人承担举证责任的投诉事项,投诉人未提供相关证据、依据和其他有关材料的,视为该投诉事项不成立;被投诉人不提交相关证据、依据和其他有关材料的,视同放弃说明权利,依法承担不利后果。

(依据:《政府采购质疑和投诉办法》第十九条、二十条、二十一条第二项、二十五条,《政府采购法实施条例》第五十五条)

(六) 采购人或采购代理机构与相关供应商需提供的证据目录

(1) 招标文件(相关供应商不提供);

（2）相关供应商投标文件；

（3）评审委员会评审材料（相关供应商不提供）；

（4）招标公告（相关供应商不提供）；

（5）中标公告（相关供应商不提供）；

（6）情况说明（包括采购合同是否签订，是否已经履行）；

（7）质疑函、质疑复函及所有收件和寄件的时间证明（相关供应商不提供）；

（8）相关证据材料；

（9）其他。

（七）书面审查及暂停采购活动

（1）财政部门在处理投诉事项期间，可以视具体情况书面通知被投诉人暂停采购活动，但暂停时间最长不得超过30日。

被投诉人收到通知后应当立即暂停采购活动，在法定的暂停期限结束前或者财政部门发出恢复采购活动通知前，不得进行该项采购活动。

（2）应当自受理投诉之日起30个工作日内对投诉事项做出处理决定。财政部门处理投诉事项，需要检验、检测、鉴定、专家评审以及需要投诉人补正材料的，所需时间不计算在投诉处理期限内；财政部门向有关单位、第三方、投诉人发出相关文书、补正通知之日起至收到相关反馈文书或材料之日不计算在投诉处理决定的日期内。

（依据：《政府采购质疑和投诉办法》第二十六条、二十七条、二十八条，《政府采购法》第五十六条、五十七条，《政府采购法实施条例》第五十八条）

（八）投诉处理决定要点

（1）向投诉人、被投诉人及其他与投诉处理结果有利害关系的政府采购当事人送达投诉处理决定书。

（2）投诉人主动撤回投诉的，送达终止投诉处理决定书。

（3）投诉处理决定书的内容包括投诉人、被投诉人以及相关供应商的基本信息（姓名或者名称、通信地址、法定代表人），投诉内容及投诉请求，审查情况，法律依据和处理决定。

（4）区别投诉人对采购文件、采购活动或者采购过程提出的投诉事项，分别做出相应的处理决定：

①投诉人对采购文件提起的投诉事项，财政部门经查证属实的，应当认定投诉事项成立。经认定成立的投诉事项不影响采购结果的，继续开展采购活动；影响或者可能影响采购结果的，财政部门按照下列情况处理：

a. 未确定中标或者成交供应商的，责令重新开展采购活动。

b. 已确定中标或者成交供应商但尚未签订政府采购合同的，认定中标或者成交结果无效，责令重新开展采购活动。

c. 政府采购合同已经签订但尚未履行的，撤销合同，责令重新开展采购活动。

d. 政府采购合同已经履行，给他人造成损失的，相关当事人可依法提起诉讼，由责任人承担赔偿责任。

②投诉人对采购过程或者采购结果提起的投诉事项,财政部门经查证属实的,应当认定投诉事项成立。经认定成立的投诉事项不影响采购结果的,继续开展采购活动;影响或者可能影响采购结果的,财政部门按照下列情况处理:

a. 未确定中标或者成交供应商的,责令重新开展采购活动。

b. 已确定中标或者成交供应商但尚未签订政府采购合同的,认定中标或者成交结果无效。合格供应商符合法定数量时,可以从合格的中标或者成交候选人中另行确定中标或者成交供应商的,应当要求采购人依法另行确定中标、成交供应商;否则责令重新开展采购活动。

c. 政府采购合同已经签订但尚未履行的,撤销合同。合格供应商符合法定数量时,可以从合格的中标或者成交候选人中另行确定中标或者成交供应商的,应当要求采购人依法另行确定中标、成交供应商;否则责令重新开展采购活动。

d. 政府采购合同已经履行,给他人造成损失的,相关当事人可依法提起诉讼,由责任人承担赔偿责任。

投诉人对废标行为提起的投诉事项成立的,财政部门应当认定废标行为无效。

(依据:《政府采购质疑和投诉办法》第二十六条、三十条、三十一条、三十二条、三十三条、三十四条,《政府采购法》第五十六条,《政府采购法实施条例》第五十七条)

(九) 结束归档

(1) 保存所有时间证明材料及认定无效投诉的材料;

(2) 投诉人在全国范围12个月内三次以上投诉查无实据的,由财政部门列入不良行为记录名单。

投诉人进行虚假、恶意投诉,由财政部门列入不良行为记录名单,禁止其1至3年内参加政府采购活动(虚假、恶意投诉包括捏造事实、提供虚假材料、以非法手段取得证明材料)。

(依据:《政府采购质疑和投诉办法》第三十七条)

第五章 政府采购法律法规

第一节 政府采购法律法规涉及的相关知识

改革开放让百业待兴的中国从计划经济开始向市场经济迈进。在这一社会经济转型过程中,我国财政体制也与时俱进地发生着变化。其中,财政管理重点由收入管理向支出管理的转变,无疑使我国的财政管理水平驶入了快速发展的"快车道",而政府采购、部门预算、国库集中支付则成为引领财政支出管理体制改革的"三驾马车",为我国财政事业的发展注入新的活力。在我国,政府采购还处于起步探索阶段,但它的迅速成长也成为我国改革开放成就的见证。

一 政府采购的相关概念

政府采购是指各级政府为了开展日常政务活动或为公众提供服务,使用财政性资金在财政的监督下,以法定的方式、方法和程序,通过公开招标、公平竞争,由财政部门以直接向供应商付款的方式,从国内外市场上为政府部门或所属团体购买货物、工程和服务的行为,包括购买、租赁、委托、雇用等。

(一) 财政性资金

财政性资金是指纳入预算管理的资金,包括预算资金、财政收支和政府性资金。以财政性资金作为还款来源的借贷资金视同财政性资金。国家机关、事业单位和团体组织的采购项目既使用财政性资金又使用非财政性资金的,使用财政性资金采购的部分,适用《政府采购法》及采购法条例;财政性资金与非财政性资金无法分割采购的,统一适用《政府采购法》及采购法条例。

(二) 标的物

标的物就是采购对象,具体可分为工程、货物、服务三类。

工程是指经过设计、施工、建造等建设活动形成的有形固定资产。建设工程指土木工程、建筑工程、线路管道和设备安装及装修工程,包括建筑物和构筑物的新建、改建、扩建、装修、拆除、修缮等。一般所称与工程建设有关的货物,是指构成工程不可分割的组成部分,且为实现工程基本功能所必需的设备、材料等;所称与工程建设有关的服务,是指为完成工程所需的勘察、设计、监理等服务。

货物是指各种形态和种类的物品,包括原材料、燃料、设备、产品等。

服务是指除货物和工程以外的其他政府采购对象,具体可分为三类。第一类是为保障政府部门自身正常运转需要向社会购买的服务,如公文印刷、物业管理、公车租赁、系统维护等。第二类是政府部门为履行宏观调控、市场监管等职能需要向社会购买的服务,如法规政策、发展规划、标准制定的前期研究和后期宣传、法律咨询等。第三类是为增加国民福利、受益对象特定,政府向社会公众提供的公共服务,包括以物为对象的公共服务,如公共设施管理服务、环境服务、专业技术服务等,还有以人为对象的公共服务,如教育、医疗卫生和社会服务等。

如果一个采购项目中同时含货物、工程和服务中的两个或三个对象,通常是以所占资金比重最大的对象确定其对象属性,或按照有利于采购项目实施的原则确定。

二 政府采购发展的历史与现状

(一) 政府采购发展的历史

政府采购并非现代社会的产物,它最早形成于18世纪末19世纪初的西方资本主义国家。

1640年英国爆发了资产阶级革命,推翻了君主专制。1688—1689年的"光荣革命"是英国资产阶级和新贵族推翻詹姆士二世统治的政变。1689年通过的《权利法案》明确规定国王无权废止法律,王室的收支与国会的收支区分开来。议会获得了控制政府开支的法定权力,自此,君主立宪制度在英国正式确立。

"光荣革命"后,英国又花费了70年的时间,形成了政府行政部门必须每年向国会提交年度预算、获得国会批准后行政部门执行预算的现代预算制度。1760年发生工业革命,机器代替了传统手工劳作,为英国带来了生产力发展的巨大飞跃,进一步加强和巩固了工业资产阶级的政治统治地位,也为政府采购的产生奠定了基础。

1776年,亚当·斯密的《国富论》出版。在该书中,亚当·斯密提出了"自由市场经济那只看不见的手"的说法,认为政府的经济职能是有限的,无非是充当一个经济上的"守夜人"的角色。同时,斯密也对有限的政府支出的购买方式进行了讨论。

1782年,英国政府设立了皇家文具公用局,作为特别负责政府部门所需办公用品采购的机构。与此同时,英国政府开始对政府采购的管理进行立法,政府机构开始就政府采购问题进行制度建设和机构建设,标志着政府采购制度的初步形成。

继英国开始,政府采购迅速在发达国家开展起来,发展中国家也纷纷效仿,这些国家在建立政府采购制度时非常注重政府采购法律法规的完善。特别是在经济大危机之后,受凯恩斯国家干预经济思想的影响,政府采购制度得到空前发展。

(二) 发达国家政府采购制度

1. 英国

英国是世界上较早实行政府采购制度的国家之一。从决策程序上看,各政府部门的政府采购都实行自我决策,即各部门可以根据本部门的要求进行采购。各部门在采购决策中受到两方面的制约:一是这些部门所有采购的商品和服务都必须在财政部授权支出的范围之内；二是他们所有的支出都必须向议会负责。各部门的支出受议会"全国账户委员会"的监控，部门审计员兼总审计长有权对财政资金使用是否经济有效进行检查。

综上所述，英国的政府采购是在政府政策、预算控制、个人责任和议会监控的前提下进行的。

2. 美国

美国政府采购制度是美国国家预算中公共支出管理的重要手段。政府部门的大多数开支都要通过政府采购的方式进行。

政府采购的办法和规定多以法律的形式确定下来，使政府采购制度能在公共预算管理中发挥重要的作用，同时也保证了政府公共预算支出的高效、透明。

美国政府机构都希望小额采购，因其程序简单易行，价格低廉，这一点美国国会早有共识。当采购金额小于2 500美元时，各级政府机构使用"采购卡"便能从地方买到价格合理的商品和服务。如果采购金额在2 500～25 000美元之间，各级政府机构一般采用"货比三家"式程序，也就是充分运用竞争的手段使政府达到低价采购商品的目的。

一般来说，金额超过25 000美元的采购只在紧急需要的情况下才进行。一般采取公开开标的密封投标和协商采购这两种方式之一。如果密封投标，那么与政府签约的报价方一定是报价最低、最负责任的一方。如果采用协商采购的方式，那么政府可以根据商品的质量对价格进行协商，甚至只要商品质量可靠，政府还可以适当提高采购价格。

美国政府及议会时刻关注工业的发展，寻求政府采购的最佳方式。政府不断地从商业市场获取信息，改进采购方式并使其更加合理，维护采购制度的信誉，保持采购制度的透明度。

3. 新加坡

新加坡的政府采购活动由政府的一些部、厅以及法定机构（事业单位）负责执行。新加坡是一个城市型的国家，没有地方政府，自1995年5月1日中央采购办公室关闭后，考虑到规模效益，财政部只负责少量物品如纸张、计算机等的集中购买，其他大量的物品采购活动由各部委、厅或法定机构负责。但是他们都要遵守财政部制定的中央采购指南。一般来说，每年没有固定的采购计划，如果需要就可以购买。

（三）我国政府采购发展现状

随着社会主义市场经济体系的逐步建立与完善，我国对政府采购的认识也越发全面、清晰。1996年我国率先在上海市展开政府采购尝试，1998年扩大试点范围，随后陆续颁布了《政府采购管理暂行办法》《政府采购招标管理暂行办法》等一系列相关办法与规定，配合以切实可行的相关措施，使得政府采购工作于2000年在全国铺开，并于2003年1月1日开始实行《中华人民共和国政府采购法》。至此，我国政府采购制度框架已初步形成，其基本成效有：

(1) 政府采购范围和规模不断扩大,经济效益和社会效益大幅提高。一些公益性强、关系民生的采购项目也纳入了政府采购范围。全国政府采购规模从《政府采购法》颁布前 2002 年的 1 009 亿元增加到 2019 年的 33 067 亿元。

(2) 初步建立了以《政府采购法》为统领的政府采购法律制度体系,为政府采购工作提供了制度保障。

(3) 政府采购政策功能实施取得重大突破,初步实现了由单一管理目标向政策目标的转变。从 2004 年开始,财政部先后在扶持采购节能产品、环境标志产品、自主创新产品和保护国家信息安全等领域实施了政府采购政策,取得了积极成效。促进了节能、环保、自主创新等政策的贯彻实施,促进了公共资源的合理配置,加强了宏观调控。

(4) 依法采购水平全面提升,公开透明的采购机构运行机制逐步形成。政府采购活动有法可依,采购人依法采购意识普遍增强,采购行为不断规范,公开、公平和公正的市场竞争秩序逐步形成,评审专家管理更加科学合理。

(5) "管采分离、机构分设、政事分开、相互制约"的工作机制基本形成。全国大部分地级市设置了集中采购机构,基本形成了以集中采购为主,部门集中采购和分散采购为辅,三种形式并行、相互补充的采购格局。

(6) 对外交流不断拓展,应对政府采购的国际化能力不断提高。我国先后建立了中国—欧盟政府采购对话机制、中国—美国政府采购技术性磋商机制;参加了 APEC 政府采购专家组、联合国国际贸易法委员会政府采购工作组会议,并以观察员身份参加了 WTO 政府采购委员会活动,参与亚太经济合作组织等双边和多边机制下的政府采购磋商和交流等。

第二节 《政府采购法》《招标投标法》与合同法

一 政府采购法律体系构成

政府采购法律法规体系中,处于核心地位的是 2002 年 6 月 29 日全国人大常委会通过、2003 年 1 月 1 日正式实施的《中华人民共和国政府采购法》,与《中华人民共和国招标投标法》《中华人民共和国合同法》等在法律层面上对政府采购进行规范,为第一层级。

2015 年 3 月 1 日实施的《中华人民共和国政府采购法实施条例》,从法规的层面对《政府采购法》进行解释与补充,具有非常重要的地位与作用,为第二层级。

财政部令第 101 号(2020 年 3 月 1 日起实施《政府采购信息发布管理办法》)、财政部令第 94 号(2018 年 3 月 1 日起实施《政府采购质疑和投诉办法》)、财政部令第 87 号

(2017年10月1日起实施《政府采购货物和服务招标投标管理办法》)、财政部令第74号(2014年2月1日起实施《政府采购非招标采购方式管理办法》)等这些财政部颁布的部门规章为政府采购部门规章的核心组成部分,为第三层级。

国务院及国务院办公厅下发的与政府采购相关的通知、公函,财政部根据政府采购法律、行政法规、财政部部门规章及国务院文件制定的规范性文件等,为第四层级。

目前我国政府采购已形成了以《政府采购法》为核心、以《政府采购法实施条例》为支撑的完整的政府采购法律体系。

二 《政府采购法》

(一) 实施目的

《中华人民共和国政府采购法》(简称《政府采购法》)2003年1月1日起实施,共九章八十八条,适用于在中华人民共和国境内进行的政府采购活动。该法制定的目的有以下三点:一是规范政府采购行为,提高政府采购资金的使用效益;二是维护国家利益和社会公共利益,保护政府采购当事人的合法权益,促进廉政建设;三是通过该法将政府采购纳入法制化管理,维护政府采购市场的竞争秩序,依法实现政府采购的各项目标,最终建立起适应我国社会主义市场经济体制需要并与国际管理接轨的政府采购制度。

(二) 主要内容

1. 当事人的责任和义务

政府采购当事人作为实现社会公共利益、提供社会服务的单位,《政府采购法》对其合法权益以及责任进行了明确规定,从而保障国家利益和社会公共利益。

采购人须根据国民经济和社会发展计划,同时考虑政策要求和政府采购预算情况,合理编制采购需求;采购人须根据采购项目的不同属性按照规定选择自行采购,或是委托集中采购机构;采购人有权自行选择采购代理机构,任何单位和个人不得以任何方式为采购人指定采购代理机构;采购人可以根据采购项目的特殊要求,规定供应商的特定条件,但不得以不合理的条件对供应商实行差别待遇或者歧视待遇;采购人应当按照法律规定,根据确认的评审结果与中标成交供应商签订采购合同;采购人作为采购对象的使用者,有权且必须参与采购物品的验收。

供应商享有的合法权益包括公平和平等地参与政府采购活动和获取政府采购信息,对相关采购活动或文件提出询问和质疑,要求采购人或采购代理机构保守其商业秘密,根据法律规定对政府采购活动进行监督;必须遵守政府采购相关的法律法规和制度规定,自觉接受政府采购相关部门的监督检查,在政府采购活动中满足采购人或采购机构的正当要求,按规定的程序签订政府采购合同并严格履行合同承诺。

集中采购机构是非营利性事业法人,主要职责是代理采购,须根据采购人的委托办理采购事宜;凡是由政府出资设立的政府采购代理机构都有义务接受政府采购人的委托代理采购事宜;接受委托后,对于应该公开采购的项目,有义务在国家指定的统一媒体上公开发布采购信息;代理机构在进行政府采购活动时,应当遵守采购价低于市场平均价、采购效率更高、采购质量优良和服务优良的要求;代理机构的活动必须接受社会各方的监督。

政府采购当事人不得相互串通损害国家利益、社会公共利益和其他当事人的合法权益;不得以任何手段排斥其他供应商参与竞争。

2. 政府采购方式、程序及合同相关要求

政府采购的主要方式有公开招标、邀请招标、竞争性谈判、竞争性磋商、单一来源采购、询价以及国务院政府采购监督管理部门认定的其他采购方式。其中,公开招标是政府采购的主要采购方式。采购人采购货物或者服务应当采用公开招标方式的,其具体数额标准根据项目归属地的不同有不同的规定。

对于不同的政府采购方式有着不同的采购程序。采用竞争性谈判方式采购的应当遵循五步程序,即成立谈判小组、制定谈判文件、确定邀请参加谈判的供应商名单、谈判、确定成交供应商。采取单一来源方式采购的,采购人与供应商应当遵循法定原则,在保证采购项目质量和双方商定合理价格的基础上进行采购。采取询价方式采购的应当遵循四步程序,即成立询价小组、确定被询价的供应商名单、询价、确定成交供应商。采用法律规定的采购方式的,采购人在采购活动完成后,应当将采购结果予以公布。采购人、采购代理机构对政府采购项目每项采购活动的采购文件应当妥善保存,不得伪造、变造、隐匿或者销毁,采购文件的保存期限为从采购结束之日起至少保存15年。

政府采购合同适用我国合同法,采购人和供应商之间的权利和义务应当按照平等、自愿的原则以合同方式约定。采购人和中标或成交供应商应当自中标或成交通知书发出之日起30日内,按照招标文件和中标或成交供应商投标文件的约定签订书面合同。本法规定政府采购合同必备条款须由国务院有关部门确定。此外,采购人与供应商签订政府采购合同,双方当事人不得擅自变更、中止和终止合同,但当合同履行中出现了损害国家或社会利益的情形,双方当事人应变更、中止或终止合同。

3. 质疑和投诉相关规定

供应商对采购文件、采购过程或中标投标结果等政府采购活动事项有疑问或是认为在采购过程中权益受损的,可以在知道或应该知道权益受到损害之日起7个工作内向采购人或采购代理机构提出质疑。采购人和采购代理机构应当及时回复供应商的询问和质疑。质疑供应商对采购人、采购代理机构的答复不满意或者采购人、采购代理机构未在规定的时间内做出答复的,质疑供应商可以在答复期满后15个工作日内向同级政府采购监督管理部门投诉。政府采购监督管理部门应当在收到投诉后30个工作日内,秉持依法依规、权责对等、简便高效的原则对投诉事项做出处理决定,并以书面形式通知投诉人和与投诉事项有关的当事人。被投诉人和其他与投诉事项有关的当事人应当在收到投诉答复通知书及投诉书副本之日起5个工作日内,以书面形式向财政部门做出说明,并提交相关证据依据和其他有关材料。政府采购监督管理部门在处理投诉事项期间,可以视具体情况书面通知采购人暂停采购活动,但暂停时间最长不得超过30日。财政部门受理投诉后,投诉人书面申请撤回投诉的,财政部门应当终止投诉处理程序,并书面告知相关当事人。投诉人捏造事实或者提供虚假投诉材料的,属于虚假、恶意投诉,财政部门应当驳回投诉,并将其列入政府采购不良行为记录名单。

4. 监督检查相关要求

政府采购监督检查的目的是维护政府采购活动的正常秩序,保障政府采购目标的实现,监督检查实施主体主要包括财政部门、审计机关、监察机关和有关行政主管部门,这些部门负有行政监督职责,不得设置集中采购机构,不得参与政府采购项目的采购活动。监督管理内容包括多个方面,一是应当依法加强对政府采购活动及集中采购机构的监督管理检查;二是依法对政府采购负有行政监管职责的相关部门的监管工作到位程度进行检查和督促,同时着重加强对集中采购机构的考核和监督;三是要求集中采购机构建立健全内部监督管理制度,加强对其工作人员职业素质和专业内容的教育和定期考核。

(三) 相关法律责任

本法对政府采购当事人的行为均有相关规定,如有违反则要承担相应的法律责任,主要包括民事责任、行政责任和刑事责任三个方面。

采购人、采购代理机构有本法七十一、七十二及七十三条规定情形的,依法分别给予警告、罚款、没收违法所得、取消采购代理机构进行相关业务的资格等行政处罚;对直接负责的主管人员和其他直接责任人员,依法给予处分;构成犯罪的,依法追究刑事责任。采购人对应当实行集中采购的政府采购项目,不委托集中采购机构实行集中采购的,由政府采购监督管理部门责令改正;拒不改正的,停止按预算向其支付资金,由其上级行政主管部门或者有关机关依法给予其直接负责的主管人员和其他直接责任人员处分。采购人未依法公布政府采购项目的采购标准和采购结果的,责令改正,对直接负责的主管人员依法给予处分。采购人、采购代理机构违反本法规定隐匿、销毁应当保存的采购文件或者伪造、变造采购文件的,由政府采购监督管理部门处以二万元以上十万元以下的罚款,对其直接负责的主管人员和其他直接责任人员依法给予处分;构成犯罪的,依法追究刑事责任。

供应商有本法七十七条规定情形之一的,处以采购金额千分之五以上千分之十以下的罚款,列入不良行为记录名单,在一至三年内禁止参加政府采购活动;有违法所得的,并处没收违法所得;情节严重的,由工商行政管理机关吊销营业执照;构成犯罪的,依法追究刑事责任。

采购代理机构在代理政府采购业务中有违法行为的,按照有关法律规定处以罚款,可以在一至三年内禁止其代理政府采购业务,构成犯罪的,依法追究刑事责任。集中采购机构在政府采购监督管理部门考核中虚报业绩、隐瞒真实情况的,处以二万元以上二十万元以下的罚款,并予以通报;情节严重的,取消其代理采购的资格。

政府采购监督管理部门对供应商的投诉逾期未做处理的,给予直接负责的主管人员和其他直接责任人员行政处分。政府采购监督管理部门对集中采购机构业绩的考核有虚假陈述、隐瞒真实情况的,或者不做定期考核和公布考核结果的,应当及时纠正,由其上级机关或者监察机关对其负责人进行通报,并对直接负责的人员依法给予行政处分。

三 《政府采购法》与《招标投标法》

(一) 两者的联系

《中华人民共和国招标投标法》(简称《招标投标法》)2000年1月1日起实施。《政府采购法》与《招标投标法》的实施,对于促进招标投标和政府采购活动的规范、健康发展,建立和完善公开、公平、公正的市场竞争机制,维护国家和社会公众利益,推动廉政建设和政府职能转变都具有十分重要的现实和历史意义。两者在总体上有许多相似的地方。首先,两者基本目标一致,都是为了保护国家和社会公共利益,保护招标投标当事人的合法权益,提高经济效益,规范采购程序和采购人的行为;其次,两者最终完成的任务大体相同,即采取规范的程序,在尽最大努力节约资金的前提下,选择理想的供应商;再有,两者所采取的工作方式相似,都是运用法律规定的固定方法,按照一定的运行模式,在有关方面的监督和制约下完成既定的采购任务。

但是,作为不同法律规范范畴的政府采购和招标投标,两者有着严格区别。

(二) 两者的区别

1. 规范的主体不同

《政府采购法》规范的主体是各级国家机关、事业单位和团体组织。《招标投标法》规范的主体则无限制,招标人是提出招标项目、进行招标的法人或者其他组织。因此,凡是在我国境内进行的招标投标活动,包括政府机构、国有企事业单位、集体企业、私人企业、外商投资企业以及其他非法人组织等,都可以成为招标人,受《招标投标法》的规范。《招标投标法》不但规范招标主体,也规范投标主体,这与《政府采购法》规范的主体有着很大不同。

2. 规范的行为不同

《政府采购法》规范的是政府采购行为,《招标投标法》规范的是招标投标行为。

(1) 行为的性质不同。政府采购是指采购机关以购买、租赁、委托或雇用等方式获取货物、工程和服务的行为。而招标投标是在市场经济条件下进行大宗货物的买卖、工程建设项目的发包与承包,以及服务项目的采购与提供时,卖方提出自己的供货条件,采购方选择条件最优者成交的一种交易方式。政府采购行为是一种行政行为,在一般情况下招标投标行为被视为民事行为,政府的干预应当是非常有限的,《招标投标法》对此有相应的规定。

(2) 行为的范围不同。《政府采购法》只规范国家机关、事业单位和团体组织使用财政性资金的采购行为。而《招标投标法》则规范所有的招标投标行为,既包括政府的招标采购行为,也包括投标的销售行为。《政府采购法》规范的采购行为也包括采取其他的采购方式,如询价采购、竞争性谈判采购和单一来源采购等。招标虽然是政府采购制度要求的最主要程序,但并不是政府采购的唯一程序。

(3) 行为的运行过程不同。政府采购行为从管理采购计划开始,通过规范采购计划的审批、合同条件的审查、采购方式的确定和采购程序的操作,签署合同,履行合同,最终到采购结果的审查。而招标行为的起点是发出招标公告,经历投标、评标和中标阶段,授予合同标志着中标过程的结束。因此,政府采购制度所涉及的范围更广,管理的时间更长,对政府采购管理部门的要求也更高。

3. 强调的法律责任不同

尽管《政府采购法》与《招标投标法》都涉及民事责任、行政责任和刑事责任的规定,但两者的侧重点是不同的。由于《政府采购法》属于行政法的范畴,规范的是政府机关单位如何管理规范政府采购行为,因而强调的是行政责任;《招标投标法》属于民法、经济法的范畴,招标投标行为是一种民事行为,因而强调的是民事责任。

4. 管理体制与执行模式不同

政府采购是实行财政统一管理,监察、审计和行政主管部门分工监督的体制,最高领导机关是财政部,实行集中采购和分散采购相结合的模式,采取强制委托和自愿委托的形式。招标投标是实行发改协调指导,各行业(行政)主管部门归口监督的体制,最高领导机关是发改委,实行分散采购(包括分散委托和自行组织)的模式,由招标人自愿委托。

四 合同法

(一) 立法目的

《中华人民共和国合同法》(简称《合同法》)1999年10月1日起施行,于2021年1月1日废止。该法制定的目的在于保护合同当事人的合法权益,维护社会经济秩序,促进社会主义现代化建设。2020年5月28日第十三届全国人大第三次会议通过的《民法典》,以《合同法》立法成果为基础,大篇幅编纂了《民法典》的合同编。《民法典》合同编分通则、典型合同、准合同三部分,共二十九章五百二十六条,用以调整因合同产生的民事关系。

(二) 合同的内容

合同是民事主体之间设立、变更、终止民事法律关系的协议。合同的内容包括以下条款:当事人的名称或住所,标的,数量,质量,价款或者报酬,履行期限、地点和方式,违约责任以及解决争议的方法。

合同的法律特征有三点:一是合同必须是双方或多方当事人意思表示一致;二是合同是合法的民事行为;三是合同依法成立时,即具有法律效力。

(三) 合同的订立

合同订立是指两方及以上当事人通过协商建立合同关系的行为。当事人订立合同,包括当具有相应的民事权利能力和民事行为能力。当事人依法可以委托代理人订立合同,有书面形式、口头形式和其他形式。法律、行政法规规定采用书面形式的或当事人约定采用书面形式的应当采用书面形式。当事人订立合同,可以采取要约、承诺方式或者其他方式。其中,要约、承诺为订立合同的重要方式。

(四) 合同的效力

合同效力指依法成立受法律保护的合同,对合同当事人产生的必须履行其合同的义务,不得擅自变更或解除合同的法律拘束力,即法律效力。依法成立的合同,自成立时生效,但是法律另有规定或者当事人另有约定的除外。法律、行政法规规定应当办理批准等手续生效的,依照其规定。合同的效力从权利上来说,指当事人的权利依法受到保护。从义务上来说,指当事人应按合同约定履行合同义务,否则要承担违约责任。

（五）合同的履行

合同订立后,当事人应当按照约定全面履行自己的义务,凡是不执行合同规定义务的行为,都是合同的不履行。当事人应当遵循诚信原则,根据合同的性质、目的和交易习惯履行通知、协助、保密等义务。合同生效后,当事人就质量、价款或者报酬、履行地点等内容没有约定或者约定不明确的,可以协商解决。

（六）合同的保全

合同的保全是指法律为防止因债务人的财产不当减少或不增加而给债权人的债权带来损害,允许债权人行使撤销权或代位权,以保护其债权。《民法典》合同编关于合同保全的规定主要包括债务人代位权和撤销权等相关内容。

（七）合同的变更和转让

合同的变更是指合同内容的变更,当事人协商一致便可以变更合同。即合同成立后尚未履行或者尚未完全履行之前,基于当事人的意思或者法律的直接规定,不改变合同当事人,仅就合同关系的内容所做的变更。合同的转让是指合同成立后,尚未履行或者尚未完全履行之前,合同当事人对合同债权债务所做的转让,包括债权转让、债务转让和债权债务概括转让。

（八）合同的权利义务终止

合同权利义务终止的主要事由:清偿、抵销、提存、免除、混同以及合同解除。合同终止包括合同履行的终止与合同关系的消灭两层含义。合同履行的终止是指当事人因该合同所产生的权利与义务归于消灭,并面向将来消灭合同履行的效力。合同关系的消灭是指当事人因该合同所产生的一切权利义务关系完全不复存在,当事人不再履行合同义务,由合同引起的债权债务关系全部归于消灭,清偿、抵销、提存、免除和混同为合同权利义务的清灭,即合同的绝对终止。

（九）违约责任

违约是指当事人没有按照合同约定的标的、时间、地点、方式履行义务的行为。违约责任是指合同当事人不履行或者不完全履行合同约定的义务所引起的法律后果,即应当承担的法律责任。《民法典(合同编)》第五百七十七条至五百九十三条规定了当事人违约的相关情形以及对应应当承担的法律责任。

第三节 政府采购监管部门规章

一、《政府采购信息发布管理办法》

（一）出台背景

《政府采购信息发布管理办法》2020年3月1日起施行，共二十一条。该办法实施目的在于规范政府采购信息发布行为，提高政府采购透明度。

（二）主要内容

政府采购信息是指依照政府采购有关法律制度规定应予公开的公开招标公告、资格预审公告、单一来源采购公示、中标（成交）结果公告、政府采购合同公告等政府采购项目信息，以及投诉处理结果、监督检查处理结果、集中采购机构考核结果等政府采购监管信息。

财政部指导和协调全国政府采购信息发布工作，并依照政府采购法律、行政法规有关规定，对中央预算单位的政府采购信息发布活动进行监督管理。地方各级人民政府财政部门对本级预算单位的政府采购信息发布活动进行监督管理。政府采购信息应当按照财政部规定的格式编制。

中央预算单位政府采购信息应当在中国政府采购网发布，地方预算单位政府采购信息应当在所在行政区域的中国政府采购网省级分网发布。除中国政府采购网及其省级分网以外，政府采购信息可以在省级以上财政部门指定的其他媒体同步发布。

发布主体发布政府采购信息不得有虚假和误导性陈述，不得遗漏依法必须公开的事项。此外，发布主体应当确保其在不同媒体发布的同一政府采购信息内容一致。在不同媒体发布的同一政府采购信息内容、时间不一致的，以在中国政府采购网或者其省级分网发布的信息为准。同时在中国政府采购网和省级分网发布的，以在中国政府采购网上发布的信息为准。

财政部门、采购人和其委托的采购代理机构应当对其提供的政府采购信息的真实性、准确性、合法性负责。中国政府采购网及其省级分网和省级以上财政部门指定的其他媒体应当对其收到的政府采购信息发布的及时性、完整性负责。

（三）法律责任

采购人或者其委托的采购代理机构未依法在指定媒体上发布政府采购项目信息的，依照《政府采购法实施条例》第六十八条追究法律责任。采购人或者其委托的采购代理机构存在其他违反本办法规定行为的，由县级以上财政部门依法责令限期改正，给予警告，对直接负责的主管人员和其他直接责任人员，建议其行政主管部门或者有关机关依法依规处理,并予通报。

指定媒体违反本办法规定的,由实施指定行为的省级以上财政部门依法责令限期改正,对直接负责的主管人员和其他直接责任人员,建议其行政主管部门或者有关机关依法依规处理,并予通报。

财政部门及其工作人员在政府采购信息发布活动中存在懒政怠政、滥用职权、玩忽职守、徇私舞弊等违法违纪行为的,依照《中华人民共和国政府采购法》《中华人民共和国公务员法》《中华人民共和国监察法》《中华人民共和国政府采购法实施条例》等国家有关法律法规追究相应责任;涉嫌犯罪的,依法移送有关国家机关处理。

二 《政府购买服务管理办法》

(一) 出台背景

《政府购买服务管理办法》2020年3月1日起施行,共七章三十五条。该办法实施目的在于规范政府购买服务行为,促进转变政府职能,改善公共服务供给。

(二) 主要内容

1. 政府购买服务

政府购买服务是指各级国家机关将属于自身职责范围且适合通过市场化方式提供的服务事项,按照政府采购方式和程序,交由符合条件的服务供应商承担,并根据服务数量和质量等因素向其支付费用的行为。政府购买服务应当遵循预算约束、以事定费、公开择优、诚实信用、讲求绩效原则。财政部负责制定全国性政府购买服务制度,指导和监督各地区、各部门政府购买服务工作。县级以上地方人民政府财政部门负责本行政区域政府购买服务管理。

2. 购买主体和承接主体

各级国家机关是政府购买服务的购买主体。依法成立的企业、社会组织(不含由财政拨款保障的群团组织)、公益二类和从事生产经营活动的事业单位、农村集体经济组织、基层群众性自治组织,以及具备条件的个人可以作为政府购买服务的承接主体。应注意公益一类事业单位、使用事业编制且由财政拨款保障的群团组织,不作为政府购买服务的购买主体和承接主体。

3. 购买内容和目录

政府购买服务的内容包括政府向社会公众提供的公共服务,以及政府履职所需的辅助性服务。政府购买服务的具体范围和内容实行指导性目录管理,指导性目录依法予以公开。政府购买服务指导性目录在中央和省两级实行分级管理,财政部和省级财政部门分别制定本级政府购买服务指导性目录,各部门在本级指导性目录范围内编制本部门政府购买服务指导性目录。省级财政部门根据本地区情况确定省以下政府购买服务指导性目录的编制方式和程序。纳入政府购买服务指导性目录的服务事项,已安排预算的,可以实施政府购买服务。

4. 购买活动的实施

政府购买服务应当突出公共性和公益性,重点考虑、优先安排与改善民生密切相关、有利于转变政府职能、提高财政资金绩效的项目。政府购买服务项目采购环节的执行和监督管理包括集中采购目录及标准、采购政策、采购方式和程序、信息公开、质疑投诉、失信惩戒等,按照政府采购法律、行政法规和相关制度执行。购买主体实施政府购买服务项目绩效管理,应当开展事前绩效评估,定期对所购服务实施情况开展绩效评价,具备条件的项目可以运用第三方评价评估。财政部门可以根据需要,对部门政府购买服务整体工作开展绩效评价,或者对部门实施的资金金额和社会影响大的政府购买服务项目开展重点绩效评价。购买主体及财政部门应当将绩效评价结果作为承接主体选择、预算安排和政策调整的重要依据。

5. 合同及履行

购买主体应当与确定的承接主体签订书面合同,合同约定的服务内容应当符合本办法第九条、第十条的规定。此外,政府购买服务合同应当明确服务的内容、期限、数量、质量、价格、资金结算方式、各方权利义务事项和违约责任等内容,依法予以公告。

6. 法律责任

购买主体、承接主体及其他政府购买服务参与方在政府购买服务活动中,存在违反政府采购法律法规行为的,依照政府采购法律法规予以处理处罚;存在截留、挪用和滞留资金等财政违法行为的,依照《中华人民共和国预算法》《财政违法行为处罚处分条例》等法律法规追究法律责任;涉嫌犯罪的,移送司法机关处理。财政部门、购买主体及其工作人员,存在违反本办法规定的行为,以及滥用职权、玩忽职守、徇私舞弊等违法违纪行为的,按照《中华人民共和国预算法》《中华人民共和国公务员法》《中华人民共和国监察法》《财政违法行为处罚处分条例》等国家有关法律法规追究相应责任;涉嫌犯罪的,移送司法机关处理。

三 《政府采购质疑和投诉办法》

(一) 出台背景

《政府采购质疑和投诉办法》2018年3月1日起施行,共六章四十五条。该办法实施目的在于规范政府采购质疑和投诉行为,保护参加政府采购活动当事人的合法权益。

(二) 适用范围

本办法适用于政府采购质疑的提出和答复、投诉的提起和处理。质疑函和投诉书应当使用中文质疑函和投诉书的范本由财政部制定。相关当事人提供外文书证或者外国语视听资料的,应当附有中文译本,由翻译机构盖章或者翻译人员签名。

(三) 主要内容

1. 质疑提出与答复

供应商认为采购文件、采购过程、中标或者成交结果使自己的权益受到损害的,可以在知道或者应知其权益受到损害之日起 7 个工作日内,以书面形式向采购人、采购代理机构提出质疑。质疑供应商应当是参与所质疑项目采购活动的供应商。潜在供应商已依法获取其可质疑的采购文件的,可以在获取采购文件或者采购文件公告期限届满之日起 7 个工作日内对该文件提出质疑。供应商也可委托代理人进行质疑和投诉。

采购人、采购代理机构不得拒收质疑供应商在法定质疑期内发出的质疑函,应在收到质疑函后 7 个工作日内做出答复,可以组织原评标委员会、竞争性谈判小组、询价小组或者竞争性磋商小组协助答复质疑,并以书面形式通知质疑供应商和其他有关供应商。

采购人、采购代理机构认为供应商质疑不成立,或者成立但未对中标、成交结果构成影响的,继续开展采购活动。认为供应商质疑成立且影响或者可能影响中标、成交结果的,如是对采购文件提出的质疑,通过澄清或者修改可以继续开展采购活动,则采购活动继续,否则应当修改采购文件后重新开展采购活动。如果是对采购过程、中标或成交结果提出的质疑,合格供应商符合法定数量时应当依法另行确定中标、成交供应商;否则应当重新开展采购活动。中标、成交结果改变的,应当将有关情况书面报告本级财政部门。

2. 投诉提起

县级以上财政部门应当在省级以上财政部门指定的媒体公布受理投诉的方式、联系部门、联系电话和通信地址等信息。质疑供应商对采购人、采购代理机构的答复不满意,或者采购人、采购代理机构未在规定时间内做出答复的,可以在答复期满后 15 个工作日内向相关财政部门提起投诉。

3. 投诉处理

财政部门收到投诉书后,应当在 5 个工作日内进行审查,根据具体情况做出相应处理。财政部门处理投诉事项原则上采用书面审查的方式。必要时,可以根据法律、法规规定或者职责权限,委托相关单位或者第三方开展调查取证、检验、检测、鉴定。质证应当通知相关当事人到场,并制作笔录。

财政部门应当自收到投诉之日起 30 个工作日内,对投诉事项做出处理决定,制作投诉处理决定书,并加盖公章。需要检验、检测、鉴定、专家评审以及需要投诉人补正材料的,所需时间不计算在投诉处理期限内。财政部门在处理投诉事项期间,可以视具体情况书面通知采购人和采购代理机构暂停采购活动,暂停采购活动时间最长不得超过 30 日。

财政部门应当将投诉处理决定书送达投诉人和与投诉事项有关的当事人,并及时将投诉处理结果在省级以上财政部门指定的政府采购信息发布媒体上进行公告。

4. 法律责任

采购人、采购代理机构如有拒收质疑供应商在法定质疑期内发出的质疑函,对质疑不予答复或者答复与事实明显不符并不能做出合理说明,拒绝配合财政部门处理投诉事宜的,由财政部门责令限期改正。情节严重的,给予警告,对直接负责的主管人员和其他直接责任人员,由其行政主管部门或者有关机关给予处分,并予通报。投诉人如在全国范围 12 个月内三次以上投诉查无实据的,由财政部门列入不良行为记录名单。如有捏造事实,提供虚假材料或以非法手段取得证明材料的,属于虚假、恶意投诉,由财政部门列入不良行为记录名单,禁止其1至3年内参加政府采购活动。

四 《政府采购货物和服务招标投标管理办法》

(一) 出台背景

《政府采购货物和服务招标投标管理办法》2017年10月1日起施行,共七章八十七条。该办法实施目的在于规范政府采购当事人的采购行为,加强对政府采购货物和服务招标投标活动的监督管理,维护国家利益、社会公共利益和政府采购招标投标活动当事人的合法权益。

(二) 主要内容

1. 招标运作要求

采购人可以依法委托代理机构办理货物服务招标事宜,也可以自行组织开展货物服务招标活动,但必须符合管理办法规定的条件,集中采购机构应当依法独立开展货物服务招标活动。采用公开招标方式采购的,招标采购单位必须在财政部门指定的政府采购信息发布媒体上发布招标公告;采用邀请招标方式采购的,应当向3个以上具备承担招标项目的能力、资信良好的特定的法人或者其他组织发出投标邀请书。招标采购单位应当在省级以上人民政府财政部门指定的政府采购信息媒体发布资格预审公告,公布投标人资格条件,资格预审公告的期限不少于7个工作日。采购人、采购代理机构在发布招标公告资格预审公告或者发出投标邀请书后,除因重大变故采购任务取消情况外,不得再擅自终止招标活动。招标文件提供期限自招标公告之日起计算不得少于5个工作日,招标文件提供期限届满后,获取招标文件的潜在投标人不满3家的,可以顺延提供期限,并予以公告。

2. 投标相关要求

投标人应当按照招标文件的要求编制投标文件,对招标文件提出的要求和条件做出实质性响应,并在招标文件要求提交投标文件的截止时间前,将投标文件密封送达投标地点,递交之前可以对文件进行补充、修改或者撤回并书面通知招标采购单位。在招标文件要求提交投标文件的截止时间后送达的投标文件,招标人应该拒收。如若投标人在投标截止时间前撤回已提交的投标文件的,采购人或者采购代理机构应当自收到投标人书面撤回通知之日起5个工作日,退还已收取的投标保证金。投标人少于3个的,招标人应当按照《中华人民共和国招标投标法》重新招标。

3. 开标、评标与定标有关规范

开标应当在招标文件确定的提交投标文件截止时间的同一时间进行,招标单位在开标前应当通知同级人民政府财政部门及有关部门,财政部门及有关部门可以视情况到场监督。开标时,应当由投标人或者其推选的代表检查投标文件的密封情况,确保无误后进行内容宣读。如若文件存在不合理条款的,招标公告时间及程序不符合规定的,应予以废标,废标指招标无效,并责成招标采购单位依法重新招标。公开招标采购项目开标

结束后,采购人或者采购代理机构应当依法对投标人的资格进行审查。

评标工作由招标采购单位负责组织,评标委员会由招标人的代表和有关专家组成,成员人数为五人及以上的单数,主要履行四个方面的职责,即审查投标文件是否符合招标文件要求并做出评价,要求投标供应商对投标文件有关事项做出澄清或解释;推荐中标候选供应商名单,向招标采购单位或者有关部门报告非法干预评标工作的行为。采购代理机构应当在评标结束后2个工作日内将评标报告送采购人,采购人应当自收到评标报告之日起5个工作日内,在评标报告确定的中标候选人名单中按顺序确定中标人。

中标供应商确定后,采购人或者采购代理机构应当自中标人确定之日起2个工作日内,在省级以上财政部门指定的媒体上公告中标结果。在发布公告的同时,招标采购单位应当向中标供应商发出中标通知书。

4. 法律责任

采购人有违反本法相关规定的,由财政部门责令限期改正;情节严重的,给予警告,对直接负责的主管人员和其他直接责任人员由其行政主管部门或者有关机关依法给予处分,并予以通报;涉嫌犯罪的,移送司法机关处理。

采购代理机构有违法所得的,没收违法所得,并可以处以不超过违法所得3倍、最高不超过3万元的罚款;没有违法所得的,可以处以1万元以下的罚款。

评标委员会成员有违反本办法规定的,由财政部门责令限期改正;情节严重的,给予警告,并对其不良行为予以记录。

政府采购当事人违反本办法规定,给他人造成损失的,依法承担民事责任。

五 《政府采购非招标采购方式管理办法》

(一) 出台背景

《政府采购非招标采购方式管理办法》2014年2月1日起施行,共七章六十二条。该办法实施目的是规范政府采购行为,加强对采用非招标采购方式采购活动的监督管理,维护国家利益、社会公共利益和政府采购当事人的合法权益。

(二) 适用范围

采购人、采购代理机构采用非招标采购方式即竞争性谈判、单一来源采购和询价来采购货物、工程和服务的,适用本办法。

(三) 主要内容

1. 竞争性谈判

竞争性谈判是指谈判小组与符合资格条件的供应商就采购货物、工程和服务事宜进行谈判,供应商按照谈判文件的要求提交响应文件和最后报价,采购人从谈判小组提出的成交候选人中确定成交供应商的采购方式。

采用竞争性谈判方式采购的项目应符合下列条件之一:招标后没有供应商投标或者

没有合格标的,或者重新招标未能成立的;技术复杂或者性质特殊,不能确定详细规格或者具体要求的;非采购人所能预见的原因或者非采购人拖延造成采用招标所需时间不能满足用户紧急需要的;因艺术品采购、专利、专有技术或者服务的时间、数量事先不能确定等原因不能事先计算出价格总额的。

从谈判文件发出之日起至供应商提交首次响应文件截止之日止不得少于3个工作日。提交首次响应文件截止之日前,采购人、采购代理机构或者谈判小组可对已发出的谈判文件进行必要的澄清或者修改。而谈判小组应按照规定对响应文件进行评审,并且应集中与单一供应商分别进行谈判,给予所有参加谈判的供应商平等的谈判机会。

谈判文件能够详细列明采购标的的技术、服务要求的,谈判结束后,所有继续参加谈判的供应商应在规定时间内提交最后报价,且提交最后报价的供应商不得少于3家。谈判文件不能详细列明采购标的的技术、服务要求,需经谈判由供应商提供最终设计方案或解决方案的,谈判结束后,谈判小组应当按照少数服从多数的原则投票推荐3家以上供应商的最终方案,并要求其在规定时间内提交最后报价。最后报价是供应商响应文件的有效组成部分。已提交响应文件的供应商,在提交最后报价之前,可根据情况退出谈判,其保证金应当予以退还。

谈判小组应从质量和服务均能满足采购文件实质性响应要求的供应商中,按照最后报价由低到高的顺序提出3名以上成交候选人,并编写评审报告,由采购代理机构在2个工作日内送采购人确认。

最终的成交供应商由采购人在收到评审报告的5个工作日内从中按照相关原则和要求进行选择,也可由采购人书面授权谈判小组直接确定成交供应商。如采购人逾期未确定且不提出异议,视为确认评审报告中提出的最后报价最低的供应商为成交供应商。

当采购过程中符合竞争要求的供应商或者报价未超过采购预算的供应商不足3家(技术复杂或者性质特殊,不能确定详细规格或者具体要求的情形除外),或中途出现影响采购公正的违法违规行为时,采购人或者采购代理机构应当终止竞争性谈判采购活动,发布项目终止公告并说明原因,重新开展采购活动。

2. 单一来源采购

单一来源采购是指采购人从某一特定供应商处采购货物、工程和服务的采购方式。

只能从唯一供应商处采购的,且达到公开招标数额的货物、服务项目,拟采用单一来源采购方式的,采购人、采购代理机构应当在省级以上财政部门指定媒体上公示,并将公示情况一并报财政部门,公示期不得少于5个工作日。任何供应商、单位或者个人对公示有异议的,可以在公示期内提出书面反馈。

采购人、采购代理机构收到异议后,应在公示期满后5个工作日内组织补充论证,论证后认为异议成立的,应依法采取其他采购方式,认为异议不成立的,应将相关情况一并报相关财政部门,并将论证结果告知提出异议者。

采用单一来源采购方式采购的,采购人、采购代理机构应当组织具有相关经验的专业人员与供应商商定合理的成交价格并保证采购项目质量。单一来源采购人员应当编写协商情况记录,并由采购全体人员签字认可。

当采购过程中出现情况变化,不再符合单一来源采购方式使用情形或出现影响采购公正的违法违规行为或报价超过采购预算时,采购人或者采购代理机构应当终止采购活动,发布项目终止公告并说明原因,重新开展采购活动。

3. 询价

询价是指询价小组向符合资格条件的供应商发出采购货物询价通知书,要求供应商一次报出不得更改的价格,采购人从询价小组提出的成交候选人中确定成交供应商的采购方式。

询价小组在询价过程中,不得改变询价通知书所确定的技术和服务等要求、评审程序、评定成交的标准和合同文本等事项。参加询价采购活动的供应商,应当按照询价通知书的规定一次报出不得更改的价格。询价小组应从质量和服务均能满足采购文件实质性响应要求的供应商中,按照最后报价由低到高的顺序提出3名以上成交候选人,并编写评审报告,由采购代理机构在2个工作日内送采购人确认。

最终的成交供应商由采购人在收到评审报告的5个工作日内从中按照相关原则和要求进行选择,也可由采购人书面授权询价小组直接确定成交供应商。如采购人逾期未确定且不提出异议,视为确认评审报告中提出的最后报价最低的供应商为成交供应商。

当采购过程中符合竞争要求的供应商或者报价未超过采购预算的供应商不足3家,或中途出现影响采购公正的违法违规行为时,采购人或者采购代理机构应当终止询价采购活动,发布项目终止公告并说明原因,重新开展采购活动。

4. 法律责任

政府采购当事人违反《政府采购法》和本办法规定,给他人造成损失的,应当依照有关民事法律规定承担民事责任。任何单位或者个人非法干预、影响评审过程或者结果的,责令改正;该单位责任人或个人属于国家机关工作人员的,由任免机关或者监察机关依法给予处分。财政部门工作人员在实施监督管理过程中违法干预采购活动或者滥用职权、玩忽职守、徇私舞弊的,依法给予处分;涉嫌犯罪的,依法移送司法机关处理。

五 《政府采购竞争性磋商采购方式管理暂行办法》

（一）出台背景

《政府采购竞争性磋商采购方式管理暂行办法》2014年12月31日起施行,共三章三十八条。该办法实施目的在于规范政府采购行为,维护国家利益、社会公共利益和政府采购当事人的合法权益。

（二）主要内容

竞争性磋商采购方式,是指采购人、政府采购代理机构通过组建竞争性磋商小组(以下简称磋商小组)与符合条件的供应商就采购货物、工程和服务事宜进行磋商,供应商按照磋商文件的要求提交响应文件和报价,采购人从磋商小组评审后提出的候选供应商名单中确定成交供应商的采购方式。对于政府购买服务项目,技术复杂或者性质特殊、不能确定详细规格或者具体要求的,因艺术品采购、专利、专有技术或者服务的时间、数量事先不能确定等原因不能事先计算出价格总额的等项目,可以采用竞争性磋商方式开展采购。

采购人、采购代理机构通过发布公告、从省级以上财政部门建立的供应商库中随机抽取或者采购人和评审专家分别书面推荐的方式邀请不少于3家符合相应资格条件的供应商参与竞争性磋商采购活动。磋商小组由采购人代表和评审专家共3人以上单数组成,其中评审专家人数不得少于磋商小组成员总数的2/3。采用竞争性磋商方式的政府采购项目,评审专家应当从政府采购评审专家库内相关专业的专家名单中随机抽取。符合本办法第三条第四项规定情形的项目,以及情况特殊、通过随机方式难以确定合适的评审专家的项目,经主管预算单位同意,可以自行选定评审专家。技术复杂、专业性强的采购项目,评审专家中应当包含1名法律专家。

经磋商确定最终采购需求和提交最后报价的供应商后,由磋商小组采用综合评分法对提交最后报价的供应商的响应文件和最后报价进行综合评分。

第四节 政府采购各当事人内控制度

一 政府采购内部控制制度

在公共财政框架不断完善的背景下,我国政府采购改革逐渐步入深水区。采购范围广、采购规模大、采购环节多、采购频率高等特点,使得政府采购在组织实施过程中不可避免地面临诸多风险。加强对政府采购活动的内部控制管理,是贯彻《中共中央关于全面推进依法治国若干重大问题的决定》的重要举措,也是深化政府采购制度改革的内在要求。《财政部关于加强政府采购活动内部控制管理的指导意见》2016年6月29日起施行。该指导意见的实施有利于实现政府采购的公开、公平、公正、廉洁高效和物有所值,推动政府采购事业持续健康发展。

(一) 主要目标

要以"分事行权、分岗设权、分级授权"为主线,通过制定制度、健全机制、完善措施、规范流程,逐步形成依法合规、运转高效、风险可控、问责严格的政府采购内部运转和管控制度,做到约束机制健全、权力运行规范、风险控制有力、监督问责到位,实现对政府采购活动内部权力运行的有效制约。

分事行权,就是对经济和业务活动的决策、执行、监督,必须明确分工、相互分离、分别行权,防止职责混淆、权限交叉。分岗设权,就是对涉及经济和业务活动的相关岗位,必须依职定岗、分岗定权、权责明确,防止岗位职责不清、设权界限混乱。分级授权,就是对各管理层级和各工作岗位，必须依法依规分别授权，明确授权范围、授权对象、授权期限、授权与行权责任、一般授权与特殊授权界限，防止授权不当、越权办事。

（二）主要措施

（1）实施归口管理。采购人应当明确内部归口管理部门，具体负责本单位、本系统的政府采购执行管理。归口管理部门应当牵头建立本单位政府采购内部控制制度，明确本单位相关部门在政府采购工作中的职责与分工，建立政府采购与预算、财务（资金）、资产、使用等业务机构或岗位之间沟通协调的工作机制，共同做好编制政府采购预算和实施计划、确定采购需求、组织采购活动、履约验收、答复询问质疑、配合投诉处理及监督检查等工作。

（2）明确委托代理权利义务。委托采购代理机构采购的，采购人应当和采购代理机构依法签订政府采购委托代理协议，明确代理采购的范围、权限和期限等具体事项。

（3）强化内部监督。采购人、集中采购机构和监管部门应当发挥内部审计、纪检监察等机构的监督作用，加强对采购执行和监管工作的常规审计和专项审计。

（4）合理设岗，强化权责对应。采购人、集中采购机构应当建立岗位间的制衡机制，采购需求制定与内部审核、采购文件编制与复核、合同签订与验收等岗位原则上应当分开设置。采购人、集中采购机构和监管部门应当按规定建立轮岗交流制度，按照政府采购岗位风险等级设定轮岗周期，风险等级高的岗位原则上应当缩短轮岗年限。不具备轮岗条件的应当定期采取专项审计等控制措施。建立健全政府采购在岗监督、离岗审查和项目责任追溯制度。

（5）分级授权，推动科学决策。采购人、集中采购机构和监管部门应当建立健全内部政府采购事项集体研究、合法性审查和内部会签相结合的议事决策机制。对于涉及民生、社会影响较大的项目，采购人在制定采购需求时还应当进行法律、技术咨询或者公开征求意见。监管部门处理政府采购投诉应当建立健全法律咨询机制。决策过程要形成完整记录，任何个人不得单独决策或者擅自改变集体决策。

（6）完善内部审核制度。采购人、集中采购机构确定采购方式、组织采购活动，监管部门办理审批审核事项、开展监督检查、做出处理处罚决定等，应当依据法律制度和有关政策要求细化内部审核的各项要素、审核标准、审核权限和工作要求，实行办理、复核、审定的内部审核机制，对照要求逐层把关。

（7）优化流程，实现重点管控。采购人、集中采购机构应当按照有关法律法规及业务流程规定，明确政府采购重点环节的控制措施。未编制采购预算和实施计划的不得组织采购，无委托代理协议不得开展采购代理活动，对属于政府采购范围未执行政府采购规定、采购方式或程序不符合规定的及时予以纠正。采购人、集中采购机构和监管部门应当提高政府采购效率，对信息公告、合同签订、变更采购方式、采购进口产品、答复询问质疑、投诉处理以及其他有时间要求的事项，要细化各个节点的工作时限，确保在规定时间内完成。此外，需厘清利益冲突的主要对象、具体内容和表现形式，明确与供应商等政府采购市场主体、评审专家交往的基本原则和界限，细化处理原则、处理方式和解决方案。

采购人员及相关人员与供应商有利害关系的,应当严格执行回避制度。

(8) 健全档案管理。采购人、集中采购机构和监管部门应当加强政府采购记录控制,按照规定妥善保管与政府采购管理、执行相关的各类文件。

■ 二 政府采购各当事人法律责任

政府采购法律责任的主体包括采购人、采购代理机构、供应商、政府采购监督管理部门,法律责任的种类包括行政责任、民事责任和刑事责任三种。

(一) 采购人、采购代理机构的法律责任

采购人、采购代理机构有下列情形之一的,责令限期改正,给予警告,可以并处罚款,对直接负责的主管人员和其他直接责任人员,由其行政主管部门或者有关机关给予处分,并予以通报:应当采用公开招标方式而擅自采用其他方式采购的,擅自提高采购标准的,委托不具备政府采购业务代理资格的机构办理采购事务的,以不合理的条件对供应商实行差别待遇或者歧视待遇的,在招标采购过程中与投标人进行协商谈判的,中标、成交通知书发出后不与中标、成交供应商签订采购合同的,拒绝有关部门依法实施监督检查的。

采购人、采购代理机构及其工作人员有下列情形之一,构成犯罪的,依法追究刑事责任;尚不构成犯罪的,处以罚款,有违法所得的,并处没收违法所得,属于国家机关工作人员的,依法给予行政处分:与供应商或者采购代理机构恶意串通的,在采购过程中接受贿赂或者获取其他不正当利益的,在有关部门依法实施的监督检查中提供虚假情况的,开标前泄露标底的。

采购人、采购代理机构违反本法规定隐匿、销毁应当保存的采购文件或者伪造、变造采购文件的,由政府采购监督管理部门处以二万元以上十万元以下的罚款,对其直接负责的主管人员和其他直接责任人员依法给予处分;构成犯罪的,依法追究刑事责任。

(二) 供应商的法律责任

供应商在政府采购过程中承担民事责任的主要方式表现为:中标、成交无效,承担赔偿责任等。《政府采购法》规定,供应商应当承担中标、成交无效的民事法律责任。《政府采购法》第七十七条中规定,供应商在政府采购中有提供虚假材料谋取中标、成交的,采取不正当手段诋毁、排挤其他供应商的,与采购人、其他供应商或者采购代理机构恶意串通的,向采购人、采购代理机构行贿或者提供其他不正当利益的,在招标采购过程中与采购人进行协商谈判的情形之一的,其中标、成交无效。《政府采购法》第二十五条规定,供应商不得向采购人、采购代理机构、评标委员会的组成人员、竞争性谈判小组的组成人员、询价小组的组成人员行贿或者采取其他不正当手段谋取中标或者成交,有此情形的其中标、成交无效。供应商在采购过程中有违法的投标行为,除其中标、成交无效外,还应当依法承担相应的民事赔偿责任。

供应商承担行政法律责任的方式有罚款、并处没收违法所得、在一定期限取消供应商参加政府采购活动、吊销营业执照等行政处罚。《政府采购法》中对供应商行政法律责任的规定情形有以下几种：提供虚假材料谋取中标、成交的，采取不正当手段诋毁、排挤其他供应商的，与采购人、其他供应商或者采购代理机构恶意串通的，向采购人、采购代理机构行贿或者提供其他不正当利益的，在招标采购过程中与采购人进行协商谈判的，拒绝有关部门监督检查或者提供虚假情况的。此外，《政府采购货物和服务招标投标管理办法》《政府采购供应商投诉处理办法》等部门规章对供应商的违法行为做出了更加具体的规定。

根据《政府采购法》《政府采购货物和服务招标投标管理办法》《政府采购供应商投诉处理办法》等规定，供应商承担刑事责任的违法行为主要有：利用他人名义，提供伪造的资质证书、营业执照，在递交的资格审查材料中存在弄虚作假行为，违反《不正当竞争法》的规定损害其他竞争者的权益，在采购过程中向采购人、评标委员会组成人员、采购代理机构、竞争性谈判小组的组成人员、询价小组的组成人员行贿或者采取其他不正当手段影响中标、成交结果的行为，在公开采购的招标过程中先前与采购人进行协商与采购有关的谈判行为。拒绝有关部门的监督检查或是提供虚假信息的情况等行为构成犯罪的，依据我国《刑法》的相关规定追究刑事责任。供应商承担的刑事法律责任主要有：承担伪造公文罪和毁灭公文罪，串通投标罪，行贿罪。供应商有下列情形之一的，处以采购金额千分之五以上千分之十以下的罚款，列入不良行为记录名单，在一至三年内禁止参加政府采购活动；有违法所得的，并处没收违法所得；情节严重的，由工商行政管理机关吊销营业执照；构成犯罪的，依法追究刑事责任。

（三）政府采购监督管理部门的法律责任

政府采购监督管理部门的工作人员在实施监督检查中违反《政府采购法》规定，滥用职权、玩忽职守、徇私舞弊的，依法给予行政处分；构成犯罪的，依法追究刑事责任。

政府采购监督管理部门对供应商的投诉逾期未做处理的，给予直接负责的主管人员和其他直接责任人员行政处分。政府采购监督管理部门对集中采购机构业绩的考核有虚假陈述、隐瞒真实情况的，或者不做定期考核和公布考核结果的，应当及时纠正，由其上级机关或者监察机关对其负责人进行通报，并对直接负责的人员依法给予行政处分。

（四）评标委员会成员的法律责任

根据《政府采购法》《政府采购货物和服务招标投标管理办法》规定，政府采购过程中评标委员会成员承担行政责任的违法行为主要有：明知应当回避而未主动回避的；在知道自己为评标委员会成员身份后至评标结束前的时段内私下接触投标供应商的；在评标过程中擅离职守，影响评标程序正常进行的；在评标过程中有明显不合理或者不正当倾向性的；未按招标文件规定的评标方法和标准进行评标的；收受投标人、其他利害关系人的财物或者获取其他不正当利益的；泄露有关投标文件的评审和比较、中标候选人的推荐以及与评标有关的其他情况的其他违反法律法规规定的行为。

评标委员会成员承担行政法律责任的方式有警告，取消担任评标委员会的资格，不得参加任何政府采购招标项目的评标，有违法所得的没收违法所得、罚款等。根据《政府采购法》《政府采购货物和服务招标投标管理办法》规定，在政府采购过程中评标委员会成员有违法行为的,情节严重,构成犯罪的,依法追究其刑事责任。因违法行为应承担的刑事责任有受贿罪、侵犯商业秘密罪等。

(五)行政监督管理部门的法律责任

根据《政府采购法》《政府采购货物和服务招标投标管理办法》等规定,行政监督管理部门在政府采购活动中的违法行为主要有:非法干预、影响评标的过程或者结果的,行政监督管理部门工作人员在实施政府采购监督检查中违反规定滥用职权、玩忽职守、徇私舞弊的,行政监督管理部门对投标人的投诉无故逾期未做处理的,行政监督管理部门工作人员在投诉处理过程中滥用职权、玩忽职守、徇私舞弊的等。行政管理机关在政府采购活动中承担行政法律责任的方式有,责令改正、对直接负责的主管人员和其他直接负责人员给予行政处分等。根据《政府采购法》规定,行政监督管理部门工作人员在政府采购活动中承担的刑事法律责任有滥用职权罪、玩忽职守罪、徇私枉法罪等。

(六)其他单位或者个人的法律责任

任何单位或者个人阻挠和限制供应商进入本地区或者本行业政府采购市场的,责令限期改正,拒不改正的,由该单位、个人的上级行政主管部门或者有关机关给予单位责任人或者个人处分。

第五节 省级层面的制度规范

一、《江苏省政府采购评审专家管理办法》

(一)出台背景

《江苏省政府采购评审专家管理办法》2017年12月8日起施行,共八章五十三条。本办法的实施旨在加强江苏省政府采购评审专家管理,规范政府采购评审行为,提高评审质量。

(二)适用范围

本办法所称评审专家是指江苏省财政厅选聘,以独立身份参加政府采购评审,纳入评审专家库管理的人员。本办法适用于江苏省评审专家的选聘解聘、抽取使用、监督管理等。

(三)主要内容

1. 各市、县财政部门对于评审专家的相关职责

各级人民政府财政部门是评审专家的法定监管部门。各市、县财政部门需要对评审专家的选聘、解聘进行初审,并对其进行信息维护、学习培训、考核评价、信用记录、处理

处罚等，而省财政厅则需要对各市、县的管理工作进行督促指导。关于评审专家的信息，各级财政部门、采购人和采购代理机构应当严格保密，不得泄露。

2. 专家管理系统的功能及作用

省财政厅根据财政部要求，按照同一规则、管用分离、随机抽取的原则，依法建设全省统一的评审专家库和专家管理系统。

专家管理系统包括专家管理、抽取管理、项目管理、报表查询、评价等功能模块，评审专家的申请注册、选聘解聘、管理维护等实行网上在线操作。通过随机抽取、语音通知等方式确定评审专家名单，并向专家发送确认短信。评审专家因故六个月以上不能参加评审工作的，应当及时登录专家管理系统办理请假，暂停评审。

评审专家、采购人或采购代理机构可以登录专家管理系统进行信用评价，该记录将作为评审专家考核管理、采购人政府采购执行情况、采购代理机构执业质量的重要依据。

3. 评审专家应具备的条件及选聘、解聘事宜

各级财政部门根据各自情况，采取定期或不定期的方式面向社会各界广泛征集评审专家。评审专家年龄一般情况下应在 70 周岁以下，须具有良好的职业道德、廉洁自律，遵纪守法，无不良信用记录，熟悉政府采购的相关政策法规以及计算机操作，承诺以独立身份参加评审工作，依法履行评审专家职责。各级财政部门发布公告后，符合条件的申请人可在专家管理系统在线注册登录，各部门结合实际对申请人基本信息、专业信息、信用信息等进行初审并将审核结果提交省财政厅。省财政厅对初审结果审核通过后，将申请人纳入评审专家库，统一发放聘书，聘期三年。聘期届满前三个月内，评审专家可以提出续聘申请，经同级财政部门初审、省财政厅审核通过后续聘。

4. 评审专家的抽取、使用

采购人或者采购代理机构应当登录专家管理系统，从省财政厅设立的评审专家库中随机抽取评审专家，全省评审专家互联互通、资源共享。

评审专家库中相关专家数量不能保证 1∶3 比例抽取的，采购人或采购代理机构可以推荐符合条件的人员。技术复杂、专业性强的采购项目，经主管预算单位同意，采购人可自行选定相应领域专家，但需要在专家管理系统上传主管预算单位意见及项目技术复杂、专业性强的说明，并录入自行选定评审专家信息。

除竞争性谈判、竞争性磋商方式采购，以及异地评审外，采购人或者采购代理机构抽取评审专家的开始时间不得早于评审活动开始前 2 个工作日。专家管理系统将随机抽取出的评审专家名单保密。评审活动开始前半小时，评审专家名单予以解密。

各级财政部门政府采购监管工作人员不得作为评审专家参与政府采购项目的评审活动。采购代理机构人员不得参加本机构代理的政府采购项目的评审。

出现评审专家缺席、回避等情况，采购人或采购代理机构应及时在专家管理系统中补抽评审专家，或经采购人主管预算单位同意自行选定补足评审专家，并在专家管理系

统中录入相关信息。无法及时补足评审专家的,采购人或者采购代理机构应当立即停止评审工作,妥善保存采购文件,依法重新组建评委组。

5. 评审专家在政府采购活动中的权利及义务

评审专家在政府采购活动中对政府采购制度及相关情况应具有知情权,对政府采购项目应具有独立评审权,具有推荐中标候选供应商的表决权,应按规定获得相应的评审费以及具有法律规定的其他权利。

如评审专家参加采购活动前三年内与供应商存在劳动关系,与供应商的法定代表人或负责人有夫妻、直系血亲、三代以内旁直系血亲或近姻亲关系或其他可能影响政府采购活动公平公正进行的关系,评审专家应主动提出回避。采购人等发现评审专家与参加采购活动的供应商有利害关系的,应当要求其回避。

评审专家应积极参加政府采购业务培训,为政府采购提供真实可靠的评审意见,不受他人干扰,客观、公正、审慎地履行职责。严格遵守政府采购评审纪律,不迟到早退、转托他人参加。在评审过程中不得擅自与外界联系,不得干扰采购活动现场秩序影响活动正常进行。不得无故拒绝对评审意见签字确认,不得超标准索要评审费,不得泄露评审过程中获得的商业机密,不得记录或带走资料,不得接受供应商及其他当事人的宴请、财物等。发现采购文件内容违反国家规定或存在歧义导致评审工作无法进行时,应停止评审并向采购人或采购代理机构书面说明情况。评审过程中受到非法干预的,及时向采购人同级财政、监察等部门举报。

6. 评审费的发放及相关的法律责任

集中采购机构实施的项目由集中采购机构支付评审费;非集中采购机构实施的项目,由采购人支付评审费,不得由他人代为支付。评审专家未完成评审工作擅自离开评审现场,或者在评审活动中有违法违规行为的,不得获取评审费和报销异地评审差旅费。评审专家以外的其他人员不得获取评审费。

评审活动结束后5个工作日内,评审专家、采购人或者采购代理机构应当登录专家管理系统,就工作纪律、专业能力、政府采购业务、职业道德等互相评价。对评价结果较差的评审专家、采购人或者采购代理机构,各级财政部门应核实情况,并采取约谈、书面纠正等形式督促整改。

财政部门工作人员在评审专家管理工作中存在滥用职权、玩忽职守、徇私舞弊等违法违纪行为的,依照法律法规和有关规定追究责任;涉嫌犯罪的,移送司法机关处理。各级财政部门应当综合运用考核评价、培训记录、信用信息等结果,加强评审专家监管。

二 《江苏省政府采购供应商监督管理暂行办法》

(一) 出台背景

《江苏省政府采购供应商监督管理暂行办法》2013年11月1日起施行,共八章五十条。该办法实施目的在于加强对政府采购供应商的管理,进一步规范供应商政府采购行为,促进供应商依法诚信经营,维护政府采购公平竞争环境和政府采购当事人的合法权益。

(二) 适用范围

供应商是指向采购人提供货物、工程或者服务的法人、其他组织或者自然人,本暂行办法适用于参加江苏省范围内政府采购活动的供应商。

(三) 主要内容

1. 供应商的权利和义务

权利:符合政府采购条件的供应商有权参加江苏省各级政府采购活动,可自由出入本地区和本行业的政府采购市场,有权获取政府采购的相关信息。对政府采购活动事项存在疑问的,供应商有权向采购人或采购代理机构提出询问,有权依法提出质疑、投诉、申请行政复议和行政诉讼。对政府采购活动中的违法行为,供应商有权向有关部门进行控告和检举。

义务:供应商应自觉遵守政府采购制度,维护政府采购市场秩序。不得与采购人、采购代理机构或其他供应商串通损害国家、社会和其他当事人的利益。依法诚信经营,不得采取不正当手段恶性竞争。中标、成交供应商,应当严格依法签订并履行政府采购合同,严禁擅自变更或者终止合同。供应商提出质疑应依法进行并接受其他当事人和社会的监督。在政府采购活动中获得的商业机密需进行保密。供应商应全面、真实地登记相关信息,如有变化及时调整变更并提交相关部门审查。

2. 供应商的注册登记

供应商参加江苏省政府采购活动,实行注册登记制度。凡参加或有意参加江苏省政府采购活动的江苏省内供应商,均可提出注册申请。省外供应商可向参加政府采购活动所在地的政府采购监管部门或其委托的审核机构提出注册申请,经审核登记后加入江苏省政府采购供应商库。供应商为自然人的,暂不实行注册登记。未注册登记的供应商不影响其参加政府采购活动。登记入库的供应商在参加政府采购活动时享有一系列便利。

凡按照规定程序登记入库的供应商,其供应商资格和注册登记信息在江苏省范围内有效,省内各级政府采购监管部门、采购代理机构和采购人均应予认可。对于供应商注册登记、信息变更的审查工作,审核机构应当指定专人,按照规定的条件、程序和要求进行,并应将供应商报送的书面材料存档备查。

3. 供应商的失信行为、不良行为

各级监管部门应对供应商的失信行为、不良行为等予以记录。供应商已被依法认定为不良行为的,不再重复认定为失信行为。供应商诚信记录起始基础分为60分。供应商有失信行为的,每一个失信行为诚信记录分减10分;供应商有不良行为的,其诚信记录起始基础分减为零分。供应商失信行为记录分有效期 1 年,不良行为记录分有效期为处罚生效或者禁止参加政府采购活动的期限。

供应商因违反《政府采购法》被列入不良行为记录名单的,由政府采购监管部门录入"供应商不良行为记录曝光台",处罚期满自动撤除。不良行为记录公开曝光时间应与处罚执行时间一致。

招标采购单位在招标(采购)文件中应当明确供应商诚信记录分使用办法:其中,采用综合评分法的,诚信记录分每减 10 分,给予总分值 2%的扣分,扣分最多不超过 6%;采用最低评标价法的,诚信记录分每减 10 分,按该供应商投标价的 2%增加评审价格,增价最多不超过 6%。

4. 供应商的质疑和投诉

提出质疑和投诉的供应商必须是参加质疑和投诉项目采购活动的供应商。供应商若提出质疑或投诉需实名,采取书面形式,在法定时间内向采购人或者采购代理机构提交质疑函。供应商不得捏造事实或提供虚假材料并配合采购人、采购代理机构和政府采购监管部门进行处理。

政府采购监管部门收到供应商投诉,应当依法进行审查或调查,并在法定期限内做出处理。投诉人对处理决定不服或者政府采购监督管理部门逾期未做处理的,可以依法申请行政复议或者向人民法院提起行政诉讼。

5. 监管部门有关职责

政府采购监管部门应当加强执法,及时发现和查处供应商违法违规行为,维护政府采购公开、公平、公正和诚实信用的原则。政府采购监管部门可以有计划、有重点地实施监督检查。在实施监督检查时,应当至少提前三个工作日向供应商送达书面通知,应当制作检查工作底稿,依法收集和保存相关证据。监督检查工作应由两名以上具有执法资格的执法人员实施,并主动出示执法证件。

6. 供应商违法应负责任

供应商违反法律规定,未产生危害后果的,违法情节轻微,处以采购金额 5‰~6‰的罚款,列入不良行为记录名单,在一年内禁止参加政府采购活动,有违法所得的,并处没收违法所得。造成一定危害后果的,违法情节一般,处以采购金额 6‰~8‰的罚款,列入不良行为记录名单,在两年内禁止参加政府采购活动,有违法所得的,并处没收违法所得。造成严重危害后果的,违法情节严重,处以采购金额 8‰~10‰的罚款,列入不良行为记录名单,在三年内禁止参加政府采购活动,有违法所得的,并处没收违法所得。

政府采购监管部门应当及时记录和公告对违法供应商的处罚决定,并载入该供应商诚信档案。

中篇

政府采购流程管理与实务操作

第六章 政府采购模式与采购方式

第一节 政府采购模式概述

一、政府采购模式内涵

(一) 政府采购模式定义

政府采购的模式是指实施政府采购的组织和管理形式，具体地说是指政府采购是否进行集中管理以及集中管理的程度和类型。

按国际通行做法，政府采购实施形式可以分为集中采购、分散采购以及集中采购与分散采购相结合三种模式。

(二) 我国政府采购模式的现状分析

《政府采购法》确立了我国政府采购是集中采购与分散采购相结合的采购模式。集中采购和分散采购范围的划分由省级以上人民政府公布的集中采购目录确定。属于中央预算的政府采购项目，采购目录由国务院确定并公布，属于地方预算的政府采购项目，由省、自治区、直辖市人民政府或者其授权的机构确定并公布。纳入集中采购目录的政府采购项目，应当实行集中采购。

集中采购和分散采购是辩证统一、相辅相成的关系。首先，无论是集中采购还是分散采购，都属于政府采购，两种采购组织形式都要遵守政府采购的法律、法规。集中采购与分散采购相结合要求政府既要有适度的集中采购，强化对大宗支出项目的监管，体现政府采购的强制性和效率性原则，又要有分散采购，体现单位的自主性和特殊性。如果把采购限额标准定得过低，将所有的购买行为都纳入集中采购范围，或者把采购限额标准定得过高，使集中采购范围过窄，单位采购行为脱离法律的监督制约，都有悖于《政府采购法》的精神实质。因此，政府采购限额标准的制定要充分考虑我国各级政府采购的实际情况，科学合理地确定政府采购限额标准，将集中采购与分散采购有机地统一起来。

在我国，尤其是在政府采购制度刚刚起步和发展的情况下，设置集中采购机构实施有效的集中采购活动是非常必要而现实的。集中采购机构承担集中采购任务，可以以点带面，逐步推进政府采购制度实施；有利于培养采购队伍，促进采购专业化；能有效地形成采购规模，提高采购资金的使用效益。同时考虑到我国是一个单一制国家，如果过度集中，容易形成新的垄断，也不利于调动各部门的采购积极性。因此我国采用集中与分散相结合的采购形式。

二 政府采购的三种典型模式

按国际通行做法,通常把政府采购的模式分为三种,即集中采购模式、分散采购模式以及集中采购与分散采购相结合的模式。

(一) 集中采购模式

集中采购模式通常由政府集中采购机构负责组织实施政府采购事宜。

优点:有利于扩大采购规模,减少采购批次,提高财政资金的使用效益,是一种有效的政府采购模式。

集中采购模式需要组建政府集中采购的机构,按照国际上通行做法,集中采购机构的设置主要有两种形式,一种是独立设置,另一种是设置在财政部门,机构性质一般是政府机构,工作人员为政府公务员。

集中采购机构不同于社会招标中介机构。中介机构办理招标采购事务是以营利为目的,而集中采购机构是非营利性的。中介机构是面向全社会的,而集中采购机构专门服务于政府机关、事业单位和团体组织。政府集中采购机构也不同于一般的政府机关。集中采购机构的职责是接受政府采购采购人委托从事政府采购事务,不履行行政职能。

《政府采购法》规定了集中采购机构的业务范围包括法定强制性业务和非强制性业务两个方面。采购未纳入集中采购目录的政府采购项目,可以委托集中采购机构代理采购。采购纳入集中采购目录的政府采购项目,必须委托集中采购机构代理采购。纳入集中采购目录属于通用的政府采购项目的,应当委托集中采购机构代理采购;属于本部门有特殊要求的项目,应当实行部门集中采购;属于本单位有特殊要求的项目,经省级以上人民政府批准,可以自行采购。

(二) 分散采购模式

分散采购模式是指由各使用单位自行进行政府采购的模式。分散采购模式要求使用单位向财政主管部门上报采购预算计划,获得批准后按照规定自行采购。

政府分散采购是指采购单位实施货物、服务类单项或批量采购最低限额不在集中采购目录上的采购项目,以及经有关程序批准,超过采购限额标准采取分散采购方式实施的采购项目。

优点:使用单位可以灵活运用。由于使用单位对采购对象熟悉,采购的时效性和满意度较高。

缺点:无法形成规模效应,采购价格较高,由于各部门都要组织人员采购,采购队伍庞大,重复采购现象严重,不利于对采购过程进行有效的监督。

分散采购指在政府采购的范畴内,采购人对集中采购目录以外,且限额标准以上的货物、工程、服务进行的非集中采购。可以由采购单位自己组织,也可以委托采购代理机构。

单位自行采购和分散采购是完全不同的两个概念。分散采购仍属于政府采购,受相关法规约束,单位自行采购不受政府采购法规约束。

单位如何才能自行采购呢？一是一分都不用与财政沾边的钱,一般只适用于自收自支的事业单位。二是财政部门批复同意单位自行采购,这种情况较少。

对采购人而言,分散采购本质上不如集中采购简单方便,也不利于提高资金使用效果,仅适用于急、难、专的情况。

(三) 集中采购与分散采购相结合模式

集中采购与分散采购相结合模式,指一部分采购由政府集中采购部门统一负责,其他采购由使用单位自行采购的模式,也就是集中采购与分散采购并存,发挥各自的优势。这是当前国际上的主流组织形式。

三 我国政府采购模式框架

我国政府采购实行集中采购和分散采购相结合。国务院统一制定政府采购货物、工程和服务的集中采购目录。纳入集中采购目录的政府采购项目应当实行集中采购。

(一) 集中采购

集中采购通常指集中采购机构开展的采购活动,而我国《政府采购法》规定集中采购分为政府集中采购和部门集中采购两种形式。

政府集中采购由各级政府依法设置的集中采购机构组织实施。集中采购业务范围主要由依法制定的集中采购目录来确定。

按《政府采购法》规定,集中采购目录由省级财政部门统一制定发布。设区的地市则无权自行设定集中采购目录,仅可在省级目录的基础上进行适当调整。

根据最新《政府采购法》修订意见,取消部门集中采购,变成如有同类项目多次采购,报省财政厅备案后批量采购,并对采购限额标准进行了规定,如2021年江苏省集中采购限额标准：(货物/服务)为采购政府集中采购目录内100万元(含)以上(物业服务200万元以上)。

(二) 分散采购

分散采购是指采购政府采购集中采购目录以外、采购限额标准以下的货物、工程和服务的行为。此外,属于集中采购目录范围内的项目,属于个别单位的特殊需求,而且不具备批量特征的,可以实施分散采购,但事先必须得到省级以上人民政府批准。

分散采购与集中采购相比,其覆盖面更大,项目内容更多,采购时效性强,个性化服务水平高,受到采购人的青睐。

如2021年江苏省分散采购限额标准：(货物/服务)为50万元(含)以上,工程项目为60万元(含)以上。

实施分散采购时要关注以下四点：

一是分散采购项目是指当年政府颁布集中采购目录以外、政府采购限额标准以下的项目,限额标准一般会同政府采购目录一同公布,政府集中采购目录中的项目不属于分散采购项目的范围。

二是分散采购是政府采购,也必须执行政府采购规定和程序。

三是分散采购由采购人自行操作,但必须具备编制招标文件和组织评标的能力和条件,否则应当委托社会代理机构代理采购。

四是实施分散采购的采购人要加强对分散采购的统计,及时上报相关数据。

第二节 政府采购方式概述

一 政府采购方式的概念

(一) 政府采购方式的定义

政府采购方式是采购方使用财政资金购买货物、工程和服务过程中所应遵循的法定方式,采购方选择合适供应商以完成对采购对象购买所采取的途径和方法。

政府采购方式(Government purchase mode)指政府为实现采购目标而采用的方法和手段。我国《政府采购法》规定,我国的政府采购方式有公开招标、邀请招标、竞争性谈判、单一来源采购、询价、竞争性磋商和国务院政府采购监督管理部门认定的其他采购方式。公开招标应作为政府采购的主要采购方式。

政府采购行为始于政府采购方式的选择。《政府采购法》明确规定了各种政府采购方式,对采购方式选择人做出了规定。这些规定从根本上限制了选择采购方式的随意性,从采购活动的方法上约束了采购人的行为。采购人一旦确定了某种采购方式,就必须严格按照各种采购方式所规定的程序开展采购活动。

二 政府采购方式的种类

政府采购活动中政府采购方式的确定可以依据不同的标准划分出不同类型。按招标性质不同可分为招标性采购和非招标性采购。一般说来,达到一定金额以上的采购项目采用招标性采购方式,不足一定金额的采购项目采用非招标性采购方式。

1. 招标性采购方式

招标性采购方式可以分为公开招标和邀请招标。

(1) 公开招标。指招标人以招标公告的方式邀请不特定的法人或者其他组织投标,招标人通过事先确定并公布的标准从所有投标人中评选出中标供应商,并与之签订合同的一种采购方式。

公开招标是最主要的招标方式,大多数采购都是通过公开招标的方式实现的。

(2) 邀请招标。指采购人依法从符合相应资格条件的供应商中随机抽取 3 家以上供应商,并以投标邀请书的方式邀请其参加投标的采购方式。

2. 非招标性采购方式

非招标性采购方式是指除招标采购方式以外的采购方式。在有些情况下,如需要紧急采购、技术复杂不能事先确定标准或者采购来源单一,招标方式不是最经济的,需要采用招标方式以外的采购方式。

非招标性采购方式主要有竞争性谈判采购、询价采购、单一来源采购、竞争性磋商。

三 政府采购方式的演变

政府采购的历史演变表明,从无序采购至政府采购的一个历史性标杆就是确立政府采购方式。实行政府采购制度以前,采购活动通常由采购人自行以讨价还价方式确定成交供应商。随着社会的发展,政府采购支出规模扩大,采购事项增多,传统讨价还价方式采购的问题层出不穷,损公肥私、质次价高等现象经常发生,政府采购方式便应运而生。

公开招标是历史上第一种采购方式。公开招标由于充分竞争,利于监督,不仅杜绝了传统采购存在的弊病,还能采购到物美价廉的货物、工程和服务,深受采购人的肯定。这种采购方式不断完善,成为当今世界上大宗批量采购的主要方式。

随着政府采购制度的逐步完善,政府采购方式出现多样化趋势。采购项目因对象不同、规模不等,公开招标难以适应各类采购情形,进而出现了邀请招标、竞争性谈判采购、询价采购、单一来源采购。采购方式多样化以后,对采购方式的选择制度也随之完善,如明确了采购方式的适用条件,对不同采购方式适用情形做出规定,便于实际操作。

政府采购方式使用和发展中存在如下趋势。

1. 公开招标是主要的采购方式,但比重将逐渐下降

在各种采购方式中,由于公开招标具有其他方式不可比拟的优点,因此成为主要的政府采购方式。其优点是信息发布透明度高,竞争充分,采购程序严谨,公开程度高;它的不足是采购的有效性取决于采购产品的市场竞争状况、采购期限要求、采购的技术复杂性程度,采购周期长,文件烦琐缺乏弹性等。综上所述,这种采购方式在公开、公平、公正方面有其优势,世界各国大力推崇,将其作为主要采购方式;但因为存在一些缺陷,并且随着社会透明化程度和效率要求的提高,公开招标的比重开始下降。

2. 竞争性谈判和竞争性磋商方式比重逐渐提高

竞争性谈判和竞争性磋商既有竞争性成分,还可以弥补公开招标的不足:一是时间短,效率高;二是可减少工作量,节约成本;三是有一定弹性,可灵活协商。由于竞争性谈判和磋商方式既能体现充分竞争,又具有弹性和灵活性,因而逐渐受到采购人的青睐。

3. 政府采购新手段不断涌现

随着信息产业的高速发展和信息产品的普遍应用,依靠现代科学技术的成果来完成采购过程的采购方式开始广泛应用,如采购卡、网上竞价等,这些电子交易方式的采购周期短,采购效率高,便于操作,大幅度降低了成本。

第三节 政府采购方式运用与实施

一 政府采购方式的类型

《政府采购法》规定了政府采购的六种方式：公开招标采购、邀请招标采购、竞争性谈判采购、单一来源采购、询价采购、竞争性磋商采购。

无论采用哪一种采购方式都必须按照法定的采购程序去执行。

（一）公开招标

公开招标是政府采购的主要采购方式。公开招标的特点是无限制的竞争，投标不受地域限制，招标人有较大的选择余地，打破垄断，公平竞争。缺点在于招标周期长，工作复杂，投入资金较多。

在政府采购实务中运用公开招标方式采购应注意：数额标准是界定是否采用公开招标方式的界限，公开招标数额标准由各级政府规定，各地不同。不论集中采购项目还是分散采购项目都应按规定实行公开招标，如果达到数额标准的政府采购项目因特殊情况需要采用公开招标以外的采购方式的，应先按规定程序审批。

（二）邀请招标

邀请招标采购是指采购人从符合相应资格条件的供应商中随机选择三家以上的供应商，并向其发出投标邀请书的采购方式。邀请招标主要适用于以下两种：一是只能从有限范围的供应商处采购的；二是采用公开招标方式的费用占政府采购项目总价值的比例过大的。

邀请招标的主要特点是邀请招标采购人在一定范围内邀请供应商参加投标，公开化程度不及公开招标，竞争范围有一定限制招标费用也相对低一些。不足之处在于邀请供应商数量较少会限制有效竞争，竞争充分性受到限制；由于只是邀请一定比例的供应商，也可能存在邀请倾向性。

（三）竞争性谈判

竞争性谈判是指谈判小组从符合相应资格条件的供应商名单中确定不少于三家的供应商参加谈判的采购方式。谈判小组应由采购人的代表和有关专家共三人以上的单数组成，其中专家人数不得少于成员总数的三分之二。

竞争性谈判主要适用于以下几种情形：招标后没有供应商投标或者没有合格标的或者重新招标未能成立的；技术复杂或者性质特殊，不能确定详细规格或者具体要求的；采用招标所需时间不能满足用户紧急需要的；不能事先计算出价格总额的等。

（四）单一来源采购

单一来源采购是指采购人向唯一指定供应商直接购买的采购方式。它主要是指在特定情况下，只能或者必须从唯一供应商处采购的方式。适用于达到了限购标准和公开招标数额标准，但所购商品的来源渠道单一，或属专利、首次制造、合同追加、原有采购项目的后续扩充和发生了不可预见的紧急情况不能从其他供应商处采购等情况。该采购方式的最主要特点是没有竞争性。

《政府采购法》规定了单一来源采购的主要适用情形：一是只能从唯一供应商处采购的；二是发生了不可预见的紧急情况不能从其他供应商处采购的；三是必须保证原有采购项目一致性或者服务配套的要求，需要从原供应商处添购，且添购资金总额不超过原合同采购金额百分之十的。

单一来源采购在执行过程中要特别注意：要保证采购项目质量，双方应商定合理价格；使用单一来源必须是不存在任何其他合理的选择或替代的情况；添购是指在原有采购项目上增加，而不是新购置一种商品。

（五）询价采购

询价采购是指对三家以上的供应商提供的报价进行比较，确定成交供应商的采购方式。主要适用情形为采购的货物规格、标准统一、现货货源充足且价格变化幅度小的政府采购项目，主要指复印纸、饭店服务等类似项目。

（六）竞争性磋商

竞争性磋商是指采购人、政府采购代理机构通过组建竞争性磋商小组与符合条件的供应商就采购货物、工程和服务事宜进行磋商，供应商按照磋商文件的要求提交响应文件和报价，采购人从磋商小组评审后提出的候选供应商名单中确定成交供应商的采购方式。

可以采用竞争性磋商方式开展采购的情形：

（1）政府购买服务项目；

（2）技术复杂或者性质特殊，不能确定详细规格或者具体要求的；

（3）因艺术品采购、专利、专有技术或者服务的时间、数量事先不能确定等原因不能事先计算出价格总额的；

（4）市场竞争不充分的科研项目，以及需要扶持的科技成果转化项目；

（5）按照《招标投标法》及其实施条例必须进行招标的工程建设项目以外的工程建设项目。

二 政府采购方式的选择与变更

按《政府采购法》及有关规定，政府采购方式变更须履行一定程序。所谓政府采购方式的变更是指达到公开招标数额标准的货物或服务类采购项目，在采购活动开始前或开标后因特殊情况需要采用公开招标以外的采购方式，或因特殊原因需要变更原已批准采用的政府采购方式。

（一）政府采购方式的选择

在公开招标数额标准之下的政府采购项目，由采购人或其委托的集中采购机构按照《政府采购法》要求直接选用采购方式，但直接选用采购方式不等同于随意选用采购方式，选用采购方式时仍然要依据法律规定的条件来选择合理的采购方式。

（二）政府采购方式的变更

政府采购方式的变更由采购人或其委托的集中采购机构按照管理权限向设区的市以上政府采购监督管理部门提出申请。申请时一般须填写《政府采购方式变更申请表》，具体格式见表6-1。

表6-1 政府采购方式变更申请表

申报单位(盖章)：　　　　　填报日期：　　　　　编号：

申请变更的项目			采购计划编号		
采购人(需求方)			采购预算(万元)		
原采购方式					
公开招标( )	邀请招标( )	询价( )	单一来源( )	谈判( )	其他( )
申请变更的采购方式					
公开招标( )	邀请招标( )	询价( )	单一来源( )	谈判( )	其他( )
申报单位采购方式变更理由	负责人		经办人		联系电话
政府采购监督管理部门意见	负责人		经办人		年　月　日

第一联政府采购监管部门留存　　第二联审批后由申报单位保存

在采购活动开始前申请政府采购方式变更的，应与《申请表》同时向受理申请的政府采购监督管理部门提供相关法律依据和文件规定、有关证明资料等书面材料，政府采购监管部门对于政府采购方式变更的审批重在程序性审查，以书面材料审查为准。

开标后因特殊情况需要改用公开招标以外采购方式的，应符合《政府采购货物和服务招标投标管理办法》有关规定。申请人首先应认真核对招标文件，包括招标公告时间及程序,确保符合"招标文件没有不合理条款,招标公告时间及程序符合规定"的要求,然后再根据实际情况和需要提出变更为竞争性谈判采购、询价采购或单一来源采购方式的申请。

政府采购监督管理部门接到采购方式变更申请后,对于复杂或标的较大的项目,应采用市场调研或专家论证或政府采购指定信息媒体公示等方式,充分了解情况后再进行审批。审批时,既要坚持客观公正,依法审批原则,又要充分考虑项目的特点和实际情况,科学严谨地进行采购方式的审批。

目前除了满足各地公开招标限额标准以上的项目需变更为单一来源采购方式外,其他的变更无须向财政监管部门申请。

三 政府采购方式的实施与创新

(一) 政府采购方式的实施

1. 公开招标采购

公开招标采购的组织应按照《政府采购法》《政府采购货物和服务招标投标管理办法》执行,政府采购工程进行招标投标的,适用《招标投标法》。公开招标程序主要包括招标、投标、开标、评标、定标等法定程序。

(1) 招标程序

①编制招标文件。招标采购单位应当根据招标项目的特点和需求编制招标文件,采购代理机构编制的招标文件在正式发售前应经采购人确认。

②发布招标公告。招标文件拟定后,招标采购单位必须在省级以上财政部门指定的政府采购信息发布媒体上发布招标公告。

③发售招标文件。招标采购单位应在招标公告规定的时间和地点按照明确的价格出售招标文件。

④招标文件的澄清和修改。招标采购单位对已发出的招标文件需要进行必要澄清或者修改的,应当在招标文件要求提交投标文件截止时间十五日前,在省级以上财政部门指定的政府采购信息发布媒体上发布更正公告,并以书面形式通知所有招标文件收受人。

(2) 投标程序

①投标文件的编制。投标文件一般由商务部分、技术部分、价格部分组成,根据招标文件的要求装订。

②投标文件的递交。投标人应当在招标文件要求提交投标文件的截止时间前,将投标文件密封送达投标地点。

③投标文件的补充、修改或撤回。投标人在递交投标书后,如果发现投标文件有问题,可在规定的投标文件截止时间前对投标文件进行补充、修改或撤回。

④投标保证金的交纳。投标人投标时,应按照招标文件允许的形式交纳投标保证金,并在投标截止时间前送达招标采购单位。

(3) 开标程序

①确定开标时间和地点。开标应当在招标文件确定的投标截止时间的同一时间公开进行,开标地点应当为招标文件中预先确定的地点,以上时间、地点如有变化,则应以招标采购单位发布的更正公告内容为准。

②准备开标前的物品。

③检验投标文件。

④开标时当场宣读标书、开标一览表及其他内容。

⑤开标的记录。开标时,招标采购单位应指定专人负责记录,记录的内容应与宣读的内容相一致,记录人应在开标记录表上签字。

(4) 评标程序

①组织评标委员会评标。开标结束后,招标采购单位应当立即组织评标委员会进行评标。

②初审投标文件。初审分为资格性审查和符合性审查。

③比较与评价。评标委员会应对通过资格性和符合性审查的投标文件进行详细的评价,评标的方法和标准应与招标文件中规定的评标方法和标准相一致。

④推荐中标候选供应商名单。

⑤编写评标报告。

(5) 定标程序

①确定中标供应商。评标委员会可以向招标采购单位推荐合格的中标候选人,或者根据招标采购单位的授权直接确定供应商。

②发布中标公告。中标供应商确定后,中标结果应在省级以上政府采购监管部门指定的政府采购信息发布媒体上公告。

③发出中标通知书。在发布中标公告的同时,招标采购单位应当向中标供应商发出中标通知书,并同时将中标结果通知所有未中标的投标人。

2. 邀请招标采购

邀请招标采购的组织也应按照《政府采购法》《政府采购货物和服务招标投标管理办法》执行,政府采购工程采用邀请投标的,适用《招标投标法》。

首先发布资格预审公告。招标采购单位应当在省级以上人民政府财政部门指定的政府采购信息发布媒体发布资格预审公告,公布投标人资格条件。其次,接收资格证明文件。招标采购单位应当在资格预审公告期结束之日起三个工作日前,在公告规定的地点接收供应商提交的资格证明文件,相关资格证明文件应当按照预审公告中的要求进行密封、签署、盖章。再次,审查供应商资格条件。招标采购单位应对拟参加投标供应商的资格条件进行审查,审查的内容不得超过资格预审公告要求的范围。审查结束后,应就审查结果出具书面报告,对不符合资格条件的供应商应注明理由。最后,发出投标邀请书。招标采购单位应从评审合格的供应商中随机选择三家以上的供应商,并向其发出投标邀请书。招标采购单位发出投标邀请书后,应要求收到投标邀请书的供应商回复确认。

招标、投标、开标、评标、定标程序与公开招标基本一致。区别有两点：一是招标采购单位在制订招标文件时，不应再要求投标人提交相关的资格证明文件；二是评标委员会在评审时，不需要对投标文件进行资格性审查。

3. 竞争性谈判采购

（1）制定谈判文件

谈判文件应当包括以下内容：谈判程序、采购方式、谈判原则、报价要求、响应文件编制要求和保证金交纳方式、项目商务要求、技术规格要求和数量（包括附件、图纸等）、合同主要条款及合同签订方式、评定成交的标准、提交响应文件截止时间、谈判时间及地点、财政部门规定的其他事项。

（2）确定参加谈判的供应商

第一，发布资格预审公告。资格预审公告应当公布采购项目的名称、数量或者采购项目的性质以及参加谈判供应商应当具备的资格条件，资格预审公告的期限不得少于三个工作日。第二，接收资格证明文件。采购人或采购代理机构应当在资格预审公告期结束之日前，在指定地点接收供应商（包括已进入当地政府采购供应商库的供应商）递交的有关资格证明文件。第三，审查供应商资格条件。第四，确定参加谈判的供应商。采购人或采购代理机构应当在同级政府采购监督管理部门或由本单位非该项目经办人员的监督下，从符合项目资格条件的供应商中随机确定不少于三家（最好为5~6家）供应商参加谈判，并向其提供谈判文件。

（3）成立谈判小组

谈判小组由采购人代表及有关专家共三人以上的单数组成，其中专家人数不得少于成员总数的三分之二。对于达到公开招标数额标准以上的项目，原则上谈判小组应由五人以上单数组成，其中专家人数不得少于成员总数的三分之二。

（4）谈判

一是响应文件的递交。供应商应当按照谈判文件的要求编制参加谈判的响应文件，响应文件应当对谈判文件提出的要求和条件做出实质性应答。二是实质性响应审查。谈判小组依据谈判文件的规定，从供应商递交的响应文件的有效性、完整性和对谈判文件的响应程度进行审查，以确定是否对谈判文件的实质性要求做出响应。未对谈判文件做实质性响应的供应商，不得进入具体谈判程序。三是谈判。谈判小组可根据供应商的报价、响应内容及谈判的情况，按谈判文件规定的谈判轮次，要求各供应商分别进行报价，并给予每个正在参加谈判的供应商相同的机会。最后一轮谈判结束后，谈判小组应将对谈判文件进行修改或补充的内容，以书面形式通知参加谈判的供应商，供应商应当对谈判的承诺和最后报价以书面形式确认，并由法定代表人或其授权人签署，当场交给谈判小组。

（5）推荐成交候选供应商

谈判小组应当根据符合采购需求、质量和服务相等且报价最低的原则按顺序排列推荐成交候选供应商。谈判工作完成后,谈判小组应根据全体谈判成员签字的原始谈判记录和谈判结果编写评审报告。

4. 单一来源采购

(1) 基本程序

①信息公示。对于达到公开招标数额标准,且只能从唯一供应商处采购的项目,采购人或采购代理机构应当将有关采购信息在省级以上政府采购监督管理部门指定的政府采购信息发布媒体上公告,以听取相关供应商的意见,接受社会各界的监督。

②专家论证。对于有些重大采购项目是否适宜采取单一来源采购,应当邀请专家进行论证,一方面可以论证采购方案是否合理,另一方面也可以详细了解拟采购项目的价格、技术性能等方面的信息。

③向供应商发出单一来源采购文件。采购文件应明确技术要求、数量、现场和售后服务要求、交货时间和地点、付款方式,以及合同主要条款等内容,以便供应商对照响应。

④成立采购小组。采购小组的专家按照《政府采购评审专家管理办法》确定。

⑤递交响应文件。参加单一来源采购的供应商应按照采购文件的要求制作响应文件,并在规定时间、地点向采购人或采购代理机构递交响应文件。

⑥谈判。通过谈判,一方面是审核供应商对单一来源采购文件是否全部响应,未响应的,可以通过谈判协商解决,寻求双方都能够接受的方案;另一方面是审核其报价是否合理。

⑦确定成交内容。采购人或采购代理机构应根据单一来源采购文件和供应商的响应文件,以及谈判协商的结果确定最终的成交内容,并就相关成交内容签署书面意见。

(2) 基本要求

由于单一来源采购只同唯一的供应商、承包商或服务提供者签订合同,所以采购方处于不利的地位,有可能增加采购成本,并且在谈判过程中容易滋生索贿受贿现象,所以对这种采购方法的使用,国际规则规定了严格的适用条件。一般而言,这种方法的采用都是出于紧急采购的时效性或者只能从唯一的供应商或承包商取得货物、工程或服务的客观性。

我国《政府采购法》对单一来源采购方式的程序做了规定,即采取单一来源采购方式采购的,采购人与供应商应当遵循采购法规定的原则,在保证采购项目质量和双方商定合理价格的基础上进行采购。采取单一来源采购方式应当遵循的基本要求包括:

第一,采购人与供应商应当坚持公开透明原则、公平竞争原则、公正原则和诚实信用原则。

第二,保证采购质量。政府采购的质量直接关系到政府机关履行行政事务的效果,因此,保证采购质量非常重要。虽然单一来源采购供货渠道单一但也要考虑采购产品的质量,否则实行单一来源政府采购本身就没有意义。

第三,价格合理。单一来源采购在执行过程中要特别注意:要保证采购项目质量,双方应商定合理价格;使用单一来源必须是不存在任何其他合理的选择或替代的情况;添购是指在原有采购项目上增加,而不是新购置一种商品。

5. 询价采购

(1) 制定询价文件。询价文件应当包括以下内容:技术规格要求和数量(包括附件、图纸等)、报价要求、保证金交纳方式、项目商务要求、合同主要条款、成交原则、提交响应文件截止时间及地点。

(2) 确定参加询价的供应商。对于采用询价方式采购的一般性项目,采购人或采购代理机构直接从供应商库中选择符合项目资格条件的供应商,随机确定不少于三家(最好为5～6家)供应商,向其提供询价文件。

(3) 成立询价小组。询价小组由采购人代表及有关专家三人以上的单数组成,其中专家人数不得少于成员总数的三分之二。对于达到公开招标数额标准以上的项目,原则上询价小组应由五人以上单数组成,其中专家人数不得少于成员总数的三分之二。

(4) 询价。第一,报价文件的递交。供应商应当按照询价文件的要求编制报价文件,报价文件应当对询价文件提出的要求和条件做出实质性应答。第二,实质性响应审查。询价小组依据询价文件的规定,对供应商递交的报价文件进行审查,以确定是否对询价文件的实质性要求做出响应。未对询价文件做实质性响应的供应商不得继续参与采购。第三,询价小组询价。询价小组将全部满足询价文件实质性要求的供应商的报价由低到高排列,报价相同的,按技术指标优劣顺序排列。

(5) 推荐成交候选供应商。询价采购的成交原则应采取最低报价法,即在全部满足询价文件实质性要求的前提下,提出最低报价的供应商作为成交候选供应商或者成交供应商。

(6) 编写评审报告。询价工作完成后,询价小组应根据全体成员签字的原始询价记录和询价结果编写评审报告。

(7) 确定成交供应商。采购人应当在收到评审报告后三个工作日内,按照评审报告中推荐的成交候选供应商顺序确定成交供应商;也可以事先以书面形式授权询价小组直接确定成交供应商。

6. 竞争性磋商采购

(1) 报经主管预算单位同意后,依法向设区的市、自治州以上人民政府财政部门申请批准。

(2) 磋商小组在对响应文件的有效性、完整性和响应程度进行审查时,可以要求供应商对响应文件中含义不明确、同类问题表述不一致或者有明显文字和计算错误的内容等做出必要的澄清、说明或者更正。供应商的澄清、说明或者更正不得超出响应文件的范围或者改变响应文件的实质性内容。

(3) 磋商小组要求供应商澄清、说明或者更正响应文件应当以书面形式做出。供应商的澄清、说明或者更正应当由法定代表人或其授权代表签字或者加盖公章。由授权代表签字的,应当附法定代表人授权书。供应商为自然人的,应当由本人签字并附身份证明。磋商小组所有成员应当集中与单一供应商分别进行磋商,并给予所有参加磋商的供应商平等的磋商机会。

（4）磋商小组由采购人代表和评审专家共三人以上单数组成，其中评审专家人数不得少于磋商小组成员总数的三分之二。采购人代表不得以评审专家身份参加本部门或本单位采购项目的评审。采购代理机构人员不得参加本机构代理的采购项目的评审。

（5）经磋商确定最终采购需求和提交最后报价的供应商后，由磋商小组采用综合评分法对提交最后报价的供应商的响应文件和最后报价进行综合评分。综合评分法是指响应文件满足磋商文件全部实质性要求且按评审因素的量化指标评审得分最高的供应商为成交候选供应商的评审方法。

（二）政府采购方式的创新

1. 协议供货

（1）协议供货的含义和特点

协议供货属政府集中采购的范畴，它是政府集中采购的拓展和补充。协议供货是指通过公开招标等方式，确定特定政府采购项目的中标供应商及中标产品的价格和服务条件，并以协议书的形式固定，由采购人在供货有效期内自主选择中标供应商及其中标产品的一种采购形式。协议供货适用于规格或标准相对统一、品牌较多、日常采购频繁且市场货源充足的通用类产品，或者通用服务类项目。具体办法是通过统一招标，定品牌、定价格、定限期、定服务条件，并以协议形式固定下来，然后通过文件形式将相关内容告知各采购单位的一种采购办法。

协议供货也是一种采购方式，在西方发达国家有比较长的历史。大宗标准化商品的采购者和供应商通过长期商业往来，形成了比较可靠的商业信用的基础，采购者同意和供应商通过协议达成长期供货合同，为此建立了此种采购方式。在供货合同中，规定了商品的品种、规格、数量、供货期限、付款方式、索赔等条款。

协议供货的优势有以下几点。一是减少重复招标，降低采购成本。协议供货通过一次公开招标、多次采购的办法，减少了重复招标次数，降低了采购成本。二是减少供应商的销售成本。如果每一个需要产品的用户都独自采用政府采购的其他采购方式进行采购，那么所有的供应商将疲于奔命，买类似的标书，奔跑在不同的开标地点。这将会给供应商带来高额的销售成本。三是满足采购单位使用的多样性和及时性。通过协议供货，中标的品牌和机型较多，可以满足用户需求的多样性；提前招标、长期供货、采购人可随时多次采购的特点，可以在一定程度上满足采购者需求的及时性。

（2）协议供货供应商的确定和执行

协议供货项目应当采用公开招标方式实施采购。因特殊情况需要采用公开招标以外采购方式的，应当依法报同级政府采购监督管理部门批准。

协议供货与一般的公开招标不同，它没有一个明确的标的物，采购结果也不是针对某一个采购人。实际上是对一定行政区域、一定时间范围内执行协议供货相关产品供应商入围资格的招标，因此，协议供货的招标文件应包括协议供货范围、中标比例、评标标准、协议有效期、协议执行要求、监督检查等内容。同时，也要求参加协议供货项目投标的供应商,除具备《政府采购法》规定的基本条件外,正应当具有完善的供货渠道和售后服务体系,并且是投标产品的生产制造厂商。制造厂商不能直接参加投标的,可委托一家代理商作为其全权代理参加投标。为了方便采购人选择,对于同类、同规格产品的中标供应商原则上不少于三家,但为了体现协议供货的竞争性,要求在确定中标人时应当有一定的淘汰比例相关的评标方法、评标标准以及淘汰比例,都应当在招标文件中载明。

采购代理机构应组织评标委员会按照招标文件中确定的评标方法、评标标准对供应商的投标文件进行评审,根据综合评审情况对供应商进行排序,剔除一定的淘汰比例后,其余供应商都应是中标供应商。采购代理机构应当及时与中标供应商签订协议书,明确双方权利和义务,包括协议供货有效期、优惠率或最高限价、服务承诺等,并将采购结果报同级政府采购监督管理部门。

政府采购监督管理部门应当及时将协议供货招标结果以文件形式通知采购人,并在省级以上财政部门指定的政府采购信息发布媒体上公告。通知和公告内容应当包括协议供货项目、中标供应商、中标产品及其价格和配置、售后服务、代理商联系名单、供应商承诺书、财政部门规定的执行要求等。

采购人应当按照协议供货规定采购协议供货范围内的产品,不得向协议供货范围外的供应商采购,或采购协议供货范围内的非中标产品。协议供货项目的中标价格或优惠率是协议有效期内供应商承诺的最高限价或最低优惠幅度。采购人在具体采购时,可以与供应商就价格或优惠率进行谈判。

在协议供货有效期内,协议供货产品的市场价发生变化的,中标供应商应当及时按投标承诺调整中标价格。产品出现更新换代、停产的,在不降低产品质量和配置档次的前提下,可以提供该产品的替换产品,其协议供货的优惠幅度不得低于原投标承诺的优惠幅度。中标产品价格调整或替代情况应当及时在省级以上财政部门指定政府采购信息发布媒体上公告。

采购人在具体采购时,应与中标供应商或其授权代理商就具体采购事项签订采购合同,合同内容不得与政府采购监督管理部门印发的通知或公告中的内容相违背。采购人应当按合同约定组织验收,并按照合同约定及时向供应商支付采购资金。出现纠纷的,按合同约定的方式进行处理。

(3) 协议供货的管理

协议供应商应定期将协议供货的执行情况向同级政府采购监督管理部门和集中采购机构汇报,集中采购机构应当对中标供应商履行投标承诺情况进行跟踪监督,主动协调协议供货项目执行中出现的争议,并将有关情况及时向同级政府采购监督管理部门汇报。政府采购监督管理部门应当对协议供货项目的招标和执行情况全面实施监督检查,并可根据采购人对协议供货供应商履约情况的评价,以及集中采购机构跟踪检查的汇报,对供应商的违规违约行为进行处罚。[①]

---

① 王卫星,朱龙杰,吴小明.代理机构政府采购实务[M].北京:中国财政经济出版社,2006.

2. 网上采购

网上采购一般是指需求方在互联网上发布采购需求信息，供应方在网上直接报价，需求方按照事先确定的成交原则直接在网上确定成交供应商的一种采购方式。它不受供应商人数、地域的限制，方便快捷，对于采购一些金额小、批量多、规格标准统一、现货货源充足且价格变动幅度小的项目，具有明显的优点。

如果说政府采购是市场经济发展的要求，那么，政府网上采购就是信息社会的必然选择。现在，许多发达国家都将电子商务与政府网上采购相联系，并建立了政府网上采购管理信息系统，这使得政府采购管理工作的全部或大部分都在计算机网络中得以实现，极大地提高了政府采购的效率和效益。

3. 采购卡

采购卡最早是在1986年出现于美国。信息技术的发展，特别是电子商务的发展，使得采购业务流程简单化成为可能，而采购卡类似于信用卡，是电子采购的一种工具。持卡人不需要任何审批手续，可以直接向指定的供应商采购，采购过程无纸化。这种采购方式可以免去向供应商下订单、与供应商签订采购协议以及产品的详细运输合同等烦琐的手续，而直接采用柜面交易、网络采购或电话采购等形式向供应商采购。我国政府于20世纪90年代末也以地区为单位开始推行采购卡。香港特别行政区政府采购实行集中采购制度，小额物品由各部门采用采购卡的形式直接采购。

政府采购与银行业务形成伙伴关系，二者合作开发的"政府采购银行卡管理系统"将有助于实现对政府采购小额交易的无形监管。作为电子政务的一个重要组成部分，政府采购卡系统已成为具有生产力性质的政府管理工具。随着信息技术的不断发展，这种新生产力工具的使用将不断改变政府管理的模式和结构，并重塑政府的业务流程。而数字化管理工具的创新，将与时俱进地改变现有政府的管理观念。

第七章 政府采购预算与信息公开

第一节 政府采购预算内涵和原则

一 政府采购预算的概念

政府采购预算是指采购人根据事业发展计划和行政任务编制的,并经过规定程序批准的年度政府采购计划。政府采购预算是行政事业单位财务预算的一个组成部分,反映了政府采购的规模和内容。

政府采购预算是依法采购的要求。《政府采购法》第六条规定,政府采购应当严格按照批准的预算执行;《政府采购法》第三十三条规定,负责编制部门预算职责的部门在编制下一年度财政部门预算时,应当将该年度政府采购的项目及资金列出,报本级财政部门汇总。部门预算的审批按预算管理权限和程序进行。

政府采购预算是加强单位财政管理水平的重要基础。政府采购预算管理为单位财务管理提供支出计划和依据,使单位财务管理可按照预算规定的内容,有计划、有步骤地进行,避免工作的盲目性;可以促使单位合理安排支出,提高资金的使用效益。通过政府采购预算的编制与执行,可以实现财务部门、资产管理部门及业务部门工作的有效衔接。

政府采购预算是加强财政监督的重要途径。政府采购预算直观地反映了预算年度内各级政府部门用于采购的支出计划,反映了行政事业单位的资金支出规模及业务活动范围和方向。政府采购预算的编制对有效减少采购的随意性,规范采购行为,加强财政监督,确保财政资金使用效益具有重要意义。

政府采购预算提高了政府采购的透明度,便于社会监督。由于政府采购预算细化到每一个项目,采购项目都要求公开,因此每个单位的采购需求十分公开透明,便于纳税人监督,有利于公开公正的政府采购环境的形成。

二 政府采购预算的种类

(1)政府采购预算按性质划分为货物类采购预算、工程类采购预算以及服务类采购预算。货物类采购预算是指各种形态的货物如计算机、打印机、汽车等的采购预算。工程类采购预算是指建设工程,包括建筑物和构建物的新建、改建、扩建、装修、拆除、修缮等的采购预算。服务类采购预算是指除货物和工程以外的其他政府采购对象的采购预算。

（2）政府采购预算按级次划分为单位采购预算和财政采购预算。使用财政性资金的各基层单位采购预算为单位采购预算。由各基层单位按预算隶属关系将采购预算报送上级预算管理单位并将其汇总的相关财政部门的预算称财政采购预算。

（3）政府采购预算按方式划分为集中采购预算、部门集中采购预算及分散采购预算。采购人采购政府集中采购目录的货物、工程和服务所编制的采购预算称为集中采购预算；采购人采购部门集中采购目录的货物、工程和服务所编制的采购预算称为部门集中采购预算；采购人采购集中采购目录以外但达到政府采购标准以上的货物、工程和服务编制的政府采购预算称为分散采购预算。

三 政府采购预算编制的原则

政府采购预算是政府采购首要的基础工作，编制政府采购预算应遵循如下原则：

（一）法规政策性原则

政府采购预算编制要符合《预算法》和《政府采购法》及其他相关法律规定。一方面政府采购预算编制要在法律赋予的范围内编制，要充分体现国家有关方针政策，体现《政府采购法》优先购买国货、采购节能产品、采购环保产品等方面的导向，要处理好完成事业计划任务和经费总额不足可能出现的矛盾，保证重点，兼顾一般，力求预算的政策性和科学性相结合。另一方面政府采购预算作为部门预算的重要组成部分，一经有关部门批准就具有法律效力，各部门必须严格执行。

（二）稳妥性原则

单位的政府采购预算和单位的财务预算一样，一经批准，就要严格执行，单位取得的财政拨款和其他各项收入一般不能调整。因此，单位在编制政府采购预算时要稳妥可靠，量入为出，收支平衡。既要把根据事业发展需要应该采购的项目考虑好，还应该注意政府采购资金的来源是否可靠，有无保证，不能预留缺口。

（三）完整性原则

单位在编制政府采购预算时，必须将收入以及各项支出形成的政府采购项目完整、全面地反映在单位预算中，不得在预算之外另留收支项目。

（四）统一性原则

单位在编制政府采购预算时，要按照国家统一设置的预算表格和统一口径、程序以及计算方法填列有关数字指标。

（五）实用性原则

单位在安排政府采购预算项目时要精打细算，不要盲目追求"超前"，应在满足工作需要的前提下适当超前，也要避免不考虑发展而导致项目刚投入使用即落后，造成浪费。

四 政府采购预算编制的依据

政府采购预算的编制必须反映国家的方针政策以及国民经济发展的要求,同时必须符合国家有关法律、法规、制度的规定。政府采购预算编制的依据主要有：

(一) 相关的法律法规和方针政策

编制采购预算的目的是科学、高效、规范地实施政府采购,因此在编制政府采购预算时,不仅要依据和预算有关的法律政策制度,而且要依据《政府采购法》、政府采购操作规范等法规制度,要符合国家的产业政策,体现国家经济发展的客观要求。

(二) 单位采购需求和资金额度

单位按照事业发展和职能提出采购需求,通过采购预算报经财政部门审核。只有被财政部门审核确认后才能成为年度政府采购预算。需求的合法、合理性是政府采购预算编制和审核的重要依据,也是控制盲目采购、重复采购等问题的重要手段。此外单位编制政府采购预算时,必须对单位资金额度进行测算,确保政府采购预算的可靠性。

(三) 政府采购目录和限额标准

政府采购预算编制对象主要是指政府采购集中采购目录及限额标准以上的采购项目。因此政府采购预算编制必须以同级政府公布的年度政府采购目录和限额标准为依据,不得漏编。

第二节 政府采购预算的编制

一 政府采购预算编制的内容

政府采购预算编制的内容通过政府采购预算表来体现。政府采购预算表一般包括采购项目名称、采购资金来源、采购数量、采购型号、采购单价、采购项目使用时间等内容。

(一) 采购项目名称

政府采购项目按当年政府公布的政府采购目录进行编制。政府采购目录是当年政府规定的必须实施集中采购的货物的项目。具体包括：

(1) 货物类:包括计算机、复印机等办公机具,科研、教学、医疗用仪器设备,公检法等执法监督部门配备的通用设备和统一制装,办公家具,交通工具,锅炉用煤等。

(2) 服务类:包括会议、公务接待、车辆维修、加油、大宗印刷、机票订购等项目。

(3) 工程类:包括基建工程、修缮项目、财政投资工程项目中由建设单位负责采购的大宗材料(如钢材、铝材、木材、水泥等)和主要设备(如空调、电梯、消防、电控设备等)。

(二)采购资金来源

单位的支出一般可分为人员经费、正常经费和专项经费三大类。政府采购的项目主要指公用经费和专项经费支出部分。其主要来源包括:

(1)财政拨款:财政预算拨款中用于政府采购项目的支出。

(2)财政专户拨入资金:单位使用存入财政专户的收入安排政府采购项目的支出。

(3)单位留用收入:单位使用经批准直接留用的收入安排政府采购项目的支出。

(4)其他收入:单位用上述资金来源以外的资金安排政府采购项目的支出,包括自筹资金、国家财政转贷资金、银行贷款、国际金融组织贷款等。

(三)采购数量

采购数量是指各采购项目的计划采购量。

(四)采购型号

采购型号是指各计划采购项目的配置标准。

(五)采购项目使用时间

政府采购项目通过招标或其他方式获取货物、接受服务和工程后用于公共事业服务的时间。

政府采购预算表见表7-1。

表7-1 某省省级2020年单位政府采购预算表

单位:万元

科目编码		功能科目名称	单位名称	项目		数量	合计	财政拨款(补助)	专户核拨、上年财政专户预算外资金	政府性基金收入及上年结余	行政事业结余结转和动用基金	单位其他资金
类	款			采购项目	政府采购目录							

二 政府采购预算编制程序

(一) 政府采购预算编制的准备工作

编制政府采购预算是一项细致、复杂,且政策性很强的工作,为了科学、合理地编制好预算,保证政府采购预算的质量,必须做好预算编制的准备工作。要认真分析上年度政府采购预算的执行情况,深入了解并掌握各业务部门的资产情况、管理情况及需购物品、工程、服务情况;做好资产合理调配与利用,盘活存量资产;单位财务部门、资产管理部门和业务部门统一协调,实事求是提出采购需求,并进行认真论证,落实相应的资金来源;组织财务部门、资产管理部门及有关业务部门掌握编制政府采购预算的有关规定,熟悉政府采购目录,正确领会编制预算的有关要求。

(二) 政府采购预算编制的程序

部门预算的编制程序实行"二上二下"的编制方法。即部门预算单位根据财政部门制定的编制部门预算的指导性意见及支出定额编制预算建议数上报财政部门(一上);财政部门审核后,根据财力情况下达预算控制数(一下);单位根据预算控制数调整、编制单位预算上报财政部门(二上);财政部门根据人民代表大会批准的预算批复单位预算(二下)。

政府采购项目和资金预算应当在部门预算中单独列出,在部门预算"二上"时编报。要注意不能将部门预算与政府采购预算割裂开来,不得在部门支出控制数以外编制政府采购预算,虚列预算项目。政府采购资金主要来源于财政性资金,政府采购预算必须包含于部门预算中。按照市场经济条件下公共财政管理要求,没有列入预算的活动政府不得拨款;没有资金保证的项目不能开展采购活动。因此,采购人拟采购的项目,首先要编入本部门的部门预算,报财政部门审核,最后报同级人大审批。只有经批准后的采购项目才有资金保障,具有履行采购合同的支付能力。

具体编制时,采购应按各级政府发布的下年度确定的集中采购、部门集中和限额标准以上采购的范围项目,分别编制政府集中采购预算、部门集中采购预算和分散采购预算。

需要说明的是,凡符合政府采购预算表中要求的项目或品目,属于集中采购目录的,各单位在政府采购计划未下达之前均不得自行采购。因情况特殊的紧急采购,应当事先向财政部门提出申请。批准的采购预算通常考虑了确保该采购项目质量的各项费用,在执行中不应当突破。否则,采购人应当调整采购需求,或者调整本部门的支出预算,总之要供求平衡,按照采购合同约定履行付款义务。

(三) 编制政府采购预算时应注意的问题

编制政府采购预算项目范围就是政府采购的实施范围,凡是属于政府采购范围的集中采购项目和分散采购项目都必须编入政府采购预算,不属于政府采购范围的项目不要列入政府采购预算。

政府采购预算的项目应当按当地政府公布的集中采购目录和财政部门规定的品目

分类编列。采购资金的来源要按要求填列清楚。对金额较大的项目应当按规定进行论证和评审后再确定采购预算金额。

三 政府采购预算的执行

政府采购采购人必须严格按照政府采购预算及其计划执行。各部门、各单位应根据本级财政部门批复的政府采购预算，按计划进度编制政府采购计划，主管部门按政府采购有关规定审核后，由采购人委托同级政府采购中心实施采购。政府采购中心必须严格按照核定的项目内容、付款方式、采购方式等组织采购，不得擅自调整。

政府采购预算管理工作通知实例见资料7-1。

资料7-1　关于做好2021年政府采购预算管理工作的通知
×财购〔2020〕×××号

市各有关单位：

为加强政府采购预算管理，规范政府采购预算执行，根据《政府采购法》及其实施条例、《政府采购货物和服务招标投标管理办法》和有关规定，现就做好2021年政府采购预算管理工作通知如下：

一、编制原则

（一）应编尽编。政府采购预算应涵盖部门所有购买性支出项目，包括集中采购和分散采购。各单位使用财政性资金采购的货物、工程和服务，必须纳入政府采购预算编报范围，不得漏报、少报。

（二）规范编制。各单位应按照财政部制定的《政府采购品目分类目录》（财库〔2013〕189号）确定采购项目属性，按货物、工程和服务进行分类编制，不得自行设立采购品目。

（三）合理编制。各单位应在对今年政府采购执行情况进行分析的基础上，根据下一年度单位采购需求，科学合理编制2021年政府采购预算。

（四）同步编制。政府采购预算是部门预算的组成部分，应与市级部门预算同步编制，同步申报。

二、编制要求

（一）编制方法。部门预算"二上"时，根据市财政局下达的"一下"控制数，在部门预算编制系统具体支出项目（包括基本支出和项目支出）上选择是否（"是"或"否"）需要政府采购。政府采购项目包括但不限于：商品和服务支出中的印刷费、物业管理费、公务用车运行费、会议费、被装购置费等，其他资本性支出中的房屋建筑物购建、办公设备购置、专用设备购置、交通工具购置、基础设施建设、大型修缮、信息网络购建等。凡选择"是"的，应编制对应的政府采购预算表。

（二）编制分类。按照市政府办公室转发《××市政府2021年集中采购目录及限额标准的通知》要求，分别将货物类、服务类、工程类项目编列集中采购、部门集中采购和分散采购（包含自行采购）。

（三）编制要点。强化服务类项目预算编制要点，服务类项目应按照保障政府部门自身正常运转需要、政府部门履行宏观调控监管等职能需要向社会购买的服务和政府向社会公众提供的公共服务等规定类别编制。政府购买服务的内容为适合采取市场化方式提供、社会力量能够承担的服务事项。政府购买服务要坚持先有预算后购买服务，所需资金在既有年度预算中统筹考虑，不得把政府购买服务作为增加预算单位财政支出的依据。

三、采购执行

（一）用款计划申报。各预算单位应根据批复的政府采购预算编制政府采购计划，报财政局相关职能科室和财政局政府采购管理科。

（二）用款计划审核。预算单位政府采购用款计划由财政局相关职能科室进行审核，并对预算单位填制提交的《××市机关、团体、事业单位实行政府采购项目计划委托申报表》资金来源提出初审意见后，报财政局政府采购管理科审核下达采购通知书给政府采购代理机构实施采购。

（三）组织实施。各单位应根据批复下达的采购项目计划，科学合理确定采购需求，合理选择采购方式，规范签订委托协议，公正开展评审活动，按序确定中标供应商，及时签订采购合同，认真组织履约验收。

（四）资金支付。各单位应根据已签订的政府采购合同提起支付申请，按照国库集中支付规定和公务卡结算要求向供应商支付货款。通过网上商城采购的，实行货到付款或账期支付的方式，通过财政授权支付的统一办理报销资金还款手续。

四、信息公开

各单位应按《政府采购法实施条例》《关于做好政府采购信息公开工作的通知》(×财购〔2015〕×号)和市财政局制定的市级预决算公开工作方案的总体要求，按照序时进度，公开采购项目公告、采购文件、采购预算、采购结果、采购合同、采购决算等内容，做好本部门2021年政府采购信息公开工作。

五、相关要求

今后凡没有列入政府采购预算的采购项目，原则上不予采购，确需采购的，必须履行预算审批手续。对未编制政府采购预算或编制内容不全的预算单位，部门预算审核不予通过。

××市财政局
2020年9月26日

第三节 政府采购信息公开

一 政府采购信息公开的概念

政府采购信息是指依照政府采购有关法律制度规定应予公开的公开招标公告、资格预审公告、单一来源采购公示、中标（成交）结果公告、政府采购合同公告等政府采购项目信息，以及投诉处理结果、监督检查处理结果、集中采购机构考核结果等政府采购监管信息。

政府采购信息根据信息来源不同，可分为法律制度类信息和采购活动类信息。法律制度类信息是政府采购的"游戏规则"，决定着政府采购各方当事人的总体行为规范，这类信息主要由政府采购监管部门制定和发布，主要包括法律、办法、规定、决定等。法律制度类信息为政府采购活动提供了原则性规范和操作性流程，是政府采购活动的基石。采购活动类信息是与采购业务密切相关的信息，如招标信息、中标信息、谈判信息等。信息还有很多其他分类，但根据信息来源分为法律制度类信息和采购活动类信息最为常用。

政府采购信息公开是指政府采购的相关信息通过报刊、网络等有关媒体进行公布，以告知参与政府采购的供应商和其他社会公众。

中央预算单位的政府采购信息应当在财政部指定的媒体上公开，地方预算单位的政府采购信息应当在省级（含计划单列市）财政部门指定的媒体上公开。财政部指定的政府采购信息发布媒体包括中国政府采购网（www.ccgp.gov.cn）、《中国财经报》《中国政府采购报》）、《中国政府采购杂志》《中国财政杂志》等。省级财政部门应当将中国政府采购网地方分网作为本地区指定的政府采购信息发布媒体之一。

二 政府采购信息公开的原则

政府采购信息发布应当遵循合法规范、真实完整、及时准确、渠道统一的原则。涉密政府采购项目信息的发布应依照国家有关规定执行。

财政部门、采购人和其委托的采购代理机构（以下统称发布主体）应当对其提供的政府采购信息的真实性、准确性、合法性负责。中国政府采购网及其省级分网和省级以上财政部门指定的其他媒体（以下统称指定媒体）应当对其收到的政府采购信息发布的及时性、完整性负责。

发布主体发布政府采购信息不得有虚假和误导性陈述，不得遗漏依法必须公开的事项，并确保其在不同媒体发布的同一政府采购信息内容一致。在不同媒体发布的同一政府采购信息内容、时间不一致的，以在中国政府采购网或者其省级分网发布的信息为准。同时在中国政府采购网和省级分网发布的，以在中国政府采购网上发布的信息为准。

中国政府采购网或者其省级分网应当自收到政府采购信息起1个工作日内发布。指定媒体应当向发布主体免费提供信息发布服务，不得向市场主体和社会公众收取信息查阅费用。

三 政府采购信息公开的范围和主体

（1）采购项目信息，包括采购项目公告、采购文件、采购项目预算金额、采购结果等信息，由采购人或者其委托的采购代理机构负责公开；

（2）监管处罚信息，包括财政部门做出的投诉、监督检查等处理决定，对集中采购机构的考核结果，以及违法失信行为记录等信息，由财政部门负责公开；

（3）法律、法规和规章规定应当公开的其他政府采购信息，由相关主体依法公开。

四 政府采购信息公告程序

财政部《政府采购信息公告办法》中规定：财政部指导和协调全国政府采购信息发布工作，并依照政府采购法律、行政法规有关规定，对中央预算单位的政府采购信息发布活动进行监督管理。财政部对中国政府采购网进行监督管理。省级（自治区、直辖市、计划单列市）财政部门对中国政府采购网省级分网进行监督管理。中央预算单位政府采购信息应当在中国政府采购网发布，地方预算单位政府采购信息应当在所在行政区域的中国政府采购网省级分网发布。除中国政府采购网及其省级分网以外,政府采购信息可以在省级以上财政部门指定的其他媒体同步发布。发布主体应当确保其在不同媒体发布的同一政府采购信息内容一致。由此可知,监管信息由政府采购监管部门审核发布,采购业务信息由采购人或采购代理机构发布。发布程序如图7-1。

图7-1 信息公告发布程序

下面以江苏为例说明公告政府采购信息的程序。

在江苏的采购代理机构需要在江苏政府采购网上公告采购业务方面信息的,采购代理机构要在江苏省政府采购信息自助发布系统提交需要发布的采购信息公告,江苏省财政厅政府采购管理处在后台审核并在1个工作日内发布。

发布公告的几点注意事项:

(1)内容真实:公告政府采购信息必须做到内容真实、准确可靠,不得有虚假和误导性陈述,不得遗漏依法必须公告的事项。

(2)内容一致:在各政府采购信息指定发布媒体上分别公告同一政府采购信息的,内容必须保持一致。内容不一致的,以在财政部指定的政府采购信息发布媒体上公告的信息为准,但法律、行政法规另有规定的除外。

(3)时间要符合相关规定。

第四节 政府采购公告和公示信息

一 政府采购项目信息的公开要求

(一)公开招标公告、资格预审公告

招标公告的内容应当包括采购人和采购代理机构的名称、地址和联系方法,采购项目的名称、数量、简要规格描述或项目基本概况介绍,采购项目预算金额,采购项目需要落实的政府采购政策,投标人的资格要求,获取招标文件的时间、地点、方式及招标文件售价,投标截止时间,开标时间及地点,采购项目联系人姓名和电话。

资格预审公告的内容应当包括采购人和采购代理机构的名称、地址和联系方法,采购项目名称、数量、简要规格描述或项目基本概况介绍,采购项目预算金额,采购项目需要落实的政府采购政策,投标人的资格要求,以及审查标准、方法,获取资格预审文件的时间、地点、方式,投标人应当提供的资格预审申请文件的组成和格式,提交资格预审申请文件的截止时间及资格审查日期、地点,采购项目联系人姓名和电话。

招标公告、资格预审公告的公告期限为5个工作日。

（二）竞争性谈判公告、竞争性磋商公告和询价公告

竞争性谈判公告、竞争性磋商公告和询价公告的内容应当包括采购人和采购代理机构的名称、地址和联系方法,采购项目的名称、数量、简要规格描述或项目基本概况介绍,采购项目预算金额,采购项目需要落实的政府采购政策,对供应商的资格要求,获取谈判、磋商、询价文件的时间、地点、方式及文件售价,响应文件提交的截止时间、开启时间及地点,采购项目联系人姓名和电话。

竞争性谈判公告、竞争性磋商公告和询价公告的公告期限为3个工作日。

（三）采购项目预算金额

采购项目预算金额应当在招标公告、资格预审公告、竞争性谈判公告、竞争性磋商公告和询价公告等采购公告,以及招标文件、谈判文件、磋商文件、询价通知书等采购文件中公开。采购项目的预算金额以财政部门批复的部门预算中的政府采购预算为依据；对于部门预算批复前进行采购的项目,以预算"二上数"中的政府采购预算为依据。对于部门预算已列明具体采购项目的,按照部门预算中具体采购项目的预算金额公开；部门预算未列明采购项目的,应当根据工作实际对部门预算进行分解,按照分解后的具体采购项目预算金额公开。对于部门预算分年度安排但不宜按年度拆分的采购项目,应当公开采购项目的采购年限、概算总金额和当年安排数。

（四）中标、成交结果

中标、成交结果公告的内容应当包括采购人和采购代理机构名称、地址、联系方式,项目名称和项目编号,中标或者成交供应商名称、地址和中标或者成交金额,主要中标或者成交标的名称、规格型号、数量、单价、服务要求或者标的基本概况,评审专家名单。协议供货、定点采购项目还应当公告入围价格、价格调整规则和优惠条件。采用书面推荐供应商参加采购活动的,还应当公告采购人和评审专家的推荐意见。

中标、成交结果应当自中标、成交供应商确定之日起2个工作日内公告,公告期限为1个工作日。

（五）采购文件

招标文件、竞争性谈判文件、竞争性磋商文件和询价通知书应当随中标、成交结果同时公告。中标、成交结果公告前采购文件已公告的,不再重复公告。

（六）更正事项

采购人或者采购代理机构对已发出的招标文件、资格预审文件,以及采用公告方式邀请供应商参与的竞争性谈判文件、竞争性磋商文件进行了必要的澄清或者修改的,应当在原公告发布媒体上发布更正公告,并以书面形式通知所有获取采购文件的潜在供应商。采购信息更正公告的内容应当包括采购人和采购代理机构名称、地址、

联系方式,原公告的采购项目名称及首次公告日期,更正事项、内容及日期,采购项目联系人和电话。

澄清或者修改的内容可能影响投标文件、资格预审申请文件、响应文件编制的,采购人或者采购代理机构发布澄清公告并以书面形式通知潜在供应商的时间,应当在投标截止时间至少15日前、提交资格预审申请文件截止时间至少3日前,或者提交首次响应文件截止之日3个工作日前;不足上述时间的,应当顺延提交投标文件、资格预审申请文件或响应文件的截止时间。

(七) 采购合同

政府采购合同应当自合同签订之日起2个工作日内公告。批量集中采购项目应当公告框架协议。政府采购合同中涉及国家秘密、商业秘密的部分可以不公告,但其他内容应当公告。政府采购合同涉及国家秘密的内容,由采购人依据《保守国家秘密法》等法律制度规定确定。采购合同中涉及商业秘密的内容,由采购人依据《反不正当竞争法》《最高人民法院关于适用〈中华人民共和国民事诉讼法〉若干问题的意见》(法发〔1992〕22号)等法律制度的规定,与供应商在合同中约定。其中,合同标的名称、规格型号、单价及合同金额等内容不得作为商业秘密。合同中涉及个人隐私的姓名、联系方式等内容,除征得权利人同意外,不得对外公告。

(八) 单一来源公示

达到公开招标数额标准,符合《中华人民共和国政府采购法》第三十一条第一项规定情形,只能从唯一供应商处采购的,采购人、采购代理机构应当在省级以上财政部门指定媒体上进行公示。公示内容应当包括采购人,采购项目名称,拟采购的货物或者服务的说明,拟采购的货物或者服务的预算金额,采用单一来源方式的原因及相关说明,拟定的唯一供应商名称、地址,专业人员对相关供应商因专利、专有技术等原因具有唯一性的具体论证意见,以及专业人员的姓名、工作单位和职称,公示的期限,采购人、采购代理机构、财政部门的联系地址、联系人和联系电话。公示期限不得少于5个工作日。

(九) 终止公告

依法需要终止招标、竞争性谈判、竞争性磋商、询价、单一来源采购活动的,采购人或者采购代理机构应当发布项目终止公告并说明原因。

(十) 政府购买公共服务项目

对于政府向社会公众提供的公共服务项目,除按有关规定公开相关采购信息外,采购人还应当就确定采购需求在指定媒体上征求社会公众的意见,并将验收结果于验收结束之日起2个工作日内向社会公告。

二 监管处罚信息的公开要求

财政部门做出的投诉、监督检查等处理决定公告的内容应当包括相关当事人名称及地址,投诉涉及采购项目名称及采购日期,投诉事项或监督检查主要事项、处理依据、处理结果、执法机关名称、公告日期等。投诉或监督检查处理决定应当自完成并履行有关报审程序后 5 个工作日内公告。

财政部门对集中采购机构的考核结果公告的内容应当包括集中采购机构名称、考核内容、考核方法、考核结果、存在问题、考核单位等。考核结果应当自完成并履行有关报审程序后 5 个工作日内公告。

供应商、采购代理机构和评审专家的违法失信行为记录公告的内容应当包括当事人名称、违法失信行为的具体情形、处理依据、处理结果、处理日期、执法机关名称等。供应商、社会代理机构和评审专家的违法失信行为信息月度记录应当不晚于次月 10 日前公告。

政府采购公告和公示信息格式规范(2020 年版),见资料 7-2~资料 7-14。

资料 7-2　政府采购意向公告

(单位名称)____年____(至)____月政府采购意向

为便于供应商及时了解政府采购信息,根据《财政部关于开展政府采购意向公开工作的通知》(财库〔2020〕10 号)等有关规定,现将(单位名称)____年____(至)____月采购意向公开如下:

序号	采购项目名称	采购需求概况	预算金额(万元)	预计采购时间(填写到月)	备注
	(填写具体采购项目的名称)	(填写采购标的名称,采购标的需实现的主要功能或者目标,采购标的数量,以及采购标的需满足的质量、服务、安全、时限等要求)	(精确到万元)	(填写到月)	(其他需要说明的情况)
	……				
	……				
	……				
	……				

本次公开的采购意向是本单位政府采购工作的初步安排,具体采购项目情况以相关采购公告和采购文件为准。

(单位名称)
年　　月　　日

资料 7-3　资格预审公告

项目概况

(采购标的)招标项目的潜在资格预审申请人应在(地址)领取资格预审文件,并于　年　月　日　点　分(北京时间)前提交申请文件。

一、项目基本情况

项目编号(或招标编号、政府采购计划编号、采购计划备案文号等,如有):

项目名称：

采购方式：□公开招标　□邀请招标

预算金额：

最高限价(如有)：

采购需求(包括但不限于标的的名称、数量、简要技术需求或服务要求等)：

合同履行期限：

本项目(是/否)接受联合体投标。

二、申请人的资格要求

1. 满足《中华人民共和国政府采购法》第二十二条规定；

2. 落实政府采购政策需满足的资格要求(如属于专门面向中小微企业采购的项目，供应商应为中小微企业、监狱企业、残疾人福利性单位)；

3. 本项目的特定资格要求(如项目接受联合体投标，对联合体应提出相关资格要求；如属于特定行业项目，供应商应当具备特定行业法定准入要求)：

三、领取资格预审文件

时间：　年　月　日至　　年　月　日(提供期限自本公告发布之日起不得少于5个工作日)，每天上午　至　　，下午　至　(北京时间，法定节假日除外)

地点：

方式：

四、资格预审申请文件的组成及格式

(可详见附件)

五、资格预审的审查标准及方法

六、拟邀请参加投标的供应商数量

□采用随机抽取的方式邀请　　家供应商参加投标。如通过资格预审供应商数量少于拟邀请供应商数量，采用下列方式(□1 或□2)。(适用于邀请招标)

1. 如通过资格预审供应商数量少于拟邀请供应商数量，但不少于三家则邀请全部通过资格预审供应商参加投标。

2. 如通过资格预审供应商数量少于拟邀请供应商数量，则重新组织招标活动。

□邀请全部通过资格预审供应商参加投标。(适用于公开招标)

七、申请文件提交

应在　年　月　日　点　　分(北京时间)前，将申请文件提交至　　处(地址)。

八、资格预审日期

资格预审日期为申请文件提交截止时间至　　年　月　日前。

九、公告期限

自本公告发布之日起5个工作日。

十、其他补充事宜

十一、凡对本次资格预审提出询问，请按以下方式联系

1. 采购人信息

名称：

地址：

联系方式：

2. 采购代理机构信息(如有)
名称:
地址:
联系方式:
3. 项目联系方式
项目联系人(组织本项目采购活动的具体工作人员姓名):
电　话:
(说明:1. 采用竞争性谈判、竞争性磋商、询价等非招标方式采购,在采购过程中,如需要使用资格预审的,可参照上述格式发布公告。2. 格式规范文本中标注斜体的部分是对文件相关内容提示或说明,下同。)

资料7-4　招标公告

项目概况
(采购标的)招标项目的潜在投标人应在(地址)获取招标文件,并于　　年　月　日　　点　　分(北京时间)前递交投标文件。
一、项目基本情况
项目编号(或招标编号、政府采购计划编号、采购计划备案文号等,如有):
项目名称:
预算金额:
最高限价(如有):
采购需求(包括但不限于标的的名称、数量、简要技术需求或服务要求等):
合同履行期限:
本项目(是/否)接受联合体投标。
二、申请人的资格要求
1. 满足《中华人民共和国政府采购法》第二十二条规定;
2. 落实政府采购政策需满足的资格要求:(如属于专门面向中小企业采购的项目,供应商应为中小微企业、监狱企业、残疾人福利性单位)
3. 本项目的特定资格要求(如项目接受联合体投标,对联合体应提出相关资格要求;如属于特定行业项目,供应商应当具备特定行业法定准入要求):
三、获取招标文件
时间:　　年　月　日至　　年　月　日(提供期限自本公告发布之日起不得少于5个工作日),每天上午　　至　　,下午　　至　　(北京时间,法定节假日除外)
地点:
方式:
售价:
四、提交投标文件截止时间、开标时间和地点
　　年　月　日　　点　　分(北京时间)(自招标文件开始发出之日起至投标人提交投标文件截止之日止,不得少于20日)
地点:
五、公告期限

自本公告发布之日起 5 个工作日。

六、其他补充事宜

七、对本次招标提出询问,请按以下方式联系。

1. 采购人信息

名称:

地址:

联系方式:

2. 采购代理机构信息(如有)

名称:

地址:

联系方式:

3. 项目联系方式

项目联系人(组织本项目采购活动的具体工作人员姓名):

电　话:

资料 7-5　竞争性谈判(竞争性磋商、询价)公告

项目概况

(采购标的)采购项目的潜在供应商应在(地址)获取采购文件,并于　年　月　日　点　分(北京时间)前提交响应文件。

一、项目基本情况

项目编号(或招标编号、政府采购计划编号、采购计划备案文号等,如有):

项目名称:

采购方式:□竞争性谈判　□竞争性磋商　□询价

预算金额:

最高限价(如有):

采购需求(包括但不限于标的的名称、数量、简要技术需求或服务要求等):

合同履行期限:

本项目(是/否)接受联合体。

二、申请人的资格要求

1. 满足《中华人民共和国政府采购法》第二十二条规定;

2. 落实政府采购政策需满足的资格要求(如属于专门面向中小微企业采购的项目,供应商应为中小微企业、监狱企业、残疾人福利性单位):

3. 本项目的特定资格要求(如项目接受联合体投标,对联合体应提出相关资格要求;如属于特定行业项目,供应商应当具备特定行业法定准入要求):

三、获取采购文件

时间:　年　月　日至　年　月　日(磋商文件的发售期限自开始之日起不得少于 5 个工作日),每天上午　至　,下午　至　(北京时间,法定节假日除外)

地点:

方式:

售价:

四、响应文件提交

截止时间：　年　月　日　　点　　分(北京时间)(从磋商文件开始发出之日起至供应商提交首次响应文件截止之日止不得少于10日；从谈判文件开始发出之日起至供应商提交首次响应文件截止之日止不得少于3个工作日；从询价通知书开始发出之日起至供应商提交响应文件截止之日止不得少于3个工作日)

地点：

五、开启(竞争性磋商方式必须填写)

时间：　年　月　日　　点　　分(北京时间)

地点：

六、公告期限

自本公告发布之日起3个工作日。

七、其他补充事宜

八、凡对本次采购提出询问，请按以下方式联系。

1. 采购人信息

名称：

地址：

联系方式：

2. 采购代理机构信息(如有)

名称：

地址：

联系方式：

3. 项目联系方式

项目联系人(组织本项目采购活动的具体工作人员姓名)：

电话：

资料7-6　中标(成交)结果公告

一、项目编号(或招标编号、政府采购计划编号、采购计划备案文号等，如有)：

二、项目名称：

三、中标(成交)信息

供应商名称：

供应商地址：

中标(成交)金额：(可填写下浮率、折扣率或费率)

四、主要标的信息

货物类	服务类	工程类
名称： 品牌(如有)： 规格型号： 数量： 单价：	名称： 服务范围： 服务要求： 服务时间： 服务标准：	名称： 施工范围： 施工工期： 项目经理： 执业证书信息：

五、评审专家(单一来源采购人员)名单:

六、代理服务收费标准及金额:

七、公告期限

自本公告发布之日起1个工作日。

八、其他补充事宜

九、凡对本次公告内容提出询问,请按以下方式联系。

1. 采购人信息

名　　称:

地　　址:

联系方式:

2. 采购代理机构信息(如有)

名　　称:

地　　址:

联系方式:

3. 项目联系方式

项目联系人(组织本项目采购活动的具体工作人员姓名):

电　　话:

十、附件

1. 采购文件(已公告的可不重复公告);

2. 被推荐供应商名单和推荐理由(适用于邀请招标、竞争性谈判、询价、竞争性磋商采用书面推荐方式产生符合资格条件的潜在供应商的);

3. 中标、成交供应商为中小企业的,应公告其《中小企业声明函》;

4. 中标、成交供应商为残疾人福利性单位的,应公告其《残疾人福利性单位声明函》;

5. 中标、成交供应商为注册地在国家级贫困县域内物业公司的,应公告注册所在县扶贫部门出具的聘用建档立卡贫困人员具体数量的证明。

资料7-7　更正公告

一、项目基本情况

原公告的采购项目编号(或招标编号、政府采购计划编号、采购计划备案文号等,如有):

原公告的采购项目名称:

首次公告日期:

二、更正信息

更正事项:□采购公告　□采购文件　□采购结果

更正内容(采购结果更正还需同时在附件中公告变更后的中标(成交)供应商的相关信息):

更正日期:

三、其他补充事宜

四、凡对本次公告内容提出询问,请按以下方式联系。

1. 采购人信息

名　　称:

地　　址:

联系方式:
2. 采购代理机构信息(如有)
名　　称:
地　　址:
联系方式:
3. 项目联系方式
项目联系人(组织本项目采购活动的具体工作人员姓名):
电　　话:
五、附件(适用于更正中标、成交供应商)
1. 中标、成交供应商为中小企业的,应公告其《中小企业声明函》;
2. 中标、成交供应商为残疾人福利性单位的,应公告其《残疾人福利性单位声明函》;
3. 中标、成交供应商为注册地在国家级贫困县域内物业公司的,应公告注册所在县扶贫部门出具的聘用建档立卡贫困人员具体数量的证明。

资料 7-8　终止公告

一、项目基本情况
采购项目编号(或招标编号、政府采购计划编号、采购计划备案文号等,如有):
采购项目名称:
二、项目终止的原因
三、其他补充事宜
四、凡对本次公告内容提出询问,请按以下方式联系。
1. 采购人信息
名　　称:
地　　址:
联系方式:
2. 采购代理机构信息(如有)
名　　称:
地　　址:
联系方式:
3. 项目联系方式
项目联系人(组织本项目采购活动的具体工作人员姓名):
电　　话:

资料 7-9　合同公告

一、合同编号:
二、合同名称:
三、项目编号(或招标编号、政府采购计划编号、采购计划备案文号等,如有):
四、项目名称:
五、合同主体
采购人(甲方):

地　　址：
联系方式：
供应商(乙方)：
地　　址：
联系方式：
六、合同主要信息
主要标的名称：
规格型号(或服务要求)：
主要标的数量：
主要标的单价：
合同金额：
履约期限、地点等简要信息：
采购方式(如公开招标、竞争性磋商、单一来源采购等)：
七、合同签订日期：
八、合同公告日期：
九、其他补充事宜：
十、附件
上传合同(采购人应当按照《政府采购法实施条例》有关要求,将政府采购合同中涉及国家秘密、商业秘密的内容删除后予以公开)

资料 7-10　公共服务项目验收公告

一、合同编号：
二、合同名称：
三、项目编号(或招标编号、政府采购计划编号、采购计划备案文号等,如有)：
四、项目名称：
五、合同主体
采购人(甲方)：
地　　址：
联系方式：
供应商(乙方)：
地　　址：
联系方式：
六、合同主要信息
服务内容：
服务要求：
服务期限：
服务地点：
七、验收日期：
八、验收组成员(应当邀请服务对象参与)：
九、验收意见：
十、其他补充事宜：

资料 7-11 单一来源采购公示

一、项目信息

采 购 人：

项目名称：

拟采购的货物或服务的说明：

拟采购的货物或服务的预算金额：

采用单一来源采购方式的原因及说明：

二、拟定供应商信息

名　　称：

地　　址：

三、公示期限

　　年　月　日 至　年　月　日(公示期限不得少于 5 个工作日)

四、其他补充事宜

五、联系方式

1. 采购人

联 系 人：

联系地址：

联系电话：

2. 财政部门

联 系 人：

联系地址：

联系电话：

3. 采购代理机构(如有)

联 系 人：

联系地址：

联系电话：

六、附件

专业人员论证意见(格式见附件)

单一来源采购方式专业人员论证意见

专业人员信息	姓名：	
	职称：	
	工作单位：	
项目信息	项目名称：	
	供应商名称：	

续表

专业人员 论证意见	（专业人员论证意见应当完整、清晰和明确地表达从唯一供应商处采购的理由）			
专业人员 签字		日期 年 月 日		

注：本表格中专业人员论证意见由专业人员手工填写。

资料 7-12　投诉处理结果公告

一、项目编号（或招标编号、政府采购计划编号、采购计划备案文号等，如有）：

二、项目名称：

三、相关当事人

投 诉 人：

地　　址：

被投诉人：

地　　址：

相关供应商：

地　　址：

当 事 人：

地　　址：

四、基本情况

五、处理依据及结果

六、其他补充事宜

（执法机关名称）

年 月 日

资料 7-13　监督检查处理结果公告

一、项目编号（或招标编号、政府采购计划编号、采购计划备案文号等，如有）：

二、项目名称：

三、相关当事人

当事人 1：

地　　址：

当事人 2：

地　　址：

……

四、基本情况

五、处理依据及结果

六、其他补充事宜

(执法机关名称)

年　月　日

资料 7-14　集中采购机构考核结果公告

一、考核单位名称：

二、被考核单位名称：

三、考核内容

四、考核方法

五、工作成效及存在问题

六、考核结果

七、其他补充事宜

年　月　日

第八章 政府采购招投标流程与管理

第一节 政府采购招投标概述

招投标是招标、投标的简称,有时也被泛指为广义的采购与招标。招标和投标是一种商品交易的行为,是交易过程的两个方面。招标、投标是一种国际惯例,是商品经济高度发展的产物,是应用技术、经济的方法和市场经济的竞争机制的作用,有组织开展的一种择优成交的方式。这种方式是在货物、工程和服务的采购行为中,招标人通过事先公布的采购和要求,吸引众多的投标人按照同等条件进行平等竞争,按照规定程序并组织技术、经济和法律等方面专家对众多的投标人进行综合评审,从中择优选定项目中标人的行为过程。作为交易方式,招投标由招标和投标两种相对行为组成,没有招标就不可能有投标,没有投标,招标也就无法进行。

政府采购的方式分为招标方式和非招标方式两类。本章将首先介绍政府采购前的准备工作,然后分别介绍招标方式和非招标方式的流程与管理过程。

第二节 政府采购项目需求编制与意向公开

一、政府采购项目的需求编制(采购人)

(一)采购需求编制的要求

政府采购项目的需求编制是政府采购活动的源头,采购人是编制本单位政府采购项目采购需求的责任主体,采购人应当根据当年财政部门公布的政府采购集中采购目录的相关规定和政府采购计划,编制采购需求并立项采购。

采购人编制采购需求应当符合《中华人民共和国政府采购法》及其实施条例、《政府采购货物和服务招标投标管理办法》(财政部令第87号)、财政部《关于进一步加强政府采购需求和履约验收管理的指导意见》(财库〔2016〕205号)等有关规定,不得出现法律法规及各级财政部门公布的政府采购招标文件编制负面清单中禁止的内容。

采购需求应当符合法律法规以及政府采购政策规定的技术、服务、安全等要求，执行国家相关标准、行业标准、地方标准等标准规范且不得超过配置标准，应当落实政府采购支持节能环保、促进中小企业发展、支持创新等政策要求，不得以不合理的条件对供应商实行差别待遇或者歧视待遇。对于涉及民生、社会影响较大的项目，采购人在制定采购需求时，还应当进行法律技术咨询或者公开征求意见。需求内容应当科学合理、清晰完整、含义明确，能够通过客观指标量化的应当量化。

采购需求应当主要包括以下七项内容：①采购标的需实现的功能或目标，以及为落实政府采购政策需满足的要求；②采购标的需执行的国家相关标准、行业标准、地方标准或者其他标准、规范；③采购标的需满足的质量、安全、技术规格、物理特性等要求；④采购标的的数量、采购项目交付或者实施的时间和地点；⑤采购标的需满足的服务标准、期限、效率等要求；⑥采购标的的验收标准；⑦采购标的的其他技术、服务等要求。

同时，采购人在编制需求时也可以将以下内容作为需求的内容：①拟设定的供应商资格条件；②预算金额或者预算金额之下的最高限价；③合同内容的主要条款；④拟设定的评审方法、评审因素、评审标准和定标方法等。

（二）采购项目需求编制的方法

需求编制方法没有法定要求的规范和程序要求，一般包括市场调研、需求初编、专家论证、需求确定等环节。

对于一般项目，为确保采购需求准确，避免指向性和排他性，采购人应向不少于三家行业内知名的供应商进行咨询，了解货物的生产工艺和流程、货物的材料组成、供应商所必需的生产设备、货物的各项性能指标等情况，综合上述情况编制需求。

对于技术相对复杂的采购项目，可以积极发挥专家的把关作用。采购人在采购需求初步制订完成后，组织召开专家论证会，多渠道邀请专家参与论证，听取专家意见和建议，了解行业情况，细化技术要求。

对于技术复杂的采购项目，坚持在采购前考察调研先行，充分了解市场行情。为充分了解市场情况，采购人可以采用采购意向公开程序和采购前先行考察调研的方式，并在此基础上，合理设置供应商资格条件及评分标准，提高项目的竞争性。同时，对于技术复杂的采购项目，坚持设计先行，确保技术要求细致可靠。对技术复杂、标准不唯一的货物，采购人可以邀请专业设计单位提前确定采购需求，并经过多轮协调和深化，最终确定技术要求。

此外，在编制采购需求的同时，需要科学地设定评分标准，力求采购科学、公开透明。在评分标准设定上，将企业业绩、生产设备情况、投标货物性能、生产工艺、零部件选材等客观项设到各评分项中。这样，投标人的投标会更有针对性，专家评分也会更加有依据。对于价格分设定，凡是深化设计到位、技术需求明确、投标样品齐全的，则可以将价格分值设定得高一些，以突出价格竞争；对于一些制作工艺较为特殊的项目，则可以适当下调价格分的比重，防止恶性竞争，确保采购的高性价比。

(三）采购项目需求编制的程序

1. 货物类

（1）开头部分：清晰表达采购意图

货物采购需求的开头部分应开明宗义写明本次采购内容的主要用途，以及要获得什么样的使用效益。

以网络设备采购为例。网络设备采购可能出现几种类型，如新建、增加、换代升级、维护保养等。如果是新建，要讲清楚是否要与上下级机构实现互联互通，包括上下级机构使用的是何种机型等，都要讲清楚；如果是设备增加，则要明确写明要与现有设备实现并网兼容，并且要说明现有设备的类型；如果是换代升级，必须说明原有设备中的数据须保存并安全迁移；如果是维护保养，一定要写清楚需要保养的设备名称型号和数量。编制过程中需注意以下事项：①要写明本次采购处于怎样的一个时间和空间环境，如整个平台的投入运行，或者上级领导要求工作急需开展等，让时空观念进入供应商大脑；②对主要用途和目的的描述应该清晰明了，不可拖泥带水，更不能模棱两可，能用一句话讲清楚的，就不要说两句话；③要把事情讲透彻，最好用量化的语言，如"用光缆与主机对接"，最好写明几根光缆和几台主机；④为防止遗漏，可以插入简单拓扑图表示层级、范围、数量等情况；⑤对于新设备要持开放包容态度，如现在广泛使用的电子监控设备，原来是要单独接入与电线并行的网线，现在有的厂家研发出利用现有电线线路搭载网络信号的技术，这就节省了成本，也易于对设备的安装和保养维护。

有的采购人在编制需求时，一上来就简单地写明产品参数，以为供应商会了然于心，其实不然，一定要把与采购项目相关的事项或者来龙去脉交代清楚，这样可以让供应商充分理解采购意图并有针对性地响应，减少盲目性。如有的网络产品要求是企业级的，如企业级服务器最起码是采用 4 个以上 CPU 的对称处理器结构，有的高达几十个。另外，一般还具有独立的双 PCI 通道和内存扩展板设计，具有高内存带宽、大容量热插拔硬盘和热插拔电源、超强的数据处理能力和群集性能等。这种企业级服务器的机箱就更大了，一般为机柜式的，有的还由几个机柜组成，像大型机一样。还有的电脑要求是工程级的，如果不把情况写清楚，难免给采购人后期的使用管理造成困扰。

（2）主体部分：参数设定遵循"三性"原则，技术参数要横向比较深度研析

①合规性：即符合政府采购的法律法规和政策要求。

除单一来源采购方式外，不可指定品牌型号。如果必须引用某一品牌或生产商才能准确清楚地说明采购项目技术标准和要求的，则应在引用某一品牌或生产供应商的名称前加上"参照或相当于"的字样，而且所引用的货物品牌或生产供应商在市场上应具有可替代性。为防止采购时出现只有一个品牌或者生产供应商的情况，最好引用三家。

不可以把进口产品指标参数写进需求，采购进口产品须经财政部门核准、行业主管部门同意、专家组出具论证意见。

采购需求要根据预算制定，不切实际地追求过高过远的目标，只会造成废标的结局。

标书要求的技术参数是一个数值范围,不是一个具体数据。可采用"大于等于"或"在某幅度内"这一类的措辞。

②完整性:即全面反映采购货物的主要特性。

主体性,指所采购货物的本身。以制服面料为例,其重要的技术参数包括经向、纬向、经纬密度、色牢度、幅宽、克重等技术指标,要完整地表达清楚。

标准性,指所采购货物应对应具体的生产工艺标准。还是以面料为例,不同品质面料,其参数对应不同的标准,欧标是 ISO 标准,国标是 GB 标准,如 GB/T 406—1993《棉本色布》、GB/T 5325—2009《精梳涤棉混纺本色布》、GB/T 5326—2009《精梳涤棉混纺印染布》等。

安全性,指货物的安全等级,不同的货物有不同的安全指标。还是以服装为例。服装的安全级别分为 A、B、C 三类,安全级别为 A 的服装是可直接接触人体皮肤,如婴幼儿服装、内衣;安全级别为 B 的服装也可直接接触皮肤;安全级别为 C 的服装不可接触皮肤。

层次分明,如服装采购要分别对款式、色泽、材料(面料、辅料、纽扣、备用扣、拉链、吊牌、主标、洗标、尺码标等)进行阐述。

③明确性:即采购货物的信息要清晰明白。

数量要准确,只能是1、2、3等实数的表达,决不能出现1~2台等模棱两可的情况。

技术指标唯一,不能在需求中对一种货物有两种或以上的技术描述,否则不利于评审工作的正常开展。

对于每包或品目的预算金额要如实表述,不能搞错,否则将可能造成项目流标。

其他情况要说明,如样品提供等,都要说明。

此外,对于货物采购需求,尤其是设备指标参数,要进行充分的市场调研和横向比较。

以电子产品为例。首先,在电子产品网站或是主流电商网站上查询该类型产品的相关信息及具体产品,然后搜集对比各项核心参数,必要时向供应商和专家咨询意见。切不可选一款产品,然后将其参数等直接复制粘贴,要真正下功夫研究这些产品和参数。要多方调查论证,结合采购人的需求和国家相关标准,对比各项参数的不同及其对使用体验的影响,并兼顾安全、环保、节能、培训、售后、验收标准等方面的因素,真正从满足需求和实现物有所值的角度确定参数指标。

2. 服务类

服务类采购项目的需求可以按照明确服务项目三大类别、认清服务采购需求的两方面性质和摸准不同服务项目的个性化需求三个步骤来编制。

政府采购服务项目可谓名目繁多、千差万别,以至于在对"服务"概念进行界定时,只能采用"指除货物和工程以外的其他政府采购对象"和"政府采购所称服务,包括政府自身需要的服务和政府向社会公众提供的公共服务"。

按财政部印发的《政府采购品目分类目录》(财库〔2013〕189 号)分类,服务类共有 24

个大类约 140 个小类,仅科学研究与实验开发就有 40 多个品目。依据财政部《关于推进和完善服务项目政府采购有关问题的通知》(财库〔2014〕37 号)的精神,将服务类分为三大类。第一类是为保障政府部门自身正常运转需要向社会购买的服务,如公文印刷、物业管理、公车租赁、系统维护等。第二类是政府部门为履行宏观调控、市场监管等职能需要向社会购买的服务,如法规政策、发展规划、标准制定的前期研究和后期宣传、法律咨询等。第三类是为增加国民福利、受益对象特定,政府向社会公众提供的公共服务,包括以物为对象的公共服务,如公共设施管理服务、环境服务、专业技术服务等;以人为对象的公共服务,如教育、医疗卫生和社会服务等。

服务类项目的多样性与差异性决定了服务类项目采购需求制定的复杂性。由于服务类项目具有无形化、不可储存性及传导性的特点,有些服务类项目的采购需求无法用准确的语言来描述,也就是无法用具体的数字来要求,只能用模糊的语言进行描述,这无疑增加了采购需求制定的难度。

但无论服务类项目如何千差万别,其采购需求都离不开两个方面,这是由"服务"的本质所决定的,一个是共性的方面,另一个是个性的方面。

共性的方面主要为商务需求。商务需求包括项目服务期限、项目进度安排、付款方式、验收要求、售后服务要求、培训等。

个性方面为采购项目的需求内容,这个需求是有别于其他同类服务项目的个性化要求。

鉴于服务类项目的特殊性,要想将服务类项目的采购需求建成标准化的模式是有一定的难度的。即使相对统一,也只能按财政部《关于推进和完善服务项目政府采购有关问题的通知》的精神分为三大类,即保障自身运转的服务、政府购买的宏观调控和市场监管等服务和政府提供的公共服务。

①保障自身运转的服务。政府保障自身运转的服务,其服务对象是政府自己。按财政部归纳的服务类型来看,许多都是过去"大而全、小而全"所形成的"大政府",后又通过改革剥离出来并推向社会的服务行业。所以,对于此类服务需求的制定,可以直接用客观的语言来描述。需要达到什么目标(目的)就直接表达,描述文字必须言简意赅、直截了当,便于供应商响应,也利于检查与验收。

②政府购买的宏观调控和市场监管等服务。政府购买的宏观调控和市场监管等方面的服务,具有知识性、非物质性等特性,特别是有些服务短期内无法评价,而且涉及面广、影响力大。对于此类服务项目采购需求的制定,只能具体情况具体分析,没有专门、统一的模式可借鉴。

③政府提供的公共服务。政府购买的为公众提供的服务,其受益者是特定的公众人群,他们的体验是对公共服务质量最好的评价。因此,对于此类服务的需求制定,主要以满意度、合格率、覆盖面、通过率、赞成率、达标率、响应时间、反应速度等来表述,每一项都设定一定的分值,便于考核。

3. 工程类

工程类项目需求编制的具体编制要求如下：

（1）招标文件中规定的各项技术标准均不得要求或标明某一特定的专利、商标、名称、设计、原产地或生产供应者，不得含有倾向性或者排斥潜在供应商的其他内容。如果必须引用某一生产供应者的技术标准才能准确或清楚地说明拟招标项目的技术标准时，则应当在参照后面加上"或相当于"的字样。

（2）招标文件中应明确对拟承担招标项目的公司人员、拟派往本招标项目的注册建造师（项目经理）、副项目经理、技术负责人、安全负责人（安全项目经理）、主要人员及组织机构的数量、等级配备要求，及建造师、技术负责人、安全负责人、主要人员简历、业绩情况。允许投标人参加多标段投标时，应明确按标段配备人员、施工设备。

（3）实行工程量清单招标的，应当按照国家或本地相关规定委托有工程造价资质的单位编制工程量清单，作为招标文件的组成部分。

（4）投标价格应当按照招标文件中规定的计价依据。计价依据应当执行国家或本地计价规定和定额标准，并在招标文件中明确。招标文件中应按照相关规定，明确安全文明施工措施费、施工装备费、相关规费等费用计取方式或依据，并明确应单独计价。招标文件中应明确文明施工措施费、施工装备费、相关规费、专业工程或货物的暂定价格（或暂估价格）、暂定金额（不可预见费）等费用不作为竞价范围。采取施工总承包招标时，以暂定价格（或暂估价格）形式包括在总承包范围内的专业工程、货物及暂定价格（或暂估价格）应当在招标文件中明确。明确未包括在总承包范围内的专业工程、配套工程、货物，确定出招标计划。

（5）招标文件中应按国家或本地相关规定明确工程价款相关内容。主要包括工程预付款的预付数额或比例、支付时限、抵扣方式，工程进度款的支付方式、数额及时限，工程施工中发生变更时工程价款的调整方法、索赔方式、时限及支付方式，承担市场风险范围、幅度及超出范围、幅度的调整方法，工程竣工结算与支付方式、时限，工程质量保证（保修）金的数额或比例、预扣方式及时限，工期提前或拖延的奖罚办法，其他相关保险、担保费用等内容。

（6）项目业主单位提供建筑材料、构配件、设备的，在招标文件中应明确品种、规格、数量、价格，及结算退款方式。

（7）招标文件中应明确预付款担保、履约担保的担保金额、担保方式。

（8）招标文件中应明确按相关规定使用利于建筑节能要求的新工艺、新技术、新材料等的规定。

（9）技术标采取暗标的，技术标的编制、密封应当在招标文件中做出具体的要求和规定。

（10）采取电子标书和计算机辅助评标的，应当在招标文件中做出具体的要求和规定。

二 政府采购意向公开

为进一步提高政府采购透明度,优化政府采购营商环境,根据《深化政府采购制度改革方案》和《财政部关于促进政府采购公平竞争优化营商环境的通知》(财库〔2019〕38号)有关要求,原则上省级预算单位2021年1月1日起实施的采购项目,省级以下各级预算单位2022年1月1日起实施的采购项目,应当按规定公开采购意向;具备条件的地区可适当提前开展采购意向公开工作。

采购意向由预算单位负责公开。中央预算单位的采购意向在中国政府采购网中央主网公开,地方预算单位的采购意向在中国政府采购网地方分网公开,采购意向也可在省级以上财政部门指定的其他媒体同步公开。主管预算单位可汇总本部门、本系统所属预算单位的采购意向集中公开,有条件的部门可在其部门门户网站同步公开本部门、本系统的采购意向。

1. 关于采购意向公开的内容

采购意向按采购项目公开。除以协议供货、定点采购方式实施的小额零星采购和由集中采购机构统一组织的批量集中采购外,按项目实施的集中采购目录以内或者采购限额标准以上的货物、工程、服务采购均应当公开采购意向。

采购意向公开的内容应当包括采购项目名称、采购需求概况、预算金额、预计采购时间等,政府采购意向公开参考文本见资料8-1。其中,采购需求概况应当包括采购标的名称,采购标的需实现的主要功能或者目标,采购标的数量,以及采购标的需满足的质量、服务、安全、时限等要求。采购意向应当尽可能清晰完整,便于供应商提前做好参与采购活动的准备。采购意向仅作为供应商了解各单位初步采购安排的参考,采购项目实际采购需求、预算金额和执行时间以预算单位最终发布的采购公告和采购文件为准。

2. 关于采购意向公开的依据和时间

采购意向由预算单位定期或者不定期公开。部门预算批复前公开的采购意向,以部门预算"二上"内容为依据;部门预算批复后公开的采购意向,以部门预算为依据。预算执行中新增采购项目应当及时公开采购意向。采购意向公开时间应当尽量提前,原则上不得晚于采购活动开始前30日公开采购意向。因预算单位不可预见的原因急需开展的采购项目,可不公开采购意向。

3. 采购意向公开实例

如"某某大学计算机中心台式电脑采购项目"按照政府采购采购意向公开的要求,在组织采购前需要进行采购意向公告,公告期限为至少30天。该项目意向公告的内容见资料8-1。

资料8-1 政府采购意向公告

(单位名称) 2021年 1 月政府采购意向

为便于供应商及时了解政府采购信息,根据《财政部关于开展政府采购意向公开工作的通知》(财库〔2020〕10号)等有关规定,现将(单位名称) 2021年 1 月采购意向公开如下:

序号	采购项目名称	采购需求概况	预算金额（万元）	预计采购时间	是否专门面向中小企业采购	是否采购节能产品、环境标志产品	备注
	实训中心一批电脑采购项目	某某大学计算机中心因学生电脑更新，需采购商用台式电脑120套，I7处理器，并配置4G独立显卡和至少21.5英寸的高清显示器，预算控制在89万元以内。计算机中心商用台式电脑换新项目与某某大学计算机中心签订合同。要求合同签订后20日内完成安装、调试、验收等工作	89.00	2021年2月	否	是	无

本次公开的采购意向是本单位政府采购工作的初步安排，具体采购项目情况以相关采购公告和采购文件为准。

(单位名称)
年　月　日

第三节　政府采购招标方式流程与管理

招标方式是指采购人作为招标方，事先提出采购的条件和要求，邀请众多供应商参加投标，然后由采购人按照规定的程序和标准一次性从中择优选择交易对象，并与提出最有利条件的投标人签订协议的过程。整个过程要求遵循公开、公平、公正和诚实信用的原则。招标方式分为公开招标和邀请招标两种方式，其中公开招标是政府采购最主要的方式。公开招标和邀请招标两种方式最主要的区别是招标面向的范围不同，一个是向整个社会公开招标，一个是在选定的若干个供应商中招标。除此以外，它们在原理上都是相同的，操作流程也基本相同。

一个完整的招标方式，其流程一般由采购项目需求编制及立项、招标、投标、开标、评标、定标等阶段组成。招标方式操作流程详见图8-1。

一　招标的流程（采购人、采购代理机构）

招标是招标采购的第一个阶段，在这一阶段中需要做大量的基础性工作，如签订委托采购协议、编制采购招标文件、发布招标公告、发售招标文件、招标答疑及澄清等等。

（一）签订委托采购协议（委托单）

《政府采购法》规定，采购人采购纳入集中采购目录的政府采购项目，必须委托集中

第八章 政府采购招投标流程与管理

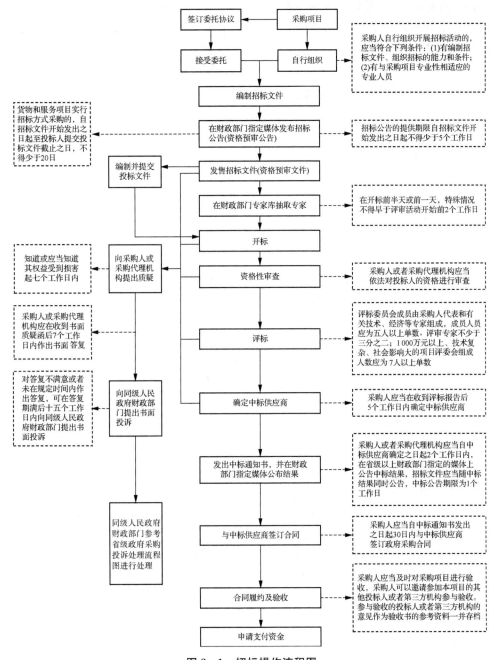

图 8-1 招标操作流程图

采购机构代理采购。对集中采购目录以外的政府采购项目,采购人可以自行组织开展货物及服务的招标采购,也可以委托具有政府采购业务代理资质的社会代理机构采购。

采购人自行组织招标采购的条件:具有独立承担民事责任的能力;具有编制招标文件和组织招标的能力,有与采购招标项目规模和复杂程度相适应的技术、经济等方面的采购和管理人员;采购人员必须经过省级以上人民政府财政部门组织的政府采购培训。采购人不符合上述条件的,必须委托采购代理机构招标采购。采购人委托采购代理机构招标的,应当与采购代理机构签订委托协议,确定委托代理的事项,约定双方的权利和义务。

采购人与采购机构的委托协议就是委托招标采购的合同。采购人填写委托协议时应当注意以下问题:委托内容必须合法;采购项目应当具有可操作的技术要求,但不得指明生产厂家和品牌;采购人对招标时间的要求必须符合政府采购有关法律法规的规定。委托协议常见格式见资料8-2。

资料8-2 政府采购委托代理协议书

甲方(委托人):
乙方(受托人): 代理机构

根据《政府采购法》等相关法律法规,以及　　　　政府采购的有关规定,甲、乙双方就甲方委托乙方组织实施政府采购事宜,经协商一致,达成协议如下:

第一条 甲方的权利和义务

1. 甲方委托乙方组织实施的采购项目,均按本协议办理;

2. 甲方采购政府集中采购目录以内的政府采购项目,应按照政府采购有关规定委托乙方组织实施;集中采购目录以外的政府采购项目,以乙方接受委托为准;

3. 甲方委托乙方采购政府采购项目,应保证项目的预算或计划以及须办理的相关报批手续已经有关部门批准、采购资金已落实;

4. 甲方具体委托采购时,应填制《　　政府采购委托单》(以下简称委托单),委托单作为本协议具体执行的依据,与本协议具同等法律效力,甲方应详细注明采购需求,乙方据此办理采购事宜;

5. 甲方指定本协议的经办人为政府采购工作的联系人,同时甲方法定代表人授权委托单中"授权代理人"栏的签字人代表甲方与乙方办理具体采购事宜;

6. 甲方负责审核、确认乙方拟订的招标文件,并对招标文件中的技术部分负责;

7. 根据具体采购项目的需要,甲方授权代理人及相关技术、财务、纪检等部门代表必要时应出席乙方组织的采购活动,并可指定不超过评标委员会、谈判小组或询价小组总人数三分之一的代表参与评标、谈判或询价,其余代表负责监督采购全过程,甲方负责在开标、谈判或询价时间前2天将有关人员名单交乙方;

8. 甲方必须接受乙方经合法采购程序产生的成交或中标供应商;

9. 甲方对评标、谈判或询价内容及有关商业秘密负有保密职责;

10. 甲方应及时与成交或中标供应商签订合同,所签订合同不得对与项目相关的采购文件进行实质性修改;

11. 甲方应严格按照合同约定履约,并负责及时向供应商办理资金支付手续;合同履行期间发生的合同纠纷由甲方与成交或中标供应商自行按合同规定办理;

12. 甲方在合同履行结束后,应及时将有关合同履约资料归档。

第二条 乙方的权利和义务

1. 乙方必须接受甲方委托的属于集中采购目录内的采购项目;对集中采购目录外的采购项目,由

甲、乙双方协商后,以签订的委托单为接受委托的依据;

2. 乙方由本协议经办人统一负责签收委托单,并指定专人具体负责委托项目的实施,按委托单的约定组织采购工作;

3. 乙方将按照有关规定确定采购方式,甲方应予以配合;

4. 乙方负责根据甲方的具体采购需求编制、印发采购文件;

5. 乙方根据国家和省级政府采购有关规定发布相关采购信息;

6. 乙方负责依法组织成立评标委员会、谈判小组、询价小组,并负责采购活动现场的组织工作;

7. 乙方根据评标委员会、谈判小组、询价小组的评选结果,宣布中标或成交候选供应商名单,定标后向中标供应商发出中标通知书,并将中标结果通知甲方;

8. 乙方负责甲方与中标或成交供应商政府采购合同签订的见证;或受甲方的委托,代表甲方与中标或成交供应商签订政府采购合同,同时在《政府采购法》规定的时间内将合同副本送同级政府采购监督管理部门备案。

9. 乙方负责相关采购资料的整理、归档和保管,并接受甲方的查询;

10. 乙方配合甲方参与重大委托项目的履约验收;

11. 乙方将按不超过有关部门批准的收费标准收取有关费用;

12. 乙方对甲方委托的采购项目,经双方协商一致后,可以再委托具有相应资质的其他代理机构采购。乙方将在甲方授权范围内和甲方共同与委托的代理机构签订书面委托协议。

第三条 其他事项

1. 甲乙双方应当全面履行各自的义务,如发生违约行为,应承担相应的责任;

2. 本协议未尽事宜,双方协商解决;

3. 本协议有效期为:自20 年 月 日至20 年 月 日止;

4. 本协议一式三份,甲、乙双方各执一份,   政府采购管理处备案一份,自双方法定代表人签字之日起生效。

甲方: 乙方: 代理机构
(公章)   (公章)
法定代表人: 法定代表人:
经办人: 经办人:
签订日期: 年 月 日   签订日期: 年 月 日
地址: 地址:
邮政编码: 邮政编码:
电话: 电话:
传真: 传真:

(二) 编制采购招标文件

招标文件(Bidding document)是招标人向投标人提供的招标工作所必需的文件。招标文件的作用在于阐明需要采购的货物、服务或工程的性质,通报招标将依据的规则和程序,告知订立合同的条件。招标文件既是投标人编制投标文件的依据,又是采购人与中标人签订合同的基础。因此,招标文件在整个采购过程中起着至关重要的作用。

招标采购单位应当根据招标项目的特点和需求编制招标文件，招标文件规定的各项技术标准应当符合国家强制性标准，招标文件不得要求或者标明特定的投标人（供应商）或者产品，以及含有倾向性或者排斥潜在投标人（供应商）的内容。招标文件一般由商务和技术两个部分组成，商务部分大多由相对格式化的文本组成，招标采购单位应根据采购项目的不同，对其进行标准化。技术部分一般由采购人根据自身的采购需求提出。招标文件的形式有多种，但都应包括以下内容：

1. 投标邀请

一般应包括项目名称、项目编号、投标人资格要求、购买标书时间、投标截止时间、开标时间及地点等内容。

2. 投标人须知

主要告知投标文件的有关要求，包括投标文件的文字、纸张、编排、印制、份数、签署、盖章、密封、递交、修改和撤回等要求。

3. 投标人应当提交的资格证明文件

4. 投标报价要求

主要包括以下几点。(1) 投标的币种。是否允许用外币投标，如允许，汇率如何换算。(2) 报价的要求。是离岸价、到岸价，还是运抵项目实施现场的地头价；是报项目的总价，还是必须分项报价。(3) 报价的构成。报价除产品本身的价格以外，是否含关税、增值税、营业税、消费税等各种税收，是否含运输费、仓储费、保险费、出库费、包装费、检验费、手续费等各种费用，是否含备品备件的价格、售后服务的费用。(4) 价格不一致的处理方法。一般情况下，价格不一致时，应按照以下方法处理：投标文件中开标一览表（报价表）内容与投标文件中相应内容不一致的，以开标一览表（报价表）为准；大写金额和小写金额不一致的，以大写金额为准；单价金额小数点或者百分比有明显错位的，以开标一览表的总价为准，并修改单价；总价金额与按单价汇总金额不一致的，以单价金额计算结果为准。

5. 投标保证金的数额、交纳方式、退还时间和要求，没收保证金的情形

招标文件要求投标人提交投标保证金的，投标保证金不得超过采购项目预算金额的2％。投标保证金应当以支票、汇票、本票或者金融机构、担保机构出具的保函等非现金形式提交。投标人未按照招标文件要求提交投标保证金的，投标无效。

采购人或者采购代理机构应当自中标通知书发出之日起5个工作日内退还未中标供应商的投标保证金，自政府采购合同签订之日起5个工作日内退还中标供应商的投标保证金。投标保证金是否计算利息也应在招标文件中明确。

投标保证金在什么情况下将被招标采购单位没收也应在招标文件中明确。一般情况下，发生了以下情形，投标保证金将被没收：投标人在投标有效期内撤回其投标；投标人提供的有关资料、资格证明文件被确认是不真实的；中标人在规定期限内未能按照招标文件的规定签订合同；中标人在规定期限内未能按照招标文件的规定交纳履约保证金或者中标服务费。

6. 投标有效期

招标文件应当规定一个适当的投标有效期，以保证招标人有足够的时间完成评标和

与中标人签订合同。投标有效期从投标人提交投标文件截止之日起计算。

在原投标有效期结束前出现特殊情况的,招标人可以书面形式要求所有投标人延长投标有效期。投标人同意延长的,不得要求或被允许修改其投标文件的实质性内容,但应当相应延长其投标保证金的有效期;投标人拒绝延长的,其投标失效,但投标人有权收回其投标保证金。因延长投标有效期造成投标人损失的,招标人应当给予补偿,但因不可抗力需要延长投标有效期的除外。

7. 评标方法、评标标准和废标条款

货物和服务招标采购的评标办法分为最低评标价法和综合评分法。招标采购单位可以根据招标项目的实际情况选择其中一种作为评标办法,并在招标文件中予以明确。

评标标准可以由招标采购单位在招标文件中自行设定,相同的采购项目,由于采购人对项目中标结果的期望不同,制订的评标标准可能会不同。如某采购人希望能购买到质量高的产品,可能会降低投标价格的分值比例,提高产品质量的分值比例;如采购人希望能购买到便宜的产品,则可能会提高投标价格的分值比例,降低产品质量的分值比例。评标标准的制订必须力求公平,不得出现含有歧视性的内容,同时,必须将评标考虑的因素以及相对应的分值在招标文件中明示。

同时,招标文件需落实节约能源、保护环境、扶持不发达地区、促进中小企业发展等政府采购政策。

如落实节能环保方面,招标文件须落实相关品目清单执行节能产品和环境标志产品政府采购政策。对于已列入清单的产品类别,采购人必须强制采购节能环保产品;对于未列入清单的产品类别,采购人可以综合考虑节能、节水、环保、循环、低碳、再生、有机及绿色供应链等因素,参考相关国家标准、行业标准或团体标准,在采购需求中提出相关绿色采购要求,促进绿色产品推广应用,并将采购需求中的节约能源保护环境的绿色采购要求与采购文件的具体评审标准相对应,拓展和细化政府绿色采购政策的落实措施。

如在促进中小企业发展方面,对于经主管预算单位统筹后未预留份额专门面向中小企业采购的采购项目,以及预留份额项目中的非预留部分采购包,采购人、采购代理机构应当对符合规定的小微企业报价给予6%~10%(工程项目为3%~5%)的扣除,用扣除后的价格参加评审。适用《招标投标法》的政府采购工程建设项目,采用综合评估法但未采用低价优先法计算价格分的,评标时应当在采用原报价进行评分的基础上增加其价格得分的3%~5%作为其价格分。

招标采购单位在发出招标文件后,不得擅自终止招标,招标文件中必须事先约定废标的条件,只有在招标过程中出现这些条件后,招标采购单位才可以宣布终止招标。

8. 招标项目的技术规格、要求和数量,包括附件、图纸等

这部分内容是招标文件中最关键的部分,也是最难把握的部分。招标文件中制订的技术规格必须详细、明确、合理,不得要求或标明某一特定的专利、商标、名称、设计、原产地或生产供应商,不得含有倾向或者排斥潜在投标人的其他内容。如果必须引用某一生产供应商的技术标准才能准确或清楚地说明拟招标项目的技术标准,则应当在参照后面

加上"或相当于"的字样。

项目目前的现实环境对招标项目实施有影响的,招标文件应对实施环境进行详细的介绍,以帮助潜在投标人进行判断和评价。为方便潜在投标人对项目有全方位的了解,招标文件可以采用附件、图纸等形式,相关附件、图纸内容必须准确,并构成招标文件的一部分。

9. 招标项目实施时间、地点的要求

采购人应在招标文件中明确对招标项目实施时间和地点的要求。对分阶段实施的招标项目,可以按阶段设定时间表,或要求投标人在制作投标文件时,按照对交货时间的总体要求,拟订项目实施进度计划表;项目实施地点有多处的,应在招标文件中分别标明,以便投标人测算实施成本。

10. 现场及售后服务的要求

投标人提供的服务是有成本的,采购人获得相关服务应该支付相关费用。但招标采购单位可以在招标文件中对服务提出具体要求,要求潜在投标人在投标时予以响应。招标采购单位可以要求相关服务的费用含在投标总报价中,也可以要求单独列明。

现场服务应明确投标人需要提供的服务类型,如现场的安装、调试、对操作人员的培训要求,以及是否收费、费用的金额等。

售后服务应要求投标人明确免费维护的时间、免费维护的内容,是仅免人工费,还是包括损害部件的更换,也可以在招标文件中直接明确提出要求。对招标项目的故障类维护,应明确响应时间、收费标准、零配件的价格;对需要定期养护的招标项目,应明确养护的间隔时间、养护内容、收费标准等。

11. 拟确定的付款方式

招标采购单位应在招标文件中明确拟确定的付款方式,是离岸付款、货到付款,还是验收合格后付款;是一次性付款,还是分期付款(含付款的时限)。同时,还应明确规定是否允许投标人对拟确定的付款方式进行更改。

对分期付款中有些项目需提前向中标人支付部分合同款的,应在招标文件中明确该部分款项的性质是定金,不是预付款,支付的金额原则上不应超过合同总价的20%;对需要留有部分款项作为质量保证金的,应设定具体的支付期限和金额,原则上时间不超过一年,金额不超过10%。

12. 合同主要条款及合同签订方式

招标文件中的合同主要条款是采购人与中标人签订合同的基础,招标文件中确定的条款,除合同双方协商一致,否则,在签订合同时不得更改。

合同的主要条款应包含以下内容:(1)合同主要文字的定义;(2)受合同约束的范围;(3)合同价格的构成;(4)合同款项的支付;(5)运输和保险;(6)包装与标记;(7)合同对象的技术资料;(8)对项目检验的要求;(9)对技术服务的要求;(10)项目的验收;(11)项目的质量保证;(12)合同履行延误的处理;(13)索赔;(14)不可抗力的情形和处理;(15)合同争议的仲裁或诉讼;(16)合同中止的条件;(17)合同生效的条件;(18)合同的有效期。政府采购合同必须采用书面形式,招标采购单位可以在招标文件中明确合同签订的时间、地点和份数。

13. 其他注意事项

招标采购单位应当在招标文件中规定并标明实质性要求和条件。相关实质性要求和条件可以用＊号(或★、☆)或者特殊字体来突出,并以文字形式特别标明招标文件中的实质性要求和条件,以便供应商识别并制作合格的投标文件,也便于对投标文件进行资格性和符合性的审查。

招标文件制作完成后,招标代理机构应向委托方全面介绍招标文件内容,如双方意见不一致,应协商取得共识,之后招标代理机构将修改后的招标文件交由委托方确认。采购文件确认函及回函格式见资料8-3。

资料8-3　采购文件确认函及回函

采购文件确认函

×××(采购人名称):

受贵单位委托,我机构对贵单位的×××项目(委托单号为:×××)拟采用×××方式进行采购,目前,我中心已拟订完采购文件,现请你们对采购文件内容进行确认。如贵单位有修改意见,请你们以书面形式,将修改意见反馈给我司;如贵单位无修改意见,请你们在采购文件和本确认函上署名,并加盖公章后回复给我司。我司将在收到贵单位的确认函和确认采购文件后,及时组织采购。

谢谢合作!

×××代理机构
××年××月××日

回　函

×××代理机构:

贵机构就我单位×××项目(委托单号为:×××)的采购文件确认函已收悉。经我单位仔细审核,现对采购文件内容回复如下:

A:无修改意见(　　　)

B:有修改意见(　　　),修改意见详见附件。

特此函复。

×××(采购人名称)
××年××月××日

(三) 发布招标公告

采购代理机构(或采购人)须在政府采购信息发布指定媒体上发布招标公告。招标公告应当包括:(1)项目概况及项目基本情况;(2)投标人的资格要求;(3)获取招标文件的时间、地点、方式及招标文件售价;(4)提交投标文件截止时间、开标时间和地点;(5)公告期限;(6)采购人和采购代理机构的名称、地址和联系方式。

采用招标方式采购的,自招标文件开始发出之日起至投标人提交投标文件截止之日止,不得少于20日。

(四) 发售招标文件

采购代理机构按照当地物价部门核定的标书费标准发售招标文件,政府集中采购机构不得收取标书费。招标文件售价应当按照弥补制作、邮寄成本的原则确定,不得以营利为目的,不得以招标采购金额作为确定招标文件售价的依据。

招标采购单位对购买招标文件的供应商进行登记,记录投标人名称、联系人、联系方式。招标采购单位不得以任何理由拒绝潜在投标人购买招标文件(政府采购监督管理部门公布有不良记录的供应商除外)。

(五) 招标答疑及澄清

招标采购单位根据招标项目的具体情况,可以组织潜在投标人进行现场考察或者召开开标前答疑会,对投标人就招标文件提出的疑问进行解答。但不得单独或者分别组织部分投标人参加现场考察。

招标采购单位对已发出的招标文件进行必要澄清或者修改的,应当在要求提交投标文件截止时间15日之前,在政府采购信息发布指定媒体上发布变更公告,并以书面形式通知所有招标文件收受人。

投标人在规定的投标截止时间前,可以对所递交的投标文件进行补充、修改或者撤回,并书面通知招标采购单位。补充、修改的内容密封作为投标文件的组成部分。

招标采购单位视采购具体情况,可延长提交投标文件截止时间和开标时间,但至少应当在招标文件要求提交投标文件截止时间3个工作日之前,并以书面形式通知所有招标文件收受人。

二 投标的流程(供应商)

投标文件是指投标人按照招标书的条件和要求,做出明确的实质性响应和承诺,向招标单位提交的具有法律效应的文件。投标人通过标书表达对项目的充分理解并提供针对性的服务方案,投标书的质量好坏直接影响投标结果。

(一) 投标报名及招标文件购买

采购人会在政府采购指定媒体(各级政府采购网、各招标代理机构网站上)发布某项目采购公告。依照招标公告上规定的报名方式准备报名所需资料和有关证明材料及费用,注意报名截止日期。报名后获取招标文件。

(二) 招标文件的研读

认真阅读招标文件,了解每项内容的具体要求。发现招标文件存在明显倾向性、有(差别)歧视性条款或违法内容、影响"三公原则"、使本单位合法权益受到损害的,应该果断地提出质疑,及时询问需澄清或修改的内容。遇到招标文件中前后不一致或含糊不清的地方,影响投标文件制作的,不能凭自己的猜测或臆想,应及时联系招标代理机构要求澄清。可能会引起未实质性响应或导致废标或不能得分的内容,一定要及时以书面形式向招标代理机构或采购方咨询。咨询时一定要留下证据(如书面函件、电话录音等)。做到事无巨细,深入透彻。

在仔细分析和研究招标文件的基础上,对招标文件内容进行进一步的分析,尤其注意其中对于技术标准的要求,对于人员配置的要求,对于施工方式和投标单位资质的要求,从而确定企业是否能够进行投标。

(三) 投标准备

1. 成立投标工作小组

投标书的编制是系统性工作,牵涉因素广、涉及资料多,且经常在时间紧迫状态下进行,因此必须科学部署,团队协作。投标小组成员应由经济管理、专业技术、商务金融以及合同管理人才组成。

2. 缴纳保证金

投标保证金缴纳方式有银行转账或电汇、现金缴纳、保函等多种形式,具体操作需严格按照招标文件要求执行。

需要注意以下几点内容:是否是从投标人基本账户汇至招标文件指定账户;汇款单位必须与投标人名称一致;汇款凭证上须注明本次招标的项目名称及标段号;投 2 个标段或者以上的,要分别提交各标段的保证金。汇款完成后应打电话咨询招标机构保证金是否已到账,获取《投标保证金到账确认函》,避免因保证金未能及时到账而废标。

(四) 投标文件制作

大多数投标文件包括报价部分、商务部分、技术部分、其他部分四大部分,招标文件有特殊要求格式的除外。

在编制投标文件时,必须严格按照招标文件提供的格式填写,不得进行任何更改和调整,包括一些文字说明都要一字不差地与招标文件相符,顺序不能颠倒。有电子版招标文件的话最好直接套用招标文件中的投标文件格式部分进行标书的编制,这样可以保证不会出现大的差错。在标书编制完成之后也应该再根据招标文件的要求逐项地进行检查。

(五) 投标文件的审核

按照招标文件要求,首先对照招标文件自审,以免漏项,再由投标小组成员进行互审,对错误的地方进行指正修改,并通报各成员以防重复错误出现。

需要注意审查投标文件内容、格式是否与招标方的要求一致,有无缺漏;审查评分要求的资质证明是否提供完整,是否在有效期内;审查分项(分包)报价合计是否正确,分项报价和总报价的计算、大小写是否正确;审查报价表、投标一览表、投标函中的报价大小写是否一致。

（六）投标文件的打印、装订

1. 打印

（1）提前预留好标书装订的时间，一般1到2天为宜；（2）投标文件制作完毕检查之后，存成 PDF 格式，可规避因打印软件版本不一致出现的排版混乱问题，同时存档 word 格式以备修改；（3）正本是关键，认真检查排版是否有错乱、有无白页，确认无误后再打印；（4）先打印出一套未装订的样品进行核对；（5）重要图片可彩打，其他文本黑白即可；（6）正副本内容要一致，副本可用正本的复印件；（7）标书若手写更改，更改处必须加盖公章；（8）授权书多打印一份给投标代表使用。

2. 胶装

按照招标文件要求和实际情况，认真核对有无缺页、夹页、顺序颠倒、页面倒转现象，随后进行胶装。有特殊要求的按要求装订，无特殊要求的建议 300 页以内的单面打印，便于评委翻阅，超过 300 页的双面打印，环保节能，又不至于太厚不便于翻阅。

（七）投标文件复核

（1）审查有无漏签字、漏盖章；（2）招标文件要求的文档资料是否齐全；（3）标书中是否有其他未发现的错误。

（八）文件密封

（1）按招标文件要求将正本、副本、报价文件分别包在内层封套内，在内层封套加贴密封条并加盖公章；（2）如需提交投标电子文件，则光盘上面要注明投标人名称及项目、标段名称，与正本包在一起；（3）内层封套包好后，将所有内层封套统一密封在一个外层封套或投标专用箱内，在外层封套加贴密封条并加盖公章。

（九）投标文件的递交

投标人应当在招标文件要求提交投标文件的截止时间前，将投标文件密封送达投标地点。采购人或者采购代理机构收到投标文件后，应当如实记载投标文件的送达时间和密封情况，签收保存，并向投标人出具签收回执。任何单位和个人不得在开标前开启投标文件。逾期送达或者未按照招标文件要求密封的投标文件，采购人、采购代理机构应当拒收。

（十）投标文件的补充、修改和撤回

投标人在投标截止时间前，可以对所递交的投标文件进行补充、修改或者撤回，并书面通知采购人或者采购代理机构。补充、修改的内容应当按照招标文件要求签署、盖章、密封后，作为投标文件的组成部分。

三 开标的流程(采购人、采购代理机构)

(一) 开标的时间、地点、参加者

采购代理机构在招标文件规定的时间、地点组织开标。开标应当在招标文件确定的提交投标文件截止时间的同一时间进行。开标地点应当为招标文件中预先确定的地点。

参加开标的人员包括采购代理机构工作人员(开标人、唱标人、记录人)、投标供应商代表、采购人代表(不得再作为评标委员会成员参与评标)和政府采购监督管理人员(必要时可以通知政府采购监督管理部门及相关部门,视情况到现场监督开标活动)。

开标由采购人或者采购代理机构主持,邀请投标人参加。评标委员会成员不得参加开标活动。

(二) 开标与唱标

开标时,应当由投标人或者其推选的代表检查投标文件的密封情况;经确认无误后,由采购人或者采购代理机构工作人员当众拆封,宣布投标人名称、投标价格和招标文件规定的需要宣布的其他内容,记录人做好开标记录。开标参加人员对唱标结果进行签字确认。未宣读的投标人名称、投标报价,评标时不予承认。

唱标结束后,所有投标报价均超过政府采购预算,采购人不能支付的,应当废标。采购人调整政府采购预算或者调整采购需求后,由采购代理机构或采购人重新组织招标。

(三) 开标的注意事项

采购人或者采购代理机构应当对开标、评标现场活动进行全程录音录像。录音录像应当清晰可辨,音像资料作为采购文件一并存档。

投标人代表对开标过程和开标记录有疑义,以及认为采购人、采购代理机构相关工作人员有需要回避的情形的,应当场提出询问或者回避申请。采购人、采购代理机构对投标人代表提出的询问或者回避申请应当及时处理。投标人未参加开标的,视同认可开标结果。

投标截止时间结束后,投标人不足3家的不得开标。由采购代理机构或采购人组织有关专家对招标文件是否存在不合理条款进行审核并出具审核报告。若招标文件存在不合理条款,招标公告时间及程序不符合规定,由采购人调整采购需求,修改招标文件后重新组织招标;若招标文件没有不合理条款,招标公告时间及程序符合规定,经政府采购监督管理部门批准,可变更为竞争性谈判等采购方式进行采购。

四 评标的流程(评审专家)

开标结束后,招标采购单位应当立即组织评标委员会进行评标。

(一) 评标的组织

采购人或者采购代理机构负责组织评标工作,并履行下列职责:

(1) 核对评审专家身份和采购人代表授权函,对评审专家在政府采购活动中的职责

履行情况予以记录,并及时将有关违法违规行为向财政部门报告;

(2) 宣布评标纪律;

(3) 公布投标人名单,告知评审专家应当回避的情形;

(4) 组织评标委员会推选评标组长,采购人代表不得担任组长;

(5) 在评标期间采取必要的通信管理措施,保证评标活动不受外界干扰;

(6) 根据评标委员会的要求介绍政府采购相关政策法规、招标文件;

(7) 维护评标秩序,监督评标委员会依照招标文件规定的评标程序、方法和标准进行独立评审,及时制止和纠正采购人代表、评审专家的倾向性言论或者违法违规行为;

(8) 核对评标结果,有《政府采购货物和服务招标投标管理办法》(财政部令第87号,以下简称87号令)第六十四条规定情形的,要求评标委员会复核或者书面说明理由,评标委员会拒绝的,应予记录并向本级财政部门报告;

(9) 评审工作完成后,按照规定向评审专家支付劳务报酬和异地评审差旅费,不得向评审专家以外的其他人员支付评审劳务报酬;

(10) 处理与评标有关的其他事项。

采购人代表可以在评标前说明项目背景和采购需求,说明内容不得含有歧视性、倾向性意见,不得超出招标文件所述范围。说明应当提交书面材料,并随采购文件一并存档。

(二) 评标委员会的组建及职责

1. 评标委员会的组建

评标委员会由采购人代表和有关技术、经济等方面的专家组成,成员人数应当为5人以上单数(预算金额在1 000万元以上,或者技术复杂,或者社会影响较大的项目,评标委员会成员人数应当为7人以上单数),其中技术、经济等方面的专家需由采购人或者采购代理机构从省级以上财政部门设立的政府采购评审专家库中通过随机方式抽取,评审专家人数不得少于成员总数的2/3。采购代理机构对技术复杂、专业性强的采购项目,通过随机方式难以确定合适评审专家的,经主管预算单位同意,采购人可以自行选定相应专业领域的评审专家。采购人代表不得以专家身份参与本部门或本单位采购项目的评标,采购代理机构工作人员不得参加本机构代理的政府采购项目的评标。

2. 评标委员会的职责

(1) 审查、评价投标文件是否符合招标文件的商务、技术等实质性要求;

(2) 要求投标人对投标文件有关事项做出澄清或者说明;

(3) 对投标文件进行比较和评价;

(4) 确定中标候选人名单,以及根据采购人委托直接确定中标人;

(5) 向采购人、采购代理机构或者有关部门报告评标中发现的违法行为。

3. 异常情况处理

评标中因评标委员会成员缺席、回避或者健康等特殊原因导致评标委员会组成不符合87号令规定的,采购人或者采购代理机构应当依法补足后继续评标。被更换的评标委员会成员所做出的评标意见无效。

无法及时补足评标委员会成员的,采购人或者采购代理机构应当停止评标活动,封存所有投标文件和开标、评标资料,依法重新组建评标委员会进行评标。原评标委员会所做出的评标意见无效。

采购人或者采购代理机构应当将变更、重新组建评标委员会的情况予以记录,并随采购文件一并存档。

(三) 评标的基本要求

(1) 评标的依据。评标委员会评审投标人的依据只能是招标采购机构的招标文件、投标人递交的投标文件,以及相关有效的补充、修改文件,招标文件要求投标人制作实物样品的,该实物样品也应作为评审的依据,除此之外,评标委员会不得再寻求其他的依据。

(2) 评标的方法。货物和服务招标采购的评标方法分为最低评标价法、综合评分法,评标委员会应按照招标文件中确定的方法进行评标。

(3) 评标的标准。评标委员会对投标人的评审标准,应与招标文件中确定的标准相一致。招标文件中未规定的评标因素不得纳入评标的范围;投标文件中有、但开标时未宣读的价格折扣或优惠,不得作为评标的优先条件。

(4) 评标过程的保密要求。招标采购单位应当采取必要措施,保证评标在严格保密的情况下进行,评标委员会成员名单在招标结果确定前必须保密。评标期间,评委不得单独与投标人联系和接触。

(四) 评标的工作程序

1. 投标文件初审

初审分为资格审查和符合性审查。

(1) 资格审查。公开招标采购项目开标结束后,采购人或者采购代理机构应当依法对投标人的资格进行审查(邀请招标采购项目,资格审查在开标之前,即通过资格审查的供应商才能参与投标),以确定投标人是否具备合格的投标资格。相关的资格证明只能是招标文件(或资格预审文件)中明确要求提供的,否则不得纳入审查范围。

(2) 符合性审查。由评标委员会依据招标文件的规定,从投标文件的有效性、完整性和对招标文件的响应程度进行审查,以确定投标文件是否对招标文件的实质性要求做出响应。招标文件中未标明的实质性要求和条件,不得作为符合性审查的内容。

对未通过资格审查或符合性审查的投标文件,评标委员会将不再进行详细评标,也不得接受投标人在开标后对投标文件的实质性修改和补交的相关资格证明文件。

通过资格审查和符合性审查的合格投标人不足3家的,不得进入评标环节。公开招标数额标准以上的采购项目,投标截止后投标人不足3家或者通过资格审查或符合性审查的投标人不足3家的,除采购任务取消情形外,按照以下方式处理:招标文件存在不合理条款或者招标程序不符合规定的,采购人、采购代理机构改正后依法重新招标;招标文件没有不合理条款、招标程序符合规定,需要采用其他采购方式采购的,采购人应当依法报财政部门批准。

2. 澄清有关问题

评标委员会对投标文件含义不明确、同类问题表述不一致或者有明显文字和计算错误的内容，应以书面形式要求投标人做出必要的澄清、说明或者纠正。投标人应根据评标委员会的要求，以书面形式对相关问题进行澄清、说明或者补正。评标委员会不一定对所有投标人作澄清要求，也不得接受投标人超出投标文件范围或者改变投标文件实质性内容的澄清。对于报价不一致的处理，应按照招标文件中规定的办法处理，不需要投标人澄清。

3. 比较与评价

评标委员会应对通过资格性和符合性审查的投标文件进行详细的评价，评标的方法和标准应与招标文件中规定的评标方法和标准相一致。招标文件中要求投标文件制作时，将商务、技术、报价文件分开制作的，可以由评标委员会对投标文件的商务、技术部分先进行比较和评价，最后结合投标人的报价，确定最终的评价；要求投标人提供实物样品的，可以先对实物样品进行编号，由评标委员会对不确定的投标人现场进行比较和评价，再结合投标人的商务、报价响应情况，得出最终的结论。评标委员会在比较与评价过程中，不得改变招标文件中规定的评标办法、标准和中标条件，也不得与投标人就投标价格、投标方案等实质性内容进行谈判。

4. 推荐中标候选供应商名单

中标候选供应商数量应当根据采购需要确定，并在招标文件中明确。评标委员会对投标文件比较与评价结束后，必须按顺序排列向采购人或采购代理机构推荐或确定中标候选供应商。

5. 编写评标报告

评标委员会根据全体评标成员签字的原始评标记录和评标结果编写评标报告。评标委员会成员对需要共同认定的事项存在争议的，应当按照少数服从多数的原则做出结论。持不同意见的评标委员会成员应当在评标报告上签署不同意见及理由，否则视为同意评标报告。

评标报告应当包括以下内容：

（1）招标公告刊登的媒体名称、开标日期和地点；

（2）投标人名单和评标委员会成员名单；

（3）评标方法和标准；

（4）开标记录和评标情况及说明，包括无效投标人名单及原因；

（5）评标结果，确定的中标候选人名单或者经采购人委托直接确定的中标人；

（6）其他需要说明的情况，包括评标过程中投标人根据评标委员会要求进行的澄清、说明或者补正，评标委员会成员的更换等。

（五）评标方法

货物和服务招标采购的评标方法分为最低评标价法、综合评分法。

1. 最低评标价法

最低评标价法是指投标文件满足招标文件全部实质性要求,且投标报价最低的投标人为中标候选人的评标方法。技术、服务等标准统一的货物服务项目,应当采用最低评标价法。采用最低评标价法评标时,除了算术修正和落实政府采购政策需进行的价格扣除外,不能对投标人的投标价格进行任何调整。

采用最低评标价法的,评标结果按投标报价由低到高顺序排列,投标报价相同的并列。投标文件满足招标文件全部实质性要求且投标报价最低的投标人为排名第一的中标候选人。

2. 综合评分法

综合评分法是指投标文件满足招标文件全部实质性要求,且按照评审因素的量化指标评审得分最高的投标人为中标候选人的评标方法。

评审因素的设定应当与投标人所提供货物服务的质量相关,包括投标报价、技术或者服务水平、履约能力、售后服务等。资格条件不得作为评审因素。评审因素应当在招标文件中规定。

评审因素应当细化和量化,且与相应的商务条件和采购需求对应。商务条件和采购需求指标有区间规定的,评审因素应当量化到相应区间,并设置各区间对应的不同分值。

评标时,评标委员会各成员应当独立对每个投标人的投标文件进行评价,并汇总每个投标人的得分。

货物项目的价格分值占总分值的比重不得低于30%,服务项目的价格分值占总分值的比重不得低于10%。执行国家统一定价标准和采用固定价格采购的项目,其价格不列为评审因素。

价格分应当采用低价优先法计算,即满足招标文件要求且投标价格最低的投标报价为评标基准价,其价格分为满分。其他投标人的价格分统一按照下列公式计算:

投标报价得分=(评标基准价/投标报价)×100

评标总得分=$F_1 \times A_1 + F_2 \times A_2 + \cdots + F_n \times A_n$

式中,F_1、F_2、$\cdots$、F_n 分别为各项评审因素的得分,A_1、A_2、$\cdots$、A_n 分别为各项评审因素所占的权重($A_1 + A_2 + \cdots + A_n = 1$)。

例1:某项目招标文件中规定投标价格的分值为 100 分,权重为 50%;技术的分值为 120 分,权重为 30%;服务的分值为 100 分,权重为 10%;信誉的分值为 80 分,权重为 10%。经评标委员会评价、打分,某投标文件各因素的得分分别为价格 80 分、技术 100 分、服务 90 分、信誉 70 分,则该投标文件的评标总得分计算如下:

评标总得分=80×50%+100×30%+90×10%+70×10%=40+30+9+7=86(分)。

在实际运用中,为简化评标得分的计算方法,提高评标的效率,招标采购单位可直接在招标文件中将各评分因素设定一定的分值,默认各评分因素的权重相等,在打分时,直接将各评分因素的得分汇总,即得出各投标文件的评标总得分。

例2：某项目招标文件中规定投标价格的分值为50分，技术的分值为35分，服务的分值为10分，信誉的分值为5分。经评标委员会评价、打分，某投标文件各因素的得分分别为价格40分、技术30分、服务9分、信誉4分，则该投标文件的评标总得分计算如下：

评标总得分＝40＋30＋9＋4＝83(分)。

值得提醒的是，价格分统一采用低价优先法计算，即满足招标文件要求且投标价格最低的投标报价为评标基准价，其价格分为满分。其他投标人的价格分统一按照下列公式计算：投标报价得分＝(评标基准价/投标报价)×价格权值×100。

评标过程中，不得去掉报价中的最高报价和最低报价。因落实政府采购政策进行价格调整的，以调整后的价格计算评标基准价和投标报价。

采用综合评分法的，评标结果按评审后得分由高到低顺序排列。得分相同的，按投标报价由低到高顺序排列。得分且投标报价相同的并列。投标文件满足招标文件全部实质性要求，且按照评审因素的量化指标评审得分最高的投标人为排名第一的中标候选人。

(六) 评标中需要注意的问题

1. 评审专家回避情形

评审专家与参加采购活动的供应商存在下列利害关系之一的，应当回避：(1) 参加采购活动前三年内，与供应商存在劳动关系，或者担任过供应商的董事、监事，或者是供应商的控股股东或实际控制人；(2) 与供应商的法定代表人或者负责人有夫妻、直系血亲、三代以内旁系血亲或者近姻亲关系；(3) 与供应商有其他可能影响政府采购活动公平、公正进行的关系。

2. 重新评审

评标结果汇总完成后，除下列情形外，任何人不得修改评标结果。一是分值汇总计算错误的，二是分项评分超出评分标准范围的，三是评标委员会成员对客观评审因素评分不一致的，四是经评标委员会认定评分畸高、畸低的。评标报告签署前，经复核发现存在以上情形之一的，评标委员会应当当场修改评标结果，并在评标报告中记载；评标报告签署后，采购人或者采购代理机构发现存在以上情形之一的，应当组织原评标委员会进行重新评审，重新评审改变评标结果的，书面报告本级财政部门。

五 定标的流程(采购人)

(一) 确定中标供应商

评标委员会可以向采购人或采购代理机构推荐中标候选人，或者根据采购人或采购代理机构的授权直接确定中标候选人。采购代理机构应当在评标结束后2个工作日内将评标报告送采购人。采购人应当自收到评标报告之日起5个工作日内，在评标报告确定的中标候选人名单中按顺序确定中标人。中标候选人并列的，由采购人或者采购人委托评标委员会按照招标文件规定的方式确定中标人；招标文件未规定的，采取随机抽取的方式确定。

采购人在收到评标报告5个工作日内未按评标报告推荐的中标候选人顺序确定中标人，又不能说明合法理由的，视同按评标报告推荐的顺序确定排名第一的中标候选人为中标人。采购人自行组织招标的，应当在评标结束后5个工作日内确定中标人。

（二）发布中标公告

采购人或者采购代理机构应当自中标人确定之日起2个工作日内，在省级以上财政部门指定的媒体上公告中标结果，招标文件应当随中标结果同时公告。中标公告期限为1个工作日。邀请招标采购人采用书面推荐方式产生符合资格条件的潜在投标人的，还应当将所有被推荐供应商名单和推荐理由随中标结果同时公告。

中标结果公告内容应当包括采购人及其委托的采购代理机构的名称、地址、联系方式，项目名称和项目编号，中标人名称、地址和中标金额，主要中标标的的名称、规格型号、数量、单价、服务要求，中标公告期限以及评审专家名单。中标公告范本详见资料7-6。

（三）发出中标通知书

在发布中标公告的同时，采购代理机构应当向中标供应商发出中标通知书（如资料8-4），并同时将中标结果通知所有未中标的投标人；中标通知书对采购人和中标供应商具有同等法律效力。采购人应当自中标通知书发出之日起30日内，按照招标文件和中标人投标文件的规定，与中标人签订书面合同。所签订的合同不得对招标文件确定的事项和中标人投标文件做实质性修改。采购人不得向中标人提出任何不合理的要求作为签订合同的条件。双方如未在中标通知书发出后30日内签订合同，受损害的一方有权追究责任方的法律责任。

资料8-4　政府采购中标通知书

GKZB2020—020

××××有限公司：

在2020年12月17日上午09:30时××招标代理公司政府采购××市行政中心视频监控系统采购项目(GKZB2020—020)招标会上，经评标后现已定标。你单位为××市行政中心视频监控系统采购项目(GKZB2020—020)中标单位，中标总价为：××××元(大写：××××元整)。请接到本中标通知书后三十日内与招标人按照招标文件和中标人的投标文件订立书面合同，提交履约保证金并履行合同内容。

××市机关事务管理局
××招标代理公司
2020年12月20日

六　无效投标、废标与终止

招标作为政府采购的一种主要方式，在正常情况下一般都能顺利进行。但在实践中,由于受到一定因素的影响,招标活动无法继续进行的现象也时常发生。在这种情况下,会用到"无效投标""废标"和"终止采购"这几个概念和处理方式。

(一) 无效投标

无效投标一般是指投标人所递交的单个投标文件经评标委员会审查,不符合招标文件对资格性、符合性的要求,从而导致评标委员会拒绝接受该投标文件。无效投标对其他投标人投标行为的有效性不直接产生影响,该招标项目可以继续进行。

无效投标的具体情形有:

(1) 应交未交投标保证金的;

(2) 未按照招标文件规定要求密封、签署、盖章的;

(3) 不具备招标文件中规定资格要求的;

(4) 评标委员会认为投标人的报价明显低于其他通过符合性审查投标人的报价,有可能影响产品质量或者不能诚信履约,而投标人不能证明其报价合理性的;

(5) 不符合法律、法规和招标文件中规定的其他实质性要求的。

(二) 废标

废标指的是在招标过程中,由于投标供应商不足法律规定的数量,采购当事人有违法违规行为或其他影响招标采购结果公平公正的,采购活动因国家政策等不可抗拒的因素无法进行等情况,经过一定程序,对于已进行的招标予以废除。废标不是对某一投标人的投标不合格所做的无效处理,而是针对整体招投标活动的,废止的是投标活动。

《政府采购法》规定废标的具体情形有:

(1) 符合专业条件的供应商或者对招标文件做实质性响应的供应商不足三家的;有效投标人不足三家,没有达到采用招标采购方式的基本要求,表明竞争性不强,难以实现招标目标。

(2) 出现影响采购公正的违法、违规行为的。在采购活动中,有可能发生下列情形:采购人与供应商串通排挤其他供应商,招标文件有歧视性条款,有供应商向采购人、采购代理机构行贿或者提供其他不正当利益,招标活动受到了干扰影响公正公平等。上述情形破坏了招标公正公平的环境,如果继续下去将严重损害相关当事人利益。

(3) 投标人的报价均超过了采购预算,采购人不能支付的;各投标人报价都超过了预算,表明投标人报价超过了采购人的支付能力,采购人无法签订合同,为避免不必要的纠纷,应停止招标活动。

(4) 因重大变故采购任务取消的。在实践中,因国家经济政策调整、压缩支出等政策因素,取消了原定的采购项目。

一般情况下,出现无效投标的情况不会引起废标,但如果无效投标的出现,造成对招标文件做实质性响应的供应商不足三家时,则会引起废标;出现废标的情况,则所有投标人的投标都可视为投标无效。

(三) 终止采购

终止采购指的是在采购工作开始(以招标公告或投标邀请书发出为标志)后,发出中标通知书或合同签订前,采购人要求停止采购流程不再招标采购的行为。

87号令第二十九条规定:采购人、采购代理机构在发布招标公告、资格预审公告或者发出投标邀请书后,除因重大变故采购任务取消情况外,不得擅自终止招标活动。终止招标的,采购人或者采购代理机构应当及时在原公告发布媒体上发布终止公告,以书面形式通知已经获取招标文件、资格预审文件或者被邀请的潜在投标人,并将项目实施情况和采购任务取消原因报告本级财政部门。已经收取招标文件费用或者投标保证金的,采购人或者采购代理机构应当在终止采购活动后5个工作日内,退还所收取的招标文件费用和投标保证金及其在银行产生的孳息。

终止采购的情形包括:

(1)因重大变故终止采购。因重大变故,采购人提出终止采购的属于合法终止招标采购。此条款中的"重大变故"应属不可抗力的范畴,即指不能预见、不能避免、不能克服的客观情况,包括自然灾害和社会突发事件,如地震、海啸、战争、疫情等情况;也包括国家政策的变化,如机构合并、撤销、缩紧预算等;同时还包括产品升级换代、产品停止生产、单位撤销、单位发生重大火灾和安全事故等等。在发出招标公告或发出招标文件(或资格预审文件)后,除非因重大变故事由,采购人不得随意终止招标采购。

(2)资格条件、需求重大变更。实践中,采购人需求有重大调整,或资格条件要求有变化的,无法通过澄清和修改来改变采购标的和资格条件,故而只能通过终止本次招标后,修改调整需求和资格条件重新组织采购。

第四节 政府采购非招标方式流程与管理

非招标方式是指政府采购活动中,除招标方式以外的所有采购方式。我国《政府采购法》规定,公开招标、邀请招标、竞争性谈判、询价、单一来源和竞争性磋商等方式为法定政府采购方式。其中公开招标、邀请招标称为招标方式,竞争性谈判、询价、单一来源和竞争性磋商等方式统称为非招标方式采购。值得注意的是,达到公开招标数额标准的货物、服务采购项目,拟采用非招标采购方式的,采购人应当在采购活动开始前,报经主管预算单位同意后,向设区的市、自治州以上人民政府财政部门申请批准。

一 竞争性谈判采购的流程

(一)制定谈判文件

采购人或采购代理机构应当根据采购项目的特点和需求编制谈判文件。谈判文件应当包括以下内容:谈判程序、采购方式、谈判原则、报价要求、响应文件编制要求和保证金交纳方式、项目商务要求、技术规格要求和数量(包括附件、图纸等)、合同主要条款及合同签订方式、评定成交的标准、提交响应文件截止时间、谈判时间及地点、财政部门规定的其他事项。

谈判文件规定的各项技术标准应当符合国家标准（包括强制性标准和行业标准）。不得要求或者标明特定的供应商或者产品，不得含有倾向性或者排斥潜在供应商的其他内容。谈判文件应当标明实质性条款。由于竞争性谈判可以通过谈判小组和供应商在谈判过程中的沟通，使采购项目的需求或供货时间更加明确，以便于采购人对采购需求进一步优化，因此，在制作谈判文件时，应尽量减少对实质性条款的要求，允许供应商在制作响应文件时有一定的自由度，扩大谈判的灵活性。

采购人或采购代理机构可以在规定的截止时间前，对谈判文件进行修改，但应以书面形式告知所有参加谈判的供应商，同时，适当顺延递交响应文件的截止时间。

（二）确定参加谈判的供应商

发出竞争性谈判公告，并提供竞争性谈判文件。通过不定向地发出竞争性谈判采购邀请，让所有愿意参加的供应商都有机会平等地参与谈判。这种做法应作为竞争性谈判采购邀请供应商的主要方式。如果确需资质预审，则采购人或采购代理机构应当在政府采购信息发布媒体发布资格预审公告征集供应商。资格预审公告应当公布采购项目的名称、数量或者采购项目的性质以及参加谈判或报价供应商应当具备的资格条件，资格预审公告的期限不得少于 3 个工作日。供应商（包括已进入政府采购供应商库的供应商）应当在资格预审公告期结束之日起 2 个工作日前，按公告要求递交资格证明文件。采购人从符合项目资格条件的供应商中随机确定不少于 5 家供应商参加谈判，采购代理机构向其提供采购文件。如合格供应商只有或不足 5 家，则应向所有供应商提供采购文件。

供应商制作响应文件的时间有以下要求。采用竞争性谈判方式采购的，自谈判文件发出之日起至参加谈判供应商递交响应文件截止之日止。未达到公开招标数额标准的项目，原则上不得少于 5 个工作日；达到公开招标数额标准的项目，原则上不得少于 10 个工作日。出现适用竞争性谈判第一种情形的除外。

（三）成立谈判小组

谈判小组由采购人代表及有关专家共 3 人以上的单数组成，其中专家人数不得少于成员总数的 2/3。对于达到公开招标数额标准以上的项目，原则上谈判小组应由 5 人以上单数组成，其中专家人数不得少于成员总数的 2/3。

参加过谈判文件征询意见的专家不得再作为谈判小组专家参加同一项目的谈判。采购人代表不得以专家身份参与本部门或者本单位采购项目的谈判。采购代理机构工作人员不得以谈判小组成员的身份参加由本机构代理的政府采购项目谈判。

（四）谈判

1. 响应文件的递交

供应商应当按照谈判文件的要求编制参加谈判的响应文件，响应文件应当对谈判文件提出的要求和条件做出实质性应答。参加谈判的供应商应当在谈判文件规定的截止时间前,将响应文件密封送达规定地点。在谈判文件要求提交响应文件的截止时间后送达的响应文件,采购人或采购代理机构应当拒收。

2. 实质性响应审查

谈判小组依据谈判文件的规定,从供应商递交的响应文件的有效性、完整性和对谈判文件的响应程度进行审查,以确定是否对谈判文件的实质性要求做出响应。未对谈判文件做实质性响应的供应商不得进入具体谈判程序。谈判开始后,在谈判文件及谈判程序符合法律规定的前提下,符合项目资格条件的供应商只有两家时,经同级政府采购监督管理部门同意,可以按照公平、公正和竞争原则,继续进行谈判采购;如果只有一家,可继续按照单一来源采购方式采购。

3. 进行谈判

谈判小组应当通过随机方式确定参加谈判供应商的谈判顺序,所有成员集中与单一供应商按照顺序分别进行谈判。谈判小组可根据供应商的报价、响应内容及谈判的情况,按谈判文件规定的谈判轮次要求各供应商分别进行报价,并给予每个正在参加谈判的供应商相同的机会。在谈判中,谈判的任何一方不得透露与谈判有关的其他供应商的技术资料、价格和其他信息。谈判过程中,采购人或采购代理机构应当指定专人负责谈判记录。最后一轮谈判结束后,谈判小组应将对谈判文件进行修改或补充的内容以书面形式通知参加谈判的供应商,供应商应当对谈判的承诺和最后报价以书面形式确认,并由法定代表人或其授权代表签署,当场交给谈判小组。

(五) 推荐成交候选供应商

供应商最后一轮谈判的报价及承诺作为谈判小组向采购人推荐成交候选供应商的依据。

谈判小组应当根据符合采购需求、质量和服务相等且报价最低的原则按顺序排列推荐成交候选供应商。如在满足采购文件需求情况下,报价高的供应商成为第一名成交候选供应商时,评审报告应当做出说明。

在推荐确定成交候选供应商之前,谈判小组认为,排在前面的成交候选供应商的最低投标价或者某些分项报价明显不合理或者低于成本,有可能影响商品质量和不能诚信履约的,应当要求其在规定的期限内提供书面文件说明理由,并提交相关证明材料,供应商不能提供有效证明或谈判小组认为其提供的理由不充分的,可拒绝接受其报价。

(六) 编写评审报告

谈判工作完成后,谈判小组应根据全体谈判成员签字的原始谈判记录和谈判结果编写评审报告,并送采购人或采购代理机构。评审报告主要内容包括:

(1) 资格预审公告刊登的媒体名称(如果有的话)、谈判日期和地点;
(2) 购买谈判文件以及参加谈判的供应商名单和谈判小组成员名单;
(3) 谈判方法和标准;
(4) 谈判记录和谈判情况及说明,包括成交和淘汰的供应商名单及原因;
(5) 谈判结果和成交候选供应商排序表;

(6) 谈判小组向采购人提出确定成交供应商的建议。

(七) 确定成交供应商

采购人应当在收到评审报告后5个工作日内,按照评审报告中推荐的成交候选供应商顺序确定成交供应商;也可以事先以书面形式授权谈判小组直接确定成交供应商。

在采购人确定成交供应商后,采购人或采购代理机构应当及时以书面形式通知成交供应商,并将采购结果以电话或其他方式通知所有参加谈判而未成交的供应商。对于达到公开招标数额标准以上的项目,还应在省级以上政府采购监督管理部门指定的政府采购信息发布媒体上公告其采购结果。

二 询价采购的流程

(一) 制定询价文件

由于询价采购的适用范围有限,多为标准化的货物,采购过程中不会出现过多的疑义,因此,采购人或采购代理机构可以对询价文件进行格式化处理,简化询价文件内容和合同条款,提高采购效率。询价文件应当包括以下内容:技术规格要求和数量(包括附件、图纸等)、报价要求、保证金交纳方式、项目商务要求、合同主要条款、成交原则、提交响应文件截止时间及地点。

(二) 确定参加询价的供应商

对于采用询价方式采购的一般性项目,采购人或采购代理机构应当在同级政府采购监督管理部门的监督下,或由本单位非该项目经办人员直接从供应商库中选择符合项目资格条件的供应商,随机确定不少于3家供应商,向其提供询价文件。

实操中,询价亦可采用公告方式邀请不特定的供应商参与报价。采购人、采购代理机构应当在省级以上人民政府财政部门指定的政府采购信息发布媒体发布询价公告。询价公告应当包括以下主要内容:

(1) 采购人、采购代理机构的名称、地点和联系方法;
(2) 采购项目的名称、数量、简要规格描述或项目基本概况介绍;
(3) 采购项目的预算;
(4) 供应商资格条件;
(5) 获取询价文件的时间、地点、方式及询价文件售价;
(6) 报价文件提交的截止时间、开启时间及地点;
(7) 采购项目联系人姓名和电话。

采取询价采购方式的,自询价文件发出之日起至规定截止之日止,不得少于3个工作日。

(三) 成立询价小组

询价小组由采购人代表及有关专家共3人以上的单数组成,其中专家人数不得少于成员总数的2/3。对于达到公开招标数额标准以上的项目,原则上询价小组应由5人以上单数组成,其中专家人数不得少于成员总数的2/3。

(四) 询价评审

1. 报价文件的递交

供应商应当按照询价文件的要求编制报价文件,报价文件应当对询价文件提出的要求和条件做出实质性应答。

参加询价的供应商应当在询价文件规定的截止时间前,将报价文件密封送达规定地点。在询价文件要求提交报价文件的截止时间后送达的报价文件,采购人或采购代理机构应当拒收。采购人或采购代理机构原则上不得接受供应商的传真报价。

2. 实质性响应审查

询价小组依据询价文件的规定,对供应商递交的报价文件进行审查,以确定是否对询价文件的实质性要求做出响应。未对询价文件做实质性响应的供应商,不得继续参与采购。

询价小组如对供应商的报价文件有疑问的,可以书面形式或者当面向供应商进行质询,质询内容不得对采购文件或报价做实质性的变更。被询价供应商的澄清、说明或者补充应当采用书面形式,由其授权的代表签字,并不得超出报价文件的范围或者改变报价文件的实质性内容。

询价开始后,在询价文件及询价程序符合法律规定的前提下,符合项目资格条件的供应商只有两家时,经同级政府采购监督管理部门同意,可以按照公平、公正和竞争原则,继续进行询价采购;如果只有一家,可继续按照单一来源采购方式采购。

3. 进行询价

询价小组将全部满足询价文件实质性要求的供应商的报价由低到高排列供应商顺序,报价相同的,按技术指标优劣顺序排列。询价期间,采购人或采购代理机构一律不得接受供应商对报价的调整。

(五) 推荐成交候选供应商

询价采购的成交原则应采取最低报价法,即在全部满足询价文件实质性要求的前提下,提出最低报价的供应商作为成交候选供应商或者成交供应商。

在推荐确定成交候选供应商之前,询价小组认为,排在前面的成交候选供应商的最低报价或者某些分项报价明显不合理或者低于成本,有可能影响商品质量和不能诚信履约的,应当要求其在规定的期限内提供书面文件说明理由,并提交相关证明材料,供应商不能提供有效证明或询价小组认为其提供的理由不充分的,可拒绝接受其报价。

(六) 编写评审报告

询价工作完成后,询价小组应根据全体成员签字的原始询价记录和询价结果编写评审报告,并送采购人或采购代理机构。评审报告主要内容包括:

(1) 项目名称、询价日期和地点;

(2) 购买询价文件以及参加询价的供应商名单和询价小组成员名单;

(3) 询价记录和评定情况及说明，包括成交和淘汰的供应商名单及原因；
(4) 询价结果和成交候选供应商排序表；
(5) 询价小组向采购人提出确定成交供应商的建议。

(七) 确定成交供应商

采购人应当在收到评审报告后 5 个工作日内，按照评审报告中推荐的成交候选供应商顺序确定成交供应商；也可以事先以书面形式授权询价小组直接确定成交供应商。

在采购人确定成交供应商后，采购人或采购代理机构应当及时发布成交公告，以通知所有参加询价的供应商。

三 单一来源采购的流程

单一来源采购指采购人从某一特定供应商处采购货物、工程和服务的采购方式。概括起来，单一来源采购有如下特点：采购对象来源渠道单一，通常只能与唯一供应商签订合同，采购环节简单，过程相对简化；单一来源采购程序简单，具有很强的时效性；此种采购方式缺乏必要的竞争，采购价格和质量可控性差。

(一) 单一来源采购的适用情形

由于单一来源采购只能由一家供应商供货，从竞争态势上看，单一来源采购方式采购人处于不利地位，所以对于这种采购方法的使用，国际上规定了严格的适用条件。我国《政府采购法》规定，符合下列情形之一的货物和服务可以采用单一来源方式采购：

(1) 只能从唯一供应商处采购。由于采购对象的限制性，采购的产品只有一家能够满足需要，且该产品没有替代品。如许多含有专用技术、专利权的产品就只能从拥有人或其授权人处采购，在此种情况下可以申请单一来源采购。

(2) 发生了不可预见的紧急情况不能从其他供应商处采购。由于采购时间的限制性，出现紧急情况，如急需要现货供应，而只有一家供应商在时间上能够满足紧急的需求。如可以从其他供应商处采购，即使时间紧急，也应该适用竞争性谈判，而不是单一来源采购。

(3) 必须保证原有采购项目一致性或者服务配套的要求，需要继续从原供应商处添购，且添购资金总额不超过原合同采购金额的百分之十。

单一来源采购方式是一种最特殊的采购方式，《政府采购法》和有关政府采购制度对单一来源采购如何确定成交。均未做出明确规定，因此，在运用单一来源采购方式采购时，确定成交应主要把握两个原则：一是保证质量，二是价格合理。

保证质量的含义一是满足采购人的技术要求，二是满足采购人数量、交货时间、服务、付款方式等方面的要求。

价格合理的标准一是不能突破采购预算，二是不能高于其他单位的采购价，三是不能比同类相近产品价格高出太多。

(二) 单一来源采购的程序

1. 单一来源专家论证

对于有些重大采购项目是否适宜采取单一来源采购,应当邀请专家进行论证。一方面可以论证采购方案是否合理,另一方面也可以详细了解拟采购项目的价格、技术性能等方面的信息。

2. 单一来源采购公示

对于达到公开招标数额标准、只能从唯一供应商处采购的项目,采购人或采购代理机构应当将有关采购信息在省级以上政府采购监督管理部门指定的政府采购信息发布媒体上公告,以听取相关供应商的意见,接受社会各界的监督。单一来源公示期不得少于5个工作日,公示内容应当包括:①采购人、采购项目名称和内容;②拟采购的货物或者服务的说明;③采用单一来源采购方式的原因及相关说明;④拟定的唯一供应商名称、地址;⑤专业人员对相关供应商因专利、专有技术等原因具有唯一性的具体论证意见,以及专业人员的姓名、工作单位和职称;⑥公示的期限;⑦采购人、采购代理机构、财政部门的联系地址、联系人和联系电话。

3. 向供应商发出单一来源采购文件

经过专家论证和单一来源公示无异议后,采购人或采购代理机构即可编制单一来源采购文件并发给供应商。采购文件应明确技术要求、数量、现场和售后服务要求、交货时间和地点、付款方式,以及合同主要条款等内容,以便供应商对照响应。

4. 成立谈判小组

采购小组的专家按照《政府采购评审专家管理办法》确定。

5. 递交响应文件

参加单一来源采购的供应商应按照采购文件的要求制作响应文件,并在规定时间、地点向采购人或采购代理机构递交响应文件。

6. 谈判

尽管只有一家供应商能够满足需求,但也必须经采购小组与供应商谈判后,才能确定是否成交。通过谈判,一方面是审核供应商对单一来源采购文件是否全部响应,未响应的,可以通过谈判协商解决,寻求双方都能够接受的方案;另一方面是审核其报价是否合理,供应商报价明显不合理,并且通过谈判仍不能低于市场平均价的,应拒绝其报价,重新尝试寻找其替代品。采购人和采购代理机构应做好谈判现场的记录工作。

7. 确定成交内容

采购人或采购代理机构应根据单一来源采购文件和供应商的响应文件,以及谈判协商的结果,确定最终的成交内容,包括商务、技术和价格等方面的内容,采购小组应就相关成交内容签署书面意见。

四 其他方式的流程

(一)竞争性磋商程序

1. 编制磋商文件

采购人或采购代理机构应当根据采购项目的特点和需求编制竞争性磋商文件(以下简称磋商文件)。磋商文件应当根据采购项目的特点和采购人的实际需求制定,并经采购人书面同意。采购人应当以满足实际需求为原则,不得擅自提高经费预算和资产配置等采购标准。

磋商文件不得要求或者标明供应商名称或者特定货物的品牌,不得含有指向特定供应商的技术、服务等条件。磋商文件应当包括供应商资格条件、采购邀请、采购方式、采购预算、采购需求、政府采购政策要求、评审程序、评审方法、评审标准、价格构成或者报价要求、响应文件编制要求、保证金交纳数额和形式以及不予退还保证金的情形、磋商过程中可能出现实质性变动的内容、响应文件提交的截止时间、开启时间及地点以及合同草案条款等。

采购人或采购代理机构可以在规定的截止时间前对磋商文件进行修改,但应以书面形式告知所有参加谈判的供应商,同时,适当顺延递交响应文件的截止时间。

2. 发布磋商公告、出售磋商文件

实操中,一般通过发布竞争性磋商公告邀请不特定的供应商参与磋商。采用公告方式邀请供应商的,采购人、采购代理机构应当在省级以上人民政府财政部门指定的政府采购信息发布媒体发布竞争性磋商公告。竞争性磋商公告应当包括以下主要内容:①采购人、采购代理机构的名称、地点和联系方法;②采购项目的名称、数量、简要规格描述或项目基本概况介绍;③采购项目的预算;④供应商资格条件;⑤获取磋商文件的时间、地点、方式及磋商文件售价;⑥响应文件提交的截止时间、开启时间及地点;⑦采购项目联系人姓名和电话。

磋商文件的发售期限自开始之日起不得少于5个工作日。磋商的"等标期"从磋商文件发出之日起至供应商提交首次响应文件截止之日止不得少于10日。磋商文件售价应当按照弥补磋商文件制作成本费用的原则确定,不得以营利为目的,不得以项目预算金额作为确定磋商文件售价的依据。

提交首次响应文件截止之日前,采购人、采购代理机构或者磋商小组可以对已发出的磋商文件进行必要的澄清或者修改,澄清或者修改的内容是磋商文件的组成部分。澄清或者修改的内容可能影响响应文件编制的,采购人、采购代理机构应当在提交首次响应文件截止时间至少5日前,以书面形式通知所有获取磋商文件的供应商;不足5日的,采购人、采购代理机构应当顺延提交首次响应文件的截止时间。

3. 成立磋商小组

磋商小组由采购人代表和评审专家共3人以上单数组成,其中评审专家人数不得少于磋商小组成员总数的2/3。采购人代表不得以评审专家身份参加本部门或本单位采购项目的评审。采购代理机构人员不得参加本机构代理的采购项目的评审。

采用竞争性磋商方式的政府采购项目,评审专家应当从政府采购评审专家库内相关专业的专家名单中随机抽取。符合相关规定情形的项目,以及情况特殊、通过随机方式难以确定合适的评审专家的项目,经主管预算单位同意,可以自行选定评审专家。技术复杂、专业性强的采购项目,评审专家中应当包含1名法律专家。

4. 磋商

(1) 响应文件的递交。供应商应当按照磋商文件的要求编制参加谈判的响应文件,响应文件应当对磋商文件提出的要求和条件做出实质性应答。参加磋商的供应商应当在磋商文件规定的截止时间前,将响应文件密封送达规定地点。在磋商文件要求提交响应文件的截止时间后送达的响应文件,采购人或采购代理机构应当拒收。

(2) 实质性响应审查。磋商小组依据磋商文件的规定,从供应商递交的响应文件的有效性、完整性和对磋商文件的响应程度进行审查,以确定是否对磋商文件的实质性要求做出响应。未对磋商文件做实质性响应的供应商,不得进入具体磋商程序。磋商开始后,在磋商文件及磋商程序符合法律规定的前提下,市场竞争不充分的科研项目、需要扶持的科技成果转化项目或者政府购买服务项目,提交最后报价的供应商只有两家时,经同级政府采购监督管理部门同意,可以按照公平、公正和竞争原则,继续进行磋商采购。

(3) 磋商。磋商小组应当通过随机方式确定参加磋商供应商的磋商顺序,所有成员集中与单一供应商按照顺序分别进行磋商。磋商小组可根据供应商的报价、响应内容及磋商的情况,按磋商文件规定的磋商轮次,要求各供应商分别进行报价,并给予每个正在参加磋商的供应商相同的机会。在磋商中,磋商的任何一方不得透露与磋商有关的其他供应商的技术资料、价格和其他信息。磋商过程中,采购人或采购代理机构应当指定专人负责磋商记录。最后一轮磋商结束后,磋商小组应将对磋商文件进行修改或补充的内容,以书面形式通知参加磋商的供应商,供应商应当对磋商的承诺和最后报价以书面形式确认,并由法定代表人或其授权代表签署,当场交给磋商小组。

5. 磋商评审及推荐成交候选供应商

经磋商确定最终采购需求和提交最后报价的供应商后,由磋商小组采用综合评分法对提交最后报价的供应商的响应文件和最后报价进行综合评分。响应文件满足磋商文件全部实质性要求且按评审因素的量化指标评审得分最高的供应商为成交候选供应商。

综合评分法评审标准中的分值设置应当与评审因素的量化指标相对应。磋商文件中没有规定的评审标准不得作为评审依据。评审时,磋商小组各成员应当独立对每个有效响应的文件进行评价、打分,然后汇总每个供应商每项评分因素的得分。

综合评分法货物项目的价格分值占总分值的比重(即权值)为30%至60%,服务项目的价格分值占总分值的比重(即权值)为10%至30%。采购项目中含不同采购对象的,以占项目资金比例最高的采购对象确定其项目属性。因艺术品采购、专利、专有技术或者服务的时间、数量事先不能确定等原因不能事先计算出价格总额的项目和执行统一价格标准的项目,其价格不列入评分因素。有特殊情况需要在上述规定范围外设定价格分权重的,应当经本级人民政府财政部门审核同意。

6. 编写评审报告

磋商工作完成后,磋商小组应当根据综合评分情况,按照评审得分由高到低顺序推

荐 3 名以上成交候选供应商,并编写评审报告。评审报告应当包括以下主要内容:

(1) 邀请供应商参加采购活动的具体方式和相关情况;

(2) 响应文件开启日期和地点;

(3) 获取磋商文件的供应商名单和磋商小组成员名单;

(4) 评审情况记录和说明,包括对供应商的资格审查情况、供应商响应文件评审情况、磋商情况、报价情况等;

(5) 提出的成交候选供应商的排序名单及理由。

7. 确定成交供应商

采购人应当在收到评审报告后 5 个工作日内,按照评审报告中推荐的成交候选供应商顺序确定成交供应商,也可以事先以书面形式授权磋商小组直接确定成交供应商。

在采购人确定成交供应商后,采购人或采购代理机构应当及时以书面形式通知成交供应商,并将采购结果以电话或其他方式通知所有参加磋商而未成交的供应商。对于达到公开招标数额标准以上的项目,还应在省级以上政府采购监督管理部门指定的政府采购信息发布媒体上公告其采购结果。

(二) 协议供货(定点采购)程序

(1) 确定供应商。根据市场情况和实际需要,每年或每两年确定 2～3 家中标供应商、若干品牌,每一品牌确定若干系列的型号(技术规格),保证采购人能在一定的范围内自主选择采购所需的商品品牌、型号和中标供应商。根据财政部和国家发展和改革委员会颁发的《节能产品政府采购实施意见》,应优先考虑采购节能产品。

(2) 实施采购。采购人根据财政批复的政府采购预算和政府采购网站公布的供应商各项具体承诺,直接与协议供货供应商接洽,确定需购买设备的品牌、机型、价格及售后服务条款等。公布的中标价格为最高限价,采购人应"货比三家",充分比较各品牌设备的性能、服务,并对成交价格按不高于公布的中标价格商谈确定。采购单位和供货商签订《市政府采购协议供货合同》。合同文本分别由采购单位、供货商、政府采购中心留存,政府采购中心联由供应商于每月度结束后 7 个工作日内汇总报送政府采购中心审核确认。

(3) 确立适应市场变化情况的价格调整机制。中标供应商的投标价和折扣率为采购实施时的最高限价和最低折扣,中标货物的市场统一公开销售价下调时,中标供应商必须同幅下调投标价并及时将调整情况上报采购中心,中标货物的市场统一公开销售价上调和按季替换新品需重新确定价格的,采购中心以不低于中标时的同项折扣率为原则审查确认。采购中心将随时抽查协议供货价格情况,发现未按规定及时进行价格调整或协议供货价格明显高于市场平均价格的,将暂停上网公布协议供货价格,同时作为不诚信记录列入下一年度协议供货招标评审因素。

(4) 建立"政府采购协议采购管理系统",协议供应商可以通过政府采购网站登录该系统,协议供应商具有签写/修改合同的权限,并对产品进行管理。采购单位可通过登录该系统查看相应的合同。

(5) 组织验收。采购单位对采购货物按技术规格要求和质量标准组织验收,验收合格后及时结清货款,并填写《市政府采购协议供应(货)商诚信评价表》,报送政府采购中心备案,完成采购。

(6) 付款方式。集中支付的,由供应商按月汇总在月终后7日内向采购中心提出拨付申请。采购中心按照资金直接支付程序,审查政府采购协议采购供货单、政府采购协议供货合同、发票、验收单等,办理资金拨付手续;使用单位自筹资金或使用财政已拨入采购人银行账户资金的,由采购人按合同约定直接向协议供货经销商支付资金,不得无故拖延和拖欠。

(三) 网上商城采购程序

(1) 选定商品。采购单位凭注册账号或数字证书登陆政府采购网上商城,以满足采购需求为前提,以"物有所值"及低价优先为原则,查询并确定意向商品。

(2) 确认下单。采购单位确认商品后放入购物车,登记送货地址、联系人、支付信息、发票要求、付款方式、服务要求等,进一步补充完善采购需求后下采购订单。采购订单作为采购单位的要约,一次性将所有需求在订单内予以明确,采购订单一旦确定,采购单位不得在后续采购活动中提出超出订单内容的要求。

(3) 接受订单。供应商根据采购单位的订单内容决定是否接受采购单位的订单。供应商拒绝采购单位的订单时,采购单位可重新选择商品下单。

(4) 合同签订。供应商接受订单后,政府采购网上商城自动按照电子订单确定的商品信息、服务内容、价格、数量、交货期限等事项生成电子合同,采购单位及供应商应及时确认盖章,并进行合同备案。

(5) 供应商履约。合同签订后,供应商根据电子订单填写的商品信息及送货地址送货或提供服务。采购单位及成交供应商必须严格按合同规定履行义务,双方不得向对方提出超越合同以外的其他要求。

(6) 验收评价。采购单位收到商品后,按照合同约定及时进行商品验收,在政府采购网上商城中确认验收并对商品及供应商履约的情况进行评价。

(7) 资金支付。采购单位根据合同约定的支付方式,在收到发票后及时将采购资金支付给供应商。对于约定一次性支付的,应在验收评价后45日内将采购资金全额支付给供应商,如采购单位与供应商在合同中另行约定则按照其约定执行。

五 政府采购方式的探讨

2020年12月,财政部公布的《中华人民共和国政府采购法(修订草案征求意见稿)》(以下简称《征求意见稿》)将现行《政府采购法》中公开招标、邀请招标、竞争性谈判、单一来源采购、询价以及国务院政府采购监督管理部门认定的其他采购方式整合调整为招标、竞争性谈判、询价、单一来源采购、框架协议采购以及国务院政府采购监督管理部门认定的其他采购方式。《征求意见稿》不再强调"公开招标应作为政府采购的主要采购方式"。这将有助于解决实践中过度强调公开招标,制度灵活性不足,采购效率和满意度较低等问题。同时,采购程序较简易的框架协议采购被列为法定采购方式之一,也有利于在满足个性化需求和采购便捷化的同时,实现较好的规模效益和采购效率。

(一)竞争性谈判与竞争性磋商方式的"合并"

为了进一步深化政府采购制度改革,《征求意见稿》将现有的竞争性谈判和竞争性磋商方式进行了合并,形成了新的"竞争性谈判"方式。该方式类似于公开招标,其评定成交方法分为最低评标价法和综合评分法。

《征求意见稿》对竞争性谈判的适用情形也做出了调整,即符合下列情形之一的,可以采用竞争性谈判方式采购:

(1)技术复杂或者性质特殊,不能预先确定详细规格、具体要求或者不能事先计算出价格总额的;

(2)需要通过谈判确定项目设计方案、解决方案的;

(3)新技术、新产品的订制、订购项目需要通过谈判确定采购目标及成本分担、成果激励机制的;

(4)政府和社会资本合作、政府购买服务中提供长期运营服务的项目,需要通过谈判确定服务标准以及物价变动、融资、自然灾害等风险应对方案的;

(5)采用招标所需时间不能满足用户紧急需要的。

《征求意见稿》中竞争性谈判方式的程序与现行《政府采购法》的程序基本一致。

(二)框架协议采购方式

2020年12月,财政部在公布《中华人民共和国政府采购法(修订草案征求意见稿)》之后,随即公布了《政府采购框架协议管理暂行办法(征求意见稿)》,这两个文件均提出了一个全新的政府采购方式——框架协议采购。

1. 概念

框架协议采购是指采购人或者集中采购机构针对一定时期内的采购需求,通过公开征集的方式,确定多个符合条件的供应商入围并与之签订框架协议,在实际需求发生时,由采购人或者公共服务项目的服务对象按照框架协议约定的规则,在入围供应商范围内确定成交供应商并授予合同的采购方式。

2. 适用情形

(1)集中采购目录以内品目,采购人需要多频次采购且单笔采购金额低于政府采购限额标准的;

(2)未纳入集中采购目录的品目,同一品目或同一采购项目年度采购预算超过政府采购限额标准,采购人自身需要多频次采购且采购数量、采购时间等不确定,单笔采购金额低于政府采购限额标准,由多家供应商承接有利于项目实施和提高项目绩效的;

(3)确定多家供应商由服务对象自主选择的公共服务项目。

(三)程序

框架协议采购方式的操作程序大致与公开招标类似,也分为需求编制、签订委托协议(如为代理采购)、编制征集文件、发布征集公告、响应文件编制与递交、响应文件开启、评审、确定入围供应商、签订入围框架协议和授予合同(正式采购协议)等阶段。

第九章 政府采购合同管理

第一节 政府采购合同的概念与特点

一 民事合同与行政合同

合同,又称契约,是当事人之间设立、变更、终止民事关系的协议。合同有广义和狭义之分。广义的合同概念是指以确定权利、义务内容的协议,不仅包括民法上的债权合同、物权合同和身份合同,而且包括国家法上的国家合同、行政法上的行政合同和劳动法上的劳动合同等。狭义的合同概念是将合同视为民事合同,即确立、变更、终止民事权利义务的合同。在认识政府采购合同前有必要将民事合同与行政合同进行比较分析。

民事合同是一种民事法律行为。民事法律行为是民事主体实施的能够引起民事权利和民事义务的设立、变更、终止的合法行为;由于合同是一种民事法律行为,因此民法关于民事法律行为的一般规定,如民事法律行为的生效要件、民事行为的无效和撤销等,均可适用于合同。

行政合同是指行政主体之间或行政主体与相对人之间,为实现国家行政管理的某些目标,依双方意思表示一致,而确立、变更或消灭相互权利与义务而依法签订的协议。行政合同具有以下特征:

(1) 行政合同当事人中一方必定是行政主体。在行政合同中,一方是从事行政管理、执行公务的行政主体,另一方是行政管理相对人。

(2) 行政合同的内容是为了公共利益而执行公务,具有公益性。行政合同是为履行公法上的权利和义务而签订的,行政合同签订的目的是执行公务,实现特定的国家行政管理目标。

(3) 行政合同中当事人并不具有完全平等的法律地位。行政合同的双方当事人具有内在的不平等性,行政主体一方承载了国民的公共利益、集体利益,所以,与普通民事合同相比,它的主体显然具有不平等性。行政合同的履行、变更或解除中,行政主体享有行政优益权。即在行政合同的履行、变更或解除中,行政主体对其与公民、法人、其他组织签订的合同,可以根据国家行政管理的需要,单方加以变更或解除。当然,由于单方变更、解除合同而使对方受到损失的,应予以补偿或赔偿。

(4) 合同订立的原则不同。民事合同只要不违反法律、法规的强制性规定,则双方当事人缔约自由，合同内容自由。而行政合同要考虑公共事务职能特点，如民事合同当事人的众多自由行政合同当事人都不享有。

二 政府采购合同的概念

政府采购合同是指采购人与供应商之间确定权利和义务关系的协议，即实行预算管理的国家机关、事业单位和团体组织为实现其职能，以消费者的身份使用财政性资金而签订的获得货物、工程和服务的法律文件。

《政府采购法》明确规定，政府采购合同适用《中华人民共和国民法典》，明确了政府采购合同属于一种民事合同的性质。因此，采购人通过一系列政府采购程序和规定确定中标或成交供应商之后，应当按平等、自愿的原则以合同的方式约定双方的权利和义务。

三 政府采购合同的特征

政府采购合同有一定的特殊性，具体特征如下：

（一）合同双方特的定性

采购人是依法进行政府采购的国家机关、事业单位、团体组织。供应商是具备法定条件的法人、组织或者自然人。按《政府采购法》的规定，政府采购活动的供应商应当具有独立承担民事责任的能力，具有良好的商业信誉和健全的财务会计制度，具有履行合同所必需的设备和专业技术能力，有依法缴纳税款和社会保障资金的良好记录，参加政府采购活动前三年内，在经营活动中没有重大违法记录等。

（二）合同主体地位的两重性

首先，在对合同的管理上表现为合同主体地位的不平等性。政府采购合同从其订立、履行到终止的整个过程中，法律都赋予了采购人对供应商资格的审查权，并且做了严格的规定。

其次，在合同的履行和责任的承担上表现为合同主体地位的平等性。《政府采购法》规定，双方应当按照平等、自愿的原则约定，不得擅自变更、中止或终止合同。

（三）合同目的的公益性

采购人订立采购合同的目的并不是营利，而是满足社会公共利益需求。采购人在对采购什么、采购多少、向谁采购等事项进行决策时，不是体现个人的偏好，而是以社会公共利益为最终目的。

（四）合同资金来源的财政性

政府采购合同是一种有偿合同，采购人在从供应商处获取货物、工程或服务的同时，必须向供应商支付约定的价款。采购人采购对象是为履行政府管理社会经济生活职能的需要，其资金主要为财政性资金。

（五）公开性

政府采购合同的公开性和透明度很高，从签订前的招标投标，到签订时的合同备案，签订后的合同履行,都置于公众的监督之下。

由于政府采购合同主体、资金来源、合同订立程序有别于一般的民事合同,《政府采购法》在合同订立、合同的履行、合同管理方面做出了一些特别的规定,因此政府采购合同是特殊的民事合同,其签订有特别要求。

四 政府采购合同的内容

政府采购合同的内容表现为合同条款。我国《政府采购法》规定,政府采购合同的必备条款由国务院政府采购监管部门和国务院有关部门确定。政府采购合同必备条款应包括以下内容:

(1) 标题;
(2) 合同标的;
(3) 合同数量、质量和价款;
(4) 权利和义务;
(5) 交货和验货;
(6) 资金支付;
(7) 履约保证金交纳;
(8) 合同变更、中止和终止;
(9) 合同争议解决;
(10) 特殊条款;
(11) 其他条款。

在政府采购实务中,采购机构一般都提供政府采购合同格式文本,采购当事人签订合同时逐条审议即可。其格式文本见资料9-1。

资料9-1 ××市政府采购合同

合同编号:
政府采购计划号:

采购人: (以下称甲方)　　供应商: (以下称乙方)
住所地:　　　　　　　　　　住所地:
采购代理机构:××市政府采购中心

根据《中华人民共和国政府采购法》《中华人民共和国民法典》等法律法规的规定,甲乙双方按照××市政府采购中心的招标结果签订本合同。

第一条　合同标的　乙方根据甲方需求提供下列货物:
货物名称、规格及数量详见"供货一览表"。

第二条　合同总价款　本合同项下货物总价款为_____(大写)元人民币,分项价款在"投标报价表"中有明确规定。

本合同总价款是货物设计、制造、包装、仓储、运输、安装及验收合格之前及保修期内备品备件发生的所有含税费用。

本合同总价款还包含乙方应当提供的伴随服务/售后服务费用。

本合同执行期间合同总价款不变。

第三条 组成本合同的有关文件 下列关于×××市政府采购_____号的招投标文件或与本次采购活动方式相适应的文件及有关附件是本合同不可分割的组成部分,与本合同具有同等法律效力,这些文件包括但不限于:

(1) 乙方提供的投标文件和投标报价表;

(2) 供货一览表;

(3) 交货地点一览表;

(4) 技术规格响应表;

(5) 投标承诺;

(6) 服务承诺;

(7) 中标或成交通知书;

(8) 甲乙双方商定的其他文件。

第四条 权利保证

乙方应保证甲方在使用该货物或其任何一部分时不受第三方提出侵犯其专利权、版权、商标权或其他权利的起诉。一旦出现侵权,乙方应承担全部责任。

第五条 质量保证

1. 乙方所提供的货物的技术规格应与招标文件规定的技术规格及所附的"技术规格响应表"相一致;若技术性能无特殊说明,则以国家有关部门最新颁布的标准及规范为准。

2. 乙方应保证货物是全新、未使用过的原装合格正品,并完全符合合同规定的质量、规格和性能的要求。乙方应保证其提供的货物在正确安装、正常使用和保养条件下,在其使用寿命内具有良好的性能。货物验收后,在质量保证期内,乙方应对由于设计、工艺或材料的缺陷所发生的任何不足或故障负责,所需费用由乙方承担。

第六条 包装要求

1. 除合同另有规定外,乙方提供的全部货物均应按标准保护措施进行包装。该包装应适应于远距离运输、防潮、防震、防锈和防野蛮装卸,以确保货物安全无损运抵指定地点。由于包装不善所引起的货物损失均由乙方承担。

2. 每一包装单元内应附详细的装箱单和质量合格凭证。

第七条 交货和验收

1. 乙方应按照本合同或招投标文件规定的时间和方式向甲方交付货物,交货地点由甲方指定。

如招标文件对交货时间未做明确规定,则乙方应当在_____(日期)前将货物交付甲方。

2. 乙方交付的货物应当完全符合本合同或者招投标文件所规定的货物、数量和规格要求。乙方不得少交或多交货物。乙方提供的货物不符合招投标文件和合同规定的,甲方有权拒收货物,由此引起的风险由乙方承担。

3. 货物的到货验收包括型号、规格、数量、外观质量及货物包装是否完好。

4. 乙方应将所提供货物的装箱清单、用户手册、原厂保修卡、随机资料及配件、随机工具等交付给甲方;乙方不能完整交付货物及本款规定的单证和工具的,视为未按合同约定交货,乙方负责补齐,因此导致逾期交付的,由乙方承担相关的违约责任。

5. 甲方应当在到货后的_____个工作日内对货物进行验收;需要乙方对货物或系统进行安装调试的,甲方应在货物安装调试完毕后的_____个工作日内进行质量验收。验收合格的,由甲方签署验收单并加盖单位公章。招标文件对检验期限另有规定的,从其规定。

6. 货物和系统调试验收的标准:按行业通行标准、厂方出厂标准和乙方投标文件的承诺(详见合同附件载明的标准,并不低于国家相关标准)。

第八条 伴随服务/售后服务

1. 乙方应按照国家有关法律法规规章和"三包"规定以及合同所附的"服务承诺"提供服务。

2. 除前款规定外,乙方还应提供下列服务:

(1) 货物的现场安装、调试和/或启动监督;

(2) 就货物的安装、启动、运行及维护等对甲方人员进行免费培训。

3. 若招标文件中不包含有关伴随服务或售后服务的承诺,双方做如下约定:

3.1 乙方应为甲方提供免费培训服务,并指派专人负责与甲方联系售后服务事宜。主要培训内容为货物的基本结构、性能,主要部件的构造及处理,日常使用操作、保养与管理,常见故障的排除,紧急情况的处理等,如甲方未使用过同类型货物,乙方还需就货物的功能对甲方人员进行相应的技术培训,培训地点主要在货物安装现场或由甲方安排。

3.2 所购货物若为电脑则由乙方提供至少 3 年的整机保修和系统维护;若为其他货物则按生产厂家的标准执行,但不得少于 1 年(请分别列出_____);保修期自甲方在货物质量验收单上签字之日起计算,保修费用计入总价。

3.3 保修期内,乙方负责对其提供的货物整机进行维修和系统维护,不再收取任何费用,但不可抗力(如火灾、雷击等)造成的故障除外。

3.4 货物故障报修的响应时间:工作日期间(星期一至星期五 8:00~18:00)为_____;非工作日期间为_____。

3.5 若货物故障在检修 8 工作小时后仍无法排除,乙方应在 48 小时内免费提供不低于故障货物规格型号档次的备用货物供甲方使用,直至故障货物修复。

3.6 所有货物保修服务方式均为乙方上门保修,即由乙方派员到货物使用现场维修,由此产生的一切费用均由乙方承担。

3.7 保修期后的货物维护由双方协商再定。

第九条 履约保证金

1. 卖方在签订本合同之日,向甲方或甲方指定的机构提交履约保证金_____元。

2. 履约保证金的有效期为甲乙双方签署验收单后的_____天。

3. 如乙方未能履行合同规定的义务,甲方有权从履约保证金中取得补偿。

4. 履约保证金扣除甲方应得的补偿后的余额在有效期满后_____天内退还乙方。

第十条 货款支付

1. 本合同项下所有款项均以人民币支付。

2. 如本合同项下的采购资金系甲方自行支付,乙方向甲方开具发票,甲方在签署验收单后的 15 个工作日内付款。

3. 如合同项下的采购资金系财政拨款资金,在乙方向××市政府采购中心提交下列文件后的 15 个工作日内由××市财政局拨付款项:

(1) 经甲方盖章确认的发票复印件;

(2) 经甲方签署的验收单;

(3) 合同副本。

4. 以上 2、3 款款项的支付进度以招标文件的有关规定为准。如招标文件未做特别规定,则付款进度应符合如下约定:

上述第 2 或第 3 款均仅支付至合同总价的_____%,余款_____%作为质量保证金于货物或系统运行满一年后的_____个工作日内付清。

第十一条 违约责任

1. 甲方无正当理由拒收货物、拒付货物款的,由甲方向乙方偿付合同总价的 5%作为违约金。

2. 甲方未按合同规定的期限向乙方支付货款的,每逾期 1 天甲方向乙方偿付欠款总额的 5‰作为滞纳金,但累计滞纳金总额不超过欠款总额的 5%。

3. 如乙方不能交付货物,甲方有权扣留全部履约保证金,同时乙方应向甲方支付合同总价 5%的违约金。

4. 乙方逾期交付货物的,每逾期 1 天,乙方向甲方偿付逾期交货部分货款总额的 5‰的滞纳金。如乙方逾期交货达_____天,甲方有权解除合同,解除合同的通知自到达乙方时生效。

5. 乙方所交付的货物品种、型号、规格不符合合同规定的,甲方有权拒收。甲方拒收的,乙方应向甲方支付货款总额 5%的违约金。

6. 在乙方承诺的或国家规定的质量保证期内(取两者中最长的期限),如经乙方两次维修或更换,货物仍不能达到合同约定的质量标准,甲方有权退货,乙方应退回全部货款,并按第 3 款处理,同时,乙方还须赔偿甲方因此遭受的损失。

7. 乙方未按本合同第九条的规定向甲方交付履约保证金的,应按应交付履约保证金的_____%向甲方支付违约金,该违约金的支付不影响乙方应承担的其他违约责任。

8. 乙方未按本合同的规定和"服务承诺"提供伴随服务/售后服务的,应按合同总价款的_____%向甲方承担违约责任。

9. 乙方在承担上述 4~7 款一项或多项违约责任后,仍应继续履行合同规定的义务(甲方解除合同的除外)。甲方未能及时追究乙方的任何一项违约责任并不表明甲方放弃追究乙方该项或其他项违约责任。

第十二条 合同的变更和终止

除《政府采购法》第 49 条、第 50 条第二款规定的情形外,本合同一经签订,甲乙双方不得擅自变更、中止或终止合同。

第十三条 合同的转让

乙方不得擅自部分或全部转让其应履行的合同义务。

第十四条 争议的解决

1. 因货物的质量问题发生争议的,应当邀请国家认可的质量检测机构对货物质量进行鉴定。货物符合标准的,鉴定费由甲方承担;货物不符合质量标准的,鉴定费由乙方承担。

2. 因履行本合同引起的或与本合同有关的争议,甲、乙双方应首先通过友好协商解决,如果协商不能解决争议,则采取以下第_____种方式解决争议:

(1) 向甲方所在地有管辖权的人民法院提起诉讼;

(2) 向_____仲裁委员会按其仲裁规则申请仲裁。

3. 在仲裁期间,本合同应继续履行。

第十五条 合同生效及其他

1. 本合同自签订之日起生效。

2. 本合同一式_____份,甲乙双方各执_____份,_____份交政府采购中心存档,_____份报送政府采购监督管理部门备案。

3. 市政府采购中心为甲方的采购代理机构,根据甲方的授权代其采购确定乙方为中标单位,但不承担本合同规定的甲方的权利和义务。

4. 本合同应按照中华人民共和国的现行法律进行解释。

甲方(采购人):　　(盖章)	乙方(供应商):　　(盖章)
法定代表人:	法定代表人:
委托代理人:	委托代理人:
电话:	电话:
开户银行:	开户银行:
账号:	账号:
单位地址:	单位地址:
日期:　　年　　月　　日	日期:　　年　　月　　日

采购代理机构:××市政府采购中心
项目负责人:
日期:　　年　　月　　日

第二节　政府采购合同的签订与履行

一　政府采购合同签订的原则

政府采购合同作为特殊的民事合同,既要适用《民法典》,也要遵守《政府采购法》的有关规定。采购人和供应商必须在平等、自愿的原则下约定双方的权利和义务。尤其是采购人多是政府部门,再加上是买方市场,客观上采购人处于强势地位,在签订合同中要摆正位置,按照平等自愿原则,按照采购文件的约定,不得强加不公平、不合理的条款。

二　政府采购合同签订的要求

《政府采购法》对政府采购合同做了一些特别规定。

(一)合同签订的时间要求

《政府采购法》明确规定采购人与中标、成交供应商应当在中标、成交通知书发出之日起三十日内,按采购文件确定的事项签订政府采购合同。采购人或采购代理机构按照法定的方式和程序办理有关政府采购事宜,包括确定中标、成交供应商。中标、成交通知书发出后,采购人与供应商都需要有一段时间准备,特别是委托采购代理机构代理采购项目，采购人更需要一定时间对采购代理机构送交的有关采购文件进行研究和熟悉，如有必要，还需要对中标、成交供应商进一步了解和考察。当然，签订政府采购合同的时间也不能没有限制，法律规定了三十日的期限，因此采购人在与供应商达成协议后，必须在法定的时间期限内尽快与中标、成交供应商签订政府采购合同。签订政府采购合同只是采购人和供应商对采购结果的书面确认，有关事项在采购文件中都已具体确定，因此，采购人与中标、成交供应商必须按照采购文件确定的事项签订政府采购合同。

（二）合同签订的形式要求

根据《民法典》规定，当事人订立合同可以有书面形式、口头形式和其他形式。《政府采购法》规定政府采购合同应当用书面形式，因此政府采购合同排除其他两种合同形式。书面形式是指合同书、信件和数据电文（包括电报、电传、传真、电子数据交换和电子邮件）等有形表现所载内容的形式。尽管书面合同可有以上多种形式，但通常都是当事人双方对合同有关内容进行协商订立的并由双方签章的合同书文本，政府采购合同多采用合同书这种书面形式。在实际操作中，大多数政府采购项目都使用政府采购合同格式文本。（参见资料9-1）

（三）合同签订的备案要求

政府采购项目的采购合同自签订之日起7个工作日内，采购人应当将合同副本报同级政府采购监督管理部门和有关部门备案。政府采购合同是依法开展政府采购项目的采购活动获得结果的书面记录，采购人、采购代理机构是否按照规定采用法定的采购方式，是否执行法定的采购程序，政府采购是否严格按照批准的预算执行等，在政府采购合同中都有所表现，因此，政府采购合同是各级政府财政部门和其他有关部门对政府采购活动实施监督的重要依据。同时，采购人与中标供应商签订政府采购合同后，要按照合同约定和政府采购资金管理的有关规定，向同级财政部门申请拨付应当支付给供应商的价款或报酬，因此，政府采购合同也是各级财政部门审核拨付政府采购资金的重要依据。为了加强财政部门和其他有关部门对政府采购活动的监督，有利于财政部门及时调度和审核拨付政府采购资金，应当在规定的期限内就政府采购合同向财政部门和其他有关部门备案。

（四）合同签订主体的要求

采购代理机构接受采购人委托签订政府采购合同，一般情况下以采购人名义与供应商签订合同。按照《政府采购法》规定，采购人可以委托采购代理机构代表其与供应商签订政府采购合同。由采购代理机构以采购人名义签订合同的，应当提交采购人的授权委托书作为合同附件。

三 政府采购合同变更、中止和终止

采购人与供应商签订政府采购合同，双方当事人不得擅自变更、中止和终止合同，但当合同履行中出现了损害国家或社会利益的情形，双方当事人应变更、中止和终止合同。

(一) 政府采购合同变更

政府采购合同的变更是指政府采购合同成立后，当事人在原合同的基础上对合同内容进行修改和补充。政府采购合同变更不应是大幅度的实质性内容的变更，否则会造成对招标过程的回避。政府采购合同变更较常见的是签订补充合同。在签订补充合同时，要注意《政府采购法》对补充合同的要求。一是签订政府采购补充合同的时间要求是政府采购合同正在履行中，如果合同履行完毕，采购人就不能再与供应商签订补充合同；二是政府采购补充合同的内容要求，补充合同的标的必须与原合同标的相同，除了数量及金额条款改变外，不得改变原合同的其他条款；三是政府采购补充合同金额要求，采购人需要追加与原合同标的相同的货物、工程或者服务项目，可能是一次性，也可能是多次需要，但无论签订多少补充合同，所有补充合同的累计金额不得超过原合同采购金额的百分之十；四是补充合同也需要在规定时间送达政府采购监管部门和其他有关部门备案。

(二) 政府采购合同中止

中止是采购合同签订后，采购机关发现供应商存在欺骗等，为保护招标方利益、完成法律审查以前采取的一种紧急措施。

合同中止应按有关法律程序进行。采购机构发现需要中止合同的情形后，应将调查报告或问题提交监管机构以做出决定。中止决定做出后，应立即通知合同双方当事人，告知中止原因、后果等有关事项。

(三) 政府采购合同终止

政府采购合同因具备法定情形和当事人约定的情形，政府采购债权、债务归于消灭，债权人不再享有政府采购合同的权利，债务人不必再履行政府采购合同的义务。如合同按约定履行完成，政府采购合同自动终止。因违法行为而取消合同，如果供应商不按合同规定履行义务，如未能按期交货等，合同均终止。针对采购合同终止后引起的法律责任，处理这一问题的基本原则就是使无过错一方不受损失。

四 政府采购合同违约处理

为保证合同的有效履行，在政府采购实务中，建立了履约保证金制度。履约保证金制度约束项目中标人，以保证合同有效并如期履行，即让中标人在合同执行前交纳一定数额的履约保证金，根据合同要约随时考核验收，否则将会没收或部分扣除履约保证金。对中标人是个很好的约束措施。履约保证金是保证合同有效执行的主要控制方式之一，在执行过程中要注意几点。一是采购人的行为要合法。履约保证金是对中标人的单方面控制，但在目前诚信制度建立不完善的条件下，是不得已而为之的方法。此时采购人一定要严格按法律法规履行义务，不能以履约保证金对供应商苛刻要求，要保持公心、廉心与包容心。二是供应商要把握好正确履约与有效维权之间的关系。履约是供应商的义务，维权是供应商的权利，要善于在两者之间寻找到平衡点。

在政府采购实务中供应商的违约原因是多方面的。有的是采取不正当的竞争行为以低价谋取中标，中标后又不能履约；有的是签订合同中采购人提出了不合理的条款，中标方难以接受，但又不愿意与采购人对簿公堂，只好无奈放弃。在实际工作中应以事实为依据，以法律为准绳，依法有理地维护自己的权益。

第三节 政府采购合同的履约验收与结算

一 政府采购合同履约验收

采购人经过编制采购计划和预算，委托采购代理机构以适当的方式和程序，选择成交供应商并与之签订合同，直到合同履约完毕，能否最终取得符合其需求的货物、工程或服务，取决于供应商是否完全履行合同约定的义务。因此，采购人必须要对供应商履约情况进行验收。《政府采购法》第四十一条对验收做了具体规定。采购人应当高度重视，依法组织好本单位政府采购项目的验收工作。

(一) 合同履约的验收

验收前，采购人应当根据采购项目的具体情况，成立验收小组，并确定主验人和监验人。大型复杂的政府采购项目，采购人应当邀请国家认可的质量检测机构参加验收工作。

验收时，验收人员应根据合同条款认真核对，现场检验设备运行状况或货物、服务的质量，同时做好验收记录，由验收小组成员共同签字。验收合格后，验收人员应在验收书、验收单和发票复印件上签名并加盖单位公章，以表明采购人已认可并接受了供应商对采购合同的履行结果。验收不合格不签章。

(二) 合同履约验收的注意事项

(1) 采购人应加强政府采购合同履约验收工作，指定专人负责验收工作。采购人员应邀请本单位具备与采购项目相关的专业及实践经验的人员参加，本单位专业技术人员不足的，应邀请本单位以外的相关技术人员参加验收。也可委托采购代理人组织验收，但必须出具委托书，并在合同中注明。此外，采购代理机构有责任协助采购人实施验收，对一些特殊项目，集中采购机构和采购人应共同验收。直接参与该项政府采购的主要责任人不得作为验收主要负责人。

(2) 采购人应当在到货或者服务结束后或采购合同约定的期限内组织验收。验收过程要制作验收备忘录，并签署验收意见。对大型政府采购项目应出具书面验收报告。验收结束后，验收人员及验收主要负责人应当在采购验收书上签具验收意见并签名，同时将采购验收书报市政府采购办公室备案，作为支付合同价款的必要文件。

(3) 政府采购合同的履约验收必须严格依合同的约定进行。验收结果不符合合同约定的,采购单位应当通知供应商限期达到合同约定的要求。给采购单位或采购代理人造成损失的,供应商应当承担赔偿责任。供应商有违反政府采购合同的行为,采购单位或采购代理机构应当将有关供应商违约的情况以及拟采取的措施以书面形式及时报告采购机构。采购机构应组织调查,并对违约情况进行通报。

（4）采购人的验收不得无故拖延。在政府采购实践中,常常会遇到采购人对验收工作不及时或拖延的现象,作为供应商可以在合同条款中明确验收的时间要求及违约责任等,采购人无正当理由拖延或拒绝接收、验收和付款等违反合同约定的,应承担相应责任。供应商可以及时向政府采购监管部门和集中采购机构反映,以获取它们的帮助。政府采购监管部门在日常监管中可以制定包括明确验收时间在内的一些制度来约束采购人的验收行为。

（5）采购人在使用过程中发现有严重的质量问题、假冒伪劣产品等重大可疑情况的,以及在维护、维修等售后服务方面违反合同约定或服务规范要求的,可以按合同约定主张自己的权利,并及时书面向采购代理机构或有关监督管理部门反映。采购人履约验收发现问题未向集中采购机构反映,私自与供应商协商改变中标、成交结果,造成损失的,由采购人自行负责,并承担相应责任。

二 政府采购合同结算

政府采购资金是指采购人依照《政府采购法》规定开展采购活动所需要的采购项目资金,包括财政性资金和与之配套的非财政性资金。政府采购资金实行财政直接拨付和单位支付相结合,统一管理,统一核算,专款专用。

目前,财政安排的采购资金及与之配套的其他采购资金按照"专户储存、先存后支、专款专用"原则进行管理。政府采购资金一般实行"政府采购资金专户"管理,由专户负责采购资金的统一结算和直接拨付工作。

政府采购资金财政直接拨付分为三种方式,即财政全额直接拨付方式、财政差额直接拨付方式及采购卡支付方式。

全额拨付方式是指财政部门和采购机关按照先集中后支付的原则,在采购活动开始前,采购机关必须先将单位自筹资金和预算外资金汇集到政府采购资金专户。需要支付资金时,财政部门根据合同履行情况,将预算资金、已经汇集的单位自筹资金和预算外资金,通过政府采购资金专户一并拨付给中标供应商。

差额拨付方式是指财政部门和采购机关按照政府采购拼盘项目合同中约定的各方负担的资金比例,分别将预算资金和预算外资金及单位自筹资金支付给中标供应商。采购资金全部为预算资金的采购项目也实行这种支付方式。

采购卡支付方式是指采购机关使用选定的某家商业银行单位借记卡支付采购资金的行为。采购卡支付方式适用于采购机关经常性的零星采购项目。

实行财政直接拨付方式的具体管理程序如下。第一,资金汇集。对于实行全额拨付方式的采购项目,采购机关应当在政府采购活动开始前,依据政府采购计划将应分担的预算外资金及单位自筹资金足额划入政府采购资金专户。第二,支付申请。采购机关根据合同约定需要付款时,向同级财政部门政府采购主管机构提交预算拨款申请书和有关采购文件。采购文件主要包括财政部门批复的采购预算、采购合同副本、验收结算书或质量验收报告、接受履行报告、采购机关已支付应分担资金的付款凭证、采购的发货票、供应商银行账号等。第三,支付。财政部门的国库管理机构审核采购机关填报的政府采购资金拨款申请书或预算资金拨款申请书无误后,按实际发生数通过政府采购资金专户支付给供应商。

定点采购项目的采购资金由采购人向定点供应商自行支付。分散采购项目的采购资金由采购人按现行的资金管理渠道和合同约定付款。实行国库集中支付的,按国库集中支付的有关规定执行。见资料9-2。

资料9-2 ××省省级政府采购资金的集中、支付和结算

一、省级政府集中采购资金中属当年财政安排的预算资金、专户核拨预算外资金和与上述资金配套的其他资金,实行财政直接支付,由省财政厅财政结算中心通过"政府采购资金专户"(户名:财政厅财政结算中心,账号:××,开户行:××银行××支行)统一办理资金集中、支付和结算等。

2. 省级政府集中采购资金中的财政预算资金和专户核拨预算外资金,省财政厅业务处室在收到政府采购管理处批复的单位采购计划后2个工作日内,开具"拨款通知单",通知国库处和综合处将资金直接拨至"政府采购资金专户"。

3. 省级政府集中采购资金中单位配套的其他资金,各主管预算单位在收到我厅批复的采购计划后5个工作日内,将资金汇至"政府采购资金专户"。

4. 省级政府集中采购资金中全部属其他财政性资金安排的,由采购人自行向供应商支付资金。

5. 通过省财政厅"政府采购资金专户"支付的资金,由采购人填写《政府采购资金支付申请表》(见附件),并附采购合同副本(含中标供应商的开户银行和账号)、采购人验收单、发票复印件,向财政结算中心提出支付申请。

6. 财政结算中心对《政府采购资金支付申请表》及附件进行审核,手续齐全、资金到位,经厅领导批准后及时将资金支付给供应商。

7. 财政结算中心按季编制《政府集中采购已结束项目资金对账单》,与主管预算单位办理资金结算。政府采购结余资金由财政结算中心及时退给主管预算单位。

8. 财政国库集中支付试点单位的政府采购资金支付工作,按省财政厅《关于试点单位国库集中支付2003年运行有关事项的通知》规定执行。

二、实行定点采购的公务用车维修、保险、加油和大宗印刷、办公用纸、国际机票以及计算机和外部设备、空调等项目,暂由采购人在定点供应商中自行采购、自行支付资金。采购人应严格按照部门预算实施定点采购,不得实行无预算或超预算的采购。

附件:政府采购资金支付申请表

政府采购资金支付申请表

填报日期：　　年　　月　　日　　　　　　　　　　　　　　　　　　　　单位：万元

申请单位全称(章)			经办人		电话	
采购计划文号	××财购函〔　〕号		采购预算合计	预算内	预算外	其他
采购项目						
合同金额	人民币(大写)：			合同编号		
合同规定付款方式						
申请支付金额	人民币(大写)：				￥：	
收款人	单位全称			地址		
	开户行			联系人		
	账号			电话		
财政结算中心意见	支付申请日期					
	拟同意支付	合计	预算内		预算外	其他
厅领导意见						

备注：1. 支付申请必须按计划分项目填报；

2. 申请单位栏系盖单位财务章；

3. 合同规定付款方式是指一次性付款或分期付款(包括付款时间)，分期付款必须提供前几次支付申请复印件；

4. 本申请一式两联，第一联报财政结算中心，第二联单位留存。

延伸阅读9-1　　政府采购合同"十注意"[①]

1. 政府采购合同性质要把握

政府采购合同，是指采购人与供应商之间设立、变更、终止政府采购权利义务关系的书面协定。政府采购中最基本的法律关系就是通过政府采购合同来规定和体现的，它不仅明确了政府采购的主要当事人——采购人与供应商之间基本的权利和义务，而且还是处理采购人与供应商之间具体交易以及可能出现的纠纷的主要依据。可不少人未能掌握上述政府采购合同含义。他们认为，政府采购合同是一种公法性质的行政合同。其理由是，政府采购合同具有不同于普通民事合同的特殊规则和法律效果，主要表现在采购人在合同履行过程中的特殊权利和相应的特殊法律救济手段上。这种看法是对政府采购合同含义的误解，有违于我国的《政府采购法》，该法第四十三条明确规定，政府采购合同适用合同法。这就说明，政府采购合同不是行政合同，而是属于民事合同范畴。因为合同法是以民法规则为基础制定的。其次，从政府采购的内涵看，政府采购本身就是一种市场交易行为，购销双方的法律地位是平等的，双方之间是按照自愿的原则订立协议的，这些正是民事合同的主要特征。再次，在政府采购合同

---

① 易佩富.政府采购合同"十注意"[J].公共支出与采购，2005(12)：46-51.

的订立过程中,不涉及行政权力的行使,双方是在利益均等、充分协商、意见一致的基础上订立合同的,丝毫不带任何强制行为的行政色彩。由此可见,政府采购合同是一种民事合同。但需要说明的是政府采购合同又不完全等同于一般的民事合同,这是因为,政府采购资金属于财政性资金,采购的目的是为了公共事务,具有维护公共利益、加强财政支出管理、抑制腐败等功能,所以说,政府采购合同是一种特定的民事合同,它既要执行合同法,又要执行《政府采购法》的规定。

2. 委托采购代理机构签订政府采购合同不要"越位"

有人认为,按规定采购人采购纳入集中采购目录的政府采购项目,必须委托集中采购机构代理采购;采购未纳入集中采购目录的政府采购项目,可以委托集中采购机构在委托的范围内代理采购,也可以委托经国务院有关部门或者省级人民政府有关部门认定资格的采购代理机构,在委托的范围内办理政府采购事宜。既然如此,委托采购代理机构就能以其代理机构名义与中标、成交供应商签订政府采购合同,因而在实际工作中,有的委托采购代理机构就以其代理机构名义与中标、成交供应商签订政府采购合同。这是一种"越位"行为。一方面,这与政府采购合同的主体不相符合,政府采购合同的主体是采购人,也就是说政府采购合同应当以采购人名义与中标、成交供应商签订;另一方面,《政府采购法》明确规定,委托采购代理机构与中标、成交供应商签订政府采购合同是有条件的。这个条件就是必须以采购人名义签订,同时,采购代理机构在代理签订政府采购合同时,应当提交采购人的授权委托书,并作为合同附件。所以,采购代理机构以其代理机构名义与中标、成交供应商签订政府采购合同是不正确的,这样的合同是无效合同。

3. 签订政府采购合同不要只局限在书面协议上

《政府采购法》对政府采购合同形式的规定非常清楚,就是政府采购合同应当采用书面形式。所谓书面形式是指合同书、信件和数据电文(包括电报、电传、传真、电子数据交换和电子邮件)等可以有形地表现所载内容的形式。这就非常明显地说明,政府采购合同并非指协议书一种书面形式。因此,在实际操作中,应根据不同情况采用不同的书面形式,决不能只局限在书面协议上。如采用电子(网上)采购方式的,其书面形式就不一定非要采用协议书,可以采用电子邮件或电子数据交换、电传等,这样还可大大提高政府采购效率。但值得注意的是,采用信件、数据电文等书面形式订立的政府采购合同,还须按照合同法的规定,要在合同成立之前签订确认书。

4. 政府采购合同的必备条款不要混淆

现实中,不少人以为,政府采购合同的必备条款就是指当事人的名称或者姓名和住所,标的,数量,质量,价款,履行期限、地点和方式,违约责任等条款。这种看法是不对的。这实际上是将一般合同的必备条款与政府采购合同的必备条款相混淆。政府采购合同的必备条款是指政府采购合同必须有反映下列内容的条款,同时使其内容符合政府采购法规规定,包括:①合同所确定的采购方式、采购程序,应当符合政府采购法律法规,并经政府采购管理机构批准;②政府采购项目金额符合政府采购预算;③合同的主要条款符合采购文件的规定;④合同还应包括政府采购管理机构对政府采购合同的履行、验收及付款等提出的特殊要求。

5. 政府采购合同不可以改变采购文件所确定的事项

这个问题具有一定的普遍性。现实中,不少人认为中标、成交通知书具有十分严肃的法律效力,这是正确的。无论是采购人,还是中标、成交供应商任何一方都不能改变,若采购人改变中标、成交结果,与其他供应商签订合同,或者供应商放弃中标、成交项目,这都是不行的,都要依法承担法律责任。而对于改变采购文件确定的事项,他们则认为是可以的。其实这也是错误的。因为他们对政府采购合同还缺乏全面的了解,不知道签订政府采购合同只是采购人和供应商对采购结果的书面确认,有关事项在采购文件中都已具体确定,因此,采购人与中标、成交供应商签订政府采购合同不可以改变采购文件所确定的事项。这就是说,采购人不能改变招标文件确定的事项签订政府采购合同,如随意改变招标文件确定的评标方法和评标标准等;中标、成交供应商不能随意改变投标文件确定的事项,签订政府采购合同,如随意改变供货方式、供货期限、售后服务事项等。否则就违背了《政府采购法》第四十六条所规定的"采购人与中标、成交供应商应当在中标、成交通知书发生之日起三十日内,按照采购文件确定的事项签订政府采购合同"。

6. 采购人在政府采购合同的备案上不要出现"三差错"

所谓"三差错",是指不少采购人在政府采购合同的备案上常犯的三种错误情况的简称。第一种错误情况是采购人把政府采购合同备案推给委托采购代理机构负责,他们认为采购合同都能委托采购代理机构代其与供应商签订,合同备案工作也可以委托代理采购机构代其操办,但受到同级政府采购管理部门的拒绝。因为《政府采购法》第四十七条规定,政府采购项目的采购合同自签订之日起七个工作日内,采购人应当将合同副本报同级政府采购监督管理部门和有关部门备案。这就是说,政府采购合同的备案工作只能由采购人负责,因而在实际工作中,无论是采购人直接与供应商签订政府采购合同,还是委托采购代理机构以采购人名义代其签订政府采购合同,都要由采购人负责将合同副本报同级财政部门和有关部门备案。第二种错误情况是只报采购合同副本,与合同有关的其他采购文件和资料未同时报同级政府采购监督管理部门和有关部门备案。与合同有关的其他采购文件和资料主要指授权委托书、招标书、采购计划等,这是因为这些资料是审核政府采购合同副本合法性、合规性的重要依据。第三种错误情况是漏报分包合同副本、补充合同副本、变更合同副本,错误地认为只要上报最初的政府采购合同副本就可以了。这是片面的,按照《政府采购法》规定,只要属于政府采购合同副本范畴,如政府采购合同履行过程中形成的所有分包合同、补充合同、变更合同副本,都应上报给同级政府采购监督管理部门和有关部门备案。

7. 供应商对政府采购分包合同不可小视

许多事实告诉我们,供应商若不重视政府采购分包合同工作,结果通常不是使签订的政府采购分包合同无效,就是使自己承担连带赔偿责任,因此,在实务中也必须重视政府采购分包合同工作。具体要注意三个方面。首先是在签订前,中标、成交供应商必须与采购人协商,说明自己在采购项目的某个方面还不具有最强的优势,还须采取分包方式履行合同,并说明分包承担方的优势所在,经采购人同意后方可与相关供应商签订分包合同,且这种同意不是口头,而是书面形式,否则,签订的分包合同就违反《政府采购法》第四十八条的规定,成为无效分包合同。其次是在签订中还必须注意不能将采购项目的主体项目或关键性项目转让给相关分包供应商承包,若签订这样的合同,就等于否定了评标结果,改变了中标通知书所确定的中标、成交供应商,这也是当前招标采购中冒名顶替者常用的一种手段。所以,政府采购监管部门应加强对分包合同的细致审查,以避免引起其他供应商的投诉。再次是在签订后,中标、成交供应商不能推卸责任,对分包合同一签了之,要监督相关承包供应商严格执行分包合同,不得擅自与采购人签订扩大分包项目的补充合同,或者偷工减料、降低质量等。这也是一些中标、成交供应商在实务中经常忽视的,以致因分包供应商违反政府采购分包合同,给采购人造成损失而承担连带赔偿责任。这是因为,政府采购合同可以依法分包履行,但并不能改变中标、成交供应商的政府采购合同主体资格,中标、成交供应商必须就政府采购项目的全部包括分包项目向采购人承担责任。

8. 在签订政府采购补充合同方面要知道"三个不"

这是现实中许多政府采购当事人未能掌握的一个突出问题。

第一个"不",是指政府采购补充合同不可以随时签订。按照《政府采购法》规定,采购人需要追加与合同标的相同的货物、工程或服务,可以与已签订合同的供应商签订补充合同,但是前提条件是政府采购合同必须正在履行,如果合同已经履行完毕,采购人就不能与供应商签订补充合同,再签订政府采购合同就意味着又开始了第二次的项目采购,就要重新根据《政府采购法》规定,按规定程序进行操作。因此,在实际工作中,采购人不能大意,不能以为想什么时候签订补充合同就可以什么时候签订,以致贻误期限,若合同已经履行完毕,再签也是徒劳。

第二个"不",是指签订政府采购补充合同不可以改变原合同的其他条款。对于这一点,不少采购当事人不理解。一个不理解是:什么条款可以改变呢?按《政府采购法》规定,数量和金额条款可以改变。另一个不理解是:既然增加了供应数量,尤其是工程采购中,工程量增加了,那么合同履行期限、供货方式、技术标准等应该做相应调整和改变,又为何不能改变呢?道理很简单,因为按《政府采购法》的规定,补充合同的标的与原合同相同的情况下,除了数量和金额条款可以改变外,不得改变原合同的其他条款。

第三个"不",是指补充合同所增加的金额不可以超过原合同采购金额的10%。这实质上是第二个"不"的继续。但由于在实务中,违反此项规定的现象屡禁不止,故分开来加以强调,以引起政府采购当事人的高度重视。造成这种情况发生的原因是,采购当事人以《政府采购法》没有规定签订补充合同是一次还是多次为由,以及事实上在实际工作中,有时也确实需要多次签订补充合同的现实,因而一次一次往上追加采购金额,加之监督不到位,造成追加金额突破10%,甚至超过原合同金额一倍以上,说穿了这是他们强词夺理,有意钻空子。因此,强化补充合同的监督检查十分必要,务必要求采购人自签订补充合同之日起至七个工作日内,将补充合同副本报同级财政部门和有关部门备案,以便及时发现追加金额突破10%的问题。

9. 政府采购合同变更、中止或者终止的基本原则要正确理解

政府采购合同变更、中止或者终止的基本原则是指双方当事人不得擅自变更、中止或者终止采购合同。对于这一基本原则,不少采购当事人还不能正确理解。他们认为,擅自就是不随意,只要双方愿意,就可以对政府采购合同进行变更、中止或者终止。这是对这一基本原则的片面理解。我们应从以下两方面来正确理解和掌握。一方面是在政府采购合同履行中,如果没有出现继续履行合同将损害国家利益和社会公共利益的情况,采购人与中标、成交供应商双方即使协商一致,也就是双方愿意,也不得变更、中止或者终止合同。这是因为,签订政府采购合同的依据是经过法定采购方式和采购程序确定的中标、成交结果,这个结果具有法律效力,任何人都不能非法改变。另一方面是政府采购合同继续履行将损害国家利益和社会公共利益的,双方当事人应当变更、中止或者终止合同。这是采购人和供应商应当履行的法定义务。无论什么原因,一旦出现政府采购合同继续履行将损害国家利益和社会公共利益的情况,双方当事人都有义务变更、中止或者终止合同,否则,双方当事人都要承担法律责任。同时,我们还必须掌握的是,造成政府采购合同继续履行将损害国家利益和社会公共利益的原因,既可能出自采购人,也可能出自供应商,无论出自哪一方,只要因合同的变更、中止或者终止而给对方造成损失的,就应当承担赔偿责任,双方都有过错的,就分别承担相应的责任。

10. 政府采购合同标的物的风险负担规则要全面掌握

政府采购合同标的物的风险负担规则是指按照合同法,当标的物发生毁损、灭失由谁来承担其赔偿责任的法律规定。对于这方面的法律规定,不少采购当事人只知道"标的物的毁损、灭失的风险,在标的物交付之前由供应商承担,交付之后由采购人承担,但法律另有规定或者当事人另有约定的除外"这一总的规定。不知道在实际运用时,还须注意掌握以下具体规定:

(1) 供应商出卖交由承运人运输的在途标的物,除当事人另有约定的以外,毁损、灭失的风险自合同成立之日起由采购人承担。

(2) 双方当事人没有在合同中约定交付地点或者约定不明确,标的物需要运输的,供应商将标的物交付给第一承运人后,标的物的毁损、灭失的风险由采购人承担。

(3) 供应商按照约定未交付有关标的物的单证和资料的,不影响标的物的毁损、灭失风险的转移。这表明只要完成了标的物的交付行为,即使供应商通过保留有关标的物的单证和资料以保留标的物的所有权,也不影响标的物风险负担的转移。

(4) 因采购人的原因致使标的物不能按照约定的期限交付的,采购人应当自违反约定之日起承担标的物的毁损、灭失的风险。

(5) 供应商按照约定期限或者法律的规定将标的物置于交付地点,采购人违反约定没有收取的,标的物毁损、灭失的风险自违反约定之日起由采购人承担。

(6) 因标的物质量不符合要求,致使不能实现合同目的的,采购人可以拒绝接受标的物或者解除合同,采购人拒绝接受标的物或者解除合同的,标的物毁损、灭失的风险由供应商承担。

(7) 标的物毁损、灭失的风险由采购人承担的,不影响因供应商履行债务不符合约定,采购人要求其承担违约责任的权利。

第十章 政府采购各当事人的工作规范与管理

第一节 政府采购采购人的工作规范与管理

一、政府采购采购人的工作职责

政府采购采购人是实现社会公共利益、提供社会服务的单位。为保障国家利益和社会公共利益,《政府采购法》明确规定了采购人的合法权益及责任。

(一) 采购人的工作职责规范

1. 依法采购

采购人是以履行政府管理职能、实现国家利益和社会公共利益为目标的政府部门和提供社会服务的机构,因此,采购人理应带头按照法律法规规定和政策要求办事,遵循国家政府采购的各项规定,成为执行政府采购法律法规的典范,不得以部门利益为由拒绝执行有关政府采购规定。

按照我国相关法律法规的规定,对《政府采购法》规定的集中采购目录以内的和集中采购限额标准以上的工程、货物和服务的采购,必须由政府采购集中采购机构统一采购,并订立书面委托合同,采购人不得自行采购,否则将承担相应责任。同时,采购人不得将应该公开招标采购的货物和服务化整为零或者以其他方式规避公开招标采购;采购人对于需要实施集中统一采购的部分,必须编制政府采购预算和计划。

采购人在招标活动中必须遵守采购代理机构工作程序。采购人不得干预采购代理机构开展工作,更不得提出不符合规定的要求或者与采购代理机构串通以不正当手段影响采购的公正性。

2. 接受监管

由于采购人主要是为社会提供公共服务的机构,必须接受政府采购管理监督部门的管理。政府采购采购人是政府采购政策的执行者,其活动应当受到政府采购监管部门的监管,同时还要接受国家审计部门、监察部门的监督。

3. 尊重权益

采购人在采购过程中必须尊重供应商的正当合法权益。在参与供应商资格审查时,必须平等对待不同地区、不同规模的供应商,不得以不合理的要求影响供应商获得采购竞争的资格。在采购实施过程中,采购人有义务回答供应商的正当疑问。在供应商投标中标或被确定为成交供应商以后，采购人必须在规定的时间内与供应商签订政府采购合同。如果中标、成交通知书发出后，采购人改变中标、成交结果的，应当依法承担法律责任。

服从评审结果。采购人委托采购机构采购，应自觉尊重采购代理机构按规定程序进行的采购活动，尊重和信任政府采购评审专家的评审结果。不能因结果与预先的推测或与自己的偏好不一致而找理由不接受或拖延签订合同、验收及支付资金。

值得注意的是，在实际工作中，由于采购人多为政府部门，容易将行政行为带到交易中，因此采购人要建立健全自我约束、自觉遵守规则的机制。

4. 节俭实用

采购人采购履行公务需要的产品使用的是财政性资金，使用时要节约，采购的物品要实用，要以满足公务需要为原则，不能追求品牌、奢华。节约而又实用是在政府采购活动中的一条重要原则。

二 采购人政府采购活动的关键问题

（一）采购人的资金使用权问题

政府采购活动中，采购人作为需求主体，在采购活动中处于强势地位。一些采购人认为部门预算已批准拨付给本单位，自己就具有支配和使用经费的权利。于是采购前与供应商进行深入的"沟通"，提供需求时指定品牌者有之，倾向性需求者有之，甚至出现所谓的"紧急采购"；一旦招标结果与其意愿相背，便采取拒绝签订合同、刁难中标供应商、拖延支付货款等行为，干扰和影响采购活动。

采购人财政性资金真是可以随意支配的吗？回答是否定的。政府采购资金来源是以税收为主的财政收入，其所有权人是抽象的国家，并非直接收取和使用财政收入的单位。各政府部门根据预算取得的仅仅是财政性资金的"使用权"，并且这种使用权必须严格按照相关规定和程序进行，不能任意处置。因此采购人必须正确使用财政性资金。

（二）采购人对代理机构的选择权问题

集中采购机构和社会代理机构在《政府采购法》中被认定为政府采购代理机构，一些采购人认为既然同为代理机构，采购人可以在集中采购机构和社会代理机构中任意选择，由于社会代理机构因追求利益最大化而千方百计满足采购人需求常得到采购人的"青睐"。

集中采购机构和社会代理机构虽同为政府采购代理机构，但与采购人的法律关系是不同的。《政府采购法》规定纳入集中采购目录的项目必须实行集中采购，因此对集中采购目录以内的项目，集中采购机构享有法定代理权，当事人不得任意选择。采购人对采购机构的选择权仅体现在集中采购目录以外的采购，即分散采购和小批量采购。

集中采购机构是政府采购的基石，是政府采购实践的主体，而社会代理机构是政府采购的有益补充，集中采购与社会代理机构分散采购的合作互补关系是符合我国目前政府采购现实的。政府采购除节约资金、讲求效益外，还得承担政策功能目标，集中采购的非营利性十分适合承担实现国家社会的宏观调控目标。推崇政府采购全面市场化和中介化是否适应我国刚刚起步的政府采购现实,是否能真正实现政府采购政策功能目标是值得商榷的。

(三) 采购人与供应商的定位问题

政府采购涉及面广,采购活动中的各种关系非常复杂。采购人与供应商是政府采购活动中的重要当事人。供应商在政府采购活动中一方面要向采购人提供价廉物美的产品或服务,另一方面有时还需要为自己的正当权益奔走呼号。出现这种现象的原因除了采购人现行法制意识淡薄,相关部门监管不到位外,与供应商自身认识存在一定误区也有关系。政府部门作为采购人一旦进入市场交易,其身份和地位与一般交易主体并无二致。供应商首先自己要认识到这种平等地位,合法维护自己的权利。政府采购程序中设有供应商投诉环节,要客观分析,掌握投诉时效和程序,正确恰当地主张权利。

(四) 采购人与政府监管部门的职能定位问题

在政府采购工作中,各职能部门主要包括财政部门和有关负责招投标活动的行政监督部门以及审计机关和监察机关,这些部门担负着对政府采购活动进行监督管理的重要职责。采购人在从事政府采购活动中,应正确处理好与这些部门的关系。首先应正确认识职能部门的监督作用。职能部门对政府采购活动的监督管理是法律赋予的职责,也是确保政府采购工作健康发展的重要环节,更是采购活动规范的重要保证。采购人应自觉接受监督,将采购人所从事的活动置于监督之中。作为政府采购监管部门,应健全监督网络,确保监督渠道的通畅,使监督制度公开化、透明化和法制化。

三 政府采购采购人的法律责任

(一) 采购人规避集中采购的法律责任[①]

根据《政府采购法》的规定,采购人采购纳入集中采购目录的政府采购项目,必须委托集中采购机构代理采购;属于本部门、本系统有特殊要求的项目,应当实行部门集中采购;属于本单位有特殊要求的项目,经省级以上人民政府批准可以自行采购。采购人对应当实行集中采购的政府采购项目,如果不委托集中采购机构实行集中采购,属于违法行为,应当受到法律制裁。具体处罚如下:

(1) 采购人对应当实行集中采购的政府采购项目不委托集中采购机构实行集中采购的,由政府采购监督管理部门责令改正。集中采购目录是由省级以上人民政府根据需要确定并公布的集中采购项目范围,是提高采购效益、确保采购质量的重要基础。纳入集中采购目录的政府采购项目,除个别确有特殊要求的项目,经省级以上人民政府批准,可

---

① 《政府采购法》第七十四条对采购人对应当实行集中采购的政府采购项目不委托集中采购机构代理采购所应承担的法律责任做出了规定,即采购人对应当实行集中采购的政府采购项目不委托集中采购机构实行集中采购的,由政府采购监督管理部门责令改正;拒不改正的,停止按预算向其支付资金,由其上级行政主管部门或者有关机关依法给予其直接负责的主管人员和其他直接责任人员处分。

以自行采购以外,采购人都必须委托集中采购机构代理采购。对于采购人不委托集中采购机构代理采购的行为,政府采购监督管理部门应当责令改正。

(2) 停止按预算支付资金。采购人对应当实行集中采购的政府采购项目不委托集中采购机构实行集中采购的,经政府采购监督管理部门责令改正而拒不改正的,停止按预算向其支付资金。这是对采购人较为严厉的一种制裁措施,也是督促采购人纠正违法行为的有效办法。

在执行中应注意的问题。政府采购监督管理部门停止按预算向有违法行为的采购人支付的资金,既可以是纳入采购人政府采购预算实行集中采购的项目资金(含预算内和预算外资金),也可是采购人自行采购的政府采购项目所需资金。

(3) 给予直接负责的主管人员和其他直接责任人员处分。采购人对应当实行集中采购的政府采购项目不委托集中采购机构实行集中采购的,经政府采购监督管理部门责令改正而拒不改正的,由其上级行政主管部门或者有关机关依法给予直接负责的主管人员和其他直接责任人员处分,并将处理结果告知政府采购监督管理部门。

(二) 采购人一般违法行为的法律责任[①]

采购人是政府采购活动的直接参加者,在政府采购活动中处在关键位置,对政府采购活动的依法进行起着重大作用,应当严格执行法律规定。由于现实生活中多种不良因素的影响,采购人在从事政府采购活动中违反法律规定的现象不同程度地存在,有的还相当严重。对这些违法行为,应当规定严格的惩处措施,以保证政府采购的规范运行,维护国家利益和社会公共利益,保护供应商的合法权益。《政府采购法》第七十一条对采购人的一般违法行为应当承担的法律责任做出了规定。

(1) 应当采用公开招标方式而擅自采用其他方式采购。根据《政府采购法》的规定,政府采购原则上以公开招标采购为主,特殊情况可以经批准采取邀请招标、竞争性谈判、单一来源采购、询价以及国务院政府采购监督管理部门认定的其他采购方式。所以,公开招标是政府采购的主要采购方式。采购人应当采用公开招标但因特殊情况而需要采用公开招标以外的其他采购方式采购货物或服务的,应当在采购活动开始前获得设区的市、自治州以上人民政府批准,政府采购项目未经批准擅自采用其他方式采购的,属于违法行为。

(2) 擅自提高采购标准。采购标准一经确定和公开,即成为采购人和供应商的共同依据,采购人不得擅自变更,否则属于违法行为。

(3) 委托不具备政府采购业务代理资格的机构办理采购事务。根据《政府采购法》的

[①] 《政府采购法》第七十一条对采购人、采购代理机构一般违法行为所应承担的法律责任做出了规定,即采购人、采购代理机构有下列情形之一的,责令限期改正,给予警告,可以并处罚款,对直接负责的主管人员和其他直接责任人员,由其行政主管部门或者有关机关给予处分,并予通报:(一)应当采用公开招标方式而擅自采用其他方式采购的;(二)擅自提高采购标准的;(三)委托不具备政府采购业务代理资格的机构办理采购事务的;(四)以不合理的条件对供应商实行差别待遇或者歧视待遇的;(五)在招标采购过程中与投标人进行协商谈判的;(六)中标、成交通知书发出后不与中标、成交供应商签订采购合同的;(七)拒绝有关部门依法实施监督检查的。

规定,采购人采购纳入集中采购目录的政府采购项目,必须委托集中采购机构代理采购;采购未纳入集中采购目录的政府采购项目,可以自行采购,也可以委托集中采购机构或经国务院有关部门或者省级人民政府有关部门认定资格的采购代理机构,在委托的范围内办理政府采购事宜。采购人不按照法律规定委托集中采购机构或者委托没有政府采购业务代理资格的机构办理采购事务,都是不允许的,应当承担相应的法律责任。

（4）以不合理的条件对供应商实行差别待遇或者歧视待遇。公平对待所有供应商是采购人、采购代理机构的法定义务,采取任何方式偏袒某些供应商,而对其他供应商实行差别待遇或歧视待遇,都属于法律禁止的行为。

（5）在公开招标采购过程中与投标人进行协商谈判。这一行为直接影响到采购活动和采购结果的客观、公正,应当予以禁止。

（6）中标、成交通知书发出后,不与中标、成交供应商签订采购合同。政府采购合同是采购人与供应商之间约定相互权利和义务的法律凭证,是保证中标、成交结果得以有效执行的基础。按照政府采购法的规定,采购人与中标、成交供应商应当在中标、成交通知书发出之日起三十日内,按照采购文件确定的事项签订政府采购合同。如果采购人在中标、成交通知书发出后的规定日期内不与中标、成交供应商签订采购合同,对中标、成交供应商的合法权益是一个极大的损害,应当被法律所禁止。

（7）拒绝有关部门依法实施监督检查。按照《政府采购法》的规定,政府采购监督管理部门、对政府采购负有行政监督职责的政府有关部门、审计机关、监察机关有权对采购人、采购代理机构及其工作人员依法实施监督检查,采购人、采购代理机构必须依法接受监督检查。采购人、采购代理机构如果拒绝有关部门依法实施监督检查,则属于违法行为,应当追究法律责任。

（三）采购人重大违法行为的法律责任

采购文件是采购人、采购代理机构从事采购活动的书面凭证,包括采购活动记录、采购预算、招标文件、投标文件、评标标准、评估报告、定标文件、合同文本、验收证明、质疑答复、投诉处理决定及其他有关文件资料。按照《政府采购法》的规定,采购人、采购代理机构对政府采购项目每项采购活动的采购文件应当妥善保存,不得伪造、变造、隐匿或者销毁。采购文件的保存期限为从采购结束之日起至少保存十五年。采购人、采购代理机构违反规定,隐匿、销毁应当保存的采购文件或者伪造、变造采购文件,就必须承担相应的法律责任。

《政府采购法》关于采购人违反规定隐匿、销毁应当保存的采购文件或者伪造、变造采购文件所应承担法律责任的规定具体包括:采购人违反《政府采购法》规定隐匿、销毁应当保存的采购文件或者伪造、变造采购文件的,由政府采购监督管理部门处以二万元以上十万元以下的罚款;采购人违反《政府采购法》规定隐匿、销毁应当保存的采购文件或者伪造、变造采购文件,其直接负责的主管人员和其他直接责任人员负有不可推卸的责任,应当依法给予处分;采购人、采购代理机构违反《政府采购法》规定隐匿、销毁应当保存的采购文件或者伪造、变造采购文件,构成犯罪的,依法追究刑事责任。

在实际执行中应注意以下几点。一是只能由政府采购监督管理部门对其处以罚款。采购人、采购代理机构违反《政府采购法》规定隐匿、销毁应当保存的采购文件或者伪造、变造采购文件的,只能由政府采购监督管理部门对其处以罚款,其他部门、机关在监督检查中如果发现采购人、采购代理机构有上述违法行为,可以依法予以制止,但是不能对其处以罚款。二是对直接负责的主管人员和其他直接责任人员依法给予处分应由有关行政主管机关或者有关监察机关做出。采购人、采购代理机构违反《政府采购法》规定隐匿、销毁应当保存的采购文件或者伪造、变造采购文件的,对其直接负责的主管人员和其他直接责任人员依法给予处分,应当由有关行政主管机关或者有关监察机关做出;政府采购监督管理部门在对违法行为进行处理时,只能向有关行政主管机构或者有关监察机关提出处分建议,而不能自行给予处分。

第二节 政府采购集中采购机构的工作规范与管理

一、集中采购机构的设置原则和职责规范

(一)集中采购机构的设置原则

集中采购机构设置应按照《政府采购法》的要求,遵循独立设置原则和非强制性原则。

(1)独立设置原则。集中采购机构应当独立设置,隶属于同级政府,不得与任何部门、法人或其他组织存在隶属关系或者其他利益关系。

(2)非强制性原则。《政府采购法》规定,设区的市、自治州以上人民政府根据需要设立集中采购机构,负责办理集中采购事宜,因此集中采购机构一般应由地市级政府设置,并且根据集中采购规模的具体需要设立。如果集中采购规模不大,社会代理机构能承担招标业务的,可以不设立专门的集中采购。对于县级政府的集中采购机构的设置,《政府采购法》未做明确规定,对于县级政府是否设立集中采购机构,由各地政府根据采购规模等实际情况确定。

关于集中采购机构的性质,我国《政府采购法》明确规定,集中采购机构不是政府机构,是非营利事业法人。集中采购机构为政府设立的事业单位,而不是企业。企业追求利润最大化的动机容易从机制上动摇和影响政府采购制度的原则和声誉。集中采购机构为非营利性质,它是为行政事业单位办理采购事务的机构,它是一个公益性组织,经费来源主要是财政拨款,可以是全额拨款预算单位,也可以是差额拨款预算单位,还可以是自收自支预算单位。

(二)集中采购机构的职责规范

集中采购机构的职责主要是代理采购,属于政府采购的执行机构。主要职责是根据

采购人的委托,组织实施集中采购目录中通用政府采购项目的采购[①];根据政府采购法规定,集中采购机构还可以代理分散采购项目[②]。

(1) 根据采购人委托,对纳入集中采购目录的采购项目按照法定程序组织采购;

(2) 依法对政府采购供应商的准入资质进行审查,建设并管理政府采购供应商库;

(3) 根据采购人提供的项目需求编制政府采购文件;

(4) 使用政府采购评审专家库中的专家,按采购项目组成评审委员会等评审组织;

(5) 依据政府采购程序,主持政府采购活动,依法确定中标(成交)供应商,发放中标(成交)通知书;

(6) 在指定媒体上及时向社会发布政府采购相关信息、采购公告和中标(成交)结果;

(7) 在采购人委托范围内,做好政府采购供应商提出的询问和质疑的答复工作;

(8) 参与政府采购项目供应商履约情况验收。

二 集中采购机构的定位与思考

(一)"管""采"如何分离?

《政府采购法》颁布实施后,根据法律规定,全国各省(市)就"管采分离"模式积极探索。从实践看,形式各不相同。集中采购机构的设置有多种模式,分别隶属于省级政府采购管理委员会、省人民政府、省政府办公厅、省财政厅、省级机关事务管理局、省国资委、省设备成套局、省商务厅、招标集团等,还有一些省未设集中采购机构,全部委托社会中介机构代理。

在政府采购实践中,如何理解《政府采购法》规定的"采购代理机构与行政机关不得存在隶属关系或者其他利益关系"要求,"管""采"如何分离,目前存在不同的认识。一是关于集中采购机构的隶属。如何理解《政府采购法》提出的"与行政机关不存在隶属关系",含义要进一步明确,否则采购中心的定位和职责发挥会受影响。一种观点认为,集中采购机构应当隶属于政府,而不应当隶属于任何部门,才符合法律规定。另一种观点认为,政府不是行政机关,隶属于政府需要有具体部门来管理。二是关于"管采分离"有多种观点。一种观点认为"管采分离"主要是指职能分离,如审计政策的制定和审计工作的开展也没有从同一个政府机关分离,很多国家也没有"管采分离",而主要是通过公开透明机制来保证依法采购。另一种观点认为"管采分离"不仅职能要分离,机构也要分离。三是对法律的理解。有人认为,《政府采购法》制定时,我国的政府采购还处于初级阶段,许多制度框架并没有得到实践检验,法律颁布后已经运行十多年,应该根据政府采购改革实践对一些条款做出修订。总之,笔者认为,如果一种模式运行顺畅,既可以有效预防腐败、实现公平公正,又可以促进政府采购各项经济政策目标实现,那么这种模式就

---

① 《政府采购法》第十八条规定,采购人采购纳入集中采购目录的政府采购项目,必须委托集中采购机构代理采购;纳入集中采购目录属于通用的政府采购项目的,应当委托集中采购机构代理采购。

② 《政府采购法》第十八条还规定,采购未纳入集中采购目录的政府采购项目,可以自行采购,也可以委托集中采购机构在委托的范围内代理采购。

是合理、有效的。实现合法、合理、有效,才是"管采分离"的最终目标。

(二) 集中采购机构何去何从?[①]

关于政府集中采购机构设置《政府采购法》有明确的规定,但对是否需要设立政府采购中心争论一直没有停止过。政府采购实践中,有一种削弱政府采购中心的倾向。2011年江西省级及市级撤销政府采购中心,其业务由社会中介机构代理。随着各地资源交易中心建立,政府采购中心有被社会交易中心合并的倾向。政府采购中心何去何从?

在政府采购法律框架下,政府采购中心的存在是有法律依据的。从西方国家政府采购发展历史看,基本上都经历了集中的过程。我国政府采购处于起步阶段,正从不规范走向规范。笔者认为设立政府采购中心有其现实意义。政府采购具有政策功能,而政府采购这种功能必须要有相应机构去实践操作。与社会中介相比,集中采购机构显然有不可比拟的优势和条件。集中采购机构本身应该在政府采购改革中抓住机遇,在政府采购中发挥更大作用。一是加强与财政部门协作的力度。采购中心与财政部门有业务协作的优势,如果其采购业务与政府采购预算和标准化采购衔接方面能"无缝对接",那么其地位自然稳固。二是与集中支付相结合,强化合同履约,实现采购、验收、结算的有机结合。三是政府采购是财政资金支出的延伸,如果采购中心能够为财政绩效评价方面提供强有力的数据支持,任何一个中介机构都无法与之竞争。四是在政策功能发挥方面,政府集中采购中心要抓住机遇,发挥自身优势,体现自身价值。政府采购尚处于探索阶段,政府采购中心今后向哪种模式发展目前尚未定论,但采购中心本身如果规范操作,服务优良,在政府采购中承担不可或缺的作用,政府采购中心一定会有更大更广阔的舞台。

三 集中采购机构内控制度

集中采购机构是连接采购人和供应商的中心环节,是各种利益交织的集散地和社会关注的焦点。有必要对集中采购机构的内部控制制度进行专门论述。

(一) 集中采购机构建立内控制度的原则

(1) 责任分离原则。集中采购机构内部不同部门分别承担不同的责任,每一部门都不能包揽一个项目的全部,责任分离就是要避免某部门、某岗位的权力过于集中。

(2) 相互监督原则。集中采购机构各部门之间应存在一种相互监督的关系,负责后一道工序的部门对负责前一道工序部门的工作情况进行监督,对关键岗位设立专门的监督部门,给予监督。

(3) 提高效率原则。政府集中采购机构的内部组织机构设置既要考虑岗位的相互制约,又要考虑不宜过于烦琐,简便易行,提高效率。

---

① 龚云峰. 从历史的角度辩证地看待采购中心的设立[J]. 中国政府采购,2011(2):42-46.

(二) 集中采购机构内部结构简述[①]

集中采购机构内部设置状况可分为三种类型。

1. 直线型结构

直线型结构中各种岗位按垂直系统直线排列,各级主管人员对所属下级有直接的一切职权,机构每个人直接向上级负责。直线型机构的优点是结构简单,权责分明,指挥统一;不足是每个人、每个部门仅对自己工作负责,相互之间缺少监督和控制,容易发生不廉洁行为。这种结构为集中采购机构广泛应用,每个部门从项目接受到项目结束负责到底,工作流畅,采购效率高。

2. 直线职能型结构

这种结构主要将同类专业人员集合在各自专门的职能机构内,在各自的业务范围内分工合作。任务集中明确,上行下达。这种模式能从专业化中取得优势,将同类专家归在一起可以产生规模经济,减少人员和设备的重复配置,通过给员工同行们"说同一种语言"的机会而使他们满足。不足之处是部门之间协作困难。

3. 矩阵型结构

这种结构是由纵横两套管理系统组成的结构。一套是横向的职能领导系统,另一套是为完成某一项任务而组成的纵向项目系统。每一项目由一名负责人领导,人员从各职能部门抽调,这样将职能部门与项目部门交织在一起,称为矩形阵。优点:有利于各职能部门协作配合,适应性强。不足:稳定性差,人员双重领导,权责不清。这种结构主要适用于经常承担重大项目的集中采购机构。

(三) 集中采购机构内控制度

一个机构选择怎样的结构,取决于机构的复杂性、正规性和集中化。机构的复杂性包括机构内的部门化和管理层次;正规性是机构中依靠各种规章制度管理职工的程度;集中化是指机构中决策权所处位置和管理幅度的大小。

根据《政府采购法》对政府集中采购机构的要求,集中采购机构应为小型组织,复杂性不高,管理层次也不太多。机构的正规性强,各个部门和人员必须按政府采购法律法规和程序从事采购工作。集中化也较高,各部门需要相互协调和监督,采购机构决策权不宜分散到部门,适宜集中在领导层。

如果集中采购机构内部控制结构为直线型结构,则一个项目经办人负责职责范围内采购项目的所有采购活动,采购快速、高效,但长远看,采购经办人权力过大,不易监督,不符合责任分离和相互监督的原则。

如果集中采购机构内部控制结构为直线职能型结构,则机构内部专业人员集中在相应的专业职能部门内,如业务部门、审核部门、监督部门分设,有利于各部门工作的专业化和高效化,且不同部门间形成相互监督,但部门间相互衔接上容易发生矛盾,产生机构内的内耗,需要部门间相互协调和建立联系,才能保证机构的有效运行。

[①] 江苏省政府采购中心.集中采购机构内部机构设置探讨[J].中国政府采购,2008(7):50-52.

按《政府采购法》的要求，集中采购机构宜参考直线职能型结构。按政府采购的工作流程设置相应的职能部门，如根据委托受理、采购文件制作、采购现场组织、采购合同签订四个基本环节分设四个部门，每个部分赋予相应的职能，即实行分段式采购。此外应明确各部门间相互联系的工作程序，以保证机构的流畅运行。对于重大项目，临时组建项目领导小组，即临时矩阵式组织结构。这种常设的直线职能型结构和临时的矩阵型结构可以保证集中采购机构内部的稳定性和灵活性。

资料10-1　江苏省政府采购中心分段式操作的成功实践

江苏省政府采购中心于2006年5月对其内设机构进行调整，按采购程序将采购委托受理、采购文件制作、采购现场组织、采购合同签订职能分别成立不同部门，每个部门只负责采购过程的一段。

分段化操作之前江苏省政府采购中心建立了内部管理系统，每个人员职责及项目的运行状况定位，避免中心各部门孤立化。明确每个环节运用时间，以提高整个采购过程的效率。

江苏省政府采购中心为了适应分段化操作的要求，设置综合科、采购一科、采购二科、内控科。

委托环节由综合科负责。所有接受的委托采购项目均由综合科负责，包括与采购人签订委托采购协议，接受采购人具体项目委托。综合科接受委托后，在一个工作日内将项目转交给采购一科。

采购文件制作由采购一科负责。采购一科接到综合科受理的委托项目后，由科室负责人根据科室内部工作分工，将采购项目安排给具体的项目经办人；经办人接到采购项目后，要求主动与采购人联系，根据项目的具体情况拟订相应的采购方式，并将拟订该采购方式的理由按审核顺序交科室负责人、内控科和中心分管主任审核，内控科和中心分管主任审核同意后，经办人按批准的采购方式拟订采购文件。采购文件拟订初稿后，经办人通知综合科安排开标时间和地点，同时告知采购二科确定开标人，经办人根据反馈信息拟定采购正式文件，并制作相关采购公告按有关规定在网上发布，经办人将有关采购资料交采购二科。

采购现场组织由采购二科负责。采购二科接到采购一科资料后，熟悉相关资料。开标当天，采购二科负责开标、唱标和评标的现场组织及拟订合同等有关事宜，中标通知书发出后三个工作日内将采购资料交内控科。

合同审核由内控科负责。内控科及时清点整理审核采购资料，鉴证签订合同。将采购资料立卷归档。

分段式操作经验：规范了采购行为，对每个采购环节进行了充分的论证，环节职责更加明晰并予以制度化，避免了随意性；实现了责任分离，整个流程由多部门操作，不由一部门控制，减少了一个部门承担所有风险的责任；提高了专业水平，每个部门只负责一段采购职责，有利于专业水平提高，业务水平提高；强化了监督，由于增加内部审核环节，加强了重点环节监督。分段式需改进之处：采购效率有所下降，中心刚开始实施分段操作后，由于内部管理系统未完全跟上，使整个过程拉长，尤其是高峰时期，采购项目及时性受到影响；部门衔接需要完善，各部门负责各自的采购环节，部门衔接不太流畅，由于不需要承担明确的责任，各部门经办人的责任心也有所下降。

四 集中采购机构的监督与考核

集中采购机构是根据法律规定由政府专门设立的采购代理机构，采购人采购纳入集中采购目录的政府采购项目,必须委托集中采购机构代理采购,不得自行采购,也不能委托其他采购代理机构采购。集中采购机构在代理政府采购中处于十分特殊的地位。建立对集中采购机构的监督和考核制度,不仅是《政府采购法》的要求[①],而且是确保政府集中采购机构规范操作,保证采购质量和效益的重要措施。

（一）集中采购机构考核的内容

对集中采购机构进行监管考核主要可概括为以下几个方面：

(1) 集中采购机构执行政府采购的法律、行政法规和规章情况。《政府采购法》是规范政府采购行为的法律,围绕《政府采购法》的贯彻实施,国务院、政府采购监管部门、地方人大和政府会制定一系列法规、规章和办法。在政府采购实施过程中,还需要适用招标投标、合同管理等法律、法规和规章。集中采购机构是否全面正确执行政府采购有关的法律制度,都将影响政府采购活动的公正规范,因此,集中采购机构执行政府采购法律、法规的情况是监管部门监督考核的主要内容。

(2) 采购范围、采购方式和采购程序的执行情况。《政府采购法》规定,纳入集中采购目录的范围内必须由集中采购机构操作,集中采购机构与一般的代理机构相比,可以说"衣食无忧",但法律赋予其特殊的权利,当然也得对其进行更加严格的监督,促使其按照法定的政府采购方式和程序实施采购,规范政府采购操作行为。

(3) 服务质量情况。集中采购机构按《政府采购法》要求由政府设立,其业务范围、人员编制及经费都有一定保障,集中采购机构进行政府采购活动时,与其他代理机构相比,理应采购效率更高、采购质量更高、服务更加优秀,成为模范执行政府采购政策的表率。在实际工作中,由于集中采购机构特殊的地位,在一定程度上,也容易滋生官僚主义作风,存在责任性不强、工作效率不高、服务意识淡薄等弊端,因此对采购机构考核服务质量可以加强采购机构责任心,提高服务水平。

(4) 集中采购机构内部管理制度和人员专业技能状况。集中采购机构代理采购人从事采购业务,业务量巨大,其工作人员容易受利益驱动,搞不公平竞争。为了防患于未然,必须建立内部监督制约机制。其内部规章制度的建立和执行情况、人员专业技能状况必须要列入监督考核范围。

(5) 基础工作情况。包括招标文件、招标结果和合同备案率,擅自改变采购方式率和质疑答复满意率,有关收费和资金管理情况,有关报表数据是否及时,政府采购文件档案管理制度是否规范有序,归档资料是否齐全、及时等。在政府采购监管部门考核中一般制定相应表格,逐项对应填写。

---

① 《政府采购法》第五十九条对集中采购机构的考核、监督检查做出了规定,政府采购监督管理部门应当加强对政府采购活动及集中采购机构的监督检查。监督检查的主要内容是：（一）有关政府采购的法律、行政法规和规章的执行情况；（二）采购范围、采购方式和采购程序的执行情况；（三）政府采购人员的职业素质和专业技能。第六十六条规定政府采购监管部门应当对集中采购机构的采购价格、节约资金效果、服务质量、信誉状况、有无违法行为等事项进行考核,并定期如实公布。

(二) 集中采购机构考核环节

（1）成立考核小组。对集中采购机构进行考核时,财政部门应当组织考核小组,考核小组可以邀请纪检监察、审计部门人员参加。必要时邀请采购人和供应商参加。

（2）制定考核标准。财政部门应当制定考核计划和考核方案,能采取量化考核的,要制定考核标准和打分方法,并在考核工作开始前15天以文件形式通知集中采购机构。

（3）自我检查考核。集中采购机构接到财政部门考核通知后,在一周内按考核要求进行自我检查,并形成自查报告。同时做好有关考核所需文件、数据及资料的整理工作,以备向考核小组提供。

（4）考核小组实地考核。进驻集中采购机构,听取被考核单位工作汇报,通报实地考核工作计划安排,根据对集中采购机构的量化指标,开展实地考核,查阅采购方式、采购专家等档案,检查相关法律法规及政府采购制度执行情况,逐项量化评分,编制工作底稿,汇集有关问题,初步提出考核报告。完成实地考核工作或阶段性考核任务后,集中整理考核资料,梳理相关问题,展开组内讨论,撰写集中采购机构考核初步报告及工作底稿。与被考核单位交换意见。考核工作组组长主持,与被考核单位进行座谈,听取被考核单位意见,修改完善集中采购机构考核报告。

（5）考核报告和结果。考核小组要在考核工作结束5个工作日内形成书面考核意见。书面考核意见应当由考核小组集体研究决定,重大事项和情况可向财政部门请示或报告。财政部门要在综合考核小组意见和采购人、供应商的意见后做出正式考核报告。考核报告要报送同级人民政府,同时抄送集中采购机构。

（6）公布。财政部门将考核结果在财政部门指定的政府采购信息发布媒体上公布。

第三节 政府采购社会代理机构的工作规范与管理

一 政府采购社会代理机构名录登记管理

(一) 政府采购社会代理机构名录登记要求

目前政府采购社会代理机构实行名录登记管理。省级财政部门依托中国政府采购网省级分网建立政府采购代理机构名录。名录信息实行全国共享并向社会公开。其业务由各级人民政府财政部门依法监督管理。

社会代理机构要申请进入名录,需通过工商登记注册地省级分网填报以下信息,并承诺对信息真实性负责:

（1）代理机构名称、统一社会信用代码、办公场所地址、联系电话等机构信息;

（2）法定代表人及专职从业人员有效身份证明等个人信息;

（3）内部监督管理制度;

(4) 在自有场所组织评审工作的，应当提供评审场所地址、监控设备设施情况；

(5) 省级财政部门要求提供的其他材料。

若社会代理机构的登记信息发生了变更，应当在信息变更之日起 10 个工作日内自行更新。社会代理机构注销时，应当向相关采购人移交档案，并及时向注册地所在省级财政部门办理名录注销手续。

(二) 政府采购社会代理机构代理业务应当具备的条件

(1) 具有独立承担民事责任的能力。

(2) 建立完善的政府采购内部监督管理制度。

(3) 拥有不少于 5 名熟悉政府采购法律法规、具备编制采购文件和组织采购活动等相应能力的专职从业人员；及时参加省财政厅或设区市财政局组织的专业培训，专职从业人员三年内至少参加过一次上述部门组织的培训。

(4) 具备独立办公场所和代理政府采购业务所必需的办公条件。

(5) 在自有场所组织评审工作的，应当具备必要的评审场地和录音录像等监控设备设施。

(三) 社会代理机构参与政府采购活动的监督和检查

根据政府采购社会代理机构相关管理办法规定，社会代理机构从事政府采购业务要接受各级人民政府财政部门的监督管理。财政部门可以采取定向抽查和不定向抽查相结合的随机抽查机制，对存在违法违规线索的政府采购项目开展定向检查；对日常监管事项，通过随机抽取检查对象、随机选派执法检查人员等方式开展不定向检查。也可以根据综合信用评价结果对代理机构的监督检查频次进行合理优化。无论采取何种检查方式，监督检查要包含如下内容：

(1) 代理机构名录信息的真实性；

(2) 委托代理协议的签订和执行情况；

(3) 采购文件编制与发售、评审组织、信息公告发布、评审专家抽取及评价情况；

(4) 保证金收取及退还情况，中标或者成交供应商的通知情况；

(5) 受托签订政府采购合同、协助采购人组织验收情况；

(6) 答复供应商质疑、配合财政部门处理投诉情况；

(7) 档案管理情况；

(8) 其他政府采购从业情况。

三 政府采购从业人员培训与管理

(一) 政府采购从业人员学习培训现状

随着政府采购制度改革不断推进，各地对政府采购培训工作日益重视起来，全国各地政府采购监管部门结合工作实际适时举办了一些政府采购理论和实务培训，如《政府采购法》专题讲座、政府采购系统干部轮训班，政府采购评审专家培训讲座等。社会上一些培训机构也定期举办一些招标投标或政府采购培训活动,培训活动形式逐渐多样化,如开讲座、办培训班、开展知识竞赛、研讨会、政府采购论坛等形式,提高了培训的效果。这些培训在一定程度上使受训人员初步了解《政府采购法》及其相关法律基础知识,基本满足政府采购工作应急之需,在一定程度上提高了人员素质和工作水平。同时也初步培养了一批师资队伍,为做好再培训工作打下了一定的基础。

然而,政府采购培训现状根本无法满足进一步深化政府采购改革的需要,政府采购培训的不足逐步显现出来,主要表现在以下几点。①培训缺乏总体目标,易走入"应急培训"的误区,每一个制度颁布、每一个软件出台都会组织培训,但大多是就事论事的,时间往往很短,培训内容零星而孤立,缺乏系统性;②缺乏一套理论和实务兼顾的政府采购培训教材,大多数培训只是理论讲座式的,既无教材,更缺乏针对性;③培训不平衡,主要表现在培训群体不平衡,政府采购监管部门人员培训机会较多,操作机构的人员较少,其他政府采购当事人更少;④培训内容不平衡,政府采购法规培训较多,实务技能少;⑤缺乏有效的激励机制,任职要求和资格认证尚未开展,培训与岗位技能脱节。

(二) 政府采购从业人员上岗资格管理及培训制度

1. 建立政府采购从业人员上岗资格认证的必要性

(1) 政府采购人员从业资格标准是衡量检测政府采购人员素质和技能的依据。政府采购人员具备良好的职业素质和较高的专业技能,是提高政府采购的质量和效益,保证政府采购活动顺利进行的基础和关键。政府监督政府采购人员的职业素质和专业技能是《政府采购法》对监管部门的法定要求,政府采购监管部门需要制定采购人员职业素质与专业技能的具体标准,才能把对政府采购人员监督检查的法定职责落到实处。

(2) 集中采购机构对人员教育和培训的需要。为了促进集中采购机构对采购人员的教育、培训和考核工作,建立一支高素质、高水平的采购专业队伍,需要建立一系列从业资格管理制度,在制度上保证政府采购从业人员提高业务水平的自觉性。

(3) 有利于激发政府采购从业人员自我完善的积极性。政府采购工作是一项政策性、专业性很强的工作,政府采购相关的新制度、新方法、新技能不断发展和变化,客观上需要政府采购从业人员不断学习,建立以从业资格为核心的培训体系,从制度上保证政府采购人员后续教育的权利,激发他们学习法规、学习业务的积极性,使他们爱岗尽职,提高工作质量和效率。

实践证明,凡是已经施行执业资格认证的行业,其培训水平、培训力度、培训规范性、培训系统性都是一般培训无法相比的。认证制度不仅吸引了很多优秀人士加入其中,吸引了优秀培训机构的加入,可以同时促使培训单位和人员提高培训质量和效果。

2. 政府采购资格认证为核心的管理培训的构建

(1) 执业资格的取得。政府采购从业人员上岗资格的取得可采取考试考核相结合的制度。申请从业上岗资格的人员应当符合下列基本条件:遵守国家法律法规;具有良好的道德品质,具备一定的学历,具备一定的政府采购、招标投标知识和技能。获得从业资格要考试或考核的课程应为政府采购法律法规与职业规范、政府采购基础知识、有关采购操作实务中任选一门如采购人政府采购实务、采购代理机构采购实务、供应商政府采购实务等知识。考试或考核全科合格者可以申请取得政府采购从业资格证书。

（2）持证人员接受继续教育制度。对持证人员应规定一定时间接受继续教育和培训，提高政府采购素质和水平。政府采购监管部门应加强对后续培训工作的管理和指导，制定有关办法，规范培训市场，确保培训质量。

三 政府采购社会代理机构关键问题分析

（一）政府采购社会代理机构问题现象与成因剖析

1. 存在问题

随着政府采购制度改革的深化和政府采购范围的扩大，政府采购社会代理机构业务范围有一定的扩展，业务规范程度有一定提高，广大政府采购社会代理机构成为政府采购制度改革一支不可或缺的力量。但在实际工作中，也暴露了一些问题，主要表现在以下几个方面：

（1）人员技术水平参差不齐。在申请代理机构时，注册申请需要人员数量和技术结构达到一定指标，代理机构为满足要求在短时间内存在人员拼凑情况，造成从业人员实际水平不能真正达标。这给政府采购代理业务的展开和实际操作带来负面的影响，从而影响到政府采购工作质量。

（2）社会代理机构不中立。有的社会代理机构为获得采购业务，过分迎合采购单位的意愿，如暗中为其规避招标、肢解项目等违法、违规行为出谋划策；有的社会代理机构无原则地迁就采购单位的不正当要求，不能站在中间立场严格执行法律、法规的有关规定，失去了本应有的"中立"地位和作用；有的中介机构利用自身参与招标活动和自身专业技术优势，在编制资格预审文件、招标文件和评分办法时，纳入带有排斥性或歧视性影响招标公正性、公平性的条款，从而影响到招标投标工作的公正性，带来了不良的社会影响。

（3）存在超范围承接业务的现象。政府采购市场竞争日趋激烈，出现"僧多粥少"的现象，社会代理机构往往通过寻求多种途径、利用各种关系来争得政府采购代理业务，出现无序化从事采购代理业务的现象。

2. 成因剖析[①]

政府采购社会代理机构各种违规现象有其内在根源。

（1）门槛过低。取得政府采购资格的社会代理机构素质参差不齐。对社会代理机构取得政府采购业务资格财政部门有专门管理办法，但办法中有些规定过于原则，不具有实际操作性。如"有参加过规定的政府采购培训，熟悉政府采购法律、法规、规章制度和

---

① 杨大威. 社会代理机构频繁违规三大原因[N]. 政府采购信息报，2009-10-19.

采购代理业务的法律、经济、技术方面的专业人员"，对于培训时间、内容、从业人员应掌握的知识没有详细规定，导致很多代理机构可以轻易"过关"。这说明现有的规定并没有起到"门槛"的作用。

(2) 内外夹击，重压之下易出偏招。代理机构在操作中之所以违规和其在政府采购中的处境有关。政府集中采购是当前主流的采购组织形式，而且范围和规模不断扩大。社会代理机构只能代理集中采购目录以外的项目。这部分项目本来就有限，根本无法满足日益增多的社会代理机构需要，生存压力下一些代理机构不得不采取"非常手段"，再加上采购人在业务委托中地位强势，内外夹击下，自然难以避免违规现象。

(3) 监管两难。对社会代理机构的监管在目前政府采购实务中处于两难境地。除目前政府采购监管队伍力量不足和监管法规不健全外，社会代理机构监管还存在难落实的现象。采购代理机构资格是由省级以上财政部门批准认定的，按照行政许可法"谁许可谁监管"的原则，省级财政部门不便做监管由财政部认定的甲级代理机构在地方的代理活动，市县财政部门也不便监管由省财政部门认定的乙级代理机构在当地的代理活动，这样形成监管空白，阳光照不到的地方，自然阴暗面就会多一些。对代理机构监管适度也难把握。代理机构业务目前"僧多粥少"，有些代理机构一年也做不了一笔业务，如果要求它像集中采购机构一样，招标评标环节全程录像，运用现代信息技术管理采购业务，代理采购可能会入不敷出，似乎有点不近人情；但如果任其粗放式从事采购业务，则其规范化水平始终不容易达标。

(二) 政府采购社会代理机构问题对策分析

1. 建立健全政府采购业务内部监督制约制度

政府采购业务政策性强，社会关注度高，社会代理机构自身必须建立针对政府采购业务的内部管理制度，如关于受理委托采购的管理制度、关于采购方式审批的管理制度、关于采购信息发布的管理制度、关于抽取评审专家的管理制度、关于合同审核签订的管理制度、关于质疑接收和处理的管理制度等。采购活动的决策和执行程序应当明确，并相互监督、相互制约。经办采购的人员和负责采购合同审核、验收的人员的职责权限应当明确，并相互分离。采购从业人员应当具有相关职业素质和专业技能，符合政府采购监督管理部门规定的专业岗位任职要求。

2. 建立考核评级机制，优胜劣汰

对代理机构的考核分为综合考核和专项考核，实行定期与日常、自查与核查相结合的方式。综合考核与专项考核按一定比例综合加权计算年度总分。对代理机构的考核实行年度综合评定，财政部门对于综合评定为优秀等级的代理机构给予通报表彰，对承接业务年度检查等给予优惠；对于综合评定不合格的单位，视其情况暂停一定时期政府采购业务，直至取消政府采购资格，使其退出政府采购市场。

3. 建立政府采购从业人员执业资格认证制度

政府采购工作是一项政策性强、涉及面广、专业水平要求高的工作，涉及经济科学、自然科学、社会科学等多学科知识，要求采购人员不仅要熟悉政府采购的法律法规和政策，掌握与采购人在沟通、招标投标、谈判、询价、签订合同等方面的技巧，同时还要了解相关采购商品的性能、价格、市场供求等情况。要使采购机构高质量完成政府采购任务，需要一批素质高、政策水平强、专业水平高的人员。因此，政府采购监管部门可以建立从业人员执业资格制度，按照采购活动的不同环节提出不同专业岗位的设置要求，并具体规定每个岗位的任职要求。定期对从业人员进行考核，确保政府采购从业人员有序流动和优胜劣汰的良性职业机制。

4. 建立责任追究制度

虽然《政府采购法》对采购代理机构在代理政府采购业务种种违法行为的处罚做了明确规定，但由于代理机构的业务只始于采购文件制作，止于供应商确定，只要招标环节暂时不出现差错，便可"高枕无忧"，即便有了违法行为，当时未曾发现，事后也无从追究。因此建立健全代理机构代理政府采购业务责任追究制度非常必要。建立责任保证金制，即代理机构在承担某项政府采购业务时，可向监管部门交纳一定数量的诚信保证金，一旦被发现有违法违规行为，保证金自动沉没。实现问责制，如发现违规案例，追究单位责任，或曝光，或列入不良记录名单。总之，提高社会代理机构违法成本，迫使社会代理机构规范从事政府采购活动势在必行。

第四节 政府采购供应商的工作规范与管理

一 政府采购供应商资格条件和行为规范

（一）政府采购供应商资格条件

政府采购活动中，规定供应商参加政府采购活动必须具备一定的资格条件，原因有以下几点。一是为了满足政府机构更好地提供社会公共服务的需要，政府采购的物品必须保证产品和服务质量，维护政府形象，因此需要对供应商提出包括生产能力、服务能力在内的能力要求。二是政府采购人多为政府机构，是法律、制度的制定与执行者，在采购活动中，应当率先做到自觉遵纪守法，鼓励诚信。政府采购活动在社会商品活动中起一定的示范作用，如不能采购有违法行为供应商的产品，否则就是对这类企业的认同和纵容。三是从源头上促进公平竞争，如供应商存在违法行为或不履行社会法定义务，即使其产品质量和服务再好，报价再低，也不应当允许此类供应商参加政府采购活动，否则会对其他遵纪守法的供应商造成伤害，不利于引导社会公平守信环境的形成。

为此，《政府采购法》规定参加政府采购活动的供应商应当具备六个方面的资格条件，这也是供应商参与政府采购活动的基本条件。

（1）具有独立承担民事责任的能力。这是供应商参加政府采购活动必须具备的最基本条件。规定供应商要具备独立承担民事责任的能力，目的是保护采购人的合法权益。

如果供应商不具备独立承担民事责任的能力,很难保证采购合同的履行,而且一旦出现违约等问题,无法采取补救措施,最终损害采购人利益。

(2) 具有良好的商业信誉和健全的财务会计制度。良好的商业信誉是要求供应商在参加政府采购活动前,其在生产经营活动中始终能做到遵纪守法,诚实守信,有良好的履约业绩,通俗地讲就是用户信得过的企业。健全的财务会计制度,简单地说,是指供应商能够严格执行现行的财务会计管理制度,财务管理制度健全,账务清晰,能够按规定真实、全面地反映企业的生产经营活动。

(3) 具有履行合同所必需的设备和专业技术能力。这是保质保量完成政府采购项目必备的物资和技术基础。《政府采购法》规定,政府采购合同不能转包,虽然允许分包,但中标或者成交的供应商要全面承担履约责任,即使分包,也应当承担合同的主要部分或者关键部分。因此参加政府采购的供应商必须具备履行合同必需的设备和专业技术能力。

(4) 具备依法纳税和缴纳社会保障资金的良好记录。作为供应商,依法纳税和缴纳社会保障资金是应尽义务。如果这一点做不到,说明供应商已经丧失了最基本的信誉。《政府采购法》的这一规定,是为了抑制一些供应商依靠偷逃税款、逃避缴纳社会保障资金等手段降低成本的行为,是从源头上促进公平竞争的措施之一。

(5) 参加政府采购活动前三年内,在经营活动中没有重大违法纪录。在经营活动中没有重大违法纪录,包括高级管理人员犯罪、走私、诈骗等记录。《政府采购法》的资格条件中提出了"参加政府采购活动前三年内"这一时间要求。一是表明是否有重大违法记录是衡量一个企业信誉的重要标准。二是由于政府采购是使用财政性资金,采购目的是为社会公众提供服务,因此,从对社会发展和国家负责的角度也需要对供应商提出特殊要求。三是仍然给有违法行为记录的供应商以改过的机会,只是要有三年间隔期,并不是永远不能参加政府采购活动。

(6) 法律、行政法规规定的其他条件。其他条件如要符合国家的产业政策,要履行环保义务,要保护妇女和残疾人利益,要促进中小企业的发展等。凡是不符合这些条件的供应商一律不得参加政府采购活动。

对于特殊行业的供应商,国家还有特别要求。例如,建筑行业的供应商,应当取得建筑资质。至于这些特定条件,应根据采购项目的特殊性而定,有的项目对供应商有资质要求,有的项目有特种设备要求,有的项目有财务状况要求或者特殊专业人才要求等。《政府采购法》虽然允许采购人对供应商提出特定条件,但采购人不得通过设定特定资格要求来妨碍充分竞争和公平竞争,制造人为的歧视政策。

(二) 供应商政府采购行为规范

供应商作为交易的卖方,承担着向采购人提供合格采购对象的责任。供应商在政府采购活动中享有平等参与政府采购活动的权利,其行为除受到政府采购法规约束外,还应遵守一定的行为规范。

1. 诚实守信

讲信誉、重信义是供应商在市场竞争上必须遵循的规则。供应商在政府采购活动中,本着诚实、守信的态度履行自己的权利和义务,讲究信誉,兑现承诺。提供的投标文件、资格证明、产品服务都不得言过其实、弄虚作假。不得提供虚假材料谋取中标和成交,中标后不得无故放弃合同,不得擅自中止、终止合同。

有下列情形的供应商,不得参加政府采购活动:

(1) 被宣告破产的;(2) 尚欠缴应纳税款或社会保障资金的;(3) 因违法行为,被限制或者禁止参加政府采购活动的;(4) 根据法律、行政法规和国家有关规定,不得参加政府采购活动的其他情形。采购人有证据证明有关供应商在以往履行与采购人及其所属单位的采购合同时,发生过重大实质性违约且未及时采取合理补救措施的,可以拒绝其参加采购活动,但应当提前在采购文件中载明。

2. 公平竞争

供应商以公平竞争、优胜劣汰的态度参加政府采购活动,应该以质量和服务取胜,不得采取不正当手段妨碍排挤其他供应商投标中标,不得向采购人、采购代理机构人员或评委等行贿,以获取不正当的利益。

3. 遵守程序

在政府采购活动中,自觉履行采购人或采购代理机构的正当要求,包括遵守法定采购程序,履行必备手续,按时递交投标文件,交纳投标保证金,遵守采购活动现场纪律,按招标人的要求对投标文件进行答疑。

4. 服从监管

《政府采购法》规定政府采购监管部门有权对包括供应商参加政府采购活动的情况进行监督检查,供应商在参加政府采购活动时应自觉接受有关部门的监督和管理,配合提供有关资料和情况,当存在不正当行为时,服从有关处理。

5. 依法维权

维护自身在政府采购活动中的合法权益是供应商应有的权利,但在维护自身权益时,必须依照法律规定的程序,必须有证据、有理由,不得损害其他当事人的权益。

6. 公益意识

政府采购具有政策性功能,如保护民族中小企业、保护环境等。供应商在参加政府采购时,要胸怀大局,要有公益意识,要理解和支持政府采购的宏观调控政策,要把维护国家、社会利益作为处理国家、企业经济关系的基础。

(三) 供应商政府采购诚信问题思考

1. 政府采购诚信的价值分析[①]

诚信建设是市场秩序有序化的需要。市场经济通过合同契约的形式来实现,其本质

---

① 杨尚阳.市场机制下会计诚信的经济价值分析[J].中国集体经济,2011(2S):194-195.

是法制经济、诚信经济。在市场经济中,诚信缺失会带来非常严重的后果:增加社会交易成本,现代交易手段和方式得不到发展,信用缺失造成恶劣的社会影响,客户大量流失,不利于企业良好形象的树立和品牌的建立,企业缺乏竞争力。因此,市场经济越发达,社会分工越细密,商品交换越频繁,作为市场各个组成部分之间的联系就越紧密,就越要求政府采购各元素之间诚实守信。供应商参与政府采购活动中必须承担相应的社会责任。

诚信建设是赢得政府采购订单的核心竞争力。在政府采购市场中,良好的诚信度对于一个供应商是不可估价的无形资产。一个长期坚持诚信的企业,能够产生强而无形的吸引力,帮助企业抢占政府采购市场,进而提高企业的经济效益。诚信也是吸引采购人的金字招牌,因为采购人在选择供应商时,越来越关注那些信息准确、有社会责任感的公司。诚信是社会责任感的最好表现,注重诚信建设的企业可以得到更多的"信誉投资"。有关调查显示,A级以上信用等级中,企业营利为69.3%,亏损只占17.8%;其他企业营利49.8%,亏损占32.1%。因此在市场经济条件下,诚信作为一种无形资产,是企业良好社会形象的重要内涵,也是其核心竞争力的构成要素。

政府采购诚信有利于促进政府采购效率的提高。政府采购效率的高低主要取决于交易成本与交易总量之比。交易成本越小,交易总量越大,交易效率就越高。政府采购诚信能够使契约各方形成稳定的预期,诚信使参与政府采购活动的企业的利益在公平意义上得到保障,从而带来经济效率的提高。对于整个政府采购市场而言,政府采购诚信能使政府采购信息真实可靠,有利于加速社会资源的有效配置,降低资本成本,提高整个社会的经济效益。

2. 供应商政府采购诚信对策指引

供应商诚信价值观构建。诚信是一个供应商长期获利的基础。对一个供应商来说,有时候往往面临着"两难"的困惑:诚信往往吃亏,讹诈反而得利。不过从长远看,诚信吃亏是临时的,长远发展靠诚信。供应商要健全诚信制度,完善诚信体系。严格自律,以身垂范。严格遵守国家法律法规,遵守职业道德和行业准则,自觉维护自身诚实守信形象。

充分认识政府采购市场诚信倍增效应。政府采购市场规模大,标的金额大,供应商在政府采购市场良好的诚信度不仅可为赢得政府采购合同打下良好基础,而且能为它在其他市场竞争中提供不可估量的无形资产。政府采购市场的特殊性决定着对供应商诚信度的特殊要求。政府采购有示范效应,供应商除了遵循社会的行为规范外,还受政府采购规定和规范的约束,政府采购市场中有专门的《政府采购法》和监管机构来规范政府采购行为,政府采购有足够的资源构建政府采购供应商诚信体系,对政府采购市场主体实行动态管理,在日常监管信息中记录供应商的诚信状况、奖惩资料等。通过政府采购指定媒体对供应商诚信信息的定期公布,一方面可以促进供应商在政府采购市场中的经营透明度,另一方面对供应商诚信效应起着放大作用。供应商在政府采购市场因诚信不足,不仅失去的蛋糕会很大,而且对其产生的负面效应将会非常大。试想,一个与政府部门合作都无法做到诚实信用的企业，还有谁敢与它合作。因此，供应商应充分认识政府采购市场诚信建设的特殊性，加强学习和研究政府采购相关知识与法律法规，在主张自身权益时，尽到自身义务，提高诚信度。加强与采购机构的沟通和交流，把握好政府采购实际需求、采购中的评标方式与评标标准，增强政府采购的针对性和有效性，以诚信和效率获得政府采购合同。

履约诚信化。政府采购项目标的大，服务周期长，社会关注度高。供应商应在政府采购合同履约中提高自身良好的信誉。供应商的诚信和优质度差别在很大程度上体现在履约服务中。因此不管是售前服务、售中服务还是售后服务，供应商都要及时便利、周到全面、保质保量。诚信的履约更能加强供应商与政府采购人之间的合作交流，建立新型和谐的供需关系，使供应商准确了解采购人需求，提高企业信誉和声誉，提高参与政府采购市场的竞争力。

政府采购供应商投标技巧

（一）政府采购招投标特征

政府采购招标投标指采购单位事先提出货物、工程或服务采购的条件和要求，邀请众多投标人参加投标，并按照规定程序从中选择交易对象的一种市场交换行为。在整个招标投标过程中，招标和投标是分别相对于采购方和供应方而言的，是一项活动的两个方面。招标是指招标人在购买货物、工程或服务活动前，公布有关采购的条件或预期要求等招标文件，公开或书面邀请供应商或承包商在接受招标文件要求的前提下参加投标，招标人按照规定的程序确定中标人的行为。投标是指投标人按照招标人提出的要求和条件参加投标竞争的行为，即供货人在得到招标信息或收到投标邀请后，按照招标人的要求制作标书并投标，通过提出报价和投标条件参与竞争。它是投标人选取适合自身的招标信息，根据招标人在招标文件中的各项要求，在规定的时间、地点向招标人递交投标书以争取成交的交易行为。

招标采购可概括为以下四个特征。

1. 交易双方一次性成交特征

招标采购要求投标人一次性报价，投标书递交后不得修改，与一般贸易方式的本质区别在于没有讨价还价的过程。从招投标的基本程序上不难看出，招投标交易过程明显不同于一般商品买卖。一般的商品交易是经过买卖双方一系列的讨价还价之后才达成协议的；而在招投标过程中，投标人只能在投标书中进行一次性秘密报价，投标书在递交之后，投标人不能再更改，以防止投标人利用不正当手段通过各种渠道获取相关信息，做出有利于自身的价格改动。

2. 公开公平性特征

招标投标活动要求很高的透明度，招标人必须将招标投标的程序和要求向所有的潜在投标人公开，使每个投标者获得相同的招标信息，熟知招标的一切要求和条件。任何符合投标条件的投标人均可以参加投标，在投标规则面前各投标人具有平等的竞争机会,并接受投标单位的监督以确保公平竞争,评标工作由专门的评标委员会负责。

3. 组织性特征

招标是一种有组织的交易方式,具有组织性的特点,主要表现在有固定的采购机构,有固定的场所,招标的时间相对固定,即招标的各项活动一般都是按招标约定的时间、固定的程序和条件进行。

4. 多目标下的系统最优化性特征

招标的最终目的不仅仅是简单地追求低价,而是追求多目标条件下的系统最优化。招标的评价在于资源是否实现有效配置,资源配置的效率和效益是否达到最佳统一,即工期短、成本低、质量优且获得寿命同期效益最佳。

(二) 供应商投标技巧

1. 投标要素及投标文件编制技巧

在招标投标活动中,投标人应对招标人在招标文件中提出的实质性条件和要求做出响应,在编制投标文件时,应重点把握以下几点:

(1) 投标人资格证明。一个招标项目的投标人首先应向招标人证明自己具有承接该项目的能力,即投标人在资金、技术、人员、装备等方面备与完成招标项目相适应的能力和条件。重点介绍投标人概况、近期财务状况及近年类似项目的经验,最后签章确保内容属实有据可查。

(2) 投标报价。投标价格的制定是整个投标的关键。投标价格是在核算单项成本和总成本的基础上,再加上一定比例的利润形成的。投标人在计算报价之前,应仔细阅读招标文件,搞清楚报价的内容和要求。投标人要按招标文件工程量清单中的格式填写投标价格。

(3) 投标技术条件。投标技术条件是一个重要的投标要素。对货物采购项目来说,投标人应对构成投标货物的全部技术内容做出说明。有的招标文件中提供货物说明一览表要求对货物进行简单描述。投标人应用具体的数字和准确的文字描述而不能仅使用"满足""符合""响应"等笼统字眼。一般来说,投标人的技术指标是不能完全满足招标人要求的,投标人应列明这些偏离。对于投标货物的某些性能指标超过招标文件的规定和要求的,投标人可以在技术说明中详细说明这些性能的优越之处。对于工程项目投标来说,在技术条件方面,投标人应就施工方案、施工技术能力、施工进度计划、施工机械设备的配备等情况做出详细说明。

(4) 投标保证金和履约担保。投标人必须在招标文件规定的时间内递交投标保证金。投标保证金的金额一般不低于投标报价的2%,其形式可以是银行保函、信用证、保付支票。

履约担保是投标人在接到中标通知书后必须以履约银行保函或履约保证书的形式向招标人提交的文件。

全套投标文件的具体内容依据招标项目不同而有所区别,一般应包括以上几个要素。

一本规范、高质量的投标文件除包含以上投标要素外,还应注意以下几点。一是要符合招标机构的要求。投标文件要符合招标人规定的格式和内容。如果投标人填写格式文件后，仍未能清楚地表达出投标人意思，可以另附补充文件说明。提交的文件种类、份数、正本副本数量要与规定相符。二是反复审核，消除误差。要对计算数量，如工程量、单价、总价认真核对。文字表达要准确无误。第三，投标文件制作要干净整洁。如果图表线条不清晰、复制质量差，就会使人觉得这是一份粗制滥造的标书，容易被人怀疑其工作的质量和投标的诚意。因此，投标文件的外表要整洁，用统一规格的纸张和精致的文件夹装订成册。文件装订要便于招标机构审阅。

若投标后，投标人发现投标文件中存在严重错误或因故改变主意，可在开标之前向招标机构声明收回或撤销。注意修改或撤销投标文件通知的发出时间，不得迟于招标机构规定的投标截止时间。

2. 供应商政府采购活动失标原因剖析[①]

供应商在政府采购活动中未能中标的情况时有发生，要善于总结经验，找出问题，以便在今后的投标中提高中标的概率。供应商参与政府采购失标的原因有很多，可概括为以下几种情况。

（1）不认真研究政府采购招标项目信息，导致中标失败。政府采购项目招标信息在指定媒体上公布，这一点对所有供应商来说都是平等的，但对采购人所需货物的信息研究程度如何，对招投标流程熟悉程度如何，将直接影响博弈的结果。因此，对政府采购项目的了解程度直接关系到投标的成败。

（2）投标报价不合理，导致中标失败。报价是政府采购招标中非常关键的一项内容，供应商要有正确的认识，政府采购招标的目标是获取性价比最好的产品和服务，如不对项目成本性能进行认真分析，不对竞争对手的可能报价进行分析，提出基于自身情况的合理价格，而是盲目抬高或降低报价，就都可能最终导致中标失败。

（3）技术要求没能实质响应招标文件，导致中标失败。有些供应商由于对招标人的技术要求没有做全面细致的研究，没有很好地区分关键指标和一般指标，虽然在投标时所选产品的质量很好，报价也非常合理，但因不符合招标书的关键指标要求而成为废标，从而失去中标的机会。

（4）时间观念不强，导致中标失败。在政府采购的招投标活动中，有几个关键的时间节点是一定要遵守的，不管是有意或是无意，但凡越过了所规定的时间节点，都将导致失标。如投标保证金未在规定的时间内缴纳，或投标文件在投标截止时间前未能按指定地点送达招标人。

（5）标书制作不规范、不完整、不注意细节，导致失标。投标书的制作是有一定标准格式的，制作起来不算太难，但在招投标实践中投标单位因不注意细节而失标的也不在少数。一是投标书未按照招标文件的有关要求密封的；二是未按要求加盖法人或委托授权人印鉴的；三是投标者单位名称或法人姓名与营业执照不符的，或营业执照未年检，税务登记证过期的；四是没有投标产品的授权代理，没有投标产品质量及环保检测报告或

[①] 《供应商参与政府采购失标的原因分析及其对策》，无忧论文网，2011.3.12.

未经国家质量认证,经营业绩达不到要求的;五是投标书的附件资料不全,如设计图纸漏页,有关表格填写漏项等;六是投标书字迹不端正,无法辨认的;等等。

3. 供应商政府采购活动中取得成功的秘诀

(1) 重视对招标文件的研究。招标文件是投标响应文件的基础和标准,要反复研究分析,按照招标文件的要求编制投标文件,对招标文件中提出的实质性要求和条件,特别是关键性指标要做出准确响应,避免被判为废标。

(2) 结合供应商实际,慎重对待投标报价。政府采购最终选择的一定是性价比最高的产品和服务,但不管采用哪一种评标的方法,价格因素所占的比重都非常大。所以供应商一定要结合自己的实际情况,针对项目的要求,给出合理的投标报价。

(3) 重视售中和售后服务。鉴于产品的种类非常多,而且质量、保修等环节存在问题较多等特点,通常评标专家组对供应商投标书售后服务内的保修条款都审查得非常认真。很多中标供应商在产品质量价格基本相同的情况下,最终是靠服务取胜的。

第五节　政府采购评审专家的工作规范与管理

一、政府采购评审专家职责和行为规范

政府采购评审专家应当严格遵守评审工作纪律,按照客观、公正、审慎的原则,根据采购文件规定的评审程序、评审方法和评审标准进行独立评审。

政府采购评审专家在评审工作中,不得泄露评审文件、评审情况和评审中获悉的商业秘密。

评审专家发现供应商具有行贿、提供虚假材料或者串通等违法行为的,应当及时向财政部门报告。

评审专家发现采购文件内容违反国家有关强制性规定或者采购文件存在歧义、重大缺陷导致评审工作无法进行时,应当停止评审并向采购人或者采购代理机构书面说明情况。

评审专家应当配合答复供应商的询问、质疑和投诉等事项,不得泄露评审文件、评审情况和在评审过程中获悉的商业秘密。

政府采购评审专家在评审过程中受到非法干预的,应当及时向财政、监察等部门举报。

评审专家应当在评审报告上签字,对自己的评审意见承担法律责任。对需要共同认定的事项存在争议的,按照少数服从多数的原则给出结论。对评审报告有异议的,应当在评审报告上签署不同意见并说明理由,否则视为同意评审报告。

二 政府采购评审专家在评审中的角色定位

政府采购评审专家实行统一标准、管用分离、随机抽取的管理原则。财政部负责制定全国统一的评审专家专业分类标准和评审专家库建设标准,建设管理国家评审专家库。省级人民政府财政部门负责建设本地区评审专家库并实行动态管理,与国家评审专家库互联互通、资源共享。各级人民政府财政部门依法履行对评审专家的监督管理职责。

政府采购评审专家在评审过程中有着特殊的身份,发挥着重要作用:

1. 评审专家是政府采购活动的"裁判员"

政府采购开始之初,社会上常把政府采购中心设置在财政部门的做法说成是"裁判员和运动员不分"。其实这是对政府采购中心的一种曲解,政府采购中心既不是"裁判员"也不是"运动员",这个机构只不过按照政府采购法规要求和程序履行组织采购这样一种职能(仅相当奥运会组委会的角色)。《政府采购法》规定:集中采购机构(政府采购中心)是非营利事业法人,根据采购人的委托办理政府采购事宜。不能说是"既当裁判员,又当运动员"。所谓"运动员"是指自愿参加政府采购市场竞争的供应商,"裁判员"是指包括由专家评委、使用单位代表组成的评标委员会。采购机构为供应商提供一个公平竞争的舞台,并维护竞争秩序,起组织协调作用,采购结果由依法组成的评标委员会决定,采购机构无权确定和更改采购结果。因此,用"裁判员"来比喻政府采购中心并不恰当,而政府采购评审专家确确实实履行着政府采购"裁判员"的职责。

2. 政府采购评审是政府采购活动的关键环节

政府采购活动因采购方式不同,其程序要求可能也各不相同,但无论是询价采购、竞争性谈判采购,还是招标采购都离不开政府采购评审专家的评审活动。没有评审活动,政府采购结果就无法实现,没有评审专家客观公正、真实可靠的评审意见,采购人就无法采购到价廉物美、服务优良的产品,供应商就无法在公平竞争的舞台上实现自己的价值,采购活动的链条就会断裂,政府采购的目标就无法实现。因此,专家评审活动直接关系到政府采购的质量,是一个关键环节。

3. 政府采购评审是政府采购原则的集中体现

"公开、公平、公正、诚信"是政府采购原则,也是政府采购的基石。公平原则就是政府采购评审活动必须公平地对待每一位供应商,不得排斥符合条件的供应商参加政府采购活动;公正原则要求政府采购评审专家依据事先招标文件的约定进行评审,对供应商不得有歧视行为,评标时不能存在主观倾向,应严格按照评审标准推荐中标供应商。因此,政府采购评审活动自始至终体现着公平、公正的原则,没有评审专家客观公正、真实可靠的评审意见,政府采购的基石就会倒塌。

政府采购评审环节一直是政府采购监管的一个重要节点,在《政府采购法》颁布之前,1999年财政部印发的《政府采购管理暂行办法》和《政府采购招标投标管理暂行办法》都对采购过程中评标委员会或谈判小组的构成要求和职责做了明确规定。《政府采购法》颁布以后,对政府采购评审活动的监管进一步规范,目前对政府采购评审专家管理法律法规主要有《政府采购法》《招标投标法》(侧重于工程)、《政府采购货物和服务招标投标管理办法》和《政府采购评审专家管理办法》。

三 政府采购评审专家的法律责任

政府采购评审专家的责任主要见于《政府采购法》《政府采购货物和服务招标投标管理办法》、财政部《政府采购评审专家管理办法》和《招标投标法》这四部法规中。其中《政府采购法》只是原则上规定，对评审专家违反规定没有详细条款，而《政府采购货物和服务招标投标管理办法》比较详细地规定了评标委员会的责任。

1. 政府采购评审专家应当回避的情形

（1）参加采购活动前三年内，与供应商存在劳动关系，或者担任过供应商的董事、监事，或者是供应商的控股股东或实际控制人。

（2）与供应商的法定代表人或者负责人有夫妻、直系血亲、三代以内旁系血亲或者近姻亲关系。

（3）与供应商有其他可能影响政府采购活动公平、公正进行的关系。

（4）评审专家发现本人与参加采购活动的供应商有利害关系的，应当主动提出回避。

（5）对本单位的政府采购项目，评审专家只能作为采购人代表参与评审活动。

各级财政部门政府采购监督管理工作人员不得作为评审专家参与政府采购项目的评审活动。

2. 评审专家的监督

评审专家未完成评审工作擅自离开评审现场，或者在评审活动中有违法违规行为的，不得获取劳务报酬和报销异地评审差旅费。

评审专家未按照采购文件规定的评审程序、评审方法和评审标准进行独立评审或者泄露评审文件、评审情况的，由财政部门给予警告，并处2000元以上2万元以下的罚款；影响中标、成交结果的，处2万元以上5万元以下的罚款，禁止其参加政府采购评审活动。

评审专家与供应商存在利害关系未回避的，处2万元以上5万元以下的罚款，禁止其参加政府采购评审活动。

评审专家收受采购人、采购代理机构、供应商贿赂或者获取其他不正当利益，构成犯罪的，依法追究刑事责任；尚不构成犯罪的，处2万元以上5万元以下的罚款，禁止其参加政府采购评审活动。

出现评审专家缺席、回避等情形导致评审现场专家数量不符合规定的，采购人或者采购代理机构应当及时补抽评审专家，或者经采购人主管预算单位同意自行选定补足评审专家。无法及时补足评审专家的，采购人或者采购代理机构应当立即停止评审工作，妥善保存采购文件，依法重新组建评标委员会、谈判小组、询价小组、磋商小组等。

第十一章 政府采购案例评析

第一节 招标环节案例

一 招标文件条款要合规合法

【案由】

某市疾病控制中心采购一批用于新生儿接种的乙肝疫苗。根据生产工艺不同,乙肝疫苗分有"酵母型"和"细胞型"两种。采购人提出要"酵母型"乙肝疫苗,理由是安全、无毒副作用反应,以保证新生儿安全。

招标公告正式发布前,根据采购人的委托,采购代理机构在网站上发布信息,公开征集具备供货能力的供应商,希望所有潜在供应商都能参与该项目的竞标。

某生产"细胞型"乙肝疫苗的供应商看到公告后提出质疑,认为招标文件指定只能采购"酵母型"乙肝疫苗属于限制性条款,违反了《政府采购法》的相关规定,对其他供应商有失公平。但采购人坚持认为疫苗的安全关系千秋万代,哪怕有一例有毒副作用反应都不好交代。经组织专家论证,专家出具了书面意见,认为"酵母型"乙肝疫苗安全、无毒副作用,同意采购人的要求。但供应商依然不同意,认为"酵母型"和"细胞型"乙肝疫苗均是《中华人民共和国药典》中常规收录的品种,适用人群均为新生儿,随后向政府采购监管部门提起投诉。

【问题】

(1)采购人提出的采购需求是否合法?为什么?

(2)采购活动尚未开始,在征集供应商的过程中,潜在供应商是否可以提出质疑?

(3)本案给我们带来什么启示?

【评析】

(1)不合法。《政府采购法》第五条规定,任何单位和个人不得采用任何方式阻挠和限制供应商自由进入本地区和本行业的政府采购市场。"酵母型"和"细胞型"乙肝疫苗均是《中华人民共和国药典》中常规收录的品种,适用人群均为新生儿,该采购人不能提出只要"酵母型"疫苗的限制条款。

(2)《政府采购法》第五十二条规定,供应商认为采购文件、采购过程和中标成交结果使自己的权益受到损害的,可以在知道或者应知其权益受到损害之日起七个工作日内,以书面形式向采购人提出质疑。对质疑得不到答复或者对答复不满意的,可以向政府采购监管部门提出投诉。

(3) 本案带来的启示是政府采购实务操作过程中必须坚持依法采购:一是采购人提出的要求要有法律依据;二是遇到疑难问题要多咨询、多论证,寻找法律依据;三是要加强协调和沟通,尽可能依法妥善处理。

二 公开招标与邀请招标之别

【案由】

某政府采购代理机构受某高校委托,拟就该高校新建教学楼内安放的授课桌椅进行邀请招标。2020年7月6日,该采购代理机构在财政部门指定的政府采购信息宣传媒体上发布了邀请招标资格预审公告,7月8日,该高校及采购代理机构发现,已经有17家供应商报名并提交了资格证明文件。

因为要赶在开学之前将课桌椅采购齐全,时间比较紧迫,该采购代理机构应采购人的要求,于7月9日下午5点截止了报名,并对已经报名的17家供应商进行资格预审。在资格预审中,13家公司通过了资格预审。随后,该采购代理机构采用逐一打分的方法,对13家公司依据其提供的证明材料进行打分,并按照分数高低进行排名。为了体现公平公正,该采购代理机构在打分现场宣布,邀请得分排名前7位的公司参与该项目的投标。

结果,这一做法不仅引起其他6家落选公司的质疑,而且也引起另外一家没有报上名的公司的质疑。

【问题】

(1) 本案采取邀请招标方式的依据是否充分?为什么?

(2) 本案中采取的资格预审公告期限是否合法?为什么?

(3) 本案中按照打分情况选择前7名参加招标的做法是否合法?为什么?

【评析】

(1) 不充分。对于潜在供应商比较多、采购金额又比较大的项目,应该以公开招标的方式进行采购。

《政府采购法》第二十六条规定,公开招标应作为政府采购的主要采购方式。第二十九条规定,符合下列情形之一的货物或者服务,可以采用邀请招标方式采购:(一)具有特殊性,只能从有限范围的供应商处采购的;(二)采用公开招标方式的费用占政府采购项目总价值的比例过大的。

本案中采购的课桌椅没有特殊装置和特殊设计,应该不存在特殊性,能生产的供应商也较多,不存在公开招标费用过大的情况,不符合邀请招标的条件。

(2) 不合法。《政府采购货物和服务招标投标管理办法》规定:采用邀请招标方式采购的,招标采购单位应当在省级以上人民政府财政部门指定的政府采购信息宣传媒体上发布资格预审公告,公布投标人资格条件,资格预审公告的期限不得少于5个工作日。

本案例 7 月 6 日发布资格预审公告，7 月 9 日截止公告，这期间仅有 3 天的时间，违反了上述规定。

（3）不合法。《政府采购法》第三十四条的规定：货物或者服务项目采取邀请招标方式采购的，采购人应当从符合相应资格条件的供应商中，通过随机方式选择三家以上的供应商，并向其发出投标邀请书。《政府采购货物和服务招标投标管理办法》规定，投标人应当在资格预审公告期结束之日起 5 日前，按公告要求提交资格证明文件。招标采购单位从评审合格投标人中通过随机方式选择三家以上的投标人，并向其发出投标邀请书。

本案中代理机构采用打分的方式不符合法规要求。

第二节 投标环节案例

一、标书内容粘贴错误及处理方法

【案由】

某采购代理机构受采购人委托，采购会议视频系统。采购结果公布后，采购人提出，第一中标人 D 公司的产品在技术参数上存在偏差，不能满足招标文件要求，要求取消其中标资格，改由得分排名第二的 B 公司中标。

监管部门受理后，展开了细致调查，发现 D 公司的投标产品在个别技术参数上确实有偏差，不完全响应招标文件要求。但评标委员会在评标过程中已经发现这个问题，并现场研究，认为不是主要技术参数，不影响使用，可不作为负偏离。在评审中，专家给予扣分处理。D 公司也承认，具体经办人在制作投标文件时发生粘贴错误，有个别指标出现负偏离，也有一些指标是正偏离。供应商及时承认错误，表示愿意积极改正错误，并承担相应责任，采取补救措施，在原报价不变的情况下，完全满足招标文件的要求并履行合同。

采购代理机构多次与采购人沟通，提出两个解决方案：给予补偿或取消中标结果。但采购人均不同意。采购人提出：D 公司行为严重违法，监管部门应认真处理，并要求废标，直接由得分排名第二的供应商 B 公司中标。

【问题】

（1）根据现有证据，能否认定 D 公司违法？

（2）该案中标结果是否有效？是否可以作无效投标处理？

（3）如果取消第一中标候选人的中标资格，可否由得分排名第二的供应商直接中标？

【评析】

（1）根据现有证据，违法性质不能认定。此案中，如果不是对招标文件中打"＊"号、下划线等重要技术参数不响应，只能认定其部分技术指标有偏差、有失误。供应商没有如实说明情况，其性质属于有轻微错误或不诚信，但认定其违法则依据不足。

（2）中标结果有效，不能作无效投标处理。如果要废标，须由财政部门认定其违法，中标结果无效，取消中标资格。本案中，不能认定其违法，也不符合法律规定的废标情形，因此，不能作无效投标处理。

（3）根据本案的特定情形，取消第一中标候选人资格后不能直接由得分排名第二的供应商中标。《政府采购货物和服务招标投标管理办法》规定："有本办法规定的中标无效情形的，由同级或者上级财政部门认定中标结果无效。中标无效的，应当依照本办法规定从其他中标人或者中标候选人中重新确定，或者依照本办法重新进行招标。"

在案例中应当明确评标委员会确定了几个中标候选人。

二 报价错误及修正方法

【案由】

某代理机构组织对某市人民医院洗衣房设备采购项目进行邀请招标，共有三家公司应邀递交了投标文件。根据评标委员会提出的书面评标报告，推荐G公司为中标候选人。

中标结果公布后，W公司作为投标人之一，对评标结果提出了质疑，认为评标委员会未能及时告知其在投标文件中的报价错误，致使影响评标结果，要求代理机构对评标结果进行复议。

针对W公司的质疑，代理机构组织评标委员会进行了复审。评标委员会就W公司报价的错误，依据招标文件第25条规定的办法进行修正，并根据修正后的价格进行综合评审。根据评标委员会复审结果，中标人仍为G公司。

【问题】

（1）招标人是否有权修正投标人投标文件中的算术错误？

（2）投标人报价错误的修正方法和依据是什么？

【评析】

（1）根据招标文件的规定，投标报价的算数错误，招标人有权按照招标文件确定的方法进行修正，但修正的结果应当告知投标人。

（2）投标文件报价出现前后不一致或报价错误的，除招标文件另有规定外，按照下列规定修正：

①投标文件中开标一览表（报价表）内容与投标文件中相应内容不一致的，以开标一览表（报价表）为准；

②大写金额和小写金额不一致的，以大写金额为准；

③单价金额小数点或者百分比有明显错位的，以开标一览表的总价为准，并修改单价；

④总价金额与按单价汇总金额不一致的，以单价金额计算结果为准。

同时出现两种以上不一致的，按照前款规定的顺序修正。修正后的报价按照规定经投标人确认后产生约束力，投标人不确认的，其投标无效。

三 错用公章及处理方法

【案由】

2020年8月,某采购代理机构受某高校委托组织电梯项目采购招标。在招标文件中明确规定,投标文件必须加盖单位公章。而投标人E公司在招标文件中加盖的却是公司合同专用章,负责资格审查的公证处公证人员在审查时并未发现。最终E公司以2 600万元的报价中标。

采购活动结束后,F公司质疑认为,中标人投标文件上加盖的不是公司公章,不符合招标文件要求。但在调查中发现,在E公司密封的投标文件中有一份授权委托书,明确该合同专用章为公司授权,合法有效,委托书上加盖的是单位公章。

【问题】

(1) 认定E公司中标无效是否具有法律依据?

(2) E公司在投标文件书上加盖合同专用章是否具有法律效力?

(3) 在采购活动组织中,资格审查可否由公证处进行?

【评析】

(1) 认定E公司中标无效的法律依据不足。《政府采购货物和服务招标投标管理办法》规定:评标委员会成员"未按招标文件规定的评标方法和标准进行评标的,中标结果无效"。本案中,并未发现评标委员会有过错。

(2) 只要是真实的、对企业有法律约束力的公章,包括合同章、财务章、业务章,在公安、工商部门备过案的,都是合法有效的。本案中,E公司所盖合同章从实质上看,应该没有问题;但形式上不符合招标文件要求,有瑕疵。如果评标委员会认可,就应该可以。E公司事前有授权,那就更没有问题了。

(3) 资格审查不应该由公证部门承担。公证部门不能参与政府采购评审活动。

四 无据投诉及处理方法

【案由】

某采购代理机构受采购人委托对残疾人就业及培训成果展采购项目组织公开招标。经依法组建的评标委员会评审推荐,采购代理机构公布的中标候选人是本地的一家企业T公司。未中标的外地企业S公司向采购代理机构提出质疑。因对采购代理机构的质疑答复不满意,S公司向财政部门投诉。

投诉人S公司认为,本次投标单位除两家外地公司外,其余均为本地公司,而且中标候选人T公司也是本地企业,评标委员会在评标过程中有地方保护嫌疑,要求对本项目开标和评标程序进行审查,重新组织招标,并查处在本项目招投标过程中的违法违纪行为,依法严肃处理。

【问题】

(1) 本案中本地企业中标是否存在地方保护?

(2) 投诉人 S 公司的投诉是否有依据？

【评析】

(1) 本地企业依法有权平等参与竞争并获得中标资格，在缺乏证据的情况下，不能认为本地企业中标就是地方保护。《政府采购法》第五条规定，任何单位和个人不得采用任何方式阻挠和限制供应商进入本地区和本行业的政府采购市场。因此，本地供应商有权进入本地区政府采购市场，并通过公平竞争获得中标资格。

(2) 本案中，投诉人 S 公司在缺乏有效证据的情况下，仅仅因为中标候选人是本地企业，就认为存在地方保护是没有依据的，属于无据投诉，应该根据《政府采购质疑和投诉办法》的具体规定进行详细分析。

第三节 评标环节案例

一 画蛇添足的答疑

【案由】

某采购代理机构受采购人委托，组织通信网络设备项目公开招标采购，采购预算达 1 800 万元。开标前一天，采购代理机构专门召开答疑会，就供应商提出的问题进行解答。某供应商因对招标文件中的"硬件产品"包括的内容不清楚，向采购代理机构提出疑问，采购代理机构口头给予答复。之后，采购代理机构为体现公平，又将答复内容以书面形式在网上公布，向社会公开。除对"硬件产品包括哪些内容"做了解释外，又告知"其他有关内容仍按原招标文件办理"。开标时，有 4 家供应商参加了投标，在开标现场，投标供应商对采购代理机构的解释内容签字确认，表示同意。

最终，A 供应商报价 1 600 万元，B 供应商报价 1 500 万元。结果 B 供应商被评标委员会推荐为中标候选人。此时，A 供应商向采购代理机构提出质疑，认为其在答疑会上的解释已经超出了答疑范围，特别是"其他有关内容仍按原招标文件办理"这句话也可以理解为此前的解释对招标文件有改变，而其他内容仍按招标文件应当属于澄清。根据财政部第 18 号部长令的规定，如对招标文件进行必要的澄清或者修改的，应当提前 15 天。采购代理机构的做法不符合相关法律规定。

【问题】

(1) 答疑与澄清在本质上有什么区别？本案中采购代理机构的做法是否合法？

(2) 供应商在答疑会现场签字确认是否具有法律效力？

【评析】

(1) 答疑和澄清可从时间、内容和方式上加以区别。

从时间上看，答疑可以根据情况在开标前进行，没有明确时间要求；而澄清或者修改在87号令27条中就有提交投标文件截止的具体时间规定。

从内容上看，答疑只对有关疑问进行解答，不涉及对招标文件内容的实质性改变；而澄清或者修改的内容则为招标文件的组成部分。

从方式上看，答疑不要求在政府采购指定媒体上公布；而澄清或者修改应当在政府采购指定媒体上公布，并书面通知所有投标方。

本案中，答疑的前一句话解释了硬件产品包括的内容，但后一句话"其他有关内容仍按原招标文件办理"在理解上有歧义。可以认为，硬件部分的内容以这次答疑为准，而其他有关内容仍按原招标文件办理，即原硬件部分的内容发生了变化。答疑如果涉及对招标文件的实质性改变，就应当按照法律法规的规定进行澄清。在开标前一天进行不合法。

（2）本案中，4家供应商虽然都在现场签字同意答疑内容，但不具有法律效力。本案中的答疑范围已经涉及对招标文件内容的改变，应当以澄清违反程序规定来进行分析，作废标处理。本案带来的启示是，招标文件应尽量写实，同时也要避免画蛇添足，节外生枝。

二 评标时交头接耳的后果

【案由】

受采购人委托，某市政府采购中心公开招标采购物业服务项目，在评标工作开始前工作人员统一收缴了评审专家的手机。该中心工作人员发现，评审专家吴某到达评标现场后一直找其他评审专家闲聊。评标环节，吴某再次和旁边的专家交头接耳，并询问应该怎么打分，工作人员看到后及时予以了制止，并提醒专家应该客观公正、独立、审慎地按照招标文件的要求评审。但没过多久，吴某又开始东张西望，向左右两边的专家"请教"该给谁打高分，采购中心工作人员多次制止。

评审工作完成后，采购中心工作人员以吴某多次不遵守评审纪律且可能与供应商串标为由，要求吴某出示手机信息，发现吴某手机里的一条短信来自评审专家张某，内容是"我是明天和你一起评物业服务项目的张某，请给实力特别强的A供应商评高分"。

采购中心工作人员核对评审结果，发现A供应商正是该项目的第一顺位中标候选人，于是向当地监管部门报告了这一情况。监管部门开启监督检查，判定中标结果无效，并对吴某和张某处以罚款、警告，取消二人政府采购评审资格。吴某以自己第一次参加评标活动、不懂规则为由，向监管部门申诉，认为处罚过重，但监管部门并未采信。

【问题】

（1）采购中心工作人员做法是否妥当？监管部门的处理是否有依据？

（2）吴某以不懂规则为由，向监管部门申诉是否有依据？

【评析】

（1）采购中心工作人员做法完全正确。采购中心作为项目开标、评标的组织者，不仅要执行评标流程，更有义务对评标过程进行管理，发现评审专家有违规违法行为理应制止并报告。监管部门接到报告立即开启监督检查，调查录像发现评标过程中确实出现了影响公平竞争的违法行为，判定中标结果无效，要求采购人重新组织采购活动，并依据

《政府采购法实施条例》第七十五条的规定,对吴某和张某做出处罚完全合规合法。

(2)吴某以第一次参加评审活动、不懂规则为由提出申诉,没有任何依据。不懂规则不能成为违法违规评审专家获得豁免的理由,其违法行为应受到依法处理。政府采购评审专家本来就有比较高的门槛,专家应该练好"金刚钻",再揽"瓷器活儿",掌握好专业知识并熟悉政府采购法律法规,监管部门也应加强对政府采购评审专家的培训和管理,对专家的违法违规行为绝不姑息。

三 不坚持原则的代价

【案由】

某采购代理机构为某高校学生物业管理项目进行第二次公开招标。第一次公开招标因投标人不足三家而废标。这一次,到了投标截止时间又只来了两家供应商。五分钟后,第三家供应商姗姗来迟。眼看又要废标,三家供应商为了共同利益在现场自行协商后向采购人提出,希望允许迟到的供应商参与招标,以使该项目能够继续进行。

采购人此时也希望采购活动能继续进行,因为学校开学在即,重新招标时间上可能来不及。为此,采购人和供应商共同向采购代理机构提出,第三家供应商只迟到了五分钟,既然他们已自行协商后一致同意,能否根据学校的特殊需要允许第三家供应商参加招标?

采购代理机构不同意,担心不按照规定操作会引发质疑、投诉。

见此,三家供应商均向采购人和采购代理机构保证,无论谁中标,绝不以此为理由质疑、投诉,并当场签字确认,保证诚信、说话算数。

在采购人的一再要求下,采购代理机构同意招标活动继续进行。结果那家姗姗来迟的第三家供应商被推荐为中标候选人。未中标的两家供应商马上提出质疑,结果第二次招标又以废标告终,代理机构后悔莫及。

【问题】

(1)迟到的供应商是否可以参加投标?
(2)本案的采购项目是否为废标?为什么?
(3)该项采购活动是否可以采用其他方式进行?

【评析】

(1)《政府采购货物和服务招标投标管理办法》规定:"开标应当在招标文件确定的提交投标文件截止时间的同一时间公开进行。"该供应商未在招标文件确定的截止时间前提交投标文件,不能参加该项采购活动。供应商现场签字同意也没有法律依据,不具有法律效力。

(2)本案为公开招标,在投标截止时间只有两家符合条件的供应商投标,不符合法定的招标条件;且允许迟到的供应商参加采购活动也不符合法律规定,违反了政府采购公开、公平、公正和诚信的原则,因此,应当作废标处理。

(3)本案中,第一次招标因投标人不足三家而废标,第二次重新招标投标人仍不足三家。如果经论证招标文件没有不合理条款,考虑到重新招标所需时间不能满足采购人需要，可报设区的市级以上财政部门批准后，采用竞争性谈判方式进行。

四 废标及招标方式变更

【案由】

某采购代理机构于2019年12月7日在政府采购网站上公开发布招标信息，至投标截止时，只有两家投标人投标。因投标人不足三家，该采购代理机构于2019年12月28日依法宣布上述招标活动失败，并重新组织招标，于2020年1月6日在政府采购网站上公布招标信息，至投标截止时，包括G单位在内共有三家投标人参加投标，2020年2月14日10点30分在采购代理机构开标。评标委员会依法进行了评审，评审过程中，评标委员会调查发现有一家投标人不具备招标文件规定的合格的投标人条件，由此导致合格投标人不足三家，招标项目予以废标。G单位质疑认为，采购代理机构宣布本次招标失败违反法定程序。

【问题】

（1）在评标委员会评审过程中发现符合条件的供应商不足三家是否应当予以废标？

（2）再次招标失败后依法可以采取什么采购方式？

【评析】

（1）根据《政府采购法》第三十六条第一款第一项之规定，符合专业条件的供应商或者对招标文件作实质响应的供应商不足三家的应予废标。

（2）根据《政府采购法》第三十条第一款第一项之规定，因重新招标未能成立，依法采用竞争性谈判方式采购。

第四节 供应商违法违规案例

一 供应商提供虚假证明的后果

【案由】

某采购代理机构组织的招标采购活动刚结束就接到举报，反映中标的供应商T公司提供的证明文件不实，属于提供虚假材料谋取中标。经财政部门组织调查，发现T公司确实存在提供虚假材料的行为。但富有戏剧性的是，评标委员会认为，T公司提供的这份虚假证明文件并不影响评标结果。

原来，在此次招标采购活动中，T公司一共提供了10份证明材料，其中9份均真实有效，只有一份证明文件是假的。评标委员会研究认为，T公司提供的这份虚假证明并不影响评标结果，即在此次招标活动中，如果T公司不提供这份虚假证明文件，根据评标委员会现场评分情况，T公司也能够中标。

【问题】

(1) 供应商提供虚假材料不影响评标结果时,中标结果是否有效?

(2) 供应商提供虚假材料不影响评标结果时是否应当处理?如何处理?

【评析】

(1) 中标结果是否有效,重点要看问题的性质,而不是结果。即主要看供应商的行为是否违法,而不是看数量多少、对评标结果有无影响或影响多大。

本案中,供应商提供虚假材料的行为违反了《政府采购法》有关规定,性质是违法的,目的是谋取中标、成交。因此,应该认定中标结果无效。

(2) 针对这类行为,《政府采购法》第七十七条有明确规定:"供应商有下列情形的处以采购金额千分之五以上千分之十以下的罚款,列入不良行为记录名单,在一至三年内禁止参加政府采购活动,有违法所得的,并处没收违法所得,情节严重的,由工商行政管理部门吊销营业执照;构成犯罪的,依法追究刑事责任。"而第(一)项情形就是"提供虚假材料谋取中标、成交的"。因此,财政部门应当对 T 公司做出相应处罚。

二 供应商伪造已被取消的资质的后果

【案由】

某市经济开发区政府委托当地代理机构招标采购工程拆迁服务,招标文件要求投标供应商提供拆除工程资质。A 供应商不具备该项资质,想要补办,却因该项资质已经被有关部门取消,没法补办。于是 A 供应商铤而走险,找了家代办证书的公司办理了该资格证书,并提交该证书参与评标。

最终,经过评标委员会专家的评审,A 供应商被推荐为第一中标候选人,但随后就被参与投标的 B 供应商举报证书造假。该市政府采购监督管理部门核实时,A 供应商承认了造假一事,但也表示这也是被逼无奈,被取消了的资质作为资格条件,没法正常获取,才不得不造假。但监管部门认为,发现招标文件资质有问题应该提出质疑,采购人、采购代理机构如果拒绝纠错,可以依法提起投诉,而不是通过造假来解决问题。最终,监管部门对 A 供应商处以一万元的罚款,并列入不良行为记录名单。

【问题】

(1) 本案中,采购人将已取消的资质列为资格条件是否合理?

(2) 供应商发现采购文件要求供应商提供已被取消的资质,应该如何处理?

(3) 供应商提供伪造的资质参与投标,该如何处理?

【评析】

(1) 无论是将已取消的资质列为资格条件还是设为评分项,对未取得资质或资质已经到期无法延续的供应商来说都是不公平的,属于以不合理的条件对供应商实行差别待遇或者歧视待遇。该案例中采购人和代理机构以及评审专家都很不专业,要求投标供应商提供已经依法取消的资质,损害了供应商的合法权利。

(2) A 公司非常不专业,发现招标文件瑕疵,不用合法手段维护自己的权益,而是选择违法造假。《政府采购法》第五十二条规定："供应商认为采购文件、采购过程和中标成交结果使自己权益受到损害的，可以在知道或者应知其权益受到损害之日起七个工作日内，以书面形式向采购人提出质疑。"所以，供应商发现采购文件要求不合理，应及时提出质疑，便于采购人、采购代理机构纠错。

（3）A公司伪造的资质虽然是已被取消的资质，但用来投标就属于提供虚假材料谋求中标、成交。根据《政府采购法》第七十七条的规定，供应商提供虚假材料谋取中标、成交的，处以采购金额千分之五以上千分之十以下的罚款，列入不良行为记录名单，在一至三年内禁止参加政府采购活动。

第五节 质疑与投诉处理案例

一 投诉举报要有实据

【案由】

某医疗设备项目招标前，采购人接到举报，反映购买标书者R公司涉嫌商业贿赂。当时全国正在开展治理商业贿赂活动，医疗卫生、政府采购都是六大重点治理领域之一。采购人单位高度重视，连夜召开党组会议研究，决定取消R公司的招标资格。

R公司把此情况向财政部门进行反映。财政部门随后也进行了调查，并要求举报人出具R公司涉嫌商业贿赂的有效证据。举报人向财政部门提供了某晚报、某网站报道的关于R公司涉嫌商业贿赂的报道。

【问题】

（1）供应商"涉嫌"商业贿赂时可否取消其招标资格？

（2）晚报报道、网上下载的资料可否作为证据采信？

（3）采购人单位党组会议做出取消供应商投标资格的决定是否有效？

【评析】

（1）供应商是否有资格参加投标，一要根据法律规定，二要根据招标文件约定，三要看提供的证据有无法律效力。如果有举报，反映供应商只是"涉嫌"商业贿赂，并没有"查实"，也没有提供有效证据，仅凭"涉嫌"是不能取消供应商的投标资格的。

（2）认定供应商是否存在商业贿赂行为必须证据确凿，从网上下载的材料及媒体报道等不能作为有效证据采信。

（3）采购人单位党组会议不能决定取消供应商投标资格。取消供应商投标资格必须依据《政府采购法》相关规定。对于该案的处理，财政部门应首先要求举报人提供有效证据，财政监管部门应主动调查，并向评标委员会如实通报情况。

二 中标后拒签合同的投诉处理

【案由】

2020年8月,某监管部门收到供应商Z公司来信,反映某单位消防设施改造项目中标通知书发出一年多,采购人至今不与中标供应商Z公司签订合同。经监管部门调查,来信反映情况属实。该项采购活动程序合法,采购结果有效,且整个采购活动中采购人均参与并签字认可,招标全过程经公证处公证,采购人已向中标人Z公司发放了中标通知书,并在政府采购指定媒体发布了中标成交公告。

经进一步调查,中标通知书发出后,采购人曾向中标人Z公司提出变更地点、修改实施方案等要求,Z公司立即根据采购人要求上门重新测量、修改方案、做概算。后因采购人单位领导班子调整,一直未与Z公司签订采购合同。在中标人Z公司的一再催促下,采购人自行找消防部门进行审核,拿到了一份在原地做消防设施改造采购项目不安全的意见书,并据此拒绝与Z公司签订合同。

【问题】

(1) 中标通知书发出后,采购人是否可以不签合同?
(2) 采购人自行请人进行审核是否具有法律效力?
(3) 中标通知书发出后,如果采购人拒绝签订采购合同该如何处理?

【评析】

(1)《政府采购法》明确规定,中标通知书发出后,采购人应在三十日内与中标人签订合同。中标、成交通知书对采购人和中标、成交供应商均具有法律效力。本案中,采购人在中标通知书发出后,不与中标人签订合同,违反了《政府采购法》规定,中标人可以要求其承担法律责任。

(2) 请有关单位进行消防审核,应当在采购项目实施前进行,并将有关要求在标书中明确。中标后再自行请人进行审核,并以此作为不签订合同的理由,不具法律效力。

(3) 根据《政府采购法》规定,中标、成交通知书发出后不与中标、成交供应商签订采购合同的,依法可以责令采购人限期改正,给予警告并处罚款、通报等处罚,这是法律赋予财政部门的职权。

第六节 其他案例

一 规范公布政府采购信息的重要性

【案由】

某单位分散采购项目——门户网招标。招标结束后,因未按《政府采购法》相关规定及时公布中标结果,受到供应商的质疑、投诉。

采购人认为,该项目属于分散采购,不需要通过政府采购的复杂流程,可由单位集体研究决定,也不需要向社会公布相关采购信息。

【问题】

(1) 分散采购是否适用《政府采购法》?

(2) 分散采购的信息是否应当公布?

(3) 单位集体研究是否能决定分散采购的结果?

【评析】

(1)《政府采购法》第二条规定:"在中华人民共和国境内进行的政府采购适用本法。"第七条规定:"政府采购实行集中采购和分散采购相结合。"因此,分散采购也应适用《政府采购法》。

(2)《政府采购法》第十一条规定:"政府采购的信息应当在政府采购监督管理部门指定的媒体上及时向社会公开发布,但涉及商业秘密的除外。"第六十三条规定:"政府采购项目的采购标准应当公开。采用本法规定的采购方式的,采购人在采购活动完成后,应当将采购结果予以公布。"本案中,采购信息没有及时公布,不符合法律规定。

(3) 本案中,采购人以单位集体会议形式研究决定采购结果,不符合法律的规定,既然分散采购适用《政府采购法》,那就意味着整个采购过程都要符合《政府采购法》的规定。

二 选自"中国政府采购报"的几个实际案例

"中国政府采购报"微信公众号 2020 年 12 月 30 日发表的《政采评审专家犯错案例对我们的警示》,值得所有政府采购评审专家学习。看看评审专家的哪些行为体现了其专业素质的缺乏,哪些操作触碰了政府采购的底线,以期警示评审专家正确履职。"了解政府采购规则+专业精通+良好的道德素养"是作为一名合格评审专家不变的法则。

案例一:审查材料出现错误

某年,广东省深圳市龙岗区政府采购中心发布布吉中学 LED 显示屏采购招标公告,载明该项目接受联合体投标,其中评审方法采用综合评分法。招标文件明确综合实力部分评分因素"近三年同类业绩"评分权重为 4,评分准则为投标人近 3 年(2013 年 1 月 1 日至投标截止日,以合同签订日期为准)完成的同类项目业绩,每提供 1 个得 20%,本项目最高 100%。某甲公司投标文件"近三年同类项目业绩"所提供的业绩证明材料中合同签订时间均在 2013 年 1 月 1 日之前。对该评分项,项目评审专家蒋某某给予的评分为 100%。另外,招标文件规定综合实力部分评分因素"投标人资质证书"评分权重为 2,评分准则为投标人具有 ISO9001 质量管理体系认证、环境管理体系认证书,每提供一个得 50%。某乙公司在其投标文件中提交"联合体投标协议书",与某戊公司组成联合体参与涉案项目投标,其中某乙公司为联合体牵头方,某戊公司为联合体成员,且某戊公司具有 ISO9001:2008 认证证书及 ISO14001:2004 认证证书。对该评分项,蒋某某评分为 0。上述评分蒋某某均签名确认。

经核查后发现原评审结果确实存在错误,即评审专家(郑某、蒋某某、王某某、敬某、陈某某、廖某某、刘某)未严格按评分标准核算某甲公司所提供的6项"同类项目业绩"项的评分,应计0分而非4分,也未严格按评分标准核算某乙公司关于ISO9001、ISO14001资质证书项的得分,应计2分而非0分。经核算纠正,此项目重新组织招标,同时对蒋某某做出了取消专家资格等行政处罚,蒋某某不服,向有关法院提起行政诉讼。

法院认为,本案中,蒋某某作为评审专家,未尽客观、审慎评审之责任,其打出的评分明显错误,导致中标结果发生改变,应当依照政府采购有关规定承担相应法律责任。至于其评分错误是故意还是过失,不影响蒋某某违法行为的成立。

案例二:超范围评审

某日,四川省巴中市恩阳区人民医院规章制度资料印刷服务项目采用询价方式采购,采购人与代理机构在省政府采购评审专家库内抽取专家,组成评审委员会(询价小组),其中李某某任组长。同日下午2时30分在巴中市恩阳区政府采购中心进行评审。当天响应询价文件的供应商有9家,其中成都6家资格性审查未通过,理由是未提供具有履行合同所必需的设备和专业技术能力的证明材料,这6家均未见相关机器设备,未见专业编辑人员、管理人员等。但询价文件中没有这些规定,此次评审后,询价结果公告作废,李某某受到行政处罚,李某某不服,向有关法院提起了行政诉讼。

法院认为,询价文件在第三章第二部分"应当提供的供应商及报价产品的资格证明材料"中要求供应商应当提供承诺函,通过第六章"响应文件相关文书格式"可以看出承诺函包含具有履行合同所必需的设备和专业技术能力的承诺。在政府采购活动中,供应商按照询价文件提供的承诺与其他资料具有同等法律效力。按照此次采购活动询价文件的规定,第三章"供应商应当提供的资格审查证明材料"第二点"应当提供的供应商及报价产品的资格证明材料"对第一点"供应商及报价产品的资格条件要求"起证明作用,只要供应商按照第二点要求提供了全部证明材料,就证明供应商满足了第一点的所有要求。按照此次询价文件的规定,供应商应当以承诺的形式来证明其具有履行合同所必需的设备和专业技术能力,供应商提供了该承诺,在评审活动中就应当认为具有履行合同所必需的设备和专业技术能力。此次采购活动的询价文件对"具有履行合同所必需的设备和专业技术能力"除了要求提供承诺外,并未要求供应商提供其他证明材料,评审委员会也不应当要求供应商在响应文件中提供其他证明材料。评审专家行为不当,驳回其上诉。

案例三:未按招标文件要求打分

某年6月7日,湖北省武汉市东西湖区残联公开招标采购康复器具,采购代理机构为恒骥公司。"武汉市东西湖区残联康复器具采购项目—评分表(3包)/(4包)"商务部分类似业绩的评议打分细则均规定，供应商 2015 年以来承接的类似项目业绩每个得 1 分，满分 14 分（提供项目合同）；技术部分项目实施计划的评议打分细则规定，有制定合理的质量保证措施得 0—3 分。

同年 7 月 26 日，东西湖区残联和恒骥公司提出评审打分不当的问题，向当地采购办提请再次核实确认。经核实，晚晴公司仅有 11 项业绩提供了合同作为证明材料，其他 3 项只提供了中标通知书，按照评分标准应得 11 分，评分小组在此项打分时一致给了 14 分，5 位专家认为中标、成交通知书或合同符合招标文件评审办法要求，可以作为业绩的证明材料，在实践中通常都是这样打分的，打分细则表述不清，未写明"无项目合同不得分"。最后认定，评审专家评分错误，并给予了其行政处罚，评审专家不服向法院提起了诉讼。

法院审理认为，本案中，采购项目的评议打分细则中明确载明"供应商 2015 年以来承接的类似项目业绩每个得 1 分，满分 14 分（提供项目合同）"，评审专家评审时在晚晴公司仅提供 11 份项目合同的情况下，给该公司打分 14 分，没有按照采购文件的评审标准进行评审，违反了上述法律规定。至于原告诉称的 5 名专家评审时一致给了 14 分属于独立评审，符合法律规定的理由，本院认为虽然《政府采购货物和服务招标投标管理办法》（财政部令第 87 号）第六十四条第一款第三项规定了客观评审因素评分应当一致，但不代表专家一致的错误打分就是合法的。因此，依据《中华人民共和国政府采购法实施条例》第七十五条第一款的规定，驳回了评审专家的诉讼。

案例四：未按照法定程序评审

2019 年 1 月 24 日，江西省丰城市"2019—2021 年农业保险政府购买服务项目"采取竞争性磋商方式采购，该项目由江西弘和招标代理有限公司负责组织采购。此项目磋商文件 28.3 规定，磋商小组所有成员集中与单一供应商分别进行磋商，并给予所有参加磋商的供应商平等的磋商机会。经评审，该项目发布了成交公告，但同年 3 月 11 日，代理机构发布重新组织采购活动的公告，理由是该项目磋商采购过程不合规。6 月 11 日，丰城市财政局做出行政处罚决定，以在该项目评审过程中陈某某以及磋商小组其他成员未集中与单一供应商分别进行磋商，并给予所有参加磋商的供应商平等的磋商机会为由，对陈某某等专家罚款 2 万元，一年内禁止参加丰城市政府采购评审活动，将该项目获取的评审费用交回相关当事人。后陈某某等不服行政处罚，诉至法院。

一审法院认为，陈某某等 5 人作为磋商小组成员和评审专家，没有集中与单一供应商分别进行磋商，并给予所有参加磋商供应商平等的磋商机会，且本院在庭审时询问了到庭的 5 位磋商成员中的 2 位评审专家，两人均陈述自从业以来参加过多次其他竞争性磋商采购项目，对该种采购方式需要开展磋商过程是明确知晓的，也是比较了解的，同时陈述其他未到庭的 3 位磋商成员也应该参加过竞争性磋商采购项目的评审。因此，5 位评审专家知道或应当知道竞争性磋商采购方式依照有关规定必须履行磋商程序，在没有开展磋商过程的情况下，评审专家本不能直接进入后面的评审程序而直接评审，导致后来项目重新组织开展，违反了《政府采购竞争性磋商采购方式管理暂行办法》第五条和第十九条的规定。故"本案磋商程序缺失和废止的责任完全由采购人、采购代理机构承担，评审专家没有过错和责任"的意见，与本案事实和法律规定不符，法院不予采纳。

陈某某等评审专家不服，再次向有关法院提起上诉。二审法院认为，经查，上述内容属实，但丰城市财政局已对代理机构进行了行政处罚，由于采购人与代理机构未成立磋商小组，启动磋商程序，而将由组织者承担的责任归于评审专家，有失公平，缺乏法律依据。因此，撤销此前对陈某某等评审专家的行政处罚决定。

（以上案例均摘自有关法院的判决书，部分具体人名隐去）

第三方视角

中央财经大学财税学院姜爱华：这4个关于评审专家的案例颇具代表性，而且从4个维度说明了目前评审专家在政府采购项目评审中存在的问题。第一个案例中评审专家态度不够认真。在当前的政府采购制度下，专家的评审可能决定着供应商的命运，并且也决定采购人能否采购到物有所值的标的，因此，评审应当是非常严肃的，但在这一案例中，评审专家显然态度不认真，评审过于草率。第二个案例说明评审专家没有认真阅读采购文件（案例中应指询价通知书）。采购文件是整个采购过程的指引，评审专家应认真阅读，才能据此对供应商做出客观公正的打分，否则可能会因为出现客观分打分错误，影响采购效率。第三个案例中评审专家没有按照采购文件（案例中为招标文件）的评审量化标准进行认真打分，导致打分出现了明显的错误。第四个案例中评审专家没有依法依规进行评审。每一种采购方式都有对应的评审程序，对于竞争性磋商，财政部2014年印发的《政府采购竞争性磋商采购方式管理暂行办法》第十六条明确规定，"磋商小组成员应当按照客观、公正、审慎的原则，根据磋商文件规定的评审程序、评审方法和评审标准进行独立评审"，此案例中专家没有按照规定程序进行评审导致违背了法律法规的相关要求。尽管二审法院撤销了此前对评审专家的行政处罚决定，但按法定程序评审是每一位评审专家应遵循的重要内容。上述案例说明，应加强对评审专家的管理，实行动态调整机制，为采购公平公正保驾护航，同时助力采购效率的提升。

新华通信社办公厅政府采购处李刚：上述评审专家违规评审的现实案例突出了三个问题。一是专业素养不够。上述案例总体还停留在评审专家最基本的职业素养方面，还未涉及评审专家的专业知识层面。最基本、最简单、按章操作的评审程序，却被态度不认真、操作不标准的评审专家扰乱，令人惋惜。二是评审专家法律意识有待加强。《政府采购法》对违规评审的专家有着明确的责任追究规定，如，政府采购评审专家未按照采购文件规定的评审程序、评审方法和评审标准进行独立评审或者泄露评审文件、评审情况的，与供应商存在利害关系未回避的，收受采购人、采购代理机构、供应商贿赂或者获取其他不正当利益的，评审专家将受到财政部门的警告、罚款，构成犯罪的，还要追究刑事责任。由此，评审专家必须敬畏法律、遵纪守法，万不可心存侥幸，为了蝇头小利而践踏法律红线。三是暴露出政府采购文件编制有待规范和监管的问题。政府采购要求评审因素应当量化和细化，不能量化和细化的不得作为评审因素，因此，业界有的人提出取消方案评审，最低限度减少主观评审比率。政府采购法规体系也从采购需求和绩效管理方面对采购活动进行了扩展。笔者建议，要分门别类建立相对应的需求、评审、验收型专家，最大限度地发挥专家的专业优势和特长，更好地为政府采购服务。

山东省政府采购中心汪涛：事实上，上述案例也是个例。在这里我想讲两个正面的典型案例。比如，某家具采购项目的一位评审专家就比较专业，不仅自带卷尺等各种专业设备，而且在查看样品环节，该名评审专家"一摸一看"就可以辨别真皮和西皮、胡桃木与楸木、卯榫结构和拼接结构等。再比如信息化项目，有的专家一看供应商提供的产品品牌与型号，就能判断响应产品是否满足采购文件的要求，因为这样的专业型专家可以如数家珍地告知某品牌的指标技术情况，面对专业意见，供应商即使"落选"也会很服气。这样的专家令人敬佩，令人信服。

下篇

政府采购标书制作实务与技巧

第十二章 政府采购招标文件制作技巧

第一节 政府采购招标文件的组成

招标文件,是指招标人向投标人提供的为进行投标工作而告知和要求性的书面性材料(本书主要针对公开招标和邀请招标情形)。招标文件的作用在于阐明需要采购货物或工程的性质,通报招标程序将依据的规则和程序,告知订立合同的条件。

一、招标文件的格式要求与编制原则

(一)招标文件的格式要求

《政府采购法实施条例》第32条规定:"采购人或者采购代理机构应当按照国务院财政部门制定的招标文件标准文本编制招标文件。"可见,政府采购招标文件标准文本具有强制性和示范性的特征。但是,在政府采购实际操作中,国务院财政部门并未制定统一的、指导性的招标文件标准文本,且财政部门在《政府采购法实施条例》的释义中解释:"在财政部尚未发布招标文件标准文本时,采购人或者采购代理机构应当按照《政府采购法》及相关法规政策,自行编制招标文件。"因此,采购人和采购代理机构根据法律法规,结合项目属性(货物类、工程类、服务类),各自形成了符合自己需要的招标文件范本。

(二)招标文件编制的原则

1. 遵守法律法规

招标文件的内容应符合国内法律法规,如《政府采购法》及其实施条例、《政府采购货物和服务招标投标管理办法》(87号令)、《中华人民共和国民法典》等多项有关的法律,遵循国际惯例、行业规范等。如有的招标文件中要求必须有本省的某行业领域资格证书,或限制外地供应商竞争的区域规定,就与我国法律相背离。

2. 全面反映使用单位需求

招标的目的就是为需求服务,招标文件全面反映使用单位需求是编制招标文件的一个基本的要求。技术规格书是对拟采购产品的技术描述,是反映招标采购产品具体而详细的内容要求,是招标采购产品的一个比较清晰的框架。技术规格书提供的要求越详细,越接近采购人合法的实际要求,才能使采购结果越符合采购需求。招标文件应能全面准确反映用户的需求:功能描述准确;技术指标、工艺方法、质量水平档次要求、验收标准明确,当投标人阅读招标文件时,知道应该以什么档次的产品报价可满足用户的要求;

商务条款、使用环境、地理位置条件也应明确,这些因素会影响到产品的配置和质量,影响到投标人的正常报价和投标方案。这些问题没有明确,招标文件就不能贴近用户需求,不仅给投标人编制投标文件带来很多困惑和疑问,最终也会影响招标成效和质量。

3. 公正合理

公正是指公正、平等对待使用单位和供应商。招标文件是具有法律效力的文件,双方都要遵守,都要承担义务。合理是指采购人提出技术要求、商务条件必须依据充分并切合实际。技术要求根据可行性报告、技术经济分析确立,不能盲目提高标准、提高设备精度等,否则不能达到经济节约和讲求绩效的效果。

4. 公平竞争

公平竞争是指招标文件不能存有歧视性条款。招标的原则是公开、公平、公正,只有公平、公开才能吸引真正感兴趣、有竞争力的投标厂商竞争。招标文件应载明配套的评标因素或方法,尽量做到科学合理,这样会使招标活动更加公开,人为因素相对减少,也会使潜在的投标人更感兴趣。还应该注意的是招标文件的各项规格,不得要求或者标明某一特定的专利、商标、名称、设计、型号、原产地或生产厂家,不得有倾向或排斥某一潜在投标人的内容。

5. 科学规范

以最规范的文字,把采购的目的、要求、进度、售后服务等描述得简捷有序、准确明了。招标文件的用词、用语一定要准确无误,表述清楚,不允许用大概、大约等无法确定的语句以及表达上含糊不清的语句,尽量少用或不用形容词,禁止使用有歧义的语言,防止投标人出现理解误差。一份招标文件要做到五个统一,即格式统一、字体统一、语言统一、数字运用统一、技术要求使用标准统一。

6. 维护采购人的利益

招标文件编制要注意维护采购人的秘密与利益,如高校网络设备采购就要考虑安全问题。不得损害国家利益和社会公众利益,如噪声污染必须达标。

二 招标文件的组成内容

《政府采购法实施条例》第 32 条规定,"招标文件应当包括采购项目的商务条件、采购需求、投标人的资格条件、投标报价要求、评标方法、评标标准以及拟签订的合同文本等";《政府采购货物和服务招标投标管理办法》(87 号令)第 20 条规定,招标文件应当包括以下 16 项内容:

(一) 投标邀请

投标邀请,是招标人在采用选择招标方式时,向相关供应商发出邀请其参加投标的一种文书,一般作为招标文件的第一章。投标邀请与招标公告内容大致一致,主要包括:项目基本情况、申请人的资格要求、获取招标文件的地址和费用、提交投标文件截止时间、开标时间和地点、项目联系方式等。详见资料 12-1。

资料 12－1 某某大学计算机中心电脑更新项目投标邀请

受某某大学的委托,江苏省某某招标代理公司就其计算机中心电脑更新项目 JS12345687989 进行公开招标采购,欢迎符合条件的供应商投标。

项目概况

某某大学计算机中心电脑更新招标项目的潜在投标人可在"江苏政府采购网"自行免费下载招标文件,并于 2021 年 2 月 26 日 9 点 30 分(北京时间)前递交投标文件。

一、项目基本情况

1. 项目编号:JS12345687989
2. 项目名称:某某大学计算机中心电脑更新项目
3. 预算金额:89 万元
4. 本项目设定最高限价,最高限价为 89 万元。
5. 采购需求:

  计算机中心商用台式电脑换新。计算机中心因学生电脑更新,需采购商用台式电脑 120 套,I7 处理器,并配置 4G 独立显卡和高清显示器,预算控制在 89 万以内。计算机中心商用台式电脑换新项目与某某大学计算机中心签订合同。要求合同签订后 20 日内完成安装、调试、验收等工作,以满足秋季开学后日常教学使用需求。

6. 本项目不接受联合体投标。
7. 本项目不接受进口产品投标。

二、申请人的资格要求:

1. 满足《中华人民共和国政府采购法》第二十二条规定,并提供下列材料:

1.1 法人或者其他组织的营业执照等证明文件,自然人的身份证明。

1.2 上一年度的财务状况报告(成立不满一年不需提供)。

1.3 依法缴纳税收和社会保障资金的相关材料。(提供提交投标文件截止时间前一年内至少一个月依法缴纳税收及缴纳社会保障资金的证明材料。投标人依法享受缓缴、免缴税收、社会保障资金的提供证明材料。)

1.4 具备履行合同所必需的设备和专业技术能力的证明材料。

1.5 参加政府采购活动前 3 年内在经营活动中没有重大违法记录的书面声明。

1.6 未被"信用中国"网站(www.creditchina.gov.cn)列入失信被执行人、重大税收违法案件当事人名单、政府采购严重失信行为记录名单。(提供网页截图)

2. 落实政府采购政策需满足的资格要求:无
3. 本项目的特定资格要求:无

三、获取招标文件

1. 时间:自招标文件公告发布之日起 5 个工作日。
2. 方式:在"江苏政府采购网"自行免费下载招标文件。

四、提交投标文件截止时间、开标时间和地点

1. 2021 年 2 月 26 日 9 点 30 分(北京时间)。
2. 地点:江苏省某某招标代理公司第一开标室

五、公告期限

招标公告及招标文件公告期限为自本公告发布之日起 5 个工作日。

六、其他补充事宜:无

七、本次招标联系方式

1. 采购人信息

某某大学采购办:张老师　　　　　　　　电话:025-88881111

某某大学计算机中心:李老师　　　　　　电话:025-88882222

地址:江苏省南京市

2. 江苏省某某招标代理公司信息

联系人:王经理　　　　　　　　　　　　电话:025-88887777

地　址:江苏省南京市

八、其他

1. 潜在投标人对招标文件项目需求部分的询问、质疑请向采购人提出,由采购人负责答复。

2. 有关本次招标的事项若存在变动或修改,敬请及时关注江苏省某某招标代理公司在"江苏政府采购网"发布的更正公告。

3. 本次招标收取投标保证金:1万元;缴纳形式:转账或本票。

(二) 投标人须知

投标人须知是指招标文件中主要用来告知投标人投标时有关注意事项的文件,是政府采购当事人及相关人员在政府采购招标活动中应该遵循的程序规则。投标人须知一般由前附表、总则、招标文件、投标文件的编制、投标文件的递交、开标与评标、定标、合同授予等内容组成。

1. 前附表

投标人须知前附表不但载明招标项目的一些基本信息,如招标人的名称和地址、招标项目的性质、数量、实施地点和时间以及获取招标文件的办法等事项,还载明招标文件中重要的核心内容。前附表一般包括:项目名称、项目实施地点、项目负责人、现场勘察、投标文件份数、是否提供样品、供货期限、付款方式、投标保证金、履约保证金、标书工本费、投标文件现场递交、开标时间及地点、项目预算、投标报价、评标办法和投标文件有效期限等内容。详见资料12-2。

资料12-2　某某大学计算机中心电脑更新项目前附表

项目名称	某某大学计算机中心电脑更新项目		
项目地点	某某大学计算机中心		
项目负责人	李老师	联系电话	025-88882222
现场勘察	本项目不组织现场勘察		
投标文件份数	正本1份,副本4份,电子版1份(U盘形式。电子版须为正本PDF彩色扫描件,与纸质版一致,在U盘上标注供应商名称及招标编号,U盘递交后不予退还)		
提供样品	本项目无须提供样品		

续表

供货期限	要求合同签订后20日内完成安装、调试、验收等工作,以满足秋季开学后日常教学使用需求
付款方式	货到验收合格后付合同全款的90%,无故障运行一年后30日内支付合同全款的8%,余款2%无故障运行质保期满后30日内付清
投标保证金	作为投标文件的一部分,供应商应在投标截止时间前提供投标保证金;投标保证金有效期与投标有效期一致。 缴纳形式:以转账支票、汇票(异地)、本票(同城)或者金融机构、担保机构出具的保函等非现金形式缴纳。保证金金额:10 000元
履约保证金	缴纳形式:中标之后、签订合同之前,中标人将履约保证金(中标金额的10%)转账至采购人开户行。 退还须知:履约结束且无履约争议后,招标人根据中标人申请办理履约保证金无息退还手续。由于中标人自身原因未及时办理保证金退还的,其责任和由此造成的后果由投标人自行承担
标书工本费	凡参加投标的单位需交纳标书工本费,合计人民币叁佰元整(￥500.00),提交资格预审文件时现金缴纳,此款不退还;本校开具正规发票
投标文件现场递交	投标文件开始接收时间:2021年2月26日上午9:00～9:30(北京时间) 投标文件接收截止时间:2021年2月26日上午9:30(北京时间) 投标文件接收地点:江苏省某某招标代理公司开标室
开标时间及地点	开标时间:2021年2月26日上午9:30(北京时间) 地点:江苏省某某招标代理公司第一开标室
项目预算	人民币89万元
投标报价	人民币报价,包括但不限于:投标报价中的投标价不得超过招标公告、招标文件规定的预算价,超过规定的预算价的投标文件按无效投标处理
评标办法	综合评分法
投标文件有效期限	开标之日起60天

2. 总则

总则部分一般包括招标方式、相关定义、适用法律、政策功能、投标费用和招标文件的约束力等。

招标方式部分一般是要明确公开招标方式还是邀请招标方式。

相关定义主要是对该项目的采购人、采购代理机构、投标人、中标候选人、中标人、货物和服务、工程做出定义和明确。

政府采购项目的适用法律一般会明确为:《中华人民共和国政府采购法》及其实施条例、《政府采购货物和服务招标投标管理办法》等有关法律、规章和规定等。

政策功能部分一般是对政府采购政策功能进行细化明确,比如中小企业政策、节能产品政策、环境标志产品政策、进口产品政策等。

3. 招标文件

招标文件是对招标、投标活动具有法律约束力的最主要文件。招标文件包括招标文件的构成、澄清、修改。

（1）招标文件的构成：投标邀请、投标人须知、合同条款及格式、项目需求、评标方法与评标标准、投标文件格式等。

（2）招标文件的澄清：供应商研读招标文件后，就发现的疑问和问题向采购人或采购代理机构提出并要求予以澄清。招标文件应当对供应商提出澄清的期限时间、澄清问题的提出方式、采购人或采购代理机构的回复时间和方式以及确认时间与方式等做出明确规定。

（3）招标文件的修改：采购人或采购代理机构对招标文件进行必要的修改。招标文件应当对招标文件修改、通知与供应商确定的时间和方式做出明确规定。

4．投标文件的编制

投标文件是投标供应商响应招标要求和依据招标文件向采购人、采购代理机构发出的要约文件。招标文件应当对投标文件的组成、投标文件的编制、投标文件的语言及度量衡单位、证明投标人资格及符合招标文件规定的文件、投标配置与分项报价表、投标函和开标一览表、投标保证金（如果收取）、投标有效期等内容做出明确规定。

投标文件由商务部分、技术部分、价格部分，以及其他部分组成。包括：资信证明文件、投标配置与分项报价表、技术参数响应及偏离表、商务条款响应及偏离表、技术及售后服务承诺书、投标函、开标一览表、实施方案等部分。

投标文件的编制包括编制要求和投标文件的装订要求。投标人编制投标文件应当遵守法律法规规定，并按照招标文件的要求编制。如招标文件就投标文件的格式、纸张等做出要求："投标文件应字迹清楚、内容齐全、不得涂改。如有修改，修改处须有投标人公章或法定代表人或其授权代表签字；投标人应在投标文件中写清相应的项目编号、投标人全称、地址、电话、传真，并由授权代表签字或盖章；投标人应按照招标文件所规定的内容顺序，统一用 A4 规格幅面打印、装订成册并编制目录，逐页编码。由于编排混乱导致投标文件被误读或查找不到，责任由投标人承担。"

投标文件的语言及度量衡单位，是对投标文件的编制语言和度量单位进行约定。如"投标文件以及投标人与招标人之间函、电、文件和资料往来，都应以中文书写；投标人已印刷好的资料如产品样本、说明书等可以用其他语言，但其中要点应附有中文译文。对不同文本投标文件的解释发生异议的，以中文文本为准；投标人所使用的计量单位应为国家法定计量单位"。

投标人应根据招标公告（招标文件）要求提供投标人资格证明文件及符合招标文件规定的文件。主要包括：有资格参加投标和中标后有能力独立履行合同的文件；除必须具有履行合同所需提供的货物以及服务的能力外，还必须具备相应的财务、技术方面的能力；投标人应提交根据合同要求提供的证明产品质量合格以及符合招标文件规定的证明文件。

投标配置与分项报价表是指投标人按照招标文件规定格式填报的表格，表格包括设备品牌或服务名称、规格、型号、原产地、主要部件型号及其功能的中文说明和供货期等内容。每项货物和服务等只允许有一个报价,任何有选择的报价将不予接受。

投标函,是指投标人按照招标文件的条件和要求,向采购人提交的有关报价、质量目标等承诺和说明的函件。开标一览表是指投标人按照招标文件的条件和要求,向采购人提交的包含投标人名称、投标价格和招标文件规定的需要在开标时宣布的其他内容的表格。详见资料12-3。

资料12-3 开标一览表

项目名称:
项目编号:

	投标货物名称	核心产品品牌	投标报价(大写)	投标报价(小写)(人民币:元)
计算机中心商用台式电脑				
投标总报价(大写)				
投标总报价(小写)			(人民币:元)	

投标人名称(公章):
日期:___年___月___日

5. 投标文件的递交

投标文件的递交包括投标文件的装订、签署、密封和递交。实操中采购人或采购代理机构一般会在招标文件中要求投标人如何装订、签署和密封递交投标文件。比如"投标人对投标文件须准备一式6份(含电子版1份),纸质版分别标以'正本'1份和'副本'4份,如果它们之间有差异,则以正本为准""正本与副本要分别密封包装,包装袋封口处签字盖章""投标文件的正本应用打印机或不褪色墨水书写,且经授权代表签署,副本可以为正本的复印件。投标文件不应有涂改增删之处。但如有错误必须修改时,修改处必须由原授权代表签署或盖单位公章""加盖公章后的'开标一览表'除应装订在投标文件中,还必须单独(此份不放在投标文件内)装在小信封内于投标截止时间前与投标文件一起递交""投标文件的封套未按要求密封者,其投标文件将被视为无效投标"等。

6. 开标与评标

招标文件投标人须知内需要对开标与评标的程序进行说明,对评标委员会的组成、评标办法、投标文件的澄清、评标过程的保密性和无效投标与废标的条款做出说明。

(1) 开标前,投标人须及时签名报到和递交投标文件等。招标人按规定的时间和地点进行公开开标,投标人应委派授权代表准时参加开标活动。若投标人未参加开标的,视同认可开标结果。开标时,招标人将邀请投标人或者其推选的代表检查投标文件的密封情况。经确认无误后,由招标人工作人员当众拆封宣读每份投标文件中开标一览表的主要内容(总价、交货期),未列入开标一览表的内容一律不在开标时宣读。开标时未宣读的投标报价信息,评标时不予承认。

(2) 开标时,《开标一览表》(报价表)内容与投标文件中相应内容不一致的,以《开标一览表》(报价表)为准。投标文件的大写金额与小写金额不一致的,以大写金额为准;总价金额与单项金额不一致的,以单项金额计算为准;单项金额小数点有明显错位的,应以总价金额为准,并修改单项金额;对不同文字文本投标文件的解释发生异议的,以中文文本为准;如果正本投标文件和副本投标文件之间有差异,则以正本投标文件为准。

(3) 开标过程由招标人负责记录,由参加开标的各投标人代表和相关工作人员签字确认后随采购文件一并存档。投标人代表对开标过程和开标记录有疑义,以及认为招标人的相关工作人员有需要回避的情形的,应当场提出询问或者回避申请。招标人对投标人代表提出的询问或者回避申请应当及时处理。

(4) 无效投标的情形:未按要求交纳投标保证金的;未按照招标文件规定要求密封、签署、盖章的;投标人在报价时采用选择性报价和不合格报价的;投标人不具备招标文件中规定资格要求的;投标人的报价超过了采购预算或最高限价的;投标文件含有招标人不能接受的附加条件的;不符合招标文件中规定的其他实质性要求和条件的;其他法律、法规及招标文件规定的属无效投标的情形。

(5) 废标的情形:符合专业条件的投标人或者对招标文件做实质响应的投标人不足三家的;出现影响采购公正的违法、违规行为的;因重大变故,采购任务取消的;评标委员会认定招标文件存在歧义、重大缺陷导致评审工作无法进行的。

7. 定标

招标文件对确定中标候选人和中标人的程序和原则需要做出明确。在定标过程中,评标委员会根据招标文件规定的评分办法与评分标准的各项因素综合评价每份投标文件,采用最低评标价法的,按投标报价由低到高排列;采用综合评分法的,按评审后得分由高到低顺序排列。评标委员会按照评标结果推荐中标候选人,一般为2~3家。采购人根据评标委员会推荐的中标候选人确定中标人。

8. 合同授予

中标人应当在中标通知书发出之日起三十日内,按照招标文件确定的事项与采购人签订采购合同。招标文件,中标人的投标文件及招标过程中有关澄清、承诺的文件均应作为合同附件。签订合同后,中标人不得将货物及其他相关服务进行转包。未经采购人同意,中标人也不得采用分包的形式履行合同,否则采购人有权终止合同,中标人的履约保证金将不予退还。转包或分包造成采购人损失的,中标人应承担相应赔偿责任。

(三) 应提交的资格、资信证明文件

《政府采购法》和《政府采购货物和服务招标投标管理办法》明确了资格审查的主体,即采购人或者采购代理机构应当依法对投标人的资格进行审查。因此,招标文件中必须明确资格要求、资格审查方法、需要提供的资格证明文件等。

资格要求包括一般资格要求、特定资格要求和政策性资格要求。详细内容见本章第二节。

资格审查方法包括资格预审和资格后审。资格预审是采购人或采购代理机构通过发布招标资格预审公告,向不特定的潜在投标人发出投标邀请,并按照招标资格预审公告和资格预审文件确定的资格预审条件、标准和方法对投标申请人进行审查,确定合格的潜在投标人。而资格后审是指在开标后对投标人进行的资格审查。在招标公告发布后,符合招标公告及招标文件条件的潜在投标人,按规定的时间和地点,携带相关后审资料和投标文件直接参加开标会议。由采购人或者采购代理机构按照招标文件的规定,对投标人的投标资格进行审查。资格审查不通过,作无效投标处理,不再进行下一步评审。

公开招标进行资格预审的,招标公告和资格预审公告可以合并发布,招标文件应当向所有通过资格预审的供应商提供。

（四）应提供的证明材料

政府采购应当落实政府采购政策,因此政府采购项目的采购标的须落实政府采购政策,设置相应的需求要求。

1. 采购本国货物和服务

本国货物和服务区别于进口产品与服务。《政府采购进口产品管理办法》（财库〔2007〕119号）第三条明确,进口产品是指通过中国海关报关验放进入中国境内且产自关境外的产品。目前,是本国货物还是进口产品,仅有"进关"一个标准。

《政府采购法》第十条规定,政府采购应当采购本国货物、工程和服务。但有下列情形之一的除外：需要采购的货物、工程或者服务在中国境内无法获取或者无法以合理的商业条件获取的；为在中国境外使用而进行采购的；其他法律、行政法规另有规定的。

政府采购应当采购本国产品,确需采购进口产品的,实行审核管理。采购人需要采购的产品在中国境内无法获取或者无法以合理的商业条件获取,以及法律法规另有规定确需采购进口产品的,应当在获得财政部门核准后,依法开展政府采购活动。

2. 采购节能环保产品

对于纳入财政部会同国务院有关部门发布的节能产品政府采购品目清单（见资料12-4）,且在品目清单内标注为★的产品,政府采购实行强制采购。在编制招标文件时,需要对此类品目产品做出要求,要求供应商提供产品应当取得国家确定的认证机构出具的、有效期内的节能产品认证证书,否则其投标无效。

项目中涉及的设备、材料属于政府采购范围内强制采购产品、节能产品、环境标志产品的,要求符合相关规定。

（五）投标保证金

招标文件应当明确投标保证金交纳、退还方式以及不予退还投标保证金的情形。

投标保证金是在政府采购招标投标活动中,投标人向采购人或采购代理机构递交的投标责任担保金。投标保证金的作用是担保投标人在投标截止时间后不得撤销其投标,投标人不得串通投标、虚假投标,投标人中标后即受合同约束等行为。

《政府采购法实施条例》和《政府采购货物和服务招标投标管理办法》对投标保证金的缴纳形式、数额以及退还和没收的情形做了明确规定。招标文件要求投标人提交投标保证金的,投标保证金不得超过采购项目预算金额的 2%。投标保证金应当以支票、汇票、本票或者金融机构、担保机构出具的保函等非现金形式提交。投标人未按照招标文件要求提交投标保证金的,投标无效。

采购人或者采购代理机构应当自中标通知书发出之日起 5 个工作日内退还未中标供应商的投标保证金,自政府采购合同签订之日起 5 个工作日内退还中标供应商的投标保证金。

保证金不予退还的情形如下:
(1) 中标人在中标后无正当理由不与招标人签订合同的;
(2) 投标有效期内投标人撤销投标文件的;
(3) 提供虚假材料谋取成交的;
(4) 采取不正当手段诋毁、排挤其他投标人的;
(5) 与招标人或者其他投标人恶意串通的;
(6) 中标人在中标后将中标项目转让给他人,或者在投标文件中未说明且未经招标人同意,将中标项目分包给他人的;
(7) 中标人在中标后拒绝履行合同义务的。

资料 12-4　节能产品政府采购品目清单(部分节选)

品目序号	名称			依据的标准
1	A020101 计算机设备	★A02010104 台式计算机		《微型计算机能效限定值及能效等级》(GB 28380)
		★A02010105 便携式计算机		《微型计算机能效限定值及能效等级》(GB 28380)
		★A02010107 平板式微型计算机		《微型计算机能效限定值及能效等级》(GB 28380)
2	A020106 输入输出设备	A02010601 打印设备	A0201060101 喷墨打印机	《复印机、打印机和传真机能效限 定值及能效等级》(GB 21521)
			★A0201060102 激光打印机	《复印机、打印机和传真机能效限 定值及能效等级》(GB 21521)
			★A0201060104 针式打印机	《复印机、打印机和传真机能效限 定值及能效等级》(GB 21521)
		A02010604 显示设备	★A0201060401 液晶显示器	《计算机显示器能效限定值及能效等级》(GB 21520)
		A02010609 图形图像输入设备	A0201060901 扫描仪	《复印机、打印机和传真机能 效限定值及能效等级》(GB 21521)中打印速度为 15 页/分的针式打印机相关要求

续表

品目序号	名称			依据的标准
3	A020202 投影仪			《投影机能效限定值及能效等级》(GB 32028)
4	A020204 多功能一体机			《复印机、打印机和传真机能效限定值及能效等级》(GB 21521)
5	A020519 泵	A02051901 离心泵		《清水离心泵能效限定值及节能评价值》(GB 19762)
6	A020523 制冷空调设备	★A02052301 制冷压缩机	冷水机组	《冷水机组能效限定值及能效等级》(GB 19577)、《低环境温度空气源热泵(冷水)机组能效限定值及能效等级》(GB 37480)
			水源热泵机组	《水(地)源热泵机组能效限定值及能效等级》(GB 30721)
			溴化锂吸收式冷水机	《溴化锂吸收式冷水机组能效限定值及能效等级》(GB 29540)
		★A02052305 空调机组	多联式空调(热泵)机组(制冷量＞14 000 W)	《多联式空调(热泵)机组能效限定值及能源效率等级》(GB 21454)
			单元式空气调节机(制冷量＞14 000 W)	《单元式空气调节机能效限定值及能效等级》(GB 19576)、《风管送风式空调机组能效限定值及能效等级》(GB 37479)
		★A02052309 专用制冷、空调设备	机房空调	《单元式空气调节机能效限定值及能效等级》(GB 19576)
		A02052399 其他制冷空调设备	冷却塔	《机械通风冷却塔第1部分:中小型开式冷却塔》(GB/T 7190.1)、《机械通风冷却塔 第2部分:大型开式冷却塔》(GB/T 7190.2)

注:1. 节能产品认证应依据相关国家标准的最新版本,依据国家标准中的二级能效(水效)指标。

2. 上述产品中认证标准发生变更的,依据原认证标准获得的、仍在有效期内的认证证书可使用至2019年6月1日。

3. 以"★"标注的为政府强制采购产品。

(六) 公开最高限价

采购项目预算金额设定最高限价的,还应当公开最高限价;政府采购项目预算是政府采购执行的依据,决定了采购的内容、标准和方式,也是政府采购监督时重要的评判标准。《预算法》第十四条第三款规定,各级政府、各部门、各单位应当将政府采购的情况及时向社会公开。《政府采购法》第三条规定政府采购应当遵循公开透明原则,第六条规定政府采购应当严格按照批准的预算执行。在招标文件、谈判文件和询价通知书等采购文件中公开采购项目预算金额，首先是对《预算法》《政府采购法》相关规定的落实。通过公开项目预算金额，让政府采购活动的各方参与者按照项目预算金额参与采购活动，既能促进政府采购严格按照批准的预算执行，又能使所有参与采购活动的供应商获得相同的项目资金信息，防止暗箱操作。同时，通过公告招标文件、谈判文件和询价通知书等采购文件，也能够让社会公众了解政府采购情况，特别是公众最关心的政府准备花多少钱，起到了公众监督作用。

在采购活动中，采购人或者采购代理机构在采购文件中公开项目预算金额，就是对供应商规定的最高限价。按照《政府采购法》和《预算法》的有关规定，报价超过项目预算金额的供应商，在评审中应当认定其投标或响应无效，所有供应商报价均超过项目预算金额，采购活动终止。

（七）采购项目技术要求

采购项目的技术规格、数量、服务标准、验收等要求是项目需求的核心内容，主要是在招标文件的项目需求章节。

（八）拟签订的合同文本

《政府采购法》及其实施条例规定，招标文件应当包括采购项目的商务条件、采购需求、投标人的资格条件、投标报价要求、评标方法、评标标准以及拟签订的合同文本等。合同文本是招标文件的重要组成部分，是投标人提出要约的重要依据，是采购人与中标人订立合同的基础。

《政府采购法实施条例》第四十七条规定，国务院财政部门应当会同国务院有关部门制定政府采购合同标准文本。但是，政府采购目前尚无合同标准文本。因此，为提高效率，减少合同编制风险，应按照《政府采购法》及其实施条例和《民法典》的相关规定，参阅借鉴其他政府部门编制的标准或示范招标文件的合同文本或行业示范合同文本，并适用不同采购项目的特点。

1. 政府采购工程以及与工程建设有关的货物、服务采购项目，如果采用招标方式采购的，应认可国务院、发改委会同有关行政监督部门编制的各类标准招标文件中的合同文本。

2. 政府采购货物服务招标采购项目，按行业惯例，政府采购合同文本一般由合同协议书、政府采购合同条款组成。

（1）合同协议书。合同协议书为采购人和中标人正式签署的约定合同双方主体、合同标的物名称、内容范围、合同总价值量、完成期限等主要目标以及合同文件组成内容的书面协议。

（2）合同条款。合同条款应明确规定合同双方的权利和义务，《政府采购货物和服务招标投标管理办法》第七十条规定，政府采购合同应当包括采购人与中标人的名称和住所、标的、数量、质量、价款或者报酬履行期限及地点和方式、验收要求、违约责任、解决争议的方法等内容。第七十二条的规定为政府采购货物服务招标采购合同的必备条件，必须在合同文本中予以规定。

(九) 货物、服务提供的时间、地点、方式

货物、服务采购项目交付或者实施的时间和地点涉及供应商报价和合同履行,采购人在确定采购项目交付或者实施的时间和地点时应注意:

(1) 由于工期是影响价格的重要因素,也是违约误期罚款的唯一依据。因此,确定工期要符合实际情况,以保证质量为基本前提条件,充分考虑采购活动组织实施和产品生产、服务提供的正常周期,国家有合理工期规定的,应按国家要求执行。避免因工期不合理排斥潜在供应商。

(2) 采购标的交付的地点:应考虑使用者或下一工序要求,地点要准确。

(十) 采购资金的支付方式、时间、条件

政府采购支付方式根据项目类别有所不同,货物类项目主要是货到验收合格后付款,服务类和工程类项目则是预付款、按进度付款和质量保证期过后付尾款。但无论采用何种方式付款都需要在招标文件中进行事先约定,按照约定付款。例如,在货物类采购的招标文件中规定,货到验收合格后支付合同价款的90%,质保期满后支付合同价款的10%。

采购资金的支付方式、时间、条件等内容须在招标文件中事先予以明确,采购人和中标人在签订合同或是履约的过程中,如果不能按合同约定的付款方式付款,属于违约的,可要求违约方履行按合同支付价款的义务,否则违约方还需支付违约金。

(十一) 评标方法、评标标准和投标无效情形

评标是指评标委员会和招标人依据招标文件规定的评标标准和方法对投标文件进行审查、评审和比较的行为。评标是招标投标活动中十分重要的阶段,评标是否真正做到公开、公平、公正,决定着整个招标投标活动是否公平和公正;评标的质量决定着能否从众多投标人中选出最能满足招标项目各项要求的中标人。

评标方法分为最低评标价法和综合评分法。最低评标价法是指投标文件满足招标文件全部实质性要求且投标报价最低的供应商为中标候选人的评标方法;综合评分法是指投标文件满足招标文件全部实质性要求且按照评审因素的量化指标评审得分最高的供应商为中标候选人的评标方法。招标文件中应明确项目的具体评标方法。

招标文件如确定综合评分法为其评标方法,则需要设置详细的评分标准。评分标准是评审因素的具体量化指标。在政府采购实践中,评分的内容就是除实质性条款外的其他因素,评审因素一般包括商务、服务、技术和价格四部分。

《政府采购货物和服务招标投标管理办法》第55条规定:货物项目的价格分值占总分值的比重不得低于30%;服务项目的价格分值占总分值的比重不得低于10%。执行国家统一定价标准和采用固定价格采购的项目,其价格不列为评审因素。

价格分应当采用低价优先法计算,即满足招标文件要求且投标价格最低的投标报价为评标基准价,其价格分为满分。其他投标人的价格分统一按照下列公式计算:

投标报价得分＝(评标基准价/投标报价)×100

评标总得分＝$F_1 \times A_1 + F_2 \times A_2 + \cdots + F_n \times A_n$

$F_1, F_2, \cdots, F_n$ 分别为各项评审因素的得分；

$A_1, A_2, \cdots, A_n$ 分别为各项评审因素所占的权重($A_1 + A_2 + \cdots + A_n = 1$)。

评标过程中，不得去掉报价中的最高报价和最低报价。

设置评审因素主要考虑：

(1) 准确反映采购人的需求重点。

(2) 评审因素要体现在质量指标或服务指标上。

87号令55条规定，评审因素的设定应当与投标人所提供货物服务的质量相关，包括投标报价、技术或者服务水平、履约能力、售后服务等。

(3) 评分标准的分值必须与评审因素的量化指标相对应。

条例34条规定，采用综合评分法的，评审标准中的分值设置应当与评审因素的量化指标相对应。87号令55条规定，评审因素应当细化和量化，且与相应的商务条件和采购需求对应；商务条件和采购需求指标有区间规定的，评审因素应当量化到相应区间，并设置各区间对应的不同分值。

无效投标是指某一投标人的投标文件经资格审查或符合性审查后被认定为不合格，而将其投标界定为投标无效。无效投标涉及投标人的投标行为有效性，如被判为无效投标，则失去了参与竞争及中标的机会和可能，因此招标文件应当对无效投标的情形做出明确规定。无效投标的具体情形包括：

1. 未按投标邀请规定的数额和办法交纳投标保证金的；
2. 未按照招标文件规定要求密封、签署、盖章的；
3. 不具备招标文件中规定资格要求的；
4. 报价超过招标文件中规定的预算金额或者最高限价的；
5. 投标文件含有采购人不能接受的附加条件的；
6. 未通过符合性检查的。

(十二) 投标有效期

投标有效期是指为保证招标人有足够的时间在开标后完成评标、定标、合同签订等工作而要求投标人提交的投标文件在一定时间内保持有效的期限。

按照合同法的有关规定，作为邀约人的投标人提交的投标文件属于邀约。邀约通过开标生效后，投标人就不能再行撤回。一旦作为受邀约人的招标人做出承诺，并送达邀约人，合同即告成立，邀约人不得拒绝。在投标有效期截止前，投标人必须对自己提交的投标文件承担相应法律责任。一方面，投标人必须根据招标文件规定的投标有效期来响应投标，否则其投标无效。投标有效期内，投标人不得撤销投标文件，否则，保证金可以不予退还。另一方面，对采购人而言，投标有效期也具有约束力，所以招标人应当在投标有效期内发出中标通知书。

在特殊情况下，代理机构于原投标有效期满之前，可向投标人提出延长投标有效期的要求。这种要求与答复均应采用书面形式。投标人可以拒绝代理机构的这一要求而放弃投标,代理机构在接到投标人书面答复后,将在原投标有效期满后五日内无息退还其投标保证金(如果收取)。同意延长投标有效期的投标人既不能要求也不被允许修改其投标文件。

(十三)投标截止时间、开标时间及地点

开标,就是投标人提交投标截止时间后,采购代理机构或采购人依据招标文件规定的时间和地点,开启投标人提交的投标文件,公开宣布投标人的名称、投标价格及投标文件中的其他主要内容。因此,招标文件应当明确具体的投标截止时间、开标时间及地点。

开标应当在招标文件确定的提交投标文件截止时间的同一时间公开进行,是指提交投标文件截止之时(如某年某月某日几时几分),即是开标之时(也是某年某月某日几时几分)。之所以这样要求,是为了防止投标截止时间之后与开标之前仍有一段时间间隔。如有间隔,也许会给不端行为提供可乘之机(如在指定开标时间之前泄露投标文件中的内容)。即使投标人等到开标之前最后一刻才提交投标文件,也同样存在这种风险。开标地点应与招标文件中规定的地点相一致,是为了防止投标人因不知地点变更而不能按要求准时提交投标文件,是为维护投标人的利益而做出的要求。

(十四)采购代理机构代理费用的收取标准和方式

根据《政府采购代理机构管理暂行办法》第十五条规定,代理费用可以由中标、成交供应商支付,也可由采购人支付。由中标、成交供应商支付的,供应商报价应当包含代理费用。代理费用超过分散采购限额标准的,原则上由中标、成交供应商支付。代理机构应当在采购文件中明示代理费用收取方式及标准,随中标、成交结果一并公开本项目收费情况,包括具体收费标准及收费金额等。

实操中,采购人与采购代理机构在签订委托协议时会约定代理费收费标准,如参照《招标代理服务费管理暂行办法》(国家发展计划委员会计价格〔2002〕1980号)代理服务费招标收费基准费率(详见资料12-5)下浮一定比例计取,由中标人向招标代理机构支付招标服务费。

资料12-5 招标代理服务收费标准

服务类型、费率、中标金额(万元)	货物招标	服务招标	工程招标
100以下	1.5%	1.5%	1.0%
100~500	1.1%	0.8%	0.7%
500~1 000	0.8%	0.45%	0.55%
1 000~5 000	0.5%	0.25%	0.35%
5 000~10 000	0.25%	0.1%	0.2%

续表

服务类型、费率、中标金额（万元）	货物招标	服务招标	工程招标
10 000~100 000	0.05%	0.05%	0.05%
100 000 以上	0.01%	0.01%	0.01%

注：1. 按本表费率计算的收费为招标代理服务全过程的收费基准价格，单独提供编制招标文件（有标底的含标底）服务的，可按规定标准的 30% 计收。

2. 招标代理服务收费按差额定率累进法计算。例如：某工程招标代理业务中标金额为 6 000 万元，计算招标代理服务收费额如下：

100 万元×1.00%＝1 万元

(500－100)万元×0.70%＝2.8 万元

(1 000－500)万元×0.55%＝2.75 万元

(5 000－1 000)万元×0.35%＝14 万元

(6 000－5 000)万元×0.20%＝2 万元

合计收费＝1＋2.8＋2.75＋14＋2＝22.55(万元)

（十五）其他证明材料

采购人或代理机构应在采购文件中明确投标人信用信息查询的查询渠道及截止时点、信用信息查询记录和证据留存的具体方式、信用信息的使用规则等内容。采购人或代理机构应当对供应商的信用记录进行甄别，对列入失信被执行人、重大税收违法案件当事人名单、政府采购严重违法失信行为记录名单及其他不符合《政府采购法》第二十二条规定条件的供应商，应当拒绝其参与政府采购活动。

两个以上的自然人、法人或其他组织组成一个联合体，以一个供应商的身份共同参加政府采购活动的，应对所有联合体成员进行信用记录查询，联合体成员存在不良信用记录的，视同联合体存在不良信用记录。

《财政部关于促进政府采购公平竞争优化营商环境的通知》（财库〔2019〕38 号文）规定：对于采购人、采购代理机构可以通过互联网或者相关信息系统查询的信息，不得要求供应商提供。除必要的原件核对外，对于供应商能够在线提供的材料，不得要求供应商同时提供纸质材料。对于供应商依照规定提交各类声明函、承诺函的，不得要求其再提供有关部门出具的相关证明文件。如某项目招标文件要求"拒绝列入失信被执行人、重大税收违法案件当事人名单、政府采购严重违法失信行为记录名单的供应商参与政府采购活动。采购人在项目评审时通过信用中国网站(www.creditchina.gov.cn)、中国政府采购网(www.ccgp.gov.cn)、信用中国(江苏)网站(www.jscredit.cn)等渠道查询供应商在招标及资格预审公告发布之日前的信用记录并保存"。

（十六）省级以上财政部门规定的其他事项

第二节 政府采购招标文件的核心要素及编制注意点

一、政府采购招标文件的核心要素

(一) 采购需求

采购需求是对采购项目的需求特征的描述,包括采购项目的功能、技术性能、质量标准、价格、工期、政府采购政策等多项要求。采购需求是政府采购的统领,是采购人编制部门采购预算、拟定采购实施方案、确定采购方式和评审方法、编制采购文件,供应商编制投标(响应)文件,评标委员会评审,采购人签订采购合同、组织履约验收,采购人、采购代理机构和财政部门答复质疑和处理投诉的依据。因此,采购需求应当完整、合规、明确,符合国家法律法规规定,执行相关标准规范,落实政府采购政策要求,描述明确、表述规范、含义准确。

《政府采购货物和服务招标投标管理办法》第十一条规定,政府采购货物服务项目采购需求包括以下内容:采购标的需实现的功能或者目标,以及为落实政府采购政策需满足的要求;采购标的需执行的国家相关标准,行业标准、地方标准或者其他标准、规范;采购标的需满足的质量、安全、技术规格、物理特性等要求;采购标的的数量、采购项目交付或者实施的时间和地点;采购标的需满足的服务标准、期限、效率等要求;采购标的的验收标准;采购标的的其他技术、服务等要求。

1. 采购标的需实现的功能或者目标

采购标的功能是指采购标的能够满足采购人需求的一种属性。凡是满足使用者需求(现实需求、潜在需求)的任何一种属性都属于功能的范畴。采购标的的功能包括必要功能和不必要功能,或者说包括基本功能和辅助功能。采购人、采购代理机构应根据满足必要功能和基本功能,剔除不必要功能的原则设计采购标的的功能,实现采购项目的目标。

2. 采购标的需执行的相关标准规范

采购标的的质量可以通过采用采购标的的标准、规范得以体现。采购需求通过采用采购标的的标准、规范,体现采购标的的能够满足保障人身健康和生命财产安全、国家安全、生态环境安全等生产和使用要求,表达对采购标的的质量的要求。

采购需求应当执行国家相关标准、行业标准、地方标准等标准规范。因此,采购人在编制采购需求时应当考虑采购标的的应执行的标准规范,包括采购需求标准,相关国家标准、行业标准、地方标准以及其他标准、规范。国家强制性标准必须执行;尽可能地采用国家标准;没有国家标准,或国家标准不适用时,可以采用行业标准。

3. 采购标的需满足的质量、安全、技术规格、物理特性等要求

采购标的的质量、安全、技术规格、物理特性等要求，应当符合国家相关强制性标准、规范，强制性采购需求标准，预算保障和资产配置等相关标准。为使潜在投标人能够正确领会采购人的采购意图，采购人在编制采购项目的技术参数和服务要求时，做到应详细描述采购项目的技术参数和服务要求，做到没有歧义。

采购标的为货物类项目的，货物技术参数和服务要求主要包括以下几点。(1) 货物质量规格。包括货物的质量、性能构造、形状、尺寸、外观等。(2) 货物清单及零部件的技术规格。货物清单及零部件的技术规格、质量性能要求、精度要求、材料使用、加工方法、表面处理等。(3) 其他事项。包括备品备件、专用工具、包装、维修技术服务和售后服务、联络等其他事项描述。(4) 可靠性指标。可靠性的评价可以使用概率指标或时间指标，这些指标有可靠度、失效率平均无故障工作时间、平均失效前时间、有效度等。采购人应根据不同采购标的，根据实际工作要求和国家标准、行业标准、地方标准规定，合理确定采购标的的可靠性指标。采购标的为服务类项目的，服务要求主要包括服务范围、服务目标、服务标准、服务期限（合同期限）、考核指标、成果形式及数量和权属要求等。

4. 采购标的的验收标准

验收，即按照采购合同的约定，对供应商每一项技术、服务、安全标准的履约情况进行检验。验收标准是采购人或者采购代理机构或邀请的国家认可的质量检测机构，对供应商履行合同进行检验的依据。验收一般分为常规验收和技术验收。

(1) 常规验收：是指检验采购标的外包装是否完好无损，数量及配置是否与投标文件一致，文档资料（包括出厂合格证，进口产品还应附国家出入境检验检疫部门检验证书）是否齐全。

(2) 技术验收：是指经常规验收合格后，检验采购标的安装、调试是否正常，功能是否齐全，运行是否正常，技术参数及提供的服务是否与合同、国家强制验收规范及投标文件一致，质量检测结果是否在正常检测范围内（如果需要的话，应用质量检测工具或委托国家认可的质量检测机构对可以检测的技术参数进行检测）。

上述验收内容要求，构成采购标的的验收标准，对此，采购人、采购代理机构需要在采购文件中阐明。

(二) 资格条件

1. 概念及内容

供应商参加政府采购活动必须具有相应的资格条件，是国际通行做法。我国《政府采购法》在立法时，借鉴了联合国贸易委员会《货物、工程和服务采购示范法》第六条有关供应商资格条件的规定，主要体现在《政府采购法》第二十二条的规定上。对供应商参加政府采购活动提出基本的资格条件的主要原因，一是政府机构是法律及制度的制定和执行者，在采购活动中，应当通过资格条件要求，引导全社会自觉遵纪守法，维护国家利益和社会公共利益，鼓励诚信。如果允许不守法、不诚信的供应商生产的产品进入政府采购市场，就相当于对这类企业的认同和纵容，政府采购的导向作用将无从谈起。二是政

府采购项目都是为了保障政府运转、履职和提供公共服务的需要,因此,必须要求参与政府采购活动的供应商具有履行合同所必需的设备和专业技术能力,以保证政府行政效能和公共服务水平的需要。三是政府采购要做到从源头上保证供应商在同等条件下进行公平竞争。不依法缴纳税收和社会保障资金的供应商,在产品和服务的成本方面就会占有一定优势,对依法缴纳税收和社会保障资金的供应商来讲是不公平的。从这个角度讲,政府采购不允许这类供应商参与竞争,是维护合法供应商的利益,保障政府采购公平、公正的需要。但一直以来,在政府采购活动中,采购人和采购代理机构对供应商的资格条件普遍重视不够,对政策性要求更是重视不够。资格条件包括一般资格条件、特定资格条件和政策性资格条件。

《政府采购法》第22条规定了6个一般资格条件,即:
(1) 具有独立承担民事责任的能力;
(2) 具有良好的商业信誉和健全的财务会计制度;
(3) 具有履行合同所必需的设备和专业技术能力;
(4) 有依法缴纳税收和社会保障资金的良好记录;
(5) 参加政府采购活动前三年内,在经营活动中没有重大违法记录;
(6) 法律、行政法规规定的其他条件。

采购人可以根据采购项目的特殊要求,规定供应商的特定资格条件,但不得以不合理的条件对供应商实行差别待遇或者歧视待遇。

政策性资格条件在《政府采购法实施条例》18条、20条、22条,87号令17条及《政府采购促进中小企业发展管理办法》中都有规定。

实践中,有的采购人或采购代理机构在编制采购文件时对供应商的资格条件仅提出部分要求或笼统概括为供应商应符合《政府采购法》第二十二条,没有明确规定参加政府采购活动的供应商应提供具备资格条件的证明材料,资格审查形同虚设;有的采购文件对证明材料的要求"文不对题",导致供应商无法提供或无所适从。为解决上述问题,《政府采购法实施条例》对《政府采购法》第二十二条有关供应商资格条件规定进行了细化,明确了参加政府采购活动供应商必须提供资格条件证明材料。换句话讲,未提供具备资格条件证明材料的供应商不具有《政府采购法》第二十二条规定的参加政府采购活动的资格。

此外,实践中还有采购人、采购代理机构对供应商资格条件"过于重视"的情况,具体表现是以《政府采购法》第二十二条第二款允许采购人根据项目需要提出对供应商的特定条件要求的规定,在资格条款中提出不合理的特殊要求,然后以证明文件不符合要求为由,将符合条件的供应商排除在外,达到为相关供应商"量身定做"的目的。此种情况比较难以认定,需要结合项目的具体情况具体分析。

2. 资格条件的内涵
(1) 法人或者其他组织的营业执照等证明文件、自然人的身份证明

《政府采购法》第二十一条规定,供应商是指向采购人提供货物、工程或者服务的法

人、其他组织或者自然人。在政府采购活动中应要求供应商提供营业执照等证明文件或自然人的身份证明,以证明供应商具备独立承担民事责任的能力,目的是保护采购人的合法权益。如果供应商不具备独立承担民事责任的能力,一旦出现违约等问题,采购人将面临无法要求赔偿和追责的法律风险。

法人包括企业法人、机关法人、事业单位法人和社会团体法人;其他组织主要包括合伙企业、非企业专业服务机构、个体工商户、农村承包经营户;自然人是指法律规定的具有完全民事行为能力、能够承担民事责任和义务的公民。如供应商是企业(包括合伙企业),应要求其提供在工商部门注册的有效企业法人营业执照或营业执照;如供应商是事业单位,应要求其提供有效的事业单位法人证书;供应商是非企业专业服务机构的,如律师事务所,应要求其提供执业许可证等证明文件;如供应商是个体工商户,应要求其提供有效的个体工商户营业执照;如供应商是自然人,应要求其提供有效的自然人身份证明。

该项有两点需要注意。一是尽管"其他组织"可以参加政府采购活动,但法人的分支机构由于其不能独立承担民事责任,不能以分支机构的身份参加政府采购,只能以法人身份参加。对银行、保险、石油石化、电力、电信等有行业特殊情况的,采购人、采购代理机构可按照其特点在采购文件中做出专门规定。二是自然人可以参加政府采购活动,但是按照现行规定和国际惯例,只有中国公民才能以自然人的身份参加我国的政府采购活动。

(2)财务状况报告,依法缴纳税收和社会保障资金的相关材料

良好的商业信誉是指供应商在参加政府采购活动以前,在生产经营活动中始终能够做到遵纪守法,诚实守信,有良好的履约业绩。通俗地讲就是用户信得过的企业。健全的财务会计制度,是指供应商能够严格执行现行的财务会计管理制度,财务管理制度健全,账务清晰,能够按规定真实、全面地反映企业的生产经营活动。在市场经济条件下,信誉是一个企业的生命,讲信誉、善管理的企业,生命力强,有发展前景,政府应当给予鼓励,而且将政府采购项目交给这样的供应商办理,采购人比较放心。依法做出的财务状况报告包括经审计的财务报告、银行出具的资信证明,这些能够清晰准确地反映供应商的商业信誉情况,间接反映供应商是否有健全的财务会计制度。

供应商是法人的,应提供经审计的财务报告,包括"四表一注",即资产负债表、利润表、现金流量表、所有者权益变动表及其附注,或其基本开户银行出具的资信证明。部分其他组织和自然人,没有经审计的财务报告,可以提供银行出具的资信证明。为了促进中小企业发展,财政部在《财政部关于开展政府采购信用担保试点工作方案》(财库〔2012〕124号)中规定"专业担保机构对供应商进行资信审查后出具投标担保函的,采购人和采购代理机构不得再要求供应商提供银行资信证明等类似文件"。因此,在政府采购招标活动中,供应商提供了财政部门认可的政府采购专业担保机构出具的投标担保函,就不需要提供其他财务状况报告了。

作为供应商,依法纳税和缴纳社会保障资金是应尽的义务。《政府采购法》的这一规定,是为了抑制一些供应商依靠偷逃税款、逃避缴纳社会保障资金等手段降低成本的行

为,是从源头上促进公平竞争的措施之一。

供应商缴纳税收的证明材料主要是指供应商税务登记证(国税、地税)和参加政府采购活动前一段时间内缴纳增值税、营业税和企业所得税的凭据。供应商缴纳社会保障资金的证明材料主要是指社会保险登记证和参加政府采购活动前一段时间内缴纳社会保险的凭据(专用收据或社会保险缴纳清单),其他组织和自然人也需要提供缴纳税收的凭据和缴纳社会保险的凭据。依法免税或不需要缴纳社会保障资金的供应商,应提供相应文件证明其依法免税或不需要缴纳社会保障资金。

(3)履行合同所必需的设备和专业技术能力的证明材料

为保证政府采购项目合同的顺利履行,供应商必须具备履行合同的设备和专业技术能力,这是供应商保质保量完成政府采购项目必备的物质和技术基础。如执法部门在采购服装时,由于批量大,而且有限定的交货时间,参加政府采购活动的供应商必须具有足够数量的制衣设备和技术人员。为了证明供应商具有足够数量的制衣设备和技术人员,可以要求供应商提供相关设备的购置发票以及服装专业设计与服装加工技术人员的职称证书和用工合同等证明材料。

(4)参与采购活动前三年内在经营活动中没有重大违法记录的书面声明

对于重大违法记录,《政府采购法实施条例》第十九条有专门的解释,重大违法记录是指供应商因违法经营受到刑事处罚或者责令停产停业、吊销许可证或者执照、较大数额罚款等行政处罚。

在政府采购活动中要证明供应商没有重大违法记录,实践中可以采取供应商自行承诺并承担后果的做法,主要是要求供应商提交"参与采购活动前三年内在经营活动中没有重大违法记录的书面声明函"。一旦发现供应商提供的声明函不实,应按照《政府采购法》有关提供虚假材料的规定给予处罚。

(5)具备法律、行政法规规定的其他条件的证明材料

国家对一些产品的生产和销售,以及银行、保险、证券等服务有专门的法律、行政法规的规定,生产和销售这类产品、提供这类服务必须取得国家有关主管部门的行政许可。如第二、三类医疗器械采购项目,按照《医疗器械监督管理条例》和《医疗器械注册管理办法》的规定,供应商应提供"医疗器械注册证书""医疗器械生产许可证"或"医疗器械经营许可证"。

(6)采购项目有特殊要求的,供应商应当提供其符合特殊要求的证明材料或情况说明

采购项目有特殊要求的,供应商应当按照采购文件的要求提供相关的证明材料。这些"特殊要求"应当是满足采购需求所必需的要求,如对特种设备的要求、对财务状况的要求,或者对特殊专业人才的要求等。本条虽然允许采购人对供应商提出特定条件,但采购人不得通过设定特定资格要求来妨碍充分竞争和公平竞争而制造人为的歧视政策。

（三）评标办法、评分标准和评审因素

1. 评标方法

招标方式的评标办法有最低评标价法和综合评分法。采购人、采购代理机构应根据政府采购法律法规的有关规定，结合项目的采购需求特性，选择确定合适的评标方法。一般而言，对于技术、服务等标准统一的货物服务项目，采购人和采购代理机构应当采用最低评标价法；而对于技术比较复杂的货物和服务项目，不能简单地以价格作为唯一的评价依据，而是需要对投标人进行多维度的综合评价，以确定综合评价最优的投标人作为中标人时，可选择综合评分法。

2. 评标标准和评审因素

评标标准是评标中评价投标文件的依据和准则，评审因素是在评标中评价投标文件的要素和因子。评标标准和评审因素与采购项目采用的评标办法有关，不同的评标办法决定了不同的评标标准及评审因素。最低评标价法是在投标文件满足招标文件全部实质性要求后，比较投标报价的高低，即评审因素只有价格因素一项。而综合评分法是在投标文件满足招标文件全部实质性要求后，多维度综合比较投标人的投标文件，其评审因素不止一项，包括价格、技术、业绩、服务等。

综合评分法是政府采购一种重要的评审办法，而合法、科学、合理地设定评标标准或评审标准又是做好综合评分工作的前提和关键，评审因素的选定更是评审标准设定的重中之重。评审因素的设置，应当以法律法规发挥为准绳，并遵循一定的原则，以确保评标标准或评审标准的合法性、合理性与科学性，保证政府采购活动的公平、公正和公开。

评审因素的设置主要考虑以下几点。

一是对症下药，梳理出不同采购项目须重点把握的评标因素。如通用类的采购项目不必或较少考虑要供应商上门安装、调试、培训等因素；而专用类采购项目如网络设备、医疗设备等，则要考虑上门安装、调试、培训因素。即使是相同的采购项目，针对不同的采购人，也可能有其不同的采购要求，从而也应有不同的评标因素。如为了培养和普及中小学生的电脑知识，学校作为采购人在采购电脑时，就要考虑到供应商能否给予及时的软硬件服务等；而对机关来说，由于一般工作人员都具备电脑方面的基础知识，因而很少考虑服务因素。采购人或其采购代理机构在考虑评标因素时，想要确保采购质量的优良，选准最佳的中标或成交商，就必须要科学合理地确定出各种评标因素，并且，在评标之前，就必须将这些影响评标结果的评标因素全部都确定下来，并作为招标文件的一项内容公布给潜在的供应商，让他们能够及时地对各个评标因素做出实质性的响应，从而使采购工作更加客观。从实际工作来看，在正常的评标活动中，一般要考虑的评标因素大致有价格、技术、服务、业绩、财务状况、信誉以及对招标文件的响应程度等等。

二是寻求价格、技术的最佳结合点，确定具体分值权重。在明确了具体的评标因素后，接下来的核心工作就是考虑和评价每个评标因素对评标结果影响力的大小，并按其重要程度的高低排成一定的次序，分别给予其大小不一的权值。对核心和关键性因素，要赋予其较高的权值比例，如投标价格等，而对一般性、影响力不大的因素，则给予较小

的权值。

三是对报价因素赋值范围的考虑尺度。大多数招标采购单位是按下述方法来确定的。①查阅采购档案,凡招标案例中有相同或相近项目,且实绩是成功的,采购人和供应商也都基本满意的,就参照其价格分值确定,或进行适当微调。②不能查阅到相关数据,就通过分析其项目的性质来确定。根据《政府采购货物和服务招标投标管理办法》对综合评分法的价格分权重设置要求(货物类不得低于30%,服务类不得低于10%),实操中如果招标采购项目的性质比较明朗、技术标准相对统一,越接近通用项目的,则其价格分值也就越高,货物项目可定为60%以上,服务项目可定为30%以上。以此类推,项目性质越不明朗,通用性、标准性越差的就分别定为30%(货物项目)、10%(服务项目)。其他则视情况在法律法规允许的范围内权衡取值。

四是技术标准要单列。对通用货物类项目来说,技术因素赋值可适当小一些;对于技术较为复杂的项目,技术分赋值适当大些,一般可在30%以上。常见的技术评分要素主要包括以下几方面:技术参数的响应程度;质量体系认证情况;所提供的货物是否通过3C强制认证,主要适用于国家要求强制认证的计算机产品、家电类产品等;质保认证书,包括质量信得过企业等;信息系统集成资质证书、校园网络建设许可证等,主要适用于网络工程;售后维修情况,是否为特约维修机构,能否及时响应,等等。

综合评分法的评审因素应与具体采购需求对应,与采购需求的质量和合同履行相关,评审标准应当细化和量化,约束自由裁量权。

《政府采购货物和服务招标投标管理办法》(财政部令第87号)第五十五条在定义综合评分法时强调"评审因素应当细化和量化,且与相应的商务条件和采购需求对应"。那如何才能做到细化和量化呢?有的采购人或代理机构要么是照搬某个说明书参数,要么就是简单地把原设备上的型号抄上几个。由于词不达意,在评审时无法让评审专家做出准确判断,导致项目废标或者采购满意度不高。因此,熟悉评审因素的细化和量化操作对于编制一本高质量的招标文件显得至关重要。

细化是管理学上的术语,细化管理指的是深入到每一个细微环节的管理,包括管理思维的缜密、管理内容的精细设计、管理过程的精细操作。细化管理是一种工作态度、工作方法和工作作风。细化管理在于追求精益求精,不满足于简单地完成好,而是还要体现在细节中,这是精细化管理在实践环节的延伸。引申到政府采购项目的评审因素中,就需要点对点地对项目所需要的环节进行逐一考量,用一句通俗的话说,就是"既要见森林,又要见树叶"。

所谓量化,是对细化项目的指标描述,能够用数字、单位符号记录和表示,用以衡量或者清晰度量细化项目的效率、好坏或者成绩等。根据政府采购的原则,以及反倾向性、歧视性的规定,细化和量化评审因素时应该考虑其离散性,离散性大,则认同度低;离散性小,则认同度高。

比如,ABC三家公司生产的产品具有70%～80%的相似性,那么这个产品的离散性就小,认同度就高,说明产品成熟度也高,风险就小。在对评审因素进行细化时,必须根据三家公司产品均含有的技术指标进行布置安排。如果 ABC 三家公司生产的产品相似性低于 70%，那么这个产品的离散性就高，产品的认同度则小，如果采购人以某一家公司的产品参数进行评审因素的细化，势必引起其他公司的不满，也会给采购项目的实施带来被质疑被投诉的风险隐患。

政府采购招标文件评审因素的细化和量化一般体现在两个部分，一部分表现为价格、商务、技术要求方面，其中价格要求表现为预算价格、节能环保优惠加分价格计算等，商务方面主要响应交货时间、货物价款支付、售后服务等。这里重点说一下技术参数、规格和要求，它详细介绍了产品的用途、使用背景、数量等，其作用相当于一部技术说明书，在介绍本项目的技术要求时，不仅要对项目整体有详细的情况介绍，还要对每包、每个品目的技术要求进行逐一细化。

以某某大学计算机中心电脑采购项目为例，项目采购的为单一产品——电脑，应当由采购单位懂技术的人员编写详尽的采购产品技术要求，如要写明：

(1) 台式电脑还是笔记本电脑；
(2) 芯片组；
★(3) 处理器；
★(4) 内存和内存扩展；
★(5) 硬盘：类型和大小；
★(6) 显示器类型及大小；
(7) 显卡；
(8) 网卡；
(9) 操作系统；
(10) 质保期。

上述这些细项可以认为是该产品评审因素的细化，其中标记★的条款属于必须实质性响应的条款。在编写这些技术要求时，决不能只参看一家或两家产品的技术参数、规格和要求，而要保证其写的技术要求能够满足三家以上供应商产品相似性的 70%～80%，尤其是★条款能够全部满足，这才不会引起供应商的质疑和投诉。

当然，上述服务器的技术要求是市场通用的要求，一般供应商都会做得到。另一部分就是《综合评分表》上的内容，是对前面技术参数、规格和要求的量化，总共分为商务、技术和报价三个部分，并依照法律政策规定划分了相应的权值。除了节能、环保产品等的优惠加分外，其主要着力点便是按照招标文件要求进行全面审查计分。

以技术项为例，在综合评分表说明明确写明"完全满足招标文件技术指标的计 100 分，一般技术条款（非"★"条款）每负偏离一项扣 5 分；如应答时缺项，则视同负偏离处理"。这里的扣分幅度要根据产品是否为核心产品做出适度的安排，如果为非核心产品，则扣分量化幅度可以稍低一些。最为妥当的做法，是要对前面的技术参数和规格要求做出一个较为宽松的细化范围，这样既可以给供应商一个选择的空间，提高项目的竞争性，又可以为采购人选择到更加物有所值的产品，同时还有助于项目评审更加顺利地进行。

二 政府采购招标文件编制的注意点

在实操中,有部分招标文件设置了政府采购法律法规禁止的条件、要求,导致采购活动不能公平、公正进行,破坏了公平竞争的环境。因此,采购人或采购代理机构在编制政府采购招标文件时,需要注意风险点和注意点,以免踏入"禁区"。本部分主要就招标文件的资格条件设置、采购需求编制和评审因素设置等方面来探讨招标文件编制的注意点。

《政府采购法实施条例》第二十条规定,采购人或者采购代理机构有下列情形之一的,属于以不合理的条件对供应商实行差别待遇或者歧视待遇:

(1) 就同一采购项目向供应商提供有差别的项目信息;

(2) 设定的资格、技术、商务条件与采购项目的具体特点和实际需要不相适应或者与合同履行无关;

(3) 采购需求中的技术、服务等要求指向特定供应商、特定产品;

(4) 以特定行政区域或者特定行业的业绩、奖项作为加分条件或者中标、成交条件;

(5) 对供应商采取不同的资格审查或者评审标准;

(6) 限定或者指定特定的专利、商标、品牌或者供应商;

(7) 非法限定供应商的所有制形式、组织形式或者所在地;

(8) 以其他不合理条件限制或者排斥潜在供应商。

(一) 资格条件设置的注意点

1. 非法限定供应商的所有制形式、组织形式或者所在地

我国所有制形式分为公有制和非公有制。供应商的组织形式分为法人、其他组织或自然人。在中国特色社会主义市场经济中,依法成立的各种所有制形式以及各种组织形式的供应商都是社会主义市场经济的合法主体,国家鼓励支持和引导个体私营等非公有制经济发展。党的十八届三中全会提出,建立统一开放、竞争有序的市场体系。我国市场体系的这些特征和要求,决定了政府采购不得以所有制形式、组织形式或者所在地来非法限定、排斥、歧视潜在的供应商。

需要指出的是,《政府采购法实施条例条例》所禁止的是"非法限定"不包括按照《中华人民共和国保守国家秘密法》(以下简称《保守国家秘密法》)和《中华人民共和国保守国家秘密法实施条例》(以下简称《保守国家秘密法实施条例》)等法律法规的精神以及政府购买公共服务项目的特点等,为了维护国家的安全利益,或者保证公共服务的质量和便利性等,对于特定政府采购项目,有可能依法设定供应商的所有制形式、组织形式或者所在地。

实操中,个别采购人或采购代理机构在设置资格条件时,存在限定供应商所有制形式(如国有、独资、合资等);限定组织形式,设置企业法人,排除事业法人、社会组织、其他组织和自然人;限定供应商注册地在某行政区域内,或要求供应商在某行政区域内设立分支机构。此做法有违《政府采购法》第二十一条、《政府采购法实施条例》第二十条、《中

华人民共和国中小企业促进法》第四十条、《关于促进政府采购公平竞争优化营商环境的通知》(财库〔2019〕38号)等法律法规的规定,属于以不合理的条件对供应商实行差别待遇或者歧视待遇。因此,在招标文件编制时,不得限定潜在供应商的所有制形式、组织形式或者所在地。

2. 设定的资格、技术、商务条件与采购项目的具体特点和实际需要不相适应或者与合同履行无关

采购人可在采购公告和采购文件中要求潜在供应商具有相应的资格、技术和商务条件,但不得脱离采购项目的具体特点和实际需要。不得随意、盲目和出于不正当利益设定某一供应商特定的资格、技术、商务条件,排斥合格的潜在供应商。如非涉密或不存在敏感信息的采购项目,要求供应商有从事涉密业务的资格,又如在采购非系统集成的信息化硬件产品时,要求供应商必须具有系统集成资质。

需要注意的是,促进中小企业发展是政府采购一项重要的政策功能,《政府采购促进中小企业发展管理办法》(财库〔2020〕46号)中规定,"采购人在政府采购活动中应当合理确定采购项目的采购需求,不得以企业注册资本、资产总额、营业收入、从业人员、利润、纳税额等规模条件和财务指标作为供应商的资格要求或者评审因素,不得在企业股权结构、经营年限等方面对中小企业实行差别待遇或者歧视待遇"。因此,无论出于何种考虑,采购人或者采购代理机构都不得将供应商的规模条件设定为资格条件。

3. 将供应商的经营范围作为资格条件

经营范围是指国家允许企业生产和经营的商品类别、品种及服务项目,反映企业业务活动的内容和生产经营方式,是体现企业民事权利能力和行为能力的核心内容。

首先,供应商的经营范围是随时变更的,把经营范围内的相应内容定为资格条件,会增加资格审查的难度。审查人员要根据标的物的性质与经营范围判断是否符合,这样反而影响了采购效率。

其次,根据最高人民法院《关于适用〈中华人民共和国合同法〉若干问题的解释(一)》(1999年12月29日起)第十条规定,当事人超越经营范围订立合同,人民法院不因此认定合同无效。但违反国家限制经营、特许经营以及法律、行政法规禁止经营规定的除外。

综上所述,如果采购项目是国家限制经营、特许经营的,那就可以将供应商的经营范围作为资格条件。反之,就不得将供应商的经营范围限定为投标的门槛。

4. 对供应商采取不同的资格审查或者评审标准

主要表现是采购人或者采购代理机构在资格预审文件和采购文件中载明的资格审查标准和评标标准模棱两可,在实际资格审查和评审过程中,通过另行制定倾向性或排斥性的评审细则,或者掌握的宽严尺度不一,对不同的供应商采取不同的资格审查或评审标准,如对本地区或本行业之外的供应商采取更加苛刻的资格审查或评审标准,对合作过的供应商和新参与竞争的供应商采用不同的资格审查或评审标准等。

(二) 采购需求编制的注意点

1. 采购需求中的技术、服务等要求不得指向特定供应商、特定产品

实践中,少数采购人或者采购代理机构在设定技术、服务要求时,按照自身的喜好或者不正当利益关系设定某一特定供应商或特定产品独有的技术或服务要求,从而达到排斥其他潜在供应商的目的。这种做法是典型的限制或排除竞争的行为,应当坚决禁止。

2. 不得限定或者指定特定的专利、商标、品牌或者供应商

在采购人或采购代理机构在采购公告、资格预审文件或采购文件中限定或者指定特定的专利、商标、品牌或者供应商,这是典型的以不合理条件限制或排斥其他潜在供应商行为。

采购文件中规定的各项技术标准、资格条件、商务要求,在满足项目实际需要的基础上,要保证公平竞争,不得特定标明某一个或者某几个特定的专利、商标、品牌或生产供应商,不得有倾向或者排斥潜在供应商的其他内容。如果必须引用某品牌或生产商才能准确清楚地说明采购项目的技术标准和要求,则应当在引用某一品牌或生产供应商名称前加上"参照或相当于"的字样,而且所引用的货物品牌或生产供应商在市场上应具有可替代性。

(三) 评标标准和评审因素设置的误区

1. 未依法设定评审因素

根据《政府采购法实施条例》第二十条采购人或者采购代理机构不得"以特定行政区域或者特定行业的业绩、奖项作为加分条件或者中标、成交条件"和《政府采购货物和服务招标投标管理办法》第十七条"采购人、采购代理机构不得将投标人的注册资本、资产总额、营业收入、从业人员、利润、纳税额等规模条件作为资格要求或者评审因素",采购人或采购代理机构在设置评审因素时不得设置特定行政区域或者特定行业的业绩、奖项,投标人的注册资本、资产总额、营业收入、从业人员、利润、纳税额等规模条件,也不可以将资格条件再作为评审因素。

《政府采购法》第五条规定,任何单位和个人不得采用任何方法,阻挠和限制供应商自由进入本地区和本行业的政府采购市场。如果以特定的行政区域或者特定行业的业绩和奖项作为中标、成交条件或加分条件,将会限制或排斥特定行政区域和特定行业之外的潜在供应商。例如将某省的业绩或从事过某行业的业绩作为资格条件或者加分因素。又如某项目采购要求供应商必须获得某行政区域的某种奖励或者某行业的奖励,才能参与采购活动或者给予加分。这些做法都是地方保护或行业封锁的具体表现,应予严厉禁止。

在理解和适用本项规定基础上,应当根据具体项目的特点给予区别对待。一是采购项目需要供应商具有类似业绩、奖项作为加分条件或者中标、成交条件的,可以设置全国性的非特定行业的类似业绩或奖项作为加分条件或者中标、成交条件。二是可以从项目本身具有的技术管理特点和实际需要,对供应商提出类似业绩要求作为资格条件或者评审加分标准。如医疗机构的物业服务项目,由于医疗机构物业服务必须具有医疗污染物

处理经验的特点，可以要求物业服务供应商提供类似医疗机构服务的业绩。此类业绩要求主要是从项目专业特点和实际需要出发，目的是保证项目实施的质量和效果。在实践中，对于此类业绩要求不能"一刀切"地认定为"特定行业的业绩"而禁止。但必须注意的是要保证具有类似业绩条件的潜在供应商的数量，以确保采购项目的竞争性。

2. 未依法设定价格分

根据《政府采购货物和服务招标投标管理办法》第五十五条的规定，货物项目的价格分值占总分值的比重不得低于30％；服务项目的价格分值占总分值的比重不得低于10％。执行国家统一定价标准和采用固定价格采购的项目，其价格不列为评审因素。

实践中，少数采购人或者采购代理机构在设定评审因素价格分时，容易出现以下问题：设定最低限价（国家或地方有强制最低价格标准的除外）；设定去掉最后报价中的最高报价或最低报价；招标项目中采用综合评分，货物项目的价格分值占总分值的比重（权重）低于30％，服务项目的价格分值占总分值的比重（权重）低于10％（执行统一价格标准的项目除外）；政务信息系统项目中，货物项目的价格分值占总分值比重未设置为30％，服务项目的价格分值占总分值比重未设置为10％（单一来源除外）。

3. 将不宜量化的指标作为评审因素

《政府采购法实施条例》第三十四条规定："采用综合评分法的，评审标准中的分值设置应当与评审因素的量化指标相对应。"由此可见，不能量化的指标是不能作为评审因素的。

《政府采购法实施条例释义》中提到，在政府采购评审中采取综合评分法时评审标准中的分值设置应当与评审因素的量化指标相对应，包含两层意思：一是评审因素的指标必须是可以量化的，不能量化的指标不能作为评审因素；二是评审因素的指标量化后，评分标准的分值也必须量化，评审因素的指标量化为区间的，评分标准分值也须量化到区间。

若招标文件评标标准规定，国际知名品牌5～8分，国内知名品牌3～4分，国内一般品牌1～2分，则违反了上述要求：一是"国际知名""国内知名""国内一般"这些都不是品牌的量化指标，没有评判的标准；二是虽然每一个分值的设置均量化到了5～8分、3～4分、1～2分区间，但国际知名品牌、国内知名品牌、国内一般品牌并没有细化对应到相应区间。该条规定的核心要求是综合评分的因素必须量化为客观分，最大限度地限制评标委员会成员在评标中的自由裁量权。

4. 将资格条件设为评审因素

《政府采购货物和服务招标投标管理办法》第五十五条规定："评审因素的设定应当与投标人所提供货物服务的质量相关，包括投标报价、技术或者服务水平、履约能力、售后服务等。资格条件不得作为评审因素。评审因素应当在招标文件中规定。"可见，将资格条件作为评审因素是严令禁止的。

很多采购人和采购代理机构有个错误的认识，认为评分因素里把投标人最基本的资质要求列为加分条件，能满足报名条件的投标人都能满足加分条件，没有任何倾向性。

这样的规定看似无伤大雅,不会引来不必要的麻烦。殊不知,这样的想法是大错特错的。现在的投标人对政府采购相关法律法规钻研得很深,自己质疑自己的事情也做得出来。招标文件中如果有这样明显的"硬伤",更会成为部分供应商质疑投诉的利器。

第三节 政府采购招标文件制作实务

本节主要是以本章第一、二节的理论作为基础,结合"某某大学计算机中心电脑采购项目",从招标文件模板选择、招标文件核心要素的确定以及招标文件的形成等方面对政府采购招标文件的制作实务进行说明。

一 招标文件模板选择

招标文件写得好与不好,直接关系到采购的效果。写招标文件有很多模板可以利用。很多代理机构从业人员在编制采购文件时,都会参考或套用之前同类项目的采购文件。这原本无可厚非,毕竟参考和套用的初衷都是为了提高效率,做好政府采购工作,但可怕的是套用时粗心大意。毕竟每次采购都有每次采购的特殊性,即便是同一采购人的同类采购也会因为采购时间不同,在采购文件的制作上存在差异。因此,在套用采购文件时,从业人员必须格外小心,否则,一不留神就会给采购活动留下隐患。

二 招标文件核心要素的确定

(一) 项目需求

某某大学需要为计算机中心采购一批学生电脑用于机房更新,该计算机中心组成采购小组,通过网上商城、线下供应商等渠道进行市场调研,并组织专家论证后,形成了如下的项目需求。

其中项目需求的技术部分因指标较多,需要划分核心指标和一般指标。根据采购品目的属性,本项目采购的是计算机,计算机的"四大件"是核心的参数指标,也就是说要求投标产品的这4个指标必须满足,不满足即为无效投标,所以将CPU、内存、硬盘、显示器作为实质性条款(加★项),其他指标作为一般指标。见资料12-6。

资料12-6 某某大学计算机中心台式电脑采购项目需求

某某大学计算机中心因学生电脑更新,需采购商用台式电脑120套,I7处理器,并配置4G独立显卡和至少21.5英寸的高清显示器,预算控制在89万元以内。计算机中心商用台式电脑换新项目与某某大学计算机中心签订合同。要求合同签订后20日内完成安装、调试、验收等工作,以满足秋季开学后日常教学使用。

一、具体技术需求

计算机中心商用台式计算机(含显示器)120台,总价控制在89万元以内。参数及配置要求:

指标	详细参数
机型	商用台式机
★CPU	≥i7-9700；主频≥3.0 GHz；缓存≥9M；≥6核
主板	470系列及以上芯片组
★内存	8G DDR4 2 666 MHz(单条)，2个DIMM
★硬盘	1TB SATA 7 200Rpm
显卡	出厂自带，显存≥4G；显存位宽≥128bit；显存频率≥6 000 MHz
网卡	集成Intel千兆以太网卡
音频	集成高清音频声卡
电源	≥300 W高效电源
机箱	USB接口：不低于8个USB接口，其中USB 3.0：≥4(前≥2)；后置音频输入输出接口(不接受第三方改装)；VGA接口；高清接口(DP、HDMI)；内置扬声器
扩展端口	1×PCIeX4、1×PCIeX16、1×PCI
键鼠	USB抗菌键盘鼠标
★显示器	≥21.5"宽屏16：9 LED背光IPS液晶显示器，三边超窄边框，VGA、HDMI和DP高清接口，分辨率1920×1080及以上
软件系统	支持Win 10 32/64位操作系统，支持win 7 32/64位操作系统；免费安装系统及相关软件
保修服务	至少原厂五年保修及上门服务，供货时需提供原厂服务承诺函加盖公章

二、其他要求：

1. 因违反国家相关强制性规定而给采购人造成的一切损失由供货商自行承担。

2. 供货期：合同签订后20日内完成安装、调试、验收等工作。

3. ★质保期：至少5年原厂质保，质保期从验收合格后当日起计算，质保期内不得收取任何形式的上门费、人工费及材料费、配件费等；质保期结束前，须对货物进行一次免费的全面校正和维护保养，并保证性能达到货物出厂标准。在签订合同时需提供原厂商针对该项目的原厂质保承诺函原件。

4. 售后服务：要求生产厂商在中国大陆设立有固定维修站，并配备专业维修工程师，能提供及时、有效的售后服务。卖方终身提供免费的应用咨询及技术帮助。如仪器设备出现问题，卖方要在2小时内响应，提供电话指导、远程诊断、故障排除等服务，并保证能在24小时内上门维修。卖方提供终身免费技术支持，操作系统免费升级、更新、维护。须承诺提供核心部件的备品备件，以保证质保期外3年内的维修和更换(使用方以不高于同期市场价格购置)。

5. 技术培训：卖方提供不少于两天的现场技术培训，包括使用操作、维护保养等。

6. 验收方式：按货物技术指标及配件清单逐一验收。

7. 原厂服务要求：为保证原厂服务的有效执行，要求所有硬件设备保修信息为某某大学。须从原厂公布的原厂服务电话和官网得到查询验证；供应商提供的货物必须由原厂商直接发至采购人指定地方，中途不得转运。

8. 生产日期：货物出厂日期不得早于中标通知书发放日期。

9. 本项目所购计算机用于高校公共实验室和有关专业实验室，因此希望所购设备具有较好的稳定性、可靠性和一定的扩展性。在满足参数要求的情况下,所购计算机噪音越小越好,以保证实验室和有关环境安静,所购计算机应能适应一定程度的高温(如 40 摄氏度),所购计算机应具有尽量高的可靠性,所购计算机应能适应因自然界的雷击(间接雷)或供电线路中因大型开关切换所引起的电压变化。

三、安装、验收、售后服务要求等

1. 投标人应根据招标文件要求及本项目特点,制订项目实施方案,包括全部设备的安装部署、联合调试方案、供货及安装各节点时间进度、人员配置安排、现场文明施工等。实施方案应做到科学可行,并有针对性,配备项目经理及具有相应资质的施工人员,服从采购人安全管理要求,确保在规定的交货安装时限内完成。

2. 验收。设备到货后,采购单位与中标单位共同配合有关部门对所有设备进行开箱检查,出现损坏、数量不全或产品不对等问题时,由中标单位负责解决。

设备安装完成,由中标单位制定测试方案并经用户确认后,对产品的性能和配置进行测试验收,并形成测试验收报告。

如验收中出现不符合标书和合同要求的严重质量问题时,采购人保留索赔权利。

中标人在对其所提供的设备进行安装、测试、验收过程中必须提供和准备技术文档。

技术文件:中标人必须向项目单位提供设备的安装、运行、使用、测试、诊断和维修的技术文件。

3. 投标人须提供所需的培训服务,以确保采购人的技术人员能对投标人所提供的设备和装置的设计、日常运作、故障和例行维护、事故处理和解决方面等有全面性的认识和了解。提供并解释有关设计资料、文件、图纸等,以便采购人对整套系统的各个方面都能熟练掌握。提供足够的材料、设备、样本、模型、幻灯、影片以及其他各种需要的培训教材文件,培训课程完成后,有关装备和教材将为采购人方所有,所有教材文件须以中文说明。

4. 投标人应提供自身及所投货物品牌原厂的响应标准、服务体系、备件体系、故障解决方案、专业技术人员保障、日常巡检、重大活动保障等服务方案,服务方案应科学合理、具备针对性,并指定专门的售后服务人员,确保投标人中标后提供的各项售后服务能满足招标文件要求。

四、商务条款

1. 质保及售后技术服务要求

见项目需求。

2. 交货期、交货方式及交货地点

2.1 ★交货期:签订合同后 20 天内。

2.2 交货方式:中标人在采购人指定地点交货,并完成安装、验收。

2.3 交货地点:采购人指定地点。

3. ★货款支付

货到验收合格后付合同全款的 90%,无故障运行一年后 30 日内支付合同全款的 8%,余款 2%无故障运行质保期满后 30 日内付清。

4. 投标货币

投标文件中的国产货物单价和总价采用人民币报价,以元为单位标注。

(二) 资格条件

1. 资格条件设置

根据某某大学计算机中心电脑采购项目的需求,结合《政府采购法》第二十二条的规定,我们对该项目的资格条件设置,可以分为一般条件、特定条件和政策性条件。该项目属于通用的货物采购,原则上可以不设置特定的资格条件。该项目并非专门面向中小企业采购的,所以政策性资格条件可以不设置"本项目仅限中小企业投标"的条件要求。但是,该项目所采购的电脑属于政府强制采购节能产品品目,因此,在政策性资格条件中需要加上"投标产品如属于政府强制采购节能产品品目清单范围内,投标人必须提供国家确定的认证机构出具的、处于有效期之内的该节能产品认证证书"。

2. 资格证明文件的要求

根据设置的资格条件,潜在供应商申请投标时需要提供相应的证明材料。

①具有独立承担民事责任的能力

政府采购的供应商是指向采购人提供货物、工程或者服务的法人、其他组织或者自然人。法人或者其他组织可以提供营业执照等证明文件,而自然人可以提供其身份证明。

②具有良好的商业信誉和健全的财务会计制度

《政府采购法实施条例》的释义对此条的解释是提供"经审计的财务报告或银行出具的资信证明或投标担保函"。而按照《注册会计师法》的规定,经审计的财务报告只能由会计师事务所出具,审计报告需要注册会计师、会计师事务所签字盖章。财务报告未经审计不能作为供应商良好商誉和健全财务会计制度的证明。

除了经审计的财务报告、银行资信证明和担保机构的担保函以外,其他材料都不能作为供应商良好财务制度的证明。

③具有履行合同所必需的设备和专业技术能力

为保证政府采购项目合同的顺利履行,供应商必须具备履行合同的设备和专业技术能力,这是供应商保质保量完成政府采购项目必备的物质和技术基础。一般没有特别要求的情况下,供应商提供具有履行合同所必需的设备和专业技术能力的书面声明即可(资料12-7)。

资料12-7 具有履行合同所必需的设备和专业技术能力的书面声明

我单位郑重声明:我单位具备履行本项采购合同所必需的设备和专业技术能力。为履行本项采购合同,我公司具备如下主要设备和主要专业技术能力:

主要设备有:_____。

主要专业技术能力有:_____。

投标人名称(公章):

日期:___年___月___日

④有依法缴纳税收和社会保障资金的良好记录

供应商缴纳税收的证明材料主要是指供应商税务登记证(国税、地税)和参加政府采购活动前一段时间内缴纳增值税、营业税和企业所得税的凭据。供应商缴纳社会保障资金的证明材料主要是指社会保险登记证和参加政府采购活动前一段时间内缴纳社会保险的凭据(专用收据或社会保险缴纳清单),其他组织和自然人也需要提供缴纳税收的凭据和缴纳社会保险的凭据。依法免税或不需要缴纳社会保障资金的供应商,应提供相应文件证明其依法免税或不需要缴纳社会保障资金。

⑤参加政府采购活动前三年内,在经营活动中没有重大违法记录

此条一般要求供应商提供参与采购活动前三年内在经营活动中没有重大违法记录的书面声明即可(资料12-8)。

资料12-8 参加政府采购活动前三年内在经营活动中没有重大违法记录的书面声明

我单位郑重声明:参加本次政府采购活动前三年内,我单位在经营活动中没有因违法经营受到刑事处罚或者责令停产停业、吊销许可证或者执照、较大数额罚款等行政处罚。

投标人名称(公章):

日期:___年___月___日

对于重大违法记录,《政府采购法实施条例》第十九条有专门的解释,重大违法记录是指供应商因违法经营受到刑事处罚或者责令停产停业、吊销许可证或执照、较大数额罚款等行政处罚。

在政府采购活动中要证明供应商是否有重大违法记录,实践中可以采取供应商自行承诺并承担后果的做法,主要是要求供应商提交"参与采购活动前三年内在经营活动中没有重大违法记录的书面声明函"。一旦发现供应商提供的声明函不实,应按照《政府采购法》有关提供虚假材料的规定予以处罚。

⑥政策性资格条件

在该项目中的政策性资格条件中有一条"投标产品如属于政府强制采购节能产品品目清单范围内,投标人必须提供国家确定的认证机构出具的、处于有效期之内的该节能产品认证证书"。因此,本条需要供应商提供有效的节能产品认证证书即可。

(三)评标办法、评分标准及评审因素

本项目的项目需求和资格条件都已确定,接下来需要设置评标办法、评分标准及评审因素。首先,鉴于该项目具有一定的复杂性,需要综合考虑价格、技术、商务和服务等内容,不能仅仅以价格作为唯一的评审因素,因此本项目不适宜采用最低评标价法,而应采用综合评分法。

根据项目需求,评分标准大致划分为价格、技术、商务和服务等几块,价格和技术应该占主要部分,细化出来的评审因素包括:价格分(35分)、技术分(43分)、商务分(8分)、服务分(14分)。

1. 价格分(35分)

价格分采用低价优先法计算,即满足采购文件要求且报价最低的供应商报价为

评标基准价,其价格分为满分35分,其他投标人的价格分统一按照以下公式计算:投标报价得分=(评标基准价/该投标人的投标报价)×35分。分值保留小数点后1位。

需要注意的是,政府采购项目须落实政府采购的相关政策,如支持中小企业发展、支持残疾人福利单位和监狱企业(其中属于小型、微型企业的,不重复享受相关政策)等。

(1) 小微型企业价格扣除:本项目对小型和微型企业产品给予10%的扣除价格,用扣除后的价格参与评审;供应商需按照采购文件的要求提供相应的《企业声明函》;企业标准参照《关于印发中小企业划型标准规定的通知》(工信部联企业〔2011〕300号)文件规定自行填写。

(2) 残疾人福利单位价格扣除:本项目将残疾人福利性单位视同小型、微型企业,给予10%的价格扣除,用扣除后的价格参与评审;残疾人福利单位需按照采购文件的要求提供《残疾人福利性单位声明函》;残疾人福利单位标准请参照《关于促进残疾人就业政府采购政策的通知》(财库〔2017〕141号)。

(3) 监狱和戒毒企业价格扣除:本项目将监狱和戒毒企业(简称监狱企业)视同小型、微型企业,给予6%的价格扣除,用扣除后的价格参与评审;监狱企业参加政府采购活动时,需提供由省级以上监狱管理局、戒毒管理局(含新疆生产建设兵团)出具的属于监狱企业的证明文件。供应商如不提供上述证明文件,价格将不做相应扣除。监狱企业标准请参照《关于政府采购支持监狱企业发展有关问题的通知》(财库〔2014〕68号)。

2. 技术分(43分)

技术分分为技术响应和产品检测证书两部分。其中技术响应分应当为主要部分,因此设定为35分,产品检测证书设定为8分。

(1) 技术响应

根据投标人提供的设备功能、参数响应情况及《详细配置一览表》《技术要求响应及偏离表》等,结合投标人提供的相关厂家的证明材料(印刷彩页、网站截图、产品说明书等),就其对各设备的理解是否响应招标文件要求、功能是否合理、参数是否响应、设备性能是否满足进行详细评审。完全响应招标文件的得30分;针对实质性要求,如出现负偏离的,视为未实质性响应的投标;针对非实质性要求,如出现负偏离的,经评委会充分论证后给予每项2.5分的扣分;如出现正偏离(主板/CPU/显卡/电源),评委会认定有异议的,每有1项得2.5分,最高得5分。

(2) 产品检测证书

投标人提供的证明材料复印件加盖生产厂家公章(检验报告有 CNAS、CAL、CMA 之一标识有效,其他无效)。

计算机投标产品具有专业检验检测机构出具的有关"噪音测试"的检测报告,其中噪声小于11分贝,得2分;大于等于11分贝小于12分贝,得1分;大于等于12分贝不得分。

计算机投标产品具有专业检验检测机构出具的有关"工作状态下高温试验"合格的检测报告,试验箱温 40 ℃及以上得 2 分,大于等于 35 ℃小于 40 ℃得 1 分,小于 35℃不得分。

计算机投标产品具有专业检验检测机构出具的有关"浪涌试验"合格的检验报告,其中电源端口试验电压达到 4 级(4 kV)及以上的得 2 分,3 级(2 kV)得 1 分,3 级以下不得分。

计算机投标产品具有国家电子计算机质量监督检验中心(或有资质的单位)检测机构出具的有关"可靠性试验"合格的检测报告,其中 MTBF 的 m1 值大于 100 万得 2 分,m1 值大于 80 万小于等于 100 万得 1 分,m1 小于等于 80 万不得分。

3. 商务分(8 分)

商务部分主要分为企业资信、业绩能力和环保分。

(1) 企业资信:投标人具有"信息技术服务运行维护标准符合性证书(ITSS)"3 级及以上证书的得 1 分,投标人具有"ISO 9001 质量管理体系"认证证书的得 1 分。

(2) 业绩能力:投标人具有 2017 年 1 月 1 日以来类似本项目台式计算机供货及安装业绩的,每提供 1 个得 1 分,最多得 4 分(必须提供有效合同复印件,复印件需清晰可见内容主体)。

(3) 环保:投标产品属于财政部、生态环境部公布的"环境标志产品品目清单"范围内的,投标人提供国家确定的认证机构出具的、处于有效期内的该环保产品认证证书复印件的,得 1 分,未提供的不得分。

4. 服务分(14 分)

根据项目需求中对电脑安装、验收、售后服务响应等方面的具体要求,设置相应的评审因素。

(1) 安装及售后服务方案:根据投标人的安装售后服务方案酌情打分,从服务方案,包括服务人员的配备、服务响应程度、响应时间、保证质量服务的措施及承诺、解决问题的能力,紧急故障处理预案等方面考虑。方案优于招标文件要求的得 4 分,完全符合招标要求文件的得 2 分,不完全符合招标文件要求及未提供的不得分。

(2) 质保:投标人提供原厂质保证明文件得 2 分,否则不得分;投标人投报的质保期在招标文件要求的基础上,每延长一年得 2 分,本项最高得 6 分。

(3) 售后服务响应:根据投标人售后服务响应速度进行打分,优于招标文件要求的得 2 分,完全符合招标文件要求的得 1 分,不完全符合招标文件要求的不得分。

三、招标文件的形成

经过对招标文件模板的选取,并对招标文件中需求、资格和评分标准等核心要素的确定,再结合具体的招标公告、开标时间、地点与程序的确定,形成本项目的招标文件(资料 12-9)。

资料 12－9　招标文件

项目名称:某某大学计算机中心电脑更新项目

项目编号:JS12345687989

江苏省某某招标代理公司

2021 年 2 月

总　目　录

第一章　投标邀请……………………………………

第二章　投标人须知…………………………………

第三章　合同条款及格式……………………………

第四章　项目需求……………………………………

第五章　评标方法与评标标准………………………

第六章　投标文件格式………………………………

第一章　投标邀请

受某某大学的委托,江苏省某某招标代理公司就其计算机中心电脑更新项目 JS12345687989 进行公开招标采购,欢迎符合条件的供应商投标。

项目概况

某某大学计算机中心电脑更新招标项目的潜在投标人可在"江苏政府采购网"自行免费下载招标文件,并于2021 年 2 月 26 日 9 点 30 分(北京时间)前递交投标文件。

一、项目基本情况

1. 项目编号:JS12345687989

2. 项目名称:某某大学计算机中心电脑更新项目

3. 预算金额:89 万元

4. 本项目设定最高限价,最高限价为 89 万元。

5. 采购需求:

计算机中心商用台式电脑换新。计算机中心因学生电脑更新,需采购商用台式电脑 120 套,I7 处理器,并配置 4G 独立显卡和高清显示器,预算控制在 89 万元以内。计算机中心商用台式电脑换新项目与某某大学计算机中心签订合同。要求合同签订后 20 日内完成安装、调试、验收等工作,以满足秋季开学后日常教学使用需求。

6. 本项目不接受联合体投标。

7. 本项目不接受进口产品投标。

二、申请人的资格要求:

1. 满足《中华人民共和国政府采购法》第二十二条规定,并提供下列材料:

1.1 法人或者其他组织的营业执照等证明文件,自然人的身份证明。
1.2 上一年度的财务状况报告(成立不满一年不需提供)。
1.3 依法缴纳税收和社会保障资金的相关材料(提供提交投标文件截止时间前一年内至少一个月依法缴纳税收及缴纳社会保障资金的证明材料。投标人依法享受缓缴、免缴税收、社会保障资金的提供证明材料。)
1.4 具备履行合同所必需的设备和专业技术能力的证明材料。
1.5 参加政府采购活动前3年内在经营活动中没有重大违法记录的书面声明。
1.6 未被"信用中国"网站(www.creditchina.gov.cn)列入失信被执行人、重大税收违法案件当事人名单、政府采购严重失信行为记录名单。(提供网页截图)
2. 落实政府采购政策需满足的资格要求:无
3. 本项目的特定资格要求:无

三、获取招标文件
1. 时间:自招标文件公告发布之日起5个工作日。
2. 方式:在"江苏政府采购网"自行免费下载招标文件。

四、提交投标文件截止时间、开标时间和地点
1. 2021年2月26日9点30分(北京时间)
2. 地点:江苏省某某招标代理公司第一开标室。

五、公告期限
招标公告及招标文件公告期限为自本公告发布之日起5个工作日。

六、其他补充事宜
无

七、本次招标联系方式
1. 采购人信息
某某大学采购办:张老师　　　　　　电话:025-88881111
某某大学计算机中心:李老师　　　　电话:025-88882222
地址:江苏省南京市

2. 江苏省某某招标代理公司信息
联系人:王经理　　　　　　　　　　电话:025-88887777
地　址:江苏省南京市

八、其他
1. 潜在投标人对招标文件项目需求部分的询问、质疑请向采购人提出,由采购人负责答复。
2. 有关本次招标的事项若存在变动或修改,敬请及时关注江苏省某某招标代理公司在"江苏政府采购网"发布的更正公告。
3. 本次招标收取投标保证金:1万元;缴纳形式:转账或本票。

第二章　投标人须知

前附表

项目名称	某某大学计算机中心电脑更新项目		
项目地点	某某大学计算机中心		
项目负责人	李老师	联系电话	025-88882222
现场勘察	本项目不组织现场勘察		
投标文件份数	正本1份,副本4份,电子版1份(U盘形式。电子版须为正本PDF彩色扫描件,与纸质版一致,在U盘上标注供应商名称及招标编号,U盘递交后不予退还)		
提供样品	本项目无须提供样品		
供货期限	要求合同签订后20日内完成安装、调试、验收等工作,以满足秋季开学后日常教学使用		
付款方式	货到验收合格后付合同全款的90%,无故障运行一年后30日内支付合同全款的8%,余款2%无故障运行质保期满后30日内付清		
投标保证金	作为投标文件的一部分,供应商应在投标截止时间前提供投标保证金;投标保证金有效期与投标有效期一致。 缴纳形式:以转账支票、汇票(异地)、本票(同城)或者金融机构、担保机构出具的保函等非现金形式缴纳。保证金金额:10 000元		
履约保证金	缴纳形式:中标之后、签订合同之前,中标人将履约保证金(中标金额的10%)转账至采购人开户行。 退还须知:履约结束且无履约争议后,招标人根据中标人申请办理履约保证金无息退还手续。由于中标人自身原因未及时办理保证金退还的,其责任和由此造成的后果由投标人自行承担		
标书工本费	凡参加投标的单位需交纳标书工本费,合计人民币伍佰元整(￥500.00),提交资格预审文件时现金缴纳,此款不退还;本校开具正规发票		
投标文件现场递交	投标文件开始接收时间:2021年2月26日上午9:00—9:30(北京时间) 投标文件接收截止时间:2021年2月26日上午9:30(北京时间) 投标文件接收地点:江苏省某某招标代理公司开标室		
开标时间及地点	开标时间:2021年2月26日上午9:30(北京时间) 地点:江苏省某某招标代理公司第一开标室		
项目预算	人民币89万元		
投标报价	人民币报价,包括但不限于:投标报价中的投标价不得超过招标公告、招标文件规定的预算价,超过规定的预算价的投标文件按无效投标处理		
评标办法	综合评分法		
投标文件有效期限	开标之日起60天		

一、总则

1. 招标方式

本次招标采取公开招标方式,本招标文件仅适用于招标公告中所述项目。

2. 合格的投标人

2.1 满足招标公告中供应商的资格要求的规定。
2.2 满足本文件实质性条款的规定。
3. 适用法律
本次招标及由此产生的合同受中华人民共和国有关法律法规制约和保护。
4. 投标费用
4.1 投标人应自行承担所有与参加投标有关的费用,无论投标过程中的做法和结果如何,江苏省某某招标代理公司(以下简称代理机构)在任何情况下均无义务和责任承担这些费用。
4.2 本次招标收取标书工本费:500元/份,代理费3 000元由中标供应商支付。
5. 招标文件的约束力
投标人一旦参加本项目采购活动,即被认为接受了本招标文件的规定和约束。

二、招标文件

6. 招标文件构成
6.1 招标文件由以下部分组成:
(1) 投标邀请
(2) 投标人须知
(3) 合同条款及格式
(4) 项目需求
(5) 评标方法与评标标准
(6) 投标文件格式
请仔细检查招标文件是否齐全,如有缺漏请立即与代理机构联系解决。
6.2 投标人应认真阅读招标文件中所有的事项、格式、条款和规范等要求。按招标文件要求和规定编制投标文件,并保证所提供的全部资料的真实性,以使其投标文件对招标文件做出实质性响应,否则其风险由投标人自行承担。
7. 招标文件的澄清
7.1 任何要求对招标文件进行澄清的投标人,应在投标截止期十日前按招标公告中的通信地址,以书面形式通知代理机构。
8. 招标文件的修改
8.1 在投标截止时间前,代理机构可以对招标文件进行修改。
8.2 代理机构有权按照法定的要求推迟投标截止日期和开标日期。
8.3 招标文件的修改将在"江苏政府采购网"公布,补充文件将作为招标文件的组成部分,并对投标人具有约束力。

三、投标文件的编制

9. 投标文件的语言及度量衡单位
9.1 投标人提交的投标文件以及投标人与代理机构就有关投标的所有来往通知、函件和文件均应使用简体中文。
9.2 除技术性能另有规定外,投标文件所使用的度量衡单位均须采用国家法定计量单位。
10. 投标文件构成
投标人编写的投标文件应包括资信证明文件、投标配置与分项报价表、技术参数响应及偏离表、商务条款响应及偏离表、技术及售后服务承诺书、投标函、开标一览表等部分。
11. 证明投标人资格及符合招标文件规定的文件

11.1 投标人应按要求提交资格证明文件及符合招标文件规定的文件。

11.2 投标人应提交证明其有资格参加投标和中标后有能力独立履行合同的文件。

11.3 投标人除必须具有履行合同所需提供的货物以及服务的能力外,还必须具备相应的财务、技术方面的能力。

11.4 投标人应提交根据合同要求提供的证明产品质量合格以及符合招标文件规定的证明文件。

11.5 证明投标人所提供产品与招标文件的要求相一致的文件可以是手册、图纸、文字资料和数据。

12. 投标配置与分项报价表

12.1 投标人应按照招标文件规定格式填报投标配置与分项报价表,在表中标明所提供的设备品牌或服务名称、规格、型号、原产地、主要部件型号及其功能的中文说明和供货期。每项货物和服务等只允许有一个报价,任何有选择的报价将不予接受(如有备选配件,备选配件的报价不属于选择的报价)。

12.2 标的物

采购人需求的货物供应、安装、调试及有关技术服务等。

12.3 有关费用处理

招标报价采用总承包方式,投标人的报价应包括所投产品费用、安装调试费、测试验收费、培训费、运行维护费用、税金、国际国内运输保险、报关清关、开证、办理全套免税手续费用及其他有关的为完成本项目发生的所有费用,招标文件中另有规定的除外。

12.4 其他费用处理

招标文件未列明,而投标人认为必需的费用也需列入报价。

12.5 投标货币

投标文件中的产品单价和总价无特殊规定的采用人民币报价,以元为单位标注。招标文件中另有规定的按规定执行。

12.6 投标配置与分项报价表上的价格应按下列方式分开填写:

(1) 项目总价:包括买方需求的产品价格、质量保证费用、培训费用及售后服务费用,项目在指定地点、环境交付、安装、调试、验收所需费用和所有相关税金费用及为完成整个项目所产生的其他所有费用。

(2) 项目单价按投标配置及分项报价表中要求填报。

13. 技术参数响应及偏离表、商务条款响应、偏离表及投标货物说明

13.1 对招标文件中的技术与商务条款要求逐项做出响应或偏离,并说明原因;

13.2 提供参加本项目类似案例简介;

13.3 培训计划;

13.4 详细阐述所投货物的主要组成部分、功能设计、实现思路及关键技术;

13.5 投标人认为需要的其他技术文件或说明。

14. 服务承诺及售后服务机构、人员的情况介绍

14.1 投标人的服务承诺应符合不低于招标文件中商务要求的标准。

14.2 提供投标人有关售后服务的管理制度、售后服务机构的分布情况、售后服务人员的数量、素质、技术水平及售后服务的反应能力。

15. 投标函和开标一览表

15.1 投标人应按照招标文件中提供的格式完整、正确填写投标函、开标一览表。

15.2 开标一览表中的价格应与投标文件中投标配置与分项报价表中的价格一致,如不一致,不作

为无效投标处理,评标时按开标一览表中价格为准。

16. 投标保证金(如果收取)

16.1　在开标时,未按要求提交投标保证金的投标无效。

16.2　未中标的投标人的投标保证金将在中标通知书发出之日起5个工作日内退还,不计利息。

16.3　中标人的投标保证金将在采购合同签订之日起5个工作日内退还,不计利息。

16.4　下列任何情况发生时,投标保证金将不予退还:

(1)投标人在投标有效期内撤回其投标的;

(2)提供虚假材料谋取中标、成交的;

(3)采取不正当手段诋毁、排挤其他供应商的;

(4)与采购人、其他供应商恶意串通的。

17. 投标有效期

投标有效期为代理机构规定的开标之日后<u>六十(60)天</u>。投标有效期比规定短的将被视为非响应性投标而予以拒绝。

18. 投标有效期的延长

在特殊情况下,代理机构于原投标有效期满之前,可向投标人提出延长投标有效期的要求。这种要求与答复均应采用书面形式。投标人可以拒绝代理机构的这一要求而放弃投标,代理机构在接到投标人书面答复后,将在原投标有效期满后五日内无息退还其投标保证金(如果收取)。同意延长投标有效期的投标人既不能要求也不被允许修改其投标文件。第16条有关投标保证金的规定在延长期内继续有效,同时受投标有效期约束的所有权利与义务均延至新的有效期。

四、投标文件的递交

19. 投标文件的递交

投标人应当按照招标文件的规定,在投标截止时间前制作并现场递交投标文件。

20. 投标截止日期

20.1　*投标人递交投标文件的时间不得迟于招标公告中规定的投标截止时间。*

20.2　代理机构可以按照规定,通过修改招标文件酌情延长投标截止日期,在此情况下,投标人的所有权利和义务以及投标人受制的截止日期均应以延长后新的截止日期为准。

21. 投标文件的拒收

代理机构拒绝接收在其规定的投标截止时间后递交的任何投标文件。

22. 投标文件的撤回和修改

22.1　投标文件的撤回

(1)投标人可在投标截止时间前撤回其投标文件。

(2)投标人撤回投标文件,则认为其不再参与本项目的投标活动。

22.2　投标文件做修改

投标人可在投标截止时间前,对其投标文件进行修改。

22.3　在投标截止时间之后,投标人不得对其投标文件做任何修改。

22.4　在投标截止时间至招标文件中规定的投标有效期满之间的这段时间内,投标人不得撤回其投标,否则其投标保证金将不予退还(如果收取)。

五、开标与评标

23. 开标

23.1　采购代理机构将在招标文件确定的时间和地点进行公开开标。投标人应委派代表准时参加,参加开标的代表须签名报到以证明其出席。

23.2 开标时,应当由投标人或者其推选的代表检查投标文件的密封情况;经确认无误后,由采购人或者采购代理机构工作人员当众拆封,宣布投标人名称、投标价格和招标文件规定的需要宣布的其他内容。

23.3 投标人不足3家的,不得开标。

23.4 开标过程由采购代理机构负责记录,由参加开标的各投标人代表和相关工作人员签字确认后随采购文件一并存档。

投标人代表对开标过程和开标记录有疑义,以及认为采购人、采购代理机构相关工作人员有需要回避的情形,应当场提出询问或者回避申请。采购人、采购代理机构对投标人代表提出的询问或者回避申请要及时处理。

23.5 投标人未参加开标的,视同认可开标结果。

23.6 公开招标数额标准以上的采购项目,投标截止后投标人不足3家或者通过资格审查或符合性审查的投标人不足3家的,除采购任务取消情形外,按照以下方式处理:

(1) 招标文件存在不合理条款或者招标程序不符合规定的,采购人、采购代理机构改正后依法重新招标;

(2) 招标文件没有不合理条款、招标程序符合规定,需要采用其他采购方式采购的,采购人依法报财政部门批准,经批准后,可变更为其他采购方式采购。本次招标文件中对供应商的资格条件要求、技术要求和商务等要求,将作为其他采购方式采购的基本要求和谈判依据。

24. 评标委员会

24.1 开标后,代理机构将立即组织评标委员会(以下简称"评委会")进行评标。

24.2 评委会由采购人代表和有关技术、经济等方面的专家组成,且人员构成符合政府采购有关规定。

24.3 评委会独立工作,负责评审所有投标文件并确定中标候选人。

25. 评标过程的保密与公正

25.1 公开开标后,直至向中标的投标人授予合同时止,凡是有关审查、澄清、评价和比较投标的资料以及授标建议等,采购人、评委、代理机构均不得向投标人或与评标无关的其他人员透露。

25.2 在评标过程中,投标人不得以任何行为影响评标过程,否则其投标文件将被作为无效投标文件。

25.3 在评标期间,代理机构将设专门人员与投标人联系。

25.4 代理机构和评标委员会不向未中标的投标人解释未中标原因,也不公布评标过程中的相关细节。

26. 投标的澄清

26.1 评标期间,为有助于对投标文件的审查、评价和比较,评委会有权以电子函件形式要求投标人对其投标文件进行澄清,但并非对每个投标人都作澄清要求。

26.2 接到评委会澄清要求的投标人应派人按评委会规定的时间和格式做出澄清,澄清的内容作为投标文件的补充部分,但对于投标的价格和实质性的内容不得做任何更改。

26.3 接到评委会澄清要求的投标人如未按规定做出澄清,其风险由投标人自行承担。

27. 对投标文件的初审

27.1 投标文件初审分为资格审查和符合性审查。

(1) 资格审查:依据法律法规和招标文件的规定,由采购人对投标文件中的资格证明文件进行审查。资格审查的结论,采购人以书面形式向评委会进行反馈。

采购人在进行资格性审查的同时,将在"信用中国"网站(www.creditchina.gov.cn)对投标人是否被列入失信被执行人、重大税收违法案件当事人名单、政府采购严重失信行为记录名单的情况进行查询,以确定投标人是否具备投标资格。查询结果将以网页打印的形式留存并归档。

接受联合体的项目,两个以上的自然人、法人或者其他组织组成一个联合体,以一个供应商的身份共同参加政府采购活动的,联合体成员存在不良信用记录的,视同联合体存在不良信用记录。

(2) 符合性审查:依据招标文件的规定,由评委会从投标文件的有效性、完整性和对招标文件的响应程度进行审查,以确定是否对招标文件的实质性要求做出响应。本项目中加★的为实质性条款,不得有负偏离,否则视为无效投标。

(3) 未通过资格审查或符合性审查的投标人,代理机构将在"江苏省政府采购交易执行系统"中告知未通过资格审查或符合性审查的原因,评审结束后,代理机构将不再告知未通过资格审查或符合性审查的原因。

27.2 在详细评标之前,评委会将首先审查每份投标文件是否实质性响应了招标文件的要求。实质性响应的投标应该是与招标文件要求的全部条款、条件和规格相符,没有重大偏离或保留。

所谓重大偏离或保留是指与招标文件规定的实质性要求存在负偏离,或者在实质上与招标文件不一致,而且限制了合同中买方和见证方的权利或投标人的义务,纠正这些偏离或保留将会对其他实质性响应要求的投标人的竞争地位产生不公正的影响。重大偏离的认定需经过评委会以少数服从多数的原则做出结论。评委决定投标文件的响应性只根据投标文件本身的内容,而不寻求外部的证据。

27.3 如果投标文件实质上没有响应招标文件的要求,评委会将予以拒绝,投标人不得通过修改或撤销不合要求的偏离或保留而使其投标成为实质性响应的投标。

27.4 评委会将对确定为实质性响应的投标进行进一步审核,看其是否有计算上或累加上的算术错误,修正错误的原则如下:

(1) 投标文件中开标一览表内容与投标文件中相应内容不一致的,以开标一览表为准。

(2) 大写金额和小写金额不一致的,以大写金额为准。

(3) 单价金额小数点或者百分比有明显错位的,以开标一览表的总价为准,并修改单价。

(4) 总价金额与按单价汇总金额不一致的,以单价金额计算结果为准。

同时出现两种以上错误的,按照前款规定的顺序修正。

27.5 评委会将按上述修正错误的方法调整投标文件中的投标报价,并通过"江苏省政府采购交易执行系统"告知投标人,调整后的价格应对投标人具有约束力。如果投标人不接受修正后的价格,则其投标将被拒绝,其投标保证金不予退还(如果收取)。

27.6 评委会将允许投标人修正投标文件中不构成重大偏离的、微小的、非正规的、不一致的或不规则的地方,但这些修改不能影响任何投标人相应的名次排列。

27.7 采用最低评标价法的采购项目,提供相同品牌产品的不同投标人参加同一合同项下投标的,以其中通过资格审查、符合性审查且报价最低的参加评标;报价相同的,由评标委员会按照招标文件规定的方式(招标文件未规定的通过随机抽取的方式)确定一个参加评标的投标人,其他投标无效。

使用综合评分法的采购项目,提供相同品牌产品且通过资格审查、符合性审查的不同投标人参加同一合同项下投标的,按一家投标人计算,评审后得分最高的同品牌投标人获得中标人推荐资格;评审得分相同的,由评标委员会根据招标文件规定的方式(招标文件未规定的采取随机抽取的方式)确定一个中标候选人,其他同品牌投标人不作为中标候选人。

非单一产品采购项目,招标文件中将载明其中的核心产品。多家投标人提供的核心产品品牌相同的,按前两款规定处理。

27.8 投标人在开、评标全过程中应保持通信畅通,并安排专人与代理机构及评标委员会联系。

28. 无效投标条款和废标条款

28.1 无效投标条款

(1) 未按投标邀请规定的数额和办法交纳投标保证金的;

(2) 未按照招标文件规定要求密封、签署、盖章的;

(3) 不具备招标文件中规定资格要求的;

(4) 报价超过招标文件中规定的预算金额或者最高限价的;

(5) 投标文件含有采购人不能接受的附加条件的;

(6) 未通过符合性检查的;

(7) 不符合招标文件中规定的其他实质性要求和条件的(*本招标文件中斜体且有下划线的部分为实质性要求和条件*)。

(8) 投标人被"信用中国"网站(www.creditchina.gov.cn)列入失信被执行人或重大税收违法案件当事人名单或政府采购严重失信行为记录名单。

(9) 评标委员会认为投标人的报价明显低于其他通过符合性审查投标人的报价,有可能影响产品质量或者不能诚信履约的,将要求其在合理的时间内提供说明,必要时提交相关证明材料;投标人不能证明其报价合理性的,评标委员会应当将其作为无效投标处理。

(10) 本项目采购产品被财政部、国家发改委、生态环境部等列入"节能产品品目清单""环境标志产品品目清单"强制采购范围,而投标人所投标产品不在强制采购范围内的。

(11) 其他法律、法规及本招标文件规定的属无效投标的情形。

28.2 废标条款

(1) 符合专业条件的供应商或者对招标文件做实质响应的供应商不足三家的。

(2) 出现影响采购公正的违法、违规行为的。

(3) 因重大变故,采购任务取消的。

(4) 评标委员会认定招标文件存在歧义、重大缺陷导致评审工作无法进行的。

28.3 投标截止时间结束后参加投标的供应商不足三家的处理

如出现投标截止时间结束后参加投标的供应商或者在评标期间对招标文件做出实质响应的供应商不足三家的情况,按政府采购相关规定执行。

六、定标

29. 确定中标单位

29.1 中标候选人的选取原则和数量见招标文件第五章规定。

29.2 采购人应根据评委会推荐的中标候选人确定中标人。

29.3 代理机构将在"江苏政府采购网"发布中标公告,公告期限为1个工作日。

29.4 若有充分证据证明中标人出现下列情况之一的,一经查实,将被取消中标资格:

(1) 提供虚假材料谋取中标的。

(2) 向采购人、代理机构行贿或者提供其他不正当利益的。

(3) 恶意竞争,投标总报价明显低于其自身合理成本又无法提供证明的。

(4) 属于本文件规定的无效条件,但在评标过程中又未被评委会发现的。

(5) 与采购人或者其他供应商恶意串通的。

(6) 采取不正当手段诋毁、排挤其他供应商的。

29.5 有下列情形之一的,视为投标人串通投标,投标无效:
(1) 不同投标人的投标文件由同一单位或者个人编制;
(2) 不同投标人委托同一单位或者个人办理投标事宜;
(3) 不同投标人的投标文件载明的项目管理成员或者联系人员为同一人;
(4) 不同投标人的投标文件异常一致或者投标报价呈规律性差异;
(5) 不同投标人的投标文件相互混装;
(6) 不同投标人的投标保证金从同一单位或者个人的账户转出。

30. 质疑处理

30.1 提出质疑的供应商应当是参与所质疑项目采购活动的供应商。潜在供应商依法获取其可质疑的采购文件的,可以对采购文件提出质疑。

对项目需求部分的质疑,潜在供应商应向采购人提出,由采购人负责答复。

对项目需求部分以外内容的质疑,潜在供应商应向代理机构提出,由代理机构负责答复。

30.2 供应商认为采购文件、采购过程和采购结果使自己的权益受到损害的,可以在知道或应知其权益受到损害之日起七个工作日内,以书面形式向代理机构或采购人提出质疑。上述应知其权益受到损害之日是指:

(1) 对可以质疑的采购文件提出质疑的,为收到采购文件之日或者采购文件公告期限届满之日;
(2) 对采购过程提出质疑的,为各采购程序环节结束之日;
(3) 对中标或者成交结果提出质疑的,为中标或者成交结果公告期限届满之日。

供应商应当在法定质疑期内一次性提出针对同一采购程序环节的质疑。供应商如在法定期限内对同一采购程序环节提出多次质疑的,代理机构、采购人将只对供应商第一次质疑做出答复。

30.3 质疑函必须按照本招标文件中《质疑函范本》要求的格式和内容进行填写。供应商如组成联合体参加投标,则《质疑函范本》中要求签字、盖章、加盖公章之处,联合体各方均须按要求签字、盖章、加盖公章。

30.4 代理机构及采购人只接收以纸质原件形式送达的质疑。

代理机构质疑接收部门为内控科,联系地址:南京市某招标代理公司内控科,联系电话:025-88888888。

采购人质疑接收人及联系方式见招标文件第一章。

30.5 以下情形的质疑不予受理
(1) 内容不符合《政府采购质疑和投诉办法》第十二条规定的质疑。
(2) 超出政府采购法定期限的质疑。
(3) 以传真、电子邮件等方式递交的非原件形式的质疑。
(4) 未参加投标活动的供应商或在投标活动中自身权益未受到损害的供应商所提出的质疑。
(5) 供应商组成联合体参加投标,联合体中任何一方或多方未按要求签字、盖章、加盖公章的质疑。

30.6 供应商提出书面质疑必须有理有据,不得捏造事实、提供虚假材料进行恶意质疑。否则,一经查实,代理机构有权依据政府采购的有关规定,报请政府采购监管部门对该供应商进行相应的行政处罚,并记录该供应商的失信信息。

31. 中标通知书

31.1 中标结果确定后,代理机构将向中标供应商发出中标通知书。

31.2 代理机构将以中国邮政 EMS 的形式向中标供应商寄发中标通知书,请供应商准确清晰填写法人授权书,如因相关信息填写错误导致中标通知书无法寄达,代理机构将不再寄送中标通知书,由此造成的不利后果由供应商自行承担。

31.3 中标通知书将是合同的一个组成部分,对采购人和中标供应商均具有法律效力。中标通知书发出后,采购人改变中标结果的,或者中标供应商放弃中标项目的,应当依法承担法律责任。

七、授予合同

32. 签订合同

32.1 中标人应当在中标通知书发出之日起三十日内,按照招标文件确定的事项与采购人签订政府采购合同。

32.2 招标文件、中标人的投标文件及招标过程中有关澄清、承诺的文件均应作为合同附件。

32.3 签订合同后,*中标人不得将货物及其他相关服务进行转包*。未经采购人同意,中标人也不得采用分包的形式履行合同,否则采购人有权终止合同,中标人的履约保证金将不予退还。转包或分包造成采购人损失的,中标人应承担相应赔偿责任。

33. 货物和服务的追加、减少和添购

33.1 政府采购合同履行中,采购人需追加与合同标的相同的货物和服务的,在不改变合同其他条款的前提下,可以与中标人协商签订补充合同,但所有补充合同的采购金额不超过原合同金额的10%。

33.2 采购结束后,采购人若由于各种客观原因,必须对采购项目所牵涉的货物和服务进行适当减少时,在双方协商一致的前提下,可以按照招标采购时的价格水平做相应的调减,并据此签订补充合同。

34. 政府采购履约资金扶持政策

根据国家扶持中小企业的有关政策,在我司组织的采购项目中标的企业,在履约过程中如遇到资金困难,凭中标通知书在相关金融机构办理授信申请。相关事宜可向江苏省某某招标代理公司咨询,联系电话:025-8888****。

第三章 合同条款及格式

以下为中标后签订本项目合同的通用条款,中标人不得提出实质性的修改,关于专用条款将由采购人与中标人结合本项目具体情况协商后签订。

政府采购合同(产品)(合同编号)

项目名称:　　　　　　　　　　　项目编号:

甲方:(买方)_____

乙方:(卖方)_____

甲、乙双方根据江苏省某某招标代理公司_____项目公开招标的结果,签署本合同。

一、产品内容

1.1 产品名称:

1.2 型号规格:

1.3 数量(单位):

二、合同金额

本合同金额为(大写):_____元(_____元)人民币或其他币种。

三、技术资料

3.1 乙方应按招标文件规定的时间向甲方提供使用货物的有关技术资料。

3.2 没有甲方事先书面同意,乙方不得将由甲方提供的有关合同或任何合同条文、规格、计划、图纸、样品或资料提供给予履行本合同无关的任何其他人。即使向与履行本合同有关的人员提供,也应注意保密并限于履行合同的必需范围。

四、知识产权

乙方应保证甲方在使用、接受本合同货物和服务或其任何一部分时不受第三方提出侵犯其专利权、版权、商标权和工业设计权等知识产权的起诉。一旦出现侵权，由乙方负全部责任。

五、产权担保

乙方保证所交付的货物的所有权完全属于乙方且无任何抵押、查封等产权瑕疵。

六、履约保证金

6.1 乙方交纳人民币_____元作为本合同的履约保证金。(不得超过合同金额的10％)

6.2 合同履行结束后，甲方应及时退还交纳的履约保证金。

(1) 履约保证金退还方式：

(2) 履约保证金退还时间：

(3) 履约保证金退还条件：

(4) 履约保证金不予退还的情形：

七、转包或分包

7.1 本合同范围的货物应由乙方直接供应，不得转让他人供应。

7.2 除非得到甲方的书面同意，乙方不得部分分包给他人供应。

7.3 如有转让和未经甲方同意的分包行为，甲方有权给予终止合同。

八、质保期

质保期_____年。(自交货验收合格之日起计)

九、交货期、交货方式及交货地点

9.1 交货期：_____

9.2 交货方式：_____

9.3 交货地点：_____

十、货款支付

10.1 采购资金的支付方式、时间及条件：货到验收合格后付合同全款的90％，无故障运行一年后30日内支付合同全款的8％，余款2％无故障运行质保期满后30日内付清。

10.2 当采购数量与实际使用数量不一致时，乙方应根据实际使用量供货，合同的最终结算金额按实际使用量乘以成交单价进行计算。

十一、税费

本合同执行中相关的一切税费均由乙方负担。

十二、质量保证及售后服务

12.1 乙方应按招标文件规定的货物性能、技术要求、质量标准向甲方提供未经使用的全新产品。

12.2 乙方提供的货物在质保期内因货物本身的质量问题发生故障，乙方应负责免费更换。对达不到技术要求者，根据实际情况，经双方协商，可按以下办法处理：

(1) 更换：由乙方承担所发生的全部费用。

(2) 贬值处理：由甲乙双方合议定价。

(3) 退货处理：乙方应退还甲方支付的合同款，同时应承担该货物的直接费用(运输、保险、检验、货款利息及银行手续费等)。

12.3 如在使用过程中发生质量问题，乙方在接到甲方通知后在_____小时内到达甲方现场。

12.4 在质保期内,乙方应负责处理解决货物出现的质量及安全问题并承担一切费用。

12.5 上述货物的免费保修期为_____年,因人为因素出现的故障不在免费保修范围内。超过保修期的机器设备终身维修,维修时只收部件成本费。

十三、调试和验收

13.1 甲方对乙方提交的货物依据招标文件上的技术规格要求和国家有关质量标准进行现场初步验收,外观、说明书符合招标文件技术要求的给予签收,初步验收不合格的不予签收。货到后,甲方需在五个工作日内验收。

13.2 乙方交货前应对产品做全面检查并对验收文件进行整理,列出清单,作为甲方收货验收和使用的技术条件依据,检验的结果应随货物交与甲方。

13.3 甲方对乙方提供的货物在使用前进行调试时,乙方需负责安装并培训甲方的使用操作人员,协助甲方一起调试,直到符合技术要求,甲方才做最终验收。

13.4 对技术复杂的货物,甲方可请国家认可的专业检测机构参与初步验收及最终验收,并由其出具质量检测报告。

13.5 验收时乙方必须在现场,验收完毕后做出验收结果报告;验收费用由甲乙双方协商解决。

十四、货物包装、发运及运输

14.1 乙方应在货物发运前对其进行满足运输距离、防潮、防震、防锈和防破损装卸等要求包装,以保证货物安全运达甲方指定地点。

14.2 使用说明书、质量检验证明书、随配附件和工具以及清单一并附于货物内。

14.3 乙方在货物发运手续办理完毕后24小时内或货到甲方48小时前通知甲方,以准备接货。

14.4 货物在交付甲方前发生的风险均由乙方负责。

14.5 货物在规定的交付期限内由乙方送达甲方指定的地点视为交付,乙方同时需通知甲方货物已送达。

十五、违约责任

15.1 甲方无正当理由拒收货物的,甲方向乙方偿付拒收货款总值的百分之五违约金。

15.2 甲方无故逾期验收和办理货款支付手续的,甲方应按逾期付款总额每日万分之五向乙方支付违约金。

15.3 乙方逾期交付货物的,乙方应按逾期交货总额每日千分之六向甲方支付违约金,由甲方从待付货款中扣除。逾期超过约定日期10个工作日不能交货的,甲方可解除本合同。乙方因逾期交货或因其他违约行为导致甲方解除合同的,乙方应向甲方支付合同总值百分之五的违约金,如造成甲方损失超过违约金的,超出部分由乙方继续承担赔偿责任。

15.4 乙方所交的货物品种、型号、规格、技术参数、质量不符合合同规定及招标文件规定标准的,甲方有权拒收该货物,乙方愿意更换货物但逾期交货的,按乙方逾期交货处理。乙方拒绝更换货物的,甲方可单方面解除合同。

十六、不可抗力事件处理

16.1 在合同有效期内,任何一方因不可抗力事件导致不能履行合同,则合同履行期可延长,其延长期与不可抗力影响期相同。

16.2 不可抗力事件发生后,应立即通知对方,并寄送有关权威机构出具的证明。

16.3 不可抗力事件延续120天以上,双方应通过友好协商,确定是否继续履行合同。

十七、诉讼

双方在执行合同中所发生的一切争议应通过协商解决。如协商不成,可向合同签订地法院起诉,合同签订地在此约定为镇江市。

十八、合同生效及其他

18.1 合同经双方法定代表人或授权委托代表人签字并加盖单位公章后生效。

18.2 本合同未尽事宜,遵照《民法典(合同篇)》有关条文执行。

18.3 本合同正本一式三份,具有同等法律效力,甲方、乙方及财政监管部门各执一份。

甲方:	乙方:
地址:	地址:
法定代表人或授权代表:	法定代表人或授权代表:
联系电话:	联系电话:
	签订日期: 年 月 日

第四章 项目需求

一、具体技术需求

计算机中心商用台式计算机(含显示器)120 台,总价控制在 89 万元以内。参数及配置要求:

指标	详细参数
机型	商用台式机
★CPU	≥i7— 9700;主频≥3.0 GHz;缓存≥9M;≥6 核
主板	470 系列及以上芯片组
★内存	8G DDR4 2 666 MHz(单条),2 个 DIMM
★硬盘	1TB SATA 7 200Rpm
显卡	出厂自带,显存≥4G;显存位宽≥128bit;显存频率≥6 000 MHz
网卡	集成 Intel 千兆以太网卡
音频	集成高清音频声卡
电源	≥300 W 高效电源
机箱	USB 接口:不低于 8 个 USB 接口,其中 USB 3.0:≥4 个(前≥2 个);后置音频输入输出接口(不接受第三方改装);VGA 接口;高清接口(DP、HDMI);内置扬声器
扩展端口	1×PCIeX4,1×PCIeX16,1×PCI
键鼠	USB 抗菌键盘鼠标
商用显示器	≥21.5 宽屏 16∶9 LED 背光 IPS 液晶显示器,三边超窄边框,VGA、HDMI 和 DP 高清接口,分辨率 1920×1080 及以上
软件系统	支持 Win 10 32/64 位操作系统,支持 win 7 32/64 位操作系统;免费安装系统及相关软件
保修服务	原厂五年保修及上门服务,供货时需提供原厂服务承诺函加盖公章

二、其他要求

1. 因违反国家相关强制性规定而给采购人造成的一切损失由供货商自行承担。
2. 供货期：合同签订后20日内完成安装、调试、验收等工作。
3. ★质保期：至少5年原厂质保，质保期从验收合格后当日起计算，质保期内不得收取任何形式的上门费、人工费及材料费、配件费等；质保期结束前，须对货物进行一次免费的全面校正和维护保养，并保证性能达到货物出厂标准。在签订合同时需提供原厂商针对该项目的原厂质保承诺函原件。
4. 售后服务：要求生产厂商在中国大陆设立有固定维修站，并配备专业维修工程师，能提供及时、有效的售后服务。卖方终身提供免费的应用咨询及技术帮助。如仪器设备出现问题，卖方要在2小时内响应，提供电话指导、远程诊断、故障排除等服务，并保证能在24小时内上门维修。卖方提供终身免费技术支持，操作系统免费升级、更新、维护。须承诺提供核心部件的备品备件，以保证质保期外3年内的维修和更换（使用方以不高于同期市场价格购置）。
5. 技术培训：卖方提供不少于两天的现场技术培训，包括使用操作、维护保养等。
6. 验收方式：按货物技术指标及配件清单逐一验收。
7. 原厂服务要求：为保证原厂服务的有效执行，要求所有硬件设备保修信息为某某大学。须从原厂公布的原厂服务电话和官网得到查询验证；供应商提供的货物必须由原厂商直接发至采购人指定地方，中途不得转运。
8. 生产日期：货物出厂日期不得早于中标通知书发放日期。
9. 本项目所购计算机用于高校公共实验室和有关专业实验室，因此希望所购设备具有较好的稳定性、可靠性和一定的扩展性。在满足参数要求的情况下，所购计算机噪声越小越好以保证实验室和有关环境安静，应能适应一定程度的高温（如40摄氏度），应具有尽量高的可靠性，应能适应因自然界的雷击（间接雷）或供电线路中因大型开关切换所引起的电压变化。

三、安装、验收、售后服务要求等

1. 投标人应根据招标文件要求及本项目特点，制订项目实施方案，包括全部设备的安装部署、联合调试方案、供货及安装各节点时间进度、人员配置安排、现场文明施工等。实施方案应做到科学可行，并有针对性，配备项目经理及具有相应资质的施工人员，服从采购人安全管理要求，确保在规定的交货安装时限内完成。
2. 验收。设备到货后，采购单位与中标单位共同配合有关部门对所有设备进行开箱检查，出现损坏、数量不全或产品不对等问题时，由中标单位负责解决。

设备安装完成，由中标单位制定测试方案并经用户确认后，对产品的性能和配置进行测试验收，并形成测试验收报告。

如验收中出现不符合标书和合同要求的严重质量问题时，采购人保留索赔权利。

中标人在对其所提供的设备进行安装、测试、验收过程中必须提供和准备技术文档。

技术文件：中标人必须向项目单位提供设备的安装、运行、使用、测试、诊断和维修的技术文件。

3. 投标人须提供所需的培训服务，以确保采购人的技术人员能对投标人所提供的设备和装置的设计、日常运作、故障和例行维护、事故处理和解决方面等有全面性的认识和了解。提供并解释有关设计资料、文件、图纸等，以便采购人对整套系统的各个方面都能熟练掌握。提供足够的材料、设备、样本、模型、幻灯、影片以及其他各种需要的培训教材文件，培训课程完成后，有关装备和教材将为采购人方所有，所有教材文件须以中文说明。

4. 投标人应提供自身及所投货物品牌原厂的响应标准、服务体系、备件体系、故障解决方案、专业技术人员保障、日常巡检、重大活动保障等服务方案,服务方案应科学合理、具备针对性,并指定专门的售后服务人员,确保投标人中标后提供的各项售后服务能满足招标文件要求。

四、商务条款

1. 质保及售后技术服务要求

见项目需求。

2. 交货期、交货方式及交货地点

2.1 ★交货期:签订合同后 20 天内。

2.2 交货方式:中标人在采购人指定地点交货,并完成安装、验收。

2.3 交货地点:采购人指定地点。

3. ★货款支付

货到验收合格后付合同全款的 90%,无故障运行一年后 30 日内支付合同全款的 8%,余款 2% 无故障运行质保期满后 30 日内付清。

4. 投标货币

投标文件中的国产货物单价和总价采用人民币报价,以元为单位标注。

第五章 评标方法与评标标准

采用综合评分法的,评标结果按评审后得分由高到低顺序排列。得分相同的,按投标报价由低到高顺序排列。得分且投标报价相同的按技术部分得分由高到低排列。投标文件满足招标文件全部实质性要求,且按照评审因素的量化指标评审得分最高的投标人为中标候选人。本项目选取 1 名中标候选人。

一、政府采购政策功能落实

1. 小微型企业价格扣除:

(1) 本项目对小型和微型企业产品给予 10% 的扣除价格,用扣除后的价格参与评审。

(2) 供应商需按照采购文件的要求提供相应的企业声明函。

(3) 企业标准请参照《关于印发中小企业划型标准规定的通知》(工信部联企业〔2011〕300 号)文件规定自行填写。

2. 残疾人福利单位价格扣除:

(1) 本项目将残疾人福利性单位视同小型、微型企业,给予 10% 的价格扣除,用扣除后的价格参与评审。

(2) 残疾人福利单位需按照采购文件的要求提供残疾人福利性单位声明函。

(3) 残疾人福利单位标准请参照《关于促进残疾人就业政府采购政策的通知》(财库〔2017〕141 号)。

3. 监狱和戒毒企业价格扣除:

(1) 本项目将监狱和戒毒企业(简称监狱企业)视同小型、微型企业,给予 6% 的价格扣除,用扣除后的价格参与评审。

(2) 监狱企业参加政府采购活动时,需提供由省级以上监狱管理局、戒毒管理局(含新疆生产建设兵团)出具的属于监狱企业的证明文件。供应商如不提供上述证明文件,价格将不做相应扣除。

(3) 监狱企业标准请参照《关于政府采购支持监狱企业发展有关问题的通知》(财库〔2014〕68 号)。

4. 残疾人福利单位、监狱企业属于小型、微型企业的,不重复享受政策。

5. 大中型企业和其他自然人、法人或者其他组织与小型、微型企业(残疾人福利单位、监狱企业)组成联合体共同参加政府采购活动。联合协议中约定,小型、微型企业(残疾人福利单位、监狱企业)的协议合同金额占到联合体协议合同总金额30%以上的,给予联合体2%的价格扣除,用扣除后的价格参与评审。

6. 联合体各方均为小型、微型企业(残疾人福利单位、监狱企业)的,联合体享受10%的价格扣除,用扣除后的价格参与评审。

7. 根据《江苏省政府采购信用管理暂行办法》的规定,供应商信用评价结果为三星的扣2分,评价结果为二星的扣3分,评价结果为一星的扣4分。

二、评标办法和评标标准

本项目采用综合评分法确定中标候选人。评标委员会将按下列评分办法和标准进行评分,总分值为100分。

序号	评审因素	评分标准说明	分值
一	价格评价		35
1	价格分	价格分采用低价优先法计算,即满足采购文件要求且报价最低的供应商报价为评标基准价,其价格分为满分35分,其他投标人的价格分统一按照以下公式计算:投标报价得分=(评标基准价/该投标人的投标报价)×35分。分值保留小数点后1位	35
二	技术部分		43
1	技术响应	根据投标人提供的设备功能、参数响应情况及详细配置一览表、技术要求响应及偏离表等,结合投标人提供的相关厂家的证明材料(印刷彩页、网站截图、产品说明书等),就其对各设备的理解是否响应招标文件要求,功能是否合理、参数是否响应、设备性能是否满足进行详细评审,如完全响应招标文件的得30分。 针对实质性要求,如出现负偏离的,视为未实质性响应的投标。 针对非实质性要求,如出现负偏离的,经评委会充分论证后给予每项2.5分的扣分。 如出现正偏离(主板/CPU/显卡/电源)评委会认定有意义的每有1项得2.5分,最高得5分	35
2	产品检测证书(报告)	投标人提供的证明材料复印件加盖生产厂家公章: (1) 计算机投标产品具有专业检验检测机构出具的有关"噪声测试"的检测报告,其中噪声小于11分贝,得2分;大于等于11分贝小于12分贝,得1分;大于等于12分贝不得分。 (2) 计算机投标产品具有专业检验检测机构出具的有关"工作状态下高温试验"合格的检测报告,试验箱温40℃及以上得2分,大于等于35℃小于40℃得1分,小于35℃不得分。 (3) 计算机投标产品具有专业检验检测机构出具的有关"浪涌试验"合格的检验报告,其中电源端口试验电压达到4级(4 kV)及以上的得2分,3级(2 kV)得1分,3级以下不得分。 (4) 计算机投标产品具有国家电子计算机质量监督检验中心(或有资质的单位)检测机构出具的有关"可靠性试验"合格的检测报告,其中MTBF的m1值大于100万得2分,m1值大于80万小于等于100万得1分,m1小于等于80万不得分 (检验报告有CNAS、CAL、CMA之一标识有效,其他无效)	8

续表

序号	评审因素	评分标准说明	分值
三	商务部分		8
1	企业资信	(1) 投标人具有"信息技术服务运行维护标准符合性证书(ITSS)"3级及以上证书的得1分。 (2) 投标人具有"ISO 9001质量管理体系"认证证书的得1分。 以上证书提供复印件加盖公章	2
2	业绩能力	投标人具有2017年1月1日以来类似本项目台式计算机供货及安装业绩的,每提供1个得1分,最多得4分(必须提供有效合同复印件,复印件需清晰可见内容主体)	4
3	环保	投标产品属于财政部、生态环境部公布的"环境标志产品品目清单"范围内的,投标人提供国家确定的认证机构出具的、处于有效期内的该环保产品认证证书复印件的,得1分,未提供的不得分。 投标主要产品属于财政部、生态环境部公布的"环境标志产品品目清单"范围内的,投标人提供国家确定的认证机构出具的、处于有效期内的该环保产品认证证书复印件的,得1分,未提供的不得分 投标人提供证明材料复印件需加盖生产厂家公章	2
四	服务体系		14
1	安装及售后服务方案	评委根据投标人的安装售后服务方案酌情打分,从服务方案,包括服务人员的配备、服务响应程度、响应时间、保证质量服务的措施及承诺、解决问题的能力、紧急故障处理预案等情况等方面考虑。方案优于招标文件要求的得4分,完全符合招标要求文件的得2分,不完全符合招标文件要求及未提供的不得分	4
2	质保	(1) 投标人提供原厂质保证明文件得2分,否则不得分。 (2) 投标人承诺提供的计算机产品原厂免费质量保证不低于五年上门保修;投标人自报的质保期在招标文件要求的基础上,每延长一年得2分,本项最高得6分	8
3	售后服务响应	根据投标人的售后服务响应速度进行打分,优于招标文件要求的得2分,完全符合招标文件要求的得1分,不完全符合招标文件要求的得0分	2

第六章　投标文件格式

投 标 文 件

项 目 名 称:＿＿＿＿＿＿
招 标 编 号:＿＿＿＿＿＿
　　投标人名称:＿＿＿＿＿＿
　　日　　　期:＿＿＿＿＿＿
投 标 人:＿＿＿＿(电子签章)

投标主要文件目录

一、资格审查响应对照表

二、符合性审查响应对照表

三、非实质性响应对照表

四、投标产品配置与分项报价表

五、技术参数响应及偏离表

六、商务条款响应及偏离表

七、开标一览表

一、资格审查响应对照表

序号	资格审查响应内容	是否响应（填"是"或者"否"）	上传证明材料的图片
通用资格条件			
1	法人或者其他组织的营业执照等证明文件、自然人的身份证明（身份证为正、反面）		
2	上一年度的财务状况报告(成立不满一年不需提供)		
3	依法缴纳税收和社会保障资金的相关材料(提供提交投标文件截止时间前一年内至少一个月依法缴纳税收及缴纳社会保障资金的证明材料。投标人依法享受缓缴、免缴税收、社会保障资金的提供证明材料。)		
4	具备履行合同所必需的设备和专业技术能力的书面声明		
5	参加政府采购活动前3年内在经营活动中没有重大违法记录的书面声明		
6	未被"信用中国"网站(www.creditchina.gov.cn)列入失信被执行人、重大税收违法案件当事人名单、政府采购严重失信行为记录名单(提供网页截图)		
特定资格条件			
7	……		
其他资格条件			
8	法人授权书		
9	投标函		
10	联合体协议(以联合体形式参加投标的,必须提供联合体协议)		
11	节能产品认证证书(投标产品如属于政府强制采购节能产品品目清单范围内,投标人必须提供国家确定的认证机构出具的、处于有效期之内的该节能产品认证证书)		
12	……		

二、符合性审查响应对照表

序号	符合性审查响应内容	是否响应（填"是"或者"否"）	响应情况
1	采购需求中必须满足的实质性要求（即斜体加下划线内容，每条详细列出）		
2			
3			
4			
5	……		

三、非实质性响应对照表

序号	非实质性响应内容	是否响应（填"是"或者"否"）	响应情况
1	企业声明函		
2	残疾人福利性单位声明函		
3	……		

具备履行合同所必需的设备和专业技术能力的书面声明

我单位郑重声明：我单位具备履行本项采购合同所必需的设备和专业技术能力，为履行本项采购合同，我公司具备如下主要设备和主要专业技术能力：

主要设备有：_____。

主要专业技术能力有：_____。

法人授权书

本授权书声明：_____(投标人名称)授权_____(被授权人的姓名)为我方就JSZC－_____号项目采购活动的合法代理人，以本单位名义全权处理一切与该项目采购有关的事务。

本授权书于_____年_____月_____日起生效，特此声明。

被授权人身份证号码：_____

被授权人联系电话：(手机)_____

单位名称：_____

单位地址：_____

日　　期：_____

备注一　如果我公司(单位)中标，请按以下信息寄送中标通知书

联 系 人：_____

寄送地址：_____

联系电话：_____

参加政府采购活动前3年内在经营活动中没有重大违法记录的书面声明

声 明

我单位郑重声明:参加本次政府采购活动前3年内,我单位在经营活动中没有因违法经营受到刑事处罚或者责令停产停业、吊销许可证或者执照、较大数额罚款等行政处罚。

投标函格式

致:江苏省某某招标代理公司

根据贵方的 JSZC-G _____ 号招标文件,正式授权下述签字人_____(姓名)代表我方_____(投标人的名称),全权处理本次项目投标的有关事宜。

据此函,_____签字人兹宣布同意如下:

1. 按招标文件规定的各项要求,向买方提供所需货物与服务。

2. 我们完全理解贵方不一定将合同授予最低报价的投标人。

3. 我们已详细审核全部招标文件及其有效补充文件,我们知道必须放弃提出含糊不清或误解问题的权利。

4. 我们同意从规定的开标日期起遵循本投标文件,并在规定的投标有效期期满之前均具有约束力。

5. 如果在开标后规定的投标有效期内撤回投标或中标后拒绝签订合同,我们的投标保证金可不予退还。

6. 同意向贵方提供贵方可能另外要求的与投标有关的任何证据或资料,并保证我方已提供和将要提供的文件是真实的、准确的。

7. 一旦我方中标,我方将根据招标文件的规定,严格履行合同的责任和义务,并保证在招标文件规定的时间完成项目,交付买方验收、使用。

8. 与本投标有关的正式通信地址为:

地　　　址:
邮　　　编:
电　　　话:
传　　　真:
投标人开户行:
账　　　户:
日　　　期:_____年_____月_____日

格式一　中小企业声明函

本公司(联合体)郑重声明,根据《政府采购促进中小企业发展管理办法》(财库〔2020〕46号)的规定,本公司(联合体)参加(单位名称)的(项目名称)采购活动,提供的货物全部由符合政策要求的中小企业制造。相关企业(含联合体中的中小企业、签订分包意向协议的中小企业)的具体情况如下:

1. (标的名称),属于(采购文件中明确的所属行业)行业;制造商为(企业名称),从业人员_____人,营业收入为_____万元,资产总额为_____万元,属于(中型企业、小型企业、微型企业);

2. (标的名称),属于(采购文件中明确的所属行业)行业;制造商为(企业名称),从业人员_____人,营业收入为_____万元,资产总额为_____万元,属于(中型企业、小型企业、微型企业);

……

以上企业,不属于大企业的分支机构,不存在控股股东为大企业的情形,也不存在与大企业的负责人为同一人的情形。

本企业对上述声明内容的真实性负责。如有虚假,将依法承担相应责任。

企业名称(盖章):
日　　期:

(备注:供应商如不提供此声明函,价格将不做相应扣除)

格式二　联合体协议(参考格式)

(联合体中各供应商全称)在此达成以下协议:

1. 我们自愿组成联合体,参加江苏省某某招标代理公司组织的采购编号为_____的(项目全称)项目的政府采购活动。

2. 若我们联合中标、成交,(供应商单位1全称)实施项目中(工作内容)部分工作,并承担相应的责任。(供应商单位2全称)实施项目中(工作内容)部分工作,并承担相应的责任……(注:联合体中各供应商都应明示所承担的工作和相应的责任)

3. 其中_____(小型、微型企业/残疾人福利性单位/监狱企业全称)为_____(小型、微型企业/残疾人福利性单位/监狱企业)企业,且我们约定该公司/单位所承担的合同金额将占本项目合同总金额的_____%。

企业名称(盖章):
日　　期:

格式三　残疾人福利性单位声明函

本单位郑重声明,根据《财政部 民政部 中国残疾人联合会关于促进残疾人就业政府采购政策的通知》(财库〔2017〕141号)的规定,本单位为符合条件的残疾人福利性单位,且本单位参加_____单位的采购文件编号为_____的_____项目采购活动提供本单位制造的货物(由本单位承担工程/提供服务),或者提供其他残疾人福利性单位制造的货物(不包括使用非残疾人福利性单位注册商标的货物)。

本单位在本次政府采购活动中提供的残疾人福利单位产品报价合计为人民币(大写)_____元整(¥:　　)。

本单位对上述声明的真实性负责。如有虚假,将依法承担相应责任。

(备注:1. 供应商如不提供此声明函,价格将不做相应扣除。2. 中标供应商为残疾人福利单位的,此声明函将随中标结果同时公告,接受社会监督)

供应商全称(盖章):
日　　期:

四、投标产品配置及分项报价表

1	2	3	4	5	6
产品名称及规格、型号	数量	产地	交付期	单价	总价
计算机中心商用台式电脑	100套				
合计					

五、技术参数响应及偏离表

序号	招标要求	投标响应	超出、符合或偏离	证明材料

注：1. 按照基本技术要求详细填列。
　　2. 行数不够，可自行添加。

六、商务条款响应及偏离表

项目	招标文件要求	是否响应	投标人的承诺或说明
质保期			
售后技术服务要求			
交付时间			
交货方式			
交货地点			
付款方式			
培训要求			
备品备件及耗材等要求			
其他	……		

七、开标一览表

项目名称：
项目编号：

	投标货物名称	核心产品品牌	投标报价（大写）	投标报价(小写)（人民币:元）
计算机中心商用台式电脑				
投标总报价(大写)				
投标总报价(小写)				（人民币:元）

日期：___年___月___日

第十三章 政府采购投标文件制作技巧

第一节 政府采购招标文件的研读

政府采购活动中投标人要想提高中标率,编制一份符合要求的标书是必不可少的条件,而编制一份好的标书的前提就是要认真研读招标文件,从中了解招标人的需求,并对招标文件深入地理解。理解越透彻、细致,编制标书时就越能有的放矢,踩到得分点,进而避开无效投标雷区;同时也能及时发现招标文件不明确和阐述模糊的地方,为编制优秀标书争取时间。认真研读招标文件有利于团队成员进行任务的分配和责任的明确,有利于团队成员的后续协作。

由此可见,研读好招标文件,不仅可以提高中标率,降低无效投标率,还有利于提高工作效率。

因此,标书制作的第一步从了解招标文件入手。常见的招标文件一般都有相对固定的格式和内容,招标文件的内容都会列示在目录中,一般包括6个部分:招标公告、投标人须知、商务需求、技术需求、评分标准、合同条款、文件格式。有些招标文件还会在目录前增加"特别提示:投标注意事项"。在研读过程中要特别注意这些提示,不可忽略。

一 政府采购招标公告的相关内容

(一)项目基本概况

(1)项目类别名称。项目名称即政府采购标的,是政府采购文件的标题内容,也是投标文件的标题内容。不同采购人或代理机构选用政府采购项目的名称格式不尽相同,有的直接以采购项目命名,如"直饮水设备采购",有的则是在采购项目前加上采购人和采购年度,如"某某局2021年运动员服装采购"。但无论采用哪种格式,投标文件的项目名称都要以采购文件项目名称为准,不得随便改动。

(2)项目编号。项目编号是招标文件的编号,是采购人或招标代理机构按内部文件顺序编的文件编号,是采购人或招标代理机构命名招标项目的一种方式,项目编号按规定顺序编码排列,方便其管理查询和存档保管。项目编号的格式一般是采购人或招标代理机构名称的拼音字母缩写再加上年份及项目类别等一些序列号,如"NJZC-2021GK0018""2021-JL05-W005"等。投标文件的项目编号必须与招标文件的项目编号完全一致。有些供应商在编制投标文件时,常常套用单位以前其他项目的投标文件模板,项目名称比较直观,一般都能够更换,但项目编号则容易被忽视,忘记更改,最终导致投标文件的项目名称与项目编号不对应。

(3) 项目概况。项目概况一般包括采购需求和项目预算。采购需求是招标文件也是投标文件的核心部分,在编制投标文件前必须全面准确把握,如有疑问,可以咨询采购人或招标代理机构。项目预算亦称招标控制价,是投标的最高限价,不得超过。

(二) 投标人资格条件

招标文件一般会要求投标人符合《中华人民共和国政府采购法》第二十二条规定的资格条件,一般包括以下几个方面:

(1) 具有独立承担民事责任的能力。要求投标人提供法人或者其他组织的营业执照;供应商为自然人的,提供其身份证。

(2) 具有良好的商业信誉和健全的财务会计制度。要求投标人提供规定期限的财务报告(或财务报表),要求提供经审计的财务报告(或财务报表)的,提供的财务报告(或财务报表)必须经社会中介机构(一般为会计师事务所)审计,并加盖相关印章。

(3) 具有履行合同所必需的设备和专业技术能力。一般会要求投标人根据履行采购项目合同需要,提供履行合同所必需的设备和专业技术能力的证明材料或者承诺书。

(4) 有依法缴纳税收和社会保障资金的良好记录。一般会要求投标人提供参加本次政府采购活动前一定时期内缴纳税收到的凭据(完税凭证)和缴纳社会保险的凭据(专用收据或社会保险缴纳清单)。

(5) 参加本次采购活动前 3 年内,在经营活动中没有重大违法记录。会查询相关记录或要求提供承诺书。

(6) 法律、行政法规规定的其他条件。

除上述一般规定外,针对不同的项目和采购需求,招标文件还会规定特别的资格要求,如供应商非外资独资或外资控股企业,单位负责人为同一人或者存在直接控股、管理关系的不同供应商不得同时参加同一项目的采购活动,不接受联合体投标,等等。

(三) 时间节点与地点

招标公告的发出意味着该项目已经进入招标阶段。拿到招标文件,阅读第一部分可以了解项目的基础信息,在这些基础信息里面,应重点关注以下方面:

1. 时间节点

招投标是一个对时间要求严苛的市场交易行为。晚一秒,投标人都没法通关进入下一环节。阅读招标文件时,需要重点关注这些时间节点:

一是报名时间。包括报名开始、报名截止时间,同时投标人还需留意报名的方式,看清是线上报名还是现场报名。

二是缴纳保证金时间。需要留意有些时候缴纳保证金的截止时间会早于投标截止时间。

三是对招标文件提出询问、招标人澄清截止时间、投标人提出异议的时间。

四是投标截止时间(接收投标文件截止时间和开标时间)。

2. 地点

比如开标地点、施工地点、交货地点等。

二 容易导致废标的因素

将招标文件中明确指出导致废标的因素全部找出来,在标书编写及装订的过程中,可以规避废标因素,"投标须知""资格审查部分""标书装订"的要求等都是废标条款常出现的地方,其中一些带星号的条款也会分散在招标文件中。

不废标是投标文件编写的最基本要求,一旦废标便前功尽弃,项目前期的商务工作,包括购买标书、编写标书、现场参加开标所耗费的时间和产生的费用就都白费了。常见的废标因素一般有以下方面:

(1) 逾期送达或者未送达指定地点。

(2) 未按照招标文件要求密封。

(3) 未按照招标文件规定要求签字、盖章。

(4) 未按照规定的格式填写;内容不全或关键字迹模糊,无法辨认。

(5) 投标人递交两份或多份内容不同的投标文件。

(6) 投标人的报价超过了采购预算或最高限价。

(7) 同一招标项目报有两个或多个报价,且未申明哪一个有效(按招标文件规定提交备选投标方案的除外)。

(8) 投标人名称或信用代码与资格预审时不一致。

(9) 未按招标文件的要求提供投标保证金。

(10) 联合体投标未附联合体投标协议。

(11) 投标文件不响应招标文件的实质性要求和条件。

(12) 交货期不符合要求。

(13) 投标人存在与招标人或招标人的母子公司、关联公司有商业贿赂行为等情形而被列入限制或禁止交易对象名单。

(14) 投标人的资质条件不符合要求。

(15) 投标人业绩不符合要求。

(16) 投标人未按照要求逐页小签。

(17) 投标文件含有采购人不能接受的附加条件。

(18) 投标人被"信用中国"网站(www.creditchina.gov.cn)列入失信被执行人或重大税收违法案件当事人名单或政府采购严重失信行为记录名单。

(19) 营业执照或相关资质证书已变更,或者法人变更的,但是标书中证照放了变更前的。

(20) 忽视了招标文件对双资质的要求。如某工程招标文件要求具备市政工程监理甲级与公路工程监理甲级,却只提供了一个甲级证书或者一甲一乙。

（21）评标委员会认为投标人的报价明显低于其他通过符合性审查投标人的报价，有可能影响产品质量或者不能诚信履约的，应当要求其在评标现场合理的时间内提供书面说明，必要时提交相关证明材料；投标人不能证明其报价合理性。

（22）项目采购产品被财政部、国家发改委、生态环境部等列入"节能产品目录清单""环境标志产品目录清单"强制采购范围，而投标人所投标产品不在强制采购范围内。

三、注意开标现场携带原件备查条款

投标文件中通常放置的是各种证书材料的复印件，但一般会要求有原件备查。因此，所有要求原件备查的证件材料都必须将原件带到投标现场。要对照招标文件相关要求，先找出需要携带原件到开标现场验证的项目，一是要检查手中有还是没有，没有的来不来得及办。通常要求携带原件的都是办理时间比较长的证件，大多是资格文件审查部分的要求，有时也可能是加分项里面要求提供的。二是看开标前要的原件在不在公司，一些行业招标项目特别多，同一个时间可能几个项目都要开标，资质不能分身时，就需要放弃一些项目，或者时间能错开，那就需要提前安排好资质的行程，确保开标现场能见到。三是开标前一定得准备好，开标现场带齐。

开标现场应带的原件根据招标文件要求提供，一般包括：

（1）营业执照。
（2）施工资质、设计资质。
（3）审计报告或财务报表。
（4）质量、环保、职业健康、安全体系认证证书。
（5）投标保证金缴款凭证。
（6）标书内业绩合同、中标通知书。
（7）法定代表人、授权委托人身份证。
（8）项目经理有关的证件（身份证、职称、学历、交纳养老保险证明等）。
（9）招标文件中要求的设备采购发票原件。

四、招标项目评分标准

招标文件中的评分表是一份很好地预测中标的基准文件，也是编制标书的重要参考文件。

投标人在解读招标文件时，一定要逐项阅读评分标准，找出自己的得分项。

评分大体分为两种类型，一是主观分，二是客观分。主观分就是评委在一定范围内（评分标准）根据自己主观评判打出的分；客观分即有精细的评标细则和客观标准的打分项，评委不得按照主观意愿打分，如技术指标、商务部分大都属于客观分，都有很详细的评分标准。

投标人可以从主观分、客观分两个层面去分析自己公司在竞争中的情况，扬长避短。把自己的优势突出，争取拿高分；尽力弥补自己的劣势，减少丢分情况。

五 招标项目商务和技术要求

（一）商务要求

商务要求一般包括以下主要内容：

1. 交货时间、地点与验收方式

交货时间：指合同规定的交付、现场改造、安装及调试时间。

交货地点：指招标文件或者合同中指定的具体地点，涉及运输和装卸、安装等费用的，会规定费用的承担方，一般都是由供应商负责运输和装卸、安装等全部费用。

验收方式：一般都规定由甲方组织验收，由供应商派专业人员达到现场，依据设备装箱清单、检验合格证书、产品使用说明书、维修手册及招投标文件中产品技术指标等相关资料，由双方共同开箱检验。如有短缺、规格质量不符、资料不全等，由供应商无偿更换、补齐，并承担由此产生的费用。

2. 质保要求

招标文件中会规定质保要求，特别是质保期限，质保期限一般也会作为评分项目。

3. 售后服务要求

一般要求供应商在规定的区域有维修服务机构保障，保证零配件的供给在规定的时间内响应保修请求等。

（二）技术要求

技术要求又称采购需求，一般应包含但不限于以下内容：

（1）采购标的需实现的功能或者目标，以及为落实政府采购政策需满足的要求；
（2）采购标的需执行的国家相关标准、行业标准、地方标准或者其他标准、规范；
（3）采购标的需满足的质量、安全、技术规格、物理特性等要求；
（4）采购标的的数量、采购项目交付或者实施的时间和地点；
（5）采购标的需满足的服务标准、期限、效率等要求；
（6）采购标的的验收标准；
（7）采购标的的其他技术、服务等要求；
（8）非单一产品采购项目，采购标的中的核心产品。

有些项目的技术需求相对简单，一般会在货物一览表中列示。技术要求相对复杂的，会再增加技术参数要求，增加技术参数响应及偏离表。技术参数有一般项目和★号项目，★号项目一般不接受负偏离。

六 投标文件编制应注意的事项

（一）投标文件的语言及度量衡单位

（1）投标人提交的投标文件以及投标人与采购中心就有关投标的所有来往通知、函件和文件均应使用简体中文。

(2) 除技术性能另有规定外，投标文件所使用的度量衡单位，均须采用国家法定计量单位。

(二) 投标文件构成

(1) 投标人编写的投标文件应包括资信证明文件、投标配置与分项报价表、供货一览表、技术参数响应及偏离表、商务条款响应及偏离表、技术及售后服务承诺书、投标函、开标一览表等部分。

(2) 投标人应将投标文件按顺序装订成册，并编制投标文件资料目录。

(三) 项目报价填写

投标配置与分项报价表上的价格应按下列方式分开填写：

(1) 项目总价：包括货物（服务）价格，质量保证费用，培训费用及售后服务费用，项目在指定地点、环境交付、安装、调试、验收所需费用和所有相关税金费用，以及为完成整个项目所产生的其他所有费用。

(2) 项目单价：按投标配置及分项报价表中的要求填报。

(四) 投标文件份数和签署

(1) 投标人应严格按照招标公告要求的份数准备投标文件，每份投标文件须清楚地标明"正本"或"副本"字样。一旦正本和副本不符，以正本为准。

(2) 投标文件正本中，除采购文件规定的可提交复印件外，其他文件均须提交原件，文字材料需打印或用不褪色墨水书写。

(3) 除投标人对错处做必要修改外，投标文件不得行间插字、涂改或增删。如有修改错漏处，必须由投标文件签署人签字或盖章。

(五) 投标文件的密封和标记

(1) 投标人应将投标文件正本和所有副本密封，不论投标人中标与否，投标文件均不退回。

(2) 注明投标人名称，因标注不清而产生的后果由投标人自负。按招标公告中注明的地址送达。

(3) 注明投标项目名称、标书编号及包号。

七、招标项目的合同条款

合同条款大部分以招标文件为基准，但也要细看每条要求，如有招标文件中没有提及的内容，可补充编制到投标文件中。

阅读合同条款时可以重点关注这些方面：误期赔偿费的金额和最高限额的规定、履约保证金的规定（是否用保函的形式、金额大小、缴纳日期）、付款方面（是否有预付款、进度付款的方法等）、不可抗力造成的损害的补偿办法等相关要求。

八、投标文件的格式

投标文件编制必须按照招标文件要求的投标文件格式编制，做到完整无误。包括封面、目录、附录须与招标文件一致,投标文件的纸张大小、页面设置、页边距、页眉、页脚、字体、字号、字型等须按规定统一等。

招标文件除了对投标文件的格式有通常要求外,一般还会附有独立的文件格式,在编制投标文件时可直接利用,而且,凡是招标文件附有格式的文件都必须按要求填制,不得缺项。招标文件中通常附有格式的文件一般有如下几种:

(1) 开标一览表。
(2) 价格构成表。
(3) 货物材料、部件、工具价格明细表。
(4) 投标函。
(5) 货物简要说明一览表。
(6) 主要技术指标参数。
(7) 技术指标参数响应偏离表。
(8) 主要商务条款响应偏离表。
(9) 交货清单。
(10) 易损易耗件清单。
(11) 售后服务方案及承诺。
(12) 保密承诺书。
(13) 近3年成交案例的合同。
(14) 生产工艺。
(15) 商务评审标准表。
(16) 技术评审标准表。
(17) 参加本次采购活动前3年内,在经营活动中没有重大违法记录的书面声明。
(18) 非外资独资或外资控股企业的书面声明。
(19) 主要股东或出资人信息。
(20) 投标人基本情况表。
(21) 投标保证金保函。
(22) 投标保证金缴纳凭证。
(23) 法定代表人资格证明书。
(24) 法定代表人授权书。

第二节 投标文件封面的制作技巧

投标文件的封面是标书的"脸面",是对标书的包装,是标书给评审专家的第一印象。封面虽然没有实质性内容,但封面制作的优劣会影响公司的形象和评审专家对公司的直觉,既有完善的内容又有良好的封面,内外兼修,才是一本好的标书。

一 投标文件封面的文字设计

封面文字中除标书名称外,均选用印刷字体,因此,这里主要介绍标书名称的字体。常用于标书名称的字体分三大类:书法体、美术体、印刷体。

1. 书法体

书法体笔画间追求无穷的变化,具有强烈的艺术感染力和鲜明的民族特色以及独到的个性,且字迹多出自社会名流之手,具有名人效应,受到广泛的喜爱。

2. 美术体

美术体又可分为规则美术体和不规则美术体两种。前者作为美术体的主流,强调外形的规整,点划变化统一,具有便于阅读便于设计的特点,但较呆板。不规则美术体则在这方面有所不同。它强调自由变形,无论从点划处理或字体外形均追求不规则的变化,具有变化丰富、个性突出、设计空间充分、适应性强、富有装饰性的特点。不规则美术体与规则美术体及书法体相比,既具有个性又具有适应性,所以许多标书名称常选用这类字体。

3. 印刷体

印刷体沿用了规则美术体的特点。早期的印刷体较呆板、僵硬,现在的印刷体在这方面有所突破,吸纳了不规则美术体的变化规则,大大丰富了印刷体的表现力,而且借助电脑使印刷体在处理方法上既便捷又丰富,弥补了其个性上的不足。

二 投标文件封面的图片设计

封面的图片以其直观、明确、视觉冲击力强、易产生共鸣的特点,成为设计要素中的重要部分。图片的内容丰富多彩,最常见的是人物、动物、植物、自然风光,以及一切人类活动的产物。

图片是标书封面设计的重要环节,它往往在画面中占很大面积,成为视觉中心,所以图片设计尤为重要。

图片的设计与选择应紧扣投标项目和企业特色,不同的项目,不同的企业特色,对图片的设计与选择要有针对性。

1. 企业形象封面设计

企业形象封面设计应该从企业自身的性质、文化、理念、地域等方面出发来体现企业的精神。企业形象设计要应用恰当的创意和表现形式来展示企业的形象,这样才能给采购人留下深刻的印象,加深采购人对企业的了解。

2. 产品封面设计

产品的设计着重从产品本身的特点出发,分析产品要表现的属性,运用恰当的表现形式、创意来体现产品的特点,这样才能增加采购人对产品的了解,进而增加产品的吸引力。

3. 宣传封面设计

这类封面设计根据用途不同,会采用相应的表现形式来体现宣传的目的。用途大致分为展会宣传、终端宣传、新闻发布会宣传等。

4. 食品封面设计

食品封面设计要从食品的特点出发,来体现视觉、味觉等特点,增强采购人的购买欲望。

5. IT企业封面设计

IT企业封面设计要求简洁明快并结合IT企业的特点,融入高科技的信息,来体现IT企业的行业特点。

6. 房产封面设计

房产封面设计一般根据房地产的楼盘销售情况做相应的设计,如开盘用、形象宣传用、楼盘特点用等。此类封面设计要求体现时尚、前卫、和谐、人文环境等。

7. 酒店封面设计

酒店的封面设计要求体现高档、享受等感觉,在设计时用一些独特的元素来体现酒店的品质。

8. 服装封面设计

服装封面设计更注重消费者档次、视觉、触觉的需要,同时要根据服装的类型风格不同,设计风格也不尽相同,如休闲类、工装类等。

9. 体育封面设计

时尚、动感、方便是这个行业的特点,根据具体的行业不同,表现也略有不同。

三 投标文件封面的色彩配置

封面的色彩处理是设计中的重要一关。得体的色彩表现和艺术处理能从视觉角度产生夺目的效果。色彩的运用要考虑内容的需要,用不同色彩对比的效果来表达不同的内容和思想。在对比中寻求统一协调,以间色互相配置为宜,使对比色统一于协调之中。

色彩配置上除了协调外,还要注意色彩的对比关系,包括色相、纯度、明度对比。封面上没有色相冷暖对比,就会感到缺乏生气;封面上没有明度深浅对比,就会感到沉闷而透不过气来;封面上没有纯度鲜明对比,就会感到古旧和平俗。要在标书封面色彩设计中掌握住明度、纯度、色相的关系,同时用这三者的关系去认识和寻找封面逊色的缘由,以便提高色彩修养。

配色也要服从投标项目和企业特色,特定的行业用特定的色彩表达,有针对性才能获得预期的效果。

（1）科技、互联网行业,大多喜欢使用带有神秘色彩的深蓝和黑色。

（2）党政机关、大型国有企业偏爱用红色来表达红红火火的氛围。

（3）医疗行业倾向于使用淡蓝、淡绿,体现关怀和健康。

根据标书的内容和所在行业,找到对应的配色方案,再进行制作,才会有更好的展现效果。

上面是有关封面设计的基本要素和设计方法,要将这些要素有序地组合在一个画面里方能构成标书的封面。要掌握封面设计的基本方法,绝不能教条地套用,而要有针对性,才能设计出优秀的标书封面。

第三节 投标文件目录的制作技巧

投标文件目录的编排看似简单,没有多少技术含量,在编制时往往得不到足够的重视。实际上,投标文件目录的编排并不只是简单地排个序号,目录编排对标书的编制及评委评标具有重要影响。一份好的标书,其目录应该在对照招标文件的同时,具有编排顺序合理、层次分明、目录与内容对应、便于检索查找等特点,如果标书目录顺序混乱、主次不清、逻辑关系不强、不便于查找标书内容,甚至目录与标书内容对应不上,在标书评审过程中,由于评标时间所限,评委可能难以找到相关内容,即使花时间反复查找终于找到,也会影响评委对投标人和整个标书的主观印象。

一 投标文件目录制作的要求

(1) 条理清晰,能够直观地表现标书的结构。
(2) 能够有效地反映出对招标文件的响应程度。
(3) 方便评审专家评分。

二 投标文件目录编排的要求

(一) 初次目录编排

根据招标文件的要求,初步编写投标文件目录,以方便收集标书的资料。对评分点、控标点、优势项目应在初步目录中标注,以便在标书制作时重视该部分内容。具体可以按以下方法操作:

(1) 找到招标文件里面的"投标文件组成"章节,对相应的商务、技术标的组成内容进行"复制＋粘贴"。

(2) 对照招标文件中的"评分细则",根据商务、技术分类,"复制＋粘贴"到目录大纲里。

(3) 对照招标文件中的"格式"部分,按照"格式"要求的顺序对目录大纲进行调整。

(二) 后期编排

后期对标书目录的编排可以在 WORD 里面利用相关工具进行。

1. 目录定义

根据标书内容分别定义相关章节的标题、正文。

(1) 调出"大纲"设置工具栏。

在菜单栏空白处单击鼠标右键,在弹出菜单中选择"大纲",出现大纲工具条。

(2) 设置标题级别。

每次选中正文的标题一行,然后在大纲工具栏的下拉列表中选择需要设置的标题级别,并将字体设置好。每个级别的标题只需设置一次,其他的用格式刷。正文无须再设置级别。

其他的同级标题用格式刷工具调整:选中样本标题,双击格式刷,即可直接多次复制格式,直接刷选需设置的标题文字,或将刷子状态的鼠标移到目标文字左侧的空白处,刷子出现时单击即可。

2. 目录生成

定义好所有的标题和正文后,就可进行目录生成了。

在菜单里选插入→引用→索引和目录,在弹出的窗口选择目录框,然后点确定即可。

3. 修改与更新

标书目录制成之后,在目录页点击任何一章节均可直接进入该章节所在页面。每次对标书修改后,对目录可进行自动修改和刷新。方法如下:

在目录区域任意位置点右键,在弹出的菜单选更新域,在弹出的对话框中有"只更新页码"和"更新整个目录",如果只是更改了标书的页码表示方式则只需选只"更新页码",而全文版面做了大的调整改变了各标题的位置则需"更新整个目录"。

在大纲模式下可以更方便地设置、查看和修改标题格式。在菜单中选择"视图"→"大纲",或者选择 WORD 界面左下角第四个图标。

大纲模式的具体用法可以参照 WORD 自带的帮助文件,按 F1 即可调出。

如果目录页码与正文实际页码对不上,在有问题的上一页末尾文字后按 del 删除键,把分节/分页符删掉,使前后页码连续,再去更新目录页码即可。

在讲目录编排的时候,特别强调一下评分索引。评分索引严格来讲不算目录,但一本好的投标文件,应该都有评分索引。评分索引,顾名思义就是对照招标文件评分项,附在标书目录后的评分项页码表。评分索引起码有两个方面的作用,一是在编制评分索引时,投标人自然而然地会自动检查标书中的评分项,避免因粗心大意遗漏了得分项;二是在评标过程中,有了评分索引,大大提高了评委的工作效率,同时也避免了评委不小心遗漏标书中的评分项目,有评分索引同时也会获得评委对整个标书的认可。

第四节 投标文件内容的撰写技巧

投标文件的内容是标书的核心部分,封面是面子,标书内容就是里子,标书不但是企业综合实力的集中表达,还体现了投标人公司经营、人才结构、市场营销、企业管理等多方面的情况。标书内容是否全面精确直接关系到投标能否成功,因此,在认真研读招标文件的基础上,撰写好标书内容,是整个投标过程的关键环节,是投标工作的重中之重。

一 投标文件内容撰写的要求

(一)结构完整

一般的项目标书都有招标文件提供的参考结构模板,这会让人很容易忽略段落与段落间的结构问题,然而,处理好段落之间关系的划分,对于梳理标书的表达条理十分必要。例如,很多标书都有"项目概述"一栏,在编写标书时,容易把企业已有情况概述、项目技术要点、项目效益等全部归成一段或简单地截成两段便完事。以此为例,可以按照一定的思路把这些总体的材料进行有机切割和再归纳。如按照从浅到深、由淡转浓的逻辑,将项目概述分成"企业概况""项目核心技术""经济、社会效益"三个小段,把原来的材料进行再组合后表达效果就会截然不同。

如果说对段落之间关系的正确处理是从大处着眼,那么对于句子与句子之间的结构便是从小处着手,更见功夫了。在项目标书中,由于涉及技术、商业、公文等多种文体的交叉应用,所伴随的递进、并行、转折、主次等句子关系俯拾皆是。例如,在描述企业的市场营销时,必定包括该企业的营销团队、手段、渠道、理念、优劣等;描述团队情况,可以用"三个梯度""决策层""运营层""服务层"等字眼将各个描述句子有机串合起来;描述营销渠道,可以用"传统接单是业务拓展的压舱石""电子商务与经销代理实现比翼双飞"等引领性句子进行描述铺垫。句子结构的表述技巧可以八仙过海各显神通,但是清晰的表述思路与缜密的逻辑思维是不可或缺的。

(二)综合运用图形、表格

对于一些本来是需要从多角度分析的问题,如竞争状况、产品市场分析等,可适当避开单纯以文字表述的不足与弊端,设计对应的图形或表格,使原本错综复杂、结构重重的问题一下子变得简洁明了、可圈可点。常用的图形与表格有很多,如综合图、射线图、金字塔图表等。

(三)翔实、准确的数据

以数据说明问题、罗列相关清晰的数据是标书是否切实可行的判断依据之一。例如在描述技术情况时,对"已有"与"将有"的技术用相关技术领域的数据说明则是重中之重。虽然产品的技术归类众多,但是也有基本的原则,例如产品的属性、功效、使用环境要求、外形等,都可成为技术指标。

此外,在进行一些例如市场分析、行业竞争力阐述的时候,除了企业经营者本身的经验与视野外,往往还需要从期刊、专业网站等渠道获取资料,这种资料的参考也可以用,不过需要在该页的下方注明来源。恰当的引用来源说明并不是项目标书的必须,然而它是标书编写者科学探索精神的重要体现。

二 投标文件内容制作的要求

（一）商务部分的制作

严格按照招标文件规定要求"听话照做"，制作过程中做得最多的就是"复制＋粘贴＋填空＋签字＋盖章"。需要注意的是，在填写相关内容时，要琢磨招标文件所要求的意思，不能出现误解和失误。

（二）技术部分的制作

1. 整体方案

整体方案或者整体设想和策划主要包括以下内容：

（1）项目概述。这部分内容可以从招标文件中"复制＋粘贴"。
（2）重难点分析。
（3）管理模式陈述。
（4）整体作业方案描述。

2. 具体内容。

技术部分的具体内容按照技术方案的目录逐一完善。由于技术服务方案和商务部分最大的不同是没有客观答案，大多是主观内容，因此，要获得评审专家好的评价，就要做到简明扼要，确保评审专家在评审过程中尽可能地阅读较少的内容就能对标书进行全面、高效、准确的评判。为实现上述目标，可以采用以下四种办法：

一是目录法。响应招标文件的结构、格式及评分标准，做出简短的目录，可以让评审专家通过目录就能够找到评分节点。

二是图表法。对有一定结构要求、内容较多的章节，可以用表格、图片进行归纳总结，详细内容以附件形式附在后面，相当于为评审专家进行了总结归纳。

三是概括法。在大量的扫描件、复印件等证明材料前用一句话进行概括，直接陈述扫描件、复印件所展示的结果，为专家评审节约时间。

四是字体法。对于关键性内容，通过字体、颜色等手法进行强调，突出重点，引起关注。

第五节 投标文件的检查与修订

投标文件编制完成后，由于标书涉及的内容多，要求高，相关部门及编制人、材料提供人要对初步编制完成的标书进行全面系统的校验和修订。标书校验修订的依据是招标文件，投标人可将招标文件的条款和要求编成评审表，对照评审表逐项检查，逐一对照，发现遗漏和差错，做好标记，再落实责任，进行必要补充或修订。标书的检查和修订至关重要，许多标书被判定无效都不是由于投标人自身实力不够，而是在标书制作上出现了问题,因此,投标人必须重视并严格做好标书的检查与修订。

一 投标文件的检查

投标文件的检查与修订是全方位的,应按照评审表所列的顺序一一进行,检查的内容包括以下各个方面。

(一) 封面

(1) 封面格式是否与招标文件要求的格式一致,文字打印是否有错别字。
(2) 封面的项目名称、编号是否与招标文件一致。
(3) 封面标段是否与所投标段一致。

(二) 目录

(1) 目录内容从顺序到文字表述是否与招标文件要求一致。
(2) 目录编号、页码、标题是否与内容编号、页码(内容首页)、标题一致。
(3) 建议将《评标索引表》放到投标文件的第一个章节。

(三) 评标索引表

此份文件非常重要,投标人务必仔细制作,且此文件应该为标书装订之前的最后一个检查项,其他所有内容完成检查后,再检查此项内容,因为有可能在修改其他内容时会导致页码变更。

(四) 资格审查条款

资格审查是全部条款必须完全满足或者满足且优于的,一旦出现问题或瑕疵将可能导致投标无效,投标人应严格按照招标文件要求提供,要仔细阅读招标文件中的每一个文字。

(1) 对提供的营业执照、资质证书等所有资质类文件进行仔细核查。对于有有效期的,需要核查是否在有效期内;对于有认证范围的,需要核查投标标的或服务团队是否在认证范围内。

(2) 法定代表人身份证明及授权函。应按照招标文件中的模板要求提供,并注意如下事项:

一是法定代表人身份证明上面是法定代表人签字或法定代表人签字章,不是被授权人签字,切勿签错,且应该在该授权函指定的地方签字,一般会有一条下划线。

二是此处一般会用到法定代表人身份证复印件,做标书的时候一定要注意去掉与本项目无关的信息。

三是对于签字再次强调一下,务必是法定代表人本人签字,或者投标人公司经过备案的法定代表人签字章,切勿存在侥幸心理而使用代签等方式,一旦发现,可能会导致投标无效。

四是法定代表人授权函,这里面签字的注意事项与上述三点相同,还需要再加一点注意事项,即授权的时间范围不仅要涵盖本次投标的有效期,投标文件的所有签字日期也一定要在授权期限内。

(3) 审查业绩证明材料是否按要求完整提供。例如合同签字盖章齐全,签署时间在招标文件要求之内,合同的关键内容提供完整等。

"合同签字盖章齐全",指签字页签字盖章须齐全,如果其他页面也有需要签字盖章的,也务必保证签字盖章齐全。

"签署时间在招标文件要求之内"指合同签字页上面一定要有日期,且日期应该在资格条件业绩要求中的"在××年××月××日—××年××月××日"范围内。

"合同的关键内容提供完整",一般案例要求都会有"同类""本标的"等要求,所以提供业绩的时候,提供的合同明细表中一定要能够比较明显地看出所提供的业绩标的就是"同类""本标的",提供业绩的时候一定要仔细审查此项。投标人一般都会有很多业绩,此时要仔细筛查,一定要提供最"明显"符合招标文件要求的。

资格条件中的业绩一般会有业绩数量或业绩金额等的要求,建议每类案例都多提供几个,防止因为个别案例有瑕疵使得业绩不足,从而导致投标无效或者达不到评分要求的情况发生。

(4) 投标文件所要求的资质、业绩等材料均须为投标人本人的材料,存在母子公司关系者资质、业绩不得通用。

(5) 人员资质等证明文件。在一些项目的招标中,会要求投标人提供为本标的服务的人员名单、人员简历、人员个人资质证明、社保证明等文件,此处的文件会比较多、比较杂,特别是人员较多的情况下,投标人务必多次核实,看是否有遗漏,是否有证书过期等情况。其中人员简历的情况,请按照招标文件的要求如实撰写,这样针对性强,便于体现服务人员的真实能力。

(6) 仔细审阅资格条件中是否允许联合体投标,若允许的话,需要各方共同出具联合体投标协议书,模板在招标文件中。在制作此类文件的时候,务必按照招标文件的要求出具联合体投标协议书,不得进行任何修改,且该类文件需要盖的章比较多,切勿有遗漏。

(7) 使用投标专用章的投标人务必有公章对投标专用章的授权文件。

(8) 如投标人名称有更改,务必提供工商局出具的名称变更证明文件,尤其是所提供的业绩还是用原来名字签署的情况。

(五) 报价文件

(1) 最高限价。投标报价不能超过最高限价,且投标人一定要注意最高限价是含税的还是不含税的,不要搞错,以免导致投标报价超过最高限价。

(2) 签字盖章。报价文件是投标的核心文件,所以对签字盖章要求非常严格,基本每一页上都有要求签字或盖章、签字且盖章的地方,投标人一定要按要求进行,要进行多人、多次检查,务必保证无任何问题。

(3) 唱价表金额、报价汇总表金额、报价明细表金额是否严格一致,包含尾数及大小写。此处经常会发生问题,比如投标文件密封之前,需要对投标报价进行修改,结果只修改了唱价表,未修改明细表和汇总表;因保留小数位的个数问题,导致明细表与汇总表有尾差等。

(4) 税率。招标人一般不会对税率有严格的要求,但投标人报价时,必须考虑标的的性质以及自身的企业性质,比如货物采购,报6%的税肯定是不对的;投标人自身是小规模纳税人等各类情况。如果投标人制作标书的人员对此方面不是特别了解,务必与公司的财务人员做好沟通。

(5) 报价明细。一些项目会有按配置报价、按功能模块报价等情况,如果招标文件中已经列出了明细,投标人切勿进行任何修订,要按模板报价;如果招标文件中没有列出,需要投标人自行在招标文件技术规范书或者其他文件中摘录的,一定要仔细摘录,不要有遗漏。

(6) 报价文件的密封。报价文件的密封一般会单独做出要求,如果要求报价文件单独密封的,一定不能将报价文件与投标文件的其他部分密封在一起。

(六) 承诺函

一些项目对于比较重要的内容,需要投标人做出单独的承诺函,投标人必须按招标文件认真出具。一般的承诺函都会有需要签字或盖章、签字且盖章的要求,投标人一定要仔细阅读招标文件对承诺函的要求,切勿遗漏。

(七) 文件装订

(1) 检查投标文件日期是否正确,不得晚于投标文件递交截止时间,不得在法人授权日期范围之外。

(2) 对页码进行检查,看是否有页码错误、缺页、重页、混乱、涂改等情况。

(3) 装订完成后的投标文件如有改动或抽换页,检查其内容与上下页是否连续。

(4) 按招标文件要求是否有法人或被授权人逐页签字或加盖骑缝章(骑缝章需将整本标书的所有页全部覆盖)。

(5) 检查整份投标文件的任何修改处是否有法人或被授权人签字。

(6) 检查页眉标识是否与本页内容相符。

(7) 需要提供投标保证金缴纳证明材料的,应根据招标文件要求在投标文件中提供,避免遗漏。

(8) 投标人应按照招标文件中的投标文件格式要求编制投标文件。提供的各种扫描件、复印件等资料必须清晰,按页扫描,不要压缩图片,保证文字、图片等清楚可辨,文件完整。如果提供不清楚或不完整,被评委认定为不符合要求,其后果由投标人承担。

(9) 投标文件是否按规定格式密封包装、盖章。

二 投标文件的修订

(一) 纸质标书错误修改

(1) 把错误的那一页用刀片仔细地剪下来,留一点边,然后重新打印一张正确的,裁剪成适当大小,与预留的边粘在一起,力求做到尺寸大小一致。

(2) 如果错误很少,需要改动的内容不多,可以用签字笔修改,然后让授权代表在旁边签字,并加盖公章,表示公司认可这一修改。

(3) 仔细审查招标文件有没有关于标书修改方面的要求,严格按照要求进行处理,避免废标情况的出现。

(二) 电子标书错误的修改

(1) 修改的地方务必与纸质标书相符。

(2) 修改后的页码、图示必须与纸质标书保持一致。

第六节 投标文件的打印与装订

一 投标文件的打印

招标文件一般规定了投标文件的格式,投标人应按照招标文件的规定编制投标文件。

(一) 纸张规定

纸张规定:选用 A4 纸,乳白色,订装后尺寸为 210 mm×297 mm(标准 A4 尺寸);施工平面图及进度计划表用 A3 或 A4 薄纸制后。

(二) 复印规定

复印款式:单面或双面印刷,不可显示正面、反面和错乱的页面,订装销和线不可暴露在封面和封底上,全部标书不可应用活页(破孔、文件夹等)订装方式。

(三) 版块规格型号

样式:顶端页边距 26 mm,底端页边距 22 mm,左边页边距 25 mm,右边页边距 25 mm,纸张左边装订线 3 mm(可依据页码调节)。页眉、页脚文字大小的布局:小五,页眉间隔为 20 mm,页脚间隔为 15 mm,页眉垂直居中,行间距为 1.5 倍。一般文章段落应用缩进为 2 字符格式的第一行。

(四) 字体样式规范

字体设置:标题为 3 号黑体字(可字体加粗),章节目录标题为 3 号小黑体字(可字体加粗),文章正文字体样式为 4 号宋体(字体不加粗),全部字体均为灰黑色。

(五) 报表规范

全部报表标题均为五号宋体(可字体加粗)。表格的内容是小四号或五号宋体(字体不加粗)。

（六）插图规范

插图的尺寸应适合文本文档的布局，不应当超出界限，变大或放缩的图像应具备较好的质量。

（七）排版检查

检查有无缺页、夹页、顺序颠倒、页面倒转等现象。

标书打印一般有以下几点要求：

一是所有文件都必须做到清晰，页面完整。

二是单双面打印要求。封面单独单面打印，评审表单独单面打印，正文双面打印（500页以内单面打印），附表单独双面打印。

三是黑白彩打要求。资质证书（比如企业信用等级证书）提供原件，图片需彩打，其他文本黑白打印即可。

四是封面打印。软装，200 g 白卡纸或铜版纸彩打覆膜，硬装也需覆膜。

二 投标文件的装订

标书装订是编制标书的最后环节，看似只需要将各个文件装订到一起就大功告成，实则在这些小细节方面更需要谨慎专业。

（一）标书装订准备

提前预约好标书装订单位，预留好标书装订的时间，一般一到三天为宜。

如果经常投标一定会有标书装订的定点地方，提前预约的主要目的是确认标书装订单位是否业务很满，是否24小时营业。

装订标书前务必带上硬盘，除了拷贝定稿的投标文件外，还应把投标文件的相关素材拷上，装订现场有可能会修改文件。同时应该把公司公章、签字笔带上，尽可能在现场完成标书装订。

（二）投标文件定稿

投标文件制作检查完毕之后，应该保存为 PDF 格式，同时存档 WORD 格式或者 WPS 格式，因为快印店的软件有可能会导致排版混乱，PDF 可规避这个问题。

（三）再次校对检查

有经验的文印店通常会根据装订标书的数量、装订的要求出一套未装订的样品，请客户再次对纸质版的内容进行核对。

如有不合适的地方应当场进行修改。通常装订标书应有 2~3 人，协同检查避免缺项出错。核对的重点如下：

(1) 看有无乱码，即排版的页码与目录是否一致。

(2) 按照评标要求是否有缺项。

(3) 财务数据和技术参数是否符合要求。

(4) 响应内容是否都对应。

（5）目录及正文排版是否都清晰有序。
（6）招标文件中对关键资质及技术参数的要求是否有框注。
（7）投标报价大小写是否正确。

（四）标书装订数量及要求

（1）标书装订的数量通常是一包为一正几副（一律按照招标文件的要求制作）。
（2）标书装订有特殊要求的按照要求装订，无特殊要求的建议500页以内的单面打印，便于评委翻阅；超过500页的双面打印，环保节能，又不至于太厚，以便翻阅。
（3）标书装订通常用A4纸，正本彩色打印，副本黑白打印。装订方式常见的有精装和简装两种。

（五）签字盖章

标书装订完毕之后必须签字盖章。通常签字多是法定代表人，也可由项目经理代签并有法定代表人签章。

由于签字的地方比较多，从签第一本开始，应将每个需要签字的页码记录下来，后面几本要签字的直接翻到相应页面即可，不用再找。

对于签字盖章至少需要两人相互检查两遍以上，看有无签字、盖章错漏的。

（六）标书打包

通常招标文件要求提交纸质投标书之外，还要求提供电子版的投标文件，电子版的投标文件会有指定格式，如无指定格式，以PDF格式为准，通常会要求刻录光盘或者用U盘存储（U盘内存大小以能装下投标文件为准）。

投标报价一览表签字盖章后，通常用牛皮文件袋封装，封条的四角应盖骑缝章。

无特殊要求时，通常是正本副本标书分开包装，然后再合包盖骑缝章。标书装订完毕后应由专人保管。

如遇突发情况，如标书装订后需要修改报价，应裁掉原有报价页面，重新用同样的纸张打印最新的报价，插入、裁剪。

第七节 投标文件制作常见问题剖析

一 招标文件未吃透

（一）优惠条款未落到实处

标书所提供的优惠条款应逐项落到实处，不能简单地表示响应。免费质保期年限及后期维保费用价格等将直接影响该项失分或得分。

（二）同类产品合同复印件和其他附件不符合要求

标书一般要求提供同类产品或服务的单项合同，注意必须是同类产品的服务合同，有合同期限要求的，必须有合同签订日期，否则，评分时将不会被认可；要求提供的其他附件，如中标通知书等，一样都不能少，否则，在评分时同样不会被认可。

（三）选型配置不合理

所供应的货物必须满足招标文件的要求，应充分考虑价格在本标中所占的比重，配置过低可能导致废标，过高会失去价格分。

（四）施工方案、施工工期及售后服务针对性不强

施工方案应针对本项目而做，而不是统一的标准模板格式。这也是投标人务实精神的体现。施工工期必须满足标书要求，不可含糊。

（五）售后服务不具体

售后服务不能泛泛而谈，必须对照招标文件一一落到实处，应有具体的保证措施和实实在在的优惠条款。

（六）产品制造、环境、职业健康体系证书不全

质量 ISO9001、环境 ISO14001 和职业健康 ISO45001 体系的建立，是企业对产品质量、对社会、对员工负责的承诺，缺项反映了企业在建立现代企业制度方面的差距，如果是评分项，就会直接导致评标时丢分。

产品制造、安装质量、环境、职业健康体系的证书只说明体系已建立，还必须提供体系运行的相关证明材料。

二 投标文件制作不够精细

标书的结构一般分为：商务部分、技术部分、报价部分。

（一）商务部分

一般包括投标人说明、厂家介绍、业绩、合同、产品授权书、法人授权书、营业执照、资格证书、交货期、付款方式、售后服务、承诺书、商务偏离表、商务应答、备品备件专用工具清单等，要严格按照标书内容要求及顺序编写。

在编写时要注意以下几点：

一是成功案例要将主要业绩（案例图片）放在突出位置，用黑体字；

二是资质文件检查有效性，避免放错文件或者放入过期文件；

三是厂家授权先扫描后原件寄送投标单位，注意快递时间；

四是业绩合同注意合同金额、时间是否要体现。

（二）技术部分

包括投标设备技术说明、图纸设计、技术参数、产品配置、技术规格偏离表、技术力量简介、安装施工方案、产品质量、产品简介、产品彩页等等，要严格按照标书内容要求及顺

序编写。

一是抓重点，不必太详细，要有针对性地介绍，根据招标要求确定是否要提供产品彩页、截图界面。

二是对优点和长处一定要表述清楚并放到突出位置，一般情况下，放在技术部分的前部，以提升产品形象。

三是审核产品技术参数、技术性能的表述是否满足招标文件的技术要求。

四是审核技术差异表的编排内容是否合理准确，有无遗漏或者多余的。

五是审核技术部分编排顺序是否符合招标文件的要求，是否合理。

六是审核有无多余部分需要剔除，或者不足的部分需要补充。

要严格认真编写技术偏离表。偏离包括正偏离、负偏离、无偏离，在编写时要注意以下几点：

一是如投标产品的技术指标优于招标要求即为正偏离，反之为负偏离，符合招标要求即为无偏离；

二是要完全响应或者超越标书要求，一定要让参数相对应，不可串行；

三是多写正偏离，换种语言文字描述，写明投标产品的技术参数特点、产品优势；

四是正偏离描述要加粗或用其他醒目符号★▲标注。

（三）报价部分

填写报价表应注意以下几个方面：

一是报价部分一定要有报价一览表（总价）、分项报价表；

二是报价表中设备名称、品牌、型号、数量、参数等要与招投标文件一致；

三是大小写要正确、数目要相符；

四是报价表中货币单位要前后一致，符合招标文件要求；

五是格式一定要和招标文件要求的格式一样。

三 投标文件内容过于庞杂

标书内容必须全面，必须对照招标文件要求做到应有尽有，千万不能图省事，以致该编的没有编进去，该放的忘放了，结果不是造成投标无效，就是该拿的分没拿到，影响中标结果。实际招投标过程中，随着经验的积累，投标时标书内容全面，满足招标文件的要求，这些基本都能做到。但同时又出现了一个不良的趋势，就是标书内容远远超出招标文件的要求，无关内容越来越多，标书也越做越厚，由此不仅增加了编制标书的工作量，增加了标书编制费用，也给评标现场的搬运和评委翻看标书带来了不便。导致该现象的原因主要有以下两点。

（一）投标人对招标文件把握不透

由于投标人没有认真研读招标文件，没有厘清招标文件对内容的要求，因此在编制标书时，生怕发生缺失或遗漏，把相关不相关的内容全部放进了标书，明明只要求提供财务报表，结果把审计报告全部放进了标书，明明只要求提供甲产品的参数，却把乙产品、丙产品的广告彩页也放进了标书。

(二) 投标人观念上存在偏差

认为标书内容多了就是全面,认为标书厚了就是态度和实力,多多益善,以致一锅稀粥却没有多少干货,相关方案空话连篇,没有什么实实在在的东西,结果往往适得其反。

四 评分细则把握不准

采用综合评分法的,招标文件都有评分标准表(评分细则),评分标准是评委评分的依据,是招标文件的核心内容,投标人应该认真研读,反复分析,深刻把握。

实际工作中,投标人由于没有认真研读评分标准,对评分标准缺乏准确的理解,甚至哪些是客观分哪些是主观分都分不清楚,因此编制标书时发生偏差,导致丢分,影响中标结果。

(一) 价格分不知道如何把握

投标时如何报价对能否最终中标影响很大。如何报价,如何根据招标文件评分标准准备具体的评分材料,是标书编制最为关键的地方,因此,投标人必须有针对性地研究并确定报价策略,在此基础上,精心准备和提供相关评分材料。

1. 定价策略

采用什么样的定价策略,首先要清楚价格评分的几个概念。

一是价格分比重。按照招标类别的不同,国家对价格分占比有明确的规定,其中,货物项目的价格分比重不得低于30%,服务项目的价格分比重不得低于10%。

二是评标方法。评标方法分为最低评标价法和综合评分法。

(1) 最低评标价法

最低评标价法是指投标文件满足招标文件全部实质性要求,且投标报价最低的投标人为中标候选人的评标方法。

采用最低评标价法评标时,除了算术修正和落实政府采购政策需进行的价格扣除外,不能对投标人的投标价格进行任何调整。

采用最低评标价法的,评标结果按投标报价由低到高顺序排列。投标文件满足招标文件全部实质性要求且投标报价最低的投标人为排名第一的中标候选人。

(2) 综合评分法

综合评分法是指投标文件满足招标文件全部实质性要求,且按照评审因素的量化指标评审得分最高的投标人为中标候选人的评标方法。

评审因素的设定应当与投标人所提供货物服务的质量相关,包括投标报价、技术或者服务水平、履约能力、售后服务等。资格条件不得作为评审因素。评审因素应当在招标文件中规定。

评审因素应当细化和量化,且与相应的商务条件和采购需求对应。商务条件和采购需求指标有区间规定的,评审因素应当量化到相应区间,并设置各区间对应的不同分值。

采用综合评分法的,评标结果按评审后得分由高到低顺序排列。得分相同的,按投标报价由低到高顺序排列。投标文件满足招标文件全部实质性要求,且按照评审因素的量化指标评审得分最高的投标人为排名第一的中标候选人。

2. 价格分定价策略的选择

(1) 针对最低评标价法的定价策略

最低评标价法下的定价策略一般分为两种:

一是收益最大法化法。收益最大化,就是根据招标文件所列示的项目需求,准确计算项目成本费用,在确定成本费用的基础上,分析竞争对手情况,确定高于成本的报价,在兼顾中标可能性的同时,又确保一定的利润空间。常规项目招标,招标人一般会选择这种方法。

二是较大中标率法。较大中标率法同样也会分析计算项目成本费用,分析竞争对手情况,是考虑到项目的特殊性,或者项目对公司市场拓展的重要意义,考虑到与采购人建立合作关系,为确保中标而选择的一种报价策略。在这种策略下,即便报价低于项目计算所需成本费用,为提高中标率,也会低价竞争。这种方法一般适用于对投标人具有战略意义的招标项目。

(2) 针对综合评分法的价格策略

在综合评分法下,选择确定报价策略前,必须考虑以下因素:

一是价格分比重。对综合评分法下的价格分比重,国家有明确规定,即货物项目的价格分值占总分值的比重不得低于30%;服务项目的价格分值占总分值的比重不得低于10%。实际执行中,货物项目的价格分值占总分值的比重一般在30%至60%之间,服务项目的价格分值占总分值的比重一般在10%至30%。可见,货物项目的价格分值占总分值的比重要远高于服务项目的价格分值占总分值的比重,这是由货物和服务的不同特性决定的。由于货物项目价格分占比远高于服务项目,因此,货物项目的报价相对于服务项目的报价更重要,对中标结果的影响也更大。

二是综合因素。综合评分法,顾名思义,注重的是投标人的综合能力,综合能力或者综合因素集中体现在招标文件的评分标准中。除了价格竞争能力外,一般还包括技术、服务、业绩、履约能力、信誉、招标文件的响应程度等方面,投标人必须结合自身情况进行综合分析,在综合分析估算的基础上选择报价策略。

综合评分下的价格策略和最低评标价法下的价格策略一样,也分为收益最大法化法和较大中标率法。不同的是,由于是综合评分,招标项目价格分占比不同,投标人的综合能力不一样,在选择价格策略时,又要具体情况具体分析。

不同招标项目评分标准价格分占比不同,货物类项目价格分占比可能达到甚至超过60%,服务类项目价格分占比可能只有10%,因此报价时要充分考虑价格分占比的差异,对高占比项目的报价要慎之又慎。

综合考虑各计分因素,如果投标人除价格分以外的其他计分因素与其他竞争者相比优势明显,中标可能性比较大,可以适当提高报价,争取收益最大化;反之,若投标人除价格分以外的其他计分因素与其他竞争相比不占优势或者处于劣势,要想有较大的中标率,那就只能降低项目报价。

（二）对评分标准把握不准

招标文件确定的评分因素,除了价格外,一般还包括技术、服务、业绩、履约能力、信誉、招标文件的响应程度等方面。评分标准一般规定有得分要求和分值。必须认真研究评分标准,准确把握,实际招投标过程中,因没有正确理解评分标准,致使提供的材料存在偏差,最终丢分的现象时有发生。

下面,对照招标文件的评分因素和评分标准分析在编制标书时应该注意的地方。

1. 技术部分

（1）技术参数。货物项目招标其评分因素都会有技术部分。技术部分评分要求一般都列有技术参数,全部响应一般都能拿到基本分或者标准分；有正偏离的,经过评委认证确认,会按照评分标准加分；有负偏离的,一般会按照评分标准扣分,打＊号的指标出现负偏离的将作无效报价,负偏离超过一定个数,技术部分可能会不得分。因此,在编制标书时,要认真研读分析技术参数要求,一一对照,在尽可能提供满足参数要求的货物的同时,在标书编制上下功夫,坚决避免因标书编制差错而丢分或者废标。

（2）检测报告。货物项目招标评分因素的技术部分有可能要求提供货物检测报告,检测报告有时间要求,也有检测机构要求,在提供检测报告前,一定要认真研读相关要求,确保提供真实有效的检测报告。

（3）样品分。货物项目招标评分因素的技术部分有可能要求提供样品,招标文件对样品的外表和质地等都有明确要求,招标人应按照要求提供,同时注意不能造假,提供的样品必须与中标后提供的货物一样。

2. 服务部分

无论是货物项目还是服务项目,招标文件评分因素都包含服务部分,服务部分一般包括项目实施方案、培训方案、售后服务方案、应急预案等,大多是主观分,是评委对照招标文件要求,在阅读各投标人提供的标书后,进行横向比较打分的。

由于服务部分大多是主观分,招标文件只有原则要求,没有明细条款。因此,在编制标书时,这部分内容往往被忽视,要么漏项,要么草草了事。有的标书套用一般格式,虽有长篇大论,但失之于空洞,没有具体的针对性强的可行性内容,在客观分相差不大的情况下,主观分往往决定最后的中标结果。

3. 业绩

业绩表明了投标人的能力和经验,无论是货物项目还是服务项目,招标文件评分因素一般都有业绩要求。对业绩部分,招标文件有明确要求,要求一般包括以下几个方面：

（1）业绩的内容。对业绩内容,招标文件一般要求"同类项目",同类项目一般要求到小类,如体育用品按大类别分为田径、游泳、球类等等,球类又分为篮球、足球、羽毛球、乒乓球等等。如果招标项目是足球,羽毛球就不能算同类项目,提供的羽毛球项目业绩就得不到认可。

（2）业绩取得的时间。招标文件对业绩都有时间要求,只有投标人所提供的业绩符合招标文件的时间要求时才能被认可。有些投标人，在签订项目合同时，没有在合同上写明合同签订时间，因此，合同的签订时间无法认定，无法认定时间的合同在评分时不会被认可。

（3）相关证明材料。招标文件对业绩的要求，不只是要求投标人在标书中提供业绩统计表，一般还会要求提供相关证明材料，如合同、清单、验收材料、中标通知书等，有的还需要原件备查。这就要求投标人平时就注意收集相关材料，并由专人保管，这样才能在投标时拿得出用得上。

4．履约能力

招标文件对履约能力的要求一般是要求提供证书，如中国环境标志产品认证证书、中国环境保护产品认证证书、ISO9001、ISO14001、OHSAS18001认证证书等，这些认证证书投标人平时就应该准备着，投标时按要求提供，并注意证书的时效性，需要年检的要及时进行年检。

5．信誉

招标文件对信誉的要求一般包括信用评级报告等。这些证书投标人平时要注意准备，相关部门会为通过考核认证的企业颁发匾额和证书材料，由于匾额上没有具体的单位和颁发时间，有的投标人只在标书中放了匾额照片，没有提供相应的证书材料，但是，仅凭匾额照片，评委无法确定是否真的获得了相关证书，在评分时当然也就不会认可企业获得的信誉。

第十四章 政府采购标书制作实务操作

第一节 政府采购标书制作实操材料分析

一、投标文件的组成

投标文件一般包含三部分,即商务部分、价格部分、技术部分

（一）商务部分

包括公司资质、公司情况介绍等一系列内容,同时也包括招标文件中要求提供的其他文件等相关内容,包括公司的业绩和各种证件、报告等。

（二）技术部分

包括工程的描述、设计和施工方案等技术方案,工程量清单、人员配置、图纸、表格等和技术相关的资料。

（三）价格部分

包括投标报价说明、投标总价、主要材料价格表等。

实际工作中,为提高中标率,最好严格按照招标文件的要求编写投标文件。

二、投标团队的组成

投标是一个特别烦琐的过程,从查找信息、购买文件、现场勘探到制作标书,环环相扣,每一步出错都可能失去投标机会。投标团队就好比是"一条绳上的蚂蚱",既要有领头羊,也要有各司其职的团队成员,才能保证工作有条不紊的进行,提高中标概率。因此,在投标过程中,首先需要组建合理的投标团队,制定投标计划,有序开展工作。

（一）投标团队组成基础

投标团队必须以合格的人才群体为组成的基础。具体要求应该是：

（1）专业扎实、知识丰富、勇于开拓：具备较强的专业能力和思维能力,才能对各种问题进行综合、概括、分析,并做出正确的判断和决策。

（2）具备一定的法律知识和实际工作经验：充分了解投标业务所应遵循的各项规章制度,有丰富的阅历和实际工作经验及较强的预测能力和应变能力。

（3）具备较强的社交能力：积极参加有关的社会活动,扩大信息交流,吸收投标所需

的新知识。

(4) 掌握科学的研究方法和手段，如科学的调查、统计、分析、预测的方法。

(5) 具备相应的税法、保险、采购、保函、索赔等专业知识。

(二) 专业投标团队的核心成员

专业的投标团队一般至少包括下面几名核心成员：

(1) 投标决策管理层：决定是否应标，批准最后正式提交的投标书（包括投标价格）；

(2) 投标经理：协调管理整个投标团队和投标过程；

(3) 销售经理或市场经理：客户、市场接口，提供相关投标参考信息（客户预算、竞争对手分析、市场价格分析等）；

(4) 商务：投标成本计算和投标报价制作，其他投标商务文件准备；

(5) 法务：投标主体、程序和文件的法律风险审查，客户合同草案条款评估；

(6) 技术：技术方案制定优化，投标技术文件准备；

(7) 采购：供应商询价，支持投标成本计算；

(8) 以下成员也按需参与投标工作：

①质量经理：投标流程质量监控，投标里程碑管理；

②投标助理/文档专员：最后投标文件统一编辑、打印装订，投标授权代表签字盖章跟踪，相关后勤组织，投标文档归档等；

③中标后拟任命的项目执行经理或项目执行团队代表：及早介入投标过程，提供项目执行方面的意见和风险评估。

实操中结合案例，可以成立如下投标团队：1名高管，2名技术人员，1名报价员，1名商务人员，1～2名标书制作员组成，配置5～7人。团队组建完成后，按照程序购买标书、研读标书，选择合适的产品参与投标，编制投标文件。

第二节 政府采购投标文件制作实务

一 投标文件制作流程

投标的基本前提是响应招标文件的实质性要求和条件。投标文件是对招标文件的各项条款和标准做出最大限度的响应，满足招标文件中规定的各项综合评价标准。投标文件编制过程中必须对招标文件规定的条款要求逐条做出响应，严格按照招标文件填报，不得对招标文件进行修改，不得遗漏或者回避招标文件中的问题，更不能提出任何附带条件，否则将被评标委员会视作有偏差或不响应导致扣分，严重的还将导致废标。

投标文件的编制一般分为招标文件分析、搭建标书框架、标书内容填充、注意文本编排细节几个步骤。

(一) 招标文件分析

在拿到招标文件以后,首先要详细阅读招标文件,把重要的信息标注出来,主要包括质量要求、工期要求、安全目标、资质要求、业绩要求、人员要求、投标保证金的提交时间和方式、标书的份数、密封要求、开标时间、评标办法等,读完招标文件以后,要做到心中有数,针对投标要求有目的地逐项整理和落实,收集资料。

(二) 搭建标书框架

首先应根据招标文件要求拟定本次投标文件的整体章节名称和大致内容要求,一定要按招标文件要求的顺序及内容依次进行编排并填充相应内容,以充分说明我方能够满足招标方的要求。因此要确定好投标书的框架。

(1) 严格按招标文件提供的各部分投标文件目录、相关文件格式确定投标书的框架;

(2) 对投标书的框架进行检查、补充。很多招标文件中投标文件的编写部分与相关文件格式部分内容不同或表述不同,且投标人资格部分或评标办法中应该提交的内容也未体现在格式部分中,这些内容需自行添加补齐。

(三) 标书内容填充

大多数投标文件一般包括报价部分、商务部分、技术部分、其他部分四大部分,招标文件有特殊格式要求的除外。

1. 报价部分

必须要有开标一览表(填总价)、分项报价表。分项报价表中设备名称、数量与招标文件一致。大小写书写正确,数目相符,单位正确,货币单位前后一致。

投标报价不能超过招标文件中规定的预算金额,且不要改变招标文件中的报价内容格式。投标人应充分理解招标文件规定的具体要求、服务范围以及应尽的义务,理解和掌握任何可能影响投标报价的因素。如果中标,不能以任何借口提出额外赔偿或补偿等要求。报价应当符合国家或地区有关行业管理服务收费的相关规定,并结合自身的服务水平和承受能力进行报价。投标报价应当是履行项目合同的最终的唯一不变的价格,包括为完成本项目所发生的所有成本、税费和利润。

开标一览表中的报价与投标书中报价不一致的,以开标一览表为准;大写金额和小写金额不一致的,以大写金额为准;单价金额小数点或者百分比有明显错位的,以开标一览表的总价为准,并修改单价;总价金额与按单价汇总金额不一致的,以单价金额计算结果为准。

2. 商务部分

一般包括法定代表人身份证明、法人授权委托书(正本为原件)、投标函、投标保证金交存凭证复印件、对招标文件及合同条款的承诺及补充意见、企业营业执照、资质证书、其他证明文件等。

投标书中提供的资格证明材料应符合《中华人民共和国政府采购法》第二十二条的规定和招标文件的要求。出具"法定代表人授权委托书"(含被授权人身份证复印件),法定代表人应和营业执照一致；须有依法缴纳税收和社会保障资金的证明材料、没有重大违法记录的声明；有未被"信用中国"或"中国政府采购网"等列入不诚信单位和禁止参加政府采购活动的证明；提供经审计的上年度财务状况报告等。此外还要根据招标文件要求提供特定资格条件的证明材料和政策性资格条件的证明材料。还要注意项目是否接受联合体投标。如接受联合体投标，须符合招标文件规定，提交联合投标协议且格式符合招标文件要求。投标文件中未提供《投标函》的，为无效投标。

3. 技术部分

技术部分包括图纸设计说明、技术方案、施工组织设计、工期计划、人员、项目验收、培训、售后服务等，并按招标要求提供可能涉及的人员、资质证书以及相关的佐证材料。技术部分应着重注意抓重点，可以不必太详细，但必须针对性地介绍，提供如产品彩页、截图界面等。对于优点和长处一定要表述清楚并放到技术部分前部，充分体现技术实力，提升形象。

投标人编制投标文件时，在填写技术或商务参数偏离表时，应对招标文件的实质性要求和条件包括招标文件中提出的投标资格、投标报价、施工工期（或货物供货期）、投标有效期、质量要求、技术标准和要求、服务技术指标、相关业绩等方面的要求逐项做出全面、具体、明确的响应，不得遗漏或回避，并详细标明具体参数指标，不得以"满足""达标""响应"等含糊字眼表述。投标人以文字资料、图纸或数据等形式详细说明货物主要技术指标和性能，特别是对加注★的重要技术条款或技术参数应当在投标文件中提供技术支持资料。技术支持资料以投标货物制造商公开发布的印刷资料或检测机构出具的检测报告或招标文件中允许的其他形式为准。投标人应结合招标项目特点、难点和自身实际编制科学合理、针对性强、易于实施的技术、服务和管理方案，并根据招标文件统一的格式和要求进行阐述和编制。编制的技术、服务和管理方案应合理可行，做到层次分明、简明扼要、逻辑性强，能够突出表现出对招标项目的重点和难点的把控能力，体现出投标人的技术水平和能力特长，同时尽可能采用一些图表形式，直观、准确地表达方案的意思和作用。技术、服务和管理方案包括工程施工组织设计、供货组织方案及技术建议书，是投标文件的重要技术投标文件，又是编制投标报价的基础，同时也是反映投标人技术和管理水平的重要文件。

（四）文本编排细节

在投标书编制完成之后一定要再进行详细的检查，根据投标书的页码编制目录，确保完成一份完整的投标书。投标书内容一般应逐页标注连续页码并编制目录。

投标书的目录一般包含总报价、委托书、资质文件、佐证材料、商务响应情况、技术响应情况、售后服务情况等。建议投标人在做标书目录时，一定要参考评分标准，在目录中体现评分标准项目。投标书的目录格式在招标文件中大多做了统一设定，这时投标人可以在设定的目录项目中增加下级项目来体现评分项目，并尽量和评分项目顺序保持一致。这样做的目的是保证评委能够比较容易地找到评分项，并根据情况打分。

投标文件按照招标文件提供的格式和要求编制，注重文本编排细节，用不褪色墨水打印,按照招标文件规定的形式装订整齐,附件资料要齐全,扫描件要清晰不得涂改,如有必要,可增加附页作为投标文件的组成部分,并按招标文件要求签字盖章。

二 确定标书框架

制作投标书时,需严格按招标文件提供的各部分投标文件目录、相关文件格式确定投标书的框架。确定框架以后,对投标书的框架进行检查、补充。在实际工作中,很多招标文件中关于投标文件的编写部分与相关文件格式部分内容不同或表述不同,且投标人资格部分或评标办法中应该提交的内容也未体现在格式部分中,因此这些内容需自行添加补齐。投标人编写的投标文件应包括资信证明文件、投标配置与分项报价表、技术参数响应及偏离表、技术售后服务承诺书、投标函、开标一览表等部分(见资料14-1)。

资料14-1 投标文件构成

一、封面
二、目录
三、资格审查响应对照表
四、符合性审查响应对照表
五、评分索引表
六、资格、资信证明文件
七、投标配置与分项报价表
八、技术参数响应及偏离表
九、商务条款响应及偏离表
十、技术及售后服务承诺书
十一、投标函
十二、开标一览表
十三、其他

三 标书内容填充

参照本书第十三章投标文件撰写技巧相关理论内容,结合本案例,对上述标书框架内相关内容逐项进行填充,添加相应辅证材料。

(一)资格审查响应对照表

通用资格条件、特定资格条件、其他资格条件等各类证件、文档、证明材料等,需为清晰的原件或扫描件、复印件等,根据投标人实际情况如实提供。部分声明等,如招标文件中提供模板,可以直接使用招标文件中提供的模板填写相应内容即可。部分内容与第四部分资格、资信证明文件要求相同,可兼用,标注清楚在投标文件中的页码即可。

参照本书提供的采购文件填写资格审查响应对照表(见表14-1)。

表 14-1 资格审查响应对照表

序号	资格审查响应内容	是否响应（填是或者否）	投标文件中的页码位置
通用资格条件			
1	法人或者其他组织的营业执照等证明文件,自然人的身份证明	是	
2	上一年度的财务状况报告(成立不满一年无需提供)	是/否	
3	依法缴纳税收和社会保障资金的相关材料(提供提交投标文件截止时间前一年内至少一个月依法缴纳税收及缴纳社会保障资金的证明材料。投标人依法享受缓缴、免缴税收、社会保障资金的提供证明材料。)	是	
4	具备履行合同所必需的设备和专业技术能力的书面声明	是	
5	参加政府采购活动前 3 年内在经营活动中没有重大违法记录的书面声明	是	
特定资格条件			
6	未被"信用中国"网站(www.creditchina.gov.cn)列入失信被执行人、重大税收违法案件当事人名单、政府采购严重失信行为记录名单(提供网页截图)	是	
7	……		
其他资格条件			
8	法人授权书	是	
9	投标函	是	
10	联合体协议(以联合体形式参加投标的,必须提供联合体协议)	是/否	
11	节能产品认证证书(投标产品如属于政府强制采购节能产品品目清单范围内,投标人必须提供国家确定的认证机构出具的、处于有效期之内的该节能产品认证证书)	是/否	
12	……		

注：此处部分辅证材料可与第四部分资格、资信证明文件所要求提供的证件、文件等共享。

（二）符合性审查响应对照表

此表格中的符合性审查响应内容必须在仔细研读招标文件的基础上,结合采购文件中斜体加下划线内容逐条列出,缺一不可。如在评分细则中要求提供证明材料的,则需提供翔实的证明材料,并在相应位置标注页码。

参照本书提供的采购文件,填写符合性审查响应对照表(见表 14-2)。

表 14-2 符合性审查响应对照表

序号	符合性审查响应内容	是否响应(填是或者否)	投标文件中的页码位置
1	采购需求中必须满足的实质性要求(即加斜体下划线内容,每条详细列出)		
2	*CPU:≥i7-9700;主频≥3.0 GHz;缓存≥9 M;≥6核*	是	
3	*主板:470系列及以上芯片组*	是	
4	*电源:≥300 W高效电源*	是	
5	……		

(三) 评分索引表

结合采购文件中所提供的评分标准说明,逐项撰写相关内容或提供辅证材料,并注明在投标文件中的页码位置。

(1) 技术部分。根据评分标准说明,除提供《技术要求响应及偏离表》以外,需针对相应技术要求。如实提供详细的技术说明书、检测报告、产品出厂证明、质量认证证书、技术图纸等材料,如有需要,提供实物样品。

(2) 商务部分。通常需要提供类似业绩证明。

参照本书提供的采购文件填写评分索引表(见表 14-3)。

表 14-3 评分索引表

序号	评审因素	评分标准说明	分值	投标文件中的页码位置
一		价格评价	35	
1	价格分	价格分采用低价优先法计算,即满足采购文件要求且报价最低的供应商报价为评标基准价,其价格分为满分 35 分,其他投标人的价格分统一按照以下公式计算:投标报价得分=(评标基准价/该投标人的投标报价)×35 分。分值保留小数点后 1 位	35	
二		技术部分	43	
1	技术响应	根据投标人提供的设备功能、参数响应情况及《详细配置一览表》《技术要求响应及偏离表》等,结合投标人提供的相关厂家的证明材料(印刷彩页、网站截图、产品说明书等),就其对各设备的理解是否响应招标文件要求,功能是否合理、参数是否响应、设备性能是否满足进行详细评审,如完全响应招标文件的得 30 分。 针对实质性要求,如出现负偏离的,视为未实质性响应的投标。 针对非实质性要求,如出现负偏离的,经评委会充分论证后给予每项 2.5 分的扣分。 如出现正偏离(主板/CPU/显卡/电源)评委会认定有意义的每有 1 项得 2.5 分,最高得 5 分	35	

续表

序号	评审因素	评分标准说明	分值	投标文件中的页码位置
2	产品检测证书（报告）	投标人提供的证明材料复印件加盖生产厂家公章： (1) 计算机投标产品具有专业检验检测机构出具的有关"噪声测试"的检测报告，其中噪声小于 11 分贝，得 2 分；大于等于 11 分贝小于 12 分贝，得 1 分；大于等于 12 分贝不得分。 (2) 计算机投标产品具有专业检验检测机构出具的有关"工作状态下高温试验"合格的检测报告，试验箱温 40 ℃ 及以上得 2 分，大于等于 35 ℃ 小于 40 ℃ 得 1 分，小于 35 ℃ 不得分。 (3) 计算机投标产品具有专业检验检测机构出具的有关"浪涌试验"合格的检验报告，其中电源端口试验电压达到 4 级（4 kV）及以上的得 2 分，3 级（2 kV）得 1 分，3 级以下不得分。 (4) 计算机投标产品具有国家电子计算机质量监督检验中心（或有资质的单位）检测机构出具的有关"可靠性试验"合格的检测报告，其中 MTBF 的 m1 值大于 100 万得 2 分，m1 值大于 80 万小于等于 100 万得 1 分，m1 小于等于 80 万不得分 （检验报告有 CNAS、CAL、CMA 之一标识有效，其他无效）	8	
三		商务部分	8	
1	企业资信	(1) 投标人具有"信息技术服务运行维护标准符合性证书（ITSS）"3 级及以上证书的得 1 分。 (2) 投标人具有"ISO 9001 质量管理体系"认证证书的得 1 分； 以上证书提供复印件加盖公章	2	
2	业绩能力	投标人具有 2017 年 1 月 1 日以来类似本项目台式计算机供货及安装业绩的，每提供 1 个得 1 分，最多得 4 分（必须提供有效合同复印件，复印件需清晰可见内容主体）	4	
3	环保	投标产品属于财政部、生态环境部公布的"环境标志产品品目清单"范围内的，投标人提供国家确定的认证机构出具的、处于有效期内的该环保产品认证证书复印件的，得 1 分，未提供的不得分。 投标主要产品属于财政部、生态环境部公布的"环境标志产品品目清单"范围内的，投标人提供国家确定的认证机构出具的、处于有效期内的该环保产品认证证书复印件的，得 1 分，未提供的不得分。 投标人提供证明材料复印件需加盖生产厂家公章	2	
四		服务体系	14	
1	安装及售后服务方案	评委根据投标人的安装售后服务方案酌情打分，从服务方案，包括服务人员的配备、服务响应程度、响应时间、保证质量服务的措施及承诺、解决问题的能力，紧急故障处理预案等情况等方面考虑。方案优于招标文件要求的得 4 分，完全符合招标要求文件的得 2 分，不完全符合招标文件要求及未提供的不得分	4	

续表

序号	评审因素	评分标准说明	分值	投标文件中的页码位置
2	质保	(1) 投标人提供原厂质保证明文件得 2 分,否则不得分。 (2) 投标人承诺提供的计算机产品原厂免费质量保证不低于五年上门保修;投标人投报的质保期在招标文件要求的基础上,每延长一年得 2 分,本项最高得 6 分	8	
3	售后服务响应	根据投标人的售后服务响应速度进行打分,优于招标文件要求的得 2 分,完全符合招标文件要求的得 1 分,不完全符合招标文件要求的得 0 分	2	

(四)资格、资信证明文件要求

1. 资格证明文件目录

(1) 法人或者其他组织的营业执照等证明文件,自然人的身份证明(复印件)如实提供相应材料。

(2) 上一年度财务状况报告(复印件,成立不满一年不需提供)如实提供相应材料。

(3) 依法缴纳税收和社会保障资金的相关材料,如实提供相应材料(复印件)。(提供提交投标文件截止时间前一年内至少一个月依法缴纳税收及缴纳社会保障资金的证明材料。投标人依法享受缓缴、免缴税收、社会保障资金的提供证明材料。)

(4) 具备履行合同所必需的设备和专业技术能力的书面声明(原件,格式见后)。

(5) 参加政府采购活动前 3 年内在经营活动中没有重大违法记录的书面声明(原件,格式见后)。

(6) 未被"信用中国"网站(www.creditchina.gov.cn)列入失信被执行人、重大税收违法案件当事人名单、政府采购严重失信行为记录名单。(提供网页截图)

(7) 法人授权书(原件)。

(8) 投标函(原件)。

(9) ★★★★★(本项目其他资格条件)。

(10) 联合体协议(以联合体形式参加投标的,必须提供联合体协议原件)。

(11) 投标产品如属于政府强制采购节能产品品目清单范围内,投标人必须提供国家确定的认证机构出具的、处于有效期之内的该节能产品认证证书复印件,否则视为无效投标。

以上资格证明文件中要求加盖公章的,必须加盖公章。如供应商组成联合体参加投标,则联合体各方均须加盖公章,否则视为无效投标。

备注:建议投标人将资格证明文件单独装订成册。

2. 参考文档

(1) 履行合同所必需的设备和专业技术能力的书面声明(见资料 14-2)。

资料 14-2　履行合同所必需的设备和专业技术能力的书面声明

我单位郑重声明:我单位具备履行本项采购合同所必需的设备和专业技术能力,为履行本项采购合同我公司具备如下主要设备和主要专业技术能力:

主要设备有:

主要专业技术能力有:

投标人名称(公章):
日　期:_____年_____月_____日

(2) 法人授权书(见资料 14-3)。

资料 14-3　法人授权书

本授权书声明:_____(投标人名称)授权_____(被授权人的姓名)为我方就 JSZC-_____号项目采购活动的合法代理人,以本单位名义全权处理一切与该项目采购有关的事务。

本授权书于_____年_____月_____日起生效,特此声明。

代理人(被授权人)签字:_____

身份证号码:

联系电话:(手机)

单位名称:_____

授权单位(公章):_____

单位地址:_____

日期:_____

备注一:如果我公司(单位)中标,请按以下信息寄送中标通知书

1. 联系人:_____
2. 寄送地址:_____
3. 联系电话:_____

(备注一中相关信息内容需打印)

备注二:该法人授权书除在投标文件中提供外,还需单独另附一份与开标一览表一并密封递交。

投标人名称(公章):
日　期:_____年_____月_____日

(3) 参加政府采购活动前 3 年内在经营活动中没有重大违法纪录的书面声明(见资料 14-4)。

资料 14-4　声　明

我单位郑重声明:参加本次政府采购活动前 3 年内,我单位在经营活动中没有因违法经营受到刑事处罚或者责令停产停业、吊销许可证或者执照、较大数额罚款等行政处罚。

投标人名称(公章):
日　期:_____年_____月_____日

(五) 投标产品配置及分项报价表

投标人应按照招标文件规定格式填报投标配置与分项报价表,在表中标明所提供的设备品牌或服务名称、规格、型号、原产地、主要部件型号及其功能的中文说明和供货期。每项货物或服务等只允许有一个报价,任何有选择的报价将不予接受(如有备选配件,备选配件的报价不属于选择的报价)。

投标配置与分项报价表上的价格应按下列方式分开填写。(1) 项目总价:包括买方需求的产品价格、质量保证费用、培训费用及售后服务费用,项目在指定地点、环境交付、安装、调试、验收所需费用和所有相关税金费用及为完成整个项目所产生的其他所有费用。(2) 项目单价按投标配置及分项报价表中要求填报。

投标小组通过分析影响报价的各类因素,结合企业实际供货情况,制定出合理的报价后,逐一填写采购文件中所列举出的所有需求产品、服务、工程、货物的型号、价格,如有其他费用,可以一并列举。

结合采购文件填写投标产品配置及分项报价表(见表 14-4)。

表 14-4　投标产品配置及分项报价表

1	2	3	4	5	6
产品名称及规格、型号	数量	产地	交付期	单价	总价
计算机中心南机房商用台式电脑	120 套	××省××市	202×.×.×		
合计					

(六) 技术参数响应及偏离表

对招标文件中的技术与商务条款要求逐项做出响应或偏离,并说明原因;提供参加本项目类似案例的简介;提供培训计划;详细阐述所投货物的主要组成部分、功能设计、实现思路及关键技术;提供投标人认为需要的其他技术文件或说明。

结合采购文件及评分细则中所要求的内容,逐项填写技术参数响应及偏离表(见表 14-5)。

表 14-5　技术参数响应及偏离表

序号	招标要求	投标响应	超出、符合或偏离	证明材料

注：1. 按照基本技术要求详细填列。
　　2. 行数不够，可自行添加。

（七）商务条款响应及偏离表

结合采购文件及评分细则中所要求的内容，逐项填写商务条款响应及偏离表（见表14-6）。

表 14-6　商务条款响应及偏离表

项目	招标文件要求	是否响应	投标人的承诺或说明
质保期			
售后技术服务要求			
交付时间			
交货方式			
交货地点			
付款方式			
培训要求			
备品备件及耗材等要求			
其他	……		

（八）技术及售后服务承诺书

可根据招标文件要求及供应商实际情况自行撰写。

（九）投标函

投标函在采购文件中有格式模板，参照资料14-5填写即可。小微企业声明函格式见资料14-6，联合体协议见资料14-7，残疾人福利性单位声明函见资料14-8。

资料14－5　投标函格式

致：××采购中心

根据贵方的_____号招标文件,正式授权下述签字人_____(姓名)代表我方_____(投标人的名称),全权处理本次项目投标的有关事宜。

据此函,_____签字人兹宣布同意如下：

1. 按招标文件规定的各项要求,向买方提供所需货物与服务。
2. 我们完全理解贵方不一定将合同授予最低报价的投标人。
3. 我们已详细审核全部招标文件及其有效补充文件,我们知道必须放弃提出含糊不清或误解问题的权利。
4. 我们同意从规定的开标日期起遵循本投标文件,并在规定的投标有效期期满之前均具有约束力。
5. 如果在开标后规定的投标有效期内撤回投标或中标后拒绝签订合同,我们的投标保证金可不予退还。
6. 同意向贵方提供贵方可能另外要求的与投标有关的任何证据或资料,并保证我方已提供和将要提供的文件是真实的、准确的。
7. 一旦我方中标,我方将根据招标文件的规定,严格履行合同的责任和义务,并保证在招标文件规定的时间完成项目,交付买方验收、使用。
8. 与本投标有关的正式通信地址为：

地　　址：
邮　　编：
电　　话：
传　　真：
投标人开户行：
账　　户：

投标人名称(公章)：
日　期：_____年_____月_____日

资料14－6　中小企业声明函

本公司(联合体)郑重声明,根据《政府采购促进中小企业发展管理办法》(财库〔2020〕46号)的规定,本公司(联合体)参加(单位名称)的(项目名称)采购活动,提供的货物全部由符合政策要求的中小企业制造。相关企业(含联合体中的中小企业、签订分包意向协议的中小企业)的具体情况如下：

1. (标的名称),属于(采购文件中明确的所属行业)行业；制造商为(企业名称),从业人员_____人,营业收入为_____万元,资产总额为_____万元,属于(中型企业、小型企业、微型企业)；
2. (标的名称),属于(采购文件中明确的所属行业)行业；制造商为(企业名称),从业人员_____人,营业收入为_____万元,资产总额为_____万元,属于(中型企业、小型企业、微型企业)；

…………

以上企业,不属于大企业的分支机构,不存在控股股东为大企业的情形,也不存在与大企业的负责人为同一人的情形。

本企业对上述声明内容的真实性负责。如有虚假,将依法承担相应责任。

企业名称(盖章)：
日　期：

(备注：供应商如不提供此声明函,价格将不做相应扣除)

资料 14-7　联合体协议(参考格式)

_____(联合体中各供应商全称)在此达成以下协议:

1. 我们自愿组成联合体,参加江苏省政府采购中心组织的采购编号为____(项目全称)项目的政府采购活动。

2. 若我们联合中标、成交,_____(供应商单位1全称)实施项目中_____(工作内容)部分工作,并承担相应的责任。_____(供应商单位2全称)实施项目中_____(工作内容)部分工作,并承担相应的责任……。(注:联合体中各供应商都应明示所承担的工作和相应的责任)。

3. 其中_____(小型、微型企业/残疾人福利性单位/监狱企业全称)为_____(小型、微型企业/残疾人福利性单位/监狱企业)企业,且我们约定该公司/单位所承担的合同金额将占本项目合同总金额的_____%。

供应商全称(公章):
日　　期:

资料 14-8　残疾人福利性单位声明函

本单位郑重声明,根据《财政部 民政部 中国残疾人联合会关于促进残疾人就业政府采购政策的通知》(财库〔2017〕141号)的规定,本单位为符合条件的残疾人福利性单位,且本单位参加_____单位的采购文件编号为_____的_____项目采购活动提供本单位制造的货物(由本单位承担工程/提供服务),或者提供其他残疾人福利性单位制造的货物(不包括使用非残疾人福利性单位注册商标的货物)。

本单位在本次政府采购活动中提供的残疾人福利单位产品报价合计为人民币(大写)_____元整(￥:_____)。

本单位对上述声明的真实性负责。如有虚假,将依法承担相应责任。

(备注:1. 供应商如不提供此声明函,价格将不做相应扣除。2. 中标供应商为残疾人福利单位的,此声明函将随中标结果同时公告,接受社会监督)

供应商全称(盖章):
日　　期:

(十) 开标一览表

开标一览表中的价格应与投标文件中投标配置与分项报价表中的价格一致,如不一致,不作为无效投标处理,但评标时按开标一览表中价格为准。

结合此案例填写开标一览表(见表14-7)。

表 14-7　项目名称：某某大学计算机中心南机房等电脑更新项目

项目编号：JS12345687989

	投标货物名称	核心产品品牌	投标报价（大写）	投标报价（小写）（人民币：元）
计算机中心南机房商用台式电脑		××牌		
投标总报价（大写）				
投标总报价（小写）				（人民币：元）

日期：___年___月___日

（十一）其他

其他需要在投标文件中说明的相关内容，可在此模块说明清楚，或提供相应证明材料。

第三节　政府采购投标文件制作策略

一、投标文件技术部分制作策略

技术部分编写时必须熟悉招标文件技术规范、技术评分标准并对应编制。供货范围除商务部分体现外，技术部分也要说明其规格、型号、数量、满足技术要求程度等。如果需编制施工组织设计方案，编制前召开施工组织设计方案会，制定切实可行的施工组织设计方案是标书优质和合理报价的基础，它往往体现一个企业的整体实力和施工水平，直接影响投标书的质量，对是否中标起着关键性的作用，应予以足够重视。施工方案应做到合理、优化，并完全响应招标文件的要求，紧扣设计者或业主的意图。方案确定后，要让每个编写标书的人员清楚了解，并贯彻落实到整个标书编写过程中。根据施工组织设计方案计算出临时设施工程量，包括临时工程的材料、用量、使用时间和周转次数等，经施工组织负责人审核后提供给计经人员做预算报价用。临时设施工程量应完全符合施工组织方案的要求，并且准确、详细、不漏项，以便于准确做好工程预算并为后期的成本分析、降造等提供参考依据，其往往对最后投标报价的确定和报价是否具有竞争性起着重要的作用。

本案例技术部分评分表见表 14-8。

表 14-8 技术部分评分表

二		技术部分	43
1	技术响应	根据投标人提供的设备功能、参数响应情况及详细配置一览表、技术要求响应及偏离表等,结合投标人提供的相关厂家的证明材料(印刷彩页、网站截图、产品说明书等),就其对各设备的理解是否响应招标文件要求、功能是否合理、参数是否响应、设备性能是否满足进行详细评审,如完全响应招标文件的得 30 分。 针对实质性要求,如出现负偏离的,视为未实质性响应的投标; 针对非实质性要求,如出现负偏离的,经评委会充分论证后给予每项 2.5 分的扣分; 如出现正偏离(主板/CPU/显卡/电源),评委会认定有意义的每有 1 项得 2.5 分,最高得 5 分	35
2	产品检测证书(报告)	投标人提供的证明材料复印件加盖生产厂家公章。 (1) 计算机投标产品具有专业检验检测机构出具的有关"噪声测试"的检测报告,其中噪声小于 11 分贝,得 2 分;大于等于 11 分贝小于 12 分贝,得 1 分;大于等于 12 分贝不得分。 (2) 计算机投标产品具有专业检验检测机构出具的有关"工作状态下高温试验"合格的检测报告,试验箱温 40℃及以上得 2 分,大于等于 35℃小于 40℃得 1 分,小于 35℃不得分。 (3) 计算机投标产品具有专业检验检测机构出具的有关"浪涌试验"合格的检验报告,其中电源端口试验电压达到 4 级(4kV)及以上的得 2 分,3 级(2 kV)得 1 分,3 级以下不得分。 (4) 计算机投标产品具有国家电子计算机质量监督检验中心(或有资质的单位)检测机构出具的有关"可繁性试验"合格的检测报告,其中 MTBF 的 m1 值大于 100 万得 2 分,m1 值大于 80 万小于等于 100 万得 1 分,m1 值小于等于 80 万不得分 (检验报告有 CNAS、CAL、CMA 之一标识有效,其他无效)	8

结合本采购公告,除提供《详细配置一览表》和《技术要求响应及偏离表》外,提供的证明材料多多益善。结合偏离表,产品可符合要求无偏离,或正偏离,不建议负偏离。仔细阅读关于"噪声测试""高温检测""浪涌实验""可靠性试验"的检测结果要求,结合产品实际情况,准备相应检测报告,提供检测证书复印件或证明材料复印件,在评分表中标注页码,并强调加盖厂家公章。

二 投标文件商务部分制作策略

商务部分一定要注重"收集""整理""筛选""组合"这四个环节,同时,投标文件制作人员要具有"严谨""细致""遇错即改"的工作态度。

按照招标文件提供的顺序和附件格式编制,原则上不随意变动格式,投标人认为有必要增加的内容,可放在最后一项"其他"中列入。如不需单独列出商务部分,可根据评分细则中的顺序和格式提供相应内容。

营业执照、财务报告、质量体系认证证书、环境体系认证证书、职业健康体系认证证书等,都是常规要求项;有的还要求网上截图,这些都要根据招标文件提供完整。特殊项目要求企业资质、安全生产许可证、项目负责人证书、人员证书、3C认证、国家强制性规定、强制要求提供的证书,因此,编制投标文件时,一定要完整地提供在标书中。企业业绩是考量一个企业履约能力的主要指标,因而,在提供业绩时,注意点为签约日期(是否在要求时间内)、是否为同类业绩(要求附合同范围)、合同金额等。有的招标文件不会要求提供中标通知书和付款凭证等。在提供项目负责人业绩(如果要求)时,一定要在合同或中标通知书中体现项目负责人名字,如果没有体现,也可让合同方出具证明。供货范围与工程量清单编制时,一定要注意分项报价和总价不要超限价,供货范围与工程量清单一定要完整准确,不能丢项、漏项。其他商务部分要求内容必须严格按招标文件执行。

本案例商务部分评分表见表14-9。

表14-9 商务部分评分表

三		商务部分	8
1	企业资信	(1) 投标人具有信息技术服务运行维护标准符合性证书(ITSS)3级及以上证书的得1分; (2) 投标人具有"ISO 9001质量管理体系认证证书"的得1分; 以上证书提供复印件加盖公章	2
2	业绩能力	投标人具有2017年1月1日以来类似本项目台式计算机供货及安装业绩的,每提供1个得1分,最多得4分(必须提供有效合同复印件,复印件需清晰可见内容主体)	4
3	环保	(1) 投标产品属于财政部、生态环境部公布的"环境标志产品品目清单"范围内的,投标人提供国家确定的认证机构出具的、处于有效期内的该环保产品认证证书复印件的,得1分,未提供的不得分。 (2) 投标主要产品属于财政部、生态环境部公布的环境标志产品品目清单范围内的,投标人提供国家确定的认证机构出具的、处于有效期内的该环保产品认证证书复印件的,得1分,未提供的不得分 投标人提供证明材料复印件需加盖生产厂家公章。	2

招标公告、招标文件中"资格初审与详细评审""附件格式"所提到的关于企业的要求,例如"信息技术服务运行维护标准符合性证书(ITSS)"3级及以上证书、"ISO 9001质量管理体系"认证证书、环保产品认证证书等要求,均要满足要求,按序提供,不能缺项。

招标文件中企业近年来的业绩要求,投标人要"至少"满足,多多益善,不同类型的施工招标项目要找到对应的业绩,要对号入座,不要混淆。

在实际工作中,商务部分可能还会有获奖情况,参与本项目人员配置,项目经理、技术负责人、安全负责人的学历、技术职称、执业证书等方面的要求,制作投标书时要做到全面覆盖,没有漏项。技术职称(如未明确要求):尽可能要中级(工程师/经济师/技能等级)以上;学历:优先选用大学毕业的人员;执业证书:参与该项目的全体人员均要"持证上岗",标书中禁止填报无证人员。

三 投标文件服务体系制作策略

根据项目需求和评分细则中相关内容进行服务体系模块相关内容的撰写。结合本采购公告中的项目需求和评分表,首先撰写《安装与售后服务方案》,方案中必须包括服务人员的配备、服务响应程度、响应时间、保证服务质量的措施及承诺、解决问题的能力、紧急故障处理预案等方面的内容。例如,在人员配备中,列举参与本项目的工作团队所有成员信息,包括姓名、学历水平、工作年限、职业资格证书、类似项目经历等的介绍,以及近期社保缴纳记录等。服务响应程度、响应时间、巡检、保障等,公司需有相关的工作规范或工作手册、相关规章制度等,在此基础上,结合采购方的需求分项撰写,力求做到全面、科学、规范、切实可行。质保方面,提供原厂质保证明文件,并撰写承诺函,承诺提供的计算机产品原厂免费质量保证不低于五年上门保修,如有条件,增加延保时间。售后服务响应需要结合本项目采购需求中所列的服务要求,提供相关售后服务网点地址、电话、技术人员配置及人员近期社保缴纳记录等相关证明材料。

1. 供货期。合同签订后 20 日内完成安装、调试、验收等工作。

2. ★质保期。5 年原厂质保,质保期从验收合格后当日起计算,质保期内不得收取任何形式的上门费、人工费及材料费、配件费等,质保期结束前,须对货物进行一次免费的全面校正和维护保养,并保证性能达到货物出厂标准。在签订合同时需提供原厂商针对该项目的原厂质保承诺函原件。

3. 售后服务。要求生产厂商在中国大陆设立有固定维修站,并配备专业维修工程师,能提供及时、有效的售后服务。卖方终身提供免费的应用咨询及技术帮助。如仪器设备出现问题,卖方要在 2 小时内响应,提供电话指导、远程诊断、故障排除等服务,并保证能在 24 小时内上门维修。卖方提供终身免费技术支持,操作系统免费升级、更新、维护。须承诺提供核心部件的备品备件,以保证质保期外 3 年内的维修和更换(使用方以不高于同期市场价格购置)。投标人应提供自身及所投货物品牌原厂的响应标准、服务体系、备件体系、故障解决方案、专业技术人员保障、日常巡检、重大活动保障等服务方案,服务方案应科学合理、具备针对性,并指定专门的售后服务人员,确保投标人中标后提供的各项售后服务能满足招标文件要求。

4. 售后服务响应。投标人及所投品牌生产者在项目实施地有服务网点(提供有效证明材料,包括网点地址、电话、技术人员配置及人员近期社保缴纳记录等)。

5. 技术培训。卖方提供不少于两天的现场技术培训,包括使用操作、维护保养等。投标人须提供所需的培训服务,以确保采购人的技术人员能对投标人所提供的设备和装置的设计、日常运作、故障和例行维护、事故处理和解决方案等有全面性的认识和了解。提供并解释有关设计资料、文件、图纸等,以便采购对整套系统的各个方面都能熟练掌握。提供足够的材料、设备、样本、模型、幻灯、影片以及其他各种需要的培训教材文件,培训课程完成后,有关装备和教材将为采购人方所有,所有教材文件须以中文说明。

本案例服务体系评分表见表 14-10。

表 14-10 服务体系评分表

四	服务体系		分值
1	安装及售后服务方案	评委根据投标人的安装售后服务方案酌情打分,从服务方案,包括服务人员配备、服务响应程度、响应时间、保证质量服务的措施及承诺、解决问题的能力、紧急故障处理预案情况等方面考虑。方案优于招标文件要求的得 4 分,完全符合招标文件要求的得 2 分,不完全符合招标文件要求及未提供的不得分	4
2	质保	投标人提供原厂质保证明文件得 2 分,否则不得分。投标人承诺提供的计算机产品原厂免费质量保证不低于五年上门保修;投标人投报的质保期在投标文件要求的基础上,每延长一年得 2 分,本项最高得分 6 分	8
3	售后服务响应	根据招标人的售后服务响应速度材料进行打分,优于招标文件要求的得 2 分,完全符合招标文件要求的得 1 分,不完全符合招标文件要求的得 0 分	2

四 投标文件目录生成

1. 资格审查响应对照表
2. 符合性审查响应对照表
3. 评分索引表
4. 资格、资信证明文件
5. 投标配置与分项报价表
6. 技术参数响应及偏离表
6.1 技术响应
6.2 产品检测证书(报告)
7. 商务条款响应及偏离表
7.1 企业资信及相关辅证材料
7.1.1 "信息技术服务运行维护标准符合性证书(ITSS)" 3 级及以上证书
7.1.2 "ISO 9001 质量管理体系"认证证书
7.2 业绩能力及相关辅证材料
7.3 环保及相关辅证材料
7.3.1 投标产品环保产品认证证书复印件
7.3.2 投标主要产品环保产品认证证书复印件
8. 技术及售后服务承诺书
8.1 安装及售后服务方案
8.2 质保
8.3 售后服务响应
9. 投标函
10. 开标一览表
11. 其他

附录一 政府采购相关法律法规汇编

(一) 中华人民共和国政府采购法

第一章 总则

第一条 为了规范政府采购行为,提高政府采购资金的使用效益,维护国家利益和社会公共利益,保护政府采购当事人的合法权益,促进廉政建设,制定本法。

第二条 在中华人民共和国境内进行的政府采购适用本法。

本法所称政府采购,是指各级国家机关、事业单位和团体组织,使用财政性资金采购依法制定的集中采购目录以内的或者采购限额标准以上的货物、工程和服务的行为。

政府集中采购目录和采购限额标准依照本法规定的权限制定。

本法所称采购,是指以合同方式有偿取得货物、工程和服务的行为,包括购买、租赁、委托、雇用等。

本法所称货物,是指各种形态和种类的物品,包括原材料、燃料、设备、产品等。

本法所称工程,是指建设工程,包括建筑物和构筑物的新建、改建、扩建、装修、拆除、修缮等。

本法所称服务,是指除货物和工程以外的其他政府采购对象。

第三条 政府采购应当遵循公开透明原则、公平竞争原则、公正原则和诚实信用原则。

第四条 政府采购工程进行招标投标的,适用招标投标法。

第五条 任何单位和个人不得采用任何方式,阻挠和限制供应商自由进入本地区和本行业的政府采购市场。

第六条 政府采购应当严格按照批准的预算执行。

第七条 政府采购实行集中采购和分散采购相结合。集中采购的范围由省级以上人民政府公布的集中采购目录确定。

属于中央预算的政府采购项目,其集中采购目录由国务院确定并公布;属于地方预算的政府采购项目,其集中采购目录由省、自治区、直辖市人民政府或者其授权的机构确定并公布。

纳入集中采购目录的政府采购项目,应当实行集中采购。

第八条 政府采购限额标准,属于中央预算的政府采购项目,由国务院确定并公布;属于地方预算的政府采购项目,由省、自治区、直辖市人民政府或者其授权的机构确定并公布。

第九条 政府采购应当有助于实现国家的经济和社会发展政策目标,包括保护环境,扶持不发达地区和少数民族地区,促进中小企业发展等。

第十条　政府采购应当采购本国货物、工程和服务。但有下列情形之一的除外:

(一)需要采购的货物、工程或者服务在中国境内无法获取或者无法以合理的商业条件获取的;

(二)为在中国境外使用而进行采购的;

(三)其他法律、行政法规另有规定的。

前款所称本国货物、工程和服务的界定,依照国务院有关规定执行。

第十一条　政府采购的信息应当在政府采购监督管理部门指定的媒体上及时向社会公开发布,但涉及商业秘密的除外。

第十二条　在政府采购活动中,采购人员及相关人员与供应商有利害关系的,必须回避。供应商认为采购人员及相关人员与其他供应商有利害关系的,可以申请其回避。

前款所称相关人员,包括招标采购中评标委员会的组成人员,竞争性谈判采购中谈判小组的组成人员,询价采购中询价小组的组成人员等。

第十三条　各级人民政府财政部门是负责政府采购监督管理的部门,依法履行对政府采购活动的监督管理职责。

各级人民政府其他有关部门依法履行与政府采购活动有关的监督管理职责。

第二章　政府采购当事人

第十四条　政府采购当事人是指在政府采购活动中享有权利和承担义务的各类主体,包括采购人、供应商和采购代理机构等。

第十五条　采购人是指依法进行政府采购的国家机关、事业单位、团体组织。

第十六条　集中采购机构为采购代理机构。设区的市、自治州以上人民政府根据本级政府采购项目组织集中采购的需要设立集中采购机构。

集中采购机构是非营利事业法人,根据采购人的委托办理采购事宜。

第十七条　集中采购机构进行政府采购活动,应当符合采购价格低于市场平均价格、采购效率更高、采购质量优良和服务良好的要求。

第十八条　采购人采购纳入集中采购目录的政府采购项目,必须委托集中采购机构代理采购;采购未纳入集中采购目录的政府采购项目,可以自行采购,也可以委托集中采购机构在委托的范围内代理采购。

纳入集中采购目录属于通用的政府采购项目的,应当委托集中采购机构代理采购;属于本部门、本系统有特殊要求的项目,应当实行部门集中采购;属于本单位有特殊要求的项目,

经省级以上人民政府批准,可以自行采购。

第十九条　采购人可以委托集中采购机构以外的采购代理机构,在委托的范围内办理政府采购事宜。

采购人有权自行选择采购代理机构,任何单位和个人不得以任何方式为采购人指定采购代理机构。

第二十条　采购人依法委托采购代理机构办理采购事宜的,应当由采购人与采购代理机构签订委托代理协议,依法确定委托代理的事项,约定双方的权利义务。

第二十一条　供应商是指向采购人提供货物、工程或者服务的法人、其他组织或者自然人。

第二十二条　供应商参加政府采购活动应当具备下列条件:

（一）具有独立承担民事责任的能力；

（二）具有良好的商业信誉和健全的财务会计制度；

（三）具有履行合同所必需的设备和专业技术能力；

（四）有依法缴纳税收和社会保障资金的良好记录；

（五）参加政府采购活动前三年内,在经营活动中没有重大违法记录；

（六）法律、行政法规规定的其他条件。

采购人可以根据采购项目的特殊要求,规定供应商的特定条件,但不得以不合理的条件对供应商实行差别待遇或者歧视待遇。

第二十三条　采购人可以要求参加政府采购的供应商提供有关资质证明文件和业绩情况,并根据本法规定的供应商条件和采购项目对供应商的特定要求,对供应商的资格进行审查。

第二十四条　两个以上的自然人、法人或者其他组织可以组成一个联合体,以一个供应商的身份共同参加政府采购。

以联合体形式进行政府采购的,参加联合体的供应商均应当具备本法第二十二条规定的条件,并应当向采购人提交联合协议,载明联合体各方承担的工作和义务。联合体各方应当共同与采购人签订采购合同,就采购合同约定的事项对采购人承担连带责任。

第二十五条　政府采购当事人不得相互串通损害国家利益、社会公共利益和其他当事人的合法权益；不得以任何手段排斥其他供应商参与竞争。

供应商不得以向采购人、采购代理机构、评标委员会的组成人员、竞争性谈判小组的组成人员、询价小组的组成人员行贿或者采取其他不正当手段谋取中标或者成交。

采购代理机构不得以向采购人行贿或者采取其他不正当手段谋取非法利益。

第三章　政府采购方式

第二十六条　政府采购采用以下方式:

（一）公开招标；

（二）邀请招标；

（三）竞争性谈判；

（四）单一来源采购；

（五）询价；

（六）国务院政府采购监督管理部门认定的其他采购方式。

公开招标应作为政府采购的主要采购方式。

第二十七条　采购人采购货物或者服务应当采用公开招标方式的,其具体数额标准,属于中央预算的政府采购项目,由国务院规定;属于地方预算的政府采购项目,由省、自治区、直辖市人民政府规定;因特殊情况需要采用公开招标以外的采购方式的,应当在采购活动开始前获得设区的市、自治州以上人民政府采购监督管理部门的批准。

第二十八条　采购人不得将应当以公开招标方式采购的货物或者服务化整为零或者以其他任何方式规避公开招标采购。

第二十九条　符合下列情形之一的货物或者服务,可以依照本法采用邀请招标方式采购:

（一）具有特殊性,只能从有限范围的供应商处采购的;

（二）采用公开招标方式的费用占政府采购项目总价值的比例过大的。

第三十条　符合下列情形之一的货物或者服务,可以依照本法采用竞争性谈判方式采购:

（一）招标后没有供应商投标或者没有合格标的或者重新招标未能成立的;

（二）技术复杂或者性质特殊,不能确定详细规格或者具体要求的;

（三）采用招标所需时间不能满足用户紧急需要的;

（四）不能事先计算出价格总额的。

第三十一条　符合下列情形之一的货物或者服务,可以依照本法采用单一来源方式采购:

（一）只能从唯一供应商处采购的;

（二）发生了不可预见的紧急情况不能从其他供应商处采购的;

（三）必须保证原有采购项目一致性或者服务配套的要求,需要继续从原供应商处添购,且添购资金总额不超过原合同采购金额百分之十的。

第三十二条　采购的货物规格、标准统一、现货货源充足且价格变化幅度小的政府采购项目,可以依照本法采用询价方式采购。

第四章　政府采购程序

第三十三条　负有编制部门预算职责的部门在编制下一财政年度部门预算时,应当将该财政年度政府采购的项目及资金预算列出,报本级财政部门汇总。部门预算的审批,按预算管理权限和程序进行。

第三十四条　货物或者服务项目采取邀请招标方式采购的,采购人应当从符合相应资格条件的供应商中,通过随机方式选择三家以上的供应商,并向其发出投标邀请书。

第三十五条　货物和服务项目实行招标方式采购的,自招标文件开始发出之日起至投标人提交投标文件截止之日止,不得少于二十日。

第三十六条　在招标采购中,出现下列情形之一的,应予废标:

（一）符合专业条件的供应商或者对招标文件作实质响应的供应商不足三家的;

（二）出现影响采购公正的违法、违规行为的;

（三）投标人的报价均超过了采购预算,采购人不能支付的;

（四）因重大变故,采购任务取消的。

废标后，采购人应当将废标理由通知所有投标人。

第三十七条　废标后，除采购任务取消情形外，应当重新组织招标；需要采取其他方式采购的，应当在采购活动开始前获得设区的市、自治州以上人民政府采购监督管理部门或者政府有关部门批准。

第三十八条　采用竞争性谈判方式采购的，应当遵循下列程序：

（一）成立谈判小组。谈判小组由采购人的代表和有关专家共三人以上的单数组成，其中专家的人数不得少于成员总数的三分之二。

（二）制定谈判文件。谈判文件应当明确谈判程序、谈判内容、合同草案的条款以及评定成交的标准等事项。

（三）确定邀请参加谈判的供应商名单。谈判小组从符合相应资格条件的供应商名单中确定不少于三家的供应商参加谈判，并向其提供谈判文件。

（四）谈判。谈判小组所有成员集中与单一供应商分别进行谈判。在谈判中，谈判的任何一方不得透露与谈判有关的其他供应商的技术资料、价格和其他信息。谈判文件有实质性变动的，谈判小组应当以书面形式通知所有参加谈判的供应商。

（五）确定成交供应商。谈判结束后，谈判小组应当要求所有参加谈判的供应商在规定时间内进行最后报价，采购人从谈判小组提出的成交候选人中根据符合采购需求、质量和服务相等且报价最低的原则确定成交供应商，并将结果通知所有参加谈判的未成交的供应商。

第三十九条　采取单一来源方式采购的，采购人与供应商应当遵循本法规定的原则，在保证采购项目质量和双方商定合理价格的基础上进行采购。

第四十条　采取询价方式采购的，应当遵循下列程序：

（一）成立询价小组。询价小组由采购人的代表和有关专家共三人以上的单数组成，其中专家的人数不得少于成员总数的三分之二。询价小组应当对采购项目的价格构成和评定成交的标准等事项做出规定。

（二）确定被询价的供应商名单。询价小组根据采购需求，从符合相应资格条件的供应商名单中确定不少于三家的供应商，并向其发出询价通知书让其报价。

（三）询价。询价小组要求被询价的供应商一次报出不得更改的价格。

（四）确定成交供应商。采购人根据符合采购需求、质量和服务相等且报价最低的原则确定成交供应商，并将结果通知所有被询价的未成交的供应商。

第四十一条　采购人或者其委托的采购代理机构应当组织对供应商履约的验收。大型或者复杂的政府采购项目，应当邀请国家认可的质量检测机构参加验收工作。验收方成员应当在验收书上签字，并承担相应的法律责任。

第四十二条　采购人、采购代理机构对政府采购项目每项采购活动的采购文件应当妥善保存，不得伪造、变造、隐匿或者销毁。采购文件的保存期限为从采购结束之日起至少保存十五年。

采购文件包括采购活动记录、采购预算、招标文件、投标文件、评标标准、评估报告、定标文件、合同文本、验收证明、质疑答复、投诉处理决定及其他有关文件、资料。

采购活动记录至少应当包括下列内容：

（一）采购项目类别、名称；

（二）采购项目预算、资金构成和合同价格；

（三）采购方式，采用公开招标以外的采购方式的，应当载明原因；

（四）邀请和选择供应商的条件及原因；

（五）评标标准及确定中标人的原因；

（六）废标的原因；

（七）采用招标以外采购方式的相应记载。

第五章　政府采购合同

第四十三条　政府采购合同适用合同法。采购人和供应商之间的权利和义务，应当按照平等、自愿的原则以合同方式约定。

采购人可以委托采购代理机构代表其与供应商签订政府采购合同。由采购代理机构以采购人名义签订合同的，应当提交采购人的授权委托书，作为合同附件。

第四十四条　政府采购合同应当采用书面形式。

第四十五条　国务院政府采购监督管理部门应当会同国务院有关部门，规定政府采购合同必须具备的条款。

第四十六条　采购人与中标、成交供应商应当在中标、成交通知书发出之日起三十日内，按照采购文件确定的事项签订政府采购合同。

中标、成交通知书对采购人和中标、成交供应商均具有法律效力。中标、成交通知书发出后，采购人改变中标、成交结果的，或者中标、成交供应商放弃中标、成交项目的，应当依法承担法律责任。

第四十七条　政府采购项目的采购合同自签订之日起七个工作日内，采购人应当将合同副本报同级政府采购监督管理部门和有关部门备案。

第四十八条　经采购人同意，中标、成交供应商可以依法采取分包方式履行合同。

政府采购合同分包履行的，中标、成交供应商就采购项目和分包项目向采购人负责，分包供应商就分包项目承担责任。

第四十九条　政府采购合同履行中，采购人需追加与合同标的相同的货物、工程或者服务的，在不改变合同其他条款的前提下，可以与供应商协商签订补充合同，但所有补充合同的采购金额不得超过原合同采购金额的百分之十。

第五十条　政府采购合同的双方当事人不得擅自变更、中止或者终止合同。

政府采购合同继续履行将损害国家利益和社会公共利益的，双方当事人应当变更、中止或者终止合同。有过错的一方应当承担赔偿责任，双方都有过错的，各自承担相应的责任。

第六章　质疑与投诉

第五十一条　供应商对政府采购活动事项有疑问的，可以向采购人提出询问，采购人应当及时做出答复,但答复的内容不得涉及商业秘密。

第五十二条　供应商认为采购文件、采购过程和中标、成交结果使自己的权益受到损害的,可以在知道或者应知其权益受到损害之日起七个工作日内,以书面形式向采购人提出质疑。

第五十三条　采购人应当在收到供应商的书面质疑后七个工作日内做出答复,并以书面形式通知质疑供应商和其他有关供应商,但答复的内容不得涉及商业秘密。

第五十四条　采购人委托采购代理机构采购的,供应商可以向采购代理机构提出询问或者质疑,采购代理机构应当依照本法第五十一条、第五十三条的规定就采购人委托授权范围内的事项做出答复。

第五十五条　质疑供应商对采购人、采购代理机构的答复不满意或者采购人、采购代理机构未在规定的时间内做出答复的,可以在答复期满后十五个工作日内向同级政府采购监督管理部门投诉。

第五十六条　政府采购监督管理部门应当在收到投诉后三十个工作日内,对投诉事项做出处理决定,并以书面形式通知投诉人和与投诉事项有关的当事人。

第五十七条　政府采购监督管理部门在处理投诉事项期间,可以视具体情况书面通知采购人暂停采购活动,但暂停时间最长不得超过三十日。

第五十八条　投诉人对政府采购监督管理部门的投诉处理决定不服或者政府采购监督管理部门逾期未作处理的,可以依法申请行政复议或者向人民法院提起行政诉讼。

第七章　监督检查

第五十九条　政府采购监督管理部门应当加强对政府采购活动及集中采购机构的监督检查。

监督检查的主要内容是:

(一)有关政府采购的法律、行政法规和规章的执行情况;

(二)采购范围、采购方式和采购程序的执行情况;

(三)政府采购人员的职业素质和专业技能。

第六十条　政府采购监督管理部门不得设置集中采购机构,不得参与政府采购项目的采购活动。

采购代理机构与行政机关不得存在隶属关系或者其他利益关系。

第六十一条　集中采购机构应当建立健全内部监督管理制度。采购活动的决策和执行程序应当明确,并相互监督、相互制约。经办采购的人员与负责采购合同审核、验收人员的职责权限应当明确,并相互分离。

第六十二条　集中采购机构的采购人员应当具有相关职业素质和专业技能,符合政府采购监督管理部门规定的专业岗位任职要求。

集中采购机构对其工作人员应当加强教育和培训;对采购人员的专业水平、工作实绩和职业道德状况定期进行考核。采购人员经考核不合格的,不得继续任职。

第六十三条　政府采购项目的采购标准应当公开。

采用本法规定的采购方式的,采购人在采购活动完成后,应当将采购结果予以公布。

第六十四条　采购人必须按照本法规定的采购方式和采购程序进行采购。

任何单位和个人不得违反本法规定,要求采购人或者采购工作人员向其指定的供应商进行采购。

第六十五条　政府采购监督管理部门应当对政府采购项目的采购活动进行检查,政府采购当事人应当如实反映情况,提供有关材料。

第六十六条　政府采购监督管理部门应当对集中采购机构的采购价格、节约资金效果、服务质量、信誉状况、有无违法行为等事项进行考核,并定期如实公布考核结果。

第六十七条　依照法律、行政法规的规定对政府采购负有行政监督职责的政府有关部门,应当按照其职责分工,加强对政府采购活动的监督。

第六十八条　审计机关应当对政府采购进行审计监督。政府采购监督管理部门、政府采购各当事人有关政府采购活动,应当接受审计机关的审计监督。

第六十九条　监察机关应当加强对参与政府采购活动的国家机关、国家公务员和国家行政机关任命的其他人员实施监察。

第七十条　任何单位和个人对政府采购活动中的违法行为,有权控告和检举,有关部门、机关应当依照各自职责及时处理。

第八章　法律责任

第七十一条　采购人、采购代理机构有下列情形之一的,责令限期改正,给予警告,可以并处罚款,对直接负责的主管人员和其他直接责任人员,由其行政主管部门或者有关机关给予处分,并予通报:

（一）应当采用公开招标方式而擅自采用其他方式采购的;

（二）擅自提高采购标准的;

（三）以不合理的条件对供应商实行差别待遇或者歧视待遇的;

（四）在招标采购过程中与投标人进行协商谈判的;

（五）中标、成交通知书发出后不与中标、成交供应商签订采购合同的;

（六）拒绝有关部门依法实施监督检查的。

第七十二条　采购人、采购代理机构及其工作人员有下列情形之一,构成犯罪的,依法追究刑事责任;尚不构成犯罪的,处以罚款,有违法所得的,并处没收违法所得,属于国家机关工作人员的,依法给予行政处分:

（一）与供应商或者采购代理机构恶意串通的;

（二）在采购过程中接受贿赂或者获取其他不正当利益的;

（三）在有关部门依法实施的监督检查中提供虚假情况的;

（四）开标前泄露标底的。

第七十三条　有前两条违法行为之一影响中标、成交结果或者可能影响中标、成交结果的,按下列情况分别处理:

（一）未确定中标、成交供应商的,终止采购活动;

（二）中标、成交供应商已经确定但采购合同尚未履行的，撤销合同，从合格的中标、成交候选人中另行确定中标、成交供应商；

（三）采购合同已经履行的，给采购人、供应商造成损失的，由责任人承担赔偿责任。

第七十四条　采购人对应当实行集中采购的政府采购项目，不委托集中采购机构实行集中采购的，由政府采购监督管理部门责令改正；拒不改正的，停止按预算向其支付资金，由其上级行政主管部门或者有关机关依法给予其直接负责的主管人员和其他直接责任人员处分。

第七十五条　采购人未依法公布政府采购项目的采购标准和采购结果的，责令改正，对直接负责的主管人员依法给予处分。

第七十六条　采购人、采购代理机构违反本法规定隐匿、销毁应当保存的采购文件或者伪造、变造采购文件的，由政府采购监督管理部门处以二万元以上十万元以下的罚款，对其直接负责的主管人员和其他直接责任人员依法给予处分；构成犯罪的，依法追究刑事责任。

第七十七条　供应商有下列情形之一的，处以采购金额千分之五以上千分之十以下的罚款，列入不良行为记录名单，在一至三年内禁止参加政府采购活动，有违法所得的，并处没收违法所得，情节严重的，由工商行政管理机关吊销营业执照；构成犯罪的，依法追究刑事责任：

（一）提供虚假材料谋取中标、成交的；

（二）采取不正当手段诋毁、排挤其他供应商的；

（三）与采购人、其他供应商或者采购代理机构恶意串通的；

（四）向采购人、采购代理机构行贿或者提供其他不正当利益的；

（五）在招标采购过程中与采购人进行协商谈判的；

（六）拒绝有关部门监督检查或者提供虚假情况的。

供应商有前款第（一）至（五）项情形之一的，中标、成交无效。

第七十八条　采购代理机构在代理政府采购业务中有违法行为的，按照有关法律规定处以罚款，可以在一至三年内禁止其代理政府采购业务，构成犯罪的，依法追究刑事责任。

第七十九条　政府采购当事人有本法第七十一条、第七十二条、第七十七条违法行为之一，给他人造成损失的，并应依照有关民事法律规定承担民事责任。

第八十条　政府采购监督管理部门的工作人员在实施监督检查中违反本法规定滥用职权，玩忽职守，徇私舞弊的，依法给予行政处分；构成犯罪的，依法追究刑事责任。

第八十一条　政府采购监督管理部门对供应商的投诉逾期未作处理的，给予直接负责的主管人员和其他直接责任人员行政处分。

第八十二条　政府采购监督管理部门对集中采购机构业绩的考核，有虚假陈述，隐瞒真实情况的，或者不作定期考核和公布考核结果的，应当及时纠正，由其上级机关或者监察机关对其负责人进行通报，并对直接负责的人员依法给予行政处分。

集中采购机构在政府采购监督管理部门考核中,虚报业绩,隐瞒真实情况的,处以二万元以上二十万元以下的罚款,并予以通报;情节严重的,取消其代理采购的资格。

第八十三条　任何单位或者个人阻挠和限制供应商进入本地区或者本行业政府采购市场的,责令限期改正;拒不改正的,由该单位、个人的上级行政主管部门或者有关机关给予单位责任人或者个人处分。

第九章　附则

第八十四条　使用国际组织和外国政府贷款进行的政府采购,贷款方、资金提供方与中方达成的协议对采购的具体条件另有规定的,可以适用其规定,但不得损害国家利益和社会公共利益。

第八十五条　对因严重自然灾害和其他不可抗力事件所实施的紧急采购和涉及国家安全和秘密的采购,不适用本法。

第八十六条　军事采购法规由中央军事委员会另行制定。

第八十七条　本法实施的具体步骤和办法由国务院规定。

第八十八条　本法自 2003 年 1 月 1 日起施行。

(二) 中华人民共和国政府采购法实施条例

第一章　总则

第一条　根据《中华人民共和国政府采购法》(以下简称政府采购法),制定本条例。

第二条　政府采购法第二条所称财政性资金是指纳入预算管理的资金。

以财政性资金作为还款来源的借贷资金,视同财政性资金。

国家机关、事业单位和团体组织的采购项目既使用财政性资金又使用非财政性资金的,使用财政性资金采购的部分,适用政府采购法及本条例;财政性资金与非财政性资金无法分割采购的,统一适用政府采购法及本条例。

政府采购法第二条所称服务,包括政府自身需要的服务和政府向社会公众提供的公共服务。

第三条　集中采购目录包括集中采购机构采购项目和部门集中采购项目。

技术、服务等标准统一,采购人普遍使用的项目,列为集中采购机构采购项目;采购人本部门、本系统基于业务需要有特殊要求,可以统一采购的项目,列为部门集中采购项目。

第四条　政府采购法所称集中采购,是指采购人将列入集中采购目录的项目委托集中采购机构代理采购或者进行部门集中采购的行为;所称分散采购,是指采购人将采购限额标准以上的未列入集中采购目录的项目自行采购或者委托采购代理机构代理采购的行为。

第五条　省、自治区、直辖市人民政府或者其授权的机构根据实际情况,可以确定分别适用于本行政区域省级、设区的市级、县级的集中采购目录和采购限额标准。

第六条　国务院财政部门应当根据国家的经济和社会发展政策,会同国务院有关部门制定政府采购政策,通过制定采购需求标准、预留采购份额、价格评审优惠、优先采购等措施,实现节约能源、保护环境、扶持不发达地区和少数民族地区、促进中小企业发展等目标。

第七条　政府采购工程以及与工程建设有关的货物、服务,采用招标方式采购的,适用《中华人民共和国招标投标法》及其实施条例;采用其他方式采购的,适用政府采购法及本条例。

前款所称工程,是指建设工程,包括建筑物和构筑物的新建、改建、扩建及其相关的装修、拆除、修缮等;所称与工程建设有关的货物,是指构成工程不可分割的组成部分,且为实现工程基本功能所必需的设备、材料等;所称与工程建设有关的服务,是指为完成工程所需的勘察、设计、监理等服务。

政府采购工程以及与工程建设有关的货物、服务,应当执行政府采购政策。

第八条　政府采购项目信息应当在省级以上人民政府财政部门指定的媒体上发布。采购项目预算金额达到国务院财政部门规定标准的,政府采购项目信息应当在国务院财政部门指定的媒体上发布。

第九条　在政府采购活动中,采购人员及相关人员与供应商有下列利害关系之一的,应当回避:

(一)参加采购活动前3年内与供应商存在劳动关系;

(二)参加采购活动前3年内担任供应商的董事、监事;

(三)参加采购活动前3年内是供应商的控股股东或者实际控制人;

(四)与供应商的法定代表人或者负责人有夫妻、直系血亲、三代以内旁系血亲或者近姻亲关系;

(五)与供应商有其他可能影响政府采购活动公平、公正进行的关系。

供应商认为采购人员及相关人员与其他供应商有利害关系的,可以向采购人或者采购代理机构书面提出回避申请,并说明理由。采购人或者采购代理机构应当及时询问被申请回避人员,有利害关系的被申请回避人员应当回避。

第十条　国家实行统一的政府采购电子交易平台建设标准,推动利用信息网络进行电子化政府采购活动。

第二章　政府采购当事人

第十一条　采购人在政府采购活动中应当维护国家利益和社会公共利益,公正廉洁,诚实守信,执行政府采购政策,建立政府采购内部管理制度,厉行节约,科学合理确定采购需求。

采购人不得向供应商索要或者接受其给予的赠品、回扣或者与采购无关的其他商品、服务。

第十二条　政府采购法所称采购代理机构,是指集中采购机构和集中采购机构以外的采购代理机构。

集中采购机构是设区的市级以上人民政府依法设立的非营利事业法人,是代理集中采购项目的执行机构。集中采购机构应当根据采购人委托制定集中采购项目的实施方案,明确采购规程,组织政府采购活动,不得将集中采购项目转委托。集中采购机构以外的采购代理机构,是从事采购代理业务的社会中介机构。

第十三条 采购代理机构应当建立完善的政府采购内部监督管理制度,具备开展政府采购业务所需的评审条件和设施。

采购代理机构应当提高确定采购需求,编制招标文件、谈判文件、询价通知书,拟订合同文本和优化采购程序的专业化服务水平,根据采购人委托在规定的时间内及时组织采购人与中标或者成交供应商签订政府采购合同,及时协助采购人对采购项目进行验收。

第十四条 采购代理机构不得以不正当手段获取政府采购代理业务,不得与采购人、供应商恶意串通操纵政府采购活动。

采购代理机构工作人员不得接受采购人或者供应商组织的宴请、旅游、娱乐,不得收受礼品、现金、有价证券等,不得向采购人或者供应商报销应当由个人承担的费用。

第十五条 采购人、采购代理机构应当根据政府采购政策、采购预算、采购需求编制采购文件。

采购需求应当符合法律法规以及政府采购政策规定的技术、服务、安全等要求。政府向社会公众提供的公共服务项目,应当就确定采购需求征求社会公众的意见。除因技术复杂或者性质特殊,不能确定详细规格或者具体要求外,采购需求应当完整、明确。必要时,应当就确定采购需求征求相关供应商、专家的意见。

第十六条 政府采购法第二十条规定的委托代理协议,应当明确代理采购的范围、权限和期限等具体事项。

采购人和采购代理机构应当按照委托代理协议履行各自义务,采购代理机构不得超越代理权限。

第十七条 参加政府采购活动的供应商应当具备政府采购法第二十二条第一款规定的条件,提供下列材料:

(一)法人或者其他组织的营业执照等证明文件,自然人的身份证明;

(二)财务状况报告,依法缴纳税收和社会保障资金的相关材料;

(三)具备履行合同所必需的设备和专业技术能力的证明材料;

(四)参加政府采购活动前3年内在经营活动中没有重大违法记录的书面声明;

(五)具备法律、行政法规规定的其他条件的证明材料。

采购项目有特殊要求的,供应商还应当提供其符合特殊要求的证明材料或者情况说明。

第十八条 单位负责人为同一人或者存在直接控股、管理关系的不同供应商,不得参加同一合同项下的政府采购活动。

除单一来源采购项目外,为采购项目提供整体设计、规范编制或者项目管理、监理、检测等服务的供应商,不得再参加该采购项目的其他采购活动。

第十九条　政府采购法第二十二条第一款第五项所称重大违法记录,是指供应商因违法经营受到刑事处罚或者责令停产停业、吊销许可证或者执照、较大数额罚款等行政处罚。

供应商在参加政府采购活动前3年内因违法经营被禁止在一定期限内参加政府采购活动,期限届满的,可以参加政府采购活动。

第二十条　采购人或者采购代理机构有下列情形之一的,属于以不合理的条件对供应商实行差别待遇或者歧视待遇:

(一)就同一采购项目向供应商提供有差别的项目信息;

(二)设定的资格、技术、商务条件与采购项目的具体特点和实际需要不相适应或者与合同履行无关;

(三)采购需求中的技术、服务等要求指向特定供应商、特定产品;

(四)以特定行政区域或者特定行业的业绩、奖项作为加分条件或者中标、成交条件;

(五)对供应商采取不同的资格审查或者评审标准;

(六)限定或者指定特定的专利、商标、品牌或者供应商;

(七)非法限定供应商的所有制形式、组织形式或者所在地;

(八)以其他不合理条件限制或者排斥潜在供应商。

第二十一条　采购人或者采购代理机构对供应商进行资格预审的,资格预审公告应当在省级以上人民政府财政部门指定的媒体上发布。已进行资格预审的,评审阶段可以不再对供应商资格进行审查。资格预审合格的供应商在评审阶段资格发生变化的,应当通知采购人和采购代理机构。

资格预审公告应当包括采购人和采购项目名称、采购需求、对供应商的资格要求以及供应商提交资格预审申请文件的时间和地点。提交资格预审申请文件的时间自公告发布之日起不得少于5个工作日。

第二十二条　联合体中有同类资质的供应商按照联合体分工承担相同工作的,应当按照资质等级较低的供应商确定资质等级。

以联合体形式参加政府采购活动的,联合体各方不得再单独参加或者与其他供应商另外组成联合体参加同一合同项下的政府采购活动。

第三章　政府采购方式

第二十三条　采购人采购公开招标数额标准以上的货物或者服务,符合政府采购法第二十九条、第三十条、第三十一条、第三十二条规定情形或者有需要执行政府采购政策等特殊情况的,经设区的市级以上人民政府财政部门批准,可以依法采用公开招标以外的采购方式。

第二十四条　列入集中采购目录的项目,适合实行批量集中采购的,应当实行批量集中采购,但紧急的小额零星货物项目和有特殊要求的服务、工程项目除外。

第二十五条 政府采购工程依法不进行招标的,应当依照政府采购法和本条例规定的竞争性谈判或者单一来源采购方式采购。

第二十六条 政府采购法第三十条第三项规定的情形,应当是采购人不可预见的或者非因采购人拖延导致的;第四项规定的情形,是指因采购艺术品或者因专利、专有技术或者因服务的时间、数量事先不能确定等导致不能事先计算出价格总额。

第二十七条 政府采购法第三十一条第一项规定的情形,是指因货物或者服务使用不可替代的专利、专有技术,或者公共服务项目具有特殊要求,导致只能从某一特定供应商处采购。

第二十八条 在一个财政年度内,采购人将一个预算项目下的同一品目或者类别的货物、服务采用公开招标以外的方式多次采购,累计资金数额超过公开招标数额标准的,属于以化整为零方式规避公开招标,但项目预算调整或者经批准采用公开招标以外方式采购除外。

第四章 政府采购程序

第二十九条 采购人应当根据集中采购目录、采购限额标准和已批复的部门预算编制政府采购实施计划,报本级人民政府财政部门备案。

第三十条 采购人或者采购代理机构应当在招标文件、谈判文件、询价通知书中公开采购项目预算金额。

第三十一条 招标文件的提供期限自招标文件开始发出之日起不得少于5个工作日。

采购人或者采购代理机构可以对已发出的招标文件进行必要的澄清或者修改。澄清或者修改的内容可能影响投标文件编制的,采购人或者采购代理机构应当在投标截止时间至少15日前,以书面形式通知所有获取招标文件的潜在投标人;不足15日的,采购人或者采购代理机构应当顺延提交投标文件的截止时间。

第三十二条 采购人或者采购代理机构应当按照国务院财政部门制定的招标文件标准文本编制招标文件。

招标文件应当包括采购项目的商务条件、采购需求、投标人的资格条件、投标报价要求、评标方法、评标标准以及拟签订的合同文本等。

第三十三条 招标文件要求投标人提交投标保证金的,投标保证金不得超过采购项目预算金额的2%。投标保证金应当以支票、汇票、本票或者金融机构、担保机构出具的保函等非现金形式提交。投标人未按照招标文件要求提交投标保证金的,投标无效。

采购人或者采购代理机构应当自中标通知书发出之日起5个工作日内退还未中标供应商的投标保证金,自政府采购合同签订之日起5个工作日内退还中标供应商的投标保证金。

竞争性谈判或者询价采购中要求参加谈判或者询价的供应商提交保证金的,参照前两款的规定执行。

第三十四条 政府采购招标评标方法分为最低评标价法和综合评分法。

最低评标价法，是指投标文件满足招标文件全部实质性要求且投标报价最低的供应商为中标候选人的评标方法。综合评分法，是指投标文件满足招标文件全部实质性要求且按照评审因素的量化指标评审得分最高的供应商为中标候选人的评标方法。

技术、服务等标准统一的货物和服务项目，应当采用最低评标价法。

采用综合评分法的，评审标准中的分值设置应当与评审因素的量化指标相对应。

招标文件中没有规定的评标标准不得作为评审的依据。

第三十五条　谈判文件不能完整、明确列明采购需求，需要由供应商提供最终设计方案或者解决方案的，在谈判结束后，谈判小组应当按照少数服从多数的原则投票推荐3家以上供应商的设计方案或者解决方案，并要求其在规定时间内提交最后报价。

第三十六条　询价通知书应当根据采购需求确定政府采购合同条款。在询价过程中，询价小组不得改变询价通知书所确定的政府采购合同条款。

第三十七条　政府采购法第三十八条第五项、第四十条第四项所称质量和服务相等，是指供应商提供的产品质量和服务均能满足采购文件规定的实质性要求。

第三十八条　达到公开招标数额标准，符合政府采购法第三十一条第一项规定情形，只能从唯一供应商处采购的，采购人应当将采购项目信息和唯一供应商名称在省级以上人民政府财政部门指定的媒体上公示，公示期不得少于5个工作日。

第三十九条　除国务院财政部门规定的情形外，采购人或者采购代理机构应当从政府采购评审专家库中随机抽取评审专家。

第四十条　政府采购评审专家应当遵守评审工作纪律，不得泄露评审文件、评审情况和评审中获悉的商业秘密。

评标委员会、竞争性谈判小组或者询价小组在评审过程中发现供应商有行贿、提供虚假材料或者串通等违法行为的，应当及时向财政部门报告。

政府采购评审专家在评审过程中受到非法干预的，应当及时向财政、监察等部门举报。

第四十一条　评标委员会、竞争性谈判小组或者询价小组成员应当按照客观、公正、审慎的原则，根据采购文件规定的评审程序、评审方法和评审标准进行独立评审。采购文件内容违反国家有关强制性规定的，评标委员会、竞争性谈判小组或者询价小组应当停止评审并向采购人或者采购代理机构说明情况。

评标委员会、竞争性谈判小组或者询价小组成员应当在评审报告上签字，对自己的评审意见承担法律责任。对评审报告有异议的，应当在评审报告上签署不同意见，并说明理由，否则视为同意评审报告。

第四十二条　采购人、采购代理机构不得向评标委员会、竞争性谈判小组或者询价小组的评审专家作倾向性、误导性的解释或者说明。

第四十三条　采购代理机构应当自评审结束之日起2个工作日内将评审报告送交采购人。采购人应当自收到评审报告之日起5个工作日内在评审报告推荐的中标或者成交候选人中按顺序确定中标或者成交供应商。

采购人或者采购代理机构应当自中标、成交供应商确定之日起 2 个工作日内,发出中标、成交通知书,并在省级以上人民政府财政部门指定的媒体上公告中标、成交结果,招标文件、竞争性谈判文件、询价通知书随中标、成交结果同时公告。

中标、成交结果公告内容应当包括采购人和采购代理机构的名称、地址、联系方式,项目名称和项目编号,中标或者成交供应商名称、地址和中标或者成交金额,主要中标或者成交标的的名称、规格型号、数量、单价、服务要求以及评审专家名单。

第四十四条 除国务院财政部门规定的情形外,采购人、采购代理机构不得以任何理由组织重新评审。采购人、采购代理机构按照国务院财政部门的规定组织重新评审的,应当书面报告本级人民政府财政部门。

采购人或者采购代理机构不得通过对样品进行检测、对供应商进行考察等方式改变评审结果。

第四十五条 采购人或者采购代理机构应当按照政府采购合同规定的技术、服务、安全标准组织对供应商履约情况进行验收,并出具验收书。验收书应当包括每一项技术、服务、安全标准的履约情况。

政府向社会公众提供的公共服务项目,验收时应当邀请服务对象参与并出具意见,验收结果应当向社会公告。

第四十六条 政府采购法第四十二条规定的采购文件,可以用电子档案方式保存。

第五章 政府采购合同

第四十七条 国务院财政部门应当会同国务院有关部门制定政府采购合同标准文本。

第四十八条 采购文件要求中标或者成交供应商提交履约保证金的,供应商应当以支票、汇票、本票或者金融机构、担保机构出具的保函等非现金形式提交。履约保证金的数额不得超过政府采购合同金额的 10%。

第四十九条 中标或者成交供应商拒绝与采购人签订合同的,采购人可以按照评审报告推荐的中标或者成交候选人名单排序,确定下一候选人为中标或者成交供应商,也可以重新开展政府采购活动。

第五十条 采购人应当自政府采购合同签订之日起 2 个工作日内,将政府采购合同在省级以上人民政府财政部门指定的媒体上公告,但政府采购合同中涉及国家秘密、商业秘密的内容除外。

第五十一条 采购人应当按照政府采购合同规定,及时向中标或者成交供应商支付采购资金。

政府采购项目资金支付程序,按照国家有关财政资金支付管理的规定执行。

第六章 质疑与投诉

第五十二条 采购人或者采购代理机构应当在 3 个工作日内对供应商依法提出的询问做出答复。

供应商提出的询问或者质疑超出采购人对采购代理机构委托授权范围的,采购代理机构应当告知供应商向采购人提出。

政府采购评审专家应当配合采购人或者采购代理机构答复供应商的询问和质疑。

第五十三条　政府采购法第五十二条规定的供应商应知其权益受到损害之日,是指:

(一)对可以质疑的采购文件提出质疑的,为收到采购文件之日或者采购文件公告期限届满之日;

(二)对采购过程提出质疑的,为各采购程序环节结束之日;

(三)对中标或者成交结果提出质疑的,为中标或者成交结果公告期限届满之日。

第五十四条　询问或者质疑事项可能影响中标、成交结果的,采购人应当暂停签订合同,已经签订合同的,应当中止履行合同。

第五十五条　供应商质疑、投诉应当有明确的请求和必要的证明材料。供应商投诉的事项不得超出已质疑事项的范围。

第五十六条　财政部门处理投诉事项采用书面审查的方式,必要时可以进行调查取证或者组织质证。

对财政部门依法进行的调查取证,投诉人和与投诉事项有关的当事人应当如实反映情况,并提供相关材料。

第五十七条　投诉人捏造事实、提供虚假材料或者以非法手段取得证明材料进行投诉的,财政部门应当予以驳回。

财政部门受理投诉后,投诉人书面申请撤回投诉的,财政部门应当终止投诉处理程序。

第五十八条　财政部门处理投诉事项,需要检验、检测、鉴定、专家评审以及需要投诉人补正材料的,所需时间不计算在投诉处理期限内。

财政部门对投诉事项做出的处理决定,应当在省级以上人民政府财政部门指定的媒体上公告。

第七章　监督检查

第五十九条　政府采购法第六十三条所称政府采购项目的采购标准,是指项目采购所依据的经费预算标准、资产配置标准和技术、服务标准等。

第六十条　除政府采购法第六十六条规定的考核事项外,财政部门对集中采购机构的考核事项还包括:

(一)政府采购政策的执行情况;

(二)采购文件编制水平;

(三)采购方式和采购程序的执行情况;

(四)询问、质疑答复情况;

(五)内部监督管理制度建设及执行情况;

(六)省级以上人民政府财政部门规定的其他事项。

财政部门应当制定考核计划,定期对集中采购机构进行考核,考核结果有重要情况的,应当向本级人民政府报告。

第六十一条 采购人发现采购代理机构有违法行为的,应当要求其改正。采购代理机构拒不改正的,采购人应当向本级人民政府财政部门报告,财政部门应当依法处理。

采购代理机构发现采购人的采购需求存在以不合理条件对供应商实行差别待遇、歧视待遇或者其他不符合法律、法规和政府采购政策规定内容,或者发现采购人有其他违法行为的,应当建议其改正。采购人拒不改正的,采购代理机构应当向采购人的本级人民政府财政部门报告,财政部门应当依法处理。

第六十二条 省级以上人民政府财政部门应当对政府采购评审专家库实行动态管理,具体管理办法由国务院财政部门制定。

采购人或者采购代理机构应当对评审专家在政府采购活动中的职责履行情况予以记录,并及时向财政部门报告。

第六十三条 各级人民政府财政部门和其他有关部门应当加强对参加政府采购活动的供应商、采购代理机构、评审专家的监督管理,对其不良行为予以记录,并纳入统一的信用信息平台。

第六十四条 各级人民政府财政部门对政府采购活动进行监督检查,有权查阅、复制有关文件、资料,相关单位和人员应当予以配合。

第六十五条 审计机关、监察机关以及其他有关部门依法对政府采购活动实施监督,发现采购当事人有违法行为的,应当及时通报财政部门。

第八章 法律责任

第六十六条 政府采购法第七十一条规定的罚款,数额为 10 万元以下。

政府采购法第七十二条规定的罚款,数额为 5 万元以上 25 万元以下。

第六十七条 采购人有下列情形之一的,由财政部门责令限期改正,给予警告,对直接负责的主管人员和其他直接责任人员依法给予处分,并予以通报:

(一) 未按照规定编制政府采购实施计划或者未按照规定将政府采购实施计划报本级人民政府财政部门备案;

(二) 将应当进行公开招标的项目化整为零或者以其他任何方式规避公开招标;

(三) 未按照规定在评标委员会、竞争性谈判小组或者询价小组推荐的中标或者成交候选人中确定中标或者成交供应商;

(四) 未按照采购文件确定的事项签订政府采购合同;

(五) 政府采购合同履行中追加与合同标的相同的货物、工程或者服务的采购金额超过原合同采购金额 10%;

(六) 擅自变更、中止或者终止政府采购合同;

(七) 未按照规定公告政府采购合同;

(八) 未按照规定时间将政府采购合同副本报本级人民政府财政部门和有关部门备案。

第六十八条 采购人、采购代理机构有下列情形之一的,依照政府采购法第七十一条、第七十八条的规定追究法律责任：

（一）未依照政府采购法和本条例规定的方式实施采购；

（二）未依法在指定的媒体上发布政府采购项目信息；

（三）未按照规定执行政府采购政策；

（四）违反本条例第十五条的规定导致无法组织对供应商履约情况进行验收或者国家财产遭受损失；

（五）未依法从政府采购评审专家库中抽取评审专家；

（六）非法干预采购评审活动；

（七）采用综合评分法时评审标准中的分值设置未与评审因素的量化指标相对应；

（八）对供应商的询问、质疑逾期未作处理；

（九）通过对样品进行检测、对供应商进行考察等方式改变评审结果；

（十）未按照规定组织对供应商履约情况进行验收。

第六十九条　集中采购机构有下列情形之一的，由财政部门责令限期改正，给予警告，有违法所得的，并处没收违法所得，对直接负责的主管人员和其他直接责任人员依法给予处分，并予以通报：

（一）内部监督管理制度不健全，对依法应当分设、分离的岗位、人员未分设、分离；

（二）将集中采购项目委托其他采购代理机构采购；

（三）从事营利活动。

第七十条　采购人员与供应商有利害关系而不依法回避的，由财政部门给予警告，并处 2000 元以上 2 万元以下的罚款。

第七十一条　有政府采购法第七十一条、第七十二条规定的违法行为之一，影响或者可能影响中标、成交结果的，依照下列规定处理：

（一）未确定中标或者成交供应商的，终止本次政府采购活动，重新开展政府采购活动。

（二）已确定中标或者成交供应商但尚未签订政府采购合同的，中标或者成交结果无效，从合格的中标或者成交候选人中另行确定中标或者成交供应商；没有合格的中标或者成交候选人的，重新开展政府采购活动。

（三）政府采购合同已签订但尚未履行的，撤销合同，从合格的中标或者成交候选人中另行确定中标或者成交供应商；没有合格的中标或者成交候选人的，重新开展政府采购活动。

（四）政府采购合同已经履行，给采购人、供应商造成损失的，由责任人承担赔偿责任。

政府采购当事人有其他违反政府采购法或者本条例规定的行为，经改正后仍然影响或者可能影响中标、成交结果或者依法被认定为中标、成交无效的，依照前款规定处理。

第七十二条　供应商有下列情形之一的，依照政府采购法第七十七条第一款的规定追究法律责任：

（一）向评标委员会、竞争性谈判小组或者询价小组成员行贿或者提供其他不正当利益；

（二）中标或者成交后无正当理由拒不与采购人签订政府采购合同；

（三）未按照采购文件确定的事项签订政府采购合同；

（四）将政府采购合同转包；

（五）提供假冒伪劣产品；

（六）擅自变更、中止或者终止政府采购合同。

供应商有前款第一项规定情形的，中标、成交无效。评审阶段资格发生变化，供应商未依照本条例第二十一条的规定通知采购人和采购代理机构的，处以采购金额5‰的罚款，列入不良行为记录名单，中标、成交无效。

第七十三条　供应商捏造事实、提供虚假材料或者以非法手段取得证明材料进行投诉的，由财政部门列入不良行为记录名单，禁止其1至3年内参加政府采购活动。

第七十四条　有下列情形之一的，属于恶意串通，对供应商依照政府采购法第七十七条第一款的规定追究法律责任，对采购人、采购代理机构及其工作人员依照政府采购法第七十二条的规定追究法律责任：

（一）供应商直接或者间接从采购人或者采购代理机构处获得其他供应商的相关情况并修改其投标文件或者响应文件；

（二）供应商按照采购人或者采购代理机构的授意撤换、修改投标文件或者响应文件；

（三）供应商之间协商报价、技术方案等投标文件或者响应文件的实质性内容；

（四）属于同一集团、协会、商会等组织成员的供应商按照该组织要求协同参加政府采购活动；

（五）供应商之间事先约定由某一特定供应商中标、成交；

（六）供应商之间商定部分供应商放弃参加政府采购活动或者放弃中标、成交；

（七）供应商与采购人或者采购代理机构之间、供应商相互之间，为谋求特定供应商中标、成交或者排斥其他供应商的其他串通行为。

第七十五条　政府采购评审专家未按照采购文件规定的评审程序、评审方法和评审标准进行独立评审或者泄露评审文件、评审情况的，由财政部门给予警告，并处2 000元以上2万元以下的罚款；影响中标、成交结果的，处2万元以上5万元以下的罚款，禁止其参加政府采购评审活动。

政府采购评审专家与供应商存在利害关系未回避的，处2万元以上5万元以下的罚款，禁止其参加政府采购评审活动。

政府采购评审专家收受采购人、采购代理机构、供应商贿赂或者获取其他不正当利益，构成犯罪的，依法追究刑事责任；尚不构成犯罪的，处2万元以上5万元以下的罚款，禁止其参加政府采购评审活动。

政府采购评审专家有上述违法行为的，其评审意见无效，不得获取评审费；有违法所得的,没收违法所得;给他人造成损失的,依法承担民事责任。

第七十六条　政府采购当事人违反政府采购法和本条例规定,给他人造成损失的,依法承担民事责任。

第七十七条　财政部门在履行政府采购监督管理职责中违反政府采购法和本条例规定,滥用职权、玩忽职守、徇私舞弊的,对直接负责的主管人员和其他直接责任人员依法给予处分;直接负责的主管人员和其他直接责任人员构成犯罪的,依法追究刑事责任。

第九章　附则

第七十八条　财政管理实行省直接管理的县级人民政府可以根据需要并报经省级人民政府批准,行使政府采购法和本条例规定的设区的市级人民政府批准变更采购方式的职权。

第七十九条　本条例自2015年3月1日起施行。

（三）中华人民共和国招标投标法

第一章　总则

第一条　为了规范招标投标活动,保护国家利益、社会公共利益和招标投标活动当事人的合法权益,提高经济效益,保证项目质量,制定本法。

第二条　在中华人民共和国境内进行招标投标活动,适用本法。

第三条　在中华人民共和国境内进行下列工程建设项目包括项目的勘察、设计、施工、监理以及与工程建设有关的重要设备、材料等的采购,必须进行招标：

（一）大型基础设施、公用事业等关系社会公共利益、公众安全的项目；

（二）全部或者部分使用国有资金投资或者国家融资的项目；

（三）使用国际组织或者外国政府贷款、援助资金的项目。

前款所列项目的具体范围和规模标准,由国务院发展计划部门会同国务院有关部门制订,报国务院批准。

法律或者国务院对必须进行招标的其他项目的范围有规定的,依照其规定。

第四条　任何单位和个人不得将依法必须进行招标的项目化整为零或者以其他任何方式规避招标。

第五条　招标投标活动应当遵循公开、公平、公正和诚实信用的原则。

第六条　依法必须进行招标的项目,其招标投标活动不受地区或者部门的限制。任何单位和个人不得违法限制或者排斥本地区、本系统以外的法人或者其他组织参加投标,不得以任何方式非法干涉招标投标活动。

第七条　招标投标活动及其当事人应当接受依法实施的监督。

有关行政监督部门依法对招标投标活动实施监督,依法查处招标投标活动中的违法行为。

对招标投标活动的行政监督及有关部门的具体职权划分，由国务院规定。

第二章　招标

第八条　招标人是依照本法规定提出招标项目、进行招标的法人或者其他组织。

第九条　招标项目按照国家有关规定需要履行项目审批手续的，应当先履行审批手续，取得批准。

招标人应当有进行招标项目的相应资金或者资金来源已经落实，并应当在招标文件中如实载明。

第十条　招标分为公开招标和邀请招标。

公开招标，是指招标人以招标公告的方式邀请不特定的法人或者其他组织投标。

邀请招标，是指招标人以投标邀请书的方式邀请特定的法人或者其他组织投标。

第十一条　国务院发展计划部门确定的国家重点项目和省、自治区、直辖市人民政府确定的地方重点项目不适宜公开招标的，经国务院发展计划部门或者省、自治区、直辖市人民政府批准，可以进行邀请招标。

第十二条　招标人有权自行选择招标代理机构，委托其办理招标事宜。任何单位和个人不得以任何方式为招标人指定招标代理机构。

招标人具有编制招标文件和组织评标能力的，可以自行办理招标事宜。任何单位和个人不得强制其委托招标代理机构办理招标事宜。

依法必须进行招标的项目，招标人自行办理招标事宜的，应当向有关行政监督部门备案。

第十三条　招标代理机构是依法设立、从事招标代理业务并提供相关服务的社会中介组织。

招标代理机构应当具备下列条件：

（一）有从事招标代理业务的营业场所和相应资金；

（二）有能够编制招标文件和组织评标的相应专业力量；

（三）有符合本法第三十七条第三款规定条件、可以作为评标委员会成员人选的技术、经济等方面的专家库。

第十四条　从事工程建设项目招标代理业务的招标代理机构，其资格由国务院或者省、自治区、直辖市人民政府的建设行政主管部门认定。具体办法由国务院建设行政主管部门会同国务院有关部门制定。从事其他招标代理业务的招标代理机构，其资格认定的主管部门由国务院规定。

招标代理机构与行政机关和其他国家机关不得存在隶属关系或者其他利益关系。

第十五条　招标代理机构应当在招标人委托的范围内办理招标事宜，并遵守本法关于招标人的规定。

第十六条　招标人采用开招标方式的，应当发布招标公告。依法必须进行招标的项目的招标公告，应当通过国家指定的报刊、信息网络或者其他媒介发布。

招标公告应当载明招标人的名称和地址、招标项目的性质、数量、实施地点和时间以及获取招标文件的办法等事项。

第十七条　招标人采用邀请招标方式的,应当向三个以上具备承担招标项目的能力、资信良好的特定的法人或者其他组织发出投标邀请书。

投标邀请书应当载明本法第十六条第二款规定的事项。

第十八条　招标人可以根据招标项目本身的要求,在招标公告或者投标邀请书中,要求潜在投标人提供有关资质证明文件和业绩情况,并对潜在投标人进行资格审查;国家对投标人的资格条件有规定的,依照其规定。

招标人不得以不合理的条件限制或者排斥潜在投标人,不得对潜在投标人实行歧视待遇。

第十九条　招标人应当根据招标项目的特点和需要编制招标文件。招标文件应当包括招标项目的技术要求、对投标人资格审查的标准、投标报价要求和评标标准等所有实质性要求和条件以及拟签订合同的主要条款。

国家对招标项目的技术、标准有规定的,招标人应当按照其规定在招标文件中提出相应要求。

招标项目需要划分标段、确定工期的,招标人应当合理划分标段、确定工期,并在招标文件中载明。

第二十条　招标文件不得要求或者标明特定的生产供应者以及含有倾向或者排斥潜在投标人的其他内容。

第二十一条　招标人根据招标项目的具体情况,可以组织潜在投标人踏勘项目现场。

第二十二条　招标人不得向他人透露已获取招标文件的潜在投标人的名称、数量以及可能影响公平竞争的有关招标投标的其他情况。

招标人设有标底的,标底必须保密。

第二十三条　招标人对已发出的招标文件进行必要的澄清或者修改的,应当在招标文件要求提交投标文件截止时间至少十五日前,以书面形式通知所有招标文件收受人。该澄清或者修改的内容为招标文件的组成部分。

第二十四条　招标人应当确定投标人编制投标文件所需要的合理时间;但是,依法必须进行招标的项目,自招标文件开始发出之日起至投标提交投标文件截止之日止,最短不得少于二十日。

第三章　投标

第二十五条　投标人是响应招标、参加投标竞争的法人或者其他组织。

依法招标的科研项目允许个人参加投标的,投标的个人适用本法有关投标人的规定。

第二十六条　投标人应当具备承担招标项目的能力;国家有关规定对投标人资格条件或者招标文件对投标人资格条件有规定的,投标人应当具备规定的资格条件。

第二十七条　投标人应当按照招标文件的要求编制投标文件。投标文件应当对招标文件提出的实质性要求和条件做出响应。

招标项目属于建设施工的,投标文件的内容应当包括拟派出的项目负责人与主要技术人员的简历、业绩和拟用于完成招标项目的机械设备等。

第二十八条 投标人应当在招标文件要求提交投标文件的截止时间前,将投标文件送达投标地点。招标人收到投标文件后,应当签收保存,不得开启。投标人少于三个的,招标人应当依照本法重新招标。

在招标文件要求提交投标文件的截止时间后送达的投标文件,招标人应当拒收。

第二十九条 投标人在招标文件要求提交投标文件的截止时间前,可以补充、修改或者撤回已提交的投标文件,并书面通知招标人。补充、修改的内容为投标文件的组成部分。

第三十条 投标人根据招标文件载明的项目实际情况,拟在中标后将中标项目的部分非主体、非关键性工作进行分包的,应当在投标文件中载明。

第三十一条 两个以上法人或者其他组织可以组成一个联合体,以一个投标人的身份共同投标。

联合体各方均应当具备承担招标项目的相应能力;国家有关规定或者招标文件对投标人资格条件有规定的,联合体各方均应当具备规定的相应资格条件。由同一专业的单位组成的联合体,按照资质等级较低的单位确定资质等级。

联合体各方应当签订共同投标协议,明确约定各方拟承担的工作和责任,并将共同投标协议连同投标文件一并提交招标人。联合体中标的,联合体各方应当共同与招标人签订合同,就中标项目向招标人承担连带责任。

招标人不得强制投标人组成联合体共同投标,不得限制投标人之间的竞争。

第三十二条 投标人不得相互串通投标报价,不得排挤其他投标人的公平竞争,损害招标人或者其他投标人的合法权益。

投标人不得与招标人串通投标,损害国家利益、社会公共利益或者他人的合法权益。

禁止投标人以向招标人或者评标委员会成员行贿的手段谋取中标。

第三十三条 投标人不得以低于成本的报价竞标,也不得以他人名义投标或者以其他方式弄虚作假,骗取中标。

第四章 开标、评标和中标

第三十四条 开标应当在招标文件确定的提交投标文件截止时间的同一时间公开进行;开标地点应当为招标文件中预先确定的地点。

第三十五条 开标由招标人主持,邀请所有投标人参加。

第三十六条 开标时,由投标人或者其推选的代表检查投标文件的密封情况,也可以由招标人委托的公证机构检查并公证;经确认无误后,由工作人员当众拆封,宣读投标人名称、投标价格和投标文件的其他主要内容。

招标人在招标文件要求提交投标文件的截止时间前收到的所有投标文件,开标时都应当当众予以拆封、宣读。

开标过程应当记录,并存档备查。

第三十七条　评标由招标人依法组建的评标委员会负责。

依法必须进行招标的项目,其评标委员会由招标人的代表和有关技术、经济等方面的专家组成,成员人数为五人以上单数,其中技术、经济等方面的专家不得少于成员总数的三分之二。

前款专家应当从事相关领域工作满八年并具有高级职称或者具有同等专业水平,由招标人从国务院有关部门或者省、自治区、直辖市人民政府有关部门提供的专家名册或者招标代理机构的专家库内的相关专业的专家名单中确定;一般招标项目可以采取随机抽取方式,特殊招标项目可以由招标人直接确定。

与投标人有利害关系的人不得进入相关项目的评标委员会;已经进入的应当更换。

评标委员会成员的名单在中标结果确定前应当保密。

第三十八条　招标人应当采取必要的措施,保证评标在严格保密的情况下进行。

任何单位和个人不得非法干预、影响评标的过程和结果。

第三十九条　评标委员会可以要求投标人对投标文件中含义不明确的内容作必要的澄清或者说明,但是澄清或者说明不得超出投标文件的范围或者改变投标文件的实质性内容。

第四十条　评标委员会应当按照招标文件确定的评标标准和方法,对投标文件进行评审和比较;设有标底的,应当参考标底。评标委员会完成评标后,应当向招标人提出书面评标报告,并推荐合格的中标候选人。

招标人根据评标委员会提出的书面评标报告和推荐的中标候选人确定中标人。招标人也可以授权评标委员会直接确定中标人。

国务院对特定招标项目的评标有特别规定的,从其规定。

第四十一条　中标人的投标应当符合下列条件

（一）能够最大限度地满足招标文件中规定的各项综合评价标准;

（二）能够满足招标文件的实质性要求,并且经评审的投标价格最低;但是投标价格低于成本的除外。

第四十二条　评标委员会经评审,认为所有投标都不符合招标文件要求的,可以否决所有投标。

依法必须进行招标的项目的所有投标被否决的,招标人应当依照本法重新招标。

第四十三条　在确定中标人前,招标人不得与投标人就投标价格、投标方案等实质性内容进行谈判。

第四十四条　评标委员会成员应当客观、公正地履行职务,遵守职业道德,对所提出的评审意见承担个人责任。

评标委员会成员不得私下接触投标人,不得收受投标人的财物或者其他好处。

评标委员会成员和参与评标的有关工作人员不得透露对投标文件的评审和比较、中标候选人的推荐情况以及与评标有关的其他情况。

第四十五条 中标人确定后,招标人应当向中标人发出中标通知书,并同时将中标结果通知所有未中标的投标人。

中标通知书对招标人和中标人具有法律效力。中标通知书发出后,招标人改变中标结果的,或者中标人放弃中标项目的,应当依法承担法律责任。

第四十六条 招标人和中标人应当自中标通知书发出之日起三十日内,按照招标文件和中标人的投标文件订立书面合同。招标人和中标人不得再行订立背离合同实质性内容的其他协议。

招标文件要求中标人提交履约保证金的,中标人应当提交。

第四十七条 依法必须进行招标的项目,招标人应当自确定中标人之日起十五日内,向有关行政监督部门提交招标投标情况的书面报告。

第四十八条 中标人应当按照合同约定履行义务,完成中标项目。中标人不得向他人转让中标项目,也不得将中标项目肢解后分别向他人转让。

中标人按照合同约定或者经招标人同意,可以将中标项目的部分非主体、非关键性工作分包给他人完成。接受分包的人应当具备相应的资格条件,并不得再次分包。

中标人应当就分包项目向招标人负责,接受分包的人就分包项目承担连带责任。

第五章 法律责任

第四十九条 违反本法规定,必须进行招标的项目而不招标的,将必须进行招标的项目化整为零或者以其他任何方式规避招标的,责令限期改正,可以处项目合同金额千分之五以上千分之十以下的罚款;对全部或者部分使用国有资金的项目,可以暂停项目执行或者暂停资金拨付;对单位直接负责的主管人员和其他直接责任人员依法给予处分。

第五十条 招标代理机构违反本法规定,泄露应当保密的与招标投标活动有关的情况和资料的,或者与招标人、投标人串通损害国家利益、社会公共利益或者他人合法权益的,处五万元以上二十五万元以下的罚款,对单位直接负责的主管人员和其他直接责任人员处单位罚款数额百分之五以上百分之十以下的罚款;有违法所得的,并处没收违法所得;情节严重的,暂停直至取消招标代理资格;构成犯罪的,依法追究刑事责任。给他人造成损失的,依法承担赔偿责任。

前款所列行为影响中标结果的,中标无效。

第五十一条 招标人以不合理的条件限制或者排斥潜在投标人的,对潜在投标人实行歧视待遇的,强制要求投标人组成联合体共同投标的,或者限制投标人之间竞争的,责令改正,可以处一万元以上五万元以下的罚款。

第五十二条 依法必须进行招标的项目的招标人向他人透露已获取招标文件的潜在投标人的名称、数量或者可能影响公平竞争的有关招标投标的其他情况的,或者泄露标底的,给予警告,可以并处一万元以上十万元以下的罚款;对单位直接负责的主管人员和其他直接责任人员依法给予处分;构成犯罪的,依法追究刑事责任。

前款所列行为影响中标结果的,中标无效。

第五十三条　投标人相互串通投标或者与招标人串通投标的,投标人以向招标人或者评标委员会成员行贿的手段谋取中标的,中标无效,处中标项目金额千分之五以上千分之十以下的罚款,对单位直接负责的主管人员和其他直接责任人员处单位罚款数额百分之五以上百分之十以下的罚款;有违法所得的,并处没收违法所得;情节严重的,取消其一年至二年内参加依法必须进行招标的项目的投标资格并予以公告,直至由工商行政管理机关吊销营业执照;构成犯罪的,依法追究刑事责任。给他人造成损失的,依法承担赔偿责任。

第五十四条　投标人以他人名义投标或者以其他方式弄虚作假,骗取中标的,中标无效,给招标人造成损失的,依法承担赔偿责任;构成犯罪的,依法追究刑事责任。

依法必须进行招标的项目的投标人有前款所列行为尚未构成犯罪的,处中标项目金额千分之五以上千分之十以下的罚款,对单位直接负责的主管人员和其他直接责任人员处单位罚款数额百分之五以上百分之十以下的罚款;有违法所得的,并处没收违法所得;情节严重的,取消其一年至三年内参加依法必须进行招标的项目的投标资格并予以公告,直至由工商行政管理机关吊销营业执照。

第五十五条　依法必须进行招标的项目,招标人违反本法规定,与投标人就投标价格、投标方案等实质性内容进行谈判的,给予警告,对单位直接负责的主管人员和其他直接责任人员依法给予处分。

前款所列行为影响中标结果的,中标无效。

第五十六条　评标委员会成员收受投标人的财物或者其他好处的,评标委员会成员或者参加评标的有关工作人员向他人透露对投标文件的评审和比较、中标候选人的推荐以及与评标有关的其他情况的,给予警告,没收收受的财物,可以并处三千元以上五万元以下的罚款,对有所列违法行为的评标委员会成员取消担任评标委员会成员的资格,不得再参加任何依法必须进行招标的项目的评标;构成犯罪的,依法追究刑事责任。

第五十七条　招标人在评标委员会依法推荐的中标候选人以外确定中标人的,依法必须进行招标的项目在所有投标被评标委员会否决后自行确定中标人的,中标无效。责令改正,可以处中标项目金额千分之五以上千分之十以下的罚款;对单位直接负责的主管人员和其他直接责任人员依法给予处分。

第五十八条　中标人将中标项目转让给他人的,将中标项目肢解后分别转让给他人的,违反本法规定将中标项目的部分主体、关键性工作分包给他人的,或者分包人再次分包的,转让、分包无效,处转让、分包项目金额千分之五以上千分之十以下的罚款;有违法所得的,并处没收违法所得;可以责令停业整顿;情节严重的,由工商行政管理机关吊销营业执照。

第五十九条　招标人与中标人不按照招标文件和中标人的投标文件订立合同的,或者招标人、中标人订立背离合同实质性内容的协议的,责令改正;可以处中标项目金额千分之五以上千分之十以下的罚款。

第六十条　中标人不履行与招标人订立的合同的,履约保证金不予退还,给招标人造成的损失超过履约保证金数额的,还应当对超过部分予以赔偿;没有提交履约保证金的,应当对招标人的损失承担赔偿责任。

中标人不按照与招标人订立的合同履行义务,情节严重的,取消其二年至五年内参加依法必须进行招标的项目的投标资格并予以公告,直至由工商行政管理机关吊销营业执照。

因不可抗力不能履行合同的,不适用前两款规定。

第六十一条　本章规定的行政处罚,由国务院规定的有关行政监督部门决定。本法已对实施行政处罚的机关做出规定的除外。

第六十二条　任何单位违反本法规定,限制或者排斥本地区、本系统以外的法人或者其他组织参加投标的,为招标人指定招标代理机构的,强制招标人委托招标代理机构办理招标事宜的,或者以其他方式干涉招标投标活动的,责令改正;对单位直接负责的主管人员和其他直接责任人员依法给予警告、记过、记大过的处分,情节较重的,依法给予降级、撤职、开除的处分。

个人利用职权进行前款违法行为的,依照前款规定追究责任。

第六十三条　对招标投标活动依法负有行政监督职责的国家机关工作人员徇私舞弊、滥用职权或者玩忽职守,构成犯罪的,依法追究刑事责任;不构成犯罪的,依法给予行政处分。

第六十四条　依法必须进行招标的项目违反本法规定,中标无效的,应当依照本法规定的中标条件从其余投标人中重新确定中标人或者依照本法重新进行招标。

第六章　附则

第六十五条　投标人和其他利害关系人认为招标投标活动不符合本法有关规定的,有权向招标人提出异议或者依法向有关行政监督部门投诉。

第六十六条　涉及国家安全、国家秘密、抢险救灾或者属于利用扶贫资金实行以工代赈、需要使用农民工等特殊情况,不适宜进行招标的项目,按照国家有关规定可以不进行招标。

第六十七条　使用国际组织或者外国政府贷款、援助资金的项目进行招标,贷款方、资金提供方对招标投标的具体条件和程序有不同规定的,可以适用其规定。但违背中华人民共和国的社会公共利益的除外。

第六十八条　本法自2000年1月1日起施行。

(四) 中华人民共和国招标投标法实施条例

第一章　总则

第一条　为了规范招标投标活动,根据《中华人民共和国招标投标法》(以下简称招标投标法),制定本条例。

第二条 招标投标法第三条所称工程建设项目,是指工程以及与工程建设有关的货物、服务。

前款所称工程,是指建设工程,包括建筑物和构筑物的新建、改建、扩建及其相关的装修、拆除、修缮等;所称与工程建设有关的货物,是指构成工程不可分割的组成部分,且为实现工程基本功能所必需的设备、材料等;所称与工程建设有关的服务,是指为完成工程所需的勘察、设计、监理等服务。

第三条 依法必须进行招标的工程建设项目的具体范围和规模标准,由国务院发展改革部门会同国务院有关部门制订,报国务院批准后公布施行。

第四条 国务院发展改革部门指导和协调全国招标投标工作,对国家重大建设项目的工程招标投标活动实施监督检查。国务院工业和信息化、住房城乡建设、交通运输、铁道、水利、商务等部门,按照规定的职责分工对有关招标投标活动实施监督。

县级以上地方人民政府发展改革部门指导和协调本行政区域的招标投标工作。县级以上地方人民政府有关部门按照规定的职责分工,对招标投标活动实施监督,依法查处招标投标活动中的违法行为。县级以上地方人民政府对其所属部门有关招标投标活动的监督职责分工另有规定的,从其规定。

财政部门依法对实行招标投标的政府采购工程建设项目的预算执行情况和政府采购政策执行情况实施监督。

监察机关依法对与招标投标活动有关的监察对象实施监察。

第五条 设区的市级以上地方人民政府可以根据实际需要,建立统一规范的招标投标交易场所,为招标投标活动提供服务。招标投标交易场所不得与行政监督部门存在隶属关系,不得以营利为目的。

国家鼓励利用信息网络进行电子招标投标。

第六条 禁止国家工作人员以任何方式非法干涉招标投标活动。

第二章 招标

第七条 按照国家有关规定需要履行项目审批、核准手续的依法必须进行招标的项目,其招标范围、招标方式、招标组织形式应当报项目审批、核准部门审批、核准。项目审批、核准部门应当及时将审批、核准确定的招标范围、招标方式、招标组织形式通报有关行政监督部门。

第八条 国有资金占控股或者主导地位的依法必须进行招标的项目,应当公开招标;但有下列情形之一的,可以邀请招标:

(一)技术复杂、有特殊要求或者受自然环境限制,只有少量潜在投标人可供选择;

(二)采用公开招标方式的费用占项目合同金额的比例过大。

有前款第二项所列情形,属于本条例第七条规定的项目,由项目审批、核准部门在审批、核准项目时做出认定;其他项目由招标人申请有关行政监督部门做出认定。

第九条 除招标投标法第六十六条规定的可以不进行招标的特殊情况外,有下列情形之一的,可以不进行招标:

（一）需要采用不可替代的专利或者专有技术；
（二）采购人依法能够自行建设、生产或者提供；
（三）已通过招标方式选定的特许经营项目投资人依法能够自行建设、生产或者提供；
（四）需要向原中标人采购工程、货物或者服务，否则将影响施工或者功能配套要求；
（五）国家规定的其他特殊情形。

招标人为适用前款规定弄虚作假的，属于招标投标法第四条规定的规避招标。

第十条　招标投标法第十二条第二款规定的招标人具有编制招标文件和组织评标能力，是指招标人具有与招标项目规模和复杂程度相适应的技术、经济等方面的专业人员。

第十一条　招标代理机构的资格依照法律和国务院的规定由有关部门认定。

国务院住房城乡建设、商务、发展改革、工业和信息化等部门，按照规定的职责分工对招标代理机构依法实施监督管理。

第十二条　招标代理机构应当拥有一定数量的具备编制招标文件、组织评标等相应能力的专业人员。

第十三条　招标代理机构在其资格许可和招标人委托的范围内开展招标代理业务，任何单位和个人不得非法干涉。

招标代理机构代理招标业务，应当遵守招标投标法和本条例关于招标人的规定。招标代理机构不得在所代理的招标项目中投标或者代理投标，也不得为所代理的招标项目的投标人提供咨询。

招标代理机构不得涂改、出租、出借、转让资格证书。

第十四条　招标人应当与被委托的招标代理机构签订书面委托合同，合同约定的收费标准应当符合国家有关规定。

第十五条　公开招标的项目，应当依照招标投标法和本条例的规定发布招标公告、编制招标文件。

招标人采用资格预审办法对潜在投标人进行资格审查的，应当发布资格预审公告、编制资格预审文件。

依法必须进行招标的项目的资格预审公告和招标公告，应当在国务院发展改革部门依法指定的媒介发布。在不同媒介发布的同一招标项目的资格预审公告或者招标公告的内容应当一致。指定媒介发布依法必须进行招标的项目的境内资格预审公告、招标公告，不得收取费用。

编制依法必须进行招标的项目的资格预审文件和招标文件，应当使用国务院发展改革部门会同有关行政监督部门制定的标准文本。

第十六条　招标人应当按照资格预审公告、招标公告或者投标邀请书规定的时间、地点发售资格预审文件或者招标文件。资格预审文件或者招标文件的发售期不得少于5日。

招标人发售资格预审文件、招标文件收取的费用应当限于补偿印刷、邮寄的成本支出，不得以营利为目的。

第十七条　招标人应当合理确定提交资格预审申请文件的时间。依法必须进行招标的项目提交资格预审申请文件的时间，自资格预审文件停止发售之日起不得少于5日。

第十八条　资格预审应当按照资格预审文件载明的标准和方法进行。

国有资金占控股或者主导地位的依法必须进行招标的项目，招标人应当组建资格审查委员会审查资格预审申请文件。资格审查委员会及其成员应当遵守招标投标法和本条例有关评标委员会及其成员的规定。

第十九条　资格预审结束后，招标人应当及时向资格预审申请人发出资格预审结果通知书。未通过资格预审的申请人不具有投标资格。

通过资格预审的申请人少于3个的，应当重新招标。

第二十条　招标人采用资格后审办法对投标人进行资格审查的，应当在开标后由评标委员会按照招标文件规定的标准和方法对投标人的资格进行审查。

第二十一条　招标人可以对已发出的资格预审文件或者招标文件进行必要的澄清或者修改。澄清或者修改的内容可能影响资格预审申请文件或者投标文件编制的，招标人应当在提交资格预审申请文件截止时间至少3日前，或者投标截止时间至少15日前，以书面形式通知所有获取资格预审文件或者招标文件的潜在投标人；不足3日或者15日的，招标人应当顺延提交资格预审申请文件或者投标文件的截止时间。

第二十二条　潜在投标人或者其他利害关系人对资格预审文件有异议的，应当在提交资格预审申请文件截止时间2日前提出；对招标文件有异议的，应当在投标截止时间10日前提出。招标人应当自收到异议之日起3日内做出答复；做出答复前，应当暂停招标投标活动。

第二十三条　招标人编制的资格预审文件、招标文件的内容违反法律、行政法规的强制性规定，违反公开、公平、公正和诚实信用原则，影响资格预审结果或者潜在投标人投标的，依法必须进行招标的项目的招标人应当在修改资格预审文件或者招标文件后重新招标。

第二十四条　招标人对招标项目划分标段的，应当遵守招标投标法的有关规定，不得利用划分标段限制或者排斥潜在投标人。依法必须进行招标的项目的招标人不得利用划分标段规避招标。

第二十五条　招标人应当在招标文件中载明投标有效期。投标有效期从提交投标文件的截止之日起算。

第二十六条　招标人在招标文件中要求投标人提交投标保证金的，投标保证金不得超过招标项目估算价的2%。投标保证金有效期应当与投标有效期一致。

依法必须进行招标的项目的境内投标单位，以现金或者支票形式提交的投标保证金应当从其基本账户转出。

招标人不得挪用投标保证金。

第二十七条 招标人可以自行决定是否编制标底。一个招标项目只能有一个标底。标底必须保密。

接受委托编制标底的中介机构不得参加受托编制标底项目的投标,也不得为该项目的投标人编制投标文件或者提供咨询。

招标人设有最高投标限价的,应当在招标文件中明确最高投标限价或者最高投标限价的计算方法。招标人不得规定最低投标限价。

第二十八条 招标人不得组织单个或者部分潜在投标人踏勘项目现场。

第二十九条 招标人可以依法对工程以及与工程建设有关的货物、服务全部或者部分实行总承包招标。以暂估价形式包括在总承包范围内的工程、货物、服务属于依法必须进行招标的项目范围且达到国家规定规模标准的,应当依法进行招标。

前款所称暂估价,是指总承包招标时不能确定价格而由招标人在招标文件中暂时估定的工程、货物、服务的金额。

第三十条 对技术复杂或者无法精确拟定技术规格的项目,招标人可以分两阶段进行招标。

第一阶段,投标人按照招标公告或者投标邀请书的要求提交不带报价的技术建议,招标人根据投标人提交的技术建议确定技术标准和要求,编制招标文件。

第二阶段,招标人向在第一阶段提交技术建议的投标人提供招标文件,投标人按照招标文件的要求提交包括最终技术方案和投标报价的投标文件。

招标人要求投标人提交投标保证金的,应当在第二阶段提出。

第三十一条 招标人终止招标的,应当及时发布公告,或者以书面形式通知被邀请的或者已经获取资格预审文件、招标文件的潜在投标人。已经发售资格预审文件、招标文件或者已经收取投标保证金的,招标人应当及时退还所收取的资格预审文件、招标文件的费用,以及所收取的投标保证金及银行同期存款利息。

第三十二条 招标人不得以不合理的条件限制、排斥潜在投标人或者投标人。

招标人有下列行为之一的,属于以不合理条件限制、排斥潜在投标人或者投标人:

(一)就同一招标项目向潜在投标人或者投标人提供有差别的项目信息;

(二)设定的资格、技术、商务条件与招标项目的具体特点和实际需要不相适应或者与合同履行无关;

(三)依法必须进行招标的项目以特定行政区域或者特定行业的业绩、奖项作为加分条件或者中标条件;

(四)对潜在投标人或者投标人采取不同的资格审查或者评标标准;

(五)限定或者指定特定的专利、商标、品牌、原产地或者供应商;

(六)依法必须进行招标的项目非法限定潜在投标人或者投标人的所有制形式或者组织形式;

(七)以其他不合理条件限制、排斥潜在投标人或者投标人。

第三章　投标

第三十三条　投标人参加依法必须进行招标的项目的投标,不受地区或者部门的限制,任何单位和个人不得非法干涉。

第三十四条　与招标人存在利害关系可能影响招标公正性的法人、其他组织或者个人,不得参加投标。

单位负责人为同一人或者存在控股、管理关系的不同单位,不得参加同一标段投标或者未划分标段的同一招标项目投标。

违反前两款规定的,相关投标均无效。

第三十五条　投标人撤回已提交的投标文件,应当在投标截止时间前书面通知招标人。招标人已收取投标保证金的,应当自收到投标人书面撤回通知之日起5日内退还。

投标截止后投标人撤销投标文件的,招标人可以不退还投标保证金。

第三十六条　未通过资格预审的申请人提交的投标文件,以及逾期送达或者不按照招标文件要求密封的投标文件,招标人应当拒收。

招标人应当如实记载投标文件的送达时间和密封情况,并存档备查。

第三十七条　招标人应当在资格预审公告、招标公告或者投标邀请书中载明是否接受联合体投标。

招标人接受联合体投标并进行资格预审的,联合体应当在提交资格预审申请文件前组成。资格预审后联合体增减、更换成员的,其投标无效。

联合体各方在同一招标项目中以自己名义单独投标或者参加其他联合体投标的,相关投标均无效。

第三十八条　投标人发生合并、分立、破产等重大变化的,应当及时书面告知招标人。投标人不再具备资格预审文件、招标文件规定的资格条件或者其投标影响招标公正性的,其投标无效。

第三十九条　禁止投标人相互串通投标。

有下列情形之一的,属于投标人相互串通投标:

(一)投标人之间协商投标报价等投标文件的实质性内容;

(二)投标人之间约定中标人;

(三)投标人之间约定部分投标人放弃投标或者中标;

(四)属于同一集团、协会、商会等组织成员的投标人按照该组织要求协同投标;

(五)投标人之间为谋取中标或者排斥特定投标人而采取的其他联合行动。

第四十条　有下列情形之一的,视为投标人相互串通投标:

(一)不同投标人的投标文件由同一单位或者个人编制;

(二)不同投标人委托同一单位或者个人办理投标事宜;

(三)不同投标人的投标文件载明的项目管理成员为同一人;

(四)不同投标人的投标文件异常一致或者投标报价呈规律性差异;

(五)不同投标人的投标文件相互混装;

（六）不同投标人的投标保证金从同一单位或者个人的账户转出。

第四十一条　禁止招标人与投标人串通投标。

有下列情形之一的，属于招标人与投标人串通投标：

（一）招标人在开标前开启投标文件并将有关信息泄露给其他投标人；

（二）招标人直接或者间接向投标人泄露标底、评标委员会成员等信息；

（三）招标人明示或者暗示投标人压低或者抬高投标报价；

（四）招标人授意投标人撤换、修改投标文件；

（五）招标人明示或者暗示投标人为特定投标人中标提供方便；

（六）招标人与投标人为谋求特定投标人中标而采取的其他串通行为。

第四十二条　使用通过受让或者租借等方式获取的资格、资质证书投标的，属于招标投标法第三十三条规定的以他人名义投标。

投标人有下列情形之一的，属于招标投标法第三十三条规定的以其他方式弄虚作假的行为：

（一）使用伪造、变造的许可证件；

（二）提供虚假的财务状况或者业绩；

（三）提供虚假的项目负责人或者主要技术人员简历、劳动关系证明；

（四）提供虚假的信用状况；

（五）其他弄虚作假的行为。

第四十三条　提交资格预审申请文件的申请人应当遵守招标投标法和本条例有关投标人的规定。

第四章　开标、评标和中标

第四十四条　招标人应当按照招标文件规定的时间、地点开标。

投标人少于3个的，不得开标；招标人应当重新招标。

投标人对开标有异议的，应当在开标现场提出，招标人应当当场做出答复，并制作记录。

第四十五条　国家实行统一的评标专家专业分类标准和管理办法。具体标准和办法由国务院发展改革部门会同国务院有关部门制定。

省级人民政府和国务院有关部门应当组建综合评标专家库。

第四十六条　除招标投标法第三十七条第三款规定的特殊招标项目外，依法必须进行招标的项目，其评标委员会的专家成员应当从评标专家库内相关专业的专家名单中以随机抽取方式确定。任何单位和个人不得以明示、暗示等任何方式指定或者变相指定参加评标委员会的专家成员。

依法必须进行招标的项目的招标人非因招标投标法和本条例规定的事由，不得更换依法确定的评标委员会成员。更换评标委员会的专家成员应当依照前款规定进行。

评标委员会成员与投标人有利害关系的，应当主动回避。

有关行政监督部门应当按照规定的职责分工，对评标委员会成员的确定方式、评标专家的抽取和评标活动进行监督。行政监督部门的工作人员不得担任本部门负责监督项目的评标委员会成员。

第四十七条　招标投标法第三十七条第三款所称特殊招标项目,是指技术复杂、专业性强或者国家有特殊要求,采取随机抽取方式确定的专家难以保证胜任评标工作的项目。

第四十八条　招标人应当向评标委员会提供评标所必需的信息,但不得明示或者暗示其倾向或者排斥特定投标人。

招标人应当根据项目规模和技术复杂程度等因素合理确定评标时间。超过三分之一的评标委员会成员认为评标时间不够的,招标人应当适当延长。

评标过程中,评标委员会成员有回避事由、擅离职守或者因健康等原因不能继续评标的,应当及时更换。被更换的评标委员会成员做出的评审结论无效,由更换后的评标委员会成员重新进行评审。

第四十九条　评标委员会成员应当依照招标投标法和本条例的规定,按照招标文件规定的评标标准和方法,客观、公正地对投标文件提出评审意见。招标文件没有规定的评标标准和方法不得作为评标的依据。

评标委员会成员不得私下接触投标人,不得收受投标人给予的财物或者其他好处,不得向招标人征询确定中标人的意向,不得接受任何单位或者个人明示或者暗示提出的倾向或者排斥特定投标人的要求,不得有其他不客观、不公正履行职务的行为。

第五十条　招标项目设有标底的,招标人应当在开标时公布。标底只能作为评标的参考,不得以投标报价是否接近标底作为中标条件,也不得以投标报价超过标底上下浮动范围作为否决投标的条件。

第五十一条　有下列情形之一的,评标委员会应当否决其投标:

(一)投标文件未经投标单位盖章和单位负责人签字;

(二)投标联合体没有提交共同投标协议;

(三)投标人不符合国家或者招标文件规定的资格条件;

(四)同一投标人提交两个以上不同的投标文件或者投标报价,但招标文件要求提交备选投标的除外;

(五)投标报价低于成本或者高于招标文件设定的最高投标限价;

(六)投标文件没有对招标文件的实质性要求和条件做出响应;

(七)投标人有串通投标、弄虚作假、行贿等违法行为。

第五十二条　投标文件中有含义不明确的内容、明显文字或者计算错误,评标委员会认为需要投标人做出必要澄清、说明的,应当书面通知该投标人。投标人的澄清、说明应当采用书面形式,并不得超出投标文件的范围或者改变投标文件的实质性内容。

评标委员会不得暗示或者诱导投标人做出澄清、说明,不得接受投标人主动提出的澄清、说明。

第五十三条　评标完成后,评标委员会应当向招标人提交书面评标报告和中标候选人名单。中标候选人应当不超过3个,并标明排序。

评标报告应当由评标委员会全体成员签字。对评标结果有不同意见的评标委员会成员应当以书面形式说明其不同意见和理由,评标报告应当注明该不同意见。评标委员会成员拒绝在评标报告上签字又不书面说明其不同意见和理由的,视为同意评标结果。

第五十四条 依法必须进行招标的项目,招标人应当自收到评标报告之日起3日内公示中标候选人,公示期不得少于3日。

投标人或者其他利害关系人对依法必须进行招标的项目的评标结果有异议的,应当在中标候选人公示期间提出。招标人应当自收到异议之日起3日内做出答复;做出答复前,应当暂停招标投标活动。

第五十五条 国有资金占控股或者主导地位的依法必须进行招标的项目,招标人应当确定排名第一的中标候选人为中标人。排名第一的中标候选人放弃中标、因不可抗力不能履行合同、不按照招标文件要求提交履约保证金,或者被查实存在影响中标结果的违法行为等情形,不符合中标条件的,招标人可以按照评标委员会提出的中标候选人名单排序依次确定其他中标候选人为中标人,也可以重新招标。

第五十六条 中标候选人的经营、财务状况发生较大变化或者存在违法行为,招标人认为可能影响其履约能力的,应当在发出中标通知书前由原评标委员会按照招标文件规定的标准和方法审查确认。

第五十七条 招标人和中标人应当依照招标投标法和本条例的规定签订书面合同,合同的标的、价款、质量、履行期限等主要条款应当与招标文件和中标人的投标文件的内容一致。招标人和中标人不得再行订立背离合同实质性内容的其他协议。

招标人最迟应当在书面合同签订后5日内向中标人和未中标的投标人退还投标保证金及银行同期存款利息。

第五十八条 招标文件要求中标人提交履约保证金的,中标人应当按照招标文件的要求提交。履约保证金不得超过中标合同金额的10%。

第五十九条 中标人应当按照合同约定履行义务,完成中标项目。中标人不得向他人转让中标项目,也不得将中标项目肢解后分别向他人转让。

中标人按照合同约定或者经招标人同意,可以将中标项目的部分非主体、非关键性工作分包给他人完成。接受分包的人应当具备相应的资格条件,并不得再次分包。

中标人应当就分包项目向招标人负责,接受分包的人就分包项目承担连带责任。

第五章 投诉与处理

第六十条 投标人或者其他利害关系人认为招标投标活动不符合法律、行政法规规定的,可以自知道或者应当知道之日起10日内向有关行政监督部门投诉。投诉应当有明确的请求和必要的证明材料。

就本条例第二十二条、第四十四条、第五十四条规定事项投诉的,应当先向招标人提出异议,异议答复期间不计算在前款规定的期限内。

第六十一条 投诉人就同一事项向两个以上有权受理的行政监督部门投诉的,由最先收到投诉的行政监督部门负责处理。

行政监督部门应当自收到投诉之日起3个工作日内决定是否受理投诉,并自受理投诉之日起30个工作日内做出书面处理决定;需要检验、检测、鉴定、专家评审的,所需时间不计算在内。

投诉人捏造事实、伪造材料或者以非法手段取得证明材料进行投诉的,行政监督部门应当予以驳回。

第六十二条 行政监督部门处理投诉,有权查阅、复制有关文件、资料,调查有关情况,相关单位和人员应当予以配合。必要时,行政监督部门可以责令暂停招标投标活动。

行政监督部门的工作人员对监督检查过程中知悉的国家秘密、商业秘密,应当依法予以保密。

第六章 法律责任

第六十三条 招标人有下列限制或者排斥潜在投标人行为之一的,由有关行政监督部门依照招标投标法第五十一条的规定处罚:

(一)依法应当公开招标的项目不按照规定在指定媒介发布资格预审公告或者招标公告;

(二)在不同媒介发布的同一招标项目的资格预审公告或者招标公告的内容不一致,影响潜在投标人申请资格预审或者投标。

依法必须进行招标的项目的招标人不按照规定发布资格预审公告或者招标公告,构成规避招标的,依照招标投标法第四十九条的规定处罚。

第六十四条 招标人有下列情形之一的,由有关行政监督部门责令改正,可以处10万元以下的罚款:

(一)依法应当公开招标而采用邀请招标的;

(二)招标文件、资格预审文件的发售、澄清、修改的时限,或者确定的提交资格预审申请文件、投标文件的时限不符合招标投标法和本条例规定的;

(三)接受未通过资格预审的单位或者个人参加投标的;

(四)接受应当拒收的投标文件。

招标人有前款第一项、第三项、第四项所列行为之一的,对单位直接负责的主管人员和其他直接责任人员依法给予处分。

第六十五条 招标代理机构在所代理的招标项目中投标、代理投标或者向该项目投标人提供咨询的,接受委托编制标底的中介机构参加受托编制标底项目的投标或者为该项目的投标人编制投标文件、提供咨询的,依照招标投标法第五十条的规定追究法律责任。

第六十六条 招标人超过本条例规定的比例收取投标保证金、履约保证金或者不按照规定退还投标保证金及银行同期存款利息的,由有关行政监督部门责令改正,可以处5万元以下的罚款;给他人造成损失的,依法承担赔偿责任。

第六十七条 投标人相互串通投标或者与招标人串通投标的,投标人向招标人或者评标委员会成员行贿谋取中标的,中标无效;构成犯罪的,依法追究刑事责任;尚不构成犯罪的,依照招标投标法第五十三条的规定处罚。投标人未中标的,对单位的罚款金额按照招标项目合同金额依照招标投标法规定的比例计算。

投标人有下列行为之一的,属于招标投标法第五十三条规定的情节严重行为,由有关行政监督部门取消其1年至2年内参加依法必须进行招标的项目的投标资格:

（一）以行贿谋取中标;
（二）3年内2次以上串通投标;
（三）串通投标行为损害招标人、其他投标人或者国家、集体、公民的合法利益,造成直接经济损失30万元以上;
（四）其他串通投标情节严重的行为。

投标人自本条第二款规定的处罚执行期限届满之日起3年内又有该款所列违法行为之一的,或者串通投标、以行贿谋取中标情节特别严重的,由工商行政管理机关吊销营业执照。

法律、行政法规对串通投标报价行为的处罚另有规定的,从其规定。

第六十八条　投标人以他人名义投标或者以其他方式弄虚作假骗取中标的,中标无效;构成犯罪的,依法追究刑事责任;尚不构成犯罪的,依照招标投标法第五十四条的规定处罚。依法必须进行招标的项目的投标人未中标的,对单位的罚款金额按照招标项目合同金额依照招标投标法规定的比例计算。

投标人有下列行为之一的,属于招标投标法第五十四条规定的情节严重行为,由有关行政监督部门取消其1年至3年内参加依法必须进行招标的项目的投标资格:

（一）伪造、变造资格、资质证书或者其他许可证件骗取中标;
（二）3年内2次以上使用他人名义投标;
（三）弄虚作假骗取中标给招标人造成直接经济损失30万元以上;
（四）其他弄虚作假骗取中标情节严重的行为。

投标人自本条第二款规定的处罚执行期限届满之日起3年内又有该款所列违法行为之一的,或者弄虚作假骗取中标情节特别严重的,由工商行政管理机关吊销营业执照。

第六十九条　出让或者出租资格、资质证书供他人投标的,依照法律、行政法规的规定给予行政处罚;构成犯罪的,依法追究刑事责任。

第七十条　依法必须进行招标的项目的招标人不按照规定组建评标委员会,或者确定、更换评标委员会成员违反招标投标法和本条例规定的,由有关行政监督部门责令改正,可以处10万元以下的罚款,对单位直接负责的主管人员和其他直接责任人员依法给予处分;违法确定或者更换的评标委员会成员做出的评审结论无效,依法重新进行评审。

国家工作人员以任何方式非法干涉选取评标委员会成员的,依照本条例第八十条的规定追究法律责任。

第七十一条　评标委员会成员有下列行为之一的,由有关行政监督部门责令改正;情节严重的,禁止其在一定期限内参加依法必须进行招标的项目的评标;情节特别严重

的,取消其担任评标委员会成员的资格:

(一) 应当回避而不回避;

(二) 擅离职守;

(三) 不按照招标文件规定的评标标准和方法评标;

(四) 私下接触投标人;

(五) 向招标人征询确定中标人的意向或者接受任何单位或者个人明示或者暗示提出的倾向或者排斥特定投标人的要求;

(六) 对依法应当否决的投标不提出否决意见;

(七) 暗示或者诱导投标人做出澄清、说明或者接受投标人主动提出的澄清、说明;

(八) 其他不客观、不公正履行职务的行为。

第七十二条　评标委员会成员收受投标人的财物或者其他好处的,没收收受的财物,处 3000 元以上 5 万元以下的罚款,取消担任评标委员会成员的资格,不得再参加依法必须进行招标的项目的评标;构成犯罪的,依法追究刑事责任。

第七十三条　依法必须进行招标的项目的招标人有下列情形之一的,由有关行政监督部门责令改正,可以处中标项目金额 10‰ 以下的罚款;给他人造成损失的,依法承担赔偿责任;对单位直接负责的主管人员和其他直接责任人员依法给予处分:

(一) 无正当理由不发出中标通知书;

(二) 不按照规定确定中标人;

(三) 中标通知书发出后无正当理由改变中标结果;

(四) 无正当理由不与中标人订立合同;

(五) 在订立合同时向中标人提出附加条件。

第七十四条　中标人无正当理由不与招标人订立合同,在签订合同时向招标人提出附加条件,或者不按照招标文件要求提交履约保证金的,取消其中标资格,投标保证金不予退还。对依法必须进行招标的项目的中标人,由有关行政监督部门责令改正,可以处中标项目金额 10‰ 以下的罚款。

第七十五条　招标人和中标人不按照招标文件和中标人的投标文件订立合同,合同的主要条款与招标文件、中标人的投标文件的内容不一致,或者招标人、中标人订立背离合同实质性内容的协议的,由有关行政监督部门责令改正,可以处中标项目金额 5‰ 以上 10‰ 以下的罚款。

第七十六条　中标人将中标项目转让给他人的,将中标项目肢解后分别转让给他人的,违反招标投标法和本条例规定将中标项目的部分主体、关键性工作分包给他人的,或者分包人再次分包的,转让、分包无效,处转让、分包项目金额 5‰ 以上 10‰ 以下的罚款;有违法所得的,并处没收违法所得;可以责令停业整顿;情节严重的,由工商行政管理机关吊销营业执照。

第七十七条　投标人或者其他利害关系人捏造事实、伪造材料或者以非法手段取得证明材料进行投诉,给他人造成损失的,依法承担赔偿责任。

招标人不按照规定对异议做出答复,继续进行招标投标活动的,由有关行政监督部门责令改正,拒不改正或者不能改正并影响中标结果的,依照本条例第八十一条的规定处理。

第七十八条 国家建立招标投标信用制度。有关行政监督部门应当依法公告对招标人、招标代理机构、投标人、评标委员会成员等当事人违法行为的行政处理决定。

第七十九条 项目审批、核准部门不依法审批、核准项目招标范围、招标方式、招标组织形式的,对单位直接负责的主管人员和其他直接责任人员依法给予处分。

有关行政监督部门不依法履行职责,对违反招标投标法和本条例规定的行为不依法查处,或者不按照规定处理投诉、不依法公告对招标投标当事人违法行为的行政处理决定的,对直接负责的主管人员和其他直接责任人员依法给予处分。

项目审批、核准部门和有关行政监督部门的工作人员徇私舞弊、滥用职权、玩忽职守,构成犯罪的,依法追究刑事责任。

第八十条 国家工作人员利用职务便利,以直接或者间接、明示或者暗示等任何方式非法干涉招标投标活动,有下列情形之一的,依法给予记过或者记大过处分;情节严重的,依法给予降级或者撤职处分;情节特别严重的,依法给予开除处分;构成犯罪的,依法追究刑事责任:

(一) 要求对依法必须进行招标的项目不招标,或者要求对依法应当公开招标的项目不公开招标;

(二) 要求评标委员会成员或者招标人以其指定的投标人作为中标候选人或者中标人,或者以其他方式非法干涉评标活动,影响中标结果;

(三) 以其他方式非法干涉招标投标活动。

第八十一条 依法必须进行招标的项目的招标投标活动违反招标投标法和本条例的规定,对中标结果造成实质性影响,且不能采取补救措施予以纠正的,招标、投标、中标无效,应当依法重新招标或者评标。

第七章 附则

第八十二条 招标投标协会按照依法制定的章程开展活动,加强行业自律和服务。

第八十三条 政府采购的法律、行政法规对政府采购货物、服务的招标投标另有规定的,从其规定。

第八十四条 本条例自 2012 年 2 月 1 日起施行。

(五) 政府采购货物和服务招标投标管理办法

(财政部令第 87 号)

第一章 总则

第一条 为了规范政府采购当事人的采购行为,加强对政府采购货物和服务招标投标活动的监督管理,维护国家利益、社会公共利益和政府采购招标投标活动当事人的合法权益,依据《中华人民共和国政府采购法》(以下简称政府采购法)、《中华人民共和国政府采购法实施条例》(以下简称政府采购法实施条例)和其他有关法律法规规定,制定本办法。

第二条　本办法适用于在中华人民共和国境内开展政府采购货物和服务(以下简称货物服务)招标投标活动。

第三条　货物服务招标分为公开招标和邀请招标。

公开招标,是指采购人依法以招标公告的方式邀请非特定的供应商参加投标的采购方式。

邀请招标,是指采购人依法从符合相应资格条件的供应商中随机抽取3家以上供应商,并以投标邀请书的方式邀请其参加投标的采购方式。

第四条　属于地方预算的政府采购项目,省、自治区、直辖市人民政府根据实际情况,可以确定分别适用于本行政区域省级、设区的市级、县级公开招标数额标准。

第五条　采购人应当在货物服务招标投标活动中落实节约能源、保护环境、扶持不发达地区和少数民族地区、促进中小企业发展等政府采购政策。

第六条　采购人应当按照行政事业单位内部控制规范要求,建立健全本单位政府采购内部控制制度,在编制政府采购预算和实施计划、确定采购需求、组织采购活动、履约验收、答复询问质疑、配合投诉处理及监督检查等重点环节加强内部控制管理。

采购人不得向供应商索要或者接受其给予的赠品、回扣或者与采购无关的其他商品、服务。

第七条　采购人应当按照财政部制定的《政府采购品目分类目录》确定采购项目属性。按照《政府采购品目分类目录》无法确定的,按照有利于采购项目实施的原则确定。

第八条　采购人委托采购代理机构代理招标的,采购代理机构应当在采购人委托的范围内依法开展采购活动。

采购代理机构及其分支机构不得在所代理的采购项目中投标或者代理投标,不得为所代理的采购项目的投标人参加本项目提供投标咨询。

第二章　招标

第九条　未纳入集中采购目录的政府采购项目,采购人可以自行招标,也可以委托采购代理机构在委托的范围内代理招标。

采购人自行组织开展招标活动的,应当符合下列条件:

(一)有编制招标文件、组织招标的能力和条件;

(二)有与采购项目专业性相适应的专业人员。

第十条　采购人应当对采购标的的市场技术或者服务水平、供应、价格等情况进行市场调查,根据调查情况、资产配置标准等科学、合理地确定采购需求,进行价格测算。

第十一条　采购需求应当完整、明确,包括以下内容:

(一)采购标的需实现的功能或者目标,以及为落实政府采购政策需满足的要求;

（二）采购标的需执行的国家相关标准、行业标准、地方标准或者其他标准、规范；

（三）采购标的需满足的质量、安全、技术规格、物理特性等要求；

（四）采购标的的数量、采购项目交付或者实施的时间和地点；

（五）采购标的需满足的服务标准、期限、效率等要求；

（六）采购标的的验收标准；

（七）采购标的的其他技术、服务等要求。

第十二条　采购人根据价格测算情况，可以在采购预算额度内合理设定最高限价，但不得设定最低限价。

第十三条　公开招标公告应当包括以下主要内容：

（一）采购人及其委托的采购代理机构的名称、地址和联系方法；

（二）采购项目的名称、预算金额，设定最高限价的，还应当公开最高限价；

（三）采购人的采购需求；

（四）投标人的资格要求；

（五）获取招标文件的时间期限、地点、方式及招标文件售价；

（六）公告期限；

（七）投标截止时间、开标时间及地点；

（八）采购项目联系人姓名和电话。

第十四条　采用邀请招标方式的，采购人或者采购代理机构应当通过以下方式产生符合资格条件的供应商名单，并从中随机抽取3家以上供应商向其发出投标邀请书：

（一）发布资格预审公告征集；

（二）从省级以上人民政府财政部门（以下简称财政部门）建立的供应商库中选取；

（三）采购人书面推荐。

采用前款第一项方式产生符合资格条件供应商名单的，采购人或者采购代理机构应当按照资格预审文件载明的标准和方法，对潜在投标人进行资格预审。

采用第一款第二项或者第三项方式产生符合资格条件供应商名单的，备选的符合资格条件供应商总数不得少于拟随机抽取供应商总数的两倍。

随机抽取是指通过抽签等能够保证所有符合资格条件供应商机会均等的方式选定供应商。随机抽取供应商时，应当有不少于两名采购人工作人员在场监督，并形成书面记录，随采购文件一并存档。

投标邀请书应当同时向所有受邀请的供应商发出。

第十五条　资格预审公告应当包括以下主要内容：

（一）本办法第十三条第一至四项、第六项和第八项内容；

（二）获取资格预审文件的时间期限、地点、方式；

（三）提交资格预审申请文件的截止时间、地点及资格预审日期。

第十六条　招标公告、资格预审公告的公告期限为5个工作日。公告内容应当以省级以上财政部门指定媒体发布的公告为准。公告期限自省级以上财政部门指定媒体最先发布公告之日起算。

第十七条 采购人、采购代理机构不得将投标人的注册资本、资产总额、营业收入、从业人员、利润、纳税额等规模条件作为资格要求或者评审因素，也不得通过将除进口货物以外的生产厂家授权、承诺、证明、背书等作为资格要求，对投标人实行差别待遇或者歧视待遇。

第十八条 采购人或者采购代理机构应当按照招标公告、资格预审公告或者投标邀请书规定的时间、地点提供招标文件或者资格预审文件，提供期限自招标公告、资格预审公告发布之日起计算不得少于5个工作日。提供期限届满后，获取招标文件或者资格预审文件的潜在投标人不足3家的，可以顺延提供期限，并予公告。

公开招标进行资格预审的，招标公告和资格预审公告可以合并发布，招标文件应当向所有通过资格预审的供应商提供。

第十九条 采购人或者采购代理机构应当根据采购项目的实施要求，在招标公告、资格预审公告或者投标邀请书中载明是否接受联合体投标。如未载明，不得拒绝联合体投标。

第二十条 采购人或者采购代理机构应当根据采购项目的特点和采购需求编制招标文件。招标文件应当包括以下主要内容：

（一）投标邀请；

（二）投标人须知（包括投标文件的密封、签署、盖章要求等）；

（三）投标人应当提交的资格、资信证明文件；

（四）为落实政府采购政策，采购标的需满足的要求，以及投标人须提供的证明材料；

（五）投标文件编制要求、投标报价要求和投标保证金交纳、退还方式以及不予退还投标保证金的情形；

（六）采购项目预算金额，设定最高限价的，还应当公开最高限价；

（七）采购项目的技术规格、数量、服务标准、验收等要求，包括附件、图纸等；

（八）拟签订的合同文本；

（九）货物、服务提供的时间、地点、方式；

（十）采购资金的支付方式、时间、条件；

（十一）评标方法、评标标准和投标无效情形；

（十二）投标有效期；

（十三）投标截止时间、开标时间及地点；

（十四）采购代理机构代理费用的收取标准和方式；

（十五）投标人信用信息查询渠道及截止时点、信用信息查询记录和证据留存的具体方式、信用信息的使用规则等；

（十六）省级以上财政部门规定的其他事项。

对于不允许偏离的实质性要求和条件，采购人或者采购代理机构应当在招标文件中规定，并以醒目的方式标明。

第二十一条　采购人或者采购代理机构应当根据采购项目的特点和采购需求编制资格预审文件。资格预审文件应当包括以下主要内容：

（一）资格预审邀请；

（二）申请人须知；

（三）申请人的资格要求；

（四）资格审核标准和方法；

（五）申请人应当提供的资格预审申请文件的内容和格式；

（六）提交资格预审申请文件的方式、截止时间、地点及资格审核日期；

（七）申请人信用信息查询渠道及截止时点、信用信息查询记录和证据留存的具体方式、信用信息的使用规则等内容；

（八）省级以上财政部门规定的其他事项。

资格预审文件应当免费提供。

第二十二条　采购人、采购代理机构一般不得要求投标人提供样品，仅凭书面方式不能准确描述采购需求或者需要对样品进行主观判断以确认是否满足采购需求等特殊情况除外。

要求投标人提供样品的，应当在招标文件中明确规定样品制作的标准和要求、是否需要随样品提交相关检测报告、样品的评审方法以及评审标准。需要随样品提交检测报告的，还应当规定检测机构的要求、检测内容等。

采购活动结束后，对于未中标人提供的样品，应当及时退还或者经未中标人同意后自行处理；对于中标人提供的样品，应当按照招标文件的规定进行保管、封存，并作为履约验收的参考。

第二十三条　投标有效期从提交投标文件的截止之日起算。投标文件中承诺的投标有效期应当不少于招标文件中载明的投标有效期。投标有效期内投标人撤销投标文件的，采购人或者采购代理机构可以不退还投标保证金。

第二十四条　招标文件售价应当按照弥补制作、邮寄成本的原则确定，不得以营利为目的，不得以招标采购金额作为确定招标文件售价的依据。

第二十五条　招标文件、资格预审文件的内容不得违反法律、行政法规、强制性标准、政府采购政策，或者违反公开透明、公平竞争、公正和诚实信用原则。

有前款规定情形，影响潜在投标人投标或者资格预审结果的，采购人或者采购代理机构应当修改招标文件或者资格预审文件后重新招标。

第二十六条　采购人或者采购代理机构可以在招标文件提供期限截止后，组织已获取招标文件的潜在投标人现场考察或者召开开标前答疑会。

组织现场考察或者召开答疑会的，应当在招标文件中载明，或者在招标文件提供期限截止后以书面形式通知所有获取招标文件的潜在投标人。

第二十七条　采购人或者采购代理机构可以对已发出的招标文件、资格预审文件、投标邀请书进行必要的澄清或者修改，但不得改变采购标的和资格条件。澄清或者修改应当在原公告发布媒体上发布澄清公告。澄清或者修改的内容为招标文件、资格预审文件、投标邀请书的组成部分。

澄清或者修改的内容可能影响投标文件编制的,采购人或者采购代理机构应当在投标截止时间至少15日前,以书面形式通知所有获取招标文件的潜在投标人;不足15日的,采购人或者采购代理机构应当顺延提交投标文件的截止时间。

澄清或者修改的内容可能影响资格预审申请文件编制的,采购人或者采购代理机构应当在提交资格预审申请文件截止时间至少3日前,以书面形式通知所有获取资格预审文件的潜在投标人;不足3日的,采购人或者采购代理机构应当顺延提交资格预审申请文件的截止时间。

第二十八条　投标截止时间前,采购人、采购代理机构和有关人员不得向他人透露已获取招标文件的潜在投标人的名称、数量以及可能影响公平竞争的有关招标投标的其他情况。

第二十九条　采购人、采购代理机构在发布招标公告、资格预审公告或者发出投标邀请书后,除因重大变故采购任务取消情况外,不得擅自终止招标活动。

终止招标的,采购人或者采购代理机构应当及时在原公告发布媒体上发布终止公告,以书面形式通知已经获取招标文件、资格预审文件或者被邀请的潜在投标人,并将项目实施情况和采购任务取消原因报告本级财政部门。已经收取招标文件费用或者投标保证金的,采购人或者采购代理机构应当在终止采购活动后5个工作日内,退还所收取的招标文件费用和所收取的投标保证金及其在银行产生的孳息。

第三章　投标

第三十条　投标人,是指响应招标、参加投标竞争的法人、其他组织或者自然人。

第三十一条　采用最低评标价法的采购项目,提供相同品牌产品的不同投标人参加同一合同项下投标的,以其中通过资格审查、符合性审查且报价最低的参加评标;报价相同的,由采购人或者采购人委托评标委员会按照招标文件规定的方式确定一个参加评标的投标人,招标文件未规定的采取随机抽取方式确定,其他投标无效。

使用综合评分法的采购项目,提供相同品牌产品且通过资格审查、符合性审查的不同投标人参加同一合同项下投标的,按一家投标人计算,评审后得分最高的同品牌投标人获得中标人推荐资格;评审得分相同的,由采购人或者采购人委托评标委员会按照招标文件规定的方式确定一个投标人获得中标人推荐资格,招标文件未规定的采取随机抽取方式确定,其他同品牌投标人不作为中标候选人。

非单一产品采购项目,采购人应当根据采购项目技术构成、产品价格比重等合理确定核心产品,并在招标文件中载明。多家投标人提供的核心产品品牌相同的,按前两款规定处理。

第三十二条　投标人应当按照招标文件的要求编制投标文件。投标文件应当对招标文件提出的要求和条件做出明确响应。

第三十三条　投标人应当在招标文件要求提交投标文件的截止时间前,将投标文件密封送达投标地点。采购人或者采购代理机构收到投标文件后,应当如实记载投标文件的送达时间和密封情况,签收保存,并向投标人出具签收回执。任何单位和个人不得在开标前开启投标文件。

逾期送达或者未按照招标文件要求密封的投标文件,采购人、采购代理机构应当拒收。

第三十四条 投标人在投标截止时间前,可以对所递交的投标文件进行补充、修改或者撤回,并书面通知采购人或者采购代理机构。补充、修改的内容应当按照招标文件要求签署、盖章、密封后,作为投标文件的组成部分。

第三十五条 投标人根据招标文件的规定和采购项目的实际情况,拟在中标后将中标项目的非主体、非关键性工作分包的,应当在投标文件中载明分包承担主体,分包承担主体应当具备相应资质条件且不得再次分包。

第三十六条 投标人应当遵循公平竞争的原则,不得恶意串通,不得妨碍其他投标人的竞争行为,不得损害采购人或者其他投标人的合法权益。

在评标过程中发现投标人有上述情形的,评标委员会应当认定其投标无效,并书面报告本级财政部门。

第三十七条 有下列情形之一的,视为投标人串通投标,其投标无效:
(一)不同投标人的投标文件由同一单位或者个人编制;
(二)不同投标人委托同一单位或者个人办理投标事宜;
(三)不同投标人的投标文件载明的项目管理成员或者联系人员为同一人;
(四)不同投标人的投标文件异常一致或者投标报价呈规律性差异;
(五)不同投标人的投标文件相互混装;
(六)不同投标人的投标保证金从同一单位或者个人的账户转出。

第三十八条 投标人在投标截止时间前撤回已提交的投标文件的,采购人或者采购代理机构应当自收到投标人书面撤回通知之日起5个工作日内,退还已收取的投标保证金,但因投标人自身原因导致无法及时退还的除外。

采购人或者采购代理机构应当自中标通知书发出之日起5个工作日内退还未中标人的投标保证金,自采购合同签订之日起5个工作日内退还中标人的投标保证金或者转为中标人的履约保证金。

采购人或者采购代理机构逾期退还投标保证金的,除应当退还投标保证金本金外,还应当按中国人民银行同期贷款基准利率上浮20%后的利率支付超期资金占用费,但因投标人自身原因导致无法及时退还的除外。

第四章 开标、评标

第三十九条 开标应当在招标文件确定的提交投标文件截止时间的同一时间进行。开标地点应当为招标文件中预先确定的地点。

采购人或者采购代理机构应当对开标、评标现场活动进行全程录音录像。录音录像应当清晰可辨,音像资料作为采购文件一并存档。

第四十条　开标由采购人或者采购代理机构主持,邀请投标人参加。评标委员会成员不得参加开标活动。

第四十一条　开标时,应当由投标人或者其推选的代表检查投标文件的密封情况;经确认无误后,由采购人或者采购代理机构工作人员当众拆封,宣布投标人名称、投标价格和招标文件规定的需要宣布的其他内容。

投标人不足3家的,不得开标。

第四十二条　开标过程应当由采购人或者采购代理机构负责记录,由参加开标的各投标人代表和相关工作人员签字确认后随采购文件一并存档。

投标人代表对开标过程和开标记录有疑义,以及认为采购人、采购代理机构相关工作人员有需要回避的情形的,应当场提出询问或者回避申请。采购人、采购代理机构对投标人代表提出的询问或者回避申请应当及时处理。

投标人未参加开标的,视同认可开标结果。

第四十三条　公开招标数额标准以上的采购项目,投标截止后投标人不足3家或者通过资格审查或符合性审查的投标人不足3家的,除采购任务取消情形外,按照以下方式处理:

(一)招标文件存在不合理条款或者招标程序不符合规定的,采购人、采购代理机构改正后依法重新招标;

(二)招标文件没有不合理条款、招标程序符合规定,需要采用其他采购方式采购的,采购人应当依法报财政部门批准。

第四十四条　公开招标采购项目开标结束后,采购人或者采购代理机构应当依法对投标人的资格进行审查。

合格投标人不足3家的,不得评标。

第四十五条　采购人或者采购代理机构负责组织评标工作,并履行下列职责:

(一)核对评审专家身份和采购人代表授权函,对评审专家在政府采购活动中的职责履行情况予以记录,并及时将有关违法违规行为向财政部门报告;

(二)宣布评标纪律;

(三)公布投标人名单,告知评审专家应当回避的情形;

(四)组织评标委员会推选评标组长,采购人代表不得担任组长;

(五)在评标期间采取必要的通信管理措施,保证评标活动不受外界干扰;

(六)根据评标委员会的要求介绍政府采购相关政策法规、招标文件;

(七)维护评标秩序,监督评标委员会依照招标文件规定的评标程序、方法和标准进行独立评审,及时制止和纠正采购人代表、评审专家的倾向性言论或者违法违规行为;

(八)核对评标结果,有本办法第六十四条规定情形的,要求评标委员会复核或者书面说明理由,评标委员会拒绝的,应予记录并向本级财政部门报告;

(九)评审工作完成后,按照规定向评审专家支付劳务报酬和异地评审差旅费,不得向评审专家以外的其他人员支付评审劳务报酬;

（十）处理与评标有关的其他事项。

采购人可以在评标前说明项目背景和采购需求，说明内容不得含有歧视性、倾向性意见，不得超出招标文件所述范围。说明应当提交书面材料，并随采购文件一并存档。

第四十六条 评标委员会负责具体评标事务，并独立履行下列职责：

（一）审查、评价投标文件是否符合招标文件的商务、技术等实质性要求；

（二）要求投标人对投标文件有关事项做出澄清或者说明；

（三）对投标文件进行比较和评价；

（四）确定中标候选人名单，以及根据采购人委托直接确定中标人；

（五）向采购人、采购代理机构或者有关部门报告评标中发现的违法行为。

第四十七条 评标委员会由采购人代表和评审专家组成，成员人数应当为5人以上单数，其中评审专家不得少于成员总数的三分之二。

采购项目符合下列情形之一的，评标委员会成员人数应当为7人以上单数：

（一）采购预算金额在1 000万元以上；

（二）技术复杂；

（三）社会影响较大。

评审专家对本单位的采购项目只能作为采购人代表参与评标，本办法第四十八条第二款规定情形除外。采购代理机构工作人员不得参加由本机构代理的政府采购项目的评标。

评标委员会成员名单在评标结果公告前应当保密。

第四十八条 采购人或者采购代理机构应当从省级以上财政部门设立的政府采购评审专家库中，通过随机方式抽取评审专家。

对技术复杂、专业性强的采购项目，通过随机方式难以确定合适评审专家的，经主管预算单位同意，采购人可以自行选定相应专业领域的评审专家。

第四十九条 评标中因评标委员会成员缺席、回避或者健康等特殊原因导致评标委员会组成不符合本办法规定的，采购人或者采购代理机构应当依法补足后继续评标。被更换的评标委员会成员所做出的评标意见无效。

无法及时补足评标委员会成员的，采购人或者采购代理机构应当停止评标活动，封存所有投标文件和开标、评标资料，依法重新组建评标委员会进行评标。原评标委员会所做出的评标意见无效。

采购人或者采购代理机构应当将变更、重新组建评标委员会的情况予以记录，并随采购文件一并存档。

第五十条 评标委员会应当对符合资格的投标人的投标文件进行符合性审查，以确定其是否满足招标文件的实质性要求。

第五十一条 对于投标文件中含义不明确、同类问题表述不一致或者有明显文字和计算错误的内容，评标委员会应当以书面形式要求投标人做出必要的澄清、说明或者补正。

投标人的澄清、说明或者补正应当采用书面形式,并加盖公章,或者由法定代表人或其授权的代表签字。投标人的澄清、说明或者补正不得超出投标文件的范围或者改变投标文件的实质性内容。

第五十二条　评标委员会应当按照招标文件中规定的评标方法和标准,对符合性审查合格的投标文件进行商务和技术评估,综合比较与评价。

第五十三条　评标方法分为最低评标价法和综合评分法。

第五十四条　最低评标价法,是指投标文件满足招标文件全部实质性要求,且投标报价最低的投标人为中标候选人的评标方法。

技术、服务等标准统一的货物服务项目,应当采用最低评标价法。

采用最低评标价法评标时,除了算术修正和落实政府采购政策需进行的价格扣除外,不能对投标人的投标价格进行任何调整。

第五十五条　综合评分法,是指投标文件满足招标文件全部实质性要求,且按照评审因素的量化指标评审得分最高的投标人为中标候选人的评标方法。

评审因素的设定应当与投标人所提供货物服务的质量相关,包括投标报价、技术或者服务水平、履约能力、售后服务等。资格条件不得作为评审因素。评审因素应当在招标文件中规定。

评审因素应当细化和量化,且与相应的商务条件和采购需求对应。商务条件和采购需求指标有区间规定的,评审因素应当量化到相应区间,并设置各区间对应的不同分值。

评标时,评标委员会各成员应当独立对每个投标人的投标文件进行评价,并汇总每个投标人的得分。

货物项目的价格分值占总分值的比重不得低于30%;服务项目的价格分值占总分值的比重不得低于10%。执行国家统一定价标准和采用固定价格采购的项目,其价格不列为评审因素。

价格分应当采用低价优先法计算,即满足招标文件要求且投标价格最低的投标报价为评标基准价,其价格分为满分。其他投标人的价格分统一按照下列公式计算:

投标报价得分＝(评标基准价/投标报价)×100

评标总得分＝$F_1 \times A_1 + F_2 \times A_2 + \cdots + F_n \times A_n$

$F_1, F_2, \cdots, F_n$ 分别为各项评审因素的得分;

$A_1, A_2, \cdots, A_n$ 分别为各项评审因素所占的权重($A_1 + A_2 + \cdots + A_n = 1$)。

评标过程中,不得去掉报价中的最高报价和最低报价。

因落实政府采购政策进行价格调整的,以调整后的价格计算评标基准价和投标报价。

第五十六条　采用最低评标价法的,评标结果按投标报价由低到高顺序排列。投标报价相同的并列。投标文件满足招标文件全部实质性要求且投标报价最低的投标人为排名第一的中标候选人。

第五十七条　采用综合评分法的,评标结果按评审后得分由高到低顺序排列。得分相同的,按投标报价由低到高顺序排列。得分且投标报价相同的并列。投标文件满足招标文件全部实质性要求,且按照评审因素的量化指标评审得分最高的投标人为排名第一的中标候选人。

第五十八条　评标委员会根据全体评标成员签字的原始评标记录和评标结果编写评标报告。评标报告应当包括以下内容：

（一）招标公告刊登的媒体名称、开标日期和地点；

（二）投标人名单和评标委员会成员名单；

（三）评标方法和标准；

（四）开标记录和评标情况及说明,包括无效投标人名单及原因；

（五）评标结果,确定的中标候选人名单或者经采购人委托直接确定的中标人；

（六）其他需要说明的情况,包括评标过程中投标人根据评标委员会要求进行的澄清、说明或者补正,评标委员会成员的更换等。

第五十九条　投标文件报价出现前后不一致的,除招标文件另有规定外,按照下列规定修正：

（一）投标文件中开标一览表（报价表）内容与投标文件中相应内容不一致的,以开标一览表（报价表）为准；

（二）大写金额和小写金额不一致的,以大写金额为准；

（三）单价金额小数点或者百分比有明显错位的,以开标一览表的总价为准,并修改单价；

（四）总价金额与按单价汇总金额不一致的,以单价金额计算结果为准。

同时出现两种以上不一致的,按照前款规定的顺序修正。修正后的报价按照本办法第五十一条第二款的规定经投标人确认后产生约束力,投标人不确认的,其投标无效。

第六十条　评标委员会认为投标人的报价明显低于其他通过符合性审查投标人的报价,有可能影响产品质量或者不能诚信履约的,应当要求其在评标现场合理的时间内提供书面说明,必要时提交相关证明材料；投标人不能证明其报价合理性的,评标委员会应当将其作为无效投标处理。

第六十一条　评标委员会成员对需要共同认定的事项存在争议的,应当按照少数服从多数的原则做出结论。持不同意见的评标委员会成员应当在评标报告上签署不同意见及理由,否则视为同意评标报告。

第六十二条　评标委员会及其成员不得有下列行为：

（一）确定参与评标至评标结束前私自接触投标人；

（二）接受投标人提出的与投标文件不一致的澄清或者说明,本办法第五十一条规定的情形除外；

（三）违反评标纪律发表倾向性意见或者征询采购人的倾向性意见；

（四）对需要专业判断的主观评审因素协商评分；

（五）在评标过程中擅离职守,影响评标程序正常进行的；

（六）记录、复制或者带走任何评标资料；

（七）其他不遵守评标纪律的行为。

评标委员会成员有前款第一至五项行为之一的，其评审意见无效，并不得获取评审劳务报酬和报销异地评审差旅费。

第六十三条　投标人存在下列情况之一的，投标无效：

（一）未按照招标文件的规定提交投标保证金的；

（二）投标文件未按招标文件要求签署、盖章的；

（三）不具备招标文件中规定的资格要求的；

（四）报价超过招标文件中规定的预算金额或者最高限价的；

（五）投标文件含有采购人不能接受的附加条件的；

（六）法律、法规和招标文件规定的其他无效情形。

第六十四条　评标结果汇总完成后，除下列情形外，任何人不得修改评标结果：

（一）分值汇总计算错误的；

（二）分项评分超出评分标准范围的；

（三）评标委员会成员对客观评审因素评分不一致的；

（四）经评标委员会认定评分畸高、畸低的。

评标报告签署前，经复核发现存在以上情形之一的，评标委员会应当当场修改评标结果，并在评标报告中记载；评标报告签署后，采购人或者采购代理机构发现存在以上情形之一的，应当组织原评标委员会进行重新评审，重新评审改变评标结果的，书面报告本级财政部门。

投标人对本条第一款情形提出质疑的，采购人或者采购代理机构可以组织原评标委员会进行重新评审，重新评审改变评标结果的，应当书面报告本级财政部门。

第六十五条　评标委员会发现招标文件存在歧义、重大缺陷导致评标工作无法进行，或者招标文件内容违反国家有关强制性规定的，应当停止评标工作，与采购人或者采购代理机构沟通并作书面记录。采购人或者采购代理机构确认后，应当修改招标文件，重新组织采购活动。

第六十六条　采购人、采购代理机构应当采取必要措施，保证评标在严格保密的情况下进行。除采购人代表、评标现场组织人员外，采购人的其他工作人员以及与评标工作无关的人员不得进入评标现场。

有关人员对评标情况以及在评标过程中获悉的国家秘密、商业秘密负有保密责任。

第六十七条　评标委员会或者其成员存在下列情形导致评标结果无效的，采购人、采购代理机构可以重新组建评标委员会进行评标，并书面报告本级财政部门，但采购合同已经履行的除外：

（一）评标委员会组成不符合本办法规定的；

（二）有本办法第六十二条第一至五项情形的；

（三）评标委员会及其成员独立评标受到非法干预的；

（四）有政府采购法实施条例第七十五条规定的违法行为的。

有违法违规行为的原评标委员会成员不得参加重新组建的评标委员会。

第五章　中标和合同

第六十八条　采购代理机构应当在评标结束后2个工作日内将评标报告送采购人。

采购人应当自收到评标报告之日起5个工作日内,在评标报告确定的中标候选人名单中按顺序确定中标人。中标候选人并列的,由采购人或者采购人委托评标委员会按照招标文件规定的方式确定中标人;招标文件未规定的,采取随机抽取的方式确定。

采购人自行组织招标的,应当在评标结束后5个工作日内确定中标人。

采购人在收到评标报告5个工作日内未按评标报告推荐的中标候选人顺序确定中标人,又不能说明合法理由的,视同按评标报告推荐的顺序确定排名第一的中标候选人为中标人。

第六十九条　采购人或者采购代理机构应当自中标人确定之日起2个工作日内,在省级以上财政部门指定的媒体上公告中标结果,招标文件应当随中标结果同时公告。

中标结果公告内容应当包括采购人及其委托的采购代理机构的名称、地址、联系方式,项目名称和项目编号,中标人名称、地址和中标金额,主要中标标的的名称、规格型号、数量、单价、服务要求,中标公告期限以及评审专家名单。

中标公告期限为1个工作日。

邀请招标采购人采用书面推荐方式产生符合资格条件的潜在投标人的,还应当将所有被推荐供应商名单和推荐理由随中标结果同时公告。

在公告中标结果的同时,采购人或者采购代理机构应当向中标人发出中标通知书;对未通过资格审查的投标人,应当告知其未通过的原因;采用综合评分法评审的,还应当告知未中标人本人的评审得分与排序。

第七十条　中标通知书发出后,采购人不得违法改变中标结果,中标人无正当理由不得放弃中标。

第七十一条　采购人应当自中标通知书发出之日起30日内,按照招标文件和中标人投标文件的规定,与中标人签订书面合同。所签订的合同不得对招标文件确定的事项和中标人投标文件作实质性修改。

采购人不得向中标人提出任何不合理的要求作为签订合同的条件。

第七十二条　政府采购合同应当包括采购人与中标人的名称和住所、标的、数量、质量、价款或者报酬、履行期限及地点和方式、验收要求、违约责任、解决争议的方法等内容。

第七十三条　采购人与中标人应当根据合同的约定依法履行合同义务。

政府采购合同的履行、违约责任和解决争议的方法等适用《中华人民共和国合同法》。

第七十四条　采购人应当及时对采购项目进行验收。采购人可以邀请参加本项目的其他投标人或者第三方机构参与验收。参与验收的投标人或者第三方机构的意见作为验收书的参考资料一并存档。

第七十五条 采购人应当加强对中标人的履约管理，并按照采购合同约定，及时向中标人支付采购资金。对于中标人违反采购合同约定的行为，采购人应当及时处理，依法追究其违约责任。

第七十六条 采购人、采购代理机构应当建立真实完整的招标采购档案，妥善保存每项采购活动的采购文件。

第六章 法律责任

第七十七条 采购人有下列情形之一的，由财政部门责令限期改正；情节严重的，给予警告，对直接负责的主管人员和其他直接责任人员由其行政主管部门或者有关机关依法给予处分，并予以通报；涉嫌犯罪的，移送司法机关处理：

（一）未按照本办法的规定编制采购需求的；

（二）违反本办法第六条第二款规定的；

（三）未在规定时间内确定中标人的；

（四）向中标人提出不合理要求作为签订合同条件的。

第七十八条 采购人、采购代理机构有下列情形之一的，由财政部门责令限期改正，情节严重的，给予警告，对直接负责的主管人员和其他直接责任人员，由其行政主管部门或者有关机关给予处分，并予通报；采购代理机构有违法所得的，没收违法所得，并可以处以不超过违法所得3倍、最高不超过3万元的罚款，没有违法所得的，可以处以1万元以下的罚款：

（一）违反本办法第八条第二款规定的；

（二）设定最低限价的；

（三）未按照规定进行资格预审或者资格审查的；

（四）违反本办法规定确定招标文件售价的；

（五）未按规定对开标、评标活动进行全程录音录像的；

（六）擅自终止招标活动的；

（七）未按照规定进行开标和组织评标的；

（八）未按照规定退还投标保证金的；

（九）违反本办法规定进行重新评审或者重新组建评标委员会进行评标的；

（十）开标前泄露已获取招标文件的潜在投标人的名称、数量或者其他可能影响公平竞争的有关招标投标情况的；

（十一）未妥善保存采购文件的；

（十二）其他违反本办法规定的情形。

第七十九条 有本办法第七十七条、第七十八条规定的违法行为之一，经改正后仍然影响或者可能影响中标结果的，依照政府采购法实施条例第七十一条规定处理。

第八十条 政府采购当事人违反本办法规定，给他人造成损失的，依法承担民事责任。

第八十一条　评标委员会成员有本办法第六十二条所列行为之一的,由财政部门责令限期改正;情节严重的,给予警告,并对其不良行为予以记录。

第八十二条　财政部门应当依法履行政府采购监督管理职责。财政部门及其工作人员在履行监督管理职责中存在懒政怠政、滥用职权、玩忽职守、徇私舞弊等违法违纪行为的,依照政府采购法、《中华人民共和国公务员法》《中华人民共和国行政监察法》、政府采购法实施条例等国家有关规定追究相应责任;涉嫌犯罪的,移送司法机关处理。

第七章　附则

第八十三条　政府采购货物服务电子招标投标、政府采购货物中的进口机电产品招标投标有关特殊事宜,由财政部另行规定。

第八十四条　本办法所称主管预算单位是指负有编制部门预算职责,向本级财政部门申报预算的国家机关、事业单位和团体组织。

第八十五条　本办法规定按日计算期间的,开始当天不计入,从次日开始计算。期限的最后一日是国家法定节假日的,顺延到节假日后的次日为期限的最后一日。

第八十六条　本办法所称的"以上""以下""内""以内",包括本数;所称的"不足",不包括本数。

第八十七条　各省、自治区、直辖市财政部门可以根据本办法制定具体实施办法。

第八十八条　本办法自2017年10月1日起施行。财政部2004年8月11日发布的《政府采购货物和服务招标投标管理办法》(财政部令第18号)同时废止。

(六) 政府采购非招标采购方式管理办法
(财政部74号令)

第一章　总则

第一条　为了规范政府采购行为,加强对采用非招标采购方式采购活动的监督管理,维护国家利益、社会公共利益和政府采购当事人的合法权益,依据《中华人民共和国政府采购法》(以下简称政府采购法)和其他法律、行政法规的有关规定,制定本办法。

第二条　采购人、采购代理机构采用非招标采购方式采购货物、工程和服务的,适用本办法。

本办法所称非招标采购方式,是指竞争性谈判、单一来源采购和询价采购方式。

竞争性谈判是指谈判小组与符合资格条件的供应商就采购货物、工程和服务事宜进行谈判,供应商按照谈判文件的要求提交响应文件和最后报价,采购人从谈判小组提出的成交候选人中确定成交供应商的采购方式。

单一来源采购是指采购人从某一特定供应商处采购货物、工程和服务的采购方式。

询价是指询价小组向符合资格条件的供应商发出采购货物询价通知书,要求供应商一次报出不得更改的价格,采购人从询价小组提出的成交候选人中确定成交供应商的采购方式。

第三条　采购人、采购代理机构采购以下货物、工程和服务之一的,可以采用竞争性谈判、单一来源采购方式采购;采购货物的,还可以采用询价采购方式:

（一）依法制定的集中采购目录以内,且未达到公开招标数额标准的货物、服务;

（二）依法制定的集中采购目录以外、采购限额标准以上,且未达到公开招标数额标准的货物、服务;

（三）达到公开招标数额标准、经批准采用非公开招标方式的货物、服务;

（四）按照招标投标法及其实施条例必须进行招标的工程建设项目以外的政府采购工程。

第二章　一般规定

第四条　达到公开招标数额标准的货物、服务采购项目,拟采用非招标采购方式的,采购人应当在采购活动开始前,报经主管预算单位同意后,向设区的市、自治州以上人民政府财政部门申请批准。

第五条　根据本办法第四条申请采用非招标采购方式采购的,采购人应当向财政部门提交以下材料并对材料的真实性负责:

（一）采购人名称、采购项目名称、项目概况等项目基本情况说明;

（二）项目预算金额、预算批复文件或者资金来源证明;

（三）拟申请采用的采购方式和理由。

第六条　采购人、采购代理机构应当按照政府采购法和本办法的规定组织开展非招标采购活动,并采取必要措施,保证评审在严格保密的情况下进行。

任何单位和个人不得非法干预、影响评审过程和结果。

第七条　竞争性谈判小组或者询价小组由采购人代表和评审专家共3人以上单数组成,其中评审专家人数不得少于竞争性谈判小组或者询价小组成员总数的2/3。采购人不得以评审专家身份参加本部门或本单位采购项目的评审。采购代理机构人员不得参加本机构代理的采购项目的评审。

达到公开招标数额标准的货物或者服务采购项目,或者达到招标规模标准的政府采购工程,竞争性谈判小组或者询价小组应当由5人以上单数组成。

采用竞争性谈判、询价方式采购的政府采购项目,评审专家应当从政府采购评审专家库内相关专业的专家名单中随机抽取。技术复杂、专业性强的竞争性谈判采购项目,通过随机方式难以确定合适的评审专家的,经主管预算单位同意,可以自行选定评审专家。技术复杂、专业性强的竞争性谈判采购项目,评审专家中应当包含1名法律专家。

第八条　竞争性谈判小组或者询价小组在采购活动过程中应当履行下列职责:

（一）确认或者制定谈判文件、询价通知书;

（二）从符合相应资格条件的供应商名单中确定不少于3家的供应商参加谈判或者询价;

（三）审查供应商的响应文件并做出评价;

(四)要求供应商解释或者澄清其响应文件;
(五)编写评审报告;
(六)告知采购人、采购代理机构在评审过程中发现的供应商的违法违规行为。

第九条　竞争性谈判小组或者询价小组成员应当履行下列义务:
(一)遵纪守法,客观、公正、廉洁地履行职责;
(二)根据采购文件的规定独立进行评审,对个人的评审意见承担法律责任;
(三)参与评审报告的起草;
(四)配合采购人、采购代理机构答复供应商提出的质疑;
(五)配合财政部门的投诉处理和监督检查工作。

第十条　谈判文件、询价通知书应当根据采购项目的特点和采购人的实际需求制定,并经采购人书面同意。采购人应当以满足实际需求为原则,不得擅自提高经费预算和资产配置等采购标准。

谈判文件、询价通知书不得要求或者标明供应商名称或者特定货物的品牌,不得含有指向特定供应商的技术、服务等条件。

第十一条　谈判文件、询价通知书应当包括供应商资格条件、采购邀请、采购方式、采购预算、采购需求、采购程序、价格构成或者报价要求、响应文件编制要求、提交响应文件截止时间及地点、保证金交纳数额和形式、评定成交的标准等。

谈判文件除本条第一款规定的内容外,还应当明确谈判小组根据与供应商谈判情况可能实质性变动的内容,包括采购需求中的技术、服务要求以及合同草案条款。

第十二条　采购人、采购代理机构应当通过发布公告、从省级以上财政部门建立的供应商库中随机抽取或者采购人和评审专家分别书面推荐的方式邀请不少于3家符合相应资格条件的供应商参与竞争性谈判或者询价采购活动。

符合政府采购法第二十二条第一款规定条件的供应商可以在采购活动开始前加入供应商库。财政部门不得对供应商申请入库收取任何费用,不得利用供应商库进行地区和行业封锁。

采取采购人和评审专家书面推荐方式选择供应商的,采购人和评审专家应当各自出具书面推荐意见。采购人推荐供应商的比例不得高于推荐供应商总数的50%。

第十三条　供应商应当按照谈判文件、询价通知书的要求编制响应文件,并对其提交的响应文件的真实性、合法性承担法律责任。

第十四条　采购人、采购代理机构可以要求供应商在提交响应文件截止时间之前交纳保证金。保证金应当采用支票、汇票、本票、网上银行支付或者金融机构、担保机构出具的保函等非现金形式交纳。保证金数额应当不超过采购项目预算的2%。

供应商为联合体的,可以由联合体中的一方或者多方共同交纳保证金,其交纳的保证金对联合体各方均具有约束力。

第十五条　供应商应当在谈判文件、询价通知书要求的截止时间前,将响应文件密封送达指定地点。在截止时间后送达的响应文件为无效文件,采购人、采购代理机构或者谈判小组、询价小组应当拒收。

供应商在提交询价响应文件截止时间前，可以对所提交的响应文件进行补充、修改或者撤回，并书面通知采购人、采购代理机构。补充、修改的内容作为响应文件的组成部分。补充、修改的内容与响应文件不一致的，以补充、修改的内容为准。

第十六条　谈判小组、询价小组在对响应文件的有效性、完整性和响应程度进行审查时，可以要求供应商对响应文件中含义不明确、同类问题表述不一致或者有明显文字和计算错误的内容等做出必要的澄清、说明或者更正。供应商的澄清、说明或者更正不得超出响应文件的范围或者改变响应文件的实质性内容。

谈判小组、询价小组要求供应商澄清、说明或者更正响应文件应当以书面形式做出。供应商的澄清、说明或者更正应当由法定代表人或其授权代表签字或者加盖公章。由授权代表签字的，应当附法定代表人授权书。供应商为自然人的，应当由本人签字并附身份证明。

第十七条　谈判小组、询价小组应当根据评审记录和评审结果编写评审报告，其主要内容包括：

（一）邀请供应商参加采购活动的具体方式和相关情况，以及参加采购活动的供应商名单；

（二）评审日期和地点，谈判小组、询价小组成员名单；

（三）评审情况记录和说明，包括对供应商的资格审查情况、供应商响应文件评审情况、谈判情况、报价情况等；

（四）提出的成交候选人的名单及理由。

评审报告应当由谈判小组、询价小组全体人员签字认可。谈判小组、询价小组成员对评审报告有异议的，谈判小组、询价小组按照少数服从多数的原则推荐成交候选人，采购程序继续进行。对评审报告有异议的谈判小组、询价小组成员，应当在报告上签署不同意见并说明理由，由谈判小组、询价小组书面记录相关情况。谈判小组、询价小组成员拒绝在报告上签字又不书面说明其不同意见和理由的，视为同意评审报告。

第十八条　采购人或者采购代理机构应当在成交供应商确定后2个工作日内，在省级以上财政部门指定的媒体上公告成交结果，同时向成交供应商发出成交通知书，并将竞争性谈判文件、询价通知书随成交结果同时公告。成交结果公告应当包括以下内容：

（一）采购人和采购代理机构的名称、地址和联系方式；

（二）项目名称和项目编号；

（三）成交供应商名称、地址和成交金额；

（四）主要成交标的的名称、规格型号、数量、单价、服务要求；

（五）谈判小组、询价小组成员名单及单一来源采购人员名单。

采用书面推荐供应商参加采购活动的，还应当公告采购人和评审专家的推荐意见。

第十九条　采购人与成交供应商应当在成交通知书发出之日起30日内，按照采购文件确定的合同文本以及采购标的、规格型号、采购金额、采购数量、技术和服务要求等事项签订政府采购合同。

采购人不得向成交供应商提出超出采购文件以外的任何要求作为签订合同的条件，不得与成交供应商订立背离采购文件确定的合同文本以及采购标的、规格型号、采购金额、采购数量、技术和服务要求等实质性内容的协议。

第二十条　采购人或者采购代理机构应当在采购活动结束后及时退还供应商的保证金，但因供应商自身原因导致无法及时退还的除外。未成交供应商的保证金应当在成交通知书发出后5个工作日内退还，成交供应商的保证金应当在采购合同签订后5个工作日内退还。

有下列情形之一的，保证金不予退还：

（一）供应商在提交响应文件截止时间后撤回响应文件的；

（二）供应商在响应文件中提供虚假材料的；

（三）除因不可抗力或谈判文件、询价通知书认可的情形以外，成交供应商不与采购人签订合同的；

（四）供应商与采购人、其他供应商或者采购代理机构恶意串通的；

（五）采购文件规定的其他情形。

第二十一条　除资格性审查认定错误和价格计算错误外，采购人或者采购代理机构不得以任何理由组织重新评审。采购人、采购代理机构发现谈判小组、询价小组未按照采购文件规定的评定成交的标准进行评审的，应当重新开展采购活动，并同时书面报告本级财政部门。

第二十二条　除不可抗力等因素外，成交通知书发出后，采购人改变成交结果，或者成交供应商拒绝签订政府采购合同的，应当承担相应的法律责任。

成交供应商拒绝签订政府采购合同的，采购人可以按照本办法第三十六条第二款、第四十九条第二款规定的原则确定其他供应商作为成交供应商并签订政府采购合同，也可以重新开展采购活动。拒绝签订政府采购合同的成交供应商不得参加对该项目重新开展的采购活动。

第二十三条　在采购活动中因重大变故，采购任务取消的，采购人或者采购代理机构应当终止采购活动，通知所有参加采购活动的供应商，并将项目实施情况和采购任务取消原因报送本级财政部门。

第二十四条　采购人或者采购代理机构应当按照采购合同规定的技术、服务等要求组织对供应商履约的验收，并出具验收书。验收书应当包括每一项技术、服务等要求的履约情况。大型或者复杂的项目，应当邀请国家认可的质量检测机构参加验收。验收方成员应当在验收书上签字，并承担相应的法律责任。

第二十五条　谈判小组、询价小组成员以及与评审工作有关的人员不得泄露评审情况以及评审过程中获悉的国家秘密、商业秘密。

第二十六条　采购人、采购代理机构应当妥善保管每项采购活动的采购文件。采购文件包括采购活动记录、采购预算、谈判文件、询价通知书、响应文件、推荐供应商的意见、评审报告、成交供应商确定文件、单一来源采购协商情况记录、合同文本、验收证明、质疑答复、投诉处理决定以及其他有关文件、资料。采购文件可以电子档案方式保存。

采购活动记录至少应当包括下列内容：

（一）采购项目类别、名称；

（二）采购项目预算、资金构成和合同价格；

（三）采购方式，采用该方式的原因及相关说明材料；

（四）选择参加采购活动的供应商的方式及原因；

（五）评定成交的标准及确定成交供应商的原因；

（六）终止采购活动的，终止的原因。

第三章　竞争性谈判

第二十七条　符合下列情形之一的采购项目，可以采用竞争性谈判方式采购：

（一）招标后没有供应商投标或者没有合格标的，或者重新招标未能成立的；

（二）技术复杂或者性质特殊，不能确定详细规格或者具体要求的；

（三）非采购人所能预见的原因或者非采购人拖延造成采用招标所需时间不能满足用户紧急需要的；

（四）因艺术品采购、专利、专有技术或者服务的时间、数量事先不能确定等原因不能事先计算出价格总额的。

公开招标的货物、服务采购项目，招标过程中提交投标文件或者经评审实质性响应招标文件要求的供应商只有两家时，采购人、采购代理机构按照本办法第四条经本级财政部门批准后可以与该两家供应商进行竞争性谈判采购，采购人、采购代理机构应当根据招标文件中的采购需求编制谈判文件，成立谈判小组，由谈判小组对谈判文件进行确认。符合本款情形的，本办法第三十三条、第三十五条中规定的供应商最低数量可以为两家。

第二十八条　符合本办法第二十七条第一款第一项情形和第二款情形，申请采用竞争性谈判采购方式时，除提交本办法第五条第一至三项规定的材料外，还应当提交下列申请材料：

（一）在省级以上财政部门指定的媒体上发布招标公告的证明材料；

（二）采购人、采购代理机构出具的对招标文件和招标过程是否有供应商质疑及质疑处理情况的说明；

（三）评标委员会或者3名以上评审专家出具的招标文件没有不合理条款的论证意见。

第二十九条　从谈判文件发出之日起至供应商提交首次响应文件截止之日止不得少于3个工作日。

提交首次响应文件截止之日前，采购人、采购代理机构或者谈判小组可以对已发出的谈判文件进行必要的澄清或者修改，澄清或者修改的内容作为谈判文件的组成部分。澄清或者修改的内容可能影响响应文件编制的，采购人、采购代理机构或者谈判小组应当在提交首次响应文件截止之日3个工作日前,以书面形式通知所有接收谈判文件的供应商,不足3个工作日的,应当顺延提交首次响应文件截止之日。

第三十条 谈判小组应当对响应文件进行评审,并根据谈判文件规定的程序、评定成交的标准等事项与实质性响应谈判文件要求的供应商进行谈判。未实质性响应谈判文件的响应文件按无效处理,谈判小组应当告知有关供应商。

第三十一条 谈判小组所有成员应当集中与单一供应商分别进行谈判,并给予所有参加谈判的供应商平等的谈判机会。

第三十二条 在谈判过程中,谈判小组可以根据谈判文件和谈判情况实质性变动采购需求中的技术、服务要求以及合同草案条款,但不得变动谈判文件中的其他内容。实质性变动的内容,须经采购人代表确认。

对谈判文件做出的实质性变动是谈判文件的有效组成部分,谈判小组应当及时以书面形式同时通知所有参加谈判的供应商。

供应商应当按照谈判文件的变动情况和谈判小组的要求重新提交响应文件,并由其法定代表人或授权代表签字或者加盖公章。由授权代表签字的,应当附法定代表人授权书。供应商为自然人的,应当由本人签字并附身份证明。

第三十三条 谈判文件能够详细列明采购标的的技术、服务要求的,谈判结束后,谈判小组应当要求所有继续参加谈判的供应商在规定时间内提交最后报价,提交最后报价的供应商不得少于3家。

谈判文件不能详细列明采购标的的技术、服务要求,需经谈判由供应商提供最终设计方案或解决方案的,谈判结束后,谈判小组应当按照少数服从多数的原则投票推荐3家以上供应商的设计方案或者解决方案,并要求其在规定时间内提交最后报价。

最后报价是供应商响应文件的有效组成部分。

第三十四条 已提交响应文件的供应商,在提交最后报价之前,可以根据谈判情况退出谈判。采购人、采购代理机构应当退还退出谈判的供应商的保证金。

第三十五条 谈判小组应当从质量和服务均能满足采购文件实质性响应要求的供应商中,按照最后报价由低到高的顺序提出3名以上成交候选人,并编写评审报告。

第三十六条 采购代理机构应当在评审结束后2个工作日内将评审报告送采购人确认。

采购人应当在收到评审报告后5个工作日内,从评审报告提出的成交候选人中,根据质量和服务均能满足采购文件实质性响应要求且最后报价最低的原则确定成交供应商,也可以书面授权谈判小组直接确定成交供应商。采购人逾期未确定成交供应商且不提出异议的,视为确定评审报告提出的最后报价最低的供应商为成交供应商。

第三十七条 出现下列情形之一的,采购人或者采购代理机构应当终止竞争性谈判采购活动,发布项目终止公告并说明原因,重新开展采购活动:

(一)因情况变化,不再符合规定的竞争性谈判采购方式适用情形的;

(二)出现影响采购公正的违法、违规行为的;

(三) 在采购过程中符合竞争要求的供应商或者报价未超过采购预算的供应商不足3家的，但本办法第二十七条第二款规定的情形除外。

第四章 单一来源采购

第三十八条 属于政府采购法第三十一条第一项情形，且达到公开招标数额的货物、服务项目，拟采用单一来源采购方式的，采购人、采购代理机构在按照本办法第四条报财政部门批准之前，应当在省级以上财政部门指定媒体上公示，并将公示情况一并报财政部门。公示期不得少于5个工作日，公示内容应当包括：

（一）采购人、采购项目名称和内容；

（二）拟采购的货物或者服务的说明；

（三）采用单一来源采购方式的原因及相关说明；

（四）拟定的唯一供应商名称、地址；

（五）专业人员对相关供应商因专利、专有技术等原因具有唯一性的具体论证意见，以及专业人员的姓名、工作单位和职称；

（六）公示的期限；

（七）采购人、采购代理机构、财政部门的联系地址、联系人和联系电话。

第三十九条 任何供应商、单位或者个人对采用单一来源采购方式公示有异议的，可以在公示期内将书面意见反馈给采购人、采购代理机构，并同时抄送相关财政部门。

第四十条 采购人、采购代理机构收到对采用单一来源采购方式公示的异议后，应当在公示期满后5个工作日内，组织补充论证，论证后认为异议成立的，应当依法采取其他采购方式；论证后认为异议不成立的，应当将异议意见、论证意见与公示情况一并报相关财政部门。

采购人、采购代理机构应当将补充论证的结论告知提出异议的供应商、单位或者个人。

第四十一条 采用单一来源采购方式采购的，采购人、采购代理机构应当组织具有相关经验的专业人员与供应商商定合理的成交价格并保证采购项目质量。

第四十二条 单一来源采购人员应当编写协商情况记录，主要内容包括：

（一）依据本办法第三十八条进行公示的，公示情况说明；

（二）协商日期和地点，采购人员名单；

（三）供应商提供的采购标的成本、同类项目合同价格以及相关专利、专有技术等情况说明；

（四）合同主要条款及价格商定情况。

协商情况记录应当由采购全体人员签字认可。对记录有异议的采购人员，应当签署不同意见并说明理由。采购人员拒绝在记录上签字又不书面说明其不同意见和理由的，视为同意。

第四十三条 出现下列情形之一的，采购人或者采购代理机构应当终止采购活动，发布项目终止公告并说明原因，重新开展采购活动：

（一）因情况变化，不再符合规定的单一来源采购方式适用情形的；
（二）出现影响采购公正的违法、违规行为的；
（三）报价超过采购预算的。

第五章 询价

第四十四条 询价采购需求中的技术、服务等要求应当完整、明确，符合相关法律、行政法规和政府采购政策的规定。

第四十五条 从询价通知书发出之日起至供应商提交响应文件截止之日止不得少于3个工作日。

提交响应文件截止之日前，采购人、采购代理机构或者询价小组可以对已发出的询价通知书进行必要的澄清或者修改，澄清或者修改的内容作为询价通知书的组成部分。澄清或者修改的内容可能影响响应文件编制的，采购人、采购代理机构或者询价小组应当在提交响应文件截止之日3个工作日前，以书面形式通知所有接收询价通知书的供应商，不足3个工作日的，应当顺延提交响应文件截止之日。

第四十六条 询价小组在询价过程中，不得改变询价通知书所确定的技术和服务等要求、评审程序、评定成交的标准和合同文本等事项。

第四十七条 参加询价采购活动的供应商，应当按照询价通知书的规定一次报出不得更改的价格。

第四十八条 询价小组应当从质量和服务均能满足采购文件实质性响应要求的供应商中，按照报价由低到高的顺序提出3名以上成交候选人，并编写评审报告。

第四十九条 采购代理机构应当在评审结束后2个工作日内将评审报告送采购人确认。

采购人应当在收到评审报告后5个工作日内，从评审报告提出的成交候选人中，根据质量和服务均能满足采购文件实质性响应要求且报价最低的原则确定成交供应商，也可以书面授权询价小组直接确定成交供应商。采购人逾期未确定成交供应商且不提出异议的，视为确定评审报告提出的最后报价最低的供应商为成交供应商。

第五十条 出现下列情形之一的，采购人或者采购代理机构应当终止询价采购活动，发布项目终止公告并说明原因，重新开展采购活动：
（一）因情况变化，不再符合规定的询价采购方式适用情形的；
（二）出现影响采购公正的违法、违规行为的；
（三）在采购过程中符合竞争要求的供应商或者报价未超过采购预算的供应商不足3家的。

第六章 法律责任

第五十一条 采购人、采购代理机构有下列情形之一的，责令限期改正，给予警告；有关法律、行政法规规定处以罚款的，并处罚款；涉嫌犯罪的，依法移送司法机关处理：
（一）未按照本办法规定在指定媒体上发布政府采购信息的；
（二）未按照本办法规定组成谈判小组、询价小组的；

（三）在询价采购过程中与供应商进行协商谈判的；

（四）未按照政府采购法和本办法规定的程序和要求确定成交候选人的；

（五）泄露评审情况以及评审过程中获悉的国家秘密、商业秘密的。

采购代理机构有前款情形之一，情节严重的，暂停其政府采购代理机构资格3至6个月；情节特别严重或者逾期不改正的，取消其政府采购代理机构资格。

第五十二条　采购人有下列情形之一的，责令限期改正，给予警告；有关法律、行政法规规定处以罚款的，并处罚款：

（一）未按照政府采购法和本办法的规定采用非招标采购方式的；

（二）未按照政府采购法和本办法的规定确定成交供应商的；

（三）未按照采购文件确定的事项签订政府采购合同，或者与成交供应商另行订立背离合同实质性内容的协议的；

（四）未按规定将政府采购合同副本报本级财政部门备案的。

第五十三条　采购人、采购代理机构有本办法第五十一条、第五十二条规定情形之一，且情节严重或者拒不改正的，其直接负责的主管人员和其他直接责任人员属于国家机关工作人员的，由任免机关或者监察机关依法给予处分，并予通报。

第五十四条　成交供应商有下列情形之一的，责令限期改正，情节严重的，列入不良行为记录名单，在1至3年内禁止参加政府采购活动，并予以通报：

（一）未按照采购文件确定的事项签订政府采购合同，或者与采购人另行订立背离合同实质性内容的协议的；

（二）成交后无正当理由不与采购人签订合同的；

（三）拒绝履行合同义务的。

第五十五条　谈判小组、询价小组成员有下列行为之一的，责令改正，给予警告；有关法律、行政法规规定处以罚款的，并处罚款；涉嫌犯罪的，依法移送司法机关处理：

（一）收受采购人、采购代理机构、供应商、其他利害关系人的财物或者其他不正当利益的；

（二）泄露评审情况以及评审过程中获悉的国家秘密、商业秘密的；

（三）明知与供应商有利害关系而不依法回避的；

（四）在评审过程中擅离职守，影响评审程序正常进行的；

（五）在评审过程中有明显不合理或者不正当倾向性的；

（六）未按照采购文件规定的评定成交的标准进行评审的。

评审专家有前款情形之一，情节严重的，取消其政府采购评审专家资格，不得再参加任何政府采购项目的评审，并在财政部门指定的政府采购信息发布媒体上予以公告。

第五十六条　有本办法第五十一条、第五十二条、第五十五条违法行为之一，并且影响或者可能影响成交结果的，应当按照下列情形分别处理：

（一）未确定成交供应商的，终止本次采购活动，依法重新开展采购活动；

（二）已确定成交供应商但采购合同尚未履行的，撤销合同，从合格的成交候选人中另行确定成交供应商,没有合格的成交候选人的,重新开展采购活动；

(三)采购合同已经履行的,给采购人、供应商造成损失的,由责任人依法承担赔偿责任。

第五十七条　政府采购当事人违反政府采购法和本办法规定,给他人造成损失的,应当依照有关民事法律规定承担民事责任。

第五十八条　任何单位或者个人非法干预、影响评审过程或者结果的,责令改正；该单位责任人或者个人属于国家机关工作人员的,由任免机关或者监察机关依法给予处分。

第五十九条　财政部门工作人员在实施监督管理过程中违法干预采购活动或者滥用职权、玩忽职守、徇私舞弊的,依法给予处分；涉嫌犯罪的,依法移送司法机关处理。

第七章　附　则

第六十条　本办法所称主管预算单位是指负有编制部门预算职责,向同级财政部门申报预算的国家机关、事业单位和团体组织。

第六十一条　各省、自治区、直辖市人民政府财政部门可以根据本办法制定具体实施办法。

第六十二条　本办法自2014年2月1日起施行。

(七) 政府采购竞争性磋商采购方式管理暂行办法

第一章　总则

第一条　为了规范政府采购行为,维护国家利益、社会公共利益和政府采购当事人的合法权益,依据《中华人民共和国政府采购法》(以下简称政府采购法)第二十六条第一款第六项规定,制定本办法。

第二条　本办法所称竞争性磋商采购方式,是指采购人、政府采购代理机构通过组建竞争性磋商小组(以下简称磋商小组)与符合条件的供应商就采购货物、工程和服务事宜进行磋商,供应商按照磋商文件的要求提交响应文件和报价,采购人从磋商小组评审后提出的候选供应商名单中确定成交供应商的采购方式。

第三条　符合下列情形的项目,可以采用竞争性磋商方式开展采购：

(一)政府购买服务项目；

(二)技术复杂或者性质特殊,不能确定详细规格或者具体要求的；

(三)因艺术品采购、专利、专有技术或者服务的时间、数量事先不能确定等原因不能事先计算出价格总额的；

(四)市场竞争不充分的科研项目,以及需要扶持的科技成果转化项目；

(五)按照招标投标法及其实施条例必须进行招标的工程建设项目以外的工程建设项目。

第二章 磋商程序

第四条 达到公开招标数额标准的货物、服务采购项目，拟采用竞争性磋商采购方式的，采购人应当在采购活动开始前，报经主管预算单位同意后，依法向设区的市、自治州以上人民政府财政部门申请批准。

第五条 采购人、采购代理机构应当按照政府采购法和本办法的规定组织开展竞争性磋商，并采取必要措施，保证磋商在严格保密的情况下进行。

任何单位和个人不得非法干预、影响磋商过程和结果。

第六条 采购人、采购代理机构应当通过发布公告、从省级以上财政部门建立的供应商库中随机抽取或者采购人和评审专家分别书面推荐的方式邀请不少于3家符合相应资格条件的供应商参与竞争性磋商采购活动。

符合政府采购法第二十二条第一款规定条件的供应商可以在采购活动开始前加入供应商库。财政部门不得对供应商申请入库收取任何费用，不得利用供应商库进行地区和行业封锁。

采取采购人和评审专家书面推荐方式选择供应商的，采购人和评审专家应当各自出具书面推荐意见。采购人推荐供应商的比例不得高于推荐供应商总数的50%。

第七条 采用公告方式邀请供应商的，采购人、采购代理机构应当在省级以上人民政府财政部门指定的政府采购信息发布媒体发布竞争性磋商公告。竞争性磋商公告应当包括以下主要内容：

（一）采购人、采购代理机构的名称、地点和联系方法；
（二）采购项目的名称、数量、简要规格描述或项目基本概况介绍；
（三）采购项目的预算；
（四）供应商资格条件；
（五）获取磋商文件的时间、地点、方式及磋商文件售价；
（六）响应文件提交的截止时间、开启时间及地点；
（七）购项目联系人姓名和电话。

第八条 竞争性磋商文件（以下简称磋商文件）应当根据采购项目的特点和采购人的实际需求制定，并经采购人书面同意。采购人应当以满足实际需求为原则，不得擅自提高经费预算和资产配置等采购标准。

磋商文件不得要求或者标明供应商名称或者特定货物的品牌，不得含有指向特定供应商的技术、服务等条件。

第九条 磋商文件应当包括供应商资格条件、采购邀请、采购方式、采购预算、采购需求、政府采购政策要求、评审程序、评审方法、评审标准、价格构成或者报价要求、响应文件编制要求、保证金交纳数额和形式以及不予退还保证金的情形、磋商过程中可能实质性变动的内容、响应文件提交的截止时间、开启时间及地点以及合同草案条款等。

第十条 从磋商文件发出之日起至供应商提交首次响应文件截止之日止不得少于10日。

磋商文件售价应当按照弥补磋商文件制作成本费用的原则确定,不得以营利为目的,不得以项目预算金额作为确定磋商文件售价依据。磋商文件的发售期限自开始之日起不得少于5个工作日。

提交首次响应文件截止之日前,采购人、采购代理机构或者磋商小组可以对已发出的磋商文件进行必要的澄清或者修改,澄清或者修改的内容作为磋商文件的组成部分。澄清或者修改的内容可能影响响应文件编制的,采购人、采购代理机构应当在提交首次响应文件截止时间至少5日前,以书面形式通知所有获取磋商文件的供应商;不足5日的,采购人、采购代理机构应当顺延提交首次响应文件截止时间。

第十一条 供应商应当按照磋商文件的要求编制响应文件,并对其提交的响应文件的真实性、合法性承担法律责任。

第十二条 采购人、采购代理机构可以要求供应商在提交响应文件截止时间之前交纳磋商保证金。磋商保证金应当采用支票、汇票、本票或者金融机构、担保机构出具的保函等非现金形式交纳。磋商保证金数额应当不超过采购项目预算的2%。供应商未按照磋商文件要求提交磋商保证金的,响应无效。

供应商为联合体的,可以由联合体中的一方或者多方共同交纳磋商保证金,其交纳的保证金对联合体各方均具有约束力。

第十三条 供应商应当在磋商文件要求的截止时间前,将响应文件密封送达指定地点。在截止时间后送达的响应文件为无效文件,采购人、采购代理机构或者磋商小组应当拒收。

供应商在提交响应文件截止时间前,可以对所提交的响应文件进行补充、修改或者撤回,并书面通知采购人、采购代理机构。补充、修改的内容作为响应文件的组成部分。补充、修改的内容与响应文件不一致的,以补充、修改的内容为准。

第十四条 磋商小组由采购人代表和评审专家共3人以上单数组成,其中评审专家人数不得少于磋商小组成员总数的2/3。采购人代表不得以评审专家身份参加本部门或本单位采购项目的评审。采购代理机构人员不得参加本机构代理的采购项目的评审。

采用竞争性磋商方式的政府采购项目,评审专家应当从政府采购评审专家库内相关专业的专家名单中随机抽取。符合本办法第三条第四项规定情形的项目,以及情况特殊、通过随机方式难以确定合适的评审专家的项目,经主管预算单位同意,可以自行选定评审专家。技术复杂、专业性强的采购项目,评审专家中应当包含1名法律专家。

第十五条 评审专家应当遵守评审工作纪律,不得泄露评审情况和评审中获悉的商业秘密。

磋商小组在评审过程中发现供应商有行贿、提供虚假材料或者串通等违法行为的,应当及时向财政部门报告。

评审专家在评审过程中受到非法干涉的,应当及时向财政、监察等部门举报。

第十六条 磋商小组成员应当按照客观、公正、审慎的原则,根据磋商文件规定的评审程序、评审方法和评审标准进行独立评审。未实质性响应磋商文件的响应文件按无效响应处理，磋商小组应当告知提交响应文件的供应商。

磋商文件内容违反国家有关强制性规定的，磋商小组应当停止评审并向采购人或者采购代理机构说明情况。

第十七条　采购人、采购代理机构不得向磋商小组中的评审专家作倾向性、误导性的解释或者说明。

采购人、采购代理机构可以视采购项目的具体情况，组织供应商进行现场考察或召开磋商前答疑会，但不得单独或分别组织只有一个供应商参加的现场考察和答疑会。

第十八条　磋商小组在对响应文件的有效性、完整性和响应程度进行审查时，可以要求供应商对响应文件中含义不明确、同类问题表述不一致或者有明显文字和计算错误的内容等做出必要的澄清、说明或者更正。供应商的澄清、说明或者更正不得超出响应文件的范围或者改变响应文件的实质性内容。

磋商小组要求供应商澄清、说明或者更正响应文件应当以书面形式做出。供应商的澄清、说明或者更正应当由法定代表人或其授权代表签字或者加盖公章。由授权代表签字的，应当附法定代表人授权书。供应商为自然人的，应当由本人签字并附身份证明。

第十九条　磋商小组所有成员应当集中与单一供应商分别进行磋商，并给予所有参加磋商的供应商平等的磋商机会。

第二十条　在磋商过程中，磋商小组可以根据磋商文件和磋商情况实质性变动采购需求中的技术、服务要求以及合同草案条款，但不得变动磋商文件中的其他内容。实质性变动的内容，须经采购人代表确认。

对磋商文件做出的实质性变动是磋商文件的有效组成部分，磋商小组应当及时以书面形式同时通知所有参加磋商的供应商。

供应商应当按照磋商文件的变动情况和磋商小组的要求重新提交响应文件，并由其法定代表人或授权代表签字或者加盖公章。由授权代表签字的，应当附法定代表人授权书。供应商为自然人的，应当由本人签字并附身份证明。

第二十一条　磋商文件能够详细列明采购标的的技术、服务要求的，磋商结束后，磋商小组应当要求所有实质性响应的供应商在规定时间内提交最后报价，提交最后报价的供应商不得少于3家。

磋商文件不能详细列明采购标的的技术、服务要求，需经磋商由供应商提供最终设计方案或解决方案的，磋商结束后，磋商小组应当按照少数服从多数的原则投票推荐3家以上供应商的设计方案或者解决方案，并要求其在规定时间内提交最后报价。

最后报价是供应商响应文件的有效组成部分。符合本办法第三条第四项情形的，提交最后报价的供应商可以为2家。

第二十二条　已提交响应文件的供应商，在提交最后报价之前，可以根据磋商情况退出磋商。采购人、采购代理机构应当退还退出磋商的供应商的磋商保证金。

第二十三条　经磋商确定最终采购需求和提交最后报价的供应商后，由磋商小组采用综合评分法对提交最后报价的供应商的响应文件和最后报价进行综合评分。

综合评分法,是指响应文件满足磋商文件全部实质性要求且按评审因素的量化指标评审得分最高的供应商为成交候选供应商的评审方法。

第二十四条 综合评分法评审标准中的分值设置应当与评审因素的量化指标相对应。磋商文件中没有规定的评审标准不得作为评审依据。

评审时,磋商小组各成员应当独立对每个有效响应的文件进行评价、打分,然后汇总每个供应商每项评分因素的得分。

综合评分法货物项目的价格分值占总分值的比重(即权值)为30%至60%,服务项目的价格分值占总分值的比重(即权值)为10%至30%。采购项目中含不同采购对象的,以占项目资金比例最高的采购对象确定其项目属性。符合本办法第三条第三项的规定和执行统一价格标准的项目,其价格不列为评分因素。有特殊情况需要在上述规定范围外设定价格分权重的,应当经本级人民政府财政部门审核同意。

综合评分法中的价格分统一采用低价优先法计算,即满足磋商文件要求且最后报价最低的供应商的价格为磋商基准价,其价格分为满分。其他供应商的价格分统一按照下列公式计算:

磋商报价得分=(磋商基准价/最后磋商报价)×价格权值×100

项目评审过程中,不得去掉最后报价中的最高报价和最低报价。

第二十五条 磋商小组应当根据综合评分情况,按照评审得分由高到低顺序推荐3名以上成交候选供应商,并编写评审报告。符合本办法第二十一条第三款情形的,可以推荐2家成交候选供应商。评审得分相同的,按照最后报价由低到高的顺序推荐。评审得分且最后报价相同的,按照技术指标优劣顺序推荐。

第二十六条 评审报告应当包括以下主要内容:

(一)邀请供应商参加采购活动的具体方式和相关情况;

(二)响应文件开启日期和地点;

(三)获取磋商文件的供应商名单和磋商小组成员名单;

(四)评审情况记录和说明,包括对供应商的资格审查情况、供应商响应文件评审情况、磋商情况、报价情况等;

(五)提出的成交候选供应商的排序名单及理由。

第二十七条 评审报告应当由磋商小组全体人员签字认可。磋商小组成员对评审报告有异议的,磋商小组按照少数服从多数的原则推荐成交候选供应商,采购程序继续进行。对评审报告有异议的磋商小组成员,应当在报告上签署不同意见并说明理由,由磋商小组书面记录相关情况。磋商小组成员拒绝在报告上签字又不书面说明其不同意见和理由的,视为同意评审报告。

第二十八条 采购代理机构应当在评审结束后2个工作日内将评审报告送采购人确认。

采购人应当在收到评审报告后5个工作日内,从评审报告提出的成交候选供应商中,按照排序由高到低的原则确定成交供应商,也可以书面授权磋商小组直接确定成交供应商。采购人逾期未确定成交供应商且不提出异议的,视为确定评审报告提出的排序第一的供应商为成交供应商。

第二十九条　采购人或者采购代理机构应当在成交供应商确定后2个工作日内,在省级以上财政部门指定的政府采购信息发布媒体上公告成交结果,同时向成交供应商发出成交通知书,并将磋商文件随成交结果同时公告。成交结果公告应当包括以下内容:

(一)采购人和采购代理机构的名称、地址和联系方式;

(二)项目名称和项目编号;

(三)成交供应商名称、地址和成交金额;

(四)主要成交标的的名称、规格型号、数量、单价、服务要求;

(五)磋商小组成员名单。

采用书面推荐供应商参加采购活动的,还应当公告采购人和评审专家的推荐意见。

第三十条　采购人与成交供应商应当在成交通知书发出之日起30日内,按照磋商文件确定的合同文本以及采购标的、规格型号、采购金额、采购数量、技术和服务要求等事项签订政府采购合同。

采购人不得向成交供应商提出超出磋商文件以外的任何要求作为签订合同的条件,不得与成交供应商订立背离磋商文件确定的合同文本以及采购标的、规格型号、采购金额、采购数量、技术和服务要求等实质性内容的协议。

第三十一条　采购人或者采购代理机构应当在采购活动结束后及时退还供应商的磋商保证金,但因供应商自身原因导致无法及时退还的除外。未成交供应商的磋商保证金应当在成交通知书发出后5个工作日内退还,成交供应商的磋商保证金应当在采购合同签订后5个工作日内退还。

有下列情形之一的,磋商保证金不予退还:

(一)供应商在提交响应文件截止时间后撤回响应文件的;

(二)供应商在响应文件中提供虚假材料的;

(三)除因不可抗力或磋商文件认可的情形以外,成交供应商不与采购人签订合同的;

(四)供应商与采购人、其他供应商或者采购代理机构恶意串通的;

(五)磋商文件规定的其他情形。

第三十二条　除资格性检查认定错误、分值汇总计算错误、分项评分超出评分标准范围、客观分评分不一致,经磋商小组一致认定评分畸高、畸低的情形外,采购人或者采购代理机构不得以任何理由组织重新评审。采购人、采购代理机构发现磋商小组未按照磋商文件规定的评审标准进行评审的,应当重新开展采购活动,并同时书面报告本级财政部门。

采购人或者采购代理机构不得通过对样品进行检测、对供应商进行考察等方式改变评审结果。

第三十三条　成交供应商拒绝签订政府采购合同的,采购人可以按照本办法第二十八条第二款规定的原则确定其他供应商作为成交供应商并签订政府采购合同,也可以重新开展采购活动。拒绝签订政府采购合同的成交供应商不得参加对该项目重新开展的采购活动。

第三十四条 出现下列情形之一的,采购人或者采购代理机构应当终止竞争性磋商采购活动,发布项目终止公告并说明原因,重新开展采购活动:

(一)因情况变化,不再符合规定的竞争性磋商采购方式适用情形的;

(二)出现影响采购公正的违法、违规行为的;

(三)除本办法第二十一条第三款规定的情形外,在采购过程中符合要求的供应商或者报价未超过采购预算的供应商不足3家的。

第三十五条 在采购活动中因重大变故,采购任务取消的,采购人或者采购代理机构应当终止采购活动,通知所有参加采购活动的供应商,并将项目实施情况和采购任务取消原因报送本级财政部门。

第三章 附则

第三十六条 相关法律制度对政府和社会资本合作项目采用竞争性磋商采购方式另有规定的,从其规定。

第三十七条 本办法所称主管预算单位是指负有编制部门预算职责,向同级财政部门申报预算的国家机关、事业单位和团体组织。

第三十八条 本办法自发布之日起施行。

(八)政府采购质疑和投诉办法

第一章 总则

第一条 为了规范政府采购质疑和投诉行为,保护参加政府采购活动当事人的合法权益,根据《中华人民共和国政府采购法》《中华人民共和国政府采购法实施条例》和其他有关法律法规规定,制定本办法。

第二条 本办法适用于政府采购质疑的提出和答复、投诉的提起和处理。

第三条 政府采购供应商(以下简称供应商)提出质疑和投诉应当坚持依法依规、诚实信用原则。

第四条 政府采购质疑答复和投诉处理应当坚持依法依规、权责对等、公平公正、简便高效原则。

第五条 采购人负责供应商质疑答复。采购人委托采购代理机构采购的,采购代理机构在委托授权范围内做出答复。

县级以上各级人民政府财政部门(以下简称财政部门)负责依法处理供应商投诉。

第六条 供应商投诉按照采购人所属预算级次,由本级财政部门处理。

跨区域联合采购项目的投诉,采购人所属预算级次相同的,由采购文件事先约定的财政部门负责处理,事先未约定的,由最先收到投诉的财政部门负责处理;采购人所属预算级次不同的,由预算级次最高的财政部门负责处理。

第七条　采购人、采购代理机构应当在采购文件中载明接收质疑函的方式、联系部门、联系电话和通信地址等信息。

县级以上财政部门应当在省级以上财政部门指定的政府采购信息发布媒体公布受理投诉的方式、联系部门、联系电话和通信地址等信息。

第八条　供应商可以委托代理人进行质疑和投诉。其授权委托书应当载明代理人的姓名或者名称、代理事项、具体权限、期限和相关事项。供应商为自然人的,应当由本人签字;供应商为法人或者其他组织的,应当由法定代表人、主要负责人签字或者盖章,并加盖公章。

代理人提出质疑和投诉,应当提交供应商签署的授权委托书。

第九条　以联合体形式参加政府采购活动的,其投诉应当由组成联合体的所有供应商共同提出。

第二章　质疑提出与答复

第十条　供应商认为采购文件、采购过程、中标或者成交结果使自己的权益受到损害的,可以在知道或者应知其权益受到损害之日起7个工作日内,以书面形式向采购人、采购代理机构提出质疑。

采购文件可以要求供应商在法定质疑期内一次性提出针对同一采购程序环节的质疑。

第十一条　提出质疑的供应商(以下简称质疑供应商)应当是参与所质疑项目采购活动的供应商。

潜在供应商已依法获取其可质疑的采购文件的,可以对该文件提出质疑。对采购文件提出质疑的,应当在获取采购文件或者采购文件公告期限届满之日起7个工作日内提出。

第十二条　供应商提出质疑应当提交质疑函和必要的证明材料。质疑函应当包括下列内容:

(一)供应商的姓名或者名称、地址、邮编、联系人及联系电话;

(二)质疑项目的名称、编号;

(三)具体、明确的质疑事项和与质疑事项相关的请求;

(四)事实依据;

(五)必要的法律依据;

(六)提出质疑的日期。

供应商为自然人的,应当由本人签字;供应商为法人或者其他组织的,应当由法定代表人、主要负责人,或者其授权代表签字或者盖章,并加盖公章。

第十三条　采购人、采购代理机构不得拒收质疑供应商在法定质疑期内发出的质疑函,应当在收到质疑函后7个工作日内做出答复,并以书面形式通知质疑供应商和其他有关供应商。

第十四条 供应商对评审过程、中标或者成交结果提出质疑的,采购人、采购代理机构可以组织原评标委员会、竞争性谈判小组、询价小组或者竞争性磋商小组协助答复质疑。

第十五条 质疑答复应当包括下列内容:
(一)质疑供应商的姓名或者名称;
(二)收到质疑函的日期、质疑项目名称及编号;
(三)质疑事项、质疑答复的具体内容、事实依据和法律依据;
(四)告知质疑供应商依法投诉的权利;
(五)质疑答复人名称;
(六)答复质疑的日期。
质疑答复的内容不得涉及商业秘密。

第十六条 采购人、采购代理机构认为供应商质疑不成立,或者成立但未对中标、成交结果构成影响的,继续开展采购活动;认为供应商质疑成立且影响或者可能影响中标、成交结果的,按照下列情况处理:
(一)对采购文件提出的质疑,依法通过澄清或者修改可以继续开展采购活动的,澄清或者修改采购文件后继续开展采购活动;否则应当修改采购文件后重新开展采购活动。
(二)对采购过程、中标或者成交结果提出的质疑,合格供应商符合法定数量时,可以从合格的中标或者成交候选人中另行确定中标、成交供应商的,应当依法另行确定中标、成交供应商;否则应当重新开展采购活动。
质疑答复导致中标、成交结果改变的,采购人或者采购代理机构应当将有关情况书面报告本级财政部门。

第三章 投诉提起

第十七条 质疑供应商对采购人、采购代理机构的答复不满意,或者采购人、采购代理机构未在规定时间内做出答复的,可以在答复期满后15个工作日内向本办法第六条规定的财政部门提起投诉。

第十八条 投诉人投诉时,应当提交投诉书和必要的证明材料,并按照被投诉采购人、采购代理机构(以下简称被投诉人)和与投诉事项有关的供应商数量提供投诉书的副本。投诉书应当包括下列内容:
(一)投诉人和被投诉人的姓名或者名称、通信地址、邮编、联系人及联系电话;
(二)质疑和质疑答复情况说明及相关证明材料;
(三)具体、明确的投诉事项和与投诉事项相关的投诉请求;
(四)事实依据;
(五)法律依据;
(六)提起投诉的日期。

投诉人为自然人的,应当由本人签字;投诉人为法人或者其他组织的,应当由法定代表人、主要负责人,或者其授权代表签字或者盖章,并加盖公章。

第十九条　投诉人应当根据本办法第七条第二款规定的信息内容,并按照其规定的方式提起投诉。

投诉人提起投诉应当符合下列条件:

(一)提起投诉前已依法进行质疑;

(二)投诉书内容符合本办法的规定;

(三)在投诉有效期限内提起投诉;

(四)同一投诉事项未经财政部门投诉处理;

(五)财政部规定的其他条件。

第二十条　供应商投诉的事项不得超出已质疑事项的范围,但基于质疑答复内容提出的投诉事项除外。

第四章　投诉处理

第二十一条　财政部门收到投诉书后,应当在5个工作日内进行审查,审查后按照下列情况处理:

(一)投诉书内容不符合本办法第十八条规定的,应当在收到投诉书5个工作日内一次性书面通知投诉人补正。补正通知应当载明需要补正的事项和合理的补正期限。未按照补正期限进行补正或者补正后仍不符合规定的,不予受理。

(二)投诉不符合本办法第十九条规定条件的,应当在3个工作日内书面告知投诉人不予受理,并说明理由。

(三)投诉不属于本部门管辖的,应当在3个工作日内书面告知投诉人向有管辖权的部门提起投诉。

(四)投诉符合本办法第十八条、第十九条规定的,自收到投诉书之日起即为受理,并在收到投诉后8个工作日内向被投诉人和其他与投诉事项有关的当事人发出投诉答复通知书及投诉书副本。

第二十二条　被投诉人和其他与投诉事项有关的当事人应当在收到投诉答复通知书及投诉书副本之日起5个工作日内,以书面形式向财政部门做出说明,并提交相关证据、依据和其他有关材料。

第二十三条　财政部门处理投诉事项原则上采用书面审查的方式。财政部门认为有必要时,可以进行调查取证或者组织质证。

财政部门可以根据法律、法规规定或者职责权限,委托相关单位或者第三方开展调查取证、检验、检测、鉴定。

质证应当通知相关当事人到场,并制作质证笔录。质证笔录应当由当事人签字确认。

第二十四条　财政部门依法进行调查取证时,投诉人、被投诉人以及与投诉事项有关的单位及人员应当如实反映情况,并提供财政部门所需要的相关材料。

第二十五条　应当由投诉人承担举证责任的投诉事项,投诉人未提供相关证据、依据和其他有关材料的,视为该投诉事项不成立;被投诉人未按照投诉答复通知书要求提交相关证据、依据和其他有关材料的,视同其放弃说明权利,依法承担不利后果。

第二十六条　财政部门应当自收到投诉之日起 30 个工作日内,对投诉事项做出处理决定。

第二十七条　财政部门处理投诉事项,需要检验、检测、鉴定、专家评审以及需要投诉人补正材料的,所需时间不计算在投诉处理期限内。

前款所称所需时间,是指财政部门向相关单位、第三方、投诉人发出相关文书、补正通知之日至收到相关反馈文书或材料之日。

财政部门向相关单位、第三方开展检验、检测、鉴定、专家评审的,应当将所需时间告知投诉人。

第二十八条　财政部门在处理投诉事项期间,可以视具体情况书面通知采购人和采购代理机构暂停采购活动,暂停采购活动时间最长不得超过 30 日。

采购人和采购代理机构收到暂停采购活动通知后应当立即中止采购活动,在法定的暂停期限结束前或者财政部门发出恢复采购活动通知前,不得进行该项采购活动。

第二十九条　投诉处理过程中,有下列情形之一的,财政部门应当驳回投诉:

(一)受理后发现投诉不符合法定受理条件;

(二)投诉事项缺乏事实依据,投诉事项不成立;

(三)投诉人捏造事实或者提供虚假材料;

(四)投诉人以非法手段取得证明材料。证据来源的合法性存在明显疑问,投诉人无法证明其取得方式合法的,视为以非法手段取得证明材料。

第三十条　财政部门受理投诉后,投诉人书面申请撤回投诉的,财政部门应当终止投诉处理程序,并书面告知相关当事人。

第三十一条　投诉人对采购文件提起的投诉事项,财政部门经查证属实的,应当认定投诉事项成立。经认定成立的投诉事项不影响采购结果的,继续开展采购活动;影响或者可能影响采购结果的,财政部门按照下列情况处理:

(一)未确定中标或者成交供应商的,责令重新开展采购活动。

(二)已确定中标或者成交供应商但尚未签订政府采购合同的,认定中标或者成交结果无效,责令重新开展采购活动。

(三)政府采购合同已经签订但尚未履行的,撤销合同,责令重新开展采购活动。

(四)政府采购合同已经履行,给他人造成损失的,相关当事人可依法提起诉讼,由责任人承担赔偿责任。

第三十二条　投诉人对采购过程或者采购结果提起的投诉事项,财政部门经查证属实的,应当认定投诉事项成立。经认定成立的投诉事项不影响采购结果的,继续开展采购活动;影响或者可能影响采购结果的,财政部门按照下列情况处理:

(一)未确定中标或者成交供应商的,责令重新开展采购活动。

（二）已确定中标或者成交供应商但尚未签订政府采购合同的，认定中标或者成交结果无效。合格供应商符合法定数量时，可以从合格的中标或者成交候选人中另行确定中标或者成交供应商的，应当要求采购人依法另行确定中标、成交供应商；否则责令重新开展采购活动。

（三）政府采购合同已经签订但尚未履行的，撤销合同。合格供应商符合法定数量时，可以从合格的中标或者成交候选人中另行确定中标或者成交供应商的，应当要求采购人依法另行确定中标、成交供应商；否则责令重新开展采购活动。

（四）政府采购合同已经履行，给他人造成损失的，相关当事人可依法提起诉讼，由责任人承担赔偿责任。

投诉人对废标行为提起的投诉事项成立的，财政部门应当认定废标行为无效。

第三十三条　财政部门做出处理决定，应当制作投诉处理决定书，并加盖公章。投诉处理决定书应当包括下列内容：

（一）投诉人和被投诉人的姓名或者名称、通信地址等；

（二）处理决定查明的事实和相关依据，具体处理决定和法律依据；

（三）告知相关当事人申请行政复议的权利、行政复议机关和行政复议申请期限，以及提起行政诉讼的权利和起诉期限；

（四）做出处理决定的日期。

第三十四条　财政部门应当将投诉处理决定书送达投诉人和与投诉事项有关的当事人，并及时将投诉处理结果在省级以上财政部门指定的政府采购信息发布媒体上公告。

投诉处理决定书的送达，参照《中华人民共和国民事诉讼法》关于送达的规定执行。

第三十五条　财政部门应当建立投诉处理档案管理制度，并配合有关部门依法进行的监督检查。

第五章　法律责任

第三十六条　采购人、采购代理机构有下列情形之一的，由财政部门责令限期改正；情节严重的，给予警告，对直接负责的主管人员和其他直接责任人员，由其行政主管部门或者有关机关给予处分，并予通报：

（一）拒收质疑供应商在法定质疑期内发出的质疑函；

（二）对质疑不予答复或者答复与事实明显不符，并不能做出合理说明；

（三）拒绝配合财政部门处理投诉事宜。

第三十七条　投诉人在全国范围12个月内三次以上投诉查无实据的，由财政部门列入不良行为记录名单。

投诉人有下列行为之一的，属于虚假、恶意投诉，由财政部门列入不良行为记录名单，禁止其1至3年内参加政府采购活动：

（一）捏造事实；

（二）提供虚假材料；

(三) 以非法手段取得证明材料。证据来源的合法性存在明显疑问,投诉人无法证明其取得方式合法的,视为以非法手段取得证明材料。

第三十八条 财政部门及其工作人员在履行投诉处理职责中违反本办法规定及存在其他滥用职权、玩忽职守、徇私舞弊等违法违纪行为的,依照《中华人民共和国政府采购法》《中华人民共和国公务员法》《中华人民共和国行政监察法》《中华人民共和国政府采购法实施条例》等国家有关规定追究相应责任;涉嫌犯罪的,依法移送司法机关处理。

第六章 附则

第三十九条 质疑函和投诉书应当使用中文。质疑函和投诉书的范本,由财政部制定。

第四十条 相关当事人提供外文书证或者外国语视听资料的,应当附有中文译本,由翻译机构盖章或者翻译人员签名。

相关当事人向财政部门提供的在中华人民共和国领域外形成的证据,应当说明来源,经所在国公证机关证明,并经中华人民共和国驻该国使领馆认证,或者履行中华人民共和国与证据所在国订立的有关条约中规定的证明手续。

相关当事人提供的在香港特别行政区、澳门特别行政区和台湾地区内形成的证据,应当履行相关的证明手续。

第四十一条 财政部门处理投诉不得向投诉人和被投诉人收取任何费用。但因处理投诉发生的第三方检验、检测、鉴定等费用,由提出申请的供应商先行垫付。投诉处理决定明确双方责任后,按照"谁过错谁负担"的原则由承担责任的一方负担;双方都有责任的,由双方合理分担。

第四十二条 本办法规定的期间开始之日,不计算在期间内。期间届满的最后一日是节假日的,以节假日后的第一日为期间届满的日期。期间不包括在途时间,质疑和投诉文书在期满前交邮的,不算过期。

本办法规定的"以上""以下"均含本数。

第四十三条 对在质疑答复和投诉处理过程中知悉的国家秘密、商业秘密、个人隐私和依法不予公开的信息,财政部门、采购人、采购代理机构等相关知情人应当保密。

第四十四条 省级财政部门可以根据本办法制定具体实施办法。

第四十五条 本办法自 2018 年 3 月 1 日起施行。财政部 2004 年 8 月 11 日发布的《政府采购供应商投诉处理办法》(财政部令第 20 号)同时废止。

(九) 政府采购促进中小企业发展管理办法

(财库〔2020〕46 号)

第一条 为了发挥政府采购的政策功能,促进中小企业健康发展,根据《中华人民共和国政府采购法》《中华人民共和国中小企业促进法》等有关法律法规,制定本办法。

第二条　本办法所称中小企业,是指在中华人民共和国境内依法设立,依据国务院批准的中小企业划分标准确定的中型企业、小型企业和微型企业,但与大企业的负责人为同一人,或者与大企业存在直接控股、管理关系的除外。

符合中小企业划分标准的个体工商户,在政府采购活动中视同中小企业。

第三条　采购人在政府采购活动中应当通过加强采购需求管理,落实预留采购份额、价格评审优惠、优先采购等措施,提高中小企业在政府采购中的份额,支持中小企业发展。

第四条　在政府采购活动中,供应商提供的货物、工程或者服务符合下列情形的,享受本办法规定的中小企业扶持政策:

(一)在货物采购项目中,货物由中小企业制造,即货物由中小企业生产且使用该中小企业商号或者注册商标;

(二)在工程采购项目中,工程由中小企业承建,即工程施工单位为中小企业;

(三)在服务采购项目中,服务由中小企业承接,即提供服务的人员为中小企业依照《中华人民共和国劳动合同法》订立劳动合同的从业人员。在货物采购项目中,供应商提供的货物既有中小企业制造货物,也有大型企业制造货物的,不享受本办法规定的中小企业扶持政策。

以联合体形式参加政府采购活动,联合体各方均为中小企业的,联合体视同中小企业。其中,联合体各方均为小微企业的,联合体视同小微企业。

第五条　采购人在政府采购活动中应当合理确定采购项目的采购需求,不得以企业注册资本、资产总额、营业收入、从业人员、利润、纳税额等规模条件和财务指标作为供应商的资格要求或者评审因素,不得在企业股权结构、经营年限等方面对中小企业实行差别待遇或者歧视待遇。

第六条　主管预算单位应当组织评估本部门及所属单位政府采购项目,统筹制定面向中小企业预留采购份额的具体方案,对适宜由中小企业提供的采购项目和采购包,预留采购份额专门面向中小企业采购,并在政府采购预算中单独列示。

符合下列情形之一的,可不专门面向中小企业预留采购份额:

(一)法律法规和国家有关政策明确规定优先或者应当面向事业单位、社会组织等非企业主体采购的;

(二)因确需使用不可替代的专利、专有技术,基础设施限制,或者提供特定公共服务等原因,只能从中小企业之外的供应商处采购的;

(三)按照本办法规定预留采购份额无法确保充分供应、充分竞争,或者存在可能影响政府采购目标实现的情形;

(四)框架协议采购项目;

(五)省级以上人民政府财政部门规定的其他情形。除上述情形外,其他均为适宜由中小企业提供的情形。

第七条　采购限额标准以上,200万元以下的货物和服务采购项目、400万元以下的工程采购项目,适宜由中小企业提供的,采购人应当专门面向中小企业采购。

第八条　超过200万元的货物和服务采购项目、超过400万元的工程采购项目中适宜由中小企业提供的,预留该部分采购项目预算总额的30%以上专门面向中小企业采购,其中预留给小微企业的比例不低于60%。预留份额通过下列措施进行:

（一）将采购项目整体或者设置采购包专门面向中小企业采购;

（二）要求供应商以联合体形式参加采购活动,且联合体中中小企业承担的部分达到一定比例;

（三）要求获得采购合同的供应商将采购项目中的一定比例分包给一家或者多家中小企业。

组成联合体或者接受分包合同的中小企业与联合体内其他企业、分包企业之间不得存在直接控股、管理关系。

第九条　对于经主管预算单位统筹后未预留份额专门面向中小企业采购的采购项目,以及预留份额项目中的非预留部分采购包,采购人、采购代理机构应当对符合本办法规定的小微企业报价给予6%—10%(工程项目为3%—5%)的扣除,用扣除后的价格参加评审。适用招标投标法的政府采购工程建设项目,采用综合评估法但未采用低价优先法计算价格分的,评标时应当在采用原报价进行评分的基础上增加其价格得分的3%—5%作为其价格分。

接受大中型企业与小微企业组成联合体或者允许大中型企业向一家或者多家小微企业分包的采购项目,对于联合协议或者分包意向协议约定小微企业的合同份额占到合同总金额30%以上的,采购人、采购代理机构应当对联合体或者大中型企业的报价给予2%—3%(工程项目为1%—2%)的扣除,用扣除后的价格参加评审。适用招标投标法的政府采购工程建设项目,采用综合评估法但未采用低价优先法计算价格分的,评标时应当在采用原报价进行评分的基础上增加其价格得分的1%—2%作为其价格分。组成联合体或者接受分包的小微企业与联合体内其他企业、分包企业之间存在直接控股、管理关系的,不享受价格扣除优惠政策。

价格扣除比例或者价格分加分比例对小型企业和微型企业同等对待,不作区分。具体采购项目的价格扣除比例或者价格分加分比例,由采购人根据采购标的相关行业平均利润率、市场竞争状况等,在本办法规定的幅度内确定。

第十条　采购人应当严格按照本办法规定和主管预算单位制定的预留采购份额具体方案开展采购活动。预留份额的采购项目或者采购包,通过发布公告方式邀请供应商后,符合资格条件的中小企业数量不足3家的,应当中止采购活动,视同未预留份额的采购项目或者采购包,按照本办法第九条有关规定重新组织采购活动。

第十一条　中小企业参加政府采购活动,应当出具本办法规定的《中小企业声明函》,否则不得享受相关中小企业扶持政策。任何单位和个人不得要求供应商提供《中小企业声明函》之外的中小企业身份证明文件。

第十二条　采购项目涉及中小企业采购的,采购文件应当明确以下内容:

（一）预留份额的采购项目或者采购包,明确该项目或相关采购包专门面向中小企业采购，以及相关标的及预算金额；

（二）要求以联合体形式参加或者合同分包的，明确联合协议或者分包意向协议中中小企业合同金额应当达到的比例，并作为供应商资格条件；

（三）非预留份额的采购项目或者采购包，明确有关价格扣除比例或者价格分加分比例；

（四）规定依据本办法规定享受扶持政策获得政府采购合同的，小微企业不得将合同分包给大中型企业，中型企业不得将合同分包给大型企业；

（五）采购人认为具备相关条件的，明确对中小企业在资金支付期限、预付款比例等方面的优惠措施；

（六）明确采购标的对应的中小企业划分标准所属行业；

（七）法律法规和省级以上人民政府财政部门规定的其他事项。

第十三条　中标、成交供应商享受本办法规定的中小企业扶持政策的，采购人、采购代理机构应当随中标、成交结果公开中标、成交供应商的《中小企业声明函》。适用招标投标法的政府采购工程建设项目，应当在公示中标候选人时公开中标候选人的《中小企业声明函》。

第十四条　对于通过预留采购项目、预留专门采购包、要求以联合体形式参加或者合同分包等措施签订的采购合同，应当明确标注本合同为中小企业预留合同。其中，要求以联合体形式参加采购活动或者合同分包的，应当将联合协议或者分包意向协议作为采购合同的组成部分。

第十五条　鼓励各地区、各部门在采购活动中允许中小企业引入信用担保手段，为中小企业在投标（响应）保证、履约保证等方面提供专业化服务。鼓励中小企业依法合规通过政府采购合同融资。

第十六条　政府采购监督检查、投诉处理及政府采购行政处罚中对中小企业的认定，由货物制造商或者工程、服务供应商注册登记所在地的县级以上人民政府中小企业主管部门负责。

中小企业主管部门应当在收到财政部门或者有关招标投标行政监督部门关于协助开展中小企业认定函后10个工作日内做出书面答复。

第十七条　各地区、各部门应当对涉及中小企业采购的预算项目实施全过程绩效管理，合理设置绩效目标和指标，落实扶持中小企业有关政策要求，定期开展绩效监控和评价，强化绩效评价结果应用。

第十八条　主管预算单位应当自2022年起向同级财政部门报告本部门上一年度面向中小企业预留份额和采购的具体情况，并在中国政府采购网公开预留项目执行情况。未达到本办法规定的预留份额比例的，应当做出说明。

第十九条　采购人未按本办法规定为中小企业预留采购份额，采购人、采购代理机构未按照本办法规定要求实施价格扣除或者价格分加分的，属于未按照规定执行政府采购政策，依照《中华人民共和国政府采购法》等国家有关规定追究法律责任。

第二十条　供应商按照本办法规定提供声明函内容不实的,属于提供虚假材料谋取中标、成交,依照《中华人民共和国政府采购法》等国家有关规定追究相应责任。

适用招标投标法的政府采购工程建设项目,投标人按照本办法规定提供声明函内容不实的,属于弄虚作假骗取中标,依照《中华人民共和国招标投标法》等国家有关规定追究相应责任。

第二十一条　财政部门、中小企业主管部门及其工作人员在履行职责中违反本办法规定及存在其他滥用职权、玩忽职守、徇私舞弊等违法违纪行为的,依照《中华人民共和国政府采购法》《中华人民共和国公务员法》《中华人民共和国监察法》《中华人民共和国政府采购法实施条例》等国家有关规定追究相应责任;涉嫌犯罪的,依法移送有关国家机关处理。

第二十二条　对外援助项目、国家相关资格或者资质管理制度另有规定的项目,不适用本办法。

第二十三条　关于视同中小企业的其他主体的政府采购扶持政策,由财政部会同有关部门另行规定。

第二十四条　省级财政部门可以会同中小企业主管部门根据本办法的规定制定具体实施办法。

第二十五条　本办法自 2021 年 1 月 1 日起施行。《财政部工业和信息化部关于印发〈政府采购促进中小企业发展暂行办法〉的通知》(财库〔2011〕181 号)同时废止。

(十) 政府采购代理机构管理暂行办法

(财库〔2018〕2 号)

第一章　总则

第一条　为加强政府采购代理机构监督管理,促进政府采购代理机构规范发展,根据《中华人民共和国政府采购法》《中华人民共和国政府采购法实施条例》等法律法规,制定本办法。

第二条　本办法所称政府采购代理机构(以下简称代理机构)是指集中采购机构以外、受采购人委托从事政府采购代理业务的社会中介机构。

第三条　代理机构的名录登记、从业管理、信用评价及监督检查适用本办法。

第四条　各级人民政府财政部门(以下简称财政部门)依法对代理机构从事政府采购代理业务进行监督管理。

第五条　财政部门应当加强对代理机构的政府采购业务培训,不断提高代理机构专业化水平。鼓励社会力量开展培训,增强代理机构业务能力。

第二章　名录登记

第六条　代理机构实行名录登记管理。省级财政部门依托中国政府采购网省级分网(以下简称省级分网)建立政府采购代理机构名录(以下简称名录)。名录信息全国共享并向社会公开。

第七条　代理机构应当通过工商登记注册地(以下简称注册地)省级分网填报以下信息申请进入名录,并承诺对信息真实性负责:

(一)代理机构名称、统一社会信用代码、办公场所地址、联系电话等机构信息;

(二)法定代表人及专职从业人员有效身份证明等个人信息;

(三)内部监督管理制度;

(四)在自有场所组织评审工作的,应当提供评审场所地址、监控设备设施情况;

(五)省级财政部门要求提供的其他材料。

登记信息发生变更的,代理机构应当在信息变更之日起10个工作日内自行更新。

第八条　代理机构登记信息不完整的,财政部门应当及时告知其完善登记资料;代理机构登记信息完整清晰的,财政部门应当及时为其开通相关政府采购管理交易系统信息发布、专家抽取等操作权限。

第九条　代理机构在其注册地省级行政区划以外从业的,应当向从业地财政部门申请开通政府采购管理交易系统相关操作权限,从业地财政部门不得要求其重复提交登记材料,不得强制要求其在从业地设立分支机构。

第十条　代理机构注销时,应当向相关采购人移交档案,并及时向注册地所在省级财政部门办理名录注销手续。

第三章　从业管理

第十一条　代理机构代理政府采购业务应当具备以下条件:

(一)具有独立承担民事责任的能力;

(二)建立完善的政府采购内部监督管理制度;

(三)拥有不少于5名熟悉政府采购法律法规、具备编制采购文件和组织采购活动等相应能力的专职从业人员;

(四)具备独立办公场所和代理政府采购业务所必需的办公条件;

(五)在自有场所组织评审工作的,应当具备必要的评审场地和录音录像等监控设备设施并符合省级人民政府规定的标准。

第十二条　采购人应当根据项目特点、代理机构专业领域和综合信用评价结果,从名录中自主择优选择代理机构。

任何单位和个人不得以摇号、抽签、遴选等方式干预采购人自行选择代理机构。

第十三条　代理机构受采购人委托办理采购事宜,应当与采购人签订委托代理协议,明确采购代理范围、权限、期限、档案保存、代理费用收取方式及标准、协议解除及终止、违约责任等具体事项,约定双方权利义务。

第十四条　代理机构应当严格按照委托代理协议的约定依法依规开展政府采购代理业务,相关开标及评审活动应当全程录音录像,录音录像应当清晰可辨,音像资料作为采购文件一并存档。

第十五条　代理费用可以由中标、成交供应商支付,也可由采购人支付。由中标、成交供应商支付的,供应商报价应当包含代理费用。代理费用超过分散采购限额标准的,原则上由中标、成交供应商支付。

代理机构应当在采购文件中明示代理费用收取方式及标准,随中标、成交结果一并公开本项目收费情况,包括具体收费标准及收费金额等。

第十六条　采购人和代理机构在委托代理协议中约定由代理机构负责保存采购文件的,代理机构应当妥善保存采购文件,不得伪造、变造、隐匿或者销毁采购文件。采购文件的保存期限为从采购结束之日起至少十五年。

采购文件可以采用电子档案方式保存。采用电子档案方式保存采购文件的,相关电子档案应当符合《中华人民共和国档案法》《中华人民共和国电子签名法》等法律法规的要求。

第四章　信用评价及监督检查

第十七条　财政部门负责组织开展代理机构综合信用评价工作。采购人、供应商和评审专家根据代理机构的从业情况对代理机构的代理活动进行综合信用评价。综合信用评价结果应当全国共享。

第十八条　采购人、评审专家应当在采购活动或评审活动结束后5个工作日内,在政府采购信用评价系统中记录代理机构的职责履行情况。

供应商可以在采购活动结束后5个工作日内,在政府采购信用评价系统中记录代理机构的职责履行情况。

代理机构可以在政府采购信用评价系统中查询本机构的职责履行情况,并就有关情况做出说明。

第十九条　财政部门应当建立健全定向抽查和不定向抽查相结合的随机抽查机制。对存在违法违规线索的政府采购项目开展定向检查;对日常监管事项,通过随机抽取检查对象、随机选派执法检查人员等方式开展不定向检查。

财政部门可以根据综合信用评价结果合理优化对代理机构的监督检查频次。

第二十条　财政部门应当依法加强对代理机构的监督检查,监督检查包括以下内容:

(一)代理机构名录信息的真实性;
(二)委托代理协议的签订和执行情况;
(三)采购文件编制与发售、评审组织、信息公告发布、评审专家抽取及评价情况;
(四)保证金收取及退还情况,中标或者成交供应商的通知情况;
(五)受托签订政府采购合同、协助采购人组织验收情况;
(六)答复供应商质疑、配合财政部门处理投诉情况;
(七)档案管理情况;
(八)其他政府采购从业情况。

第二十一条　对代理机构的监督检查结果应当在省级以上财政部门指定的政府采

购信息发布媒体向社会公开。

第二十二条 受到财政部门禁止代理政府采购业务处罚的代理机构,应当及时停止代理业务,已经签订委托代理协议的项目,按下列情况分别处理:

(一)尚未开始执行的项目,应当及时终止委托代理协议;

(二)已经开始执行的项目,可以终止的应当及时终止,确因客观原因无法终止的应当妥善做好善后工作。

第二十三条 代理机构及其工作人员违反政府采购法律法规的行为,依照政府采购法律法规进行处理;涉嫌犯罪的,依法移送司法机关处理。

代理机构的违法行为给他人造成损失的,依法承担民事责任。

第二十四条 财政部门工作人员在代理机构管理中存在滥用职权、玩忽职守、徇私舞弊等违法违纪行为的,依照《中华人民共和国政府采购法》《中华人民共和国公务员法》《中华人民共和国行政监察法》《中华人民共和国政府采购法实施条例》等国家有关规定追究相关责任;涉嫌犯罪的,依法移送司法机关处理。

第五章 附则

第二十五条 政府采购行业协会按照依法制定的章程开展活动,加强代理机构行业自律。

第二十六条 省级财政部门可根据本办法规定制定具体实施办法。

第二十七条 本办法自2018年3月1日施行。

(十一)政府采购评审专家管理办法

(财库〔2016〕198号)

第一章 总则

第一条 为加强政府采购评审活动管理,规范政府采购评审专家(以下简称评审专家)评审行为,根据《中华人民共和国政府采购法》(以下简称《政府采购法》)、《中华人民共和国政府采购法实施条例》(以下简称《政府采购法实施条例》)等法律法规及有关规定,制定本办法。

第二条 本办法所称评审专家,是指经省级以上人民政府财政部门选聘,以独立身份参加政府采购评审,纳入评审专家库管理的人员。评审专家选聘、解聘、抽取、使用、监督管理适用本办法。

第三条 评审专家实行统一标准、管用分离、随机抽取的管理原则。

第四条 财政部负责制定全国统一的评审专家专业分类标准和评审专家库建设标准,建设管理国家评审专家库。

省级人民政府财政部门负责建设本地区评审专家库并实行动态管理,与国家评审专家库互联互通、资源共享。

各级人民政府财政部门依法履行对评审专家的监督管理职责。

第二章 评审专家选聘与解聘

第五条 省级以上人民政府财政部门通过公开征集、单位推荐和自我推荐相结合的方式选聘评审专家。

第六条 评审专家应当具备以下条件：

（一）具有良好的职业道德，廉洁自律，遵纪守法，无行贿、受贿、欺诈等不良信用记录；

（二）具有中级专业技术职称或同等专业水平且从事相关领域工作满 8 年，或者具有高级专业技术职称或同等专业水平；

（三）熟悉政府采购相关政策法规；

（四）承诺以独立身份参加评审工作，依法履行评审专家工作职责并承担相应法律责任的中国公民；

（五）不满 70 周岁，身体健康，能够承担评审工作；

（六）申请成为评审专家前三年内，无本办法第二十九条规定的不良行为记录。

对评审专家数量较少的专业，前款第（二）项、第（五）项所列条件可以适当放宽。

第七条 符合本办法第六条规定条件，自愿申请成为评审专家的人员（以下简称申请人），应当提供以下申请材料：

（一）个人简历、本人签署的申请书和承诺书；

（二）学历学位证书、专业技术职称证书或者具有同等专业水平的证明材料；

（三）证明本人身份的有效证件；

（四）本人认为需要申请回避的信息；

（五）省级以上人民政府财政部门规定的其他材料。

第八条 申请人应当根据本人专业或专长申报评审专业。

第九条 省级以上人民政府财政部门对申请人提交的申请材料、申报的评审专业和信用信息进行审核，符合条件的选聘为评审专家，纳入评审专家库管理。

第十条 评审专家工作单位、联系方式、专业技术职称、需要回避的信息等发生变化的，应当及时向相关省级以上人民政府财政部门申请变更相关信息。

第十一条 评审专家存在以下情形之一的，省级以上人民政府财政部门应当将其解聘：

（一）不符合本办法第六条规定条件；

（二）本人申请不再担任评审专家；

（三）存在本办法第二十九条规定的不良行为记录；

（四）受到刑事处罚。

第三章 评审专家抽取与使用

第十二条 采购人或者采购代理机构应当从省级以上人民政府财政部门设立的评审专家库中随机抽取评审专家。

评审专家库中相关专家数量不能保证随机抽取需要的,采购人或者采购代理机构可以推荐符合条件的人员,经审核选聘入库后再随机抽取使用。

第十三条　技术复杂、专业性强的采购项目,通过随机方式难以确定合适评审专家的,经主管预算单位同意,采购人可以自行选定相应专业领域的评审专家。

自行选定评审专家的,应当优先选择本单位以外的评审专家。

第十四条　除采用竞争性谈判、竞争性磋商方式采购,以及异地评审的项目外,采购人或者采购代理机构抽取评审专家的开始时间原则上不得早于评审活动开始前2个工作日。

第十五条　采购人或者采购代理机构应当在评审活动开始前宣布评审工作纪律,并将记载评审工作纪律的书面文件作为采购文件一并存档。

第十六条　评审专家与参加采购活动的供应商存在下列利害关系之一的,应当回避:

(一)参加采购活动前三年内,与供应商存在劳动关系,或者担任过供应商的董事、监事,或者是供应商的控股股东或实际控制人;

(二)与供应商的法定代表人或者负责人有夫妻、直系血亲、三代以内旁系血亲或者近姻亲关系;

(三)与供应商有其他可能影响政府采购活动公平、公正进行的关系。

评审专家发现本人与参加采购活动的供应商有利害关系的,应当主动提出回避。采购人或者采购代理机构发现评审专家与参加采购活动的供应商有利害关系的,应当要求其回避。

除本办法第十三条规定的情形外,评审专家对本单位的政府采购项目只能作为采购人代表参与评审活动。

各级财政部门政府采购监督管理工作人员,不得作为评审专家参与政府采购项目的评审活动。

第十七条　出现评审专家缺席、回避等情形导致评审现场专家数量不符合规定的,采购人或者采购代理机构应当及时补抽评审专家,或者经采购人主管预算单位同意自行选定补足评审专家。无法及时补足评审专家的,采购人或者采购代理机构应当立即停止评审工作,妥善保存采购文件,依法重新组建评标委员会、谈判小组、询价小组、磋商小组进行评审。

第十八条　评审专家应当严格遵守评审工作纪律,按照客观、公正、审慎的原则,根据采购文件规定的评审程序、评审方法和评审标准进行独立评审。

评审专家发现采购文件内容违反国家有关强制性规定或者采购文件存在歧义、重大缺陷导致评审工作无法进行时,应当停止评审并向采购人或者采购代理机构书面说明情况。

评审专家应当配合答复供应商的询问、质疑和投诉等事项,不得泄露评审文件、评审情况和在评审过程中获悉的商业秘密。

评审专家发现供应商具有行贿、提供虚假材料或者串通等违法行为的,应当及时向财政部门报告。

评审专家在评审过程中受到非法干预的,应当及时向财政、监察等部门举报。

第十九条 评审专家应当在评审报告上签字,对自己的评审意见承担法律责任。对需要共同认定的事项存在争议的,按照少数服从多数的原则做出结论。对评审报告有异议的,应当在评审报告上签署不同意见并说明理由,否则视为同意评审报告。

第二十条 评审专家名单在评审结果公告前应当保密。评审活动完成后,采购人或者采购代理机构应当随中标、成交结果一并公告评审专家名单,并对自行选定的评审专家做出标注。

各级财政部门、采购人和采购代理机构有关工作人员不得泄露评审专家的个人情况。

第二十一条 采购人或者采购代理机构应当于评审活动结束后5个工作日内,在政府采购信用评价系统中记录评审专家的职责履行情况。

评审专家可以在政府采购信用评价系统中查询本人职责履行情况记录,并就有关情况做出说明。

省级以上人民政府财政部门可根据评审专家履职情况等因素设置阶梯抽取概率。

第二十二条 评审专家应当于评审活动结束后5个工作日内,在政府采购信用评价系统中记录采购人或者采购代理机构的职责履行情况。

第二十三条 集中采购目录内的项目,由集中采购机构支付评审专家劳务报酬;集中采购目录外的项目,由采购人支付评审专家劳务报酬。

第二十四条 省级人民政府财政部门应当根据实际情况,制定本地区评审专家劳务报酬标准。中央预算单位参照本单位所在地或评审活动所在地标准支付评审专家劳务报酬。

第二十五条 评审专家参加异地评审的,其往返的城市间交通费、住宿费等实际发生的费用,可参照采购人执行的差旅费管理办法相应标准向采购人或集中采购机构凭据报销。

第二十六条 评审专家未完成评审工作擅自离开评审现场,或者在评审活动中有违法违规行为的,不得获取劳务报酬和报销异地评审差旅费。评审专家以外的其他人员不得获取评审劳务报酬。

第四章 评审专家监督管理

第二十七条 评审专家未按照采购文件规定的评审程序、评审方法和评审标准进行独立评审或者泄露评审文件、评审情况的,由财政部门给予警告,并处2000元以上2万元以下的罚款;影响中标、成交结果的,处2万元以上5万元以下的罚款,禁止其参加政府采购评审活动。

评审专家与供应商存在利害关系未回避的,处2万元以上5万元以下的罚款,禁止其参加政府采购评审活动。

评审专家收受采购人、采购代理机构、供应商贿赂或者获取其他不正当利益,构成犯罪的,依法追究刑事责任;尚不构成犯罪的,处2万元以上5万元以下的罚款,禁止其参加政府采购评审活动。

评审专家有上述违法行为的,其评审意见无效;有违法所得的,没收违法所得;给他人造成损失的,依法承担民事责任。

第二十八条　采购人、采购代理机构发现评审专家有违法违规行为的,应当及时向采购人本级财政部门报告。

第二十九条　申请人或评审专家有下列情形的,列入不良行为记录:

(一)未按照采购文件规定的评审程序、评审方法和评审标准进行独立评审;

(二)泄露评审文件、评审情况;

(三)与供应商存在利害关系未回避;

(四)收受采购人、采购代理机构、供应商贿赂或者获取其他不正当利益;

(五)提供虚假申请材料;

(六)拒不履行配合答复供应商询问、质疑、投诉等法定义务;

(七)以评审专家身份从事有损政府采购公信力的活动。

第三十条　采购人或者采购代理机构未按照本办法规定抽取和使用评审专家的,依照《政府采购法》及有关法律法规追究法律责任。

第三十一条　财政部门工作人员在评审专家管理工作中存在滥用职权、玩忽职守、徇私舞弊等违法违纪行为的,依照《政府采购法》《公务员法》《行政监察法》《政府采购法实施条例》等国家有关规定追究相应责任;涉嫌犯罪的,移送司法机关处理。

第五章　附则

第三十二条　参加评审活动的采购人代表、采购人依法自行选定的评审专家管理参照本办法执行。

第三十三条　国家对评审专家抽取、选定另有规定的,从其规定。

第三十四条　各省级人民政府财政部门,可以根据本办法规定,制定具体实施办法。

第三十五条　本办法由财政部负责解释。

第三十六条　本办法自2017年1月1日起施行。财政部、监察部2003年11月17日发布的《政府采购评审专家管理办法》(财库〔2003〕119号)同时废止。

(十二) 政府采购需求管理办法

(财库〔2021〕22号)

第一章　总则

第一条　为加强政府采购需求管理,实现政府采购项目绩效目标,根据《中华人民共和国政府采购法》和《中华人民共和国政府采购法实施条例》等有关法律法规,制定本办法。

第二条 政府采购货物、工程和服务项目的需求管理适用本办法。

第三条 本办法所称政府采购需求管理,是指采购人组织确定采购需求和编制采购实施计划,并实施相关风险控制管理的活动。

第四条 采购需求管理应当遵循科学合理、厉行节约、规范高效、权责清晰的原则。

第五条 采购人对采购需求管理负有主体责任,按照本办法的规定开展采购需求管理各项工作,对采购需求和采购实施计划的合法性、合规性、合理性负责。主管预算单位负责指导本部门采购需求管理工作。

第二章 采购需求

第六条 本办法所称采购需求,是指采购人为实现项目目标,拟采购的标的及其需要满足的技术、商务要求。

技术要求是指对采购标的的功能和质量要求,包括性能、材料、结构、外观、安全,或者服务内容和标准等。

商务要求是指取得采购标的的时间、地点、财务和服务要求,包括交付(实施)的时间(期限)和地点(范围),付款条件(进度和方式),包装和运输,售后服务,保险等。

第七条 采购需求应当符合法律法规、政府采购政策和国家有关规定,符合国家强制性标准,遵循预算、资产和财务等相关管理制度规定,符合采购项目特点和实际需要。

采购需求应当依据部门预算(工程项目概预算)确定。

第八条 确定采购需求应当明确实现项目目标的所有技术、商务要求,功能和质量指标的设置要充分考虑可能影响供应商报价和项目实施风险的因素。

第九条 采购需求应当清楚明了、表述规范、含义准确。技术要求和商务要求应当客观,量化指标应当明确相应等次,有连续区间的按照区间划分等次。需由供应商提供设计方案、解决方案或者组织方案的采购项目,应当说明采购标的的功能、应用场景、目标等基本要求,并尽可能明确其中的客观、量化指标。

采购需求可以直接引用相关国家标准、行业标准、地方标准等标准、规范,也可以根据项目目标提出更高的技术要求。

第十条 采购人可以在确定采购需求前,通过咨询、论证、问卷调查等方式开展需求调查,了解相关产业发展、市场供给、同类采购项目历史成交信息,可能涉及的运行维护、升级更新、备品备件、耗材等后续采购,以及其他相关情况。

面向市场主体开展需求调查时,选择的调查对象一般不少于 3 个,并应当具有代表性。

第十一条 对于下列采购项目,应当开展需求调查:

(一)1 000 万元以上的货物、服务采购项目,3 000 万元以上的工程采购项目;

(二)涉及公共利益、社会关注度较高的采购项目,包括政府向社会公众提供的公共服务项目等;

(三)技术复杂、专业性较强的项目,包括需定制开发的信息化建设项目、采购进口产品的项目等；

（四）主管预算单位或者采购人认为需要开展需求调查的其他采购项目。

编制采购需求前一年内，采购人已就相关采购标的开展过需求调查的可以不再重复开展。

按照法律法规的规定，对采购项目开展可行性研究等前期工作，已包含本办法规定的需求调查内容的，可以不再重复调查；对在可行性研究等前期工作中未涉及的部分，应当按照本办法的规定开展需求调查。

第三章 采购实施计划

第十二条 本办法所称采购实施计划，是指采购人围绕实现采购需求，对合同的订立和管理所做的安排。

采购实施计划根据法律法规、政府采购政策和国家有关规定，结合采购需求的特点确定。

第十三条 采购实施计划主要包括以下内容：

（一）合同订立安排，包括采购项目预（概）算、最高限价，开展采购活动的时间安排，采购组织形式和委托代理安排，采购包划分与合同分包，供应商资格条件，采购方式、竞争范围和评审规则等。

（二）合同管理安排，包括合同类型、定价方式、合同文本的主要条款、履约验收方案、风险管控措施等。

第十四条 采购人应当通过确定供应商资格条件、设定评审规则等措施，落实支持创新、绿色发展、中小企业发展等政府采购政策功能。

第十五条 采购人要根据采购项目实施的要求，充分考虑采购活动所需时间和可能影响采购活动进行的因素，合理安排采购活动实施时间。

第十六条 采购人采购纳入政府集中采购目录的项目，必须委托集中采购机构采购。政府集中采购目录以外的项目可以自行采购，也可以自主选择委托集中采购机构，或者集中采购机构以外的采购代理机构采购。

第十七条 采购人要按照有利于采购项目实施的原则，明确采购包或者合同分包要求。

采购项目划分采购包的，要分别确定每个采购包的采购方式、竞争范围、评审规则和合同类型、合同文本、定价方式等相关合同订立、管理安排。

第十八条 根据采购需求特点提出的供应商资格条件，要与采购标的的功能、质量和供应商履约能力直接相关，且属于履行合同必需的条件，包括特定的专业资格或者技术资格、设备设施、业绩情况、专业人才及其管理能力等。

业绩情况作为资格条件时，要求供应商提供的同类业务合同一般不超过2个，并明确同类业务的具体范围。涉及政府采购政策支持的创新产品采购的，不得提出同类业务合同、生产台数、使用时长等业绩要求。

第十九条　采购方式、评审方法和定价方式的选择应当符合法定适用情形和采购需求特点,其中,达到公开招标数额标准,因特殊情况需要采用公开招标以外的采购方式的,应当依法获得批准。

采购需求客观、明确且规格、标准统一的采购项目,如通用设备、物业管理等,一般采用招标或者询价方式采购,以价格作为授予合同的主要考虑因素,采用固定总价或者固定单价的定价方式。

采购需求客观、明确,且技术较复杂或者专业性较强的采购项目,如大型装备、咨询服务等,一般采用招标、谈判(磋商)方式采购,通过综合性评审选择性价比最优的产品,采用固定总价或者固定单价的定价方式。

不能完全确定客观指标,需由供应商提供设计方案、解决方案或者组织方案的采购项目,如首购订购、设计服务、政府和社会资本合作等,一般采用谈判(磋商)方式采购,综合考虑以单方案报价、多方案报价以及性价比要求等因素选择评审方法,并根据实现项目目标的要求,采取固定总价或者固定单价、成本补偿、绩效激励等单一或者组合定价方式。

第二十条　除法律法规规定可以在有限范围内竞争或者只能从唯一供应商处采购的情形外,一般采用公开方式邀请供应商参与政府采购活动。

第二十一条　采用综合性评审方法的,评审因素应当按照采购需求和与实现项目目标相关的其他因素确定。

采购需求客观、明确的采购项目,采购需求中客观但不可量化的指标应当作为实质性要求,不得作为评分项;参与评分的指标应当是采购需求中的量化指标,评分项应当按照量化指标的等次,设置对应的不同分值。不能完全确定客观指标,需由供应商提供设计方案、解决方案或者组织方案的采购项目,可以结合需求调查的情况,尽可能明确不同技术路线、组织形式及相关指标的重要性和优先级,设定客观、量化的评审因素、分值和权重。价格因素应当按照相关规定确定分值和权重。

采购项目涉及后续采购的,如大型装备等,要考虑兼容性要求。可以要求供应商报出后续供应的价格,以及后续采购的可替代性、相关产品和估价,作为评审时考虑的因素。需由供应商提供设计方案、解决方案或者组织方案,且供应商经验和能力对履约有直接影响的,如订购、设计等采购项目,可以在评审因素中适当考虑供应商的履约能力要求,并合理设置分值和权重。需由供应商提供设计方案、解决方案或者组织方案,采购人认为有必要考虑全生命周期成本的,可以明确使用年限,要求供应商报出安装调试费用、使用期间能源管理、废弃处置等全生命周期成本,作为评审时考虑的因素。

第二十二条　合同类型按照民法典规定的典型合同类别,结合采购标的的实际情况确定。

第二十三条　合同文本应当包含法定必备条款和采购需求的所有内容,包括但不限于标的名称,采购标的质量、数量(规模)、履行时间(期限)、地点和方式,包装方式,价款或者报酬、付款进度安排、资金支付方式,验收、交付标准和方法,质量保修范围和保修期、违约责任与解决争议的方法等。

采购项目涉及采购标的的知识产权归属、处理的,如订购、设计、定制开发的信息化建设项目等,应当约定知识产权的归属和处理方式。采购人可以根据项目特点划分合同履行阶段,明确分期考核要求和对应的付款进度安排。对于长期运行的项目,要充分考虑成本、收益以及可能出现的重大市场风险,在合同中约定成本补偿、风险分担等事项。

合同权利义务要围绕采购需求和合同履行设置。国务院有关部门依法制定了政府采购合同标准文本的,应当使用标准文本。属于本办法第十一条规定范围的采购项目,合同文本应当经过采购人聘请的法律顾问审定。

第二十四条 履约验收方案要明确履约验收的主体、时间、方式、程序、内容和验收标准等事项。采购人、采购代理机构可以邀请参加本项目的其他供应商或者第三方专业机构及专家参与验收,相关验收意见作为验收的参考资料。政府向社会公众提供的公共服务项目,验收时应当邀请服务对象参与并出具意见,验收结果应当向社会公告。

验收内容要包括每一项技术和商务要求的履约情况,验收标准要包括所有客观、量化指标。不能明确客观标准、涉及主观判断的,可以通过在采购人、使用人中开展问卷调查等方式,转化为客观、量化的验收标准。

分期实施的采购项目,应当结合分期考核的情况,明确分期验收要求。货物类项目可以根据需要设置出厂检验、到货检验、安装调试检验、配套服务检验等多重验收环节。工程类项目的验收方案应当符合行业管理部门规定的标准、方法和内容。

履约验收方案应当在合同中约定。

第二十五条 对于本办法第十一条规定的采购项目,要研究采购过程和合同履行过程中的风险,判断风险发生的环节、可能性、影响程度和管控责任,提出有针对性的处置措施和替代方案。

采购过程和合同履行过程中的风险包括国家政策变化、实施环境变化、重大技术变化、预算项目调整、因质疑投诉影响采购进度、采购失败、不按规定签订或者履行合同、出现损害国家利益和社会公共利益情形等。

第二十六条 各级财政部门应当按照简便、必要的原则,明确报财政部门备案的采购实施计划具体内容,包括采购项目的类别、名称、采购标的、采购预算、采购数量(规模)、组织形式、采购方式、落实政府采购政策有关内容等。

第四章 风险控制

第二十七条 采购人应当将采购需求管理作为政府采购内控管理的重要内容,建立健全采购需求管理制度,加强对采购需求的形成和实现过程的内部控制和风险管理。

第二十八条 采购人可以自行组织确定采购需求和编制采购实施计划,也可以委托采购代理机构或者其他第三方机构开展。

第二十九条 采购人应当建立审查工作机制,在采购活动开始前,针对采购需求管理中的重点风险事项,对采购需求和采购实施计划进行审查,审查分为一般性审查和重点审查。

对于审查不通过的,应当修改采购需求和采购实施计划的内容并重新进行审查。

第三十条 一般性审查主要审查是否按照本办法规定的程序和内容确定采购需求、编制采购实施计划。审查内容包括:采购需求是否符合预算、资产、财务等管理制度规定;对采购方式、评审规则、合同类型、定价方式的选择是否说明适用理由;属于按规定需要报相关监管部门批准、核准的事项,是否作出相关安排;采购实施计划是否完整。

第三十一条 重点审查是在一般性审查的基础上,进行以下审查:

(一)非歧视性审查。主要审查是否指向特定供应商或者特定产品,包括资格条件设置是否合理,要求供应商提供

超过2个同类业务合同的,是否具有合理性;技术要求是否指向特定的专利、商标、品牌、技术路线等;评审因素设置是否具有倾向性,将有关履约能力作为评审因素是否适当。

(二)竞争性审查。主要审查是否确保充分竞争,包括应当以公开方式邀请供应商的,是否依法采用公开竞争方式;采用单一来源采购方式的,是否符合法定情形;采购需求的内容是否完整、明确,是否考虑后续采购竞争性;评审方法、评审因素、价格权重等评审规则是否适当。

(三)采购政策审查。主要审查进口产品的采购是否必要,是否落实支持创新、绿色发展、中小企业发展等政府采购政策要求。

(四)履约风险审查。主要审查合同文本是否按规定由法律顾问审定,合同文本运用是否适当,是否围绕采购需求和合同履行设置权利义务,是否明确知识产权等方面的要求,履约验收方案是否完整、标准是否明确,风险处置措施和替代方案是否可行。

(五)采购人或者主管预算单位认为应当审查的其他内容。

第三十二条 审查工作机制成员应当包括本部门、本单位的采购、财务、业务、监督等内部机构。采购人可以根据本单位实际情况,建立相关专家和第三方机构参与审查的工作机制。

参与确定采购需求和编制采购实施计划的专家和第三方机构不得参与审查。

第三十三条 一般性审查和重点审查的具体采购项目范围,由采购人根据实际情况确定。主管预算单位可以根据本部门实际情况,确定由主管预算单位统一组织重点审查的项目类别或者金额范围。

属于本办法第十一条规定范围的采购项目,应当开展重点审查。

第三十四条 采购需求和采购实施计划的调查、确定、编制、审查等工作应当形成书面记录并存档。

采购文件应当按照审核通过的采购需求和采购实施计划编制。

第五章 监督检查与法律责任

第三十五条 财政部门应当依法加强对政府采购需求管理的监督检查,将采购人需求管理作为政府采购活动监督检查的重要内容,不定期开展监督检查工作,采购人应当如实反映情况,提供有关材料。

第三十六条　在政府采购项目投诉、举报处理和监督检查过程中,发现采购人未按本办法规定建立采购需求管理内控制度、开展采购需求调查和审查工作的,由财政部门采取约谈、书面关注等方式责令采购人整改,并告知其主管预算单位。对情节严重或者拒不改正的,将有关线索移交纪检监察、审计部门处理。

第三十七条　在政府采购项目投诉、举报处理和监督检查过程中,发现采购方式、评审规则、供应商资格条件等存在歧视性、限制性、不符合政府采购政策等问题的,依照《中华人民共和国政府采购法》等国家有关规定处理。

第三十八条　在政府采购项目投诉、举报处理和监督检查过程中,发现采购人存在无预算或者超预算采购、超标准采购、铺张浪费、未按规定编制政府采购实施计划等问题的,依照《中华人民共和国政府采购法》《中华人民共和国预算法》《财政违法行为处罚处分条例》《党政机关厉行节约反对浪费条例》等国家有关规定处理。

第六章　附则

第三十九条　采购项目涉及国家秘密的,按照涉密政府采购有关规定执行。

第四十条　因采购人不可预见的紧急情况实施采购的,可以适当简化相关管理要求。

第四十一条　由集中采购机构组织的批量集中采购和框架协议采购的需求管理,按照有关制度规定执行。

第四十二条　各省、自治区、直辖市财政部门可以根据本办法制定具体实施办法。

第四十三条　本办法所称主管预算单位是指负有编制部门预算职责,向本级财政部门申报预算的国家机关、事业单位和团体组织。

第四十四条　本办法自2021年7月1日起施行。

附录二 复习训练题

（一）思考练习题

1. 什么是政府采购？
2. 我国《政府采购法》的立法宗旨是什么？
3. 政府采购应当遵循哪些原则？
4. 我国政府采购实行的采购模式是什么？
5. 什么是政府采购当事人？
6. 供应商参加政府采购活动应当具备的条件是什么？
7. 供应商在政府采购活动中有违法行为应当如何承担法律责任？
8. 政府采购政策性功能主要包括哪些方面？
9. 采购人为什么需要编制政府采购预算？
10. 什么是集中采购及集中采购的管理体制？
11. 什么是分散采购？
12. 什么是政府采购计划？
13. 为什么要编制政府采购计划？
14. 省级单位使用财政性资金项目的政府采购计划如何编报？
15. 省级单位使用非财政性资金项目的政府采购计划如何编报？
16. 政府采购计划的编报有哪些要求？
17. 政府采购通常所采用的采购方式有哪些？
18. 政府采购最主要的采购方式是哪一种？
19. 符合什么条件可以采用邀请招标采购？
20. 符合什么条件可以采用竞争性谈判采购？
21. 符合什么条件可以采用询价采购？
22. 政府采购方式变更手续如何办理？
23. 财政部门对政府采购方式变更申请进行审批时应注意什么问题？
24. 招标文件应该包括哪些内容？
25. 邀请招标方式的采购公告期限有何规定？
26. 投标文件一般由哪几个部分组成？
27. 投标截止时间结束后参加投标的供应商不足三家的，如何处理？
28. 无效投标有哪些情形？
29. 废标有哪些情形？如何处理？

30. 招标采购单位有哪些情形将被给予警告并处罚？
31. 招标采购单位及其工作人员有哪些情形将被给予罚款和没收违法所得等处罚？
32. 采购人对应当实行集中采购的政府采购项目不委托集中采购机构进行招标的将如何处理？
33. 投标人在招标中有哪些情形将被给予罚款或处罚？
34. 中标供应商有哪些情形将被给予列入不良记录名单等处罚？
35. 政府采购代理机构资格认定应提交哪些材料？
36. 政府采购代理机构有哪些情形将被给予警告或取消代理机构资格处罚？
37. 什么叫政府采购协议供货？
38. 协议供货价格如何确定？
39. 采购人在汽车协议供货中如何操作？
40. 什么是政府采购信息？
41. 政府采购信息公告原则有哪些？
42. 政府采购哪些信息必须公告？
43. 公开招标信息应当公告的内容有哪些？
44. 邀请招标资格预审公告应当包括哪些内容？
45. 中标公告信息应当包括哪些内容？
46. 采购信息更正公告应当包括哪些内容？
47. 投诉处理决定公告应当包括哪些内容？
48. 公告政府采购信息有哪些要求？
49. 采购人、采购代理机构如何公告政府采购信息？
50. 政府采购信息指定媒体发布信息的时间周期如何规定？
51. 采购人或者采购代理机构有哪些情形将被给予警告或通报？
52. 采购人或者采购代理机构出现哪些情形采购无效？
53. 为什么要建立政府采购评审专家库？
54. 政府采购评审专家必须具备什么条件？
55. 申请成为政府采购评审专家需要提供哪些资料？
56. 如何对政府采购评审专家进行资格管理？
57. 对政府采购评审专家进行资格检验复审包括哪些内容？
58. 政府采购评审专家享有哪些权利？
59. 政府采购评审专家承担哪些义务？
60. 政府采购评审专家私人资料应如何保管？
61. 什么是政府采购活动中的利害关系，政府采购评审专家应如何回避？
62. 评标委员会由什么人组成？
63. 评标委员会应当承担哪些职责？
64. 评标委员会成员有哪些义务？

65. 政府采购评审专家评标时应遵循什么原则？
66. 评标委员会评标时主要以什么作为评标依据？
67. 如何要求供应商对投标文件进行澄清？
68. 货物服务招标采购的评标通常采用哪些评标方法？
69. 什么是最低评标价法？采用最低评标价法如何推荐中标候选供应商名单？
70. 什么是综合评分法？采用综合评分法如何推荐中标候选供应商名单？
71. 什么是评标报告？包括哪些内容？
72. 招标投标资料如何保存？
73. 财政部门如何对政府采购评审专家进行管理？
74. 政府采购评审专家哪些行为将会被列为不良行为？
75. 政府采购评审专家出现哪些行为将会被取消政府采购评审专家资格？
76. 政府采购评审专家出现哪些行为将不得从事评审工作？
77. 评标委员会成员哪些行为将会受到警告并被处以罚款？
78. 评标委员会成员获取不正当利益或泄漏评标情况的将如何处理？
79. 监察机关如何行使对政府采购评审专家的监督职责？
80. 因政府采购评审专家个人违规造成经济损失的如何处理？
81. 对于干预、影响评标过程和结果的行为将如何处理？
82. 供应商对政府采购活动事项有疑问的，是否可以向采购人提出询问？
83. 政府采购质疑的范围是什么？
84. 政府采购质疑的条件是什么？
85. 政府采购质疑的时限是什么？
86. 政府采购质疑的形式是什么？
87. 政府采购投诉由哪个部门处理？
88. 政府采购投诉书应当包括哪些内容？
89. 审查投诉人提起投诉应当符合的七个条件是什么？
90. 政府采购监督管理部门对供应商的投诉应当如何进行处理？
91. 投诉人拒绝配合财政部门依法进行调查的，怎么处理？
92. 财政部门在处理投诉事项期间，是否可以暂停采购活动？
93. 经审查，认定采购文件具有明显的倾向性或歧视性等问题时如何处理？
94. 经审查，认定采购文件、采购过程影响或者可能影响中标、成交结果的，或者中标、成交结果的产生过程存在违法行为的，如何处理？
95. 投诉人对政府采购监督管理部门的投诉处理决定不服或者政府采购监督管理部门逾期未作处理的，如何寻求救济？
96. 财政部门应当在受理投诉后几个工作日内向被投诉人和与投诉事项有关的供应商寄送投诉书副本？
97. 供应商如何参与政府采购投标活动？

98. 供应商如何进行政府采购投诉？

99. 为什么政府采购价格有些时候会比个人采购价格高？

100. 为什么有些时候政府采购周期相对较长？如何解决？

（二）选择训练题

1. 纳入集中采购目录的政府采购项目，应当实行（　　）。
    A．分散采购　　　　　　　　B．公开招标采购
    C．集中采购　　　　　　　　D．邀请招标采购

2. 政府采购工程项目进行招标投标的，受到下述哪两部法律的双重约束（　　）
    A．《招标投标法》和《民法典》　　B．《政府采购法》和《民法典》
    C．《招标投标法》和《政府采购法》　D．《行政许可法》和《民法典》

3. 政府采购的主体不包括（　　）。
    A．国家机关　　B．国有企业　　C．事业单位　　D．团体组织

4. 集中采购目录包括的范围是（　　）。
    A．货物、工程、服务　　　　B．设备、工程、办公用品
    C．货物、设备、服务　　　　D．电器设备、汽车、软件开发

5. 以下哪一类不属于政府采购的货物（　　）
    A．电器设备　　B．家具　　C．通用软件　　D．软件定制开发

6. 以下哪一类不属于政府采购的工程（　　）。
    A．房屋新建　　　　　　　　B．装饰装修工程
    C．房屋修缮工程　　　　　　D．希望工程

7. 以下哪一类不属于政府采购主体的团体组织（　　）
    A．总工会　　B．行业协会　　C．共青团　　D．妇联

8. 政府采购当事人是指在政府采购活动中享有权利和承担义务的各类主体，包括（　　）。
    A．政府采购监督管理部门、采购单位、供应商
    B．政府采购采购人和供应商
    C．政府采购监督管理部门和采购单位
    D．政府采购采购人、供应商、采购代理机构等

9. 《中华人民共和国政府采购法》的调整范围是（　　）。
    A．在中华人民共和国境内进行的政府采购
    B．在中华人民共和国境内进行的所有采购
    C．所有货物、服务和工程的采购
    D．在中华人民共和国境内外进行的所有采购

10. 集中采购目录中属于本单位有特殊要求的项目,单位可以(　　)。
    A. 自行采购　　　　　　　　　　B. 进行部门集中采购
    C. 委托中介机构采购　　　　　　D. 经省级人民政府批准,由单位组织采购

11. 以下哪一类属于政府采购(　　)
    A. 某铁路局采购一台动车车头
    B. 某市残联用社会捐款采购一批轮椅
    C. 某高校用财政拨款采购一台动车车头
    D. 某高校用校友捐款采购一台动车车头

12. 采购人采购纳入集中采购目录的政府采购项目,(　　)。
    A. 必须委托社会代理机构采购
    B. 经上级行政管理部门批准,可以分散采购
    C. 必须委托政府集中采购机构采购
    D. 必须委托社会中介机构代理采购

13. 部门集中采购属于(　　)。
    A. 未纳入集中采购目录的项目　　B. 本部门、本系统特殊采购项目
    C. 通用的政府采购项目　　　　　D. 分散采购项目

14. 军事采购法规由(　　)另行制定。
    A. 国务院　　　　　　　　　　　B. 国防部参照《政府采购法》
    C. 原总后勤部参照《政府采购法》　D. 中央军事委员会

15. 招标文件提供期限自招标公告发布之日起计算不得少于(　　)。
    A. 3个工作日　　B. 5日　　C. 5个工作日　　D. 10日

16. 招标文件提供期限届满后,获取招标文件的潜在投标人不足3家的,(　　),并予公告。
    A. 可以顺延提供期限　　　　　　B. 改为竞争性谈判
    C. 应当重新招标　　　　　　　　D. 招标失败

17. 招标文件澄清或者修改的内容可能影响投标文件编制的,采购人或者采购代理机构应当在投标截止时间至少(　　)前,以书面形式通知所有获取招标文件的潜在投标人。
    A. 5个工作日　　B. 10个工作日　　C. 15日　　D. 15个工作日

18. 投标有效期从(　　)之日起算。
    A. 提交投标文件　　　　　　　　B. 提交投标文件的截止
    C. 提供投标文件　　　　　　　　D. 提供招标文件的截止

19. 采购人或者采购代理机构收到投标文件后,应当如实记载投标文件的(　　),签收保存,并向投标人出具签收回执。
    A. 送达时间和密封情况　　　　　B. 投标人的资格条件
    C. 投标报价　　　　　　　　　　D. 投标产品的规格型号

20. 采购人、采购代理机构在发布招标公告、资格预审公告或者发出投标邀请书后，除因（　　）情况外，不得擅自终止招标活动。
   A. 调整采购预算　　　　　　　B. 修改招标文件
   C. 变更采购方式　　　　　　　D. 重大变故采购任务取消

21. 投标人在（　　），可以对所递交的投标文件进行补充、修改或者撤回，并书面通知采购人或者采购代理机构。
   A. 投标截止时间前　　　　　　B. 招标文件提供期限内
   C. 开标后　　　　　　　　　　D. 评审时

22. 开标由采购人或者采购代理机构主持，邀请投标人参加，下列说法正确的是（　　）
   A. 公证人员不得参加开标活动　　B. 财政部门工作人员不得参加开标活动
   C. 纪检监察人员不得参加开标活动　D. 评标委员会成员不得参加开标活动

23. 投标人未参加开标的，（　　）。
   A. 拒绝开标　　　　　　　　　B. 投标无效
   C. 视同认可开标结果　　　　　D. 记录不良行为记录名单

24. 货物类项目的价格分值占总分值的比重不得（　　）。
   A. 低于10%　　B. 低于30%　　C. 高于30%　　D. 高于60%

25. 服务类项目的价格分值占总分值的比重不得（　　）。
   A. 低于10%　　B. 低于30%　　C. 高于30%　　D. 高于60%

26. 公开招标采购项目开标结束后，（　　）应当依法对投标人的资格进行审查。
   A. 评标委员会　　　　　　　　B. 采购人组织评审专家
   C. 采购代理机构组织评审专家　　D. 采购人或者采购代理机构

27. 投标文件中开标一览表（报价表）内容与投标文件中相应内容不一致的，以（　　）为准。
   A. 开标一览表（报价表）　　　　B. 明细表
   C. 汇总表　　　　　　　　　　D. 投标文件中相应内容

28. 采购代理机构应当在评标结束后（　　）内将评标报告寄送采购人。
   A. 2日　　B. 2个工作日　　C. 5日　　D. 5个工作日

29. 采购人应当自收到评标报告之日起（　　）内，在评标报告确定的中标候选人名单中按顺序确定中标人。
   A. 5日　　B. 5个工作日　　C. 10日　　D. 10个工作日

30. 采购人或者采购代理机构应当自中标人确定之日起（　　）内，在省级以上财政部门指定的媒体上公告中标结果。
   A. 2日　　B. 2个工作日　　C. 5日　　D. 5个工作日

31. 中标、成交结果的公告期限为（　　）。
   A. 1日　　B. 1个工作日　　C. 5日　　D. 5个工作日

32. 采取单一来源方式采购的,采购人与供应商应当遵循采购法规定的原则,在保证采购项目质量和(　　)的基础上进行采购。
    A. 两相情愿　　B. 互利互惠　　C. 互相协作　　D. 双方商定价格

33. 不适用《政府采购法》的情形是指:因严重自然灾害和其他不可抗力事件所实施的紧急采购和(　　)。
    A. 采购人有特殊要求的采购　　　　B. 部门采购
    C. 涉及国家安全和秘密的采购　　　D. 小额采购

34. 政府采购项目中符合下列情形之一的货物或者服务,可以依照本法采用询价方式采购。(　　)
    A. 只能从唯一供应商处采购的
    B. 发生了不可预见的紧急情况不能从其他供应商处采购的
    C. 采购的货物规格、标准统一,现货货源充足且价格变化幅度小的采购项目
    D. 必须保证原有采购项目一致或者服务配套的要求,需要继续从原供应商处添购,且添购资金总额不超过原合同采购金额百分之十的

35. 评标委员会由采购人代表和有关技术、经济等方面的专家组成,成员人数应当为(　　)人以上单数。
    A. 3人　　B. 5人　　C. 7人　　D. 9人

36. 采购人未依法公布政府采购项目的(　　)和采购结果,责令改正,对其负责的主管人员依法给予处分。
    A. 采购方式　　B. 采购标准　　C. 采购目的　　D. 采购预算

37. 下面对投标文件表述错误的是(　　)。
    A. 投标文件的大写金额与小写金额不一致的,以大写金额为准
    B. 投标文件中单价金额小数点有明显错位的,应以总价为准,并修改单价
    C. 投标文件中总价金额与按单价汇总金额不一致的,以总价金额为准
    D. 投标文件中,开标一览表(报价表)内容与投标文件中明细表内容不一致的,以开标一览表(报价表)为准

38. 投标人提供虚假材料谋取中标的,处以中标金额(　　)。
    A. 千分之三以上千分之五以下的罚款
    B. 千分之五以上千分之八以下的罚款
    C. 千分之五以上千分之十以下的罚款
    D. 千分之三以上千分之十以下的罚款

39. (　　)应作为政府采购的主要采购方式。
    A. 竞争性谈判　　B. 询价　　C. 公开招标　　D. 单一来源采购

40. 依法履行对政府采购活动的监督管理职责的部门是(　　)。
    A. 各级人民政府　　　　　　B. 各级人民政府财政部门
    C. 各级纪委部门　　　　　　D. 各级监察审计部门

41. 确定政府集中采购范围的是( )。
    A. 财政部   B. 省财政厅
    C. 省级以上人民政府   D. 市级人民政府

42. 关于中标通知书,说法正确的是。( )
    A. 中标通知书是要约   B. 中标通知书是承诺
    C. 中标通知书是要约邀请 D. 中标通知书与合同订立无关

43. 根据政府采购法律制度规定,采购人不包括下面哪一项。( )
    A. 南京市白下区人民政府   B. 南京市住房公积金中心
    C. 江苏省消费者协会   D. 江苏省国有资产经营公司

44. 政府采购合同履行中,采购人需追加与合同标的相同的货物、工程或者服务的,在不改变合同其他条款的前提下,可以与供应商协商签订补充合同,但所有补充合同的采购金额不得超过原合同采购金额的( )。
    A. 百分之五   B. 百分之十
    C. 百分之十五   D. 百分之二十

45. 最低评标价法确定中标候选供应商的主要因素是( )。
    A. 质量   B. 价格   C. 服务   D. 商品

46. 具有特殊性,只能从有限范围的供应商处采购的项目,可以依法采用( )。
    A. 竞争性谈判   B. 询价
    C. 单一来源   D. 邀请招标

47. 中央预算的政府采购项目,其集中采购目录及采购限额标准由( )。
    A. 国务院确定   B. 财政部确定
    C. 北京市人民政府确定 D. 中央有关部、委、办确定

48. 纳入集中采购目录的政府采购项目应( )。
    A. 严格按规定自行采购 B. 委托政府集中采购机构代理采购
    C. 实行部门集中采购   D. 组织公开招标

49. 货物和服务项目实施邀请招标方式采购的,自招标文件开始发出之日起至投标人提交投标文件截止之日止,不得少于( )。
    A. 五个工作日   B. 七个工作日
    C. 二十日   D. 三十日

50. 招标采购单位对已发出的招标文件进行必要澄清或者修改的,应当在财政部门指定的政府采购信息发布媒体上发布更正公告,并以书面形式通知所有招标文件收受人,其招标文件要求提交投标文件截止时间应该在( )。
    A. 3日后   B. 5日后   C. 7日后   D. 15日后

51. 采购代理机构的选择权在( )。
    A. 采购代理机构   B. 政府采购监督管理部门
    C. 同级人民政府   D. 采购人

52. 国库集中支付,是指按照政府采购合同确定的采购金额,通过国库集中支付方式支付给中标供应商的资金数额,应按照实际支付金额填列。国库集中支付包括的方式是(   )。
    A. 直接支付   B. 授权支付
    C. 直接支付和授权支付   D. 其他支付

53. 采购日期,指采购项目合同的签订日期,无论合同是否分期执行,也无论合同是否已经付款,均按(   )。
    A. 公告发布日期填列   B. 开标日期填列
    C. 合同签订日期填列   D. 验收日期填列

54. 招标人下列行为不属于以不合理条件限制、排斥投标人或者潜在投标人的是(   )。
    A. 就同一招标项目向投标人或者潜在投标人提供有差别的项目信息
    B. 设定的资格、技术、商务条件与招标项目的具体特点和实际需要相适应
    C. 依法必须进行招标的项目以特定行业的奖项作为加分条件或者中标条件
    D. 对投标人或者潜在投标人采取不同的资格审查或者评标标准

55. 评标时资格性检查应由(   )。
    A. 采购代理机构负责   B. 监督人员负责
    C. 公证机关负责   D. 采购人负责

56. 采购人对应当实行集中采购的政府采购项目,不委托集中采购机构实行集中采购的,应由(   )。
    A. 上级行政主管部门责令改正   B. 同级纪检部门责令改正
    C. 政府采购监督管理部门责令改正 D. 政府集中采购机构责令改正

57. 政府采购合同授予情况表中,按性质划分为(   )。
    A. 国内和进口   B. 大型企业和中型企业
    C. 中型企业和小型企业   D. 小型企业和大型企业

58. 采购人自行组织招标的,确定中标供应商应当在评标结束后(   )。
    A. 3个工作日内   B. 5个工作日内
    C. 7个工作日内   D. 9个工作日内

59. 我国政府采购的主管机构是(   )。
    A. 民政部   B. 经贸委
    C. 贸易部   D. 财政部

60. 以下说法中正确的有(   )。
    A. 开标应当在递交投标文件截止时间的同一时间公开进行
    B. 联合投标的,可由其中一方提交保证金,但只对提交保证金方有约束力
    C. 采用综合评分法,评审后如得分相同,则按技术指标优劣排序确定投标人
    D. 评审委员会在评标过程中,未按招标文件规定的方法和标准评标的,中标结果无效

61. 为约定委托代理事项双方的权利义务,采购人依法委托代理采购事宜,应当由采购人与采购代理机构签订( )。
    A. 采购合同　　　B. 采购意向书　　　C. 委托代理协议　　D. 采购合同书

62. 采购人、采购代理机构违反《政府采购法》规定隐匿、销毁应当保存的采购文件或者伪造、变造采购文件的,由政府采购监督管理部门处以( )。
    A. 一万元以上十万元以下罚款　　　　B. 二万元以上二十万元以下罚款
    C. 五万元以上十五万元以下罚款　　　D. 二万元以上十万元以下罚款

63. 评标报告应当由( )。
    A. 评标委员会全体成员签字　　　　B. 认可评标结果的评标委员会成员签字
    C. 个别评标委员会成员签字　　　　D. 主评委签字

64. 采用邀请招标方式采购的,采购人发布的资格预审公告的期限是( )。
    A. 五个工作日　　B. 七个工作日　　C. 十五个工作日　　D. 二十个工作日

65. 评标委员会成员应当履行哪些义务?( )
    A. 遵纪守法,客观、公正、廉洁地履行职责
    B. 无须对评标过程和结果,以及供应商的商业秘密保密
    C. 无须参与评标报告的起草
    D. 按照招标文件规定的方法和标准进行评标,对评审意见不承担个人责任

66. 不属于政府采购活动开标或谈判现场监管内容的是( )。
    A. 对开标现场的监督　　　　　　　B. 对评标现场的监督
    C. 对供应商的监督　　　　　　　　D. 对集中采购机构的监督

67. 根据政府采购法律制度的规定,采取邀请招标方式采购的,采购人发出投标邀请书的对象应当从符合相应资格条件的供应商中选择( )以上。
    A. 1家　　　　B. 2家　　　　C. 3家　　　　D. 4家

68. 采购人、采购代理机构对政府采购项目每项采购活动的采购文件应当妥善保存,采购文件的保存期限为从采购活动结束之日起至少( )。
    A. 5年　　　　B. 10年　　　C. 15年　　　D. 20年

69. 在招标采购中,出现下列情形之一的,不应废标的是( )。
    A. 符合专业条件的供应商不足5家的
    B. 出现影响采购公正的违法、违规行为的
    C. 投标人的报价均超过了采购预算,采购人不能支付的
    D. 采购任务取消的

70. 根据政府采购法律制度的规定,在政府采购中,经采购人同意,供应商可以依法采取分包方式履行合同。对于分包项目的履行,下列表述中正确的是( )。
    A. 分包供应商就分包项目直接向采购人负责
    B. 供应商就采购项目和分包项目向采购人负责,分包供应商就分包项目承担责任

C. 供应商和分包供应商仅仅需要就分包项目向采购人承担连带责任

D. 供应商和分包供应商均不承担责任

71. 制订政府采购目录的主要目的是( )。
    A. 提高采购效率　　　　　　　B. 节约采购资金
    C. 规范采购行为　　　　　　　D. 提高采购质量,降低采购成本

72. 采购人根据采购项目的特殊要求可以( )。
    A. 指定采购某种品牌
    B. 指定某供应商供货
    C. 规定供应商的特定条件,但不得以不合理条件对供应商实行差别待遇或歧视待遇
    D. 自行采购

73. 采用竞争性谈判方式采购确定成交供应商的依据为( )。
    A. 符合采购需求、质量和服务相等且报价适中
    B. 符合采购需求、质量和服务最好且报价最高
    C. 符合采购需求、质量和服务相等且报价最低
    D. 符合采购需求、质量和服务相等且报价不高于预算

74. 不在政府采购统计范围的单位是( )。
    A. 各级国家机关　　　　　　　B. 各事业单位
    C. 各团体组织　　　　　　　　D. 企业

75. 通过协议供货采购的复印机,采购方式为( )。
    A. 公开招标　　B. 询价　　C. 竞争性谈判　　D. 自行采购

76. 政府采购合同适用( )。
    A.《经济法》　　B.《公司法》　　C.《民法典》　　D.《采购法》

77. 由采购代理机构以采购人名义签订合同的,应当提交采购人的( )。
    A. 计划申请书　　B. 预算批复函　　C. 中标通知书　　D. 授权委托书

78. 下列情形不属于投标人相互串通投标的是( )。
    A. 投标人之间协商投标报价等投标文件的实质性内容
    B. 投标人之间约定中标人
    C. 投标人之间约定部分投标人放弃投标或者中标
    D. 不属于同一集团、协会、商会等组织成员的投标人按照该组织要求协同投标

79. 政府采购实行( )。
    A. 集中采购和分散采购相结合　　B. 招标采购和询价采购相结合
    C. 公开采购和限制采购相结合　　D. 招标采购和谈判采购相结合

80. 集中采购机构为( )。
    A. 政府采购监督管理部门　　　　B. 社会中介机构
    C. 采购代理机构　　　　　　　　D. 招标中介机构

81. 采用询价采购方式的,采购人根据什么原则确定成交供应商?（　　）
   A. 采购人根据产品性能和价格的情况即性价比确定成交供应商
   B. 采购人根据对市场产品的调研情况自行确定成交供应商
   C. 采购人与招标监管部门组成询价小组,采用综合评分的办法确定成交供应商
   D. 采购人根据符合采购需求、质量和服务相等且报价最低的原则确定成交供应商

82. 根据政府采购法律制度的规定,下列情形中,采购人可以采用单一来源方式采购的是（　　）。
   A. 只能从唯一供应商处采购的
   B. 具有特殊性,只能从有限范围的供应商处采购的
   C. 采用招标方式所需时间不能满足用户紧急需要的
   D. 不能事先计算出价格总额的

83. 采购人对供应商的资格进行审查的内容不包括（　　）。
   A. 单位有关资质证明文件　　　B. 技术参数
   C. 个人有关资质资格　　　　　D. 业绩情况

84. 经采购人同意,中标、成交供应商履行合同方式依法可以采取（　　）。
   A. 分包　　B. 承包　　C. 转让　　D. 总承包

85. 《政府采购促进中小企业发展管理办法》规定联合体视同为小型、微型企业的条件为（　　）。
   A. 联合体中有大型和小型、微型企业的
   B. 联合体中有小微企业,且协议约定小微企业的合同份额占到合同总金额30%以上的
   C. 联合体中有中型企业和微型企业的
   D. 联合体中有大型企业和小型企业的

86. 地方预算的政府采购项目,其集中采购目录及采购限额标准由（　　）。
   A. 县人民政府财政部门确定
   B. 市、县人民政府确定
   C. 省、自治区、直辖市财政厅确定
   D. 省、自治区、直辖市人民政府或者其授权的机构确定

87. 政府采购目录中的货物是指（　　）。
   A. 办公用品　　　　　　　　　B. 各种形态和种类的物品
   C. 所有大、小家电　　　　　　D. 产品与设备

88. 采购人采购纳入集中采购目录的政府采购项目,必须（　　）。
   A. 进行公开招标　　　　　　　B. 报经主管行政部门批准
   C. 委托集中采购机构代理采购　D. 报市级人民政府审批

89. 政府采购当事人不包括（　　）。
    A. 采购人　　　　　　　　　B. 供应商
    C. 采购代理机构　　　　　　D. 政府采购的监管部门

90. 综合评分法，是指在最大限度地满足招标文件实质性要求的前提下，按照招标文件中规定的各项因素进行综合评审后，按照某一标准确定中标候选供应商或者中标供应商的评标方法，其中中标人是（　　）。
    A. 总得分最低者　　　　　　B. 总得分最高者
    C. 价格最低者　　　　　　　D. 价格最高者

91. 采购人与中标供应商按照采购文件确定的事项签订政府采购合同应当在中标通知书发出之日起（　　）。
    A. 五个工作日内　　　　　　B. 七个工作日
    C. 二十日内　　　　　　　　D. 三十日内

92. 投标人可以对所递交的投标文件进行补充、修改或撤回，并书面通知招标单位，其时限必须在（　　）。
    A. 评标结束之前　　　　　　B. 采购合同签订之前
    C. 开标结束之前　　　　　　D. 投标截止时间之前

93. 协议供货和定点采购的项目填报，组织形式填"集中采购"，采购方式按照下列方式填列。（　　）
    A. 公开招标　　　　　　　　B. 询价
    C. 竞争性谈判　　　　　　　D. 确定协议或定点结果时所采用的采购方式

94. 为依法确定委托代理的事项，约定双方的权利义务，采购人依法委托采购代理机构办理采购事宜时，应当由采购人与采购代理机构签订（　　）。
    A. 委托代理协议书　　　　　B. 调解协议书
    C. 劳务合同书　　　　　　　D. 代购合同书

95. 政府采购项目的采购标准应当公开。采用法律规定的采购方式的，采购人在采购活动完成后，应当（　　）。
    A. 将有关文件存档备查　　　B. 对采购结果保密
    C. 将采购结果予以公布　　　D. 将所有采购情况予以公布

96. 在政府采购过程中，应采取的主要采购方式是（　　）。
    A. 竞争性谈判　　　　　　　B. 公开招标
    C. 单一来源采购　　　　　　D. 邀请招标

97. 根据政府采购法律制度的规定，某市人民政府采用公开招标方式采购。自招标文件发出至投标人提交投标文件的时间要求是（　　）。
    A. 不得少于 10 日　　　　　B. 不得少于 20 日
    C. 不得少于 30 日　　　　　D. 不得少于 60 日

98. 作为政府采购的主要采购方式应是( )。
    A. 邀请招标   B. 竞争性谈判
    C. 公开招标   D. 单一来源采购

99. 招标采购的评标委员会由采购人代表和专家五人以上的单数组成,其中技术、经济等方面的专家不得少于成员总数的( )。
    A. 1/2   B. 1/3   C. 2/3   D. 4/5

100. 首部《中华人民共和国政府采购法》的正式实施日期是( )。
    A. 1996 年 12 月 30 日   B. 1999 年 4 月 21 日
    C. 2002 年 6 月 29 日   D. 2003 年 1 月 1 日

101. 政府采购监督管理部门是指( )。
    A. 各级采购仲裁机构   B. 各级财政部门
    C. 各级地方法院   D. 各级地方检察院

102. 下列不属于公开招标公告内容的是( )。
    A. 采购人、采购代理机构的名称、地址和联系方式
    B. 供应商的资格要求
    C. 招标项目的名称、用途、数量、简要技术要求或者招标项目的性质
    D. 提交资格申请及证明材料的截止时间及资格审查日期

103. 政府采购应当严格按照批准的( )。
    A. 计划执行   B. 预算执行   C. 项目执行   D. 资金执行

104. 采购人可以根据采购项目的特殊要求,规定供应商的特定条件,但不得以不合理的条件对供应商实行( )。
    A. 平等待遇   B. 限制
    C. 优惠待遇   D. 差别待遇或者歧视待遇

105. 废标后,除采购任务取消情形外,应当( )。
    A. 暂时停止招标   B. 就近采购
    C. 委托中介机构采购   D. 重新组织招标

106. 采用询价方式采购的,应当遵循下列程序。( )
    A. 发出询价单;邀请报价;确定成交供应商
    B. 成立询价小组;反复询价;确定成交供应商
    C. 成立询价小组;确定被询价的供应商名单;询价;确定成交供应商
    D. 成立询价小组;选择供应商;讨价还价;确定成交供应商

107. 经采购人同意,中标、成交供应商可以依法采取下列方式履行合同。( )
    A. 联合方式   B. 协约方式   C. 合作方式   D. 分包方式

108. 财政部门在处理投诉事项期间,可以视具体情况书面通知被投诉人暂停采购活动,但暂停时间最长不得超过( )。
    A. 5 日   B. 10 日   C. 20 日   D. 30 日

109. 符合下列情形之一的货物、工程或者服务,可以采用邀请招标方式采购。( )
    A. 经过部门领导同意
    B. 具有特殊性,只能从有限范围的供应商处采购的
    C. 采购人自己认为理由充分
    D. 为节约公开招标费用开支

110. 公开招标的主要缺点是( )。
    A. 成本高、周期长   B. 给投标人提供的机会不均等
    C. 不能防止腐败   D. 可以节约成本,但周期长

111. 《政府采购法》明确规定:采购人与中标、成交供应商按采购文件确定的事项签订政府采购合同必须在中标、成交通知书发出之日起( )。
    A. 15 日内完成   B. 25 日内完成
    C. 30 日内完成   D. 60 日内完成

112. 政府采购目录中的服务是指( )。
    A. 软件开发
    B. 各类印刷
    C. 物业管理
    D. 除货物和工程以外的其他政府采购对象

113. 政府采购项目验收主体是( )。
    A. 审计部门   B. 招标监管部门
    C. 集中采购机构   D. 采购人或采购代理机构

114. 投标人在投标文件递交截止时间之后递交的投标文件,招标单位应当( )。
    A. 拒收   B. 先接收交由监管部门处理
    C. 先接收交由领导处理   D. 先接收交由评标委员会处理

115. 招标采购单位对已发出的招标文件进行必要的澄清或修改的,应当在招标文件要求提交投标文件截止时间( )。
    A. 五日前   B. 七日前   C. 九日前   D. 十五日前

116. 政府采购的信息,除涉及商业秘密的以外,都应当及时在下列媒体中向社会公开发布。( )
    A. 报纸杂志上   B. 电视广播中
    C. 政府采购监管部门指定的媒体上 D. 广告中

117. 评审委员会成员在评审工作开始前,必须将手机等通信工具及相关电子设备交由( )。
    A. 供应商统一保管   B. 采购代理机构统一保管
    C. 监督人员统一保管   D. 公证员统一保管

118. 采购人有下列哪种情形的责令限期改正,给予警告,可以并处罚款?( )
    A. 与供应商或者采购代理机构恶意串通的

B. 开标前泄露标底的
C. 在采购过程中接受贿赂或者获取其他不正当利益的
D. 应当采用公开招标方式而擅自采用其他方式采购的

119. 对供应商履约情况的验收可由（　　）。
    A. 采购人或者其委托的采购代理机构组织
    B. 社会中介机构或财政监督管理部门组织
    C. 集中采购机构组织
    D. 监督机关组织

120. 货物和服务项目实行招标方式采购的,自招标文件开始发出之日起至投标人提交投标文件截止之日止,不得少于（　　）。
    A. 10天　　　B. 15天　　　C. 20天　　　D. 30天

121. 投标文件中开标一览表（报价表）内容与投标文件中明细表内容不一致的（　　）。
    A. 以开标一览表（报价表）内容为准
    B. 以投标文件中明细表内容为准
    C. 由投标人以书面形式进行澄清,确认以哪个内容为准
    D. 在评标时作无效标处理

122. 根据《政府采购法》的规定,A市人民政府需要采购一批货物,这批货物具有特殊性,是只能从有限范围的供应商处采购的货物,那么A市人民政府适用的政府采购方式是（　　）。
    A. 公开招标方式　　　　　　B. 竞争性谈判方式
    C. 单一来源方式　　　　　　D. 邀请招标方式

123. 网上竞价按照下列采购方式进行（　　）。
    A. 公开招标　　　　　　　　B. 询价
    C. 邀请招标　　　　　　　　D. 竞争性谈判

124. 下列情形不视为投标人相互串通投标的是（　　）。
    A. 不同投标人的投标文件由同一单位或者个人编制
    B. 不同投标人委托同一单位或者个人办理投标事宜
    C. 不同投标人的投标文件载明的项目管理成员不同
    D. 不同投标人的投标文件异常一致或者投标报价呈规律性差异

125. 某镇发生了强烈地震,急需采购帐篷,该镇政府可以采用下列采购方式。（　　）
    A. 单一来源采购　　　　　　B. 公开招标
    C. 邀请招标　　　　　　　　D. 竞争性谈判

126. 某国家机关采购一批货物,甲供应商中标,经该国家机关同意,甲将该成交项目分包给乙和丙。根据《政府采购法》的有关规定,下列说法中正确的是（　　）。
    A. 甲的行为不合法
    B. 甲仅就采购项目向采购人负责,分包项目不予负责

C. 甲、乙和丙应就分包项目承担责任
D. 乙和丙仅受分包合同的约束,不受采购合同的约束

127. 通过互联网发布竞价采购信息,接受供应商的网上报价,达到网上定标,网上公布采购结果的全过程活动是(   )。
  A. 电子招标系统   B. 网上竞价采购
  C. 电子购买系统   D. 电子监管系统

128. 采购人采购货物或者服务应当采用公开招标方式,但因特殊情况需要采用公开招标以外的采购方式的,应当在采购活动开始前获得(   )。
  A. 县级及县级以上人民政府采购监督管理部门的批准
  B. 同级人民政府采购监督管理部门的批准
  C. 设区的市、自治州以上人民政府采购监督管理部门的批准
  D. 集中采购机构的批准

129. 中标候选人的经营、财务状况发生较大变化或者存在违法行为,招标人认为可能影响其履约能力的,应当在发出中标通知书前(   )。
  A. 认定中标结果无效,重新组织采购活动
  B. 由原评标委员会按照招标文件规定的标准和方法对采购项目重新组织评审
  C. 按评标委员会提出的中标候选人名单排序确定其他中标候选人为中标人
  D. 由评标委员会按招标文件规定的标准和方法审查确认后,按相关规定处理

130. 集中采购目录根据实际进行修改与完善,一般使用周期是(   )。
  A. 1年   B. 2年   C. 3年   D. 4年

131. 某区在招标采购一批办公设备时,发现所有前来投标的供应商的报价均超过了该区的采购预算,而且区里不能支付。当出现上述情况时(   )。
  A. 导致废标,应重新组织招标
  B. 不会导致废标
  C. 导致废标,采取竞争性谈判方式重新采购
  D. 导致废标,采取邀请招标方式重新采购

132. 地级市政府采购公开招标限额标准由(   )。
  A. 所在省人民政府规定   B. 所在省财政部门规定
  C. 地级市人民政府规定   D. 地级市财政部门规定

133. 任何单位或者个人阻挠和限制供应商(   )的,责令限期改正;拒不改正的,由该单位、个人的上级主管部门或者有关机关给予单位责任人或者个人处分。
  A. 参与政府采购招标   B. 履行政府采购合同
  C. 进入本地区、本行业政府采购市场   D. 使用投诉权利

134. 不符合资质条件要求的供应商(   )。
  A. 可以通过借用他人资质参加政府采购活动
  B. 可以利用过期的资质证书参加政府采购活动

C. 可以以联合一方的身份参加政府采购活动
D. 不容许参加政府采购活动

135. 负有编制部门预算职责的部门在编制下一年度部门预算时,应当列出该财政年度政府采购的( )。
    A. 详细清单   B. 需求时间表
    C. 项目及资金预算   D. 资金来源

136. 投诉人捏造事实或者提供虚假投诉材料的,属于虚假、恶意投诉,财政部门应当驳回投诉,并将其列入( )。
    A. 政府采购不守信名单 B. 政府采购不诚信名单
    C. 政府采购黑名单   D. 政府采购不良行为记录名单

137. 在政府采购监督管理部门( )。
    A. 可以设置集中采购机构   B. 不可以设置集中采购机构
    C. 可以设置集中采购隶属机构 D. 设置需经财政部门同意

138. 监察部门对集中采购机构监督的完整内容是( )。
    A. 集中采购机构及其工作人员
    B. 集中采购机构的工作人员
    C. 集中采购机构及其工作人员,财政部门的监督考核工作
    D. 财政部门的监督考核工作

139. 集中采购机构对其工作人员是如何进行考核的?( )
    A. 定期考核   B. 不定期考核
    C. 定期考核与不定期考核相结合 D. 不考核

140. 对政府采购活动进行审计监督的机关是( )。
    A. 司法机关   B. 审计机关
    C. 公安机关   D. 行政机关

141. 政府采购实施计划中项目的具体实施方案是由采购人根据( )。
    A. 政府采购预算来编制的 B. 部门预算来编制的
    C. 采购目录来编制的   D. 企业年度预算来编制的

142. 政府采购监督管理部门对供应商的投诉逾期未作处理的,给予( )。
    A. 当事人记过处分
    B. 当事人警告处分
    C. 直接负责的主管人员和其他直接责任人员行政处分
    D. 直接负责的主管人员和其他直接责任人员罚款处理

143. 集中采购机构在政府采购监管部门考核中,虚报业绩、隐瞒真实情况的,处以( )的罚款,并予以通报;情节严重的,取消其代理采购的资格。
    A. 二万元以上十万元以下   B. 一万元以上二十万元以下
    C. 二万元以上二十万元以下 D. 一万元以上十万元以下

144. 供应商依法向采购人、采购代理机构提出质疑的范围不包括( )。
    A. 采购文件   B. 投诉处理决定
    C. 中标和成交结果   D. 采购过程

145. 财政部《集中采购机构监督考核管理办法》颁布出台的时间是( )。
    A. 2003年   B. 2009年   C. 2011年   D. 2012年

146. 供应商投诉应当有具体的投诉事项及事实依据,不得进行虚假、恶意投诉,其投诉应实行( )。
    A. 实名制   B. 假名制   C. 匿名制   D. 无名制

147. 财政部门在处理投诉事项期间,可以视具体情况书面通知被投诉人暂停采购活动,但暂停时间最长不得超过( )。
    A. 15日   B. 30日   C. 45日   D. 60日

148. 公告政府采购信息不得有虚假和误导性陈述,不得遗漏依法必须公告的事项,必须做到内容真实、( )。
    A. 表述清楚 B. 时间合理 C. 准确可靠 D. 需求正确

149. 为听取有关各方对评审专家业务水平、工作能力、职业道德等方面的意见,核实并记录有关内容,政府采购监管部门应当建立政府采购评审专家( )。
    A. 检查制度 B. 调研制度 C. 信息反馈制度 D. 考核制度

150. 不属于政府采购监督检查实施主体的是( )。
    A. 财政部门   B. 审计机关
    C. 新闻媒体   D. 监察机关和有关行政主管部门

151. 政府采购监督管理部门对集中采购机构监督考核的准则是( )。
    A. 考核内容全面,结果定期如实公布
    B. 采购水平提升,从业人员素质不断提高
    C. 有效防止行业腐败
    D. 督促集中采购机构更加自觉地遵守法律

152. 供应商认为采购文件、采购过程和中标成交结果使自己的权益受到损害的可以在知道或应该知道权益受到损害之日起七个工作内向( )。
    A. 政府采购监督管理部门提出质疑
    B. 仲裁机构提出质疑
    C. 采购人或采购代理机构提出质疑
    D. 法院提出质疑

153. 质疑供应商对采购人、采购代理机构的答复不满意或者采购人、采购代理机构未在规定的时间内做出答复的,可以在答复期满后十五个工作日内( )。
    A. 向同级政府采购监督管理部门投诉
    B. 向上级政府采购监督管理部门投诉
    C. 向省级政府采购监督管理部门投诉

D. 向任意一级政府采购监督管理部门投诉

154. 在各政府采购信息指定发布媒体上公告同一政府采购信息的时间不一致时,公告时间和政府采购当事人对有关事项应当知道的时间（　　）为准。
    A. 以在各政府采购信息指定发布媒体上最早公告信息的时间
    B. 以在财政部指定的政府采购信息发布媒体上最早公告信息的时间
    C. 以在各政府采购信息指定发布媒体上最晚公告信息的时间
    D. 以在财政部指定的政府采购信息发布媒体上最晚公告信息的时间

155. 以下不属于政府采购信息公告应当遵循的原则是（　　）。
    A. 信息发布及时　　　　　　B. 内容规范统一
    C. 查询快捷方便　　　　　　D. 渠道相对集中

156. 政府采购信息指定发布媒体应当按照信息提供者提供的信息内容发布信息。但是,对信息篇幅过大的,政府采购信息指定发布媒体（　　）。
    A. 有权拒绝刊登
    B. 不可以进行压缩和调整
    C. 可以按照统一的技术要求进行适当的压缩和调整,但不得改变提供信息的实质性内容
    D. 可以按意愿随意修改

157. 政府采购信息指定发布媒体发布政府采购信息,应当体现的原则是（　　）。
    A. 收益性　　B. 合理性　　C. 公益性　　D. 准确性

158. 对集中采购机构考核的书面意见由（　　）。
    A. 考核小组决定　　　　　　B. 财政部门决定
    C. 审计部门决定　　　　　　D. 纪检监察部门决定

159. 采购人、采购代理机构公告政府采购信息应当按照（　　）。
    A. 采购需求　　　　　　　　B. 有关政府采购的法律、行政法规和规定
    C. 以往的惯例　　　　　　　D. 各地的操作规章

160. 政府采购监督检查的目的是（　　）。
    A. 工作上的任务和要求
    B. 实现应采尽采
    C. 维护政府采购活动的正常秩序,保障政府采购目标的实现
    D. 《政府采购法》明文规定

161. 监察机关如何行使对政府采购评审专家的监督职责？（　　）
    A. 建立专家库　　　　　　　B. 日常的监督检查
    C. 定期考核　　　　　　　　D. 建立专家注册登记制度

162. 地方预算的政府采购项目,其集中采购目录及采购限额标准由（　　）。
    A. 县人民政府财政部门确定
    B. 市、县人民政府确定

C. 省、自治区、直辖市财政厅确定

D. 省、自治区、直辖市人民政府或者其授权的机构确定

163. 在各政府采购信息指定发布媒体上分别公告同一政府采购信息的,内容必须保持一致。内容不一致的( )。

   A. 以采购代理机构最终解释结果为准

   B. 以各政府采购信息指定发布媒体上的信息为准

   C. 以在财政部门指定的政府采购信息发布媒体上公告的信息为准

   D. 以法院判定为准

164. 任何单位或者个人发现政府采购信息发布活动不符合《政府采购信息公告管理办法》有关规定的,有权向( )。

   A. 上级监察部门控告和检举

   B. 上级财政部门控告和检举

   C. 同级人民政府财政部门控告和检举

   D. 同级监察部门控告和检举

165. 政府采购监管部门对评审专家重点监督的环节是( )。

   A. 评标环节　　　　　　　　B. 专家库管理

   C. 开标环节　　　　　　　　D. 专家抽取使用环节

166. 政府采购监督管理部门是指( )。

   A. 各级采购仲裁机构　　　　B. 各级财政部门

   C. 各级地方法院　　　　　　D. 各级地方检察院

167. 供应商对政府采购活动事项有疑问,或者认为采购文件、采购过程和中标、成交结果使自己的权益受到损害的,可以分别向采购人或者采购委托的代理机构询问和书面质疑,采购人或者受采购人委托的采购代理机构应当在( )。

   A. 分别在五日内和七日内做出答复

   B. 抓紧时间尽快做出答复

   C. 在收到供应商的书面质疑后七个工作日内做出答复

   D. 分别在五个工作日和十个工作日内做出答复

168. 政府采购监管部门对投诉事项做出处理,并以书面形式通知投诉人和投诉事项有关的当事人,应当在收到投诉书后( )。

   A. 15个工作日内　　　　　　B. 30个工作日内

   C. 45个工作日内　　　　　　D. 60个工作日内

169. 财政部门在处理投诉事项期间,可以视具体情况书面通知被投诉人暂停采购活动,但暂停时间最长不得超过( )。

   A. 5日　　　B. 10日　　　C. 20日　　　D. 30日

170. 对政府采购活动过程中的违法行为,有权向有关部门、机关控告和检举的人只能是( )。

A. 人大代表和政协委员 B. 政府采购的采购人
C. 经财政部门授权的单位和个人 D. 任何单位和个人

171. 财政部门应当组织考核小组对集中采购机构进行考核,考核小组可以邀请审计部门和下列部门人员参加。( )
    A. 质量检查　B. 工商　　　C. 检察院　　　D. 纪检监察

172. 财政部门在对集中采购考核工作中要做到( )。
    A. 要求明确,事先通知,程序规范,考核认真
    B. 公开、公平、公正原则
    C. 现场考核与资料审核相结合
    D. 对集中采购机构的工作随时干预

173. 财政部门对集中采购机构的监督考核结果应当在哪种媒体上公布?( )
    A. 在纪检监察部门指定的媒体上
    B. 在财政部门的网站上
    C. 在同级人民政府指定的媒体上
    D. 在财政部门指定的政府采购信息媒体上

174. 批准的采购预算在执行中不得突破。超预算时,采购人应当调整采购需求,或调整( )。
    A. 采购计划　　　　　　　B. 采购价格
    C. 采购数量　　　　　　　D. 部门预算支出

175. 《政府采购信息公告管理办法》自( )。
    A. 2020年3月1日起施行　　B. 2003年9月11日起施行
    C. 2004年1月1日起施行　　D. 2004年9月11日起施行

176. 政府采购信息指定发布媒体应当对其发布的政府采购信息进行分类统计,并将统计结果按期报送( )。
    A. 政府采购的采购人　　　B. 采购代理机构
    C. 中标、成交供应商　　　D. 同级人民政府财政部门

177. 政府采购信息指定发布媒体发现信息提供者提供的信息违反法律、法规、规章和本办法规定的,( )。
    A. 不应修改
    B. 应及时建议信息提供者修改
    C. 由政府采购信息指定发布媒体自行修改
    D. 直接向信息提供者同级的人民政府财政部门报告

178. 被投诉人和与投诉事项相关的供应商应当在收到( )之日起5个工作日内,以书面形式向财政部门做出说明,并提供相关证据、依据和其他有关材料。
    A. 举报信　　　　　　　　B. 投诉受理决定书
    C. 投诉书　　　　　　　　D. 投诉书副本

179. 属于政府采购监督管理方面的招投标信息,由（   ）。
    A. 同级人民政府财政部门进行公告   B. 集中采购机构进行公告
    C. 代理采购机构进行公告   D. 省级财政部门进行公告

180. 对集中采购机构监督检查最重要的是什么？（   ）
    A. 采购程序的规范性如何,采购信息发布是否及时准确,专家抽取和使用是否合规
    B. 协助采购人签订合同情况,受理答复供应商质疑情况
    C. 集中采购机构的内部制度、岗位设置是否合理
    D. 内控机制健全,以及内部人员业务培训、执业资格管理和廉洁自律情况等

181. 任何单位或者个人发现政府采购信息发布活动不符合《政府采购信息公布管理办法》规定的,有权向下列哪个部门控告和检举？（   ）
    A. 同级人民政府监察部门   B. 同级人民政府财政部门
    C. 同级人民政府审计部门   D. 同级人民政府检察部门

182. 政府采购项目必须编制（   ）。
    A. 项目计划表   B. 政府采购预算
    C. 年度财务预算   D. 项目方案书

183. 政府采购预算是指采购人根据事业发展计划和行政任务编制的,并经过规定程序批准的（   ）政府采购计划。
    A. 年度   B. 季度   C. 月度   D. 半年度

184. （   ）是加强单位财政管理水平的重要基础。政府采购预算管理为单位财务管理提供支出计划和依据,使单位财务管理可按照预算规定的内容,有计划、有步骤地进行,避免工作的盲目性;可以促使单位合理安排支出,提高资金的使用效益。
    A. 政府财政审计   B. 政府财政监督
    C. 政府采购预算   D. 政府采购决算

185. 政府采购预算按性质划分为（   ）采购预算、工程类采购预算以及服务类采购预算。
    A. 货物类   B. 分散
    C. 部门集中   D. 财政资金

186. （   ）是指建设工程,包括建筑物和构建物的新建、改建、扩建、装修、拆除、修缮等的采购预算。
    A. 货物类采购预算   B. 工程类采购预算
    C. 集中采购预算   D. 分散采购预算

187. （   ）是指各种形态货物如计算机、打印机、汽车等的采购预算。
    A. 货物类采购预算   B. 工程类采购预算
    C. 集中采购预算   D. 分散采购预算

188. 单位在编制政府采购预算时,要稳妥可靠,量入为出,收支平衡。既要把根据事业发展需要应该采购的项目考虑好,还应该注意政府采购资金的来源是否可靠,有无保证,不能预留缺口。这体现的是政府采购预算编制的(　　)。
   A. 法规政策性原则　　　　　　　　B. 完整性原则
   C. 实用性原则　　　　　　　　　　D. 稳妥性原则

189. 单位在编制政府采购预算时,必须将收入以及各项支出形成的政府采购项目,完整、全面地反映在单位预算中,不得在预算之外另留收支项目。这体现的是政府采购预算编制的(　　)。
   A. 法规政策性原则　　　　　　　　B. 完整性原则
   C. 实用性原则　　　　　　　　　　D. 稳妥性原则

190. 政府采购预算编制的(　　)是指单位在编制政府采购预算时,要按照国家统一设置的预算表格和统一口径、程序以及统一的计算方法填列有关数字指标。
   A. 法规政策性原则　　　　　　　　B. 完整性原则
   C. 实用性原则　　　　　　　　　　D. 统一性原则

191. 政府采购预算编制的(　　)是指单位在安排政府采购预算项目时,要精打细算,不要盲目追求"超前",应在满足工作需要的前提下,适当超前,也要避免不考虑发展而导致项目刚投入使用即落后,造成浪费。
   A. 法规政策性原则　　　　　　　　B. 完整性原则
   C. 实用性原则　　　　　　　　　　D. 统一性原则

192. 政府采购预算编制的(　　)是指政府采购预算编制要符合《预算法》和《政府采购法》及其他相关法律规定。
   A. 法规政策性原则　　　　　　　　B. 完整性原则
   C. 实用性原则　　　　　　　　　　D. 统一性原则

193. 政府采购预算编制的内容通过(　　)来体现。
   A. 政府采购预算表　　　　　　　　B. 政府财政支出表
   C. 政府采购决算表　　　　　　　　D. 政府财政收入表

194. 政府采购预算的编制依据有相关的法律法规和方针政策,单位采购需求和资金额度和(　　)。
   A. 法规政策性原则　　　　　　　　B. 政府采购目录和限额标准
   C. 实用性原则　　　　　　　　　　D. 统一性原则

195. 政府采购项目按(　　)财政部门公布的政府采购目录进行编制。
   A. 当年　　　　　　　　　　　　　B. 当月
   C. 上年　　　　　　　　　　　　　D. 上月

196. 部门预算的编制程序是实行(　　)的编制方法。
   A. "一上一下"　　　　　　　　　　B. "两上两下"
   C. "三上三下"　　　　　　　　　　D. 先预算再决算

197. 政府采购项目和资金预算应当在部门预算中单独列出,在部门预算(　　)时编报。
    A. "一上"　　　B. "一下"　　　C. "二下"　　　D. "二上"

198. (　　)可以使潜在供应商和相关当事人及时掌握商业机会,尽可能全面了解采购活动的动态,促使供应商之间竞争,达到降低成本、提高采购质量的目的。
    A. 政府采购信息公开　　　　B. 公开招标公告
    C. 邀请招标资格预审公告　　D. 更正公告

199. 财政部门指定的政府采购信息发布媒体中的网络媒体,应当在收到公告信息之日起(　　)个工作日内上网发布;指定的报纸应当在收到公告信息之日起(　　)个工作日内发布;指定的杂志应当及时刊登有关公告信息。
    A. 1个、5个　　B. 3个、5个　　C. 1个、3个　　D. 3个、10个

200. (　　)应当包括下列内容:(1)采购人、采购代理机构的名称、地址和联系方式;(2)招标项目的名称、用途、数量、简要技术要求或者招标项目的性质;(3)供应商资格要求;(4)获取招标文件的时间、地点、方式及招标文件售价;(5)投标截止时间、开标时间及地点;(6)采购项目联系人姓名和电话。
    A. 邀请招标资格预审公告　　B. 公开招标公告
    C. 中标公告　　　　　　　　D. 更正公告

201. (　　)应当包括下列内容:(1)采购人、采购代理机构的名称、地址和联系方式;(2)招标项目的名称、用途、数量、简要技术要求或者招标项目的性质;(3)供应商资格要求;(4)提取资格申请及证明材料的截止时间及资格审查日期;(5)采购项目联系人姓名和电话。
    A. 邀请招标资格预审公告　　B. 公开招标公告
    C. 中标公告　　　　　　　　D. 更正公告

202. (　　)应当包括下列内容:(1)采购人、采购代理机构的名称、地址和联系方式;(2)招标项目的名称、用途、数量、简要技术要求及合同履行日期;(3)定标日期;(4)本项目招标公告日期;(5)中标供应商名称、地址和中标金额;(6)评标委员会名单;(7)采购项目联系人姓名和电话。
    A. 邀请招标资格预审公告　　B. 公开招标公告
    C. 中标公告　　　　　　　　D. 更正公告

203. (　　)当包括下列内容:(1)原招标公告主要信息;(2)更正信息;(3)其他有关事项。
    A. 邀请招标资格预审公告　　B. 公开招标公告
    C. 中标公告　　　　　　　　D. 更正公告

204. 以下不属于公开招标应当包括的内容的是(　　)。
    A. 采购人、采购代理机构的名称、地址和联系方式
    B. 招标项目的名称、用途、数量、简要技术要求或者招标项目的性质

C. 评标委员会名单
D. 获取招标文件的时间、地点、方式及招标文件售价

205. 以下不属于邀请招标资格预审公告应当包括的内容的是（　　）。
   A. 采购人、采购代理机构的名称、地址和联系方式
   B. 招标项目的名称、用途、数量、简要技术要求或者招标项目的性质
   C. 评标委员会名单
   D. 获取招标文件的时间、地点、方式及招标文件售价

206. 按政府采购有关规定，公开招标文件发售时间至投标人提交投标书截止时间需要满足（　　）的法定要求。
   A. 10天　　　B. 15天　　　C. 20天　　　D. 30天

207. 政府采购风险按性质可分为制度风险、技术风险、信息不对称风险、（　　）。
   A. 审批风险　　B. 执法风险　　C. 救济风险　　D. 道德风险

208. （　　）是指由于政府采购法律制度体系不完善引起的风险。
   A. 制度风险　　B. 执法风险　　C. 救济风险　　D. 道德风险

209. （　　）是指在共享信息的过程中，由于信息不充分或不对称导致的风险损失及影响。
   A. 制度风险　　　　　　　　B. 执法风险
   C. 信息不对称风险　　　　　D. 道德风险

210. （　　）是指从事政府采购活动的人在最大限度地增加自身效用的同时做出不利于他人的行为。
   A. 审批风险　　B. 执法风险　　C. 救济风险　　D. 道德风险

211. 网络技术的使用可以大大增强采购信息的透明度，并且所有过程都有电子记录在案，大大提高了政府采购效率，但由于政府采购技术不配套、不成熟、标准化不够，产品技术需求、参数描述、评分标准技术语言不准确会导致政府采购的（　　）。
   A. 制度风险　　B. 技术风险　　C. 救济风险　　D. 道德风险

212. （　　）可概括为审批风险、执法风险和救济风险。
   A. 政府采购监管风险　　　　B. 制度风险
   C. 信息不对称风险　　　　　D. 技术风险

213. （　　）是指财政部门在解决采购人过失、处理当事人投诉时产生的风险。
   A. 审批风险　　B. 执法风险　　C. 救济风险　　D. 道德风险

214. 政府采购风险按来源可分为来源于政府采购监管部门的政府采购监管风险、来源于政府采购操作机构的操作风险、（　　）及来源于供应商的风险。
   A. 来源于评审专家的评审风险　　B. 技术风险
   C. 救济风险　　　　　　　　　　D. 道德风险

215. 以下属于政府采购监管风险防范方法的是（　　）。
   A. 全面质量控制　　　　　　B. 日常监管质量控制
   C. 授权批准　　　　　　　　D. 考评和奖惩

216. 要提高评审质量必须建立（　　），即依照政府采购法律法规的要求和政府采购内在规律性建立起一套完善和科学的评审规范和控制程序,以降低和防范评审活动中的风险。
    A. 政府采购评审质量控制体系　　B. 内部控制制度
    C. 内部岗位责任制　　D. 单项检查质量控制

217. 关于政府采购评审风险防范与控制,表述错误的是（　　）。
    A. 被评审事项越复杂,固有风险就越大,评审风险就越大
    B. 评审内控制度和程序遵循得越好,政府采购评审过程的偏差越能及早被内部控制制度发现或纠正
    C. 提高政府采购评审活动的质量无疑是避免法律责任和防范风险最有效的手段
    D. 评审人员可以参与与自己有利害关系的政府采购项目的评审活动

218. 关于科学评审质量控制体系应考虑的因素,表述错误的是（　　）。
    A. 评审人员应保持独立身份,客观公正评审
    B. 对政府采购监管工作各环节及各方面应全方位控制
    C. 评审专家应保持应有的执业谨慎,遵守评审标准和职业道德
    D. 明确各方责任,减少误解和避免纠纷

219. 下列表述正确的是（　　）。
    A. 在政府采购市场中,一定要遵循法律规定,要遵循基本的商业规律,政府采购市场健康发展了,供应商的权益才会得到保护
    B. 市场竞争风险是政府采购中的非正常风险
    C. 采购人违法、违规操作也有可能会使供应商中标,拿到合同订单
    D. 供应商在政府采购活动中要遵行诚信原则,不可以曲意解释合同或标书

220. 关于政府采购救济,表述错误的是（　　）。
    A. 在政府采购诸多法律关系中,采购人与供应商之间采购合同关系是最重要的法律关系
    B. 政府采购的救济制度主要就是基于合同订立和履行而设计的
    C. 政府采购救济制度是政府采购的当事人发生争议时,所能寻求的行政的、司法的保护制度
    D. 政府采购救济制度是合同订立过程中的救济制度

221. 政府采购履约阶段的救济手段主要包括（　　）。
    A. 协商　　B. 调节　　C. 仲裁和民事诉讼　　D. 以上都是

222. 不属于我国政府采购救济机制途径的是（　　）。
    A. 询问　　B. 质疑　　C. 协商　　D. 行政复议

223. 政府采购履约争议有四大解决途径:和解、调解、仲裁和（　　）。
    A. 诉讼　　B. 质疑　　C. 行政复议　　D. 询问

224. ( )是针对采购活动事项有疑问提出的,对供应商询问的范围、时间、条件、方式均不设限制。
   A. 质疑　　　　B. 询问　　　　C. 投诉　　　　D. 行政复议

225. 下列表述错误的是( )。
   A. 根据《政府采购法》的透明原则,供应商有权知道和了解采购过程的信息,供应商对政府采购活动事项有疑问的,有权向采购人提出询问
   B. 询问与招标过程中的澄清没有区别,内涵相同
   C. 在对询问进行答复时,采购人或代理机构应当及时、准确和真实地进行答复,只要不涉及商业秘密的信息都应当提供,不得以任何理由回避、拖延或拒绝答复
   D. 对供应商提出的不合理问题,甚至涉及商业秘密的,要耐心、细致地做好宣传、解释

226. 《政府采购法》规定,供应商提出质疑应当在知道或者应当知道其权益受到损害之日起( )工作日内向采购人提出。时限的规定旨在促使供应商及时行使其权利,同时也符合政府采购及时性的要求。
   A. 3个　　　　B. 5个　　　　C. 7个　　　　D. 10个

227. 供应商可以在知道或者应知其权益受到损害之日起( )内依法提出质疑;质疑供应商对质疑答复不满意,可以在答复期满后( )内依法投诉。
   A. 7个工作日,15个工作日　　　B. 7日,15个工作日
   C. 7个工作日,15日　　　　　　D. 7日,15日

228. 采购人应当在接到供应商的书面质疑后( )内做出答复;政府采购监督管理部门应当在收到投诉后( )内对投诉事项做出处理决定。
   A. 7个工作日,30个工作日　　　B. 7日,30个工作日
   C. 7个工作日,30日　　　　　　D. 7日,30日

229. 政府采购监督管理部门在处理投诉事项期间,可以视具体情况暂停采购活动,但暂停时间最长不得超过( )。
   A. 30个工作日　　　　B. 30日
   C. 15日　　　　　　　D. 1个月

230. 以下哪些事项应当采用书面形式( )
   A. 供应商向采购人提出询问　　　B. 采购人答复供应商的询问
   C. 政府采购公告　　　　　　　　D. 供应商向采购人提出质疑

231. 下列说法哪些是正确的( )。
   A. 供应商可以向采购人委托的采购代理机构提出询问或者质疑,采购代理机构应当依法就采购人委托授权范围内的事项做出答复
   B. 政府采购合同履行中,在不改变合同其他条款的前提下,采购人可以与供应商协商签订补充合同,补充合同金额不得超过原合同金额的20%

C. 供应商认为采购文件、采购过程和中标、成交结果使自己的权益受到损害的,可以不依法进行质疑,而是直接向财政部门提起投诉

D. 中标、成交通知书对采购人和中标、成交供应商均具有法律效力

232. 政府采购合同继续履行将损害国家利益和社会公共利益的,双方当事人应当( )。

    A. 变更合同   B. 中止合同

    C. 终止合同   D. 撤销合同

233. 根据《政府采购信息公告管理办法》和《政府采购供应商投诉处理办法》,以下哪些内容应当在省级以上财政部门指定的政府采购信息发布媒体上公告( )

    A. 投诉处理结果

    B. 质疑答复

    C. 投诉书

    D. 财政部门受理投诉的电话、传真等方便供应商投诉的事项

234. 投诉书应当包括下列哪些内容( )

    A. 投诉人和被投诉人的名称、地址、电话等

    B. 具体的投诉事项及事实依据、提起投诉的日期

    C. 质疑和质疑答复情况及相关证明材料

    D. 以上都是

235. 以下关于政府采购信息公开正确的是( )。

    A. 其他任何单位和个人不得指定政府采购信息的发布媒体

    B. 《中国财经报》《中国政府采购报》是财政部指定的全国政府采购信息发布媒体之一

    C. 财政部负责确定政府采购信息公告的基本范围和内容,省级(含计划单列市)财政部门不负责确定本地区政府采购信息公告的范围和内容

    D. 在国务院财政部门指定的全国政府采购信息发布媒体上刊登法定的政府采购信息,不能免费

236. 为了保障供应商通过询问、质疑、投诉等救济机制得到实质性救济,为其保留商业机会,在供应商询问、质疑答复或者投诉处理期间( )。

    A. 询问或者质疑事项可能影响中标、成交结果,尚未签订合同的,采购人应当暂停签订合同

    B. 询问或者质疑事项可能影响中标、成交结果,已经签订合同的,采购人应当中止履行合同

    C. 政府采购监督管理部门在质疑答复期间,可以视具体情况书面通知采购人暂停采购活动,但暂停时间最长不得超过三十日

    D. 政府采购监督管理部门在处理投诉事项期间,可以视具体情况书面通知采购人暂停采购活动,但暂停时间最长不得超过三十日

237. 关于供应商提出质疑、投诉的相关要求,下列说法正确的是(   )。
    A. 供应商提出质疑、投诉应当有明确的请求
    B. 供应商提出质疑、投诉应当有必要的证明材料
    C. 只有曾依法提出质疑的供应商才有权提起投诉
    D. 以上都是

238. 关于财政部门处理投诉事项的方式,下列说法正确的是(   )。
    A. 只采用书面审查的方式
    B. 一般采用书面审查的方式,必要时可以进行调查取证、组织质证
    C. 一般采用书面审查的方式,必要时可以组织质证
    D. 一般采用书面审查的方式,案情简单的也可以口头审

239. 关于我国政府采购救济制度,表述错误的是(   )。
    A. 政府采购救济制度是政府采购当事人在政府采购活动中发生争议或纠纷时寻求合理解决的制度安排
    B. 政府采购救济对象非常全面
    C. 完善的政府采购救济制度也必须同时关注供应商与采购人等主体的权利救济
    D. 现行救济体系下供应商维权仍有一定难度

240. 供应商政府采购权益救济可采取的依法维权是指(   )。
    A. 供应商必须明确符合哪些条件的事项才能质疑和投诉,供应商首先要自觉分清责任、明辨是非
    B. 供应商提出投诉,必须提出具体书面的完整有效的投诉证据
    C. 法律为供应商维护权益做了明确规定,供应商应掌握法律,依法维权
    D. 政府采购的救济制度应在实践中不断完善

241. 质疑处理的注意事项包括(   )。
    A. 采购人不得拒绝答复供应商依法提出的质疑
    B. 答复质疑时要考虑到有关系的其他供应商,质疑答复除了通知当事人,还应告知相关供应商
    C. 供应商提出质疑时,要注意在有效时间内提出,否则会影响采购过程的连续性
    D. 以上都是

242. 质疑的范围包括(   )。
    A. 采购文件   B. 采购过程
    C. 中标、成交结果   D. 以上都是

243. 属于供应商政府采购风险的是(   )。
    A. 市场竞争的风险   B. 资格瑕疵的风险
    C. 非规范操作的风险   D. 以上都是

244. 创造公开透明的评审环境需要做到（　　）。
    A. 加强学习培训，提高评审人员政府采购法制水平和自我保护意识
    B. 开展评审规范和程序研究，制定相应规范和准则，用严密的制度和程序防范评审风险，将一些可能导致评审风险的因素消灭在萌芽状态
    C. 监管部门和集中采购机构要加强宣传，加强与供应商和社会公众的沟通，正确宣传评审活动的实际作用，努力降低相关当事人过高的期望，防范评审人员承担不必要的法律责任
    D. 以上都是

245. 政府采购的更正公告包含以下内容（　　）。
    A. 原招标公告主要信息　　　B. 更正信息
    C. 其他有关事项　　　　　　D. 以上都是

246. 政府采购信息公开发布公告的注意事项有（　　）。
    A. 内容真实　　　　　　　　B. 内容一致
    C. 时间要符合相关规定　　　D. 以上都是

247. 邀请招标的主要缺点是（　　）。
    A. 成本高、周期长　　　　　B. 给投标人提供的机会不均等
    C. 不能防止腐败　　　　　　D. 可以节约成本，但周期长

248. 通过协议供货采购的复印机，采购方式为（　　）。
    A. 公开招标　　B. 询价　　C. 竞争性谈判　　D. 自行采购

249. 政府采购项目的采购标准应当公开。采用法律规定的采购方式的，采购人在采购活动完成后，应当（　　）。
    A. 将有关文件存档备查　　　B. 对采购结果保密
    C. 将采购结果予以公布　　　D. 将所有采购情况予以公布

250. 电子化政府采购具有很高的科学技术含量，是以（　　）为基础。
    A.《政府采购法》　　　　　　B.《招标投标法》
    C.《民法典》　　　　　　　　D. 信息技术

251. 以下属于公开招标公告应当包括的内容是（　　）。
    A. 采购人及其委托的采购代理机构的名称、地址等
    B. 采购项目预算
    C. 采购人的购买力
    D. 采购人的资格要求

252. 采用邀请招标方式的，采购人或者采购代理机构应当通过以下哪种方式产生符合资格条件的供应商名单，并从中随机抽取3家以上供应商向其发出投标邀请书？（　　）
    A. 发布信息公告　　　　　　B. 从已有的供应商名录中选取
    C. 采购人书面推荐　　　　　D. 从报名的供应商中随机抽取

253. 集中采购目录内的项目,由集中采购机构支付评审专家劳务报酬;集中采购目录外的项目,由(　　)支付评审专家劳务报酬。
    A. 采购代理机构　　　　　　B. 采购人
    C. 采购人或采购代理机构　　D. 采购人本级财政部门

254. 政府采购监督管理部门(　　)。
    A. 既要设置集中采购机构,也要参与政府采购项目的采购活动
    B. 不得设置集中采购机构,但可以参与政府采购项目的采购活动
    C. 不得设置集中采购机构,也不得参与政府采购项目的采购活动
    D. 可以设置集中采购机构,但不得参与政府采购项目的采购活动

255. 以下属于分散采购特点的是(　　)。
    A. 覆盖面小　　　　　　　　B. 项目内容少
    C. 采购时效性高　　　　　　D. 采购时效性低

256. 通过公开程序,邀请供应商提供资格文件,只有通过资格审查的供应商才能参加后续招标的采购方式称为(　　)。
    A. 竞争性谈判　　　　　　　B. 邀请招标
    C. 公开招标　　　　　　　　D. 竞争性磋商

257. 以下属于公开招标的优点的是(　　)。
    A. 招标周期长　　B. 公平竞争　　C. 受地域限制　　D. 限制的竞争

258. 采购的货物规格、标准统一,现货货源充足且价格变化幅度小的政府采购项目,如复印纸、打印机等类似项目适合选择的采购方式是(　　)。
    A. 邀请招标　　　B. 竞争性谈判　　C. 询价采购　　D. 单一来源采购

259. 以下属于正确的公开招标程序的是(　　)。
    A. 招标、定标、投标、开标、评标等法定程序
    B. 招标、开标、投标、评标、定标等法定程序
    C. 招标、评标、投标、开标、定标等法定程序
    D. 招标、投标、开标、评标、定标等法定程序

260. 网上采购与一般传统人工组织的采购活动相比的优势是(　　)。
    A. 范围广透明度高　　　　　B. 速度快
    C. 灵活性好　　　　　　　　D. 安全性好

261. 政府分散采购是政府采购的重要组成部分,其组织形式分为自行采购和(　　)。
    A. 选择性采购　　B. 委托采购　　C. 代理采购　　D. 竞争性采购

262. 采购人经批准组织本部门(单位)实施政府分散采购项目的采购活动,称为(　　)。
    A. 选择性采购　　B. 委托采购　　C. 自行采购　　D. 竞争性采购

263. 采购人委托政府采购代理机构实施政府分散采购项目的采购活动,称为(　　)。
    A. 选择性采购　　B. 竞争性采购　　C. 代理采购　　D. 委托采购

264. 集中采购机构以外、受采购人委托从事政府采购代理业务的社会中介机构,称为(　　)。
   A. 社会代理机构　　　　　　B. 政府采购供应商
   C. 政府采购采购人　　　　　D. 委托采购机构

265. 磋商文件不得要求或者标明供应商名称或(　　)。
   A. 服务内容　　　　　　　　B. 服务方式
   C. 采购方式　　　　　　　　D. 特定货物的品牌

366. 以下属于政府采购应当遵循的原则是(　　)。
   A. 自愿原则　　　　　　　　B. 公平竞争原则
   C. 协商原则　　　　　　　　D. 国企优先原则

267. 以下属于采用竞争性谈判方式采购的货物或者服务条件的是(　　)。
   A. 招标后供应商投标未达要求的
   B. 确定详细规格或者具体要求的
   C. 采用招标所需时间不能满足用户紧急需要的
   D. 能事先计算出价格总额的

268. 定点采购是协议供货的一种特殊形式,主要适用于(　　)。
   A. 工程类项目采购　　　　　B. 通用服务类项目采购
   C. 特殊品类项目采购　　　　D. 网络采购

269. 用于紧急情况下或涉及高科技应用产品和服务项目的采购,通常选择(　　)。
   A. 单一来源采购　　　　　　B. 公开招标
   C. 邀请招标　　　　　　　　D. 竞争性谈判

270. 招标人通过事先确定并公布的标准从所有投标人中评选出中标供应商,并与之签订合同的一种采购方式,称为(　　)。
   A. 单一来源采购　　　　　　B. 邀请招标采购
   C. 公开招标采购　　　　　　D. 竞争性谈判

271. 集中采购机构的采购人员应当具有相关职业素质和专业技能,符合下列哪些任职要求?(　　)
   A. 集中采购机构认定的专业　B. 中、高级以上专业职称
   C. 国际上通用的采购职业　　D. 政府采购监管部门规定的专业岗位

272. 政府采购项目的采购标准应当公开,采用《政府采购法》规定采购方式的,采购人在采购活动完成后,应当(　　)。
   A. 将有关文件存档备查　　　B. 将采购结果保密
   C. 将采购结果予以公布　　　D. 将所有采购情况予以公布

(三) 判断分析题

1. 如果一个采购项目中同时含货物、工程和服务两个或三个对象,通常是以采购时间最早的对象确定其对象属性。（ ）
2. 政府采购当事人是指在政府采购活动中享有权利和承担义务的各类主体,包括采购人、供应商和采购代理机构等。（ ）
3. 我国目前已基本形成了以集中采购为主,部门集中采购和分散采购为辅,三种形式并行、相互补充的采购格局。（ ）
4. 评审专家在政府采购活动中可以记录或带走不重要的资料。（ ）
5. 供应商在投标文件递交截止时间后递交的投标文件,招标单位不应当拒收。（ ）
6. 采购人有权自行选择采购代理机构,任何单位和个人不得以任何方式为采购人指定采购代理机构。（ ）
7. 《政府采购法》规范的主体是各级国家机关、事业单位和团体组织。（ ）
8. 各级人民政府财政部门是评审专家的法定监管部门。（ ）
9. 评审专家名单是通过随机抽取产生的。（ ）
10. 各级财政部门根据各自情况,不定期面向社会各界广泛征集评审专家。（ ）
11. 评审专家聘期中可以申请不再担任评审专家。（ ）
12. 采购代理机构人员可以参加本机构代理的政府采购项目的评审。（ ）
13. 对评价结果较差的评审专家、采购人或者采购代理机构,各级财政部门应将其资格取消。（ ）
14. 未注册登记的供应商,不影响其参加政府采购活动。（ ）
15. 登记入库的供应商可以直接参加网上政府采购活动。（ ）
16. 供应商已响应参加政府采购活动而无故不参加的计入不良行为。（ ）
17. 供应商拒绝有关部门监督检查或者提供虚假情况的计入不良行为。（ ）
18. 供应商将中标项目转让他人或未经同意擅自将中标项目包分给他人的计入失信行为。（ ）
19. 供应商的不良行为若给他人造成损失的,应当依照有关民事法律规定承担民事责任。（ ）
20. 招标文件的提供期限自招标文件开始发出之日起不得少于3个工作日。（ ）
21. 公开招标和邀请招标都应该在国家或地方指定媒介上发布招标信息。（ ）
22. 集中采购机构进行政府采购活动,必要时,采购价格可略高于市场平均价格。（ ）
23. 投诉人就同一事项向两个以上有权受理的行政监督部门投诉的,由最后收到投诉的行政监督部门负责处理。（ ）

24. 招标代理的资格认定和取得招标职业资格的具体办法由国家发改委负责。（ ）
25. 招标投标法所称工程建设项目，是指工程以及与工程建设相关的货物、服务。（ ）
26. 中央预算的政府采购项目的最低限额标准和公开招标限额标准由财政局规定。（ ）
27. 甲、乙公司投标同一项目，投标文件均由丙公司编制，属于串标行为。（ ）
28. 采购人或采购代理机构应当在5个工作日内对供应商提出的询问做出答复。（ ）
29. 政府采购招标评标方法分为最低评标价法和综合评分法。（ ）
30. 依照我国建筑法，国内施工工程可以转包。（ ）
31. 货物和服务招标分为公开招标和邀请招标。（ ）
32. 投标人和其他利害关系人认为招标投标活动不符合招投标法有关规定的，有权向招标人提出异议或者依法向纪检监察部门投诉。（ ）
33. 招标代理机构与行政机关和其他国家机关不得存在隶属关系或者其他利益关系。（ ）
34. 《招标投标法》规定招标分为公开招标、邀请招标、竞争性谈判。（ ）
35. 评标专家名单应该在开标当天确定，若有特殊原因需要提前抽取，须经行政主管部门或公共资源交易管理委员会办公室批准后方可进行。（ ）
36. 专家抽取过程中，在场的各方人员不得大声喧哗，除接打电话外，不得擅自离开专家抽取室。（ ）
37. 行政监督部门的工作人员对监督检查过程中知悉的国家机密、商业秘密应当依法予以保密。（ ）
38. 我国《政府采购法》规定政府采购应遵循保密原则、公平竞争原则、公正原则和诚实信用原则。（ ）
39. 政府采购货物适用的法律是《中华人民共和国招投标法》。（ ）
40. 某单位要采购信息安全软件，属于政府采购服务类。（ ）
41. 供应商是指参加投标竞争并符合招标文件规定资格条件的法人、其他组织或者自然人。（ ）
42. 供应商提交的投标文件中若有英文或其他语言文字的资料，则无须提供相应的中文翻译资料。（ ）
43. 供应商所使用的计量单位是国际通用计量单位，也是国家法定计量单位。（ ）
44. 投标文件如有修改错漏处，必须由投标文件签署人签字或盖章。（ ）
45. 两个自然人、法人或者其他组织可以组成一个联合体，以一个供应商的身份共同参加政府采购。（ ）

46. 节能产品是指列入财政部、国家发改委制定的《节能产品政府采购清单》且经过认定的节能产品。（   ）

47. 提供的产品属于环境标志产品的,供应商应当选择《环境标志产品政府采购清单》中的经过认证的环境标志产品投标,并提供有效的环境标志产品证书复印件。（   ）

48. 开标时,开标一览表(报价表)内容与投标文件中相应内容不一致的,以开标一览表(报价表)为准。（   ）

49. 投标文件中的开标一览表(报价表)中报价的大写与小写金额不一致的,以大写金额为准。（   ）

50. 单价金额小数点或者百分比有明显错误的,以开标一览表的总价为准,并修改单价。（   ）

51. 总价金额与按单价汇总金额不一致的,以单价金额计算结果为准。（   ）

52. 投标文件中对不同文字文本的解释存在异议的,以中文文本为准。（   ）

53. 投标总价超出采购预算金额或者最高限价的,属于无效投标。（   ）

54. 不同投标人的投标文件由同一单位或者个人编制,不属于无效投标。（   ）

55. 不同投标人委托同一单位或者个人办理投标事项,属于无效投标。（   ）

56. 不同投标人的投标文件相互混装的,可以不作为无效投标处理。（   ）

57. 不同投标人的法定代表人或者委托代理人有夫妻、直系血亲关系的,可以参加同一项目的投标。（   ）

58. 不同供应商的负责人为同一人或者存在控股、子母关系的,按照无效投标处理。（   ）

59. 没有逐一说明投标产品名称、品牌、规格型号、产地、技术服务响应,而是直接拷贝招标文件技术要求的,可以不作无效投标处理。（   ）

60. 符合专业条件的供应商或者对招标文件做出实质性响应的供应商不足三家的,做废标处理。（   ）

61. 供应商的报价均超过采购预算或最高限价,采购人不能支付的,按照废标处理。（   ）

62. 投标文件存在歧义、重大缺陷,作废标处理。（   ）

63. 投标文件一般由商务部分、技术部分、价格部分组成。（   ）

64. 在投标截止时间后到招标文件规定的投标有效期终止之前,投标人不得补充、修改或者撤回其投标文件。（   ）

65. 投标人在投标截止时间后,可以对已递交的投标文件进行补充、修改或撤回。（   ）

66. 投标时投标文件应该是密封状态。（   ）

67. 评标过程中,评标人以口头或者书面向投标人提出问题,在规定的时间内,投标人以书面形式正式答复。（   ）

68. 中标人和招标人应当自中标通知书发出之日起 30 日内，按照招标文件和中标人的投标文件订立书面合同。（ ）
69. 在政府采购活动中，供应商认为采购人员及相关人员与其他供应商有利害关系的，可以申请其回避。（ ）
70. 开标是指投标截止后招标机构按照一定程序启封所有投标截止时间以前密封送达的投标文件，并公开各投标人投标报价的招标阶段。（ ）
71. 公开招标是政府采购最主要的采购方式。（ ）
72. 邀请招标可以只邀请 2 家供应商参与投标。（ ）
73. 废标是指由于投标人所递交的单个投标文件经评标委员会审查，不符合招标文件对资格性、符合性的要求，从而导致评标委员会拒绝接受该投标文件。（ ）
74. 投标供应商通常都是潜在供应商，但潜在供应商不一定都来投标。（ ）
75. 公开招标方式可以将某一供应商独有的证书作为特定资格条件。（ ）
76. 综合评分法是以评标总得分最高的投标人作为中标候选供应商或者中标供应商的评标方法。（ ）
77. 投标人未参加开标的，投标无效。（ ）
78. 供应商在投标文件递交截止时间之后递交的投标文件，招标单位应当拒收。（ ）
79. 一般情况下，供应商递交投标文件时的单位名称与购买招标文件时的报名单位名称必须一致。（ ）
80. 最低评标价法是在全部满足招标文件实质性要求的前提下，最低价中标。（ ）
81. 公开招标项目的资格审查由评标委员会进行。（ ）
82. 财政部门受理投诉后，投诉人书面申请撤回投诉的，财政部门应当终止投诉处理程序，并书面告知相关当事人。（ ）
83. 采购人应当自收到评标报告之日起 5 个工作日内，在评标报告确定的中标候选人名单中按顺序确定中标人。（ ）
84. 采购人或者采购代理机构应当自中标通知书发出之日起 5 个工作日内退还未中标人的投标保证金。（ ）
85. 纳入集中采购目录的政府采购项目应当实行公开招标采购。（ ）
86. 根据地区和政府采购工作的需要，省级以上财政部门应及时向社会公布该地区的政府采购指定媒体。（ ）
87. 政府采购当事人是指在政府采购活动中享有权利和承担义务的各类主体，包括政府采购监督管理部门、采购单位、供应商。（ ）
88. 政府采购实施计划中项目的具体实施方案是由采购人根据政府采购预算来编制的。（ ）
89. 采购代理机构的选择权在政府采购监督管理部门。（ ）
90. 采购人和中标或成交供应商应当自中标或成交通知书发出之日起 15 日内，按照

招标文件和中标或成交供应商投标文件的约定签订书面合同。　　　（　　）

91. 公告政府采购信息不得有虚假和误导性陈述，不得遗漏依法必须公告的事项，必须做到内容真实、准确可靠。（　　）

92. 供应商认为采购文件、采购过程和中标或成交结果使自己的权益受到损害的，可以在知道或应该知道权益受到损害之日起七个工作日内向采购人或采购代理机构提出质疑。（　　）

93. 采购人应当实行集中采购的政府采购项目，对于不委托集中采购机构实行集中采购的，应由政府集中采购机构责令改正。（　　）

94. 质疑供应商对采购人、采购代理机构的答复不满意或者采购人、采购代理机构未在规定的时间内做出答复的，可以在答复期满后十五个工作日内向同级政府采购监督管理部门投诉。（　　）

95. 政府采购合同是指采购人和中标供应商之间设立、变更、终止政府采购权利义务关系的协议。（　　）

96. 代理机构在进行政府采购活动时，应当遵守采购价不低于市场平均价、采购效率更高、采购质量优良和服务优良的要求。（　　）

97. 采购人或者采购代理机构应当在省级以上人民政府财政部门指定的媒体上公告中标、成交结果。（　　）

98. 采用公开招标方式采购的，招标采购单位必须在财政部门指定的政府采购信息发布媒体上发布招标公告。（　　）

99. 未通过资格预审的申请人提交的投标文件，以及逾期送达或者不按照招标文件要求密封的投标文件，招标人应当拒收。（　　）

附录三 主要参考文献

[1] 刘腾. 政府采购项目招标文件编制应把控的重点[J]. 中国招标,2021(02):109-112.
[2] 李玮. 编制采购文件如何落实节能环保政策功能[J]. 中国招标,2021(01):61-62.
[3] 周红英. 政府采购中采购文件编制的几点思考[J]. 中国招标,2020(10):62-63.
[4] 宋志涛. 政府采购的改革历程[J]. 中国政府采购,2020(06):48-50.
[5] 刘亚利,曹石林. 采购文件编制指南[M]. 北京:中国商务出版社,2020.
[6] 章兴荣. 编制印刷投标书的五十个注意事项[J]. 印刷杂志,2020(02):37-40.
[7] 刘家佳. 商务标书编制主要环节中应注意的事项分析[J]. 纳税,2019,13(09):293-294.
[8] 汤华. 如何保质保量的完成标书制作:标书制作流程百分百[J]. 城市建设理论研究(电子版),2019(02):199.
[9] 朱龙杰. 政府采购概论[M]. 南京:东南大学出版社,2018.
[10] 吴增元. 浅谈投标书的制作及中标技巧[J]. 中国招标,2018(38):27-28.
[11] 毛林繁. 谈投标文件的密封与接收[J]. 招标与投标,2018,6(07):6-7.
[12] 赵勇. 政府采购工作手册:最新法律法规汇编[M]. 北京:经济科学出版社,2017.
[13] 王新明,王丹云. 投标书编制注意事项浅析[J]. 绿色环保建材,2017(07):6.
[14] 刘海桑. 政府采购、工程招标、投标与评标1200问[M]. 北京:机械工业出版社,2016.
[15] 李显冬.《政府采购法实施条例》条文理解与案例适用[M]. 北京:电子工业出版社,2016.
[16] 朱龙杰,白先春,石冰. 财政监督理论与实务[M]. 南京:江苏凤凰科学技术出版社,2015.
[17] 侯有权. 投标书编制中的注意事项[J]. 交通世界(工程技术),2015(06):36-37.
[18] 白志远. 政府采购政策研究[M]. 武汉:武汉大学出版社,2016.
[19] 财政部.《中华人民共和国政府采购法实施条例》释义[M]. 北京:中国财政经济出版社,2015.
[20] 王建明,朱龙杰. 政府采购理论研究与实务分析[M]. 南京:江苏人民出版社,2013.
[21] 于安,宋雅琴,万如意. 政府采购方法与实务[M]. 北京:中国人事出版社,2012.
[22] 吴小明. 政府采购实务操作与案例分析[M]. 北京:经济科学出版社,2011.
[23] 焦富民. 政府采购救济制度研究[M]. 上海:复旦大学出版社,2010.
[24] 刘小川,唐东会. 中国政府采购政策研究[M]. 北京:人民出版社,2009.

[25] 马海涛,姜爱华. 政府采购管理[M]. 北京:北京大学出版社,2010.
[26] 全国招标师职业水平考试辅导教材指导委员会. 招标采购[M]. 北京:中国计划出版社,2009.
[27] 张家瑾. 我国政府采购市场开放研究[M]. 北京:对外经济贸易大学出版社,2008.
[28] 李青. 规范标书制作的有效方法[J]. 中国政府采购,2007(08):50-51.
[29] 王卫星,朱龙杰,吴小明. 政府采购基础知识[M]. 北京:中国财政经济出版社,2006.
[30] 王卫星,朱龙杰,吴小明. 采购人政府采购实务[M]. 北京:中国财政经济出版社,2006.
[31] 王卫星,朱龙杰,吴小明. 采购代理机构政府采购实务[M]. 北京:中国财政经济出版社,2006.
[32] 王卫星,朱龙杰,吴小明. 供应商政府采购实务[M]. 北京:中国财政经济出版社,2006.
[33] 王卫星,朱龙杰,吴小明. 政府采购案例分析[M]. 北京:中国财政经济出版社,2006.
[34] 王卫星,朱龙杰,吴小明. 政府采购法规选编[M]. 北京:中国财政经济出版社,2006.
[35] 詹静涛. 市场经济国家政府采购制度基本概况[M]. 北京:经济科学出版社,2005.
[36] 李俊屏. 如何做好政府采购统计信息的分析工作[J]. 中国政府采购,2005(5):28-29.
[37] 政府采购信息网,https://www.caigou2003.com/.
[38] Patten D M. The relation between environmental performance and environmental disclosure:a research note[J]. Accounting,Organizations and Society,2002,27(8):763-773.
[39] 肖捷. 中华人民共和国政府采购法辅导读本[M]. 北京:经济科学出版社,2002.
[40] 胡家诗,杨志安. 政府采购研究[M]. 沈阳:辽宁大学出版社,2002.
[41] 邓顺华,胡云. 政府采购ABC及其相关法规[M]. 北京:人民交通出版社,2002.
[42] 王亚星. 政府采购制度创新[M]. 北京:中国时代经济出版社,2002.
[43] 《政府采购法》起草小组. 政府采购法实用手册[M]. 北京:中国财政经济出版社,2002.
[44] Barry J. Guide to cost management[M]. Hoboken, New Jersey:John Wiley&Sons,Inc.,2000.
[45] 卞耀武. 中华人民共和国招标投标法实用问答[M]. 北京:中国建材工业出版社,1999.